# 中國科舉史

刘海峰　李兵　著

修订本

東方出版中心

2020年教育部哲学社会科学重大课题攻关项目（20JZD050）之成果

第四届全国教育科学研究优秀成果奖一等奖

第二届中国出版集团优秀图书奖综合奖

# 目　　录

# 第一章　科举考试的渊源

任何一种重要制度的建立都有其思想文化根源。科举考试制度源远流长，虽然以进士科设立为标志的严格意义的科举起始于隋代，但广义的科举却始于汉代，而其渊源甚至可上溯至先秦时期的乡举里选。

## 第一节　“命乡论秀士”：周代选举的构想

早在西周之前，中国已出现了“选贤任能”的观念和根据考绩黜陟官员的做法。在原始社会后期，部落的首领由民主选举产生。《礼记》卷四《礼运第九》说：“大道之行也，天下为公，选贤与能，讲信修睦。”到了奴隶社会的夏商周时期，开始了“家天下”的世袭制度，也即父子相传、兄终弟及的“世卿世禄”任官制度。但到了西周时期，为了适应统治机构的需要，也开始实行乡举里选的贡士之法，自下而上为统治阶段选择人才。

### 一　西周的乡举里选

国家昌盛，端赖人才。故《诗经·大雅·文王》篇说：“济济多士，文王以守。”这说明当时中国的统治者已认识到人才对治国安邦的重要性。

周代是一个离我们十分古远的朝代。从公元前约 11 世纪至公元前 771 年为西周时期。西周是一个等级森严、颇具古风的社会。由于缺少翔实的史料记载，西周的许多制度的实际情况现今还不是很明确,也给后人留下了许多想象和推断的空间。据说当时是实行大一统的土地国有制,所以《诗经·小雅·北山》说“溥天之下,莫非王土,率土之滨,莫非王臣”。在人才选拔方面,也产生了层层往上推举人才的“贡举”制度。《册府元龟·贡举部·总序》说:“三代贡举之制,始于卿、大夫。”由于西周天子将土地分封给亲属和功臣,被封的各诸侯在其诸侯国内也同样按分封制原则对卿、大夫分封,卿、大夫实际上便是当时的地方官员,“贡举”人才便是由地方基层逐级往上推举选拔,是为乡举里选。

后世人论科举,皆认为其肇端于西周的乡举里选。《大明会典》卷78《学校》便说:“科举,本古者乡举里选之法。”确实,从《周礼》《礼记》所记载的一些史料看来,西周时似乎已有一套相当完整的选举人才办法。

《周礼·地官·大司徒》记有乡里每三年举行一次“大比”考试,评选乡人的做法,“三年则大比,考其德行道艺,而兴贤者能者”。将这些贤能之士选拔出来后,再推献给王,王受拜后造册登记,然后试以乡射之礼,入选者拜为地方官吏。《礼记》卷10《射义第四十六》也说:“古者天子之制,诸侯岁献贡士于天子,天子试之于射宫。”郑玄注:“三岁而贡士,旧说大国三人,次国二人,小国一人。”这种从诸侯贡士给中央政府的制度如果确曾实行的话,则可以说是汉代按人口比率察举孝廉、秀才的滥觞,也是唐以后科举乡贡按州县大小比例举送贡人到中央参加考试的最初形态。至于《周礼》“三年大比”的办法,则为宋代以后科举三年一试的远古理论根据。

关于西周时已有完整严密的层层人才选拔制度的说法,最为详细的记载是《礼记·王制》:

> 命乡论秀士,升之司徒,曰选士。司徒论选士之秀者而升之学,曰俊士。升于司徒者不征于乡,升于学者不征于司徒,曰造

> 士……大乐正论造士之秀者以告于王，而升诸司马，曰进士。司马辨论官材，论进士之贤者以告于王而定其论。论定然后官之，任官然后爵之，位定然后禄之。

这是有关科举制度渊源的非常重要的一段记载。不管其记载的真实性如何，至少它是最早出现“俊士”“进士”名目的中国典籍，而隋代设立进士科的古本依据便是《礼记·王制》的这段记载。西周除了在天子的王城和各诸侯的国都设立国学之外，还在地方上设立了乡学，《礼记·王制》的这段话，说的是从乡学经过考试选拔俊秀之士入国学深造，以及毕业后任予官职的做法，这是一套相当严整的培养和选拔任用人才的程序。

按照以上记载，西周从乡学到国学之间，存在着两个层次的选拔，即“乡论秀士”与“司徒论选士之秀者”。其具体步骤如下：首先由地方官“乡大夫”主持考试，选拔乡学中的优秀学生，报告于西周王室的“司徒”官，称之为“选士”。实际上，“秀士”与“选士”是同一层次不同阶段的称呼，即乡论为秀士，升之司徒后称选士。司徒再主持考试，选士中的优秀者升入国学，称之为“俊士”“造士”。俊士与造士也是同一层次不同阶段的称呼，即司徒论为俊士，升于学后称造士，意思为进入大学“深造之士”。凡已提名于司徒官的选士，可免其乡中征役，而升入国学的造士，可免其国中的劳役。

升入国学成为“造士”之后，就由“乐正”官教以诗、书、礼、乐“四术”，春秋教以礼、乐，夏冬教以诗、书。在学期间，还要简选淘汰“不帅教者”，“屏之远方”，使之成为终身不齿于此的庶民。经过9年的深造，达到“大成”，即学有所成后，再由“大乐正”官主持考试，就造士中的优秀者提名于“司马”官，称之为“进士”。又经司马官主持考试，“辨论官材”，最后将进士中贤能者报告周天子，然后任予官职，给予爵禄。这一国学造士和论升进士的过程，实际上是当时高等学校培养学生和选拔毕业生的过程,它与前述乡论秀士、司徒推选俊士的阶段一起,构成了一整套培养和选拔人才的制度。这与隋唐科举时代教育科举制度颇为相似,或者说隋唐国子学选拔俊士考升进士的做法应该就是以《礼记·王制》为蓝本。

西周这套养士取士办法实在是相当严密完善,如果确有此制且曾实行,真令人惊叹在中华文明的早期竟曾出现过如此周严科学的人才培养选拔程序。然而,以往许多学者都曾对此有所怀疑。或认为《礼记·王制》之作是在秦汉之际,或认为是汉文帝令博士诸生所作。民国时期陈青之《中国教育史》认为这些描述只是汉儒的推想和臆造。而陈东原认为周代是极端帝制的朝代,任官委吏悉由分封或世袭,不会有这种平民主义的选进办法,这一办法未见周代诸人提到过,孔子及弟子、老子、管子及前后代人都没有受过"选士""进士",按周代 1 773 个诸侯国分立的情形很难实际推行,因此陈东原觉得周代选贤兴能之说,完全是后人的理想,周代是没有选士制度的。①

诚然,西周时期是否有这种选士办法令人可疑,即使有取士办法,是否如《礼记》所述之周详,是否普遍长久推行也值得怀疑。不过,中国文化是早熟型文化,如梁漱溟于《中国文化要义》一书中所说的,中国文化是"人类文化的早熟"。有的学者认为中国文明是早熟型文明,并以马斯洛的需求层次论加以分析,认为作为中国文化雏形期的春秋战国时期,可以比作人的少年期至多是青年期,却已反映了人们较高层次甚至是部分地反映了最高层次的需要,说明了中国文化的早熟。② 西方社会到近代才出现的一些制度文明和思想学说,中国在先秦时期已具雏形。像考试竞争、择优录取的选才办法,西方至 19 世纪才开始仿行,而中国是"古已有之"。西周、春秋战国时期一些器物文明、一些合纵连横的外交理论、孙子兵法和孔子处世哲

① 陈东原:《中国教育史话(二)》,《学风》1932 年第 2 卷第 7 期。

② 李宗桂:《中国文化概论》,中山大学出版社,1988 年版,第 290～293 页。

学，在今人看来也还是叹为观止且有现实意义。因此，西周的选士办法即使只是汉初儒生的加工和敷衍，但却是富有想象力的创造，这一颇具创意的构想反映了中华民族的先民希望将贤能俊秀之士选拔出来并给予其深造机会，使其成为国家管理人才的理想，而且此构想在相当程度上还被后来的科举制所实现。

## 二　春秋战国时期的贤能治国论

从公元前771年周幽王被杀死于骊山之下、西周灭亡以后，开始了东周列国大动乱时期。东周包括春秋（前770～前476）和战国（前475～前221）两个时期。此时周朝失去了对四方诸侯的控制力量，各诸侯国为扩大各自的势力你争我夺，干戈频仍。在那烽火连天、山川变色的多事之秋，为君者王冠乱落，削铁如泥，各诸侯国的疆域变化无常；为臣者勾心斗角，朝不虑夕，既有为报效君主视死如归者，也有纵横捭阖朝秦暮楚者。国乱思良相，正是在这种礼崩乐坏的动荡年代，更显出人才的重要性，各地诸侯竞相笼络和起用新兴的士阶层为之出谋划策和处理国事，“举贤才”的观念开始广泛流布，世卿世禄制逐渐松动。

随着新兴的士阶层的崛起，许多国君意识到“得士者昌，失士者亡”的道理，于是兴起了养士之风，尊重贤才、礼贤下士成为各诸侯国人才竞争的一种策略。在百家争鸣、思想自由的春秋战国时期，许多思想家对选拔人才与治理国家的关系都作过论述。

孔子是最早明确提出“举贤才”主张的思想家。《论语·子路第十三》载，孔子在与仲弓讨论如何为政时，提出“先有司，赦小过，举贤才”三个方面的工作，即先要建章立制、做好政府机构改革，其次要原谅下属小的过错，再有就是应提拔德才兼备的能人。至于如何才能“知贤才而举之”？孔子认为应“举尔所知，尔所不知”，也就是说贤才不一定只限于个人所认识者，自己耳目所不及的人当中也会有不少人才,只有广泛地推举才能真正得到贤才。又有一次,鲁哀公问孔子如何才能使人民服从,孔子回答说,只有选拔人才才会使人民互相勉励上进,从而服从国君。《论语·子张第十九》载,孔子的弟子子夏所说的"仕而优则学,学而优则仕",典型地反映了孔门师生主张贤能治国的理想。

"学而优则仕"是孔子学说中的重要主张之一。按照中国古代最通行的解释,"学"指学习,即受教育,"优"指优秀,"仕"即做官,也就是学习优秀者便去做官。反过来理解,就是做官要经过教育和学习,学业才能不优秀者则不应为官。这种读书做官论的标准在于学识之优劣,而不在于出身高贵与否。这与孔子另一个教育理想,即"有教无类"的观点结合起来,便为后世科举制的实行奠定了坚实的理论基础。孔子自己出身低贱,在成为人师之后,所收弟子中各色人等皆有。他主张"有教无类",意思是不论对哪一类人都可以给予教育,强调教育要向各类人开放。既然各类人等均可以接受教育,而学习优秀者才能胜任一定的官职,这就等于主张政府职位也要向社会下层开放。《论语·卫灵公》还记有孔子另一句关于读书做官的名言:"学也,禄在其中矣。"一心向学、学业优秀就会有禄位官职。中国传统社会奉儒学为经典,尊孔子为圣人,科举制正是将"学而优则仕"的儒家政治思想付诸实践的结果。

与孔子一脉相承的孟子,继续发扬孔子的贤能治国说。他认为不选拔人才,则国家空虚,要使国富民安,只有举贤用之。他主张身为王公者应该尊贤、悦贤。"悦贤不能举,又不能养,可谓悦贤乎?"①《孟子·梁惠王章句》下载孟子所说的一段话,表明孟子对举贤一事的重视:"国君进贤,如不得已,将使卑逾尊,疏逾戚,可不慎欤?左右皆曰贤,未可也;诸大夫皆曰贤,未可也;国人皆曰贤,然后察之;见贤

① 《孟子·万章章句下》。

焉，然后用之。”孟子认识到进用贤才会造成后来居上的社会流动效用，使原有的尊卑亲疏关系发生变化，处于社会下层的人士因自己的才能可能进入社会的上层，对此应全面考察认为确为贤才之后再予任用。他认为贤才应接受培养、考验之后委予重任，其举贤才的观点也反映了当时社会起用许多没有家世背景的士人、世袭贵族的体制日渐松弛的现实。

曾长期在齐国稷下学宫游学的荀子，也是春秋战国时期倡导以贤任官的儒家代表人物之一。在选用人才的原则上，他提出了尊圣贵贤的观点。他认为尚贤使能是立国之要，只有“隆礼尊贤”才能成为强国之君王，并说：“尊圣者王，贵贤者霸，敬贤者存，慢贤者亡，古今一也。”①尤其难能可贵的是，他主张选用人才要破除世官世禄制度，公开提出“论德而定次，量能而授官”的方针，实行唯才是举、公平竞争的办法。在《荀子·王霸》中，他说：“贤能不待次而举，罢不能不待须而废。”“王者之论：无德不贵，无能不官，无功不赏，无罪不罚。”这是贤能治国说的明白宣示。而“虽王公士大夫之子孙也，不能属于礼义，则归之庶人。虽庶人之子孙也，积文学，正身行，能属于礼义，则归之卿相士大夫”的观点，则更是明确地提倡政权开放、社会阶层上下流动，这实际上是后世科举制实施的思想先导。

除了儒家以外，春秋战国时期其他诸子百家也有一些人提出过贤能治国的思想，其中最突出的是墨子的“尚贤”理论。墨子认为要使国家由乱而治，就需有贤良之士为政当国，他说：“国家昏乱，则语之尚贤。”②《墨子·尚贤》篇收集了他关于尊尚贤才的观点。墨子指出：“国有贤良之士众，则国家之治厚。贤良之士寡，则国家之治薄。故大人之务，将在于众贤而已。”墨子将贤才的重要性上升到关乎国家安危治乱的高度，以招贤察能为统治者的首要任务，尚贤是为政的

---

① 《荀子·君子》。
② 《墨子·鲁问》。

根本。他还提出选拔贤才的重要原则是无分贵贱:

> 古者圣王,甚尊尚贤而任使能,不党父兄,不偏富贵,不嬖颜色。贤者举而上之,富而贵之,以为官长;不肖者抑而废之,贫而贱之,以为徒役。是以民皆劝其赏,畏其罚,相率而为贤者。以贤者众而不肖者寡,此谓进贤。
>
> 古者圣王之为政,列德而尚贤。虽在农与工肆之人,有能则举之。①

在墨子看来,尚贤举人的标准不能依据一个人的血统和家庭背景,有才者可以从贫贱的下层进入社会上层成为政府官员,无才者则使其抑废为下层民众。从此观点出发,墨子提出了一个颇具民主色彩的“尚贤”主张:“官无常贵,而民无终贱,有能则举之,无能则下之。”这种认为人人生而平等,依据才能高下作为社会定位的标准的观点,将贤能治国说直接表达出来,达到了尚贤思想的极致,为后来贤能治国理论付诸制度实践作了充分的舆论先导。后来中国社会成为一个社会阶层流动较为频繁、“世家无百年之运”的相对开放的社会,确实也在一定程度上实现了墨子“官无常贵,而民无终贱”的主张。

春秋战国时期众多思想家关于贤能治国的主张是当时社会现实在观念上的反映。能否尊贤用士、贤才的去留向背往往关系到列国的兴衰存亡,故《论衡·效力》说:“六国之时,贤才之臣,入楚楚重,出齐齐轻,为赵赵完,畔魏魏伤。”许多出身社会下层的人才在风云变幻的战争年代成为叱咤风云的人物,如小商贩出身并曾沦为奴隶的管仲辅佐齐桓公成就王霸之业,曾流亡楚国沦为奴隶的百里奚因受秦

---

① 《墨子·尚贤》。

穆公的赏识也尽心尽才襄助秦穆公成为春秋五霸之一。连鸡鸣狗盗之徒和引车卖浆者流都有可能发挥其特殊才干助成大事，这使人们认识到社会下层人士并非都是等闲之辈。而通过军功和谋略进入统治阶层的“贱民”不断涌现，使人们逐渐接受社会流动的客观现实。另一方面，诸多思想家关于贤能治国的学说，也有助于打破世袭贵族体制，他们主张人生来具有为官或为民的各种可能，国君必须任用贤才来治理国家。这种贤能治国说或精英统治理论为公开考试、公平竞争、择优选任的科举考试制度的出现奠立了理论基础，也是科举制产生的思想文化根源。

在春秋战国时期各国诸侯竞相养士用士的各种方式中，采用较多的具体做法主要有招聘、举荐和自荐等几种。尤其值得一提的是齐桓公的“内政选士法”，这是当时各种选士用士方法中最具规章程序的一种。据《国语》所载，齐桓公(前685～前643在位)在齐国规定：

> 正月之朝，乡长复事，君亲问焉，曰：“于子之乡，有居处好学慈孝于父母，聪慧贤仁发闻于乡里者，有则以告；有而不告，谓之蔽明，其罪五。”有司已于事而竣。
>
> 桓公又问焉，曰：“于子之乡，有拳勇股肱之力秀出于众者，有则以告，有而不以告，谓之蔽贤，其罪五。”……是故乡长退而修德进贤，桓公亲见之。

当时规定从乡至县，再到五属大夫这类高层官员层层“修德进贤”的做法，又规定有慈孝、好学、聪慧贤仁闻于乡里者应该上报举进，否则要加以处罚，颇类于汉代开始的察举孝廉秀才之法，因此有的学者认为这是后世科举的滥觞。①

① 陈东原：《中国教育史话(二)》，《学风》1932年第2卷第7期。

## 第二节　中国文明史的一项新纪元:汉代察举

“秦时明月汉时关,万里长征人未还。”经历过秦始皇攻灭六国和汉初重新统一中国的战乱之后,中国社会终于从戎马倥偬的岁月跨入大乱之后的大治时代。马上得天下并不能以马上治天下,从汉高祖刘邦开始就懂得文治武功是相辅相成的。除了在军事攻防上拓展边关、巩固西域边陲之外,汉代统治者也注重文化方面的建设。在制度创设上,他们也具有汉族先民敢作敢为的豪迈气魄,构想了一些立国的宏规,而察举,便是在人才选拔和官制建设方面开创了中国文明史的新纪元。

所谓察举,即考察人才之后予以荐举任官的意思,因此又称荐举。察举制是科举制的初始形态。

### 一　诏举贤良诸科

#### (一) 贤良方正

汉高祖五年(前202),刘邦将“力拔山兮气盖世”的西楚霸王项羽围困,逼使其在四面楚歌中挥泪告别虞姬,自刎而亡。刘邦建立统一的西汉王朝后,听从谋士的建议,实行轻徭薄赋、与民休息的政策。在人才的任用选拔方面,他也认识到文治与武功有所不同,需拔取一些“贤者智能”之士来管理国家政务。据《汉书·高帝纪》所载,汉高祖十一年(前196)二月,朝廷曾发布一道著名的求贤诏书,大意说:以往周文王和齐桓公皆因善待贤人而成名,当今天下“贤者智能”之士也不亚于古人,问题在于没有进身的途径。为此,特布告天下,“贤士大夫有肯从我游者,吾能尊显之”。诏书还命令各相国、诸侯王、郡守等地方长官向朝廷举荐本地贤士,由公家备以车驾,送至相国府,并考察记录其品行、状貌、年龄。如有贤才而不举送，将罢免当地长官的职务。

这是中国历史上第一次公开下诏广泛察举人才。诏书中说为君王者没有比周文王更高明的，为诸侯王者则齐桓公最为高明，其原因是他们善待贤人。或许，汉高祖刘邦及其谋士发此求贤诏曾受到齐桓公“内政选士法”的启示。虽然此道诏书未标明求取贤才的具体名目，但就令郡国举送人才这一点而言，已发出了西汉察举的先声。只是此道诏书下发后实际举送如何，由于史文缺载不得而知。次年刘邦在其老家还曾饮酒自歌说：“大风起兮云飞扬，威加海内兮归故乡，安得猛士兮守四方！”①随后不久也就病逝。估计此次求贤诏并未有多大的实际效果，其重要性在于这是中国历史上首次正式以朝廷诏令的形式公开向全国求贤。

真正具有考试性质的察举是从汉文帝时开始的。汉文帝前元二年(前178)十一月，发生日食，下诏“举贤良方正能直言极谏者，以匡朕之不逮”。十五年(前165)九月，“诏诸侯王公卿郡守举贤良能直言极谏者，上亲策之，傅纳以言”。② 什么叫作“贤良方正”？贤良指有贤行而良善之人，方正指方幅而正直者。十五年的这次诏举贤良采用了策问这种考试方法，这是中国历史上最早的一次策试。所谓“傅纳以言”，即让对策者敷陈其言而供皇帝纳用。

汉文帝二年的诏举是否笔试没有载明，而十五年这一次考试则是文帝“亲策之”，即亲自拟出策问题目。据《汉书·晁错传》所载，在这次考试的策题中，文帝还叫应举者“著之于篇，朕亲览焉”。所谓“著之于篇”，就是将答案书写在竹简或木简上(当时还没用纸)，供皇帝亲自阅览，这就明确无疑地告诉我们，此次考试肯定是采用笔试形式。因此，汉文帝前元十五年(前165)是中国乃至世界考试史上很值

---

① 《汉书》卷1《高帝纪》下。
② 《汉书》卷4《文帝纪》。

得纪念的一年。

历史上的第一次书面考试采用的题型是策问题,即今天我们所说的问答题,答案称为"对策"。当时参加对策者有百余人,晁错答得最好,获得"高第",由太子家令升迁为中大夫,可见这次诏举贤良还评定对策等第高低,据以授官。自此以后,汉代诏举贤良方正一般皆由皇帝亲自命题并评定对策优劣。这种皇帝下诏指定策试科目、地方长官举荐应试者、皇帝提出策问、举子对策回答然后区别评定等第的书面考试方式,从此以后一直被沿袭下去,成为中国古代一种重要的考试形式,在汉唐间策试秀才孝廉、唐宋时制科策试、明清时殿试对策中广泛使用,存在时间长达两千余年。

诏举制科到唐代成为科举制度中一个重要组成部分,用来选拔"非常之才"。只要我们明确制举是科举的一种形式,那么就应该承认早在西汉文帝时,科举制中的特科已开始出现了。当然,"科举"一词有广义和狭义之分。狭义的科举指进士科举,即从隋代设立进士科之后以考试来选拔人才的制度;广义的科举指分科举人,即从西汉已开始出现的分科目制诏策试或察举人才任予官职的制度。不过,在广义的科举阶段,选取人才总的说来还是以推荐举送为主,以考试为辅,因此,我们还是将察举制称为科举制的前身,而一般使用狭义的即严格意义的科举概念。

建元元年(前140)正月,汉武帝即位。当年十月,武帝便"诏丞相、御史、列侯、中二千石、二千石、诸侯相举贤良方正直言极谏之士。丞相绾奏:'所举贤良,或治申、商、韩非、苏秦、张仪之言,乱国政,请皆罢。'奏可"。① 应此次诏举贤良之士前后有数百人,其中最为突出的是时任博士的董仲舒。武帝在阅览其对策后颇为惊异和赏识,于是破例再出一道策问请其对答。如此再三,董仲舒深受武帝器重,被

① 《汉书》卷6《武帝纪》。

任命为江都相。韩国史籍林仁默《武科总要》序说:"贡举之法,三代未尝有之,而汉武帝建元元年诏举贤良之士,亲策问董仲舒而始焉。唐宋科举之法盖仿于此矣。"便认为这是贡举之始,也为后世科举制所仿。

在董仲舒著名的第三道对策中,他提出了影响深远的"罢黜百家,独尊儒术"建议:

> 《春秋》大一统者,天地之常经,古今之通谊也。今师异道,人异论,百家殊方,指意不同,是以上亡以持一统;法制数变,下不知所守。臣愚以为诸不在六艺之科、孔子之术者,皆绝其道,勿使并进。邪辟之说灭息,然后统纪可一而法度可明,民知所从矣。①

董仲舒此条建议为执政的丞相卫绾所采纳,并奏定该年所举贤良中非儒家学说者皆罢去。从此以后,儒学在诏举取士和整个中国思想文化中都占据着正统的独尊地位。建元五年(前136),汉武帝立五经博士,在太学中广泛推行儒学教育。董仲舒自己原为专攻《春秋》的博士,对《春秋》等儒家经典烂熟于胸,在对策中随处引用据以为证。当儒学成为官方正统学说之后,其他诸子百家皆被斥为异端,这是令董仲舒十分满意的结果。中国社会发展成为一个大一统的儒学社会,中国传统文化以儒学为核心,皆由董仲舒此次对策建言所发端。

---

① 《汉书》卷56《董仲舒传》。按:该传未载相对策具体年份。而《汉书·武帝纪》元光元年(前134)五月记诏贤良,"于是董仲舒、公孙弘出焉。"杜佑《通典》卷13、洪迈《容斋随笔》续笔卷6《汉举贤良》皆云董仲舒所对为元光元年。此后许多学者也据对策内容判断对策年份为元光元年。而《史记·儒林传》载董仲舒"今上即位,为江都相",《史记·武帝纪》元光年也只说"上征文学之士公孙弘等",未载有董仲舒。实际上,只要对比一下策题内容便知,董仲舒所对并非元光元年之策问。《汉书·武帝纪》所载元光元年策题恰为《公孙弘传》所载对策题。因此,《董仲舒传》"武帝即位,举贤良文学之士前后百数,而仲舒以贤良对策焉"之年份以建元元年十月为确。《资治通鉴》将此事系年于建元元年是有根据的。

因此,在这次考试的答策中提出的主张,是董仲舒一生中最大的建树。《汉书·董仲舒传》评断说:"及仲舒对册,推明孔氏,抑黜百家。立学校之官,州郡举茂材孝廉,皆自仲舒发之。"

西汉诏举贤良策问内容,多为国家重大事务,即颜师古所说"显问以政事"。皇帝亲策亲览,可以了解社会实际和民间疾苦,有的对策所提建言还可作为制定决策之参考。原先诏举只试一道策问,自董仲舒以后,历代诏举多策试三道问目。只是后来策试内容不一定限于当时的天时人事,甚至只问一些与实际不太相干的经义或其他内容。

在建元元年的这次诏举贤良中,还有一位治《春秋》学的著名人物公孙弘也以贤良中策,被征为博士。后因出使匈奴不合朝廷之意,罢归还乡。元光元年(前134)五月,汉武帝再次诏举贤良文学,公孙弘又被推举应诏。该次对策者百余人,太常初审奏定其等第为下。武帝亲览对策之后,改擢其为第一名,于是再次拜为博士。① 公孙弘为学官,曾建请为博士官置弟子50人,免其徭役,而博士弟子的选补条件为18岁以上"仪状端正者"。同时,他还提出在郡国县官中选取有文学、品德优良之士与博士弟子一起受业,课试高第或秀才异等者上奏补官。公孙弘的建议为朝廷采纳之后,对提高各地官吏的文化素质起了很好的作用。公孙弘后来成为汉代著名的宰相,而其起家则是从应贤良诏举对策开始的。

贤良方正科诏举对策在武帝时走向制度化。此后从昭帝至平帝,西汉各朝皇帝都举行过贤良方正科诏举。东汉多数皇帝也曾开过此特科。据《汉书》各帝纪所载统计,西汉从文帝二年(前178)至平

---

① 《汉书》卷58《公孙弘传》将公孙弘第二次时间记成"元光五年"。"五"字恐为"元"字之误。按:《汉书·武帝纪》载明为元光元年诏举贤良且选出公孙弘,元光五年仅"征吏民有明当时之务、习先圣之术者,县次续食,令与计偕"。西汉时诏举贤良由皇帝亲策亲览,为朝廷大事,本纪一般不会漏载。元光五年未记有举贤良事,因此公孙弘当为元光元年再举贤良。

帝元始元年(公元 1 年)的 180 年间,共举贤良方正科 19 次,平均约 9. 5 年举行 1 次。东汉自光武帝建武六年(30)至桓帝永康元年(167)的 138 年间,共诏举贤良 15 次,平均 9. 2 年举行 1 次。两汉合计举贤良方正 34 次。

从贤良方正的科目名称来看,实际上是一个科目种类,它包括"贤良方正"以及有时分开单言的"贤良"或"方正","直言极谏"或"直言"也归属于贤良方正科目,汉代所举贤良方正科有半数以上是与"能直言极谏"连称的。此一种目在唐代制科中也是最经常举行者,而且"贤良方正直言极谏"在唐代还发展凝定为最著名的"定科"。根据皇帝的偏好或一时需要,汉代的"贤良方正"有时也连接其他名目,如"贤良方正可亲民者""贤良方正有道术达于政化能直言极谏之士""贤良方正能探赜索隐者"等。而且,"贤良"还常与"文学"连科并称。《汉书·武帝纪》载建元元年举贤良方正直言极谏之士,而董仲舒、公孙弘本传则云举"贤良文学士"。

汉代"文学"一词的含义颇为复杂,多数情况下是通经术的儒生,桓宽《盐铁论》卷 2《论儒第十一》说"文学祖述仲尼",意为举文学者奉孔子为正宗。汉代地方郡国教官传授儒学,其名称便为"郡文学"。"文学"若指书则为经书。董仲舒、公孙弘都是因为精通《春秋》经学而策中"贤良文学士"的。不过,汉昭帝始元五年(前 82)"令三辅、太常举贤良各二人,郡国文学高第各一人",①以及宣帝本始元年(前 73)诏郡国举文学高第各一人,又说明后来"文学"科与贤良方正并非同一科目。只是从大类上划分,"文学"还是可以归入"贤良文学"一类的。

诏举策问这种方式,与春秋战国时期一些士人上书言事让君主采纳的做法有一定的渊源关系。所不同者在于诏举是广泛而公开地

---

① 《汉书》卷 7《昭帝纪》。

要求被举者回答所提问题,而上书言事一般是个别士人主动向君王提出建议。汉代诏举的动机和原因,多是由于出现奇异的天象或较严重的自然灾害,而相信“天人感应”的汉代统治者认为人事与天象有必然的联系,各种灾异均为“天地之戒”,即上天对“天子”治理天下无能的一种警示。如文帝二年诏举贤良就是当年发生日食,文帝认为“人主不德”,“则天示之灾”,作为皇帝应检讨自己的过失,因而诏举贤良方正能直言极谏者,“以匡朕之不逮”。董仲舒在诏对贤良的“天人三策”的第一段便说:

> 臣谨案《春秋》之中,视前世已行之事,以观天人相与之际,甚可畏也。国家将有失道之败,而天乃先出灾害以谴告之,不知自省,又出怪异以警惧之,尚不知变,而伤败乃至。以此见天心之仁爱人君而欲止其乱也。①

在两汉历次下诏举贤的诏文策题中,不少皇帝都将发生日食、地震、山崩、川竭、大旱、蝗灾、星陨等归因于自己有过失,宣帝本始四年(前70)、成帝建始三年(前30)和成帝元延元年(前12)的策题中还直接说“朕甚惧焉”。因此汉代诏举多数是由于不祥之兆而引发的,诏举时间也就没有定准,间隔的年代短则数年,长则数十年。

贤良方正的举主按规定多为诸侯王、丞相、三公、九卿、御史、列侯、中二千石、二千石、州牧、郡守等中央和地方的高级官员。被举者虽未作限定,但实际上绝大多数都是职位较低的现任官以及州郡的属吏,这些人在对策中第后获得升迁。贤良方正是汉代察举地位最为崇高的科目,所举人数一般是每个举主各举1人,只有始元五年

① 《汉书》卷56《董仲舒传》。

(前 82)特别令三辅、太常各举 2 人,该次所举贤良、文学总数也不过 60 余人。文帝十五年(前 165)和武帝建元元年(前 140)所举贤良有“百数”或“前后百数”,只是大约言之。汉代诏举贤良每次不会太多,估算最多者不过百数十人,一般为几十人。

贤良方正所举人数虽然总数不多,但因地位重要,且策问内容经世致用,因此选拔了不少真才。尤其是西汉诏举贤良,拔取了一些知名之士。据《文献通考》卷 33《选举考》门《贤良方正》所列,西汉举贤良文学者有 17 人:

**晁　错**　以太子家令举迁授中大夫
**董仲舒**　以博士举迁授江都相
**公孙弘**　以博士举迁博士待诏
**杜　钦**　以武库令举迁授议郎
**严　助**　郡举擢授中大夫
**朱　云**　以博士举迁授槐里令
**王　吉**　以云阳令举迁授昌邑中尉
**贡　禹**　以博士举迁授河南令
**魏　相**　郡卒史举迁授茂陵令
**盖宽饶**　以郎举迁谏大夫
**孔　光**　以议郎举迁授谏大夫
**谷　永**　以太常丞举待诏公车
**杜　邺**　以凉州刺史举,不及拜官卒
**何　武**　以太守卒史举迁授谏大夫
**辕　固**　以清河王太傅举,寻罢归里
**黄　霸**　以丞相长史举迁授扬州刺史
**朱　邑**　以太守卒史举迁大司农丞

东汉也列出了鲁丕等 13 人,不过东汉所举贤良文学所授官职不如西汉贤良的高,所得人才也不如西汉。上列西汉贤良中有不少成为一

代名臣,位列宰相。当然,以贤良方正举上第者远不止上列人数,从《汉书》《后汉书》列传所载,至少可以判明36人曾举贤良方正科。实际上,汉代举贤良方正对策重在了解政化得失,目的在于搜罗才俊以供咨询辅佐,有时还以对策中所提建议作为政府决策之依据。因此在京外高官所郑重推举出来的人选中,对策一般有评定等第高下,但很少黜落,这与后世差额的选拔性制科考试是有所不同的。如此算来,汉代贤良方正诏举人才的总数也不会太少,若以平均每次60人计算,大约有2040名贤良方正或贤良文学。

皇帝亲览对策而第其优劣是汉代诏举的普遍情形,但在昭帝时,因皇帝年幼却有例外。始元元年(前86),特派遣故廷尉王平等5人"持节行郡国举贤良",了解民间疾苦冤屈和官吏失职情况。始元五年(前82)也很特别,该年六月诏令三辅、太常举贤良各2人、"郡国文学高第"各1人。据《汉书·昭帝纪》载,始元六年二月又"诏有司问郡国所举贤良文学民所疾苦。议罢盐铁榷酤"。原来汉武帝时,为弥补国家财政不足,实行盐、铁、酒官营专卖政策,引起颇多问题,一种看法认为这是与民争利。昭帝始元六年(前81)二月,便召集新近各地所举荐出来的贤良和文学到京师长安,与丞相车千秋、御史大夫桑弘羊一起来辩论是否要继续实行盐铁专卖等问题,这便是中国历史上著名的"盐铁会议"。

参加盐铁会议讨论的贤良、文学有茂陵的唐生、鲁国的万生、中山的刘子、九江的祝生等60余人,他们与丞相、御史大夫等人反复诘难,一一回答或反驳所提问题。这些贤良文学们极力主张实行罢盐铁、酒榷、均输等办法以还利于民,而丞相、御史大夫的观点正好与之相反,因而问答的言辞皆相当激烈,互不相让。不过,贤良与文学看来是初生牛犊不怕虎,振振有词地批驳问难。桓宽所辑《盐铁论》一书详细地记录了这次以辩论代对策的考试内容,其中卷5《相刺第二十》所载可见双方针锋相对之一斑:

大夫曰："所谓文学高第者，智略能明先王之术，而姿质足以履行其道。故居则为人师，用则为世法。今文学言治则称尧、舜，道行则言孔、墨，授之政则不达。怀古道而不能行，言直而行枉，道是而情非。衣冠有以殊于乡曲，而实无以异于凡人。诸生所谓中直者，遭时蒙幸，备数适然耳，殆非明举所谓，固未可与论治也。"

文学曰："……文学不中圣主之明举，今之执政亦未能称盛德也。"

大夫不说，作色，不应也。

类似这样反唇相讥尖锐问难的情况还有不少，《盐铁论》记述多次在文学或贤良的答辩之后，"丞相史默然不对"，"大夫视文学，悒悒而不言也"，"大夫勃然作色，默而不应"，"大夫俯仰未应对"，最后状态是"大夫怃然内惭，四据而不言"。

丞相等人认为辩论国家之政事、论执政之得失，应该心平气和徐徐以道理相喻，不必言辞急切。他们说明难罢盐铁专营并非为私而是忧虑国家的各种支出费用，"诸生若有能安集国中，怀来远方，使边境无寇虏之灾，租税尽为诸生除之！何况盐铁均输乎？"丞相认为大夫和贤良、文学的言辞皆过于激烈，要他们向大夫谢过。贤良、文学们一气之下"皆离席"，并称"药酒苦于口而利于病，忠言逆于耳而利于行"，大夫这才"色少宽，面文学而苏贤良"，继续把问答进行下去。[1] 尽管大夫等人舌战群儒，但贤良文学诸生据理力争，在一位贤良全面论述理由之后，"公卿愀然，寂若无人。于是遂罢议止词"。结果奏曰"贤良、文学不明县官事，猥以盐铁为不便，请且罢郡国榷沽、关内铁官"，在准奏罢去盐铁专卖之后，这批贤良和文学皆拜官任职。

---

① 《盐铁论》卷5《国疾第二十八》。

始元五年(前82)诏举贤良、文学,因昭帝年幼未实行亲自策问之制,却于次年改由朝中大臣问以民间疾苦,最终听从贤良、文学的主张,罢去盐铁专营之法。这种问难辩驳的考试方法在历代诏举中是十分独特的,应诏举子参加"盐铁会议"也是中国科举史上的一件大事。元代马端临在《文献通考》卷33评论这种以讨论当时大事代替策问的办法"虽未尝亲奉大对,而其视上下姑相应以义理之浮文者,反为胜之。国家以科目取士,士以科目进身者,必如此,然后为有益于人国耳"。《盐铁论》一书因此成为研究汉代察举史难得的素材。

西汉贤良方正科对策载于史书者,仅有晁错、董仲舒、公孙弘、杜钦、谷永、杜邺6人的对策,其中最有内容和见地的还是董仲舒的"天人三策",其余诸人的对策多有空洞逢迎之词。不过,从晁错对策开始,这种策问和对策的考试形式一直被沿袭下来,在汉隋间策试秀孝、唐宋时制科策试、明清时殿试对策中广泛使用,存在时间长达两千余年。《汉书·晁错传》所载晁错对策的规制体式,与清末殿试对策的文体形式基本类似。因此,科举中制诏特科发端于汉高祖时代,形成于汉文帝时代,广义的科举始于西汉的贤良方正诏举。

(二) 明经、明法诸科

汉代诏举特科最常见的是贤良方正,除此以外,还有一些较不著名的特科。这些科目取人较少,所取主要为某一方面的专门人才。

1. 明经科

明经意为通晓经学,明于儒术。自汉武帝采取独尊儒术的文教政策之后,儒家经学受到高度重视。在中央太学中立五经博士,培养博士弟子以经术入仕,举贤良文学实际上也以经学为本。这还不够,又特别设立专门的明经科来选拔儒学人才。

据《汉书·龚遂传》,龚遂以明经为官,后至昌邑郎中令。《后汉书·袁安传》载,袁安祖父袁良举明经为太子舍人。又据《汉书》各人本传,孔安国、贡禹、夏侯胜、张禹都是以明经为博士,其中孔安国还标明是“以明《谷梁春秋》为博士、部刺史”。眭弘、翟方进则以明经为议郎，盖宽饶因“明经为郡文学”，召信臣“以明经甲科为郎”。而且翟方进还是在经过博士授业《春秋》“以射策甲科为郎”之后，再举明经迁议郎的。《汉书》卷73《韦贤传》载，宰相韦贤之子韦玄成又以明经位于宰相，因而当时邹鲁（今山东）一带流传的谚语说：“遗子黄金满籯，不如一经。”韦贤因为精通《礼记》《尚书》，并在家乡鲁国邹（今山东邹县）以教授《诗经》为业，号称“邹鲁大儒”，故被征召担任博士，后来当到宰相。父子二人相继靠经学起家位极人臣，使当地人认识到留给后代最宝贵的财富莫过于经书，其价值要远胜于满筐的黄金。“遗子黄金满籯，不如教子一经”的谚语后来长期流传，并被《三字经》改编为“人遗子，金满籯；我教子，唯一经”，在全国广为传诵。

东汉是经学的昌盛时期，由于研究和学习儒学经典者众多，形成了不同的流派，对经书的解读也出现不同的见解，《汉书·儒林传赞》说是“传业者寖盛，支叶蕃滋”。按所据经书传本不同，东汉经学分为今文经学和古文经学两大派别，并进行激烈的学派之争。为了求得对经书的真切理解，统治者进一步提倡研习经学，并明令各地察举明经。章帝元和二年(85)，下诏“令郡国上明经者，口十万以上五人，不满十万三人”。这是按人口比例来推举明经，是明经独立为科的明确记载。

举明经者需经考试，并有合格和下第之分。顺帝阳嘉元年(132)曾实行“试明经下第者补弟子”的做法。当年太学新建成，增加了博士弟子的补官名额，并规定举明经下第者补为博士弟子，继续修习经学，以待日后从博士弟子设科射策的途径入仕。质帝本初元年(146)，又“令郡国举明经，年五十以上七十以下诣太学。自大将军至六百石，皆遣子受业，岁满课试，以高第五人补郎中，次五人太子舍人”。① 汉代入仕途径有察举、辟署、征召等多种，博士弟子设科射策

---

① 《后汉书》卷6《质帝纪》。

也是一条入仕途径。察举与博士弟子是两种不同的入仕途径，前者是采用乡举里选从社会上推荐，后者是在中央官学中通过考选择优授官。上述两次令举明经不第或年龄较大者进入太学为博士弟子，是将察举考试与学校教育结合起来的早期努力，也开启了唐代设广文馆招收举进士科下第者入学受业制度的先河。

射策是汉代选拔人才中经常使用的考试方法，它与对策不同。对策是针对事先设定的策问题目(一般是有关当时国家大政得失的问题)提出自己的观点，而射策则是预先拟好许多题目让应试者抽签选题回答。《文心雕龙·议对篇》说："又对策者，应诏而陈政也。射策者，探事而献说也，言中理准，譬射侯中的。"汉代文字一般书写于竹简之上，将写好策题的竹简列于几案，让应考者随意抽取作答，这是与后世的考试有所不同的一种考试方法。《汉书·萧望之传》颜师古注说：

> 射策者，谓为难问疑义书之于策，量其大小署为甲、乙之科，列而置之，不使彰显。有欲射者，随其所取得而释之，以知优劣。射之言投射也。对策者，显问以政事经义，令各对之，而观其文辞定高下也。

对策所问皆为正大明白的问题，主要考察应对者的见识和综合分析能力。射策所试内容多为经书章节句段的解释，容易事先背诵准备，因而需设定较多的题目让应试者抽取回答。明经科考试与博士弟子的选拔任职一样，所试皆为经学，因而也采用射策的办法。

东汉时举明经入仕的人物有张玄在建武初年(约25～27)举明经补弘农文学，戴凭郡举明经，征试博士等等。两汉举明经所取人才比较而言并不算多，但在以儒学为正统学问的中国古代，明经科却有顽强的生命力，延续到唐代成为取士最多的科举考试科目。

2. 明法等科

明法，即明习法令。任何时代都需要一些通晓法律的人才，为制定和贯彻当朝的法令，汉代设明法科以拔取一些精通法律人士。《汉书·郑崇传》载，郑崇之父郑宾“以明法为御史”。御史是中国古代的司法官员。东汉时陈咸以律令为尚书，也是靠通晓法律而胜任尚书一职。而已任廷尉正的陈忠，被举“明习法律”而擢拜尚书，也是以明法升迁的实例。

明阴阳灾异。汉代人十分相信阴阳之说，迷信鬼神术数等法术，认为国事人事皆与阴阳灾变休戚相关。当出现日食、地震或水旱大灾时，皇帝常诏举贤良方正能直言极谏之士，有时则直接诏举“明阴阳灾异”之士。如汉元帝初元三年(前46)六月诏云：“盖闻安民之道，本繇阴阳，间者阴阳错谬，风雨不时……丞相、御史举天下明阴阳灾异者各三人。”于是有不少人因此被擢举召见。① 东汉安帝永初二年(108)，也曾令百官及郡国举“有道术、明习灾异阴阳之度、璇机之数者”。此前一年(107)三月，因为日食，安帝曾下诏令“公卿内外众官、郡国守相举贤良方正、有道术之士、明政术、达古今、能直言极谏者各一人”。但永初二年诏书中却说：“间令公卿郡国举贤良方正，远求博选，开不讳之路，冀得至谋，以鉴不逮，而所对皆循尚浮言，无卓尔异闻。”安帝对所举贤良并不能解决问题，当年又是“阴阳差越，变异互见”，②因此才专门下诏求举明习阴阳灾异之士的。

此外，两汉临时诏举的特科还有至孝、敦厚、勇猛知名法、童子、治剧等。前四科顾名思义便可知其选拔的是哪一方面的专门人才，而治剧是指善于治理复杂纷乱的郡县。汉代郡县按治理难易分为剧、平不同类别，能管治好老大难的一方土地，实为方面之才，因此汉代也列为察举科目。只是这些偶尔举行的特科取人较少，真正影响

① 《汉书》卷9《元帝纪》。
② 《后汉书》卷5《孝安帝纪》。

较大的还只有贤良方正科,而从人数来说,汉代察举最主要的途径还是岁举孝廉秀才的常科。

## 二 岁举孝廉秀才

### (一) 孝廉

#### 1. 常科孝廉之发端

孝廉之称,意为孝子廉吏。“孝”,谓“善事父母”,在古代视孝为立身之本,认为“求忠臣必于孝子之门”;而廉,谓“清洁有廉隅者”,[①]为从政之方。孝与廉皆是儒家提倡的基本道德规范,因此又说民有德行称孝,吏有德行称廉。察举孝廉意在促进地方教化,劝导社会风气,并为郡国挑选有德行守廉洁的官员。

察举孝廉的渊源可以追溯到汉高祖二年(前205)“举民年五十以上,有修行能帅众为善,置以为三老”。[②] 刘邦之后,汉惠帝四年(前191)正月,诏“举民孝弟力田者,复其身”。高后元年(前187),“初置孝悌力田二千石者一人。”这是《汉书》的记载,按颜师古注为“特置孝弟力田官”。《通典·选举典》则说是置“孝悌官二千石者一人”。惠帝时所举孝悌力田只是免其徭役,高后所置孝悌力田官是为了劝励天下,令各敦行务本。虽然皆非完全意义的察举,但却初露察举孝廉科的端倪。

文帝十二年(前168),劝民种树,赐减天下农民当年一半的租税,并下诏说:

> 孝悌,天下之大顺也。力田,为生之本也。三老,众民之师也。廉吏,民之表也。朕甚嘉此二三大夫之行。今万家之县,云

---

① 《汉书》卷6《武帝纪》颜师古注。
② 《汉书》卷1《高帝纪》。

无应令，岂实人情？是吏举贤之道未备也。[1]

为此，文帝下令各地方官赐给孝者、悌者、力田、廉吏布帛，并按户口置“孝悌力田常员”。诏书中说一些县无孝弟力田之人可应察举之令，说明以往朝廷曾下令举孝兴廉，只是“举贤之道未备”，即察举的制度和方法尚不完备。

岁举孝廉制度的确立是在汉武帝时。在汉武帝建元元年（前140）董仲舒对贤良方正的第二策中，他提出“使诸列侯、郡守、二千石各择其吏民之贤者，岁贡各二人以给宿卫，且以观大臣之能。所贡贤者有赏，所贡不肖者有罚”的建议，得到武帝的采纳。元光元年（前134），初次下令郡国举孝、廉各1人。汉代察举最重要的孝廉科至此正式确立。这种按具体人数定期举荐人才的常科，后来成为中国科举史上选拔人才的主要途径。只是汉代察举孝廉最初并无考试黜落，东汉时有考试但只是处于辅助地位，起决定作用的还是推荐环节，这是与后世科举不同之处。不过，岁举孝廉的出现标志着察举的制度化、规范化，表明察举制已确立为一条较完备的入仕途径。因此，有的学者认为汉武帝此举“开中国选举制度千年坚固的基础”，元光元年（前134）是“中国学术史和政治史上最可纪念的一年”。[2]

孝与廉最初是两个察举科目。武帝元朔元年（前128）诏书中谈到“兴廉举孝”时说：“十室之邑，必有忠信；三人并行，厥有我师。今或至阖郡而不荐一人”，并令礼官与博士商议对不举孝与廉的地方官员的处罚办法。为此，有关部门援引经典上说诸侯不贡士要加以黜爵的先例，奏准：“不举孝，不奉诏，当以不敬论。不察廉，不胜任也，当免。”[3]采取如此严厉的硬性规定是为了保证察举孝、廉制度的认

---

① 《汉书》卷4《文帝纪》。

② 劳干：《汉代察举制度考》，《历史语言研究所集刊》1948年第17册。

③ 《汉书》卷6《武帝纪》。

真推行。按徐天麟在《东汉会要》卷26《选举》上所说,当时孝与廉是各为一科,"至东都则合为一科矣"。不过在东汉时期,在举孝廉的同时,也还存在单独察廉及廉吏,专门用来推举现任官吏为政法廉者。汉宣帝时,因所察廉吏阶秩偏高,不利于鼓励下级官吏积极进取,还曾下诏规定六百石以上之吏不得再察为廉吏。

察举孝廉在西汉后期已走上正轨,每郡岁举孝廉2人。但由于各郡国地域大小、人口多寡不等,大郡人口多至百万以上,小郡少者不及十万,实际上便存在察举名额不均的问题。为此,永元五年(93)前后,汉和帝将此问题"下公卿会议"。当时司徒丁鸿与司空刘方建议:

> 凡口率之科,宜有阶品,蛮夷错杂,不得为数。自今郡国率二十万口岁举孝廉一人,四十万二人,六十万三人,八十万四人,百万五人,百二十万六人。不满二十万二岁一人,不满十万三岁一人。①

和帝采纳了这项建议。但问题并没有完全解决,因为像幽州、并州、凉州这一类边陲地区人口较少却"边役众剧",完全按上述比例举孝廉,令当地的吏民"进仕路狭"。为此,和帝永元十三年(100),又对举额分配制度作了进一步的调整,对人口较少的边疆州郡给予额外优待,规定"缘边郡口十万以上岁举孝廉一人,不满十万二岁举一人,五万以下三岁举一人"。② 这种按户口多寡比例定举额和优待边远地区的制度,具有浓厚的地缘政治色彩,有利于均衡参政机会、促进边

① 《后汉书》卷37《丁鸿传》。按:《宋书》卷40《百官志》下、《通典》卷13《选举典》一皆载此以人口比例察举孝廉的制度为武帝元光元年所定,当误。若武帝时已有此定制,和帝就不会以为举额不均而下公卿会议了。

② 《后汉书》卷4《孝和帝纪》。

陲地区人文水平的提升，演变发展到后来，唐代科举按府、州、道大小定额解送，明清实行分区定额取中的制度，对维护全国的统一、发展落后地区的文化教育起到积极的作用。

2. “儒者试经学，文吏课章奏”

东汉察举孝廉还有一重要的改革发展，即建立了“儒者试经学，文吏课章奏”的考试制度。汉顺帝以前察举孝廉至中央即拜官，地方官的举荐为关键环节。但因举荐的德行依据“孝”和“廉”靠的是道德判断，并无可操作的客观衡量标准，缺乏严密的考核监督制度，因此极易导致营私舞弊、任人唯亲。一些地方官为培植私人势力，“率取年少能报恩者，耆宿大贤多见废弃”。[①] 一些士子为获得举荐不惜弄虚作假，沽名钓誉，而多数情况下又难以辨其真伪。另一方面，则是请托盛行，掌握察举大权的地方官往往门庭若市。“荣路既广，觖望难裁，自是窃名伪服，浸以流竞。权门贵仕，请谒繁兴。”[②]为了革除这些流弊，汉顺帝时，尚书令左雄倡议将考试引入察举孝廉中去。

阳嘉元年(132)，左雄“议改察举之制，限年四十以上，儒者试经学，文吏试章奏”[③]。“儒者试经学，文吏试章奏”的提法各种史书记载略有不同，《后汉书·左雄传》作“诸生试家法，文吏课笺奏”，《顺帝纪》则为“诸生通章句，文吏能笺奏”，但其意思是一致的，即规定儒生和文吏都要分别考试经学和章奏。左雄的建议受到尚书仆射胡广等人的反对，他们认为“选举因才，无拘定制”，“贡举之制，莫或回革”，但汉顺帝还是采纳了左雄的建议。这次改革的用意有二：一为限年，一为考试，而重点在于后者。从此，察举孝廉在地方官推荐这一环节之外，又多了一个考试环节。举士已非等于举官，被举者若不能通过中央考试仍将被黜落。左雄改制将考试环节加入常科察举过

---

① 《后汉书》卷32《樊宏传》附《樊鯈传》。
② 《后汉书》卷61“后论”。
③ 《后汉书》卷44《胡广传》。

程,在中国科举史上具有重要的意义。徐天麟《东汉会要》卷26《选举》上《孝廉》中说:"西都止从郡国奏举,未有试文之事。至东都则诸生试家法,文吏课笺奏,无异于后世科举之法矣。"

左雄制定的孝廉考试的具体程序为:"先诣公府,诸生试家法,文吏课笺奏,副之端门,练其虚实,以观异能,以美风俗。"[①]对公府和端门两个地方,马端临《文献通考》卷28《选举考》解释说:

> 公府,三公府也。端门,太微垣,左右执法所舍,即御史府,犹近世御史台。覆试,进士之法也。试之公府而覆之端门,此所以牧守不敢轻举而察选清平也。

端门为宫城之正南门。实际上,端门并非御史府所在地,而是一个经常举行察举对策的地方。如马融于阳嘉二年(133)应"诏举敦朴",便是对策于端门。[②] 孝廉的考试是先试于三公府,又覆试于端门。汉代之宫门有屋宇可供各种活动之用,如灵帝于鸿都门设专习艺术辞章之学便是。端门在东汉后期便成为察举考试的场所。

儒生是明习儒家经典的士人,文吏是擅长官府文牍的吏员。儒生长于经典的阐释和文化的传承,文吏善于吏宦之道和运用法令。王充在《论衡》中曾指出:"文吏以事胜,以忠负;儒生以节优,以职劣","取儒生者,必轨德立化者也;取文吏者,必优事理乱者也。"他认为儒生在德行教化上优于文吏,而文吏于行政能力上长于儒生,二者各有短长优劣。左雄改制将孝廉考试的内容按被举者的出身分成两类,儒学诸生考经学章句一类经典知识,文吏试章奏笺表一类官府应用文,这种将经学之士与文学(文吏)之士区分成两类不同人才加以

---

① 《后汉书》卷61《左雄传》。

② 《续汉书·五行志》6注引《马融集》。参阅阎步克:《察举制度变迁史稿》,辽宁大学出版社,1991年版,第63页。

考试选拔的做法，是唐宋以后举取士中经术与文学之争的开端。宋代王安石就曾说："以今准古，今之进士，古之文吏也。今之经学，古之儒生也。"①当然，汉代之文吏与后世之进士还是有不少区别，文吏虽也重文，但还侧重吏道，与唐宋时的进士基本上成为文学之科略有差异。

限年加考试的办法在阳嘉元年(132)公布之后，得到了切实的推行。阳嘉新制规定举孝廉的年龄须在40岁以上，但"若有茂才异行，自可不拘年齿"。在阳嘉二年(133)，便出现了一例不足40岁而被推举到中央来的孝廉，即广陵人徐淑。台郎见其年貌可疑便诘问其年龄，徐淑回答说："诏书曰'有如颜回、子奇，不拘年齿'，是故本郡以臣充选。"台郎无法反驳，于是左雄亲自诘难："昔颜回闻一知十，孝廉闻一知几邪?"徐淑无法对答，于是被遣送回郡。于是济阳太守胡广等10余人皆因谬举被免官，大概此次察举的孝廉中有一些年龄不符合新规定，或考试成绩太劣，因而连累到举主。但该年也拔取了陈蕃、李膺、陈球等30余人，皆拜为郎中。从此以后，各地郡守多按规定选送，"莫敢轻举"。②

胡广曾为散吏，后被察举到京师，"试以章奏，安帝以广为天下第一"。不久便任尚书郎，后迁为尚书仆射。阳嘉元年尚书令左雄奏请改革察举孝廉之制时，胡广却带头上书反对顶头上司的建议。反对不成，胡广大概由此出为济阳太守。没想到又因不按新的制度察举孝廉被左雄免职。左雄对胡广如此严厉并不一定是挟嫌泄愤。因为推行限年考试必定会遇到许多阻力，会妨碍一些随意察举孝廉植党营私者的既得利益，不采取果断的措施排除阻力，新制就无法得到贯彻。徐淑为人宽裕博雅，好学乐道，也熟通经学，只因年未及40而被取消孝廉资格，是有点可惜。但阳嘉二年所取陈蕃、李膺等却是一时

① 《王文公文集》卷32《取材》。
② 《后汉书》卷61《左雄传》。

之选,日后对汉朝都作出了重要贡献,因此左雄改制和严格执法还是正确的。《后汉书·左雄传》便说实行阳嘉新制之后一段时间"察选清平,多得其人"。

对于孝廉考试的方法,胡广之后又有人提出异议。汉顺帝汉安二年(143),对左雄所定举孝廉先试于公府,又覆之于端门的程序,尚书张盛认为不妥,奏请废此种科试办法。尚书令黄琼则说:"覆试之作,将以澄洗清浊,覆实虚滥,不宜改革。"于是复试之制得以不废。黄琼还认为左雄所定孝廉之选专用儒学、文吏,"于取士之义,犹有所遗,乃奏增孝悌及能从政者为四科,事竟施行"。① 这样,察举孝廉科目中实际上包含了儒生、文吏、孝悌、能从政者四个方面的人选。

黄琼奏设的"孝廉四科"是从辟召官员中的四科转化而来。辟召又称"辟署""辟举""辟除",是高级官员任用属员的一种制度。汉武帝时,在辟召中实行四科取士。卫宏《汉官旧仪》卷上载其标准:

> 有权衡之量,不可欺以轻重;有丈尺之度,不可欺以长短。官事至重,古法虽圣犹试。故令丞相设四科之辟,以博选异德名士,称才量能,不宜者还故官。第一科曰德行高妙,志节清白;二科曰学通行修,经中博士;三科曰明晓法令,足以决疑,能案章覆问,文中御史;四科曰刚毅多略,遭事不惑,明足以照奸,勇足以决断,才任三辅剧令。皆试以能、信,然后官之。

上文说到选拔官员应有一定标准,才能如尺子、衡器一样来衡量长短轻重,不至于被欺蒙。而辟召取士的四科中的第二、三科类似于左雄改制中的儒生、文吏。而黄琼建议在察举孝廉中增加的两个方面,孝悌为道德方面的考察标准,相当于上述第一科"德行高妙","能从政"

① 《后汉书》卷61《黄琼传》。

则为行政管理才能，相当于上述第四科“刚毅多略……才任三辅剧令”。辟召四科取士的办法制度从汉武帝建立之后至东汉仍在实行，因此黄琼建议察举孝廉“四科”是受辟召四科的影响而实行的。

从两《汉书》等文献中，所能考出的汉代孝廉有 307 人，其中西汉 21 人，东汉 286 人，包括不就不应者 41 人。在 307 人之中，资历有明确记载和可以断定者计 234 人。资历类别大体可分为儒（儒生）、吏（州郡吏）、儒吏（兼有儒生及州郡吏双重身份者）、故官（曾入仕为官者）、处士（儒生之外不曾有公干者）5 种。在 234 人中，儒 75 人，占 32.1%；吏 58 人，占 24.8%；儒吏 31 人，占 13.2%；故官 10 人，占 4.3%；处士 60 人，占 25.6%。统计结果表明，汉代孝廉原有身份以儒者为最多，儒生和兼有儒、吏双重身份的人合计约占总数的近二分之一。另外，儒生和处士两种人所占比例接近 60%，说明汉代孝廉多数还是从未仕者中察举的。①

自从东汉和帝永元五年（93）按郡国人口多少定额察举孝廉以后，如果各地皆遵章按比例察举孝廉，全国每年举孝廉数约为 228 人。而此前东汉每年举额约为 189 人，西汉自元光元年（前 134）以后以每郡岁举 2 人计，全国每年约举 206 人。总的估算，西汉共可举孝廉约 32 000 人，东汉约 42 000 人。② 当然，实际上可能会少于此数，因为刚开始实行岁举孝廉时，曾出现“阖郡不荐一人”的情况，而阳嘉二年实行察举新制时，最后所取仅陈蕃、李膺等 30 余人，与规定举额总数相去甚远。但无论如何，两汉许多公卿大臣是从孝廉出身的，孝廉科在汉代察举中占据主导地位，成为当时士人入仕登进的主要途径。

（二）秀才（茂材）

汉代察举诸科目中地位最高的为贤良方正科（贤良文学科），察

---

① 黄留珠：《秦汉仕进制度》，西北大学出版社，1987 年版，第 143 页。
② 黄留珠：《秦汉仕进制度》，西北大学出版社，1987 年版，第 102 页。

举人数最多的为孝廉科,前者为诏举特科,后者为岁举常科。而秀才(茂才)科在地位、性质和察举人数三方面皆介于上述两科之间,地位低于贤良方正科,又高于孝廉科;性质最初是特科,后来演化为常科;人数少于孝廉,又多于贤良。

才之秀美者为秀才。"秀才"这个名称,始见于《管子·小匡篇》,汉武帝以后,成为荐举人才的科目之一,东汉时因避光武帝刘秀名字之讳,改称茂才。茂才又作茂材,古代"才"与"材"二字相通。颜师古说:"茂,美也。茂材者,有美材之人也。"①西汉时,茂材多数是与"异等"连称,以诏举特科出现。

从时间上看,最早提及"秀才"之称的汉代文献是《汉书·儒林传序》所述公孙弘的奏章。汉武帝元光元年(前134)公孙弘再次应贤良方正科诏举,以对策第一拜为博士。他在奏请兴太学、增补博士弟子时提出,弟子"即有秀才异等,辄以名闻,其不事学若下材,及不能通一艺,辄罢之"。只是这里所说的"秀才异等"是指博士弟子中的出类拔萃者,并非一个专门的选才科目。不过由此也可见西汉时"秀才"与"异等"词意密切相关。

作为诏举特科出现的秀才(茂材)科始于汉武帝元封五年(前106)。《汉书·武帝纪》载,该年设立了13个州级行政区划,每州置刺史为行政长官。而当时"名臣文武欲尽",于是下诏说:

> 盖有非常之功,必待非常之人……其令州郡察吏民有茂材异等,可为将相及使绝国者。

应劭对此句加注说:"旧言秀才,避光武讳称茂才。异等者,超等轶群不与凡同也。"从上述诏文中可见,茂材是由"州郡"从吏民中察举的,

---

① 《汉书》卷35《刘濞传》注。

这与孝廉一般由郡国察举有所不同。而茂材是特别优异可堪重任的人才，属于“非常之人”。

西汉诏举茂材共 5 次，除武帝时一次之外，据《汉书》所载，还有以下 4 次：

宣帝元康四年（前 62），遣大中大夫等 12 人循行天下，“举茂才异伦之士”。

元帝初元二年（前 47），因地震、山崩地裂、水泉涌出，诏丞相、御史、中二千石“举茂才异等直言极谏之士，朕将亲览焉”。可见举秀才皆需策试。

元帝永光二年（前 42），因日食，“令内郡国举茂材异等贤良直言之士各一人”。

元帝建昭四年（前 35），遣谏议大夫博士 21 人循行天下，“举茂材特立之士”。

在 5 次诏举茂才中，有 3 次称为“茂才异等”，1 次称为茂材异伦，1 次为茂材特立，从名称上看即可知此科目的是为了选拔优秀的人才。一般认为，西汉时期只有诏举秀才特科，岁举秀才是东汉时才出现的。但卫宏《汉官旧仪》记载，汉武帝元狩六年（前 117），丞相府“岁举秀才一人，廉吏六人”。又载“刺史举民有茂材，移名丞相，丞相考召。取明经一科、明律令一科、能治剧一科各一人”。有的学者据此及其他一些间接记载推断西汉后期秀才科已变成岁举。[1] 比较确切的是在东汉初年秀才变为岁举常科。《续汉书·百官志》注引《汉官目录》说：

> 建武十二年（36）八月乙未，诏令：三公举茂才各一人，廉吏各二人；廷尉、大司农各二人；光禄岁举茂才、四行各一人……监

---

① 阎步克：《西汉秀才已为岁举考》，《北京大学学报》1987 年第 5 期。

察御史、司隶、州牧岁举茂才各一人。

由此可见,东汉时期,三公、光禄、监察御史、州刺史等官员每年均可举荐秀才各1人,如果三公按规定举出3人,刺史举出13人,光禄举1人,监察御史举1人、司隶举1人,每年总共可举秀才19人,加上东汉有一些位比三公的大将军也可举秀才,总数也不过20余人,相比孝廉每年可举200人上下,约只有其十分之一的数额。因此秀才远比孝廉珍贵。

相对孝廉多出自未仕者而言,已仕官吏与曾为孝廉者在所有举秀才的人中所占比重较大。西汉可考的14例秀才中,这两种资历者占70%以上;东汉62例秀才中,也占到近60%。秀才是地位比孝廉高一级的察举科目,所以有不少应秀才举者是曾被察为孝廉的。西汉时如龚胜为郡吏,三举孝廉,后又州举秀才,其他如冯逡、师丹也是先举孝廉又举秀才,东汉时陈禅、皇甫嵩、孟尝、葛龚、孙权、士燮、孙匡、朱俊等人皆是既察孝廉,又举秀才,但两汉无一例是先举秀才后举孝廉的。[①]《汉书·赵广汉传》说其"举茂材,平准令;察廉,为阳翟令"。这是先举秀才后"察廉",但前已说明察廉不同于举孝廉,察廉是对现任官员的考察推选,类似于后代的铨选考课,赵广汉是在当上县令后再察廉的。

举秀才后多数任用为县令或相当县令一级的官职,这与孝廉多数仅仅拜任为郎的使用情况有所区别。汉代官制,郎这一级官的中秩比300石,而县令秩600～1 000石,因而秀才的任用远比孝廉为重。两者对比,举孝廉较侧重德行,举秀才较侧重于才能,所以后汉郑众在注解上古"献贤能之士于王"的选士制度时说:"兴贤者,谓若今举孝廉;兴能者,谓若今举茂才。"[②]秀才科注重才能,代表着察举

① 黄留珠:《秦汉仕进制度》,西北大学出版社,1987年版,第159～173页。
② 《周官郑司农解诂》卷2。

制度的发展方向，因此一直延续到隋唐科举时代，才逐渐被进士科所包容取代。

## 三　汉代察举的利弊与影响

两汉400余年间，察举制经历了初生、发展、改革和变异的过程。察举制的推行对汉代人才的选拔、政府官员的构成和社会风气都有一定的影响，也有不少作用和弊病。察举制的创设，在中国科举史上占有特殊的地位。

### （一）利弊得失

#### 1. 积极作用

人才的选拔关系到国家的兴衰治乱，而如何选拔人才则是一个十分复杂、有时还是相当困难的问题。自从汉代产生以察举为中心的选举制度之后，历代关于选举利弊和改革的议论始终不断。唐人杜佑在《通典·选举典》后评论说："缅徵往昔，论选举者，无代无之。"他对汉代察举得人多所肯定，如说通常每年郡国20万人口只能贡举1人，约计当时推荐，天下才过百数，"则考精择审，必获器能"。又说左雄改制实行限年考试之法后，一般官员不敢谬举，"所以二汉号为多士"。

察举得人之盛是由于察举的科目众多，既有"对策陈政"的贤良方正等诏举科目，又有每年举行的孝廉、秀才等常科；既有注重德行的至孝、有道、敦厚等科目，又有侧重专门才干的明法、治剧、勇猛知兵法等科目。即使是孝廉一科，后来也根据儒生、文吏的不同出身而分别试以经学和章奏。这种选拔方式的多元和考察标准的多元，不拘一格，有利于各方面人才的脱颖而出。总体而言，西汉贤良方正科得人较多，东汉则人才辈出于孝廉、秀才科。察举为朝廷和各级官府输送了大批的人才，而这些人才一般比任子（靠前辈的功劳和官位保任后代为官）、纳赀买官、以上计吏拜官，甚至比辟召为官等途径入仕者素质要更好。

察举注重德行在相当时期内促进了社会风气的改善,尤其是在西汉,不少人讲求孝行,廉洁自守,在一定范围内形成了重品行气节、讲仁义道德的风尚。东汉时有不少人被察孝廉不应不就,自认为德行才学尚不足以被举,表明这些人注重名实如一,谦虚礼让。当然,也不能排除有个别人不应举不应诏有其他目的。不过总的说来,汉代去古未远,在取士以德行为首,而所举又能循名责实的情况下,对劝导教化在一定时期内是有积极作用的。汉武帝雄才大略,又得到不少德才兼备之士的辅佐,才使其能建立文治武功之伟业。察举为汉代选拔了成千上万的人才,成为官员队伍中的重要组成部分,他们在治理兵刑钱谷等各方面发挥作用,为汉代盛世的出现贡献了一份力量。汉王朝成为中国历史上一个强盛的朝代,至今华夏民族的主体称为汉族、汉人。而一个疆域辽阔、赓续 400 余年的汉朝能够长治久安,应该说与察举选士也有密切关系。正如有的外国学者所指出的:"尽管存在不少弊端,但汉代察举为政府提供了充足的、有能力的官员人选,他们有效地、良好地履行职责,使两汉的政治能达到当时的高度。"①而一个高效的、由较有才能的人来管理的政府,对社会的稳定和发展起着重要的作用。

汉代察举制的建立和实施,部分实现了春秋战国时期诸多思想家贤能治国的理想。有关察举贤才的办法具有制度化的规章措施,而不再取决于某位君主的贤愚明暗,尤其是常科的诞生,固定时间分郡国州县、按具体人数和法定年龄推举升贡,使人才的选拔有法可依、有章可循。加上诏举须试策,常科后来孝廉也引入考试环节,对所举人选多少具有一定程度的把关,保证了官员的起码素质。虽然察举入仕的关键环节还不在考试而在于举主的考察推荐,但此一制

① Hans Bielenstein, *The Bureaucracy of Han Times*, Cambridge: Cambridge University Press, 1980, p. 132.

度的推行毕竟多少为中下层地主阶级提供了一些参政的机会，为民间士人开了一道也许还不够宽畅的门路。相对于先秦世卿世禄制和魏晋以后的九品官人法而言，汉代的察举包括当时的太学及其博子弟子的设科射策入仕办法，还是带有一点平民色彩。这对扩大统治基础，维护社会秩序十分有利。而优待边陲地区的举额分配办法，也有利于国家的统一。

2. 缺失流弊

实行察举制是人才选拔历史上的重大进步，但是，由于汉代察举还只是处于科举的初级阶段，带有草创阶段不够完善的特征，因而也存在不少弊端，这些弊端又是察举制本身固有的、难以克服的，其中最大的弊端便是弄虚作假与权贵操纵。

人才的选拔标准主要看德与才两个方面，汉代察举从总的来说是以德为主要考察标准。然而，一个人的道德品质是较难客观定评的，只有通过言行加以考察，而一个人的言行又不一定完全代表其真实思想品德。当不带有功利目的时，多数人还是能言由衷、行由实的，而当他为胜过他人求取被举入仕时，便很可能矫言饰行弄虚作假，人们又很难判断其真伪。这种沽名钓誉、欺世盗名的现象在东汉尤为突出。一个典型的事例是许武分家令兄弟成名的举动。《后汉书・许荆传》载，东汉初，许荆之祖父武被举为孝廉后，想让两个弟弟也成名，于是将家产一分为三，自己选取“肥田、广宅、奴婢强者”那一份，两个弟弟所得的则是既劣又少。乡人皆称其弟克让而许武贪婪，其弟因此均得美名而获得察举。事成之后，许武又召集亲族，当众泣告：“吾为兄不肖，盗声窃位，二弟年长，未豫荣禄，所以求得分财，自取大讥。今理产所增三倍于前，悉以推二弟，一无所留。”于是远近皆称道许武的善行，许武又获得了更大的声誉。许武这种“曲线救家”的策略，取得了出奇制胜的效果，其动机却不无沽名钓誉之嫌。

另一个典型例子为赵宣伪装孝道之事。《后汉书・陈蕃传》载，桓帝时,赵宣葬完双亲后不封闭墓之隧道,而是穿孝服居于其中 20 余年,被乡里称为大孝。州郡官数次以礼请之,他都不应。后来郡中将他推荐给太守陈蕃,陈蕃才查问出他在墓道守孝期间生了 5 个儿子。按古代的孝道,守孝期间是不可过夫妻生活的,因而陈蕃以"诳时惑众,诬污鬼神"的罪名将其惩处。像这类欺世盗名的行为,如果未被发现,可能就会被视为"至孝"而受到察举入仕了。假象一般不容易被识破,举人因而可能出现名不副实的情况。东汉王符《潜夫论》指出:

> 群僚举士者,或以顽鲁应茂材,以桀逆应至孝,以贪饕应廉吏,以狡猾应方正,以谀谄应直言,以轻薄应敦厚,以空虚应有道,以嚚闇应明经,以残酷应宽博,以怯弱应武猛,以愚顽应治剧。名实不相副,求贡不相称,富者乘其材力,贵者阻其势要,以钱多为贤,以刚强为上。

王符这里所说的当然是以极端言之,各种科目所应之人正好是反其道而行之。所举非其人的现象虽不一定像王符所说的普遍存在,但在东汉确已是相当严重了。

左雄阳嘉改制就是针对察举孝廉良秀难辨而采取具有一定可操作性的考试办法。"儒者试经学,文吏课章奏"之后,在一段时期内确曾廓清了鱼目混珠的现象,但因为察举制的关键环节还在于地方官的举荐而非中央公府的考试,主要还是依靠人治而非法治,这是察举推荐的根本问题所在。一旦强有力的清官离职,又容易故态复萌,因此东汉中后期察举名不副实的状况并未得到根本性的改变。晋代葛洪《抱朴子》外篇卷 15《审举》说,东汉灵帝、献帝之时(168～220),宦官专权,奸臣秉权,危害忠良,"台阁失选用于上,州郡轻贡举于下。夫选用失于上,则牧守非其人矣;贡举轻于下,则秀、孝不得贤矣。故时人语曰：‘举秀才，不知书。察孝廉，父别居。寒素清白浊如泥，高第良将怯如鸡。’”这首东汉末年的民谣，生动而辛辣地讽刺了当时察举制度的弊端，也成为后世人们评论察举名不副实的有力证据。

与弄虚作假相关的另一察举弊端便是权贵操纵，这同样是由察举制下举荐无客观硬性标准这一根本性的缺陷所导致。在私有观念占统治地位的中国君主时代，能够长期广泛地出自公心推举人才的官员毕竟不是多数。即使有的官员欲秉公推荐，但或屈服于权势，或有碍于情面，往往也不得不违心地推举权贵之亲朋子弟。如东汉顺帝初年，河南尹田歆察举 6 名孝廉，其中权要贵戚已请托推举 5 名，为此田歆曾对其外甥王谌说：“今当举六孝廉，多得贵戚书命，不宜相违，欲自用一名士以报国家，尔助我求之。”[①]可见田歆并不心甘情愿推举那些贵戚所托人选，然也不得已而为之。正是因为正常的察举经常受到权贵势要的请托干预，所以所举孝廉、秀才才会日渐走样。东汉时还有童谣说“孝廉不廉，富贵者贤”，“欲得不能，光禄茂才”。有些官员也确实想革除察举不实的弊端，如为改变“权富子弟多以人事得举，而贫约守志者以穷退见遗”的状况，时为光禄勋的陈蕃与五官中郎将的黄琬一同决心“显用志士”，并以才行推举朱山等为秀才，结果二人皆“为权富郎所见中伤”，并被诬与主持正义的御史丞王畅等结为朋党，最终陈蕃被免官，而黄琬等则遭党锢之祸。[②] 可见要秉公察举有时不但不能如愿，还可能引祸上身。

造成察举不实的另一原因是推荐者所知范围有限，很难广泛地察知真正的德才之士。若非周围人士或故交，难以了解其德行才学，只有靠他人介绍，这就不易杜绝弄虚作假者。章帝建初元年(76)下诏令举贤良方正能直言极谏之士时便说：“选举乖实，俗吏伤人……夫乡举里选，必累功劳。今刺史、守相不明真伪，茂才、孝廉岁以百

---

① 《后汉书》卷 56《种暠传》。
② 《后汉书》卷 61《黄琬传》。

数,既非能显,而当授之政事,甚无谓也。每寻前世举人贡士,或起甽亩,不系阀阅。敷奏以言,则文章可采;明试以功,则政有异迹。文质彬彬,朕甚嘉之。"[①]东汉时察举不辨真伪的情况随着时间的推移日渐严重,越到末世,察举不实、权门请托等营私舞弊的现象越严重,此类记载不胜枚举,说明由于制度本身的缺失,一时的厘革是无法根除所举非人的痼疾的。

地方官个人耳目所及有限,只好依靠僚属帮助,而官府僚属多由当地的世家大族充任。被察举者须经"乡闾评议",而主持评议的也基本上是本地的豪门望族,这样察举难免只论族姓阀阅。当然,一些清议名士评议乡闾人物的品行,在一定时间和范围内对提倡清廉高洁的道德风尚也会有一点作用,某些评议在乡里也颇有声望。如许劭、许靖兄弟在家乡汝南"俱有高名,好共核论乡党人物,每月辄更其品题,故汝南俗有'月旦评'焉"。[②] 所谓"月旦"即每月初一,月旦评即议论本乡士人的德才,分成若干品级,每月初一重新品评一次。但是评品人物的德才只要没有客观可操作的标准,再公正的评议都可能走向异化,时间一长,"清议"往往变质为"浊议",成为世家大族影响选举的手段,魏晋以后的九品中正便是由此类清议品评演变出来的。

(二) 地位影响

汉代察举尽管还不完善因而出现了许多流弊,但是,察举制的创设对隋唐以后的进士科为主的科举制具有筚路蓝缕的作用,在中国科举史上占有特殊的地位。

关于科举制的起源问题,学术界历来有各种不同的说法,观点相当歧异,主要原因在于对"科举"一词的定义解释不一。"科举"是一个相当复杂而内涵丰富的概念,科举一词的内涵在隋唐至明清的一

---

① 《后汉书》卷3《肃宗孝章帝纪》。
② 《后汉书》卷68《许劭传》。

千多年间也有所变化，宋以前科举（或称贡举）多指广义科举，即西汉以后分科目制诏甄试或察举人才，明清以后直至现在通常用狭义科举即进士科举的概念。16～19世纪西方从多用狭义科举，现代西方学者注重考试从西汉开始这一点，故用广义科举者也不少。[①] 如侯服五在《汉代文官延揽制度》一文中说：中国的科举制可以追溯到察举制，始于汉文帝十五年（前165）。[②]《汉书》的英译者也认为汉文帝十五年此次策试这一有重要意义的事件标志着科举考试制度的开端。[③]

古代学者尤其是唐宋时期的学者，多认为贡举制度始于汉代。如刘禹锡曾说："汉庭以贤良文学征有道之士，公孙弘条对第一，席其势鼓行人间，取丞相且侯。使汉有得人之声，伊弘发也。皇唐文物与汉同风。"刘禹锡还列举了唐代张九龄、元稹等人应制科对策后任宰相的事例来加以说明。[④] 宋代欧阳修、宋祁《新唐书·选举志》在叙述唐代制科时也说："所谓制举者，其来远矣。自汉以来，天子常称制诏道其所欲问而亲策之。"当时学者很少人认为贡举制是隋唐时期所创置，而制举与汉代一脉相承，更是一目了然。唐人刘肃《大唐新语》卷10《厘革》便指出："汉高祖十一年，始下求贤之诏。武帝元光元年，始令郡国举孝廉各一人，贡举之法，起于此矣。"

汉代创设的许多察举科目，存在时间很长，有些还一直存续至唐宋时代，如明经、明法和秀才是构成唐代科举六个常科中的三个科目，而孝廉、贤良方正、武猛等则为特科。汉代也已出现了"贡举之制""举人""上第""高第""下第"等科举时代常见词汇，也有"甲科"

---

① 刘海峰：《科举学发凡》，《厦门大学学报》1994年第1期。

② Franklin W. Houn, *The Civil Service Recruitment System of the Han Dynasty*, The Tsing Hua Journal of Chinese Studies, New Series, Vol. 1. 1956, p. 149.

③ Dub. H. H, *The History of the Former Han Dynasty*, Translation, Baltimore, Waverly Press. Inc. 1938 Vol. 1, p. 259, Note 1.

④ 《刘禹锡集》卷19《唐故中书侍郎平章事韦公集纪》。

“不应旧科”“犹不应科”等提法。从分科举人的意义上说,汉代的察举也就是早期的科举。连朝鲜李朝时代的学者一般也认为“自汉科举始行,至唐其法寖盛”,[①]如朝鲜史籍《增补文献备考》卷188载,李朝英祖五十一年(1775)赵思忠奏启说:“大抵科举之制,非古也。古之取人之道,礼乐以成其材,询咨以简其贤。降及后世,里选之法坏,而汉之科法创焉。”只是到后来人们往往将隋代设进士科以后的贡举称为科举,多忽略了汉代分科察举与后世科举的渊源关系。实际上,汉代的察举可视为广义的科举,是科举制的雏形。

当然,我们在肯定汉代察举即为科举制的前身的同时,还应该指出察举与后来严格意义上的科举也有重要的区别,其一是察举制下士人不能投牒自进,一般需有地方官的举荐才有希望入仕,因此察举常被称为乡举里选。即使是左雄阳嘉改制之后加入课试环节,郡国举荐不能一律拜官,但关键也还在于举荐环节,如未被举荐根本就无参加考试的机会;而科举是一种开放性的考试,只要自家清白一般可以自由报考。其二是察举制下虽也有考试黜落法,但汉代察举一般多为非竞争性的等额考试,属于水平考试性质或标准参照考试性质,如被举者达到标准,原则上会被录取;而科举是选拔性的常模参照考试,由于其开放特征,报考者大大高于取士名额,因而考试竞争激烈,考试成为关键因素,各种各样的制度规定和读书备考、出身授官等都是围绕考试这个核心进行的。过去人们常以古代考试制度来代指科举制度,以乡举里选来指称察举制度,便表明科举考试与察举推荐的区别之所在。因此,通常情况下我们只将察举视为科举考试制度的渊源,约定俗成地使用狭义的科举概念。

汉代采用考试这种方式来甄别选拔人才确实已在部分范围内实行,而汉文帝十五年(前165)举行的策试影响深远,它不仅是中国载

---

① 《增补文献备考》卷184《选举法》1《科制》1恭愍王元年条“权近曰”。

籍中记述的正规考试的开端，而且是世界上最早的笔试。汉代诏举对策是“受策察问，咸以书对，著之于篇，朕亲览焉”，[①]明确采用书面考试形式，而欧洲迟至17世纪以后才开始推行笔试，并且还是受到中国科举考试的启示才仿效的。研究中国汉代历史的学者中有不少人主张科举始于汉代，而科举制后来西传欧美并对世界文明进程产生了重大影响，因此对汉代察举文官的制度评价颇高。如美国著名汉学家顾立雅（H. G. Creel）在1964年就曾发表过这种看法：中国对世界文化的贡献远不止造纸和火药的发明，现代的由中央统一管理的文官制度在更大范围内构成了我们时代的特征，而中国科举制在建立现代文官制度方面扮演过重要角色。可以明确地说，这是中国对世界的最大贡献。[②] 日本学者福井重雅在1988年出版的《汉代官吏登用制度研究》一书的序言和其他场合也曾一再引用、附和顾立雅的观点。如果就从制举考试和分科举人这方面来看，汉代察举在中国科举史上确有其特殊的地位，尽管它还远未完善。

## 第三节 州举秀才，郡举孝廉：魏晋南北朝察举

经历过东汉末年农民起义、群雄逐鹿之后，一批铁血英雄分别建立了各自的王国，历史进入了魏晋南北朝时期。此时期的社会政治逻辑即“胜者为王，败者为寇”，除西晋短暂的统一外，华夏大地或三国鼎立，或南北对峙，300余年间难得有安宁的时候，因此过去有些史家将魏晋南北朝比为欧洲黑暗的中世纪。不过，就文化的传承而言，此时期却不完全处于黑暗的谷底，也有“正始之音”和一批文化大

---

① 《汉书》卷6《武帝纪》元光元年5月诏。

② H. G. Creel, *The Beginnings of Bureaucracy in China: The Origin of the Hsien*. The Journal of Asian Studies, Vol. 23, No. 3, Feb, 1964, pp. 155－183.

师、科学巨匠诞生。在人才选拔方面,占统治地位的选举制度是九品中正制(或称九品官人法),因此一般有关中国科举制度史或考试制度史的著作都将九品中正制立出专门章节。然而,九品中正制并不是隋唐科举制度的前身,它是一种铨选方法而非贡举方法,隋代出现的进士科举并不是废除九品中正制而创建的,而是继承汉隋间的察举而发展来的,察举在魏晋南北朝时期与汉代类似,只是受九品中正制的制约而已。① 正如《文献通考·举士》所说:"按:魏晋以来,虽立九品中正之法,然仕进之门则与两汉一而已。或公府辟召,或郡国荐举,或由曹掾积累而升,或由世胄承袭而用,大率不外此三四途辙。"此时期的察举作为一条重要的入仕途径,不仅坚持下来,而且还有所演进发展,起着上承两汉察举、下启隋唐科举的作用。

## 一　曹魏察举"以经学为先"

人才的选拔是历朝统治者都十分重视的大事。魏文帝曹丕于黄初元年(220)冬即位后,次年春正月便"令郡国口满十万者,岁察孝廉一人。其有秀异,无拘户口"。黄初三年(222),又诏令郡国所选,不论老幼,"儒通经术,吏达文法,到皆试用"。② 这是继承东汉阳嘉之制中儒者、文吏分别试用的办法,但打破了限年取士的规定,目的在于不拘一格选拔人才。

对于察举孝廉是否仍需要考试的问题,魏初朝廷中还进行过一次争论。一些朝臣认为"举孝廉,本以德行,不复限以试经",主张不必再用考试。而司徒华歆反驳说:"丧乱以来,六籍堕废,当务存立,以崇王道。夫制法者,所以经盛衰。今听孝廉不以经试,恐学业遂从此而废。若有秀异,可特征用。"结果,"帝从其言"。③ 察举孝廉须经

---

① 刘海峰:《科举考试的教育视角》,湖北教育出版社,1996年版,第14～15页。
② 《三国志》卷2《魏书·文帝纪第二》。
③ 《三国志》卷13《魏书·华歆传》。

考试的制度被保留下来。魏明帝太和二年(228)也下诏强调“郡国贡士,以经学为先”①。当时察举制度中注重儒家经学知识的掌握程度,即注重从政人才的文化水平。察举孝廉,原以德行为本,但到曹魏时期,已趋重试经,这是受汉代经学昌盛的影响,也是因为取士制度发展的内在要求,须有德行以外可供衡量知识水平的标准。

嘉平元年(249),征南将军王昶指出:“考试犹准绳也,未有舍准绳而意正曲直,废黜陟而空论能否也。”②王昶准确地揭示出考试的测量功能,有如能够精确衡量物体长短曲直的尺度一样,具有客观性和公平性。王昶将考试比为公平尺度的说法,是中国历史上首次对考试作用的准确论述,为后世的科举张本,在中国考试思想史上具有重要的意义。

嘉平年间(249～254),魏舒被察举孝廉。魏舒时年40余岁,家乡宗亲认为他学业不精,劝他推辞不就,以便博取清高的名声。魏舒说:“若试而不中,其负在我,安可虚窃不就之高以为己荣乎!”于是努力自学,百日之内习通一经,因而对策升第。③ 可见其时察举孝廉须经策试,而且考试内容是儒学经典,要通过考试也不太容易。不过,曹魏时也确有举孝廉不就的事例,如傅玄郡举孝廉“不就。州举秀才,除郎中”。④ 因为秀才身份还是比孝廉高一些,才会有辞举孝廉而以秀才入仕的情况出现。

## 二　两晋察举的起落

### (一) 策试秀孝

晋代察举中一个重要的演进为秀才试策、孝廉试经制度的形成。

---

① 《三国志》卷3《魏书·明帝纪第三》。
② 《三国志》卷27《魏书·王昶传》。
③ 《晋书》卷41《魏舒传》。
④ 《晋书》卷47《傅玄传》。

曹魏贡士以经学为先，察举孝廉概须试经，但举秀才后皆直接拜官，纵有考试，也非策试。西晋开始，实行秀才对策之制。《北堂书钞》卷79引《晋令》载："举秀才必五策皆通，拜为郎中，一策不通，不得选。"试策的内容多为有关人事政治的方针政策。具体策试办法，从晋武帝太康中（284年前后）华谭的秀才对策可见一斑。《晋书》卷52《华谭传》翔实记载华谭被举为秀才，至洛阳，接受武帝亲自策试的五道策问，从其中第五道策问便可看出其形式和内容：

> 昔帝舜以二八成功，文王以多士兴周。夫制化在于得人，而贤才难得。今大统始同，宜搜才实。州郡有贡荐之举，犹未获出群卓越之伦。将时无其人？有而致之未得其理也？

华谭对曰：

> 臣闻兴化立法，非贤无以光其道；平世理乱，非才无以宣其业。上自皇羲，下及帝王，莫不张皇纲以罗远，飞仁风以被物。故得贤则教兴，失人则政废。今四海一统，万里同风，州郡贡秀孝，台府简良才，以八纮之广，兆庶之众，岂当无卓越俊逸之才乎！……贤俊之出，可企踵而待也。

其他四道策题一问如何消除边患、混清六合，二问如何对待吴蜀新附臣民，三问天下统一是否弭兵偃武，四问海内太平是否损益律令，皆是关于治国安邦的大政策略。华谭的对策引古论今，纵横捭阖，头头是道，为众所推服。

秀才对策的实例，《晋书》卷68《纪瞻传》也有详细的记载。纪瞻先是察孝廉不就，后举秀才，由尚书郎陆机策之，其内容也为典制和治国方略之类。而当时孝廉试经则限于儒家经典，这与秀才试方略策的侧重点明显不同，属于东汉“诸生试家法”一类。这种两类分流的策试方法自晋代出现后一直影响到后代的科举，唐代明经与进士科的异趣，宋代经义进士与诗赋进士的分立与此一脉相承。

不过，策试秀孝之制在晋代并未一直坚持。如永宁初(301)，王接被举为秀才，有友人劝其不应，王接认为当时世道丧乱，“而识智之士钳口韬笔”，自己“非荣斯行，欲极陈所见，冀有觉悟耳”。但当年“三王义举，惠帝复阼，以国有大庆，天下秀孝一皆不试，接以为恨”。[①] 按秀才为才之俊秀者，《北堂书钞》卷79《设官部・秀才》引《晋令》说：“举秀才明经传者简以众典才茂”，“举秀才皆行仪典，为一州之俊”。而要考察一个人的才学，考试是一个重要手段，若不采用考试，则可能出现有秀才之名而无秀才之实的情况。东晋在法令上也规定秀才、孝廉必须策试，晋元帝时曾规定“扬州岁举二人，诸州举一人，或三岁一人，随州大小，并对策问”。[②] 但从《晋书・孔坦传》所说“远方秀孝到不策试，普皆除署”，《晋书・甘卓传》所载“诸州秀才闻当考试，皆惮不行”的情况来看，东晋时秀孝策试之制时有弛废。东晋时葛洪所引东汉“灵献之世”时人为选举语说：“举秀才，不知书；察孝廉，父别居。寒素清白浊如泥，高第良将怯如鸡。”[③]这首古谣谚深刻揭露和嘲讽了察举制流于有名无实的弊端。本来才学出众和孝顺廉洁的人士方能入选举的秀才和孝廉，实际上却出现了文盲和逆子被察举入仕的情况，因而朝廷“清要”官员浊如污泥，“优良”将军胆怯如鸡。“举秀才不知书”之语虽然说的是东汉后期察举的弊端，但在一定意义上也可以用来形容东晋时察举秀孝不加考试而出现的状况。

### (二) 葛洪的贡举考试思想

晋代察举考试虽不太健全，但却产生了一位对后世科举考试有

---

① 《晋书》卷51《王接传》。
② 《宋书》卷40《百官志》下。
③ 葛洪《抱朴子》外篇第15卷《审举》。

重大影响的人物葛洪。葛洪生于西晋武帝太康四年(283),卒于东晋哀帝隆和二年(363),字雅川,自号抱朴子。早年以儒学知名,后好道教炼丹之术。在其代表著作《抱朴子》一书中,提出了不少关于人才培养与选拔的观点,体现他重视教育、重视贡举的思想。葛洪关于贡举考试的思想和建议,集中于《抱朴子》外篇第 15 卷《审举》中,其中对考试功能的看法,在今天看来仍相当深刻,他所提出改革贡举的构想,对后来科举制的形成起了重要的理论先导作用,在中国科举史上具有不可忽视的地位。

针对当时州郡轻贡举、秀孝不策试的状况,葛洪提出了"急贡举之法"的改革建议,并一再强调实行考试的重要性。他指出"衡量小器"都必须齐同统一,何况"人士之格"更不可参差不同而没有检查的标准。晋朝统一孙吴之地后,以其地初附,贡士暂不必考试,结果是"使东南儒业,衰于在昔"。他认为考试对人们学习积极性和文化水平的提高有巨大的推动作用。"今贡士无复试者,则必修饰驰逐,以竞虚名,谁肯复开卷受书哉?所谓饶之适足以败之者也。"他认为,天性好古、心悦艺文、学习而不为禄利者少而又少,而像历史上兒宽、黄霸等人"所以强自笃励于典籍者,非天性也,皆由患苦困瘁,欲以经术自拔耳";假如不是汉武帝时实行诏举考试,则朱买臣一类人也未必会去读书,若取富贵之道有比做学问更容易的途径,有谁还肯空自勤苦,执洒扫为诸生,远行寻师问道?若实行统一考试取士,"则必多负笈千里以寻师友"而认真读书者。

或者有人会质疑:"能言不必能行,今试经对策虽过,岂必有政事之才乎?"语言文字的水平与实际行政能力并不是一码事,笔试通过者是否具有政治才干?对此,葛洪回答说:没有比考试更好的择人方法了。"夫丰草不秀瘠土,巨鱼不生小水,格言不吐庸人之口,高文不堕顽夫之笔……今孝廉必试经无脱谬,而秀才必对策无失指,则亦不得暗蔽也。良将高第,取其胆武,犹复试之以策,况文士乎?假令不能必尽得贤能，要必愈于了不试也。今且令天下诸当在贡举之流者，莫敢不劝学。但此一条，其为长益风教，亦不细矣。”葛洪明确主张有考试总比没有考试好，一个人的语言文字水平与其素养和能力基本上是成正比的，考试取士不一定所选皆才，但肯定比不试者更能得才。

葛洪从东汉以后察举所出现的弊端吸取历史教训，指出东汉桓灵之世察举多靠钱财贿赂，或通过权贵请托，而要“使海内畏妄举之失，凡人息侥幸之求，背竞逐之末，归学问之本”，并且杜绝贿举等现象，就必须实行严格的考试，这样才能促进学问，发现真才。为此，他提出严厉惩处滥举者的禁条和处罚办法：“秀孝皆宜如旧试经答策，防其罪对之奸，当令必绝。其不中者勿署吏，加罚禁锢，其所举书不中者，刺史太守免官。不中左迁，中者多、不中者少，后转不得过故。若受赇而举所不当，发觉有验者除名，禁锢终身，不以赦令原所举，举者与同罪。今试用此法治，一二岁之间，秀孝必多不行者，亦足以知天下贡举不精之久矣。过此则必多修德而勤学者矣。”《抱朴子·审举》写于东晋元帝大兴元年(318)左右，晋元帝为丞相时葛洪又曾为其掾属，因此葛洪的建议应该为晋元帝所采纳。《晋书·孔坦传》说大兴三年(320)规定察举秀孝皆须策试，有不中科者刺史、太守免官，以至“秀孝多不敢行，其有到者，并托疾”。这便是实行严格考试所产生的结果。

深知人情请托对公平取士影响的葛洪，还提出严密考试关防的具体构想：“新年当试贡举者，今年便可使儒官才士，豫作诸策，计足周用，集上，禁其留草，殿中封闭之。临试之时，亟赋之，人事因缘于是绝。当答策者，皆可会著一处，高选台省之官，亲监察之，又严禁其交关出入，毕事乃遣，违犯有罪无赦。如此，属托之冀窒矣。夫明君恃己之不可欺，不恃人之不欺己也，亦何耻于峻为斯制乎？若试经法立，则天下可以不立学官，而人自勤乐矣。”[①]在此，葛洪精辟地指出

---

① 葛洪《抱朴子》外篇第15卷《审举》。

贡举以考促学的功用。基于对以往历史经验和时人企图通过作弊而取胜心理的深切了解,葛洪指出定制者不要将取士放在被贡举者不会欺骗人的基础上,而应建立在自己不可被欺骗的基础上,建立防弊制度比依靠被举者的觉悟更为重要。葛洪所提出的命题和考试方法,目的在于杜绝"人事因缘"和"属托之冀",其构想在后世科举省试或殿试中得以实现。他所提贡举考试的主张和观点,为唐宋明清科举所验证。

千百年前的学说为千百年后的事实所应验,由此足见葛洪是深明考试规律和人性的弱点的,所以他才会有如此远见卓识。

## 三　南朝察举的变迁

经历了东晋察举的低落时期之后,南朝察举出现复兴和发展之势,不仅秀孝策试逐渐健全和频繁起来,而且考试在察举中逐渐变得更为重要,这种量变的积累日益发展,最终演化出隋唐时期的科举制。

### (一)刘宋定秀才考格

早在东晋末年,后来成为宋武帝的刘裕掌握了军政实权,便上表申明旧制,依旧策试秀才孝廉。刘裕称帝后,更为重视察举,规定凡州秀才、郡孝廉,至皆策试,有时还亲策秀孝。宋孝武帝孝建元年(454)也下诏规定:

> 四方秀孝,非才勿举,献答允值,即就铨擢。若止无可采,犹赐除署;若有不堪酬奉,虚窃荣荐,遣还田里,加以禁锢。①

所谓"非才勿举",便是主要依据被举者的才学,而不是像过去那样以

① 《宋书》卷6《孝武帝纪》。

被举者是否德行无失、孝悌廉洁作为决定因素，察举的标准已变成以才学即文化水平为主了。又据许嵩《建康实录》卷13载，孝建三年(456)，“策孝秀于东堂”；大明六年(463)，“策秀士、孝子于中堂”；前废帝景和元年(465)，“诏天下秀孝，随才擢用”。这表明刘宋察举秀孝已相当重视考试环节，以才取人了。

宋明帝时，对策试秀才的评判标准作出量化规定。泰始三年(467)，都令史骆宰建议制定“策秀才考格”，即五道策问全答对者为上第，答对四道或三道者为中第，答对二道者为下第，一道以下者为不第。尚书殿中郎谢超宗反对此办法，认为应该看对策的质量而不是答对的数量，“非患对不尽问，患以恒文弗奇。必使一通峻正，宁劣五通而常；与其俱奇，必使一亦宜采”。① 谢超宗是从“对策陈政”、朝廷“求言”的角度考虑，关键在于答策是否有新颖独到之处，若有片言可采，有益时政，则答对一道者要胜过五道全对但却平常者。骆宰则是从考试评卷的角度出发，建议制定可操作且较为客观的标准，反映了考试发展的内在要求，因此这场争论结果是采纳了骆宰的建议。

“策秀才考格”的实行，标志着世界上最早的考试计分法的诞生，虽然它只是一种四级计分制，但却使评价试卷第一次有了分级定量的标准。

（二）南齐“研策秀孝”

萧齐代宋之后，继承了策试秀孝之制。齐武帝永明四年(486)，曾亲自到中堂策试秀才。《文选》卷36收有永明九年、十一年王融《策秀才文》，各五道策问，策题内容简明扼要，题旨精当。又东昏侯永元元年(499)，“诏研策秀孝，考课百司”。② 这里的“研策秀孝”，或有人解释为研究策试秀才孝廉之事。更准确的应指研究考试秀孝的策题或对策，使策题出得更为精审简约，对策评定更为公允准确。

---

① 《南齐书》卷36《谢超宗传》。
② 《南齐书》卷7《东昏侯纪》。

另外,南齐将刘宋时曾制定的限年30岁以上方许入仕的规定,改为令甲族(高门)20岁以上准许登进,后门(寒族)则需30岁以上才可试吏,以至有增年矫貌以图仕进者。又有不少士人厚结姻缘,奔走请托于权贵之门。为此,齐和帝时丞相萧衍曾上表指出:"若限岁登朝,必增年就宦,故貌实昏童,籍已逾立。"①在萧衍的要求下,南齐曾一度改掉限年入仕之规定,但南齐多数时候察举考试还是有上述年龄限制的。

(三)梁朝明经射策

萧衍登极代齐,成为梁武帝后,又规定须年满30方得入仕,但不分甲族、后门,改变了原甲族20岁入仕的不同办法,反映出萧梁扶植寒人的特点。梁朝也继续策试秀才孝廉,《文选》卷36还载有梁武帝天监三年(504)任昉《策秀才文》3篇,也是以"朕"之语气发问,可见是任昉代皇帝草拟策题。《隋书·经籍志》"总集"部载"梁有《孝秀对策》十二卷",《初学记》卷20《荐举》载有梁刘溉等仪贤堂监策秀才连句诗,可知其时秀孝策试颇盛。

不过,梁朝选举取士中更引人注目的还是考选经学人才,尤其是国子学中以明经射策高第入仕。魏晋以后,太学便有学生试经入仕之制,梁武帝也重视以通经选士。《梁书·武帝纪》载,天监四年(505)诏曰:"今九流常选,年末三十,不通一经,不得解褐。若有才同甘、颜,勿限年次。"观此似乎所有选举入仕者皆须通晓一经。而天监八年(509)又诏令:"其有能通一经、始末无倦者,策实之后,选可量加叙录。虽复牛监羊肆,寒品后门,并随才试吏,勿有遗隔。"这里所强调的也是策试经学知识,而且选拔的是通晓一经的人才,考试内容虽与孝廉所试经策相同,但却是面向范围更广的经学人才选拔考试,与郡察孝廉有所不同,而与后世的明经科性质接近。

---

① 《梁书》卷1《武帝纪》上。

梁武帝相当重视儒学教育，曾开设国学、五馆，五馆以儒家五经教授，置五经博士各一人。晋代在太学之外立国子学以来，皆限以高门子弟，而梁朝五馆生皆引寒门俊才，且不限人数。国子学、五馆生在学实行射策考试选拔，明晓经书者可入仕为官，因此，天监八年诏中还说“负袟成风，甲科间出”。《梁书》中载有不少以国子生射策高第入仕者，如王训、徐勉、张绾、萧大临等。尤其是南海王萧大临，是“入国学，明经射策甲科”。[①] 明不明经书，完全通过射策考试，这样的“明经”，和唐代科举制下明经一科，并无多少区别。因而有的学者认为，从天监八年的国学通经选法中，可以见到唐代科举制的影子，科举制实际开始于梁朝。[②]

（四）陈朝举明经

陈依梁制，采用秀孝和明经射策等途径选拔人才，尤其是明经一科还有所发展。当时规定年未满 30 者不得入仕，惟经学生策试得第入仕不在限年 30 之例，因此明经入仕者往往年岁较小。梁朝时已有“皇朝多士，例止明经”[③]的说法，陈朝也继承梁制。梁陈之间，有不少少年入学举明经者。据《陈书》本传，周弘正年十五召补国子生，“季春入学，孟冬应举”；萧乾年 9 岁召补国子周易生，“十五举明经”。

明经策试有笔试和口试两种方式，口试又称为“口策”“口对”，一般是在所习经书中选取 10 个问题来发问，这种考试方式一直延续到唐代明经科的考试。梁陈之间孝廉和明经科并立，考试内容基本相同，都是策试经书。但明经科与中央官学相关联，即人才的选拔建立在培养的基础之上，且举孝廉有名额而明经看来没有名额限制，因而明经一科较具发展潜力，延伸至唐代成为科举中的重要科目，而孝廉却逐渐衰微下去。这与隋末唐初秀才、进士两科并立，而进士科逐渐

① 《梁书》卷 44《南海王六临传》。
② 万绳楠：《魏晋南北朝史论稿》，安徽教育出版社，1983 年版，第 235 页。
③ 《陈书》卷 34《岑之敬传》。

替代秀才科有某些相似之处,皆显示出察举制日益朝科举制演变。

### 四　北朝察举的演进

早在两晋时期,北方十六国割据政权虽为少数民族统治,但大多数建立过察举秀孝制度,吐鲁番出土文书中还有一份西凉秀才对策文残卷。公元386年,拓跋珪建立统一的北方王朝北魏,从此历经东魏、北齐和西魏、北周,直到隋朝代周,史称北朝。北朝察举与同时期的南朝大同小异,不过出现了更为强劲的朝科举制演变的动向。

#### (一) 北魏秀孝异策

"进贤求才,百王之所先也。"[①]北魏建国后不久,便开始征召贤良,贡察秀孝。到北魏孝文帝时,更是注重实行汉化政策,振兴察举。针对当时"州郡选贡,多不以实"、贡举猥滥的情况,延兴二年(472),下诏申明察举要"门尽州郡之高,才极乡闾之选"。太和十五年(491),又"诏诸州举秀才,先尽才学"。[②] 北魏察举也重视门第,有明显的士族化倾向,但才学的要求也是必备的。孝文帝不时亲自策问秀才孝廉,甚至在太和七年(483)曾准备将秀孝对策不实者"宜案以大辟"之罪,处罚之重为中国科举史上所罕见。孝文帝此举是为了表明"罔上必诛",虽然后来考虑"情犹未忍,可恕罪听归",但明确"申下天下,使知后犯无恕"。[③] 贡举秀孝考试不实要处以极刑,对澄清贡举必定会有警示作用。

经过孝文帝的改革之后,北魏的察举秀孝颇为盛行。《北史·儒林传序》说,孝文帝、宣武帝以降,天下承平,学业大盛,"州举茂异,郡贡孝廉,对策王庭,每年逾众"。秀才与孝廉的对策考试内容各有侧重,秀才偏重文章才华,孝廉偏重经学章句。"朝廷贡秀才,止求其

---

① 《魏书》卷60《韩显宗传》。
②③ 《魏书》卷7《高祖孝文帝纪》。

文，不取其理；察孝廉，唯论章句，不及治道。”①因此，秀才与孝廉的策试是不同的两类，秀才重文学，孝廉重经术；秀才取文士，孝廉选儒者。孝文帝时，邢峦以文才干略知名，有司奏策秀孝，诏敕云“秀孝殊问，经权异策，邢峦才清，可令策秀”。② 可见将文才清逸者归入秀才一途。由于秀才地位要高于孝廉，故才智之士多愿应秀才举，或有孝廉对第高第又举秀才者，或有不愿察举孝廉者。《魏书·刘献之传》载献之“本郡举孝廉，非其好也，逼遣之，乃应命至京，称疾而还”，便是典型的一例。

（二）北齐“中书策秀才”

北齐秀孝轻重高下和文学经术分野一同北魏。如河间人马敬德自少喜好儒术，郡王欲察举其为孝廉，他固辞不就。“乃诣州求举秀才，举秀才例取文士，州将以其纯儒，无意推荐”，于是马敬德要求让他考一下方略策，州里策问之后，其所答五条方略策“皆有文理”，遂欣然举送京师参加秀才策试，结果仅得中第。转而又请试经业，问十条并通，擢授国子助教。③ 马敬德之所以被举为孝廉是因为他通经，不愿举他秀才是由于他属于“纯儒”一类，可见秀才重文与孝廉重经具有明显的分别。他到京试秀才，策问仅得中第，按规定还不算及第，④于是他改试经业，却考得了满分。马敬德的学生刘昼也颇类似，他精通儒术，但却感叹“儒者劳而少工”，偏偏去“举秀才入京，考策不第。乃恨不学属文，方复缉缀辞藻”。刘昼读儒书 20 余年，因举秀才答策不第，始学作文，最后还是未能如愿，遂撰《高才不遇传》。⑤

文学与经术是两类不同的才学。经学尚师法，重师承，讲究博闻

---

① 《魏书》卷 66《崔亮传》。

② 《魏书》卷 65《邢峦传》。

③ 《北齐书》卷 44《马敬德传》。

④ 《魏书·肃宗孝明帝纪》熙平元年二月载：“初听秀才对策，第居中上已上，叙之。”北朝秀才考第大约在上、中上、中、下第四等，中第还没有入仕资格。

⑤ 《北齐书》卷 44《刘昼传》。

强学,横经受业,需要释疑解惑;文学所赖于师承者较少,却与个人性情、兴趣和心得较有关系,讲究陶冶涵养,灵感才气。经学的功用为,“考九流之殿最,校四代之兴衰,正君臣,明贵贱,美教化,移风俗,莫尚于儒。故皇王以之致刑措而反淳朴,贤达以之镂金石而凋竹素。儒之时义大矣哉!”①文章才学则不同,“文之所起,情发于中。人有六情,禀五常之秀;情感六气,顺四时之序……譬雕云之自成五色,犹仪凤之冥会八音,斯固感英灵以特达,非劳心所能致也”。② 从东汉阳嘉之制儒者试经义、文吏课章奏以来,经术与文学便成为不同的两类入仕种类,在南北朝时期则体现为秀才重文与孝廉试经,这种分野一直延续到唐宋科举取士中的经术与文学之争。

秀才对策既重文辞典丽,又注意陈政进言。北齐文宣帝时,樊逊三次被举为秀才,其中第三次为天保五年(554)正月对策五道,一问升中纪号,二问求才审官,三问释道两教,四问刑罚宽猛,五问祸福报应。樊逊的对策处处用典,极尽雕琢藻饰之能事,同时也陈述了自己的政见,结果尚书擢第,以樊逊为第一名。③ 秀才问方略策五道,孝廉则问经策十条。《北齐书·儒学传序》说:

> 齐制,诸郡并立学,置博士、助教授经,学生俱差逼充员……诸郡俱得察孝廉,其博士、助教及游学之徒通经者,推择充举。射策十条,通八以上,听九品出身,其尤异者亦蒙抽擢。

由此可见,北齐察举孝廉与地方诸郡官学的学生是密切相关的,其基础为经学师生。考试内容为射策十条,答对八条以上者为合格。经策一般来说比方略策容易,侧重考测记忆力和对经书的理解程度,因

---

① 《周书》卷45《儒林传序》。
② 《北齐书》卷45《文苑传序》。
③ 《北齐书》卷45《樊逊传》。

此题目比秀才的方略策多一倍。

关于秀孝策试的具体办法,《隋书·礼仪志》载:“后齐每策秀孝,中书策秀才,集书策考贡士,考功郎中策廉良。皇帝常服,乘舆出,坐于朝堂中楹。秀孝各以班草对。其有脱误、书滥、孟浪者,起立席后,饮墨水,脱容刀。”这是一种君主高度重视的考试方式,对考试不合格的处罚办法也很有意思。其中“集书策考贡士”句,有的学者认为应是“集书策孝廉”之误,即由中书省官员负责策试秀才,集书省负责策试孝廉,而天子亲临朝堂则表明场面之庄重严肃。《隋书·礼仪志》还记有北齐考试计吏的处罚方法,也是“字有脱误者,呼起席后立;书迹滥劣者,饮墨水一升;文理孟浪无可取者,夺容刀及席”,与策试秀孝之法相同。书写不端正者处以喝墨水,在今天看来相当奇特,但说明当时很重视试卷的书法,显示出在考试中已开始关注场规,初露后世科场规条的萌芽。

（三）北周秀孝分野

北周文帝宇文泰专擅西魏军政大权时,便任用苏绰为谋主,进行改革,颁行《六条诏书》,其四曰“擢贤良”,主要是为了改变北魏以来察举重门资的状况,使之更为精审得人。周武帝建德六年(577),北周灭齐。三月,诏原北齐所辖“山东诸州,各举明经干治者二人。若奇才异术,卓尔不群者,弗拘多少”;七月,又诏山东诸州“举有才者”,上县六人,中县五人,下县四人;九月,再“诏东土诸州儒生,明一经已上,并举送,州郡以礼发遣”。[①] 北周也照样推行察举秀孝之制,不过上述针对原北齐州郡的举士与一般的秀才和孝廉又有所不同,举有才者每县多达4～6人,应属占领新地的临时特别优待措施,而儒生明一经者便可举送,性质与唐代的明经科较为接近。

对秀才与孝廉的举送标准和人数,周宣帝时曾作出明确规定。

---

① 《周书》卷6《武帝纪》。

宣政元年(578),诏制九条,其中第八条说:“州举高才博学者为秀才,郡举经明行修者为孝廉,上州、上郡岁一人,下州、下郡三岁一人。”[①]秀才为州举,孝廉为郡举,秀才重才学渊博,孝廉讲德行经术,二者分野一清二楚。秀才、孝廉考试科目的不同,也就是以后进士、明经二科之别。[②] 当然,在魏晋东北朝时期,九品官人法盛行,察举秀孝也颇重门望,由于秀才科地位较高,以秀才入仕者的出身门第较孝廉为高,而且有时连孝廉也为门阀士族所把持,以致“今之州郡贡察,徒有秀孝之名,而无秀孝之实。而朝廷但检其门望,不复弹坐。如此则可令别贡门望以叙士人,何假冒秀孝之名?”[③]不过,从总的趋势看,经察举一途入仕者的门第水平,由西晋至陈朝是不断提高的,而至北朝开始则明显地下降,[④]日益朝考试才学、突破门第限制的方向发展。

在南北朝后期,察举考试已出现自由投考的现象。上举北齐马敬德只是一介寒士,他得郡举孝廉已属不易,却固辞不就,“诸州求举秀才”,州里也没有反对其自举,反而准许他在州里通过策试,再行举送。这与后世科举“投牒自进”有点类似,并表明举子有一定的选考科目的自由。刘昼也是多次“求秀才”,虽然最终未能考策及第,但说明他可以主动求举,考不上则说明这种策试是有严格标准因而有黜落的。另外,魏晋南北朝渐趋流行的异地察举和求举觅举之风为投牒自举提供了基础,而北朝地方官学生徒课试举贡之制则推动了投牒自举之法形成。在地方官学生源较为开放的传统和北朝后期游学大盛的局面下,北齐规定游学之士可与州郡学师生一并推择充举,确立了秀、孝应举就试的开放性,至此投牒自举之法实非萌芽而已形成

---

① 《周书》卷7《宣帝纪》。按《册府元龟》卷639引此条,作“上州上郡岁三人,下州下郡岁一人”,与今本《周书》异。

② 唐长孺:《南北朝后期科举制度的萌芽》,见唐著《魏晋南北朝史论丛续编》,三联书店,1959年版,第126页。

③ 《魏书》卷60《韩显宗传》。

④ 汪征鲁:《魏晋南北朝选官体制研究》,福建人民出版社,1995年版,第210页。

制度。隋唐常科贡士的相关规定和武周以来投牒自举者率多寄学应举的状态，即承此脉络而来。投牒自举的孕育形成和发展过程，与魏晋以来举贡基础拓展、科目内涵调整、考试制度完善等事态相互呼应，一起构成了察举制错综演进为科举制的连续场景。①另外，在魏晋南北朝时期一直存在的诏举特科尤其是诏举贤良，也将策试作为重要环节，与常科察举秀才、孝廉、明经一道起着两汉察举与隋唐科举之间继往开来的作用。

察举制经过漫长复杂的变迁，已经积累诸多重要变化：它的中心环节，已从地方举荐转移到中央考试上来；它的标准，已由兼顾孝悌、吏能变成了以文化考试为主；长官的举荐吏员士人的权力，逐渐变成了搜罗人才应试的责任；考试程序和场规也在日益制度化、严密化；自由投考的色彩日益浓厚，察举与学校的结合也越来越密切了。到南北朝后期，这个制度与后世的科举制度已相当接近，只要打破士族政治造成的门第限制，允许普通士人广泛自由投考，那么便具备了后世科举的主要特征。② 中国科举史的进化历程已经走到了创世纪的前夜，一旦迎来进士科的诞生，中国历史便进入一个真正的科举时代。

---

① 楼劲：《科举制“投牒自举”之法溯源》，《历史研究》2019 年第 1 期。
② 阎步克：《察举制度的变迁》，《文史知识》1998 年第 2 期。

# 第二章　科举时代的开创

天下大势，分久必合，合久必分。在300余年的长期分裂之后，隋代中国又复归统一，建立了疆域辽阔的帝国。继隋而起的唐代更是一个国力鼎盛、蓬勃开放的朝代，不仅地大物博、万方辐辏，而且具有一种无拘无束、恢宏自然的气象。“大漠孤烟直，长河落日圆。”尤其是在盛唐时期，整个社会政治文化呈现出丰富、绚烂的景象。隋唐开创了中国历史上的科举时代，处于科举制的初创期和生长期。而合久必分的五代十国时期，科举也承唐代之余绪，生生不息地传承下去。

## 第一节　炀帝始建进士科：隋代科举

狭义的、严格意义的科举是以进士科出现作为起始标志的。进士科举在中国延绵了1 300年，对中国历史上社会政治、文化教育等各方面均产生了重大而深远的影响，而进士科建立于隋代，因此在中国科举史上，隋代虽然短暂，但却占有特殊的地位。

### 一　隋文帝分科举人

杨坚代周即位之后，便采取措施加强中央集权。在人才选举方面，废除九品官人法，不让州郡长官辟署下属官吏，官员的选举任命权皆由中央吏部所掌，以至“大小之官，悉由吏部，纤介之迹，皆属考功”①。随着铨选制度的逐渐严密，新上任或期满迁转的各地官员都

---

① 《通典》卷14《选举》2《历代制》中。

必须到京师长安参加吏部的铨选考核，从此便形成了季节性的出入长安人员大流动。对此，唐人沈既济形容说："自隋罢外选，招天下之人，聚于京师，春还秋往，鸟聚云合。"①与此相关，隋文帝还经常诏举人才，并设立常科拔举人才。

（一）诏举特科

据《隋书·高祖纪》载，隋文帝时曾下诏举行过以下几次有关选举官员的举动：

开皇二年(582)正月，诏举贤良；十二月，赐国子生明经者束帛。

开皇三年十一月，诏："如有文武才用，未为时知，宜以礼发遣，朕将铨擢。其有志节高妙，越等超伦，亦仰使人就加旌异，令一行一善奖劝于人。"

开皇九年正月平陈，统一中国，四月，诏："武力之子，俱可学文，人间甲仗，悉皆除毁。有功之臣，降情文艺，家门子侄，各守一经，令海内翕然，高山仰止。京邑庠序，爰及州县，生徒受业，升进于朝，未有灼然明经高第……见善必进，有才必举……"

开皇十六年六月，"制工商不得仕进"。

开皇十八年七月，"诏京官五品以上、总管、刺史，以志行修谨、清平干济二科举人"。

仁寿元年(610)六月，废太学、四门学及州县学，仅留国子学生 70人，诏曰："朕抚临天下，思弘德教，延集学徒，崇建庠序，开进仕之路，伫贤隽之人。而国学胄子，垂将千数，州县诸生，咸亦不少。徒有名录，空度岁时，未有德为代范，才任国用。良由设学之理，多而未精。今宜简省，明加奖励。"

仁寿三年七月，诏："唯恐商歌于长夜，抱关于夷门，远迹犬羊之间，屈身僮仆之伍。其令州县搜扬贤哲，皆取明知今古，通识治乱，究

① 《通典》卷 18《选举》18《杂议论》下。

政教之本,达礼乐之源。不限多少,不得不举。限以三旬,咸令进路。征召将送,必须以礼。"

以上七次有关选举人才的制诏,与汉代以来各朝皇帝诏举人才的办法大同小异,所可注意者有三点:一是开皇十六年(596)规定从事工商者不得入仕,这种轻视商人和手工业者的办法一直影响到唐五代。二是仁寿元年(610)废除京外官学。隋文帝即位初年曾在国子寺设国子学、太学、四门学、书学、算学,并于开皇十三年(593)将国子寺从太常寺中独立出来,改寺为学,使教育系统脱离宗教范畴而告独立,在中国教育史上实为创举。仁寿元年却罢废京外官学,惟国子学(后改为太学)留学生 70 人,只是隋文帝在罢学的同时,也还未忘记人才的选拔。三是开皇十八年(598)的诏书中出现了"二科举人"的提法,这虽然不是将"科举"二字单独使用,却是中国历史上第一次使用"二科举人"的提法。此前各代的诏举一般也是分科举人,而且在汉代以后已分别出现过"甲科""四科""贡举之制"等提法,也有"高第""上第""下第""举人"等名称,然而从未将"几科"与"举人"连在一起表述,而隋文帝首次提出"以……二科举人",对"科举"二字的出现,从语言文字学的角度看有一定的意义,因为"科举"二字的最初含义便是分科举人或设科举人,广义的科举从汉代已开始,但名称却为察举或贡举,直到隋文帝时才出现分科举人的文字表述。科举的要素为"科"和"举"二字,将此二字连用,是设科和举人之后数百年才实现的。

### (二) 岁举秀才等科

隋文帝在诏举特科的同时,还沿用以前各代岁举常科的做法,于开皇七年(587)正月,"制诸州岁贡三人"。[①] 当时的岁贡常科包含了汉隋之间时常举行的秀才、孝廉和明经科。隋文帝时姓名可考的孝

---

① 《隋书》卷1《高祖纪》上。

廉有王成，明经有韦云起，秀才有李宝、王贞、仲孝俊、侯白、刘焯和杜正玄、杜正藏、杜正伦兄弟诸人。“隋代举秀才止十余人，正伦一家有三秀才，甚为当时称美。”①关于隋代秀才、明经和孝廉考试的情况，史书很少具体记载，最为详细的是杜正玄、杜正藏兄弟参加考试的过程和考试内容，从中我们可以了解隋代考秀才之难和考试的一般形式。

据《隋书》卷76《杜正玄传》所载，自杜正玄八世祖至正玄，世代以文学相传授，可以说是一个文学世家，兄弟数人少年时便以文章才辨出名。开皇末年，杜正玄举秀才，“尚书试方略，正玄应对如响，下笔成章。仆射杨素负才傲物，正玄抗辞酬对，无所屈挠，素甚不悦”。后来正好有人献白鹦鹉入朝，杨素于是促召杜正玄，到后立即令其作赋，正玄在仓促之际，援笔立即草成。杨素见其文不加点，才开始觉得正玄非比寻常，于是令其再拟文章10余篇，又是迅速完篇，而且辞理华赡，杨素乃叹道：“此真秀才，吾不及也！”于是授职晋王府参军。

对杨素在试秀才时故意为难杜正玄的情况，《北史》卷26《杜正玄传》记载得更为翔实而生动：开皇十五年（595），吏部将杜正玄的秀才对策送给左仆射杨素过目。杨素大怒道：“周孔更生，尚不得为秀才，刺史何忽妄举此人？可附下考。”于是将其对策掷于地上，不屑一顾。当时全国仅正玄一人应秀才举，其余常贡孝廉等科者，都按例铨选注官任职完毕，惟独正玄悬而未决。吏部考虑铨选期限将过，重新奏启杨素。杨素志在试退正玄，于是亲手出题，令杜正玄模拟司马相如《上林赋》、王褒《圣主得贤臣颂》、班固《燕然山铭》、张载《剑阁铭》《白鹦鹉赋》，并说：“我不能为君住宿，可至未时令就。”正玄及时完成，杨素读了数遍，大惊曰：“诚好秀才！”遂命吏部录用任官。

① 《旧唐书》卷70《杜正伦传》。

杜正玄弟正藏次年也应举秀才,遇到了与其兄类似的难题。该年为右仆射苏威主管铨选和考试,其态度与杨素一致,也阻挠正藏秀才及第,叫正藏拟贾谊《过奏论》《尚书·汤誓》《巨人箴》《连理树赋》《几赋》《弓铭》,正藏也是按时草成,文无点窜,结果也考上秀才。这两个事例说明,当时秀才科地位相当崇高,一般人不敢问津,以至开皇十五年全国仅杜正玄一人举秀才,看来开皇十六年也只有杜正藏一人应秀才举。经过负责贡举的吏部曹司策试之后,还须经尚书仆射同意方算及第,然后授官。仆射根据需要还可随意要应举者加试一些作文,以核实其文章才学,考试文体包括赋、颂、铭、论、箴等。朝中重臣如此为难举秀才者,加上推举不当刺史要受考课下等的处罚,难怪隋代30余年中只有秀才10余人了。元人马端临说:"隋虽有秀才之科,而上本无求才之意,下亦无能应诏之人,间有一二,则反讶之,且嫉之矣。"①

## 二 隋炀帝开启科举时代

"进士"这一名称出现很早,而将其作为一个考试取士科目则始于隋炀帝。由于狭义的科举是指进士科举,即从进士科设立之后以考试来选拔人才任予官职的制度,进士科后来成为科举的主要甚至唯一科目,因此进士科的创设成为科举制起始的标志。元代以后广泛使用"科举"的概念来指称隋唐以后的考试取士制度,最主要的原因就是后来发展壮大、取代合并了所有其他科目的进士科始于隋炀帝。② 开凿了大运河的隋炀帝,还开通了一条士人应试从政的新渠道,虽然一开始进士科还只是一条并不引人注目的小溪,后来却发展成为最宽阔的仕进主流,被认为是开创了一个科举时代。

---

① 《文献通考》卷28《选举考》。

② 刘海峰:《"科举"释义与科举制的起始年份》,《厦门大学学报》(哲学社会科学版)2008年第5期。

### （一）炀帝始建进士科

关于进士科的起始时间，学术界存在不少争论。一派主张始于隋文帝时，或认为始于开皇七年，[①]或从房玄龄卒年推算其进士及第年份，认为科举制创置不迟于开皇十五年或十六年[②]。一派主张始于隋炀帝时，其中又有大业元年、大业二年、大业三年、大业十年、笼统而言始于"大业中"等不同说法。[③] 还有一派主张始于唐代。[④] 各种观点聚讼纷纭，令人莫衷一是。

从唐人的记载来看，进士科始于隋炀帝时最为可信。由于进士科的地位在唐初还不太高，因此魏徵等《隋书》作者忽略了进士科的记载。最早谈到隋炀帝建立进士科的是唐武则天时左补阙薛登。天授三年(692)，薛登上疏指陈时弊，要求改革科举制度。《通典》卷17《选举》5载此疏云：

> 魏氏取人，好其放达；晋、宋之后，只重门资。奖为人求官之风，乖授职惟贤之义。梁、陈之间，时好词赋。故其俗以诗酒为重，未尝以修身为务。降及隋室，余风尚存。开皇中，李谔奏于文帝……帝纳其言，乃下制禁文笔之为浮词者。其年泗州刺史司马幼之以表词不质书罪，于是风俗改励，政化大行。及炀帝又变前法，置进士等科。故后生复相仿效，皆以浮虚为贵。

---

① ［日］宫崎市定：《科举》，东京秋田屋1946年发行，第15～17页；《九品官人法研究》，日本东洋史学会1956年发行，第520～521页。

② 韩国磐：《隋朝中央集权势力与地方世族势力的斗争》，《历史教学》1955年第2期；《隋唐五代史论集》，三联书店，1977年版，第294～297页。

③ 其代表性论著依次见陈直：《古籍述闻》，《文史》第3辑，1963年10月；毛礼锐等：《中国古代教育史》，人民教育出版社，1979年版，第276页；范文澜：《中国通史》第3册，人民出版社，1978年版，第15页；马徵慶：《马钟山遗书·选举沿革表》；许椿生：《关于科举制度产生的时间》，《华东师范大学学报》(教育科学版)1987年第3期。

④ 何忠礼：《科举制起源辨析——兼论进士科首创于唐》，《历史研究》1983年第2期。

薛登上疏时去隋不远,且专论选举问题,因此可信程度很高。从其论选举疏中可以看出他对历代选举制度的变迁了如指掌,所述开皇中隋文帝听从李谔奏请禁断文笔浮词,以及处罚司马幼之事,《隋书》《北史》皆有明文记载,薛登断言炀帝"置进士等科"的说法也必定有所本。史载薛登"博涉文史,每与人谈论前代故事,必广引证验,有如目击"①。也就是说,薛登在谈论前代事情时,都是可以加以验证的。如果说在唐初修《隋书》时进士科尚不太引人注目的话,那么在薛登上疏的时候,进士科的地位已十分显赫了。在追溯人们很重视的进士科的起始时,薛登自然会相当认真和慎重。而且薛登生于贞观二十二年(647),也就是唐初名相房玄龄逝世的那一年。文明元年(684),37岁的薛登解褐入仕。薛登弱冠时去房玄龄卒仅20年,对赫赫有名的房玄龄的科名出身应有所知。假如进士科真是隋文帝时所建,房玄龄真是开皇中进士,薛登就不在可能说炀帝置进士等科。

另一位谈到进士科起始的是唐代宗时礼部侍郎杨绾。宝应二年(763)六月,针对当时科举中的弊端,杨绾奏请停罢明经和进士科,请依古制,察举孝廉,试以经业,并说:"近炀帝始置进士之科,当时犹试策而已。"②杨绾本人为进士出身,上疏时为主管进士等科考试的礼部侍郎,且奏疏是专谈进士、明经科的问题。《旧唐书·杨绾传》还说他"好学不倦,博通经史,九流七略,无不该览"。炀帝始置进士之科的论断出自杨绾之口,应该是相当可信的。与此类似,杜佑在《通典》卷14《选举》2《历代制》中也明言:"炀帝始建进士科。"《通典》一书对历代典章制度穷源究委,详赡可信,其中的《选举典》更是集中唐以前历代选举制度之大成,所言进士科之起始自是郑重有据。《通典》在卷23和卷41两处记载房玄龄之事迹,可见其对房玄龄的生平贡献包括其出身入仕情况皆很了解。只有房玄龄并非开皇中进士,杜佑

---

① 《旧唐书》卷101《薛登传》。
② 《旧唐书》卷119《杨绾传》。

才会说炀帝始建进士科。

另外，唐宪宗元和年间(806～820)，刘肃在《大唐新语》卷10《厘革》中说："后汉令郡国举孝廉。魏、晋、齐互有改易。隋炀帝改置明、进二科。"唐昭宗时进士及第的王定保在论述隋唐科举尤其是唐代进士科的著作《唐摭言》卷1《述进士上篇》中说："若列之于科目，则俊、秀盛于汉魏；而进士，隋大业中所置也。"同书卷1《散序进士》又云："进士始于隋大业中，盛于贞观、永徽之际。"可见炀帝始建进士科是唐五代人一致的说法或曰共识。后代人也多沿此说，进士科始于隋炀帝时已成为从唐至清代的1 000多年间的定论。

主张进士科始于隋文帝时的唯一证据便是通过房玄龄享年70岁推算其"年十八本州举进士"[①]是在开皇年间，然而这一理由是不够充分的。有的学者怀疑"年十八"可能为"年二十八"之误，[②]有的学者认为房玄龄可推知为大业进士，[③]有的学者从《房玄龄碑》所载其"年十有八，俯从宾贡"而主张房玄龄所应举的是所谓的"宾贡科"。[④] 还有一种可能，便是房玄龄实际上是举秀才而非举进士科入仕。两《唐书》中进士、秀才互用的事例并不鲜见，中唐以后，秀才为进士的通称，二词互通为用，甚至有时还将"进士"用来反指初唐以前的秀才，如《全唐文》卷767陈黯《送王启序》说："进士科由汉迄唐，为擢贤之首也。"由此我们并不能说进士科始于汉代，而只能理解为唐代的进士科与汉代的秀才科具有渊源继承关系，皆是当时拔擢人才的首要科目。既然"今之明经、进士，则古之孝廉、秀才"，[⑤]则中唐以后将初唐人士的科名混用是很可能的了。

---

① 《旧唐书》卷66《房玄龄传》。

② 邓嗣禹：《中国科举制度起源考》，《史学年报》1934年第2卷第1期。

③ 罗龙治：《进士科与唐代的文学社会》，台湾大学文学院印行，1971年版，第15页。

④ 高明士：《隋代的教育与贡举》(上)，《大陆杂志》1984年第69卷第4期。

⑤ 《唐会要》卷75《帖例》开元二十五年敕。

当史传中所言个别人的科名与科目兴废时间有出入时,我们不能以个别来否定一般。《三国志》卷46《吴书・孙坚传》注引《续汉书》说:朱儁“少好学,为郡功曹,察孝廉,举进士”,便是指朱先察孝廉,后举秀才,因为当时并无进士之科目,只是将秀才称为进士。此条材料虽然明确说是东汉时“举进士”,但我们尚且不能据此孤证来说明进士科始于东汉,何况仅凭房玄龄一人的年岁来间接推断,更不能充分证明进士科始于隋文帝。由于前举诸多史料关于炀帝始建进士科皆言之凿凿,以房玄龄单个人的卒年推算不足以推翻古代学者一致的说法,房玄龄要么可能是大业中进士,要么可能是开皇中秀才,总之,房玄龄不太可能是开皇年间举进士及第。①

朝鲜历史上模仿中国实行了近千年的科举制,不少古代文献谈及科举起源问题,也都说进士科始于隋炀帝。如《类苑丛宝》卷19《科举》说:“科目始于汉,至隋唐而始备”,“大业中始建进士科。”李朝郑元容抄藏《文献撮录》卷3《魏晋梁隋举士之式》也载:“隋文帝时,制诸州岁贡三人,工商不得入仕。隋世,天下举秀才不十人。杜正玄一门三秀才。炀帝始建进士科。”可见在古代,不仅中国学者对炀帝始建进士科没有异议,东亚其他实行科举的国家的学者也都是持同一说法。朝鲜史籍《增补文献备考》卷184《选举考・科制》引安福《史断》说:“成周乡举里选之制,变而为汉郡国保举州府辟召之制,又变而为魏晋至隋九品中正之制,又变而为杨广进士之制,至今行之,若金石之典。”隋炀帝杨广所创立的进士科后来一枝独秀,进士科几成为科举的同义词,为历代所遵行,以至被后代视为“金石之典”。

(二)大业元年:进士科的起始

唐五代人只说炀帝始建进士科,或者说进士始于大业中,但并没有说具体年份。从大业元年(605)至大业十四年(618),隋炀帝在位

---

① 刘海峰:《科举制的起源与进士科的起始》,《历史研究》2000年第6期。

14 年，建立进士科到底是在何年何月呢？

由于没有明确记载，到北宋时尽管进士科起始时间已成一重要问题，但司马光等编《资治通鉴》却不载此事。最早判断进士科起始年代的是南宋的朱熹，他在所编的《通鉴纲目》中增入此条，系年于大业二年(606)七月太子杨昭卒之后、司徒杨素卒之前。清代学者傅恒《历代通览辑览》卷 47 对此提出疑问：大业二年七月甲戌(二十二日)太子卒，乙亥(二十三日)杨素卒，两日相连，其间必定忙乱，恐无暇建科取士。傅恒的分析是有道理的。但他因此将进士科之始改辑于大业二年之末，也同样缺少根据，因为遍查《隋书·炀帝纪》和其他有关史籍，大业二年从年初至年末皆无任何与取士有关的记载。《隋书·炀帝纪》载有以下几次选举人才的记录：

大业元年(605)正月，诏："若有名行显著，操履修洁，及学业才能，一艺可取，咸宜访采，将身入朝。所在州县，以礼发遣。"

大业元年(605)闰七月，诏曰："方今宇宙平一，文轨攸同，十步之内，必有芳草，四海之中，岂无奇秀！诸在家及见入学者，若有笃志好古、耽悦典坟，学行优敏、堪膺时务，所在采访，具以名闻，即当随其器能，擢以不次……其国子等学，亦宜申明旧制，教习生徒，具为课试之法，以尽砥砺之道。"

大业三年(607)四月，诏曰："夫孝悌有闻，人伦之本，德行敦厚，立身之基。或节义可称，或操履清洁，所以激贪厉俗，有益风化。强毅正直，执宪不挠，学业优敏，文才美秀，并为廊庙之用，实乃瑚琏之资。才堪将略，则拔之以御侮，膂力骁壮，则任之以爪牙……文武有职事者，五品已上，宜依令十科举人。有一于此，不必求备。朕当待以不次，随才升擢。其见任九品已上官者，不在举送之限。"

大业五年(609)六月，"诏诸郡学业该通、才艺优洽，膂力骁壮、超绝等伦，在官勤奋、堪理政事，立性正直、不避强御四科举人"。

大业十年(610)五月，"诏举郡孝悌廉洁各十人"。

隋炀帝创立进士科应该就包含在以上5次拔取人才的举措中的一次。主张大业三年(607)说的范文澜先生主张：该年隋炀帝定十科举人,其中有“文才美秀”一科,当即进士科;隋炀帝本人是文学家,创立进士科,以考试诗赋为主,是不足为奇的。但有不少学者认为,炀帝创建进士科时只试策,至唐高宗永隆二年(681)才加试诗赋,因此很难说“文才秀美”就是进士科。而且,薛登说“炀帝嗣兴,又变前法,置进士等科”,①也就是说炀帝嗣位不久后便设置了进士科。《通典·选举典》记载历代选举制度皆按历史顺序依次叙述。《通典》卷15在“炀帝始建进士科”之后,紧接着说:“又制百官不得计考增级,其功德行能有昭然者,乃擢之。大业三年,始置吏部侍郎一人,分掌尚书职事。”则进士科设置时间必在大业三年之前。查《隋书·炀帝纪》,大业二年七月“庚申,制百官不得计考增级,必有德行功能,灼然显著者,擢之……甲戌,皇太子昭薨。乙亥,上柱国、司徒、楚国公杨素薨”。可见进士科必在大业二年七月庚申之前所建立。或许朱熹编《资治通鉴纲目》就是根据《通典》所载这些史料,依其时间顺序将进士科建立之事系于大业二年七月。只是更为确切的时间应该还在大业二年七月之前。

这样,就只可能在大业元年正月与闰七月两次诏举人才中分析了。考虑到大业元年正月炀帝即位不久,难有改作,且进士、俊士科从《礼记·王制》所载之名称和隋代唐初的实际来看,与学校教育密切相关,因此可以判断炀帝始建进士科是在大业元年闰七月。此诏意在振兴选举和学校,将隋文帝仁寿元年(601)废除省并的太学、四门学及州县学予以恢复。其中“见入学者”即隋唐科举考生中“生徒”一类,“在家”者即未入学的乡贡一类。而“笃志好古、耽悦典坟,学行优敏、堪膺时务”所指的便是“俊士”(或明经)和“进士”科目。尤其是

---

① 《旧唐书》卷101《薛登传》《唐会要》卷76《制科举》。

"堪膺时务"四字,更说明与进士科有关,因为进士科所试为时务策,《唐六典》卷30界定贡举人的含义时便说"明闲时务、精熟一经者为进士"。薛登上疏说炀帝"置进士等科",一般人认为这个"等"字便包括了俊士科。而《礼记·王制》说"选士之秀者而升之学,曰俊士",隋唐俊士科便是面向庶民的四门学部分学生的入学选拔考试科目,并且有某些科举的属性。进士是可进授爵禄者,是在升于学的俊士中再选拔出来的。隋炀帝既然是借鉴《周礼》托古改制,那么在搬用进士、俊士这些古名时一般则是会与学校制度相配套的,这就说明炀帝始建进士科最有可能在大业元年闰七月与恢复国学同时进行。

不过,由于史书没有直接详明的记载,隋炀帝时始建进士科和考试的具体情况已很难了解了。于今大业年间进士及第姓名可考者有杜正仪、房基、杨纂、侯君素、孙伏伽等数人。杨纂是"略涉经史,尤明时务……大业中,进士举",①而杜正仪是大业中"贡充进士"。《北史》卷26《杜铨传》附《杜正藏传》载:正藏开皇十六年举秀才入仕后,"大业中,与刘炫同以学业该通,应诏被举。时正藏弟正仪贡充进士,正伦为秀才。兄弟三人同时应命,当世嗟美之"。这就是说,在大业五年(609)诏"学业该通"等四科举人时,曾经中过秀才科的杜正藏、杜正伦和曾获进士科名的杜正仪三兄弟,与刘炫等人都应诏赴举。这条史料是同时载明进士科与秀才科,并非如后来一些唐代文献以"进士"来指代"秀才",这一史实有力地证明大业间进士科的实行。

大业年间的进士科并无特别重要的地位,进士科设立的重要性实际上是唐以后此科迅速发展并逐步取代包容所有科目、科举成为进士科的一统天下之后所赋予的。下令开凿了大运河的隋炀帝,当

---

① 《旧唐书》卷77《杨纂传》。

时没有而且也不可能料到设立进士科会成为1 300年科举时代的起始标志,在科举考试史乃至中国历史上占有如此重要的地位。历史上,有些事物是创制时轰轰烈烈,不久后便消息匿迹,迅速成为历史名词;有些事物却是如古语所说的"其作始也简,其将毕也巨",当其初出现时,并未引起人们的特别在意,后来的演变影响愈来愈大,以致后人反观作始之时,才恍然意识到当初创制的重要性,进士科就属于此类"始简终巨"的事物。隋炀帝是一位"笃志好古"的皇帝,或许还因为他是通过篡位而登上天子宝座,更喜作一些制度改作和振兴文教之事以赢得名声,才在恢复国学的同时建立了进士等科。同时,由于古老的秀才科延绵至隋代已无多少生气,从最初全靠举荐演变而来的秀才科带有不少历史的重负,且至隋代变得过于贵重难得,而炀帝又有意或需要拔取一些才识之士,于是另立进士、俊士等新的取士科目,与秀才、孝廉等科并行。其实,从杨素铨试秀才时故意刁难杜正玄、苏威为难杜正藏、隋代秀才及第者仅十余人来看,秀才科在隋代已出现了停废的征兆。而炀帝设立的进士新科目,却是一新生事物,没有什么历史负担,因此到唐代迅速发展成为生机勃勃的取士科目。

刘肃说"炀帝改置明、进二科",既言改,则与过去的科目有所不同。进士科从创立一开始就不带乡举里选之遗风,因而更具发展空间。取士从以推荐为主逐渐转移到考试为主是一进步的发展趋势,这种取士中心环节的转移,量变终将引起质变。以"分科举人"为内涵的广义科举概念逐步被以"进士科举"为内涵的狭义科举概念所代替,经历了漫长的演变过程,进士科的设立是其转折点。

进士科设立的重要性虽是由于唐以后科举在中国社会政治和文化教育上影响日益重大而为人们所赋予的,但隋炀帝能够在传统取士科目之外创设足以开启新局面的新科目,无论如何也具有划时代的意义,在中国科举史上占有重要地位。

## 第二节　春风得意马蹄疾：唐代科举

科举制从隋代创立之后，到唐代进入迅速发展时期，考试的内容日渐丰富，考试的条规趋于繁密，科举在社会上真正占有了重要地位。唐代是科举制的奠基期，宋以后各代科举内容、形式、场次乃至相关的科第习俗皆从唐代科举的基础上演变而来。从唐代开始，科场真正形成，使中国社会政治生活和人文教育活动有了一个关键的场域。从此，科场风云变幻与政坛起伏、学校兴衰息息相关，几乎每一位知识分子都有一段科场经历，多数政治家通过科场登上历史舞台，科举在中国传统社会结构中成为举足轻重的要素。

有唐一代近 300 年，科举前后变化颇大。其演变发展约略可以划分为初唐、盛唐、中唐、晚唐四个时期。

### 一　初唐科举格局

按传统的“四唐”划分法，从唐高祖至唐睿宗(618～712)为初唐时期。此时期科场初开，科举制从草创走上逐渐规范之路，形成了唐代科举系统的大致格局。

#### (一) 科场的形成

“大唐贡士之法，多循隋制。”①李渊建唐后不久，便在武德四年(621)参照隋代成法开科取士。《唐摭言》卷 1《统序科第》载：

> 始自武德辛巳岁四月一日，敕诸州学士及蚤有明经及秀才、俊士、进士，明于理体，为乡里所称者，委本县考试，州长重覆，取其合格，每年十月随物入贡。斯我唐贡士之始也。

---

① 《通典》卷 15《选举》3《历代制》下。

从此,唐代科举史拉开了多彩多姿的画卷。这道敕文明确将进士与明经、秀才等科并列,而且明文规定贡举入朝者须经州县两级考试。“学士”二字《登科记考》卷1改为“学生”。唐代参加贡举的考生分为两类,由中央和地方学馆举送的叫生徒,由自学成才在地方报考应举者叫乡贡,上述敕文中的“白丁”便是不在学校中就读的平民。武德四年发布开科举士的敕令后,至武德五年(622)十月,诸州经过考试贡明经143人、秀才6人、俊士39人、进士30人。十一月引见,敕付尚书省考试;十二月吏部奏交付考功员外郎申世宁主持考试,取中秀才1人、进士4人。[①] 该科进士头名为孙伏伽,这是中国科举史上第一位姓名可考的状元,与孙伏伽同榜中进士的还有李义琛、李义琰、李上德3人。武德六年(623)又取进士4人,七年取秀才2人、进士6人,八年取秀才1人、进士5人,九年取秀才2人、进士7人。每年还各取明经若干人。唐高祖在位时间虽不长,但首开科举,并明确依隋制以进士为选士科目,从此形成每年开科的惯例。

唐太宗李世民即位后,励精图治,在政治经济和文化教育方面努力进取,出现了历史上有名的“贞观之治”局面。在科举取士方面,开始增加进士的录取人数。唐高祖时平均每科进士仅4.4名,贞观时平均每科为10.25名。唐太宗深知人才对社会长治久安的重要性,也深知网罗英才对巩固其统治的必要性,因此十分重视科举考试的功用。贞观初年,他曾在放榜日到端门去观察,见新进士于榜下缀行而出,喜不自禁地对侍臣说:“天下英雄,入吾彀中矣!”[②]“彀中”是指箭能射及的范围,形容牢笼、圈套。唐太宗是一位文武双全的君主,在攻灭隋军建立唐朝的征战中屡建奇功。《唐摭言》卷3后论曰:“文皇帝拨乱反正,特盛科名,志在牢笼英彦。”既然要修文偃武,开科取

---

① 《唐摭言》卷15《杂记》。原记取秀才1人、俊士14人。徐松《登科记考》据《唐登科记总目》和《玉海》引赵修《登科记序》,认为“俊士”为进士之误。

② 《唐摭言》卷1《述进士上篇》。

士是一良策。唐高祖立下每年开科的成法，在贞观年间得到巩固和确立。从此，广大士人一心向往科名，老死于科场也无所恨，以至当时有诗云："太宗皇帝真长策，赚得英雄尽白头！"[1]唐代有许多立国的宏规奠定于唐太宗贞观年间，故后来人们将士人白首赴科场迷恋科举的原因都归结为唐太宗制定的牢笼英才之政策。

将士人的注意力吸引到科场竞争一方面可以消弭人们的斗志和异想，一方面确也能搜罗到人才为我所用。唐太宗"是知得士则昌，失人则乱……恐山林薮泽，藏荆隋之宝，卜筑屠钓，韫萧张之奇"。[2]当各地英才皆为科名的魔力所吸引，孜孜不倦于文场奋争时，自然不会落草为寇反抗政府。进士录取人数虽然很少，多数应举者可能面临着失败的命运，但这种挫折感可以被下一科的希望所消解，而唐代年年开科，失败者对下一次成功的希望和机会来得更快，因此确有不少人年复一年出入举场，直至老死。这些科场失意者虽有不满，但经过考试竞争未能如愿，一般很少会对政府和制度做出反叛行为，只能怨自己不才或时运不济，以至白首科场也无所恨。"太宗皇帝真长策，赚得英雄尽白头"，生动地道出了科举考试的消纳功能。

高宗即位，改元永徽。次年，也就是永徽二年(651)，是中国科举史上可资纪念的一年，原因是从汉代以来沿袭了数百年之久的秀才科实际上停止于这一年。由于秀才科地位崇高，所试方略策要求甚严，导致"此科取人稍峻"[3]，及第的机会过少。贞观年间一般每科仅取秀才 1 人，只有贞观元年、三年、七年、十三年各取秀才 2 人，贞观十九年取秀才 3 人，而贞观九年、十年、十七年、二十一年、二十二年没取秀才，唐太宗时 21 科榜共取秀才 22 人，平均每科仅取 1 人左右。成功的希望太小，使得应秀才科举者日渐稀少，加上贞观中有举

---

① 《唐摭言》卷 1《散序进士》。
② 《唐大诏令集》卷 102《求访贤良方正来年二月集泰山诏》。
③ 《唐六典》卷 2《尚书礼部》。

秀才不第而处罚州长,更是无人敢举,因此永徽年刘峑考中秀才之后,秀才科便退出了历史舞台,被进士科所取代包容,后来秀才逐渐变成了进士的美称或别名,或泛指应试的举子及一般读书人。①

唐高宗时对科举还有两点创新。一是设置制科。唐初便继承汉隋间制诏举人的做法,实行制诏举人,两《唐书》崔仁师、张行成本传皆载其武德初应制举事。但被称为有唐一代"盛事"、具有严格意义的制科,看来则始于高宗显庆三年(658)。《唐会要》卷76《制科举》便以"显庆三年二月,志烈秋霜科,韩思彦及第"起始。《册府元龟》卷639《贡举部·总序》叙唐代贡举也说:"又有制诏举人,皆摽其目而搜扬知之,志烈秋霜、词殚文律、抱器怀能、茂才异等、才膺管乐、道侔伊召、贤良方正、军谋宏远、明于体用、达于吏理之类,始于显庆,盛于开元、贞元。"制科皆试于殿廷,皇帝乘舆亲临观之。考试完毕要将试卷糊名然后评阅。对策高第者可以特授美官,一般者则获得出身待选入仕资格。

第二创置是明经、进士科加试帖经,进士科加试杂文。原先明经科只考经义策,有些举子不读正经,只是抄撮义条便去应试;进士只考时务策,有些进士举子不寻史传,惟诵旧策,互相模拟,企图侥幸及第。为了使明经真正做到学业赅深,进士选取文理华赡者,高宗调露二年(680),主管贡举的吏部考功员外郎刘思立奏请明经、进士二科并加帖经。所谓帖经,便是取经书中的一段文字,掩其两端,中间仅留一行,裁纸贴掉文字,由考生将贴掉的文字补写出来,有如现代的填充题。在通过帖经检测对经书掌握程度的同时,还要求进士科加试杂文两首。所谓杂文,是指箴、铭、论、表和诗赋之类的文体。永隆二年(681)八月,朝廷采纳了刘思立的意见,正式下诏规定从今以后,明经试帖有十帖得六以上者、进士试杂文两首而表明通识文律者方

① 刘海峰:《再论唐代秀才科的存废》,《历史研究》1999年第1期。

许试策。[1] 从此，两科的考试难度加大许多。

贞观、永徽之际，进士科日渐崛起。虽然唐高宗在位期间（650～683）有 9 年不贡举，是唐代贡举中断最多的时期，但所举行的 22 科共取进士 578 人，平均每科 26 人略多。龙朔三年（663），以右史董思恭与考功员外郎权原崇同知贡举，思恭泄漏进士策问题目，案发，经三司审问，“赃污狼藉”，原来是贿买考题，于是“命西朝堂斩决”，由于董思恭临刑告变，于是免予死罪，改判为流放南方偏远的梧州。这是中国科举史上首例科场案，预卖考题要处以死罪，于朝堂斩首处决，量刑可谓极重。因此说“高宗时，进士难其选”。[2] 也正是因为进士科在人们的心目中地位崇重，所以士人趋之若鹜，“缙绅虽位极人臣，不由进士者，终不为美，以至岁贡常不减八九百人”，[3]科场逐渐成为争夺声望和政治资本的重要场所。

武则天登基后，在科举方面也有两项创举。一项是在载初元年（689）二月，亲自策问贡士于洛城殿，数日方了，《通典》卷 15 说是“殿前试人自此始”。《资治通鉴》卷 204 则认为“贡士殿试自此始”。明清时期冯梦祯《历代贡举志》、董其昌《学科考略》及徐松《登科记考》也都持此说。但元代马端临《文献通考》卷 29 指出：“武后所试诸路贡士，盖如后世之省试，非省试之外再有殿试也。唐自开元以前，试士未属礼部，以考功员外郎主之。武后自诡文墨，故于殿陛间下行员外郎之事。”武则天殿前试士之举确非如后代那样是省试之上的考试，但毕竟是在殿廷中亲自考策贡举之士，对后代殿试的出现也有一定的先导意义，因而连徐松这位研究唐代科举的清代学者也认为是殿试的起始。

另一项创举是创立武举制度。长安二年（702）正月，敕令“天下

① 《唐大诏令集》卷 106《条流明经进士诏》。
② 《封氏闻见记》卷 3《贡举》。
③ 《唐摭言》卷 1《散序进士》。

诸州,宜教武艺,每年准明经、进士贡举例送”。[①] 考试的内容为长垛(比箭法准确)、马射(骑射)、马枪、负重等比试,考列上等者为第。武举是在借鉴文官贡举和武官铨选考试的基础上发展起来的。唐代统治者出自关陇军事集团,含有鲜卑血统,有尚武之风,武则天又是一位胆识过人、喜好改作的女皇帝,因此才首创武举常科制度。自此以后,武举基本上一直实行,以至形成武官“入仕者必先贡举”[②] 的观念。不过,虽说取士之方,文武并用,但因武举选拔范围较小,录取人数有限,因而在社会上影响远不如文官科举。

重视文学之士、抬高进士科的地位为武则天压制以经学见长的传统门阀贵族的一种手段。唐人沈既济《词科论》说:“太后颇涉文史、好雕虫之艺,永隆中始以文章选士。及永淳之后,太后君临天下二十余年,当时公卿百辟,无不以文章达。因循遐久,寖以成风。”[③] 重视以文取才的风气在武则天统治期间进一步形成。武则天时有十年不贡举,在所开的 19 科中,共取进士 454 人,平均每榜 23.9 名进士。

中宗在位时间不长(705～710),但神龙元年(705)确立的进士三场考试制对后代的科举产生了深远的影响。高宗永隆二年(681)因刘思立奏建立进士三场试的办法之后,“寻以则天革命,事复因循。至神龙元年方行三场试,故常列诗赋题目于榜中矣”。[④] 从此,三场考试的格局最后凝定下来,为以后各朝进士试所沿用。三场的考试内容是先帖经、次杂文,通过者再试策。宋代以后科举考试内容虽不完全相同,但三场试的形式却一直保持到科举制的终结。

从唐高祖武德五年(622)至睿宗太极元年(712)共开科 74 科,其中麟德二年(665)进士全落下,其他各科取进士 1～79 名不等,最多

---

①② 《唐会要》卷 59《兵部侍郎》。

③ 《通典》卷 15《选举》3《历代制》下。

④ 《唐摭言》卷 1《试杂文》。

的一年是高宗咸亨四年(673)取进士 79 名,这可能是因为咸亨二年、三年不贡举而加以弥补的缘故。总的来说,初唐科举还属于创建阶段,具有创始性和变动性,相对而言还不够稳定。但经过近百年的演变发展,参加科举已成为士人生活中的一件大事,科场已经形成,科场风云变幻已成为全社会关注的一个焦点,争夺社会稀缺政治资源和经济利益的竞争从此首先从科场展开。

(二) 常举科目

唐代每年举送的常贡科目有秀才、明经、进士、明法、明书、明算六科,以下分别作简要的介绍。

1. 秀才科

作为“尤异之科”,秀才科是唐代六门常科中最早设立、历史最为悠久的科目,也是法定地位最为崇高的科目。按《唐六典》卷 2《尚书吏部》所载,科举出身叙阶之法,秀才、明经及第分四等,进士与明法及第分二等。秀才上上第可得正八品上阶出身,以下递降一等,至中上第为从八品下;明经及第降秀才三等获得出身官阶,即上上第为从八品下,上中第为正九品上;进士、明法甲第从九品上,乙第降一等。

秀才科的考试内容为方略策五条,评定标准为:“文理俱高者为上上,文高理平、理高文平者为上中,文理俱平为上下,文理粗通为中上,文劣理滞为不第。”可见其评定标准包含“文”与“理”两个方面,这与当时文官铨选试判标准“文理优长”有些类似,所不同的是判文的“理”是指符合律令礼制的道理,而秀才策文所要求的“理”是指对策符合治理国家、解决政治经济或军事等方面问题的道理。秀才对策中“文”方面也要求文辞优美。永徽以前,秀才科犹与进士并列,秀才科停废之后,“凡由文学举于有司者,竞集于进士矣”,①说明应秀才科举者多为文学之士。

① 《唐摭言》卷 1《述进士上篇》。

"凡贡举人,有博识高才、强学待问、无失俊选者为秀才,通二经已上者为明经,明闲时务、精熟一经者为进士,通达律令者为明法。"①比起明经、进士、明法科来,秀才科要求最高,难怪南北朝隋代之间成为贡举科目之最,也使我们更为理解为什么隋代杨素试杜正玄秀才会那么苛刻。秀才科既要求博识高才,又要强学待问,而"无失俊选"则是要求品学兼优,在德行方面也不能有缺失。秀才科是唐代常科中继承性最明显的科目,带有一些乡举里选的流风遗韵,存有较多的荐举制色彩,延绵至唐初,渐成强弩之末,而所试方略策要求过严,导致及第机会过少,应秀才科者日渐稀少,而贞观、永徽之际,进士科日益崛起,也将文士的注意力吸引过去,至永徽二年(651)以后,秀才科便无疾而终。不过,秀才科虽然在贞观后已淡出唐代科场,但在相当程度上,则是被进士科所取代包容了。苏鹗《苏氏演义》卷上说:武德四年(621)复置秀才、进士两科,"其后,秀才合为进士一科"。秀才科选取文士的作用已为进士科所拥有,或者说完成历史使命的秀才科已融入生气勃勃的新兴科目进士科,其选才功能已由进士科所接力传承了。

2. 明经科

秀才科废绝之后,"自是士族所趣向,唯明经、进士二科而已"。②明经是以儒家经学为考试内容的科目,中国历代统治者皆以儒家经典学说来修身、齐家、治国、平天下,因而注重以经术取士。《全唐文》卷19睿宗《申劝礼俗敕》便说:"明经为政之先,不稍优异,无以劝奖。"汉隋之间明经科已出现,而唐代的明经科地位仅次于秀才,出身资格比进士、明法还高,而且成为取士人数最多的科目。"明经者,仕进之多数也。"③虽然唐代各种《登科记》不载明经姓名,但每科明经

① 《唐六典》卷30《三府、都督、都护、州、县官吏》。
② 《通典》卷15《选举》3《历史制》下。
③ 《权载之文集》卷41《答柳福州书》。

人数多在 100 人左右，且成为唐代中下级官员的主要来源。

明经之别，又分为明两经、三经和五经等。唐代将儒家九部“正经”按篇幅分量多少分为大经、中经、小经三类，《礼记》《左传》为大经，《毛诗》《周礼》《仪礼》为中经，《周易》《尚书》《公羊》《谷梁》为小经。通二经者，须含一大经一小经，或者两中经；通三经者，为大、中、小经各一；通五经者，要求大经并通，其他各经任选。《论语》《孝经》则无论是通二经、三经或五经，都得兼习。明二经与三经、五经的区别在于及第后待遇有别，明经通二经以上，每一经加一阶叙官。

具体的考试办法主要是帖经和策问。帖经是每经十帖，《孝经》二帖，《论语》八帖，每帖三个字，也就是每道填空题须填上三个字。十条通六以上，然后试经策。其中《周礼》《左传》《礼记》策问各四条，余经各三条，《孝经》《论语》共三条，皆录经文及注释为问题，要求答题“辨明义理，然后为通”。评判等第的标准为：通十为上上，通八为上中，通七为上下，通六为中上。用现代的眼光来看，按答对百分之百至百分之六十，区分为四个等级。若是考通三经者，全通为上上，通十为上中，通九为上下，通八为中上，通七及二经通五为不第。[①]明经科的考试内容也曾有过变化。高宗上元元年（674），令王公百官皆习《老子》，每年的明经举，《老子》也与《论语》《孝经》一同考试。武则天长寿二年（693），令贡举人停习《老子》，以她自作的《臣轨》作为贡举考试的内容。中宗即位后，神龙元年（705），又下令停考《臣轨》，依旧考《老子》策二条。

唐人认为，“经所以立行修身，史所以谙识成败。雅诰既习，忠孝乃成；传记方通，安危斯辨。知父子君臣之道，识古今鉴戒之规，经史为先，斯乃急务”。[②] 经术可以成为维护统治秩序的理论依据。初唐时期，明经科确也拔取了不少治术人才，如武则天时从明经出身位至

① 《唐六典》卷 2《尚书吏部》。
② 《旧唐书》卷 89《姚璹传》附《姚珽传》。

宰相的就有敬晖、格辅元、狄仁杰、李昭德、姚琇、陆元方、杨再思、杜景佺、韦安石、唐休璟、崔玄暐11人。唐代科举取士中存在着经术与文学之争,明经与进士科在一定程度上产生对立,是两条不大相同的入仕途径。史载崔玄暐"少时颇属诗赋,晚年以为非己所长,乃不复构思,唯笃志经籍,述作为事"①。张知謇兄弟5人皆以明经擢第,"恶请谒求进,士或不才冒位,视之若仇",并垂训子孙"经不明不得举"。② 在初唐时期,像张知謇这样全家报考明经科的还不少,当时明经地位与进士相差不太悬殊。

3. 进士科

唐初,进士仅试时务策五道。时务策既不同于秀才科需要明辨治国之术的方略策,又不同于明经科囿于经传的经策,这是为唐初进士科例取文章之士而又作为秀才科次一等的科目的特定地位所决定的。③ 时务策的实例,现存最早的为贞观元年(627)策进士问及上官仪的对策,《文苑英华》卷497《策》21载此道关于"用刑宽猛"的进士策问为:

> 问:狱市之寄,自昔为难,宽猛之宜,当令不易。缓则物情恣其诈,急则奸人无所容。曹相国所以殷勤,路廷尉于焉太息。韦弦折中,历代未闻,轻重浅深,伫承嘉议。

上官仪对策曰:

> 对:攘袂九流,披怀万古,览玉篆之奥义,觌金简之遗文,睹

① 《旧唐书》卷91《崔玄暐传》。
② 《新唐书》卷100《张知謇传》。
③ 盛奇秀:《唐科举研究》,《研究生论文选集·中国历史分册》,江苏古籍出版社,1984年版,第119页。

皇王临御之迹，详政术枢机之旨，莫不则乾纲而张礼乐，法霆震而置威刑。纵使轩去鼎湖，非无涿鹿之戮；舜辞雷泽，遂有崇山之诛。自皋繇不嗣，怨生长往，甫侯设法，徒有说于轻重，子产铸书，竟无救于衰败。是知风俗淳厚，草艾而可惩；主僻时昏，黥凿而犹犯。我君出震继天，承图宰化，孕十尧而遐举，吞九舜而上征。犹以为《周书》三典，既疏远而难从。汉律九章，已偏杂而无准。方当采韦弦于往古；施折中于当今。若能诏彼刑章，定金科之取舍，征其张赵，平丹书之去留，必使楚国受金，不为庄生所责，长陵盗土，必用张子之言。谨对。

进士时务策优劣的标准主要看文章词华，尤其是在唐初，朝野承南北朝以来注重藻饰之文风，从朝廷公文到举子对生多用骈体文。上举上官仪这道对策，也是尽量用典，字雕句琢，文辞华美，结果上官仪考策及第。

讲究文章辞采是进士科考试的特征，但有时个别主考官也不完全依据文章词华来决定去取。贞观二十年(646)，考功员外郎王师旦知贡举。当时冀州所举送的进士科举子张昌龄、王公瑾“并有俊才，声振京邑，而师旦考其文策全下，举朝不知所以。及奏等第，太宗怪无昌龄等名，因召师旦问之，对曰：‘此辈诚有文章，然其体性轻薄，文章浮艳，必不成令器。臣若擢之，恐后生相效，有变陛下风雅。’帝以为名言”。①张昌龄等“声振京邑”是因为他有词华，王师旦考其文策为下等，以致“举朝不知所以”。当时主考官主动权很大，可以根据自己的判断来定夺。不过，按《旧唐书·张昌龄传》所载，他还是最后及第了：

张昌龄，冀州南宫人。弱冠以文词知名，本州欲以秀才举

① 《唐会要》卷76《贡举》中《进士》。

之,昌龄以时废此科已久,固辞,乃充进士贡举及第。

《文苑英华》卷502《策》26还载有张昌龄的对策,因此,徐松《登科记考》还是将其判明为贞观二十年进士及第。这里只是略举一例,已可见进士的“文学之科”“词科”之性质。

永隆二年(681),进士科不仅要试时务策五道,而且还要帖经、试杂文。按《唐六典》卷2所载,进士科试杂文和时务策的标准为:“文须洞识文律,策须义理惬当者为通。若事义有滞,词句不伦者为下。其经、策全通为甲,策通四、帖通六已上为乙,已下为不第。”但在实际操作中,考生和考官最重视的还是文学才华,因为这不是仅靠记诵便能获得的知识,而与一个人的素养和气质直接相关。在重视文学的社会氛围中,进士科的声望不断提高,由于不少进士及第者青云直上、飞黄腾达,因而一些进士尚未铨选入仕,还穿着百姓白衣就被人们视为未来的卿相,以至有“白衣公卿”“一品白衫”之说。而及第后远大的前程更是吸引士人热衷于进士科举,竞争激烈导致及第难度加大,其艰难有“三十老明经,五十少进士”①的比喻,意思是30岁考中明经已算年老,50岁进士登科还算年少。

4. 明法、明书、明算科

明法、明书、明算科是考试选拔专门人才的科目。如果说秀才、明经、进士三科是选拔经术和文学的通才的话,明法、明书、明算则是选拔专业性或技术性的专才。

明法科往往与明书、明算科并提,但明法科地位要比后两科地位更高,明法及第叙任的官阶与进士一样获从九品上和从九品下官品出身,而明书、明算科及第则列为最末品位。关于明法科的考试内容,最初也只是考律、令策。高宗永隆二年(681),在明经和进士增加

---

① 《唐摭言》卷1《散序进士》。

帖经的同时，规定“其明法并书、算贡举人，亦量准此例，即为常式”。[①] 也就是说，明法等科也一样采用试帖这种考试题型，以促使考生对所习典籍全面掌握。此后，明法所试包括策和试帖两类题型。《唐六典》卷2说：“明法试律、令各一部，识达义理、问无疑滞为通。粗知纲例、未究指归为不通。所试律、令，每部试十帖，策试十条，律七条、令三条。全通者为甲，通八已上为乙，已下为不第。”明法科的考试依据为唐代行用的律令，尤其是永徽三年(652)以后更是按长孙无忌等修成的《唐律疏议》。明法科的考生多来自中央国子监中律学的生徒，但也有乡贡举送的。《唐六典》卷30谈到地方官贡举人时说：“通达律令者为明法”，表明乡贡明法也是重要的考生来源。

明书科简称“书科”，又称“明字科”，因为明书科的考试内容以文字学为主，兼及书法。在永隆二年加试帖以后，明书科的考试方式有帖试、口试和策试三种。先是考《说文》六帖、《字林》四帖，共十帖。帖试通过后再口试，口试不限条数，疑则问之，全部通过后再试策。评定标准按《唐六典》卷4《尚书礼部》的记载为：“明书试《说文》《字林》，取通训诂，兼会杂体者为通。”明书科的考生来源基本上是国子监中的书学生。虽说《唐六典》卷2说“凡诸州每岁贡人，其类有六：一曰秀才，二曰明经、三曰进士，四曰明法，五曰书，六曰算”，但同书卷30谈到地方贡举人，只提秀才、明经、进士、明法，未提及明书与明算。估计明书与明算乡贡一途实际上不是没有，就是绝少。由于书、算两门学科相当专门，故非有系统的学习，仅靠在家自学不易精深。国子监六学中书学、算学排在最后，学生数最少，地位也最低，与之相对应的明书科在唐代也不受重视，对当时社会影响较小。

明算科又简称“算科”，用以选拔数学专才。明算与明书是唐代常举六科中性质最为接近的姐妹科，从其地位相对低下来说则可谓

---

① 《唐会要》卷75《贴经条例》。

一对难兄难弟。《唐六典》卷2说;“书、算于从九品下叙排。”书、算科考生来自书学、算学,《新唐书·选举志》谈及科举出身时表述为:“书、算学生,从九品下叙”,便将书、算学生等同于书、算科考生。明算科考试内容为唐代算学中使用的教材算经十书,算学生按所学课程分为两班,算科考试也相应分为两个分科。第一分科考《九章》《海岛》《孙子》《五曹》《张丘建》《夏侯阳》《周髀》《五经算》,采用帖经和问义两种形式,帖经为《九章》三帖,其余七部算经各一帖,共十帖,通过九帖方为合格;并录各经大义为问,也是《九章》三条,其余七部各一条,要求十通六。评判标准为“明数造术,详明术理,然后为通”。第二分科考《缀术》《缉古》,帖经考《缀术》六帖、《缉古》四帖,问义考《缀术》七条、《缉古》三条,也需十通六。问义的评判标准是“答者明数造术,详明术理,无注者合数造术,不失义理,然后为通”。① 此外,两个分科都需帖试《记遗》和《三等数》,试十得九为第。② 明算科考试颇为复杂,反映出当时的数学已有相当高的水平。只是在重治术、轻技术、重道轻器的传统社会中,培养选拔数学人才的算科在常科中属于末科,不为人所重视。但在唐太宗时已设立此种自然科学考试科目,比起欧洲17世纪以后才出现的实学科目教育和人才的选拔要早上千年,因而明算科与书科的设立,可以说是中国乃至世界历史上的创举。

以上是唐代通常举行的六个科目。“凡此六科,求人之本,必取精究理实而升为第。其有博综兼学,须加甄奖,不得限以常科。”③六科之外,初唐时还设有其他一些常举科目。如弘文、崇文生举,唐代在东宫下设崇文馆,门下省下设弘文馆,招收一些皇亲和京官职事三品以上子或者“性爱学书”的五品以上子入馆习业,这些学生可以参

---

① 《新唐书》卷44《选举志》。
② 参阅盛奇秀:《唐代明算科》,《齐鲁学刊》1987年第2期。
③ 《唐六典》卷4《尚书礼部》。

照明经、进士科的考试办法，参加要求较低的弘、崇生举。又有专门选拔资质聪慧儿童的神童科，裴耀卿便曾于垂拱四年（688）"神童擢第"。[①] 有的学者认为当时还存在一门以四门学俊士生为主要取士对象的常举科目俊士科，但实际上俊士科并非贡举常科，而只是面向庶民的四门学部分学生的入学选拔考试科目，具有某些科举属性而已。[②]

（三）考录程序

唐代科举中制举特科与贡举常科的考录程序有所不同。制科考录程序较简单，一般不定期，由皇帝临时下诏开科取士，应考者被举或自举到京师长安，直接在殿廷参加策试，登科者可以立即授予官职。常科考试参加人数众多，考录程序也较复杂。常科考生有学馆生徒和州县乡贡两类。《唐律疏议》卷9《职制》对"贡举非其人"条疏议说："依令，诸州岁别贡人，若别敕令举及国子诸馆年常送省者为举人。"可见"贡"与"举"是两条报考途径，贡人与举人合称贡举。"每岁仲冬，州、县、馆、监举其成者送之尚书省；而举选不繇馆、学者，谓之乡贡。"[③]从实际情况看，州县学生学有所成由当州考试，或升补入国子监中进学，后来也多与地方自学成才者一起作为乡贡一类解送至京师参加省试。因此，生徒报考者主要为中央学馆之学生。在国子监国子学、太学、四门学、律学、书学、算学六学中，皆依照科举考试办法来选拔参加省试的候选者，《唐六典》卷21《国子监》说：

> 凡六学生，每岁有业成上于监者，以其业与司业、祭酒试之。明经帖经、口试、策经义，进士帖一中经、试杂文、策时务、征事，其明法、明书、算，亦各所习业，登第者白祭酒，上于尚书礼部。

---

① 《登科记考》卷3垂拱四年（688）条。
② 刘海峰：《唐代俊士科辨析》，《中国史研究》2000年第2期。
③ 《新唐书》卷44《选举志》。

馆监学生身份已相当清楚,因此不必再投报家状等来报考。而乡贡一般为投师私学或民间自学者,报考手续较为复杂。以下着重从乡贡一途起始,来看唐代科举考录程序。

1. 投牒自举

允许士人自由报考是科举考试的重要特征之一,在察举或广义科举时代,多数情况下要有地方长官的推荐,而在进士科举时代,科举成为一种"无嫌自进"的开放性考试。乡贡考生可以"怀牒自列于州县"。[①] 所谓牒,即应试者的家状,包括籍贯、父祖三代名讳、年龄、相貌、所习本经等,只要其德行无缺,名实相符,一般皆准许其报考。这种士子自由报名主动自荐的方式,与过去察举时代被动由人推荐的办法明显不同。《旧唐书·杨绾传》说"今之取人,令投牒自举""令举人辄自陈牒",这种牒,包括到状、保辩、识牒,由于是自由报考,为了防止冒名顶替或名行不副的情况出现,要有相关的人作保。古代没有摄影技术,无法用照片来辨认考生,只能用文字描述性的识牒来说明,比如身高、肤色、是否多胡须等。唐代举选人家状识牒多云"中形,黄白色,少有髭",而武举与武选人则云"长形,紫黑,多有髭"。[②] 这种投牒自进的方式不分贫富贵贱,没有门第的限制(工商除外),将参政权向平民开放,为社会阶层流动提供了可能。为了使自己在州县报考后增加考中被举送入京的机会。这些投牒自进的举子还常采取一种"觅举"的行为,即薛登所描状的:"策第喧竞于州府,祈恩不胜于拜伏……故俗号举人为觅举。觅者,自求之称,非人知我之谓也。察辞度材,则人品可见矣。故选曹授职,喧嚣于礼闱;州郡贡士,诤讼于陛闼。"[③]觅举即毛遂自荐,求得机会参加科举解送的机会。乡贡这种投牒自举的方式在唐代有时也称为"投刺",开始时要求在籍贯

① 《新唐书》卷44《选举志》。
② 《南部新书》乙卷。
③ 《通典》卷17《选举》5《杂议论》中。

所在地报考，后来外籍考生在京兆府及附近的同州、华州报考的也不少。

2. 府州解试

府州举送考试又称“乡赋”“乡荐”或“乡试”。州县负责贡举考试的官员为司功或功曹参军，有时由州县长官直接负责。按《唐摭言》卷1《两监》所载：“州县学生，当州试。并艺业优长者为试官，仍长官监试。”乡贡考试也常由地方长官职掌，因为“县之所重，其举秀贡贤也……次乃户税而已”，[①]常有地方长官将举送考生视为头等大事，其重要性甚至超过征收户税。县一级的考试较不正规，至今留下来的史料也很少，仅有王起等《万年县试金马式赋》[②]等少量资料。府、州一级的考试则与中央一级的相同，报考进士者也分为帖经、杂文、时务策三场。各州录取贡送的人数不等，《唐六典》卷30说：“凡贡人，上州岁贡三人，中州二人，下州一人。若有茂才异等，亦不抑以常数。”也就是说，虽有贡举名额，但确有才能者可不受定额限制。京兆府所贡人数往往最多，名列前10名的称为“等第”，及第的可能性很大。府州解送考试第一名称为解元或解头，若以京兆府或同州、华州解元贡至京师者，多数都能及第，因此这些府州的解元或名列前茅者的竞争也相当激烈。

解试的时间是在秋天。《南部新书》乙卷说：“长安举子，自六月已后，落第者不出京，谓之过夏。多借静坊庙院及闲宅居住，作新文章，谓之夏课……七月后，投献新课，并于诸州府拔解。人为语曰：‘槐花黄，举子忙。’”唐代府州解送考试便相当于明清时的秋闱。府州一般还举行乡饮酒礼以欢送被贡的举子。

3. 尚书省试

每年十月，中央馆监举人和各地贡士到尚书省报到，交纳家状和

① 《樊川文集》卷10《同州澄城县户口仓尉厅壁记》。
② 《全唐文》卷643。

文解(即各府州发给贡人的解送证明文件),由尚书省户部集阅查核。一同投考者还要互相结保,叫作“合保”。一般是5人一保,若有作弊不实之处,查出后所有同保人3年不得赴举。在正式考试之前,贡举人往往造请权要。“驱驰府寺,请谒权贵,陈诗奏记,希咳唾之泽,摩顶至足,冀提携之恩。”①这种情态虽是薛登抨击的极端情形,但因唐代科举考试主考官具有决定权,若有人推荐请托,及第尤其是进士科及第的可能性会大许多,故贡举人多会去跑关系、造声势。此外,在次年元旦,百官向皇帝贺正(祝贺正月的到来)之时,贡举人还要接受皇帝的引见。考前有些主考官还会接见举子。

正式的考试通常在正月或二月举行,又以正月居多。初唐时期科举考试由尚书省吏部主管,具体的主考官在武德年间通常为考功郎中,贞观以后则由考功员外郎主专掌。考试地点在尚书省都堂。“阅试之日,皆严设兵卫,荐棘围之,搜索衣服,讥诃出入,以防假滥焉。”②考试的时间是白天一整天,帖经、杂文、时务策的进士三场考试则需分别三日进行。日本学者仁井田陞《唐令拾遗》中“考课令”第53条说:“诸试贡举人,皆卯时付策,当日对了。本司监试,不讫者不考。毕,本司判官,将对尚书定第。”又张鷟《龙筋凤髓判》卷2《国子监》载:

> 太学生刘仁范等省试落地,挝鼓申诉。准式,卯时付问头,酉时收策试。日晚付头不尽,经业更请重试。

可见省试是卯时(上午5至7时)分发试卷,酉时(下午5至7时)收回答卷。③ 三场考试逐场淘汰。至于三场之间隔几日进行,因史文

---

① 《通典》卷17《选举》5《杂论文》中。
② 《通典》卷17《选举》3《历代制》下。
③ 参阅高明士:《隋唐贡举制度》,(台北)文津出版社,1999年版,第102页。

缺载，不得而知。按《宋史》卷156《选举志》说宋度宗时“一遵旧制，连试三日”，唐代也有可能是连试三日。

4. 录取放榜

试卷经主考官评阅后，便将录取名单张榜公布。放榜的时间通常在二月，[①]因在春天，故又称为“春榜”。一般是早晨放榜，故有诗云“仙榜标名出曙霞”“朱门秉烛一千家”。[②] 每年的放榜是京城的大事，人们都争先恐后前往观看，“喧喧车马欲朝天，人探东堂榜已悬……十二街前楼阁上，卷帘谁不看神仙”。[③] 金榜一出，有人欢乐有人愁，落第者欲哭无泪，及第者欢天喜地。尤其是考中进士者，更是欣悦无比。“新进士才及第，以泥金帖子附家书中，用报登科之喜”，乡曲亲戚得知喜信后，则以声乐相庆。[④]

与其他科目及第者不同，进士科及第者在放榜后还有一系列的参见和游宴庆祝活动。进士科竞争相当激烈，一旦及第，就是一件十分荣耀风光的大喜事，有如鲤鱼跃龙门，故云“一登龙门，则声价十倍”。[⑤] 新科进士甚至被形容为头上有“七尺焰光”，从中宗神龙（705～707）以后，形成了曲江宴会、杏园探花、雁塔题名的风尚。

曲江是唐代京城长安东南的风景名胜之区，当新科进士泛舟于曲江之上宴饮之时，请宫中教坊派乐队演奏助兴，长安城士女百姓争相观看，万人空巷，有时皇帝也登临曲江南岸的楼台观看，成为唐代京城的一大景观。杏园探花是在杏花园举行“探花宴”，以新科进士中少年俊秀者两人为探花使，也称探花郎，骑马遍游曲江附近或长安各处的名园，去采摘名花，以助雅兴。再后来便是一起到慈恩寺大雁

---

① 参阅傅璇琮：《唐代科举与文学》，陕西人民出版社，1986年版，第288～291页。
② 《莆阳黄御史集》上秩《放榜日》。
③ 《全唐诗》卷709；徐夤：《放榜日》。
④ 《开元天宝遗事》卷下《泥金帖子》《喜信》。
⑤ 《全唐文》卷348；李白：《与韩荆州书》。

塔下题名。另外,唐代对士人的礼教约束较少,尚未正式任官的士人皆可以到长安的“风流薮泽”平康里宿妓。当时的风俗,每年新进士往往书名于红笺之上,到平康里寻谒卧游,去体验“小语偷声贺玉郎”①的缠绵经历。风流倜傥热闹欢庆一阵之后,再下来就要准备参加吏部的铨选考试,准备争取早日入仕为官了。

总之,唐代“朝廷将裨教化,广设科场”,②顺应了社会发展的要求和士人参政的愿望,也符合取士制度演进的内在逻辑,虽然初唐科场条规和程序还不够严密和完善,但大体形成了唐代科举格局,为盛唐以后科举发展打下了基础。

## 二　盛唐科场气象

盛唐指唐玄宗在位的开元天宝年间(713～756),此时期虽仅44年,但却是唐代国力最为强盛、文化最为繁荣的鼎盛时期。经历过百年的和平年代,社会安定,“河清海晏,物殷俗阜”,民物蕃息,出现了一个物质上富足、精神上豪迈的太平盛世。过去所说的“汉唐气魄”在唐代主要指唐前期尤其是盛唐时期,表现为疆域辽阔,气象恢张,人们有一种奋发有为、青春向上的精神。研究唐诗者认为当时诗歌中蓬勃进取、乐观豪迈、热情自信的气氛体现出一种盛唐气象,李白的一些诗句,如“朝野盛文物,衣冠何翕赩,厩马散连山,军容威绝域”,“大鹏一日同风起,扶摇直上九万里”,是盛唐气象的典型反映。③ 胡适《白话文学史》也说“开元天宝的时代,在文化史上最有光荣。开国以来,一百年不断的太平造成了一个富裕的、繁华的、奢侈的、闲暇的中国”。确实,盛唐国运如日中天,文人有一种浪漫活泼的情绪。

---

① 《唐摭言》卷3《慈恩寺题名游赏赋咏杂记》。

② 《东观奏记》卷中。

③ 时萌:《谈研究李白的几个问题》,《光明日报》1956年6月17日,第3版。

这种升平世界的气象反映在科场取士方面，便是“四海晏清，士无贤不肖，耻不以文章达”，人们高度重视科名，积极角逐科场。《通典》卷15《选举》3载沈既济曰：

> 开元天宝之中，上承高祖太宗之遗烈，下继四圣治平之化，贤人在朝，良将在边，家给户足，人无苦窳，四夷来同，海内晏然。虽有宏猷上略无所措，奇谋雄武无所奋。百余年间，生育长养，不知金鼓之声、烽燧之光，以至于老故太平。君子唯门调户选，征文射策，以取禄位，此行已立身之美者也。父教其子，兄教其弟，无所易业。大者登台阁，小者任郡县，资身奉家，各得其足，五尺童子耻不言文墨焉。是以进士为士林华选，四方观听，希其风采，每岁得第之人，不浃辰而周闻天下。

在人民安居乐业、社会祥和稳定的情况下，许多人一心向学，专心于学习和应考，教育得到相当程度的普及，以至五尺童子也多能舞文弄墨。朝野重视文教，进士科名尤为人们所看重，每年进士及第者的姓名不出十日就传遍全国。

玄宗在位期间，还对科举作了不少改革，使科场出现了一些新气象。在盛唐一系列的科举改革中，影响最为深远的是开元二十四年(736)科举管理改革。

### (一) 开元二十四年科场案及相关改革

自唐中宗以后，一段时期内科场请托之风大行，取士较滥，有的年份达数百人，如神龙元年(705)仅进士便取73人，景龙四年(711)进士也有52人，唐玄宗即位后，开元元年(713)又取进士77人，这还不算人数大大超过进士的明经及第者。开元二年(714)，王丘任考功中外郎主管贡举，当年“登科者仅满百人”，其中仅录取进士17人。史载王丘“一切核其实材”，“议者以为自则天已后凡数十年,无如丘者”。[1] 王丘是一位“神气清古,志行修洁”的官员,他对一个时期以来科场中盛行的请托风气深恶痛绝,接掌贡举之后,便革除名不符实、侥幸得第的弊端,取士从严。在他认真核实、严格录取的 17 名进士中,名列榜首的是一位叫李昂的人物。

这位状元及第的李昂到开元二十三年(735)冬也担任考功员外郎一职。在他从进士出身到掌管科举的 20 年间,科场又出现“举人皆饰名求称,摇荡主司,谈毁失实”的歪风。对此走歪门邪道的风气,性格刚直不阿、情绪容易急躁的李昂与录取他的座主王丘一样也是痛恨有加,一旦上任,便决心革除科场弊端。于是,他召集各地贡士申明说:“文之美恶悉知之矣,考校取舍,存乎至公,如有请托于时,求声于人者,当首落之。”在这些进士考生中有一位叫李权者,与李昂的外舅曾是关系甚好的邻居,尽管李昂有言在先,其外舅还是向李昂推举了李权。李昂果然大怒,又召集贡士,当众数落李权走关系的过错,李权辩称并非自己主动求情走后门。李昂于是说将与众考生评点他们平日所作的文章,李权知道主考官是针对自己,及第肯定无望,于是也暗地搜求李昂的诗文加以推敲。他日,李昂果然摘出李权诗文章句小疵以羞辱之。李权拱手而前说:“礼尚往来,来而不往,非礼也。鄙文不臧,既得而闻矣,而执事昔有雅什,常闻于道路,愚将切磋,可乎?”李权怒而嬉笑曰:“有何不可!”李权说:“‘耳临清渭洗,心向白云闲’,岂执事之词乎?”李昂说:“然。”李权又说:“昔唐尧衰耄,厌倦天下,将禅于许由,由恶闻,故洗耳。今天子春秋鼎盛,不揖让于足下,而洗耳,何哉?”当时国家安宁,百官都遵守法令,不敢有差错缺失,尤其惧怕触犯“大不敬”等十恶不赦的条款,李权将李昂的诗句深文周纳,上纲上线,指其隐藏有犯上作乱、企图取代玄宗皇帝的阴谋,李昂听到李权的质问解释后,“惶骇蹶起”,不知如何对答。过后,李

---

① 《旧唐书》卷 100《王丘传》。

昂向宰相告李权狂妄无礼，于是李权被拘押起来。

以上便是中国科举史上有名的“二李纷争”科场案的大致经过。本来这只是一个考官与考生互相冲突的普通案件，事件性质也不算太过严重，一般情况下或许作为小事处罚也就算完了。但问题在于，李昂原先是一位锐意革新的清正官员，决不接受权贵嘱请。事件发生后，李昂一反前态，在开元二十四年科考中，凡有请托，莫不听从，改革的锐气全消，变得软弱可欺。为此，朝廷专门召开会议讨论此问题，都认为考功员外郎“位轻不足以临多士”，①于是在开元二十四年三月下诏，决定将科举管理权限改由礼部侍郎专掌。这样，一个不大的科场案便引发了一场重大的科举改革。

关于此次二李纷争及其后果，杜佑《通典》卷 15 简洁地记载说：“（开元）二十四年制，移贡举于礼部，以侍郎掌之（因考功员外郎李昂诋诃进士李权文章，大为权所陵诟，朝议以郎官地轻，故移于礼部，遂为永制）。”其他许多史书也说由于认为考功员外郎“望轻”“权轻”或“位卑”而不能服众，因此移贡举于礼部，委侍郎主管。杜佑编撰《通典》不过在开元二十四年（736）之后 60 年左右，但他说贡举从吏部考功员外郎移为礼部掌管“遂为永制”，不仅符合唐代的科举实际，而且是很有预见性的判断，因为从那以后 1 000 多年间相沿不改，直至科举制的废止，礼部主管科举都是一成不变的“永制”。科举主管部门的改变是中国科举史上的一件大事，当时决定的诏令是张九龄起草的开元二十四年（736）三月十二日《令礼部掌举敕》，《册府元龟》卷 639《贡举部·条制》载此敕说：

> 每岁举人，求士之本，专典其事，宁不重欤？顷年以来，惟考功郎所职，位轻务重，名实不伦。欲尽委长官，又铨选猥积。且六

① 《唐摭言》卷 1《进士归礼部》。

官之列,体骨是同,况宗伯掌礼,宜主宾荐。自今已后,每岁诸色举人及斋郎等简试,并于礼部集。既众务烦杂,仍委侍郎专知。

科举取士是朝廷的大事,随着举人的日益增多,科举事务的重要性与考功员外郎职位较轻的矛盾日益突出,若要将科举改由吏部尚书或侍郎来掌管,由于他们已在负责官员的铨选工作,难以兼顾。而尚书六部官员品阶相同,职务繁简闲剧也应有所均衡,自古取士皆以礼为本,由礼部掌礼,所以宜主"宾荐",也即掌管科举。这一决定是经最高统治者即唐玄宗首肯后作出的,《新唐书·选举志》和《文献通考·选举考》都说"考功员外郎李昂为举人诋诃,帝以员外郎望轻,遂移贡举于礼部,以侍郎主之"。

由二李纠纷口舌相争所引起的科举主管权限的变动,是李昂和李权两位当事者所不会想到的。唐代科场条规还不太严密,主考官听取王公大臣和亲朋好友推荐考生本是不足为奇之事,但李昂却是一位疾恶如仇、"不容物"的状元出身的主考官,他在大庭广众之下揭穿考生李权请托之事,而且还进一步揭其诗句之短,李权蒙羞受辱后反唇相讥,攻击李昂居心叵测。两人的纷争虽然激烈,但唐代落第举子诋毁主考官的事例也不少,只是这次更为著名而已。其所以著名就是因为引发了科举重大变动。事件的发生看似偶然,但却蕴含着一种必然性,科举考试日渐重要,员外郎位轻不足胜任其职,必然导致科举管理的改革,二李纷争案件只是触发这种改革的偶然诱因罢了。[①] 至于被拘入狱的李权,刑部也认为其言语不可过于追究,结果是诉讼作罢,李权出狱。

礼部掌管科举之后,中央一级的省试便有了"礼部试""礼闱"之称,礼部特别是礼部侍郎的地位大大提高。开元二十四年三月决议

---

① 参阅刘海峰:《唐玄宗朝科举管理改革剖析》,《晋阳学刊》1989 年第 5 期。

由礼部侍郎接掌科举后不久，礼部侍郎姚奕走马上任，随后便着手了两项重要的改革。

一是建立科举专用考场贡院。《唐国史补》卷下《礼部置贡院》说："开元二十四年，考功郎中李昂，为士子所轻诋，天子以郎署权轻，移职礼部，始置贡院。"此前，科举考试一般在尚书省都堂举行，没有专用的考试场所。开元二十四年在礼部南院设立贡院，这是中国科举史上的重大创置，从此一直到清末，历代科举考试通常都在贡院中进行。贡院又称贡士院，或称贡闱、贡场，是科举制度的有形体现，也是科场的具体表现，是中国1 000多年间知识分子魂牵梦萦的一个地方。唐代贡院的创立具有开创意义。这也是由二李纠纷案引起的改革，目的在于使考试正规化，提高科举考试的严密性和严肃性。开元二十四年九月二十日，礼部又以贡举请另外设置印玺，①使礼部贡院的职能更为独立和加强。

二是改革明经、进士等科考试内容。开元二十四年十月，姚奕便着手整顿科举，奏请进士要在《左传》《周礼》《仪礼》等大、中经中帖经，十帖通五以上方可及第。次年二月，朝廷采纳了姚奕的建议，明下敕令，指出近来"进士以声韵为学，多昧古今；明经以帖诵为功，罕穷旨趣"。为了改变这种状况，采取了将两种科目互相折中调和、取长补短的改革措施。明经考试不再试经策十条，而代以时务策三道，此前明经的录取标准是"文注精熟、辨明义理"，此后要求"取粗有文性为通"。进士科则不再帖小经，而是与明经科一样帖大经十帖，要十通四以上（明经是十通五），然后才准试杂文及策，此前进士的录取标准是"文须洞识文律，策须义理惬当者为通"，此后则要求"文取华实兼举，策须义理惬当者为通"。② 明经要"粗有文性"，进士从"洞实文律"改为"华实兼举"，且要与明经科同样帖大经，可见是两科互补

① 《唐会要》卷76《缘举杂录》。
② 《唐六典》卷2《吏部尚书》、卷4《礼部尚书》。

为用。明经改试时务策，惯于经义章句的明经科举子只好勉为其难，而时务策恰好是进士科考试的传统项目。进士科举人最怕帖经，却恰恰要增加帖经的分量，而且此后帖经“多有聱牙、孤绝、倒拔、筑注之目，文士多于经不精，至有白首举场者，故进士以帖经为大厄”。① 原先进士科举子常“饰名求称，摇荡主司”，不太将考功员外郎放在眼里，而姚奕这位“颇振纲纪”的礼部侍郎上马接管科举后马上实行的科举改革，给进士科举子来一个下马威，那些以文见长、自命不凡的进士科举子不啻遭到当头棒喝，从此都须面临帖大经的严峻考验。

为了防止落第举子攻讦闹事，开元二十五年（737）敕令还规定进士科发榜后，其录取者所试杂文及策文要送中书门下详细复核。让宰相来最后审查试卷，可以从制度上提高科举考试的权威性，使一般进士科举子不敢“摇荡主司，谈毁失实”。

除此以外，二李纷争科场案引发的科举改革还有两项。其一是试图恢复秀才科。秀才科于高宗永徽二年（651）实际停罢之后，至开元二十四年（736）已历85年。在科举权限移到礼部掌管时，又恢复了秀才科举，但久废的秀才科好似“沉舟侧畔千帆过”，此时的进士科早已加试帖经和诗赋杂文，难度、声望和录取人数已今非昔比。从法令地位上说秀才科名最高，考试内容却反易于进士，故“主司以其科废久，不欲收奖。应者多落之”，因而并无一名及第者。这次在科场改革有大动作的条件下复兴秀才科之举未有结果。后来至天宝元年（742），礼部侍郎韦陟奏请正式停罢秀才科，有堪此举令官长特荐，② 秀才科便不仅在事实上，而且在法令制度上最终了结。因此，开元二十四年恢复秀才科是以失败告终的。

其二为提高武举主考官的品阶。与文官科举相同，原先武士贡举也是由从六品上的兵部员外郎掌管。在文举改由正四品下的礼部

① 《封氏闻见记》卷3《贡举》。
② 《通典》卷15《选举》3《历代制》下。

侍郎负责后，武举随后也由同一品位的兵部侍郎掌管。开元二十六年(738)十一月十四日敕："所设武举，以求材实。仕进之渐，期为根本，取舍之间，尤宜审慎。比来所试，但委郎官，品位既卑，焉称其事？自今以后，应武举人等，宜令侍郎专知。"①对比文官科举管理权限改易的诏敕可见，二者相当类似。此道敕文虽颁布于开元二十六年十一月，但追究原因，也是由进士科举中二李纷争科场案引起。因此，开元二十四年科场案是一次并不严重、处罚至轻却影响至大的著名科场案或科场事件。

（二）生徒与乡贡的消长

盛唐科场有一引人注目的变化，便是生徒与乡贡势力的消长进退。为了协调学校与科举的关系，维持官学的繁荣，此时也对科举作出了一些改进办法。

初唐科场生徒占明显的优势，科举及第者多为国子监的学生。《唐摭言》卷1《两监》说："开元已前，进士不由两监者，深以为耻。"当时场籍是"先两监而后乡贡"，由于国子监分为西京长安和东都洛阳两个，故称两监。生徒在校可以较长时间系统地学习儒家经典和史籍时事，又有良师益友切磋琢磨，学问文章得以长进，加上国子学、太学、四门学多为品官子弟，在相当重视门第的初唐，科场偏重录取生徒。在唐中宗景龙元年(707)以前，进士及第者多数为生徒。这种状况到玄宗开元年间出现了变化，出现了乡贡与生徒并重的局面，并逐渐向重乡贡轻生徒的方向转变。

唐玄宗开元天宝年间，社会政治经济和文化教育各方面都酝酿并开始出现一些重大变化，成为中国古代社会一个重要的转折时期。科场中生徒与乡贡之间的轻重，有如天平的两端，也在此时从乡贡较轻慢慢转为平衡，而且日益朝乡贡一端倾斜。发生这一变化的原因

---

① 《唐会要》卷59《兵部侍郎》。

相当复杂，而其中因素之一也与开元二十四年二李纷争科场案及其后的改革有关。《封氏闻见记》卷3《贡举》说：

> 元(玄)宗时，士子殷盛，每岁进士到省者常不减千余人，在馆诸生更相造诣，互结朋党，以相渔夺，号之为“棚”，推声望者为棚头。权门贵盛，无不走也，以此荧惑主司视听。其不第者率多喧讼，考功不能御，开元二十四年冬遂移贡举属于礼部，侍郎姚奕颇振纲纪焉。

由此可见，开元二十四年科举管理权限的变动虽是由于李昂与李权口角相争所引起的，但其背景是学馆的生徒为求及第而结成朋党，奔走关系，一旦落第则常聚众闹事，而考功员外郎因位卑不足以威镇举子，改由礼部掌管科举考试，是为解决此问题而提高掌举官的地位。当时敢于“饰名求称，摇荡主司，谈毁失实”的举子，看来多是平日在一起生活起居、结成团伙的国子监举人。开元二十四年姚奕上任后所进行的一系列科举改革对“率多喧讼”的举子是一个沉重的打击。后来，“膏粱之族，率以学校为鄙事”，[①]官僚贵族子弟不安心于国子监中就读，而热衷于到府州去取解拔贡。《唐摭言》卷1《两监》说：“尔后物态浇漓，稔于世禄，以京兆为荣美，同、华为利市，莫不去实务华，弃本逐末。”这种现象的出现是当时士族地位下降、参政权开放的结果，也是生徒举送人数在总解送人数中的比例下降和生徒在及第总数中的比例下降的结果，同时还与明经、进士科地位的沉浮升降有关，因为学校主要按儒家的理论模式培养经术人才，较可能考取注重经学的明经科，却不能驾轻就熟地应付侧重文章辞彩的进士科，在明经科日渐冷落、进士科日益崛起的大气候下，科场风云转向于重乡贡

---

① 《唐摭言》卷1《乡贡》。

而轻生徒。

为了扭转重乡贡轻生徒、重科举而轻学校的发展趋势，一些官员极力提出振兴学校的主张。开元十七年(729)，国子监祭酒杨玚上言指出：过去国子监每年应举者常有千人，简试尤精，举送上省试者不过二三百人，考功重试，但经明行修，即与擢第，不限其数。自数年以来，限定天下明经、进士及第不得超过百人，两监惟得一二十人。若常以此数而取，“恐三千学徒，虚费官廪，两监博士，滥糜天禄”。他认为流外入仕和其他途径出身者每年有2 000余人，比明经、进士多10余倍，若因为入仕人太多，应该各种入仕途径都减少，不能独独减抑明经、进士人数。[①] 当时国子监每年考取明经、进士人数合起来只有一二十人，则是比过去少许多了。为了维持中央官学的繁荣，使科举和学校协调发展，开元天宝年间还采取了以下几项措施：

第一，令贡举人到国子监行谒庙礼。开元五年(717)，为了达到“重学尊师、兴贤进士”，“美风俗、成教化”的目的，规定：“其诸州乡贡、明经、进士，见讫宜令引就国子监谒先师，学官为之开讲，质问其义。宜令所司优厚设食。两馆及监内得举人亦准。其日，清资官五品已上及朝集使往观礼，即为常式”。[②] 从此，各地乡贡举子在京城报到至正式考试之前，又多了一项正式活动，即集中到国子监孔庙中，像一般国子监学生行释奠礼一样，要举行拜谒先圣先师，而且要由学官作讲座，朝臣清资官五品以上及各地方在京城的朝集使均须前往观礼，场面相当隆重。其正面的目的，在于互相切磋琢磨。但更重要的在于强调“重学尊师”，这才是实施科举的本意。[③] 在一定程度上，行谒庙礼可以增加科举的教育性质。

第二，扩大俊士生人数。唐代国子监六学入学条件等级森严，按

---

① 《唐会要》卷75《帖经条例》。
② 《唐摭言》卷1《谒先师》。
③ 高明士：《隋唐贡举制度》，(台北)文津出版社，1999年版，第126～129页。

学生家庭出身高下加以区分,国子监、太学招收五品以上官员子弟入学,四门学招收七品以上官员子弟 500 人,另外招收庶民之子 800 人为俊士生。在初唐科举及第者多为国子监生徒所占有的情况下,以乡贡一途应举入仕的机会较小。庶民,也就是庶族地主和平民子弟若想应举入仕,就要设法挤入中央国子监,而俊士科招收庶民之俊秀者为四门俊士,为他们接受高等教育和应举入仕开了一道方便之门。但从开元以后,乡贡地位上升,官僚门阀垄断仕途的局面被逐渐打破,国子监出现了衰败的趋势,庶民之子也不一定要考为俊士再应举入仕多一层转折,四门学也不像以往那么吸引人了。为了维持四门学的规模,开元二十一年(733)下敕:“诸州县学生年二十五已下,八品九品子,若庶人,并年二十一,通一经已上,及未通经、精神超悟、有文词史学者,每年铨量举选,所司简试,听入四门学,充俊士。即诸色人省试不第,情愿入学者,听。”①这道敕文重申了以往选拔四门俊士的办法,而规定诸州乡贡省试下第者可以允许入四门学校充俊士,应该是开元新制,这可以说是调和学校与科举的一项措施。

第三,设置广文馆。广文馆是天宝九载(750)为培训进士举子而设立的一所专门学校,或者说是一个应进士科试的备考补习班,设在国子监内。《唐摭言》卷 1《广文》说到了设立广文馆的目的:“天宝九年七月,诏于国子监别置广文馆,以举常修进士业者,斯亦救生徒之离散也。”可见广文馆是调和科举与学校之矛盾、维持官学繁荣的产物。许多史籍都说到广文馆的办学目的是“领生徒为进士业者”,②其教官除广文博士之外,甚至名为“知进士助教”。③《唐语林》卷 2《文学》说:“天宝中,国学增置广文馆,以领词藻之士。”唐代中后期广文馆还有所发展,到宋代成为中央重要的学馆。

---

① 《唐会要》卷 35《学校》。《唐摭言》卷 1《两监》作“未及一经而精神聪悟”。
② 《旧唐书》卷 9《玄宗纪》;《新唐书》卷 44《选举志》。
③ 《新唐书》卷 48《百官志》。

第四，诏天下举人不得充乡贡，皆须补学生。到天宝中，科场重乡贡轻生徒的趋势越来越明显，许多人不再安心于入学读书而热衷于直接从乡贡一途应举，为了扭转这种状态，天宝十二载(753)规定取消乡贡办法，所有举子都必须到中央和地方官学中就读后再应举，这是调和学校与科举各种措施中最彻底也最激烈的一种办法，但也是无法长期坚持的一种办法。《唐会要》卷76《缘举杂录》说："天宝十二载七月十三日：'天下举人不得充乡诚，皆须补国子学士及郡县学生，然后听举。'至德元年已后，依前乡贡。"《新唐书·选举志》则说天宝"十四载复乡贡"。可见在天宝十四载(755)或至德元年(756)又恢复了以往乡贡应举的做法，停止乡贡的措施只实行了两三年。这说明允许自学成才者报考、乡贡在科场中的优势已成为一股强有力的发展趋势。

(三) 置道举与纳省卷

盛唐科场还不止以上所举的这些变化和改革措施，其他还有一些创置，如明确掌举官亲族采用别头试、设置孝弟力田常科、在岭南州县实行南选以考试乡贡就地选补等等，而较重要的则有设立道举和进士科纳省卷的制度。

1. 设置道举科

被视为道教始祖的老子姓李名耳，李唐王朝为抬高自己的身份，攀附老子为本家，因此特别尊崇道教。在儒、佛、道三家中，有些皇帝崇道抑佛，唐玄宗更是将道教地位提高到无以复加的地步。初唐时曾将《老子》(或称《道德经》)列为科举考试的必读教材，唐玄宗李隆基则于开元二十九年(741)正月令两京及诸州各置崇玄学，令学生习《道德经》及《庄子》《文子》《列子》，待习业成后，每年随贡举人例送至尚书省，准明经例考试。《新唐书·选举志》说："(开元)二十九年，始置崇玄学，习《老子》《庄子》《文子》《列子》，亦曰道举。其生，京、都各百人，诸州无常员。官秩、荫第同国子，举送、课试如明经。"同年九月,玄宗到兴庆门亲试应道举科的举人,一般明经、进士科只是省试,道举首次开科却是皇帝亲试,足见玄宗对道举的重视程度。

道举又称"明四子科"。在应头一年道举科的500多人中,至今姓名可考的及第者有元载等5人。唐玄宗认为"道教之设,淳化之源,必在弘阐,以敦风俗。须列四经之科,将冠九流之首",因此在天宝七载(748)再次诏令"天下诸色人中,有通明《道德经》及《南华》等四经,任于所在自举,各委长官,考试申送"。① 道举被玄宗强调得如此重要,几乎到了登峰造极的程度,才会视为"冠九流之首"。然而在中唐以后,道举虽还实行,但所取人数不多,影响也小。毕竟,取士主流还是明经与进士科。

2. 进士纳省卷

开元二十九年(741)十月,韦陟接任礼部侍郎。他是一位想有所作为、敢于改革的知贡举官,上任后不久,便于十一月九日奏说原先掌举官亲族皆由礼部司郎官考试,容易使人产生嫌疑,因此请准将别头试移送原先主持科举考试的考功员外郎掌管,再由侍郎复核定夺。天宝元年(742),又奏请停罢已经名存实亡的秀才常科,如有堪秀才举者,令官长特荐,使秀才科不仅在实际上而且在法令制度上永远退出了唐代科场。韦陟爱好接引后辈,尤其长于鉴赏诗文优劣,并熟知善于文辞的青年后学。他认为过去"主司取与,皆以一场之善,登其科目,不尽其才。陟先责旧文,仍令举人自通所工诗笔,先试一日,知其所长,然后依常式考核,片善无遗,美声盈路"。② 以往科举取士皆以考场中所答试卷优劣来决定去取,韦陟认为这样难以充分考察一个人的实际才学,于是自作主张,令进士科举子将平日所写的代表性作品交来参阅,以便在考前便对考生的实际水平有一个全面的了解,然后再根据正常的考试成绩,两者结合来录取进士。他开创的这一

① 《唐大诏令集》卷9《天宝七载册尊号敕》。

② 《旧唐书》卷92《韦安石传》附《韦陟传》。

做法受到普遍称赞，于是被后来知贡举者所沿用。由于是将举子平时所作诗文卷轴向尚书省所在官府——礼部交纳的，所以这一做法又称为纳“省卷”，相对于举子向一些达官贵人私自呈送的诗文“行卷”，纳省卷又称为“公卷”①。

纳省卷从天宝以后成为一种惯例。天宝十二至十五载（753～755），礼部侍郎杨浚知贡举，继续采用纳省卷的做法。天宝十三载进士及第的元结后来追忆自己举进士的经历说：

> 天宝十二年，漫叟以进士获荐，名在礼部。会有司考校旧文，作《文编》纳于有司。……侍郎杨公见《文编》，叹曰：“以上第污元子耳，有司得元子是赖。”……明年，有司于都堂策问群士，叟竟在上第。②

由此可见元结以《文编》作为省卷交纳，受到主考官的欣赏，这与次年进士及第有密切的关系。差不多与韦陟首开纳省卷的做法同时，盛唐时也开始流行行卷之风。唐代进士科举允许“公荐”和“通榜”，即允许人们向主考官推荐优秀人才，应进士科举者将自己的文学创作择优编成文卷，投献给达官贵人或文坛名人以求得他们赏识推荐，以提高知名度和及第机会，这种行卷风尚和通榜、公荐的广泛流行，是与纳省卷的办法几乎同步开始的。从察举推荐选拔人才发展到唐代科举考试选拔人才是一大进步，应该说在开元以前还是较“以一场之善，登进科目”的。而韦陟考虑到一次考试之好坏不能考察其终身的抱负，主考官一时的判断也无法准确了解考生的水平和底蕴，因而改为不以考场成败论英雄，考试与推荐、自荐相结合，这是为克服一试定去留的局限而提出来的，但实际上是科举考试发展史

---

① 程千帆：《唐代进士行卷与文学》，上海古籍出版社，1980年版，第7～9页。

② 《元次山集》卷10《文编序》。

上的反复,因为此办法刚实行效果不错,时间一长问题便随之而来,一是走后门现象、依靠权势求取科第的做法大行其道,“公荐”实际上变为“私荐”;二是考生呈送的平时诗文作品有许多是假手他人而无法判明。为了改变权贵豪门操纵科举、杜绝弄虚作假的现象,宋代不得不废止了通榜和纳省卷等做法。

不过,纳省卷、投行卷的做法客观上促进了唐代文学的繁荣,玄宗末年进士科的文学考试性质也进一步强化。开元二十五年(737)的进士科考试要求改为帖大经,到天宝十一载(752)六月,为了减低帖经的难度,礼部侍郎杨浚刚上任,便改原先帖经开一行扩大为前后开三行,以便考生便于判断经文的前后内容,并规定不得帖断绝疑似之言。而且,在天宝二至八载(743～749)达奚珣、李岩知贡举其间,甚至允许“进士文名高而帖落者,时谓试时放过,谓之‘赎帖’”。[①] 帖经不合格者可以试诗以取代帖经的成绩,为那些长于辞章不善经学的进士科举子大开了方便之门。而天宝十三载(754)制科考试也开始用诗赋、开元天宝年间进士科所考杂文出现专用诗赋的趋势,[②]使盛唐成为一个文学社会。

进士科在开元天宝年间拔取了不少文学人才,如孙逖、祖咏、储光羲、王昌龄、常建、王维、刘长卿、萧颖士、李华、岑参、钱起、张继、元结等诗人皆先后及第。但盛唐时最为著名的诗人李白与杜甫却没考中进士,其中原因,一是因为竞争过于激烈,二是因为进士科也需帖经,而经学不一定是李杜所擅长的,三是因为科举归根结底是为了选拔从政人才而不是诗人,天宝九载(750)敕文便说“文学政事,本自异科,求备一人,百中无一。况古来良宰,岂必文人?”[③]《全唐文》卷315

---

① 《封氏闻见记校注》卷3《贡举》。

② 罗联添:《唐代进士科试诗赋的开始及其相关问题》,台湾《中国历史学会史学集刊》1985年第17期。

③ 《唐会要》卷75《选部》下《杂处置》。

李华《杨骑曹集序》说：

> 开元、天宝之间，海内和平，君子得从容于学，是以词人材硕者众。然将相屡非其人，化流于苟进成俗，故体道者寡矣。夫子门生，德行、言语、政事、文学，四者无人兼之，虽德尊于艺，亦难乎备也。

从政与作诗毕竟不是一回事，以诗赋文章作试题并不是为了考察应试者的特殊文学天才，而是为了测试其智力水平和文化素养。诗赋可以言志，家事国事天下事、个人抱负和习性好尚皆可以从诗文中曲折表达或明显宣泄出来。只有才情并茂、文理优长的人才写得出好的诗赋。但命题作文与平日的文学创作是有所不同的，科场中所考的试帖诗必须按照其题意和格律声韵要求来写，这是选拔性考试维持可比性和客观评卷的公正性的必然要求。个别平时具有非凡诗歌天才的人不一定就能适应考试中的命题作诗。李白在考场上也无法随意发挥“白发三千丈”的奇想，像祖咏在考场上能按命题写出《终南望余雪》那样的好诗句的情况毕竟不多。而且李白、杜甫未能及第还与开元天宝年间“词人材硕者众，然将相屡非其人”的特殊时代背景有关。虽然进士科以文取人，但朝廷“时多吏议，摈落文人，庸引雕虫，沮我胜气”。[1] 即使能够以诗“赎帖”，也还有政治和人事因素影响科场风向。杜甫在天宝十载（751）以上书拜官形式入仕，李白也曾通过征辟供奉翰林院，但都未作政务繁忙的官员。如果他们的主要精力投入千头万绪的日常行政事务，也许就没有那么多时间来创作著名诗篇了。

盛唐时期政局安定，年年开科，除开元十三年（725）一科《唐登科

① 《曲江张先生集》卷18《张公墓志铭并序》。

记总目》缺载以外,43科共取进士1 171人,平均每科27.2人。在这些科榜中,据唐人小说《独异志》《广异记》《定命录》所载,开元五年(717)榜进士在参加曲江泛舟宴集时,遇曲江涨水,暴风忽起,舟偏沉没,该榜进士无一生还。这虽只是传说,不一定可信,①但唐代确也可能有个别进士参加曲江宴会因舟沉溺死的②,因而此传说也未必全无所本。如若开元五年进士曾出现曲江泛舟沉没之事故,那可就是中国科举史上的一大悲剧了。

## 三 中唐科场风云

从唐肃宗到唐敬宗在位(757~826)的这一段时间是为中唐时期。中唐是唐代科举史上最为丰富多彩的时期,也是科举人才辈出、科场事端频仍的一个时期,这是唐代进士科的黄金时代,其表现一是进士出身位极人臣者所在多有,二是进士科拔取了许多著名的才学之士③。此时期科场风云变幻多端,风波迭起,出现了关于科举存废的高层次大规模论战,科场案屡发,同时科目设置也有所发展变化。

### (一) 科举存废与改革之争

如果将唐代四个历史分期比为季节的话,初唐、盛唐就像春、夏,中唐、晚唐则有如秋、冬。经历过春天的勃发、夏天的热烈之后,中唐科场显得较为成熟。科场长期开设,使一些问题积累暴露出来,引起不少批评和争论,科场进入了多事之秋。

#### 1. 两都贡举的置废

天宝十五载(756)春,安史乱起,"渔阳鼙鼓动地来,惊破霓裳羽衣曲"。六月,玄宗仓皇逃离京师,经马嵬驿赐杨贵妃自尽后,于七月

① 见《登科记考》卷5开元五年条。
② 《唐摭言》卷3《慈恩寺题名游赏赋咏杂记》,罗玠条。
③ 刘海峰:《"韩门弟子"与中唐科举》,《中国古代社会研究——庆祝韩国磐先生八十华诞纪念论文集》,厦门大学出版社,1998年版。

抵成都府。八月，唐肃宗即位于灵武，尊玄宗为上皇天帝，改元至德。次年，也就是至德二载(757)，科举分四处举行，分别在肃宗车驾所在地凤翔录取进士22人，玄宗所在的成都府录取进士16人，江淮科举录取进士6人，江东科举录取进士7人，合计51人，因此该年共有4位知贡举官员。这是唐代唯一一次分成四地的开科考试，是唐代科举史上的特例，是战争年代交通不便却还要让各地举子有机会应考的产物，于此可见科举对政府和士人是多么重要。

至德二载(757)十月，肃宗自凤翔还京，此后又恢复在京师长安集中举行科考的成例。但在唐代宗时，又有11年不是集中在长安开科，而是分别在京师长安和东都洛阳开考。《唐摭言》卷1《两都贡举》载：

永泰元年，始置两都贡举，礼部侍郎官号皆以"知两都"为名，每岁两地别放及第。自大历十一年停东都贡举，是后不置。

肃宗至德二载科举分四处举行是因为军事原因，而代宗时置两都贡举是由于经济原因。安史之乱历时8年，长期的战争带来对社会经济严重的破坏，导致政府财政拮据，京城物价飞涨，而大批举子及其仆从车马聚集长安，势必使京城物资供应进一步紧张。中唐以后，全国的经济重心向江南转移，京城的粮食多靠江淮地区通过大运河漕运，上溯黄河进入京城，而洛阳为漕运的重镇，在洛阳举行科考可以减少京城的经济压力。代宗时洋州刺史赵匡曾指出：

官司运江淮之储，计五费其四，乃达京邑，刍薪之贵，又十倍四方。而举选之人，每年攒会，计其人畜，盖将数万，无成而归，十乃七八，徒令关中烦耗。①

① 《通典》卷17《选举》5《杂议论》中。

实行两都贡举确在一定程度上缓解了众多举人赴京与京师米贵的矛盾。此建议是永泰元年尚书右丞贾至以"时艰岁歉"为由提出来的，当年上都京师长安由贾至知贡举，东都洛阳由礼部侍郎杨绾知贡举。此后一直到大历十年(775)，每年都有两名知贡举官，也应有两名状元，但因史籍散佚，现已无法一一确考，尤其是东都榜状元，姓名可考者只有大历十年丁泽一人。①

武则天时就曾分别在两都并试，由于她曾改国号为周，长期在洛阳居住，为了体现她与唐王朝的不同，所以也在东都开科取士，《文献通考》卷29所载《唐登科记总目》载永昌二年(实为元年，689)进士神都6人、西京2人，神都是武则天时对洛阳的称法。不过，唐代宗时分两都贡举主要是取鉴东都选而来。据《唐会要》卷75《东都选》所载，贞观元年(627)因京师米贵，便已分人于洛阳置选。此后各朝多实行东都选。唐代实行中央集权，选人和举子皆须赴京集合，促进了中央与地方的人员往来和社会流动，有利于全国各地的文化交流与融合，但举选人往返于途相当艰难，特别是中唐以后社会不太安宁，永泰二年(766)还曾出现叛军周智光在洛阳赴长安的交通要道虢州杀人越货，使"举选之士竦骇"，改道同州路以过关，结果被周派部将斩杀于乾坑店，"横死者众"②。两都贡举作为权宜之计起到了分流减轻京城经济负担的作用，在社会经济基本恢复之后，便于大历十一年停止了，只是在晚唐文宗大和七年(833)时举行过一次。

中唐时每年开科已成为很稳定的一种制度。在中唐70年中，只有两年停贡举。据《唐登科记总目》所录，自从武德四年开科以来，初唐时期共有16年"不贡举"，而到中唐以后则称为"停贡举"。从"不"字改称"停"字，说明中唐开始偶尔不开科是属于反常的。中唐两次停贡举，一次为宝应元年(762)，大概是因为安史之乱还未完全平定，

---

① 《唐诗纪事》卷34《丁泽》载："泽，大历十年试《龟负图》诗，为东都第一。"

② 《旧唐书》卷114《周智光传》。

此年初又连遇唐玄宗和肃宗先后驾崩。一次为德宗贞元二十年(804),因天旱罢礼部贡举和吏部铨选。此次停举是十分注重理财的宰相杜佑奏请实施的,在贞元十九年六月,便敕礼部举人:“自春以来,久愆时雨,念其旅食京邑,资用屡空。其礼部举人,今年宜权停。”[①]当时还遭到四门博士韩愈和祠部郎中上疏反对,韩愈认为:“今京师之人,不啻百万,都计举者不过五七千人,并其僮仆畜马,不当京师百万分之一。以十口之家计之,诚未为有所损益……今若暂停举选,或恐所害实深,一则远近惊惶,二则人士失业。”[②]韩愈等人的反对虽然无效,但由此可见中唐时在人们心目中每年开科是理所当然的,即使由于经济原因也不应停举。

2. 宝应二年科举存废之争

唐代宗宝应二年(广德元年,763),发生了中国科举史上首次关于科举存废的大争论,它是在进士科长期实行后利弊得失已充分显示出来、经学相当衰微而文学日渐繁盛的背景下发生的。参加论战的不仅有主管科举的官员,而且还有宰相等一大批朝廷重臣,最后才由皇帝定夺,可见其事关重大。

发起争论的是礼部侍郎杨绾。宝应二年六月二十日,杨绾针对社会上重文轻儒的风气,“幼能就学,皆诵当代之诗;长而博文,不越诸家之集。递相党与,用致虚声,《六经》则未尝开卷,《三史》则皆同挂壁”的现象,上《条奏贡举疏》。他认为这些现象都是进士科加杂文、明经填帖所造成的,而“投牒自举,非经国之体”,他对“投刺干谒,驱驰于要津;露才扬己,喧腾于当代”的风气深恶痛绝,“古之贤良方正,岂有如此者乎!”为了使人们返淳朴、怀礼让、守忠信、识廉隅,他建议废除投牒自进的办法,请依古制,县令察孝廉,知其有孝友信义廉耻之行,加以经业,且才堪策试者,以孝廉为名,荐之于州。再由刺

---

① 《唐会要》卷76《缘举杂录》。
② 《昌黎先生集》卷3《论今年权停举选状》。

史考试举送上尚书省，而尚书省试问经义，问毕对策三道，策问古今治理及当时要务。在察举孝廉的同时，废除现行的明经、进士和道举科。杨绾还说“方今圣德御天，再宁寰宇”，应乘平定安史之乱、国家重归太平的大好时机改革取士制度。

代宗阅览此疏后，十分重视，诏令尚书左、右丞，诸司侍郎，御史大夫、中丞，给事中，中书舍人等朝廷重要官员共同议论奏闻。结果，给事中李廙、李栖筠，尚书左丞贾至，京兆尹兼御史大夫严武等人们奏议状都表示支持杨绾的建议。贾至明确认为：“杨绾所奏，实为正论”，他说经术试以帖经，考文格以声韵是“取士试之小道而不以远者大者”，“夫以蜗蚓之饵杂垂沧海，而望吞舟之鱼，不亦难乎！所以食垂饵者皆小鱼，就科目者皆小艺”。他也主张废除科举，但由于长期以来人士迁徙，难以依古制乡举里选，因而建议十道大郡置太学馆，“保桑梓者，乡里举焉；在流寓者，庠序推焉”，采用乡里察举与学校推荐相结合的办法来取代科举。

对立的观点来自宰臣元载等人，他们奏以“举人旧业已成，难于速改，其今岁举人，望且许应旧举，来岁奉诏，仍敕礼部即具条例奏闻”①。按《唐会要》卷76《孝廉举》和《旧唐书》卷24《礼仪志》所载，当时朝廷已敕令州县每岁察孝廉，明经、进士、国子学道举并停。也就是说，在朝中多数大臣赞同杨绾废科举的压力之下，科举制已面临被废止的命运。

七月，改元广德。七月二十六日，礼部侍郎杨绾奏上《贡举条目》，也就是改制后察举孝廉、秀才等的具体办法：孝廉举人令精通一经，秀才举人令精通五经，国子监举人每岁由本业推择才行依乡贡例考试送省，“举人自县至州，皆不得辄自陈牒，比来有到状、保辨、停牒等，请并停。明法举人，望付刑部考试……其今年举人，或旧业既

---

①　《旧唐书》卷119《杨绾传》。

成，理难速改。或远州所送，身已在途，事须收奖，不可中废。其今秋举人中，有情愿依旧举业者，亦听。今年之后，一依新敕”。由于宰臣反对，杨绾草拟的具体贡举办法已有所折中，允许当年举人按原有办法参加科举，但他要求废止投牒自进的办法，由县令征于乡，取在家有孝义廉耻谦恭之行且精通经义者贡送，加上取消了关键的进士科，实际上就是要恢复汉代的察举。尽管各科举人也都重视考经义和策问，然而不允许自由报考的这种取士办法，无异于废除科举制。

收到杨绾的《贡举条目》奏疏后，代宗还是拿不定主意，于是以废进士科问翰林学士，翰林学士对曰："进士行来已久，遽废之，恐失人业。"于是代宗放心敕旨："进士明经，置来日久，今顿令改业，恐难其人。诸色举人，宜与旧法兼行。"[①]结果，进士、明经诸科并未被废止，杨绾所建议的各种科目也只有孝廉科实行，而且，后来孝廉科也在建中元年(780)被德宗停罢。这次来势凶猛、牵涉面既广且大的争论和努力，最后以科举制继续运行而告结束，科举制度过了1 300年历史上第一次被废止的危机。

宝应二年(广德元年)科举存废之争是唐代科举史上的一个重大事件。以往也有一些对进士科举的批评意见，如武则天时左补阙薛登上论选举疏也提出要循名责实，采用察举制。但其官位较低(从七品上)，未引起什么反响。杨绾这次废科举的动议可不同了，杨绾自己是进士出身，又于天宝十三载(754)应制举词藻宏丽登科，且身为掌管科举的官员礼部侍郎，加上进士科举实行一百多年后确实显露出不少弊端，因而其建议受到皇帝的重视，也得到众多大臣的附议。贾至甚至将取士之失与安史之乱联系起来，说："今取士，试之小道，不以远者大者，使干禄之徒，趋驰末术，是诱导之差也。所以禄山一呼，四海震荡，思明再乱，十年不复。"[②]意思是说如果实行乡举里选

① 《册府元龟》卷640《贡举部·条制》2、《唐会要》卷76《孝廉举》。

② 《旧唐书》卷190中《贾曾传》附《贾至传》。

之法,则礼让仁义之风弘扬,到处都是忠臣孝子,叛逆就不至于萌生,人心也不会动摇。将科举取士的后果说得这么严重,代宗自然不得不认真考虑改作。由于杨绾等人以行“先王之道”、维护儒家正统为依据,因而宰臣元载和翰林学士难以展开正面的反驳,只是以“进士行来已久,遽废之,恐失人业”为理由来加以维护。唐代宗在犹豫之后,最终还是未将进士科举废去。但这次大规模高层次的科举存废利弊之争很值得注意,中国科举史上后来几次科举存废之争也多少与此类似,不外乎是提出恢复乡举里选以取代考试取士,以推荐代替自举。宋人张方平、范祖禹还为杨绾之议未被推行而感到惋惜,如范祖禹《唐鉴》卷6《代宗》说:“自三代以后,取士之法不本于乡里、学校,至唐而其弊极矣。惟杨绾贡举之议最为近古可行,而卒为庸人沮止。”

3. 科举革废议论

批评科举在代宗、德宗时似乎成为一股潮流,如曾当过兵部侍郎的卢贾便上过《请仿古举士奏》,他认为薛登关于恢复乡举里选的奏疏很有道理,《全唐文》卷433载其奏说:“望于圣代,复用此言。”而洋州刺史《举选议》更是系统地对当时科举和铨选制度提出批评,一举列出了十个方面的弊端,据《通典》卷17所载,他所指陈的第一个弊端为:

> 国朝举选,用隋氏之制。岁月既久,其法益讹。夫才智因习就,固然之理。进士者,时共贵之,主司褒贬,实在诗赋,务求巧丽,以此为贤。不唯无益于用,实亦妨其正习;不唯挠其淳和,实又长其佻薄。自非识度超然,时或孤秀,其余溺于所习,悉昧本源。欲以启导性灵,奖成后进,斯亦难矣,故士林鲜体国之论。

他认为最好能“顿除举选,以从古制”,如果做不到,则要对现行办作些变易。为此,他详细草拟了《举人条例》,构想出改革后的条种科目及考试内容和方法，其中进士要求习经书，其杂文试两首，限500字以上、600字以下，“试笺、表、论、议、铭、颂、箴、檄等有资于用者，不试诗赋，其理通、其词雅为上，理通词平为次，余为否”。赵匡的科举改革思想相当全面、细致，但其建议并未被采纳。

与赵匡类似且更为深入的是德宗时礼部员外郎沈既济。杜佑《通典》卷18《选举》6《杂议论》中用整整一卷的篇幅来记载沈既济洋洋近万言的《选举论》，沈既济此论在详细批评了当时铨选和科举中的种种问题之后，列出选举杂议凡七条，并在“请改革选举事条”中明确提出：“礼部每年贡举人，右并请停废。有别项经艺之士，请于国子监六学中铨择”，一般则用察举或长官辟署之制。大概沈既济的科举改革主张很为杜佑所赞赏，所以杜佑才不厌其长将沈既济的《选举论》全文收入《通典》。

杜佑也是一位不太赞成以文取士的著名人物，尽管遭到韩愈等人的反对，他还是坚持在贞元二十年(804)将科举暂停以减轻京师的物资负担。在《通典》卷7《食货典》7《丁中》后，借评论历代户口问题，杜佑也顺便对取士之制发了一通议论。他认为唐代出现大量户口隐匿不报是由于“选贤授任，多在艺文，才与职乖，法因事弊，隳循名责实之义，阙考言询事之道。崇佚之所至，美价之所归，不无轻薄之曹，浮华之伍。习程典，亲簿领，谓之浅俗；务根本，去枝叶，目以迂阔。风流相尚，奔竞相驱，职事委于群胥，货贿行于公府，而至此也。”他将吏治不行的原因都归结于取士以艺文，不适用于从政实际。在《通典·选举典》后论中，杜佑十分缅怀汉代的察举制度，感叹说：

> 三代以来，宪章可举，唯称汉室。继汉之盛，莫若我唐。惜乎当创业之初，承文弊之极，可谓遇其时矣，群公不议救弊以质，而乃因习尚文。风教未淳，虑由于此。缅征往昔，论选举者无代无之……文词取士，是审才之末者。

杜佑虽未直截了当地提出废科举行察举,但从其议论和《通典·选举》唐代部分的选材来看,他也是属于废科举一派的。

对于废科举派的舆论,支持进士科举者很少进行正面的反驳,只是科场还在年复一年地上演着考试竞争的悲喜剧,进士科举带着其强大的力量照样在向前发展,而且连杨绾、贾至那样直接主张废科举者也还得依令掌管永泰元年和二年的两都贡举。这说明进士科举有其存在的价值和合理性,其他替代办法不见得会比其更好。柳宗元对"世有病进士科者,思易以孝悌、经术、兵农"而认为可以使民俗淳厚国家致治的观点提出商榷,他指出:

> 今世尚进士,故凡天下家推其良,公卿大夫之名子弟、国之秀民举归之。且而更其科,以为得异人乎?无也。唯其所尚文学,移而从之,尚之以孝悌,孝悌犹是人也;尚之以经术,经术犹是人也。虽兵与农皆然。

他认为问题并不在于实行进士科选拔人才,关键在于"即其辞,观其行,考其智",如果考察认为是优秀者则应录取重用,如果"文胜质、行无观、智无考者",则落下不用,这要便可以达到民俗淳厚、国家安治,因此他认为"科不俟易也"。[①] 在一派批判科举的社会氛围中,柳宗元站出来明确捍卫进士科举,既有勇气又有道理,确实难能可贵。

以上关于科举革废的争论并未导致进士科举的废止,但德宗时个别文士的行为倒差一点使德宗将进士科废去。李肇《唐国史补》卷下《曲号义阳子》说:贞元二十年(777),驸马王士平与义阳公主反目,蔡南史、独孤申叔二人将其事谱写成乐曲,有《团雪》《散雪》之歌,"德宗闻之怒,欲废科举,后但流斥南史、申叔而止"。《唐语林》卷2

① 《柳宗元集》卷23《送崔子符罢举诗序》。

《文学》所载略同，只是"欲废科举"为"欲废进士科"。《旧唐书》卷142《王武俊传》附《王士平传》说此为宪宗时事，且称蔡、独孤二人为"轻薄文士"。因他们二人作歌词谱曲描述公主驸马争吵离异之状便要废进士科举，估计他们要么是考进士科的举子，要么就是进士及第者。不过，进士科举有其自身发展的强大动力，毕竟不至于因个别小事而轻易被废去。甚至可以说，即使真被废去，用不了多久肯定又会恢复，连德宗建中四年(783)，叛军朱泚攻入京城长安，"时有入台省吏人，不过十数辈，郎官六七人，而亦令依常年举选"①，可见谁都知道科举对安定局面、安抚士人的重要性。确实，科场一旦形成之后，便有其不以个别人甚至是皇帝的主观意志为转移的发展逻辑。

### （二）科目的演进

随着时间的推移和政府取士政策的调整，唐代贡举科目也经历分合变化和升沉变易。中唐以后，不仅明经和进士科出现不可逆转的消长沉浮，而且还衍生或新设了一些新的取士科目。

#### 1. 进士与明经科的升沉进退

作为唐代贡举常科中最重要的两个科目，明经与进士科两科的地位轻重在初唐时期几乎可以说是平起平坐，但到盛唐时明经已大不如进士了，此一趋势发展到中唐，更是重进士而轻明经，两者地位相当悬殊。其中原因，一是由于明经考试内容侧重对经典的记忆和解释，进士考诗赋文章要求较强的创造性思维能力和天赋；二是由于"进士大抵千人得第者百一二，明经倍之，得第者十一二"②。进士所选人才较精较优，人们的心理一般都贵难贱易，贵少贱多；三是既然所选出来的进士人才能力较强，仕途较为顺畅，在社会上影响也就日益增大。穆宗长庆元年(821)，庞严在制科对策中说："今朝廷开取士之门不为不广，其中选择精详，望为俊彦者通于进士，中外之重，擢清

---

① 《旧唐书》卷200下《朱泚传》。

② 《通典》卷15《选举》3《历代制》下。

秩、选于是者十八九,诚有才有器亦尽萃其中。”①进士科在人们心目中声名日盛,是与此科得人最盛分不开的。

进士科得人可举德宗贞元八年(792)“龙虎榜”为例。该榜主考官为“权知贡举”兵部侍郎陆贽,所谓“权知贡举”即临时委任主管科举考试,中唐以后常临时差遣相当于礼部侍郎一级的官员权知贡举。当时采用通榜、公荐法,陆贽听取了补阙梁肃、郎中王础的推荐意见,考试录取了进士 23 人。该榜状元为贾稜,其中王涯、李绛、崔群等后来官至宰相,韩愈、欧阳詹、李观为文学家,其他如冯宿、庾承宣也为中唐名臣,皆一时之选,故被人们称为“龙虎榜”。特别是“文起八代之衰”、维护儒学道统的韩愈名列其中,使这一“龙虎榜”成为中国科举史上著名的科榜,至今全榜 23 位进士的姓名仍一一可考。正是因为进士科拔取了许多著名人才,所以中唐以后科场皆以进士考试为中心,并形成了许多专门术语,《唐国史补》卷下《叙进士科举》说:

> 进士为时所尚久矣。是故俊乂实集其中,由此出者,终身为闻人,故争名常切,而为俗亦弊。其都会谓之“举场”,通称谓之“秀才”,投刺谓之“乡贡”,得第谓之“前进士”,互相推敬谓之“先辈”,俱捷谓之“同年”,有司谓之“座主”……群居而赋,谓之“私试”;造请权要,谓之“关节”;激扬声价,谓之“还往”……贤士得其大者,故位极人臣,常十有二三,登显列十有六七。

由此可见,中唐时科场已成为人才选拔和人文活动的一个关键场域,而且稳定地形成了不少专有名词。《唐国史补》的作者李肇为中唐时人,曾在元和中做过中书舍人,书里首次使用了“进士科举”一词来概括上列一段关于进士科的记述,而且同在卷下还记载了德宗“欲废科

① 《文苑英华》卷 490;庞严:《对贤良方正直言极谏策》。

举”之事。唐代科举一般称为贡举,《唐国史补》在中国历史上首次单独使用了“科举”一词,也是第一本将“进士”与“科举”二词连用的著作。

“争名常切”的进士科,在中唐科场的竞争中是十分激烈的,全国文士中的顶尖高手都来角逐每年二三十个的进士名额,录取率只有百分之一二,其难度可想而知。就如韩愈那样的文宗大儒也是连续三年下第,至第四次应举才进士登科的,因此,韩愈对考进士的艰辛有着十分痛切的体会,他一方面极力为弟子求取科第奔走延誉,一方面也曾劝告一些朋友不要轻易走上考进士这条坎坷不平的道路,其《孟生诗》中就对孟郊说“奈何从进士,此路转岖嵚”。当然,在入仕为知识分子实现人生抱负的唯一坦途的社会中,很少有人不为科名所动,进士科举的诱惑力就更是难以抗拒。孟郊并未听韩愈的劝导,一样锲而不舍地应进士举,结果一再受挫,其《再下第》诗云:

一夕九起嗟,梦短不到家。
两度长安陌,空将泪见花。

此诗生动地道出了孟郊落第后苦闷失落的悲怆之情。然而,一旦到夏天,落第举子往往又好了伤疤忘了痛,将希望寄托在下一科的竞争中,退而肄业备考以“过夏”。及至秋天,又到了“槐花黄,举子忙”的季节,新一轮的拔解贡举又开始了,于是科场中年复一年地上演着及第与落榜的悲喜剧。多数举子可能是老死举场终身不第,中唐以后有不少人是连试二三十年皆败落而去,而一旦及第,其喜出望外的欢畅心情难以言表。经过多年的拼搏。年已 50 的孟郊终于在贞元十二年(796)金榜题名,兴高采烈的他写了一首《登科后》诗:

昔日龌龊不足夸,今朝放荡思无涯。

春风得意马蹄疾，一日看尽长安花。

穷愁潦倒了大半辈子的孟郊及第后扬眉吐气，神采飞扬，他虽非少年进士，但也一样有“探花郎”的兴致，策马遍游长安著名的花园。其中“春风得意马蹄疾”的诗句，不仅表达了孟郊及第后极度轻快欣悦的心情，也可用来形容正处于上升发展阶段的唐代进士科举。

中唐进士科举盛行通榜和公荐，而为了得到达官贵人的赏识并向知贡举官推荐，许多举子便要向他们呈送行卷，这些行卷一般为举子平日最得意的诗文代表作品，白居易的“离离原上草，一岁一枯荣；野火烧不尽，春风吹又生”诗句便是他向前辈官员顾况的行卷作品。行卷一次还不够，为了加深行卷对象对举子的印象，往往过一段时间又要再去拜谒、呈送新作，这叫温卷。特别是临近考试，更要向举主探听虚实，不知向主考官交代得如何。朱庆馀《近试上张水部》诗细腻地描述了举子焦虑不安的心情：

洞房昨夜停红烛，待晓堂前拜舅姑。
妆罢低眉问夫婿：画眉深浅入时无？

这首七绝将作者自比为新娘，将水部员外郎的张籍比喻为新郎，将主考官比作舅姑(公婆)。诗中含蓄地表达出朱庆馀很想知道他的作品是否受到赏识，张籍向主考官的通榜使自己及第的可能性有多大。新娘娇羞婉转的情态典型而贴切地反映出举子行卷求举的忐忑不安的心情。

通榜与公荐的办法克服了以往一试定高下的弊病，在一定程度上确有助于拔取真才。宋人洪迈《容斋随笔·四笔》卷5《韩文公荐士》说：

> 唐世科举之柄，颛付之主司，仍不糊名。又有交朋之厚者为之助，谓之通榜。故其取人也，畏于讥议，多公而审。

一些主考官也能秉公取士，因此中唐进士科的确选才了许多人才，不仅多数政治家而且多数文学家皆从进士科出身，其中还有如韩愈、柳宗元、刘禹锡、白居易这样的著名文学家。当然，这种考试加推荐的办法也为有权有势者所利用，是否能秉公取才很大程度上取决于个人的公心，这是一种人治与法制相结合的选才办法。从制度上说，通榜与公荐只许荐贤，不准徇私，但实际操作下来，科场容易为权贵所操纵。因此，参考举子平日的名声、誉望和水平来录取的办法，是"有司至公也，亦至私也"。①

相对于进士科而言，中唐时明经科的地位已一落千丈了，中唐以后只有元稹等很少数的著名人物是从明经出身的。而且因为其明经出身，其生活经历中还遇到不少烦恼之事。甚至有元稹求见李贺，李贺拒不接见而令仆人问"明经及第，何事来看李贺"的传闻。此说虽与史实不符，但中唐时期明经确常被进士及第者和进士科举子所轻视。裴廷裕《东观奏记》载，李珏弱冠时举明经，华州刺史李绛见到他后说："日角珠庭，非常人也，当掇进士科。明经碌碌，非子发迹之路。"大概是李绛会看相，见李珏天庭饱满，额角分明，有才子的气质，所以劝其放弃报考明经，而争取像李绛自己那样从进士入仕。按新、旧《唐书》本传，唐代无一例进士及第又应明经者，而中唐后明经又应进士及第者有王凝、李逢吉、牛蔚三人②。明经与进士在人们心目中的差别是如此之大，以至于有"焚香礼进士，设幕试明经"之语。不过，从取士人数来看，中唐以后录取人数最多的也还是明经科，而且

---

① 《全唐文》卷533；李观：《与膳部陈员外书》。

② 刘海峰：《唐代教育与选举制度综论》，（台北）文津出版社，1991年版，第195～199页。

中唐时还新设或分化出不少明经类的新科目。

2. 三礼、三传、三史等科的设置

《新唐书·选举志》说:“明经之别,有五经,有三经,有二经,有学究一经,有三礼,有三传,有史科。”明五经、三经、二经是初唐时已有的科目,而学究一经、三礼、三传、史科(三史和一史)则是中唐时新设的科目,并且是兼具科举和铨选考试性质的科目,或者说既是礼部贡举的科目,也是吏部“科目选”的科目。

与宋代以后各代不同,唐代科举及第并不能立即入仕,而是仅获得一定的出身品第,即任职资格,还需要经过吏部的铨选考试方可释褐当官,即真正受到任命职务。按一般情况,唐代科举及第后少则一年,多则几年甚至十几年才能通过铨试获得官职。为了解决科举出身后等待入仕所产生的奔走求官、生活困顿等问题,中唐以后设置的一些科目既允许一般举子报考,又允许守选的科举及第者或现任官员报考,若是已有出身或有官者考中,可以立即入仕或超资升迁。《册府元龟》卷639《贡举部·总序》说:“又有三礼、三传、三史、五经、九经、开元礼等科,有官阶出身者,吏部主之;白身者,礼部主之。其吏部科目、礼部贡举,皆各有考官,大抵铨选属吏部,贡举属礼部。”

学究一经是中唐时新设的吏部考试科目。唐初已有明一经以上或通一经以上便可入仕的做法,但那只是政权初建时急需补充官员的应急办法,通常制度规定明经及第是要通晓二经以上。代宗宝应二年(763),杨绾提出以孝廉举人代替明经、进士科,要求“通一经,务取深义奥旨,通诸家之义”,“精通一经”上第者付吏部与官,中第者与出身。[①] 后来代宗并未同意废除进士等科,而是批准孝廉举人“宜与旧法兼行”。孝廉科于建中元年(780)又被废去,但其“精通一经”上第者便可直接授官的办法大概与学究一经科有所关联。学究一经科

① 《唐会要》卷76《孝廉举》。

的设置时间现无法明确，不过在代宗大历时已肯定出现，因为大历十一年(776)进士及第的许孟容便是“学究登科”①，而且《旧唐书·许孟容传》还说他是“究《王氏易》登科”。学究一经科的设立是鼓励对经书作专门深入的研究，其登科后便可授官也为后来开元礼、三史、三传等科作了示范。

开元礼是德宗贞元二年(786)新设的科目。玄宗开元十四年(726)敕撰、开元二十年(732)徐坚等修成的《开元礼》，是盛唐时为规范整理当朝礼仪而修撰的礼典，被唐人视为“国家盛典”。贞元二年六月，朝廷认为《开元礼》“不列学科，藏在书府”不利于普及礼仪，使官吏昧于朝廷礼仪，治家者不符合当时的婚冠之仪，因此敕令：“自今已后，其诸色举人中，有能习《开元礼》者，举人同一经例，选人不限选数许习。但问大义一百条，试策三道，全通者超资与官，义通七十条、策通两道已上者，放及第，已下不在放限。”②作为每年举行的考试科目，开元礼举既是贡举的科目，又是允许待选入仕的选人应试的吏部科目选的科目。

三礼科是德宗贞元九年(793)设置的新科目。朝廷认为“王者设教，劝学攸先，生徒肄业，执礼为本。然则礼者务学之本，立身之端，居安之大猷，致理之要道”，而以往规定习《礼记》《周礼》《仪礼》者考上后只授散官而不任职事官，不利于扩大“儒风”，因此于贞元九年五月敕：“自今以后，诸色人中，有习三礼者，前资及出身人，依科目选例，吏部考试；白身依贡举例礼部考试。”具体办法是每经问大义三十条，试策三道，由礼部或吏部于朝官、学官中拣择精通经术的三至五人一起主持试问。义、策全通为上等，可以“特加超奖”；大义每经通二十五条以上、策通两道以上为次等，依其资格与官。“其诸学生愿

① 《唐摭言》卷9《好及第恶登科》。
② 《唐会要》卷76《开元礼举》。

习三礼及开元礼者,并听,仍永为常式。”①从此以后,三礼科便成为每年举行的考试科目。

三传科是穆宗长庆二年(822)设置的新科目。《春秋左传》《公羊传》《谷梁传》三部史书在九经中是分量较大者。但按大、中、小经分类法,《左传》《礼记》属大经,《公羊》《谷梁》与《周易》《尚书》则属小经。而实际上《左传》卷轴文字有196 845字,《礼记》为99 010字,前者比后者篇幅多近一倍;《周易》为24 107字,《公羊》《谷梁》比其文字多5倍左右。而人之常情,趋少就易,造成三传没什么人去学习。长庆二年二月,谏议大夫殷侑指出:长此以往,“恐周公之微旨、仲尼之新意、史官之旧章,将坠于地。伏请置三传科,以劝学者”。具体考试办法为:《左传》问大义五十条,《公羊》《谷梁》各问大义三十条,策三道。义通七以上、策通二以上则及第。若是白身人应试者按五经及第例给予出身,若是已有出身及前资官应试者,则按学究一经的成例授官。②

三史科也是穆宗长庆二年(822)所设的科目。殷侑在奏设三传科的同时,还认为:历代史书皆记当时善恶,系以褒贬,有劝诫作用。司马迁《史记》、班固《汉书》、范晔《后汉书》三部史书“亚于六经,堪为世教”,为了使官吏知晓朝廷旧章、了解前代历史,他请置三史科。考试办法是每史问大义一百条、策三道。义通七、策通二以上为及第,其出身授官法与三传科相同。

以上几门科目是中唐时新设的、兼具科举与铨选考试性质的科目。作为贡举常科,这些科目的设立丰富了科举考试的体系和内容。

3. 宏词、拔萃科的兴盛

“科目选”中最为重要的是博学宏词科和书判拔萃科,这虽是吏

① 《唐会要》卷76《三礼举》。《通典·选举典》略同,但时间为贞元五年五月。
② 《册府元龟》卷640《贡举部·条制》2。

部主持的考试科目，只允许已获得出身的人报考，但也具有一定的科举考试性质。

博学宏词科简称宏词、宏博（或作“宏辞”“弘词”“鸿辞”），脱胎于制科举科目，始于唐玄宗时。开元五年（717）已有李蒙一人中博学宏科，但当时的博学宏词犹为制科中的一种，而非后来每年举行的吏部科目选中的博学宏词科。真正“岁举之”的博学宏词科始于开元十九年（731），首登该年宏词科的是进士出身的萧昕、陶翰 2 位。开元二十二年（734），又有王昌龄等 4 位考中宏词科，颜真卿则于开元二十四年（736）宏词登科。宏词科虽设立于盛唐，但大为兴盛并受到士人的高度重视却是在中唐以后。

宏词科的考试内容是“试文三篇”，即诗、赋、议论各一。评定的标准包括“博”与“宏”两个方面，“宏而不博”或“博而不宏”都不符合要求。顾名思义，“博学”是要求有渊博精深的学识，“宏词”是要求有优美恢宏的文词，两者兼具，标准相当高。关于博学方面，举凡天文地理、人事兴废、虫豸草木皆要知悉。关于文词方面，则要尽量体现词藻宏丽。《文苑英华》和《全唐文》保存下来的博学宏词赋、论试卷，大多文词宏丽。实际上，此科对文辞方面的讲究与进士科并没有多大差别。韩愈经过四次拼搏考中进士后，也去吏部“应博学宏辞选”，他认为宏词科所试文章“亦礼部之类”。遗憾的是韩愈参加宏词科考试皆以失败告终，其原因主要是由于宏词科录取名额极少，一般每科仅取 3 人。正是因为从宏词登科入仕贵重难得，所以有的考官拔取的进士，若日后有不少以宏辞科入仕，还会被人认为“雅有清鉴”“精核进士”。①

与招考进士科类似，应宏辞科也要“诣州府求举”。不过应宏辞科者皆为已获出身入仕资格的候选人，其中多数为及第待选的进士。

① 《颜鲁公文集》卷 5《孙文公集序》。

宏辞科虽为吏部科目选的科目,但也还带有一定的制科举性质。博学宏辞科可以说是吏部铨试与制科举的结合,或者说是介于铨选考试与制科举之间的一种考试科目。吏部考取的宏辞科考生,还要经中书即宰相复审才能取中,其规格之高、录取之难有如后世的一甲进士,发榜也由皇帝敕令公布,因此考中宏辞科第一名称为"敕头",若府州解试为"解头"、省试进士为"状头",再加上宏词"敕头"则号"三头",也就相当于后世科举连中三元。元和元年(806)状元武翊黄、元和九年(814)状元张又新便是有名的"三头"。不过,中唐时以宏辞登科更为著名的还是名相陆贽和文学家刘禹锡、书法家柳公权等人。

书判拔萃科简称拔萃科、拔萃选,是从吏部铨选试判演变而来。唐代文官铨选考试的标准是:"一曰身,体貌丰伟;二曰言,言辞辩正;三曰书,楷法遒美;四曰判,文理优长。"①四者考察的顺序是先试书判,后察身言,因而试书判比察身言更重要。书判考试目的在于考察选人的书法和判案水平,最初试判是取州县疑难案牍,让应选者判断以观其吏治能力和对法令的掌握程度。后来选人日渐增多,而实际案牍过于浅近,不足为难部分选人以拉开区分度,于是采择经籍古义,假设甲乙两方对讼,令选人判断。判的文体为骈文,一般以200字为限度,平定判文优劣的标准,除"理"也就是法理方面以外,主要也还是看其文笔是否优美。

符合候选年限的现任官及科举及第者等选人试判二道。为了破格拔擢优秀人才,唐代又设立书判拔萃科,让那些不足选限的人应试。《通典·选举典》说:"选人有格限未至,而能试文三篇,谓之'宏辞';试判三条,谓之'拔萃',亦曰'超绝'。词美者得不拘限而授职。"拔萃科起始于武则天时,但当时仍是制举科目之一,到盛唐时,拔萃

---

①　《新唐书》卷45《选举志》下。

科与博学宏辞科并列，是当时吏部科目选的主要科目，白居易、元稹便于贞元十九年(803)登书判拔萃科而入仕，而著名宰相陆贽大概是既应宏辞又试书判登科。

4. 宾贡进士制度的设立

中唐科举演进中还有一个颇具长远意义的方面，便是建立了专门录取域外士人的宾贡进士制度。作为先进文化之邦，当时唐都长安成为四夷向慕、万方辐辏的国际性大都会，许多周边国家都派遣留学生来华学习。这些异国学子修习中国的经籍诗赋之后，可与中国的生徒、乡贡一样参加科举考试。为了优待异邦士人，从唐穆宗长庆元年(821)以后，在每年的进士科考试中，往往照顾录取一至数名外邦举子，称为"宾贡进士"。新罗人崔致远曾说唐廷对待异邦士子，"春官历试，但务怀柔。此实修文德以来之，又乃不念旧恶之旨"。① 可见唐代在科举中采取怀柔政策，对异域举子有所优惠。由于外国举子才学程度与华人有所差别，为了优待那些异邦举子，特设保障名额，或放宽条件，或单独别试，录取宾贡进士。考中者视同本国进士及第，所以宾贡及第者可以在中国任官，也可凭此资格返回本国任官，尤其是当时的新罗人以及其后的高丽人。② 宾贡进士制度始创于唐穆宗长庆元年(821)，韩国史籍《松南杂识·科举类》"东人唐第"条说："唐长庆初有金云卿者，始以新罗宾贡，题名杜师礼榜。又金夷鱼、金可纪、崔致远、朴仁范、金渥皆登唐第。"唐人《登科记》也载有"长庆元年辛丑，宾贡一人，金云卿"。③

---

① 崔致远：《与礼部裴尚书瓒状》，见韩国成均馆大学校大东文化研究院编《崔文昌侯全集》。参阅党银平：《唐代宾贡进士的放榜方式》，《文史杂志》2000年第6期，第24～25页。

② 高明士：《宾贡科的起源与发展——兼述科举的起源与东亚士人共同出身之道》，载《唐史论丛》，陕西人民出版社，1995年版，第96页。

③ 《玉海》卷116《咸平宾贡》引《登科记》。

“作贡诸蕃别,登科几国同。”[①]宾贡进士的放榜方式则是列名进士科榜的末尾。高丽名臣崔瀣说:“所谓宾贡科者,每自别试,附名榜尾。”[②]宾贡进士之制根据外国士人汉文化的实际水平,采用单独考试的办法,极大地调动了外国士人尤其是新罗士人来华报考的积极性,从金云卿以后至唐末,新罗宾贡登科者达 58 人,其中还有《桂苑笔耕集》的作者崔致远这样的著名人士。他们或仕唐为官,或归国服务,对促进唐朝与新罗的文化交流及提升新罗的文化教育水平起了重要的作用。此后,从五代至宋、元、明各朝陆续还有高丽人到中国参加宾贡科举,而高丽于公元 958 年设立科举制度,也受到自中国回去的宾贡进士的推动。

(三) 科场风波

由于宦官专权、藩镇割据,中唐时政局动荡不安。而与科举取士密切相关,又形成了错综复杂的朋党之争,其中有的是因制举贤良方正直言极谏允许畅所欲言所引起,有的则因进士科允许通榜所引发。中唐科场可以说是风波四起,云诡波谲。

1. 元和三年制科对策案

从唐德宗建中元年(780)以后,制举科目逐渐固定下来,主要有贤良方正直言极谏、博通坟典达于教化、军谋宏远堪任将帅、详明政术可以理人等四科,其中又以贤良方正直言极谏最经常举行,也最著名。此科既然鼓励应试者“直言极谏”,于是一些人便在对策中慷慨激昂,指陈时政。贞元元年(785),穆质便在贤良科对策中批评当时礼部、吏部取士“广张节文,妄设条格,禁御约束,邻诸盗贼,防贤之意,甚于防奸”,乖违求贤本意;对策还把天灾原因归罪于宰臣和宦

---

① 唐昭宗乾宁二年(895)进士张蠙《送友人及第归新罗》诗云:“家林沧海东,未晓日先红。作贡诸蕃别,登科几国同。远声鱼呷浪,层气蜃迎风。乡俗稀攀桂,争来问月宫。”见《全唐诗》卷 702。

② 韩国史籍《增补文献备考》卷 185《选举考》2《科制》2。

官，甚至援引汉代故事说“若两汉旧仪，三公当免，卜式著议，弘羊可烹”。① 其措词非常激烈，以至于考官对录取穆质产生不同看法。穆质最终还是高第登科，但从中可见贤良方正直言极谏科很容易引发纷争。

宪宗元和三年（808），又开制科，在贤良方正能直言极谏科考试中，发生了一段公案。在这次对策中，皇甫湜言词激烈，矛头直指宦官专权，《文苑英华》卷489皇甫湜《贤良方正能直言极谏策》说：

> 夫亵狎亏残之微，褊险之徒，皂隶之职，岂可使之掌王命，握兵柄，内膺腹心之寄，外当耳目之任乎！此贞夫义士所以寒心销志，泣愤不能已者。

其他还有牛僧孺、李宗闵等进士及第者的策文也指切时政，无所回避。考策官杨于陵、韦贯之、李益、郑敬等录取了皇甫湜等11人及第。在复评对策试卷时，翰林学士裴垍、王涯、白居易等6人也未提出异议。结果公布之后，宦官权倖到宪宗皇帝面前泣诉，宪宗不得已，将韦贯之从吏部员外郎贬为果州刺史，王涯贬为都官员外，杨于陵出任广州节度使，裴垍也罢翰林学士而任户部侍郎；韦贯之、王涯在途中再被贬为司马；此外，还牵连卢坦、王播等朝官被黜，牛僧孺等多年未被擢用。

翰林学士王涯遭处罚的原因，据说是由于皇甫湜是其外甥，复评考策之际不先上言回避，裴垍则是复评官的负责人，负有领导责任，因而被贬。当时执政宰相是李吉甫，也就是后来“牛李党争”中李党首领李德裕之父，有的史书说“泣诉于上前”的是李吉甫，故此次对策案埋下积怨，导致日后牛僧孺、李宗闵与李德裕之间的党争，也有的

① 《文苑英华》卷486；穆质：《贤良方正能直言极谏策》。

学者认为李德裕并未在宪宗面前泣诉牛僧孺等人的罪状,制造祸端的是宦官中尉吐突承璀等人。①从各种史料记载来看,到宪宗面前告状的主要是宦官,但考生对策也有抨击时政的内容,执政李吉甫也不能完全摆脱干系。

此次科场事件并非考试舞弊,而是一次政治风波,其牵涉面较广,遗留问题也较严重。对此次事件,白居易曾冒死上《论制科人状》,指出牛僧孺等3人因直言时事,恩奖登科,被落第人怨谤加诬,引发一批朝官被贬,于情于理皆有不合。他还说若复评试策不当,则连同自己在内的其他4位复考官也宜各加黜责,岂可6人同事,唯罪裴垍、王涯二人?宪宗虽未采纳白居易的意见,但白居易仗义执言、不平则鸣的举动在科场上留下一个闪光的片段。

2. 长庆元年复试进士案

随着进士科在仕途上占有越来越重要的地位,进士科名的竞争也越来越激烈。所谓"科第之设,草泽望之起家,簪绂望之继世;孤寒失之,其族馁矣;世禄失之,其族绝矣",②便可见科名对权贵子弟和平民寒士都十分重要,因此从中唐起,科场中子弟与寒士之争逐渐显现出来。

穆宗长庆元年(821),礼部侍郎钱徽知贡举。宰相段文昌、翰林学士李绅皆向钱徽通榜,托其录取亲友为进士。及发榜,所托之人都未及第,而中书舍人李宗闵之女婿苏巢、右补阙杨汝士之弟杨殷士却榜上有名,于是段文昌、李绅大怒,段在出镇蜀川辞行时,向穆宗奏言钱徽所取进士郑朗等14人"皆子弟艺薄,不当在选中"。穆宗遂命中书舍人王起、主客郎中知制诰白居易主持复试,结果淘汰10人,录取4人。故相郑珣瑜之子(郑覃之弟)郑朗被落下,而宰相裴度之子裴

---

① 唐长孺:《〈旧唐书〉中关于元和三年对策案的矛盾记载》,见《唐史学会论文集》,陕西人民出版社,1986年版,第167～175页。

② 《唐摭言》卷9《好及第恶登科》。

谍则特赐及第。礼部侍郎钱徽则被贬为江州刺史。

在此次进士复试案中，段文昌、李绅和翰林学士元稹、李德裕等人皆力主严惩作弊者，而白居易、王起则以慈悲为怀，主张宽大处理，并说："重试乃至公至平，凡是平人，孰不庆幸！"①白居易认为，礼部试进士惯例可以带韵书等作参考，兼得通宵考试，而复试时不许带工具书，又只许给两支蜡烛，用完收卷，促迫惊忙之下，诗赋试卷有瑕疵情有可原。② 看来因为文名甚高，白居易一再被委任当棘手的复试官，而且一般都为考生说好话。元和十五年(820)，白居易被指派重考吏部科第后，他也上《论重考科目人状》，同样是提议不要为难登科者。

但是，科场中盛行请托，有违朝廷公平择优的求才本意，长庆元年(821)的诏书便指出当时科场取士不公的弊端：

> 国家设文学之科，本求才实，苟容侥幸，则异至公。访闻近日浮薄之徒，扇为朋党，谓之关节，干扰主司，每岁策名，无不先定。永言败俗，深用兴怀。③

因此，穆宗权衡得失，最终还是将"艺薄"子弟尽数落下，并将涉嫌徇私请托的李宗闵贬为剑州刺史，杨汝士贬为开江令。李宗闵对李吉甫的旧怨还未完全释怀，对李德裕等人又添新恨，其矛盾到晚唐时终于冲突出来。可见科场与中晚唐的政治斗争是密不可分的。

王夫之《读通鉴论》卷 26 在谈到中晚唐科举考试与朋党之争时说："贡举者，议论之丛也。小人欲排异己，求可攻之瑕而不得，则必于此焉，摘之以激天下之公怒，而胁人主以必不能容。李德裕修其父

---

① 《登科记考》卷 19。
② 《白居易集》卷 60《论重考试进士事宜状》。
③ 《旧唐书》卷 16《穆宗纪》。

之夙怨,元稹佐之以击李宗闵、杨汝士。长庆元年,进士榜发而攻讦以逞,于是朋党争衡,国是大乱,迄于唐亡而后已。”

## 四　晚唐科场风气

唐文宗大和元年(827)迄唐哀帝天祐四年(907)是为晚唐。在这80年间,大唐帝国日趋衰弱,科场也少有盛唐、中唐时人才辈出的蓬勃气象,而出现了江河日下的趋势。科举取士200余年之后,种种问题层累积淀下来,因而晚唐科举存在各种各样的争论和争斗。具体而言,主要有经术与文学之争、子弟与寒士之争、科举存废之争,这些争论或争斗又多与科举朋党之争交错在一起,因而相当复杂尖锐。不过,晚唐科场也非漆黑一片,在制度演进方面仍有一些值得注意的方面。

### (一) 文、武宗朝的科举之争

科场纷争不断,成为唐文宗和唐武宗朝科举的特征,其中既有制科对策风波,更有进士科存废之争。

#### 1. 刘蕡对策风波

由于唐代进士等科举及第后不能立即授官,而制科登第便可入仕,且制科从考试地点在殿廷、由皇帝名义主考、榜首称“敕头”即状元,因而唐代制科举具有一定的殿试性质,不少进士及第者也应制科入仕。文宗大和二年(828),进士及第人刘蕡等参加贤良方正能直言极谏对策考试,结果又出现了一场不小的风波。

刘蕡于此前二年,即唐敬宗宝历二年(826)礼部侍郎杨嗣复和贡举时进士及第。文宗即位后,恭俭求治,诏开贤良方正能直言极谏制科。当时宦官权盛,握兵宫闱,横行天下,干扰朝政,从顺宗以后,甚至连皇帝废立也常受宦官掌握操纵。刘蕡原先对此现象愤惋不已,得此上言机会,不吐不快,他在对策中“昧死以对”,主张“宜黜左右之纤佞,进股肱之大臣”,并一再引证他所精通的《春秋左传》大义作为根据，极言宦官之祸，导致“宫闱将变，社稷将危，天下将倾，海内将乱”。对官吏选用失当、学校生徒堕业、国家财政困难等问题，刘蕡也是慷慨陈词，直言无忌。当年制科考策官是左散骑常侍冯宿、太常少卿贾竦、库部郎中庞严3人，皆一时著名文士，见到刘蕡的对策，“叹服嗟悒，以为汉之晁、董，无以过之。”然而畏于宦官的权势，他们最终不敢录取刘蕡。

考试录取结果公布之后，舆论喧然不平。人们传读刘蕡万余言的对策，感动不已，“至有相对垂泣者，谏官御史扼腕愤发”，执政宰相迫于宦官的压力，也无可奈何。[①] 该年登科者有李郃、裴休、裴素、杜牧等22人，其中大多数为进士及第再应制科者。李郃还是大和元年(827)状元，他在制科发榜后为刘蕡打抱不平，诣阙上疏说刘蕡对策：“汉魏以来，无与蕡比……况臣所对，不及蕡远甚，内怀愧耻，自谓贤良，奈人言何？乞回臣所授，以旌蕡直。”[②]李郃将自己的登科资格换给刘蕡的建议虽然未被采纳，但他舍己为人的举动广为人们所称道。

冯宿、贾竦、庞严3位考官都是进士出身，而且贾、庞2人还曾登贤良方正科，应该说都是很有水平的考官，但却迫于宦官的政治淫威，不敢像元和三年(808)牛僧孺、皇浦湜对策时那样录取直言者。元和三年牛僧孺等登科的后果是考官被贬，而大和二年时宦官气焰更为嚣张，如若录取则可能引来杀身之祸。后不久在大和九年(835)“甘露之变”中，贾竦最终与宰相李训、舒元舆、王涯等为宦官仇士良等所杀，可见其时宦官凶恶到何等地步。《玉泉子》卷1载，大和二年制科考试风波之后不久，刘蕡与一些好友在长安昆明池泛舟，恰被宦官仇士良和曾经放刘蕡进士及第的杨嗣复看到。仇士良责问杨嗣复说：“奈何以国家科第，放此风汉耶？”杨复恐惧作答：“昔与刘蕡及第

---

① 《旧唐书》卷190下《刘蕡传》。

② 《全唐文》卷744；李郃：《乞旌刘蕡直言疏》。

时,犹未风耳。”[①]仇士良意思是怪罪杨嗣复怎么会录取如此“疯癫”的人当进士,杨深知仇士良权倾中外,幸好回答机智。在当时的政治情势下,朝官不得不在宦官面前示弱。刘蕡后来多年未得仕于朝中,而从藩镇辟署入官。李郃也长期仕途不显,原因在于无人敢起用他。

虽然刘蕡未能制策登科,但他却成为中国科举史上一位著名的人物。南宋洪迈《容斋随笔》续笔第16还有《刘蕡下第》专条;清末张之洞、陈宝箴《湖督、抚会议科举新章并请酌改诗赋小楷试法疏》谈到殿试时也说:“临轩发策,登进贤良,自宜求得正谊明道如董仲舒,直言极谏如刘蕡者而用之”,[②]可见大和二年刘蕡对策已成为历史上最为著名的制举对策案例而名垂青史。

2. *反进士科之动议*

大和七年(833),礼部奏进士科只试帖经、议、论,停试诗赋。此后进士科是否试诗赋曾再次出现反复。取消诗赋考试的理由是认为“汉代用人,皆由儒术,故能风俗深厚,教化兴行。近日苟尚浮华,莫修经艺……况进士之科,尤要厘革,虽乡举里选,不可复行,然务实抑华,必有良术”。[③] 而其动因是不喜进士科的李德裕在该年春二月任宰相,故有此举。当次年(834)九月,李宗闵取代李德裕担任宰相之后,十月,礼部便以进士科长期试诗赋,“中间或暂改更,旋即仍旧。盖以成法可守,所取得人故也”,奏请恢复了试诗赋的办法。[④] 可见进士科考试内容方面的经术与文学之争是与朋党之争密切相关的,某个宰相的进退便可能引起诗赋考试的变动。

当李德裕罢相之时,与李德裕关系密切的郑覃也从户部尚书被贬为秘书监。而大和九年(835)李宗闵等因得罪被外放之后,郑覃便

---

① 韩国史籍《类苑丛宝》卷19《主试》“放风汉”条专记此事。
② 《张文襄公全集·奏议》卷48。
③ 《唐大诏令集》卷29《太和七年册皇太子德音》。
④ 《全唐文》卷966《先试帖经奏(太和八年十月礼部)》。

于该年十月以尚书左仆射、国子祭酒之职兼任宰相。郑覃虽精于经义，但不善为文，深嫉进士浮华。开成元年（836），郑覃奏礼部贡院宜罢进士科，他认为："南北朝多用文华，所以不治。士以才堪即用，何必文辞？"并说"此科率多轻薄，不必尽用"。然而，爱好文学且深明进士之道的文宗不同意郑覃的看法，回答了一句很有见地的话：

> 轻薄敦厚，色色有之，未必独在进士。此科置已二百年，亦不可遽改。①

因此，尽管郑覃屡请罢废进士科，文宗却始终坚持己见，进士科最终未被罢去。不仅如此，开成元年进士科诗赋题还是出自文宗，考完后，文宗对侍臣说："从前文格非佳，昨出进士题目，是朕出之，所试似胜去年。"②文宗为改诗赋格调浮薄之风，在开成二年、三年还继续亲自命题。郑覃虽未能将进士科罢废，但还是不时主张应重经术抑文学，史载"时上好文，郑覃以经义启导，稍折文章之士"。③ 郑覃罢废进士科的企图和文宗的反驳可视为中国科举史上第二次科举存废之争。

武宗即位，以李德裕为宰相。李德裕也是晚唐反对进士科阵营中的代表人物，他虽未像郑覃那样直接提议废止进士科举，但对进士科的嫉恶和偏激比郑覃有过之而无不及。作为官宦世家的后代，具有很好的学习应举条件，李德裕却"耻与诸生从乡赋，不喜科试"，据说他自称是"好骡马不入行"，因此从门荫入仕。因为他自己不是从科第出身，故常嫉妒进士。《玉泉子》载，李德裕在藩镇幕府当从事时，有一位"以词科进"（即进士）的同事叫李评事，恰与李德裕任同样

---

① 《旧唐书》卷173《郑覃传》。
② 《旧唐书》卷168《高钱传》。
③ 《旧唐书》卷17下《文宗纪》下。

官职。有一次,一位应进士科的举子投献行卷文轴,误与李德裕,随后又请要回文轴说:"某文轴当与及第李评事,非与公也。"李德裕受此事的刺激,日后更是志在排斥进士。

"进士科当唐之晚节,尤为浮薄,世所共患也",这是《新唐书·选举志》的结论。其具体表现,一是文风浮华,二是士风浮薄。士风方面,承中宗神龙(705~707)以来进士及第后曲江宴会、杏园探花、雁塔题名、平康卧游的风尚,至晚唐尤为奢靡。如开成三年(830)通过宦官仇士良关节取得状元的裴思谦,及第后作红笺名片十余张,到京城"风流薮泽"平康里去游谒,夜宿其中,次日赋诗云:

银缸斜背解鸣珰,小语偷声贺玉郎。
从此不知兰麝贵,夜来新惹桂枝香。①

此种狎妓的风流行为还被当作春风得意的佳话被传颂,可见其时士风浮薄之一斑。另外,进士及第的庆祝活动宴游铺张奢侈,新科进士拜见当年录取他们的主考官称"座主",进士自称"门生",门生与座主之间容易形成朋党关系。十分嫉恶进士科的李德裕对其欲罢不能,便在会昌三年(843)奏请今后礼部侍郎不必在放榜前将拟录取名单向宰相"呈榜",以降低进士科的权威性,并规定及第进士不得呼考官为座主。《唐摭言》卷3《慈恩寺题名游赏赋咏杂记》载其奏疏说:

伏以国家设文学之科,求贞正之士,所宜行敦风俗,义本君亲,然后申于朝廷,必为国器。岂可怀赏拔之私惠,忘教化之根源!自谓门生,遂成胶固。所以时风寖薄,臣节何施?树党背

---

① 《唐摭言》卷3《慈恩寺题名游赏赋咏杂记》。

> 公，靡不由此。臣等商量，今日已后，进士及第任一度参见有司，向后不得聚集参谒，及于有司宅置宴。其曲江大会朝官及题名、局席，并望勒停。

同时，还规定由御史台察访违反禁令者奏名报上，加以处分。将这些扩大进士知名度的庆祝活动和参见仪式罢去，体现了李德裕排斥进士的主张。

李德裕对进士科考试所取人才持有深刻偏见，最露骨的表现是他与武宗关于公卿子弟与寒士仕宦优劣的一次对话。《旧唐书》卷18上《武宗纪》载：会昌四年(844)十二月，唐武宗对科场中的子弟与寒士之争现象感到忧虑，他说："贡院不会我意。不放子弟，即太过。无论子弟、寒门，但取实艺耳。"李德裕说有的大臣子弟有好才艺却不敢应举，武宗认为过于压抑大臣子弟不妥，科举录取与否应看其水平。李德裕随后便说出了一段著名的话：

> 臣无名第，不合言进士之非。然臣祖天宝末以仕进无他伎，勉强随计，一举登第。自后不于私家置《文选》，盖恶其祖尚浮华，不根艺实。然朝廷显官，须是公卿子弟。何者？自小便习举业，自熟朝廷间事，台阁仪范，班行准则，不教而自成。寒士纵有出人之才，登第之后，始得一班一级，固不能熟习也。则子弟成名，不可轻矣。

于此，李德裕公然宣称高官应由公卿子弟来当，寒士即使再有才华也不如子弟，可见其很希望回归到科举以前的门第社会中去。在后人看来，敢于如此赤裸裸地主张世袭门荫优于以才取人，实在"偏异"，但李德裕对不少平民通过科举考试平步青云进入朝廷实在恨之入骨，才会出此奇谈怪论，所幸武宗并未全听他的偏激观点。

### (二) 科场中的寒士与子弟之争

晚唐科场中出现了激烈的寒士与子弟之争,在相当长的一段时期内是权贵子弟占上风,至唐末昭宗朝以后,则出现了奖进寒士的趋势。

#### 1. 取士导向的变化

会昌四年(844)李德裕之所以会说出那么一段反对进士科的话来,是与一个时期以来科场升寒门、抑子弟的情况分不开的。如文宗大和八年(834)所收进士多为贫士,会昌四年王起典贡举选士30人中,杨严等5人试文虽合格,“物议以子弟非之”,结果令翰林学士复试,只放杨严1人及第,其余4名高官子弟皆落下。会昌五年也是“物论以为请托”而黜落张渎等7名进士初试合格者。当时甚至出现“科第之选,宜与寒士,凡为子弟,议不可进”的社会舆论,以致出现“为子弟者鱼潜鼠遁,无入仕路”的现象。为此,门第显赫、祖父是中唐名相的杜牧甚感不平,他于会昌六年(846)在《上宣州高大夫书》中说:

> 科第之设,圣祖神宗所以选贤才也,岂计子弟与寒士也。古之急于士者,取盗取仇,取于夷狄,岂计其所由来,况国家设取士之科,而使子弟不得由之?若以科第之徒浮华轻薄,不可任以为治,则国朝自房梁公已降,有大功,立大节,率多科第之人也。若以子弟生于膏粱,不知理道,不可与美名而得令美仕,则自尧已降,圣人贤人,率多子弟。凡此数者,进退取舍,无所依据,某所以愤懑而不晓也。①

杜牧实际上是站在子弟的立场上,为子弟被压抑的现象鸣不平。而

① 杜牧:《樊川文集》卷12。

科场中出现裁抑子弟的情况，是由于武宗等皇帝担心权势之家"朋比贵势，妨平人道路"，[①]影响其统治基础，加上某些考试官畏于物议而不敢录取太多的权贵子弟。不过，在允许通榜公荐的条件下，裁抑子弟的状况只是短时间的，多数情况下科场还是为子弟所把持。

继武宗之后即位的唐宣宗是一位酷爱科名、十分重视科举的皇帝。他觉得李德裕"每顾我，毛发为森竖"[②]，于是将李德裕的官职一降再降，从太尉、宰相贬为太子少保。大中元年(847)二月，进士科考试又开始将武宗朝重寒士的导向转变为有利于子弟入仕的办法。当时礼部侍郎魏扶奏言所放进士 23 人，而封彦卿等 3 人"实有词艺，为时所称，皆以父兄见居重位，不得令中选"，于是宣宗令翰林学士重试，下敕文说：

> 彦卿等所试文字，并合度程，可放及第。有司考试，只在至公，如涉请托，自有朝典。今后但依常例放榜，不得别有奏闻。[③]

从此以后，一段时期以来不时举行的进士科复试就很少见了，科场出现了不敢批评请托的风气，这使高门子弟得以便利地通过请托登科入仕。

史载宣宗"留心贡举"，有时还微服出行百姓中间，采听舆论，以观选士之得失。他相当"爱羡进士"，每次与朝廷大臣谈话，都问其是否进士及第者，若回答说是有科名，宣宗则很喜悦，便问当时考试诗赋的题目，并问考官姓名。若某个人物优秀却不曾中第，宣宗必长久叹息。他还曾于皇宫殿柱上自题"乡贡进士李某"。[④] 当时朝野崇尚

---

① 《旧唐书》卷 18 上《武宗纪》。

② 《新唐书》卷 180《李德裕传》。

③ 《旧唐书》卷 18 下《宣宗纪》。

④ 《北梦琐言》卷 1。《南部新书》癸卷为："大中酷好科名，常于内中题'乡贡进士李道龙'。"

进士,尤其是乡贡进士,因此宣宗常喜自称"乡贡进士"。大中十年(856),郑颢知贡举,放榜后,宣宗还在一红笺上题写"乡贡进士李(御名)"赐颢,①并索要《科名记》。礼部侍郎郑颢于该年四月进《诸家科目记》13卷,并称此前进士诸科声华虽茂,但史册不书,所传前代登科者姓名,皆是私家记录,此次委托祠部员外赵璘采访各种《科目记》,编成13卷,记载从武德至宣宗朝进士诸科的及第情况。宣宗令付翰林院保存,并规定此后放榜后,将及第人姓名及所试诗赋题目记载下来,逐年编次。这是中国科举史上第一次官方编纂登科录,此后,官方正式编登科名录成为历代的惯例。

此外,"尤重科名"的宣宗还在大中元年(847)敕令恢复了进士放榜后的曲江宴集、杏园探花等庆祝仪式。这样,武宗朝李德裕主政时所有对进士科的限制尽数被推翻。宣宗对武宗朝的做法反其道而行之,对士人命运影响较大的还是取消了对权贵子弟科举入仕的制约和限制,从宣宗至僖宗朝(847~888)40年间,科场多为子弟所垄断。当时每科录取进士30人,而大中七年(853),"崔瑶知贡举,以贵要自恃,不畏外议,榜出,率皆权豪子弟"。②《册府元龟》卷651《贡举部·谬滥》载,宣宗的女婿郑颢于大中十年和十三年两次掌管贡举,所取"率多膏粱子弟,平进岁不及三数人";大中十四年,中书舍人裴坦权知贡举,中第者皆衣冠士子,其中有多位已故宰相之子,只有陈河一人"孤平负艺,第于榜末"。由于中唐以后,进士科地位日渐上升,进士及第者享有不少政治经济特权,武宗以后规定进士出身的"衣冠户"不仅进士本人可以脱离百姓阶层,而且可以优免合家的赋税,③因此许多高门权贵子弟不再从门荫入仕,而尽力争取从进士科入仕,通过科举来达到世袭官位的目的。虽然一般舆论也还是主张不能排

① 《唐摭言》卷15《杂记》,原文为"镐"。按《登科记考》卷22引《摭言》,当为"颢"。
② 《唐语林》卷4《方正》。
③ 韩国磐:《科举制和衣冠户》,《厦门大学学报》(社科版)1965年第2期。

挤平民举子，但因没有制度化的保证，宣宗以后皇帝又不再重视民间公议，科场自然易为权贵把持。

大中八年(854)，礼部侍郎郑薰知贡举。当年进士科考生中有位叫颜标的，郑薰以为他是颜真卿的后裔。当时藩镇叛乱，而颜真卿在世时曾誓死效忠朝廷，被谥为鲁公，为了“激劝忠烈”，郑薰便以颜标为状元。待到新科进士到座主面前“谢恩”时，郑薰从容问及各人祖宗庙院，颜标自称：“寒畯也，未尝有庙院。”郑薰方才大悟，语塞沉默而已。不久，有人作诗嘲笑说：“主司头脑太冬烘，错认颜标作鲁公。”[①]如果郑薰事先知道颜标是寒士出身而非名门之后，颜标不仅考不上状元，而且可能连进士都没份。史载郑薰还算是较常拔取寒俊之士的主考官，但这则生动的故事说明，平民子弟要中高第在宣宗以后是何等之难。

懿宗、僖宗朝，进士科多取公卿大臣子弟，这些权贵子弟府州取解较为容易，又有人为他们制造声誉，还有人为他们请托公荐，因而容易成名及第。在权贵操纵科举的情况下，个别主考官主持公道，反而得冒被贬官的风险。如咸通十年(869)，秉性坚正的礼部侍郎王凝主考，“贡闱取士，拔其寒俊，而权豪请托不行，为其所怒，出为商州刺史”。[②] 虽说科场有如战场，也有人作《文战赋》来比喻科场角逐胜败之分，但大多数人还是败于科场，抱恨终身。尤其是许多没有门第阀阅的南方边远地区的举子，难有权贵为其请托公荐，成功机会很小。如福建便有许多举子“半生随计，没齿衔冤”，在咸通乾符年间(860～879)科场屡战屡败的闽人黄滔便指出：“咸通乾符之际，龙门有万仞之险，莺谷无孤飞之羽”；“咸通乾符之际，豪贵塞龙门之路，平人艺士，十攻九败”；“孤进难时谁肯荐，主司通处不须论”。[③] 这种科场取

① 《唐摭言》卷8《误放》。
② 《旧唐书》卷165《王正雅传》附《王凝传》。
③ 《黄御史集》所载《司直陈公墓志铭》《山灵岩寺碑铭(并序)》《长安书事》。

士重子弟的导向,使宣宗至僖宗朝成为唐代科举史上最黑暗的一段时期。到昭宗朝,取士导向才朝有利于寒士的方向发展。

2. 昭宗振衰救弊的科举改革

进士科选取"精博通赡之才",平民寒士若无真才实学就无及第的可能,而高官近臣的子弟登进士科者却有许多不学无术之徒。由于实行通榜公荐,科场往往为权贵操纵。据统计,中晚唐史传记人物由进士上达者共 268 人,其中属于名族及公卿子弟者达 205 人,占总数的 70%,但中晚唐时南方寒士通过进士科入仕出现了上升的趋势。[①] 这种重子弟、轻寒士的趋势在昭宗朝表现得最为明显。

昭宗朝一改宣宗以来科举重子弟的取士导向,十分体恤寒士。《唐摭言》卷 7《好放孤寒》说:"昭宗皇帝颇为寒畯开路。"乾宁二年(895),刑部侍郎崔凝知贡举,凡是公卿子弟,不问文章优劣,多加屈抑,而孤寒举子滥得者也不少。但实际上,崔凝还是录取了一些并无才艺的子弟,放榜之后,舆论认为侥幸者过半,有宦官向昭宗奏议。自宣宗大中元年(847)以来,尽管人们对一些科榜颇有看法,但都不了了之,而昭宗却高度重视此事,敕令状元张贻宪等 25 名进士于二月九日于武德殿参加复试。

到了考试那天,25 名进士中有一位叫卢赓的"称疾不至",于是下令将其抬入考场,卢赓又借口要返家省亲,其父司徒卢渥进状乞请将卢赓落下。这次复试考题为《曲直不相入赋》《良弓献问赋》《询于刍荛诗》《品物咸熙诗》4 道,全由昭宗亲自命题。评卷官宣令翰林学士、户部侍郎陆扆,秘书监冯渥担任,昭宗还亲阅试卷,评定试卷优劣等级。最后,再次重新发榜,敕文指出:乡里贡士,考核求才,必在学贯典籍,词穷牧化,"如闻近年已来,兹道寖坏,鹖多披于隼翼,羊或服于虎皮。未闻一卷之师,已在迁乔之列"。同时指出张贻宪等 25 人

① 孙国栋:《唐宋之际社会门第之消融》,香港《新亚学报》1959 年第 4 卷第 1 期。

中有请托不公的情况，通过考试，判别滥竽充数者。其中赵观文等4人"才藻优赡，义理昭宣，深穷体物之能，曲尽缘情之妙"；卢赡等11人所试诗赋"义理精通，用振儒风"，以上15人并与及第。而张贻宪等5人所试诗赋文不对题，语句不佳，因此不予录取，但允许今后再参加科举；崔砺等4人"诗赋最下，不及格式，芜类颇甚。曾无学业，敢窃科名?"[①]不仅不予录取，而且规定今后不许再举。

乾宁二年复试进士是晚唐科场中的重要事件。复试时卢赓自我放弃，还算知趣，但可想而知其文字水平。而被列为最下等、永不许入举场的苏楷为礼部尚书苏循之子，复试被黜落后"负愧衔怨"。在哀帝天祐二年（905），混上起居郎的苏楷还挟恨与罗衮等人企图驳改昭宗谥号，至那时苏楷还是"目不知书，手仅能执笔"[②]。因取士不精，主持乾宁二年科举的刑部尚书被贬为合州刺史；复试仍然榜上有名的王贞白，及第后其家乡信州的刺史还改王贞白所居坊名为"进贤"。尤其是加上该榜进士闽人黄滔后来官至御史，其九世孙在宋代刊刻其遗文《莆阳黄御史集》，其中收录了其诗赋考卷和《昭宗实录》有关记载，以及《唐登科记》卷8的片段，使该榜成为唐代现存最为翔实的进士科榜之一。

昭宗在位时唐朝已摇摇欲坠，战乱不断，而昭宗还能如此认真对待科举取士，因而受到后人的肯定。南宋洪迈《容斋随笔》四笔卷6《乾宁复试进士》条载此事始末，并说"是时国祚如赘疣，悍镇强藩请隧问鼎之不暇，顾惓惓若此"。黄滔过去曾感叹"孤进难时谁肯荐，主司通处不须论"，后来则说"往岁主司则断于独鉴，近时公道则采自众称"。昭宗朝科举改变了以往重视子弟的做法，注重奖拔孤寒，以才取士，所以南方士子如福建文人相继登第。[③] 以往对科举颇有怨言

① 《黄御史集》附录《唐昭宗实录》。

② 《旧唐书》卷20下《哀帝纪》。

③ 刘海峰：《唐代福建的教育与科举活动》，《福建论坛》（文史哲版）1991年第5期。

的黄滔,及第后在《放榜日》诗中对唐代科举制度唱出了赞歌:“吾唐取士最堪夸,仙榜标名出曙霞。”按武宗《会昌五年举格节文》所定,福建、岭南等道解送进士、明经名额远不如北方地区,但在昭宗朝登第者不少,主要由于昭宗倾向于选取寒士。

光化三年(900),左补阙韦庄奏:“词人才子,时有遗贤,不沾一命于圣明,没作千年之恨骨”,他举出李贺、皇甫松、李群玉、陆龟蒙、赵光远、刘得仁、罗邺、贾岛等 10 余人,“俱无显遇,皆有奇才,丽句清词,遍在词人之口;衔冤抱恨,竟为冥路之尘”。为了避免这些冤魂“愤气未销,上冲穹昊”,韦庄奏请追赠这些人进士及第,而仍在世的罗隐则“特赐科名”。昭宗敕令奖励韦庄,并由中书门下“详酌处分”。①

“五老榜”是唐昭宗所录取的另一著名科榜。天复元年(901),敕令选择新及第进士中有“久在名场、才沾科级、年齿已高者”,不拘常例,直接各授一官。于是主持该年贡举的礼部侍郎杜德祥在考生中择出 59 岁的陈光问、54 岁的曹松、73 岁的王希羽、70 岁的柯崇、59 岁的郑希颜作为及第进士奏上,各授秘书省正字、太子校书等职。时谓此举为“五老榜”。洪迈《容斋随笔》三笔卷 8《唐昭宗恤录儒士》对此称赞说:“昭宗当斯时离乱极矣,尚能眷眷于寒儒,其可书也。”顾炎武《日知录》将此事列于科举之恩科,大概是认为“五老榜”为宋代恩科进士之先导。

唐王朝至昭宗时已是日薄西山,气息奄奄,但还是念念不忘科举取士。晚唐 80 年间,只有 4 年停举,除非万不得已,科场年年照开。这 4 次停举皆因战乱,政局动荡不安,有时连唐皇室性命都难保才无暇顾及开科。

晚唐科场风气远不如意气风发的盛唐和中唐,李唐王朝在公元 907 年也是气数已尽,但纵观整个唐代,290 年间还是处于传统社会

---

① 《容斋随笔·三笔》卷 7《唐昭宗恤录儒士》;《唐摭言》卷 10《韦庄奏请追赠不及第人近代者》。

的上升时期，科举逐渐成为士人登进仕途的首要途径。唐代科举及第总人数，明经约有 26 000 余人，还有制举诸科上千人。据《文献通考》卷 29 所录《唐登科记总目》，参考徐松《登科记考》作统计，进士有 6 658 人，还有部分遗漏。各科及第总人数，当在 3 万人以上。科场在唐代形成后，左右着士人的命运和文风时尚，官僚政治、士绅社会与儒家文化皆以科场为中心得以维系和共生，科举制成为一项集文化、教育、政治、社会等多方面功能的基本制度。

清末两江总督刘坤一、湖广总督兼署湖北巡抚张之洞上奏："取士之法，自汉至隋为一类，自唐至明为一类。无论或用选举，或凭考试，立法虽有短长，而大意实不相远。汉魏至隋，选举为主，而亦间用考试，如董、晁、郄、杜之对策是也。唐宋至明，考试为主，而亦参用选举。"①唐代科举虽留有一些荐举制的残余，但总的来看，多数时候考试已成为选拔人才的主要环节，因此，唐代是科举制的奠基期，在中国科举史上留下了丰富多彩的一段画卷。

## 第三节　兵荒马乱犹赋诗：五代科举

承唐代之余绪的五代十国时期，战乱频仍，烽火连天，政局动荡不安，在短短 52 年中经历了 5 次改朝换代，前后有 14 个皇帝走马灯似的登上中原政治舞台。但就是在这样动乱年代，除了后梁有 3 年因考虑"举子学业未精"等原因、后晋有 2 年因"员阙少而选人多"而停举外，其他年份一如既往照样不断开科取士。而且，各个地方割据政权多数也举办科举考试。可见，经过唐代对科举制度的锻造之后，科举已成为中国社会政治生活和人文活动不可或缺的重要内容。五代不仅传承唐代科举，同时还继续唐末科举的发展趋势，在某些方面

---

① 《皇朝蓄艾文编》卷 8《江鄂督会奏变法自强第一疏》。

还有一些演进。

## 一　五代科举的传承

后梁、后唐、后晋、后汉、后周五代,战火不断,“高岸为谷,深谷为陵”,而科举却在王冠乱落的年代中生生不绝。

### (一) 后梁、后唐科举的兴替

李唐王朝的覆亡是与科举遗才有某些关系的。由于进士科所录取名额较少,加上晚唐科场不公,一些落第举子成为唐朝廷的叛逆者和掘墓人。领导唐末农民战争的王仙芝和黄巢便是累次应进士科不第者。唐哀帝时,深受梁王朱温信任的谋臣也是科场失意者。天祐二年(950),李振向朱温进言说朝廷大臣皆为“衣冠浮薄之徒”,若要夺取皇位务必尽除之,于是,权倾朝野的朱温对裴枢、陆扆、独孤损等大臣先贬后杀,六月,将裴枢等 30 余位朝廷一夜之间杀于黄河岸边的白马驿(滑州白马县,在今河南滑县),投尸于河。史载“初,李振屡举进士,竟不中第,故深疾搢绅之士”,进言于朱温:“此辈常自谓清流,宜投之黄河,使为浊流!”朱温笑而从之。[①] 清除了篡位的障碍之后不久,朱温便于唐哀帝天祐四年(907)四月夺取皇位,建立梁朝,史称后梁。

#### 1. 后梁科举重寒士

虽然梁太祖朱温在篡唐之前听从李振之言滥杀以科第仕进的朝臣,不过一旦他自己当上皇帝之后,却照样举行科举。朱温即位改元开平时是四月,而当年科场已于二月放榜,按一年一开科的惯例不再举行礼部考试,不过很快便着手秋天的府州解试。中唐以后,有的府州秋天解送举子时,个别人不经考试便贡举入京,称为“拔解”,开平元年(907)七月敕令废止“拔解”的做法,即使是外地府州往年应考过

---

① 《资治通鉴》卷 265《唐纪》81。

的举子，人在京城也不得托人呈送词赋去代替考试。

开平二年(908)，诸道贡举157人到京城汴州(今河南开封)，梁太祖于皇城崇元门召见，以示对科举的重视。朱温出身贫贱，对权贵子弟通过科举入仕颇有看法。唐哀帝天祐三年(906)，时为梁王的朱温便对河中判官刘崇之子刘匡图进士登第提出意见，以“遽列高科，恐涉群议”为理由，请礼部将其落下。① 开平二年五月，当上皇帝的朱温又下敕说：“礼部所放进士薛钧，是左司侍郎薛廷珪男。方持省辖，固合避嫌，其薛钧宜令所司落下。”②梁太祖是继承唐昭宗以后取士“无论于草泽山林，不计于簪裾绂冕”③的办法，有意拔取寒士，裁抑子弟。该榜所取进士18人多为没有家庭背景的寒士，其中陈沆、郑希闵、廖澄皆为闽中进士。该榜又名“相骂榜”，原因是同榜中第的进士称为同年，同年之间一般关系多很好，将来仕途上也可互相援引提携，而该榜进士中“性颇刚介，以高情远致自许”的卢损，与任赞、刘昌素、薛钧、高总等同年进士却互相诟骂，因此时人称之为“相骂榜”。④ 开平二年榜还有值得一提的是，名列第8位的进士刘斥是发榜之后，梁太祖敕赐其“同进士及第”而编入榜中的。

由于在位大臣子弟人数不是很多，加上有些为避嫌疑而不应举，有违唐代以来“设词科，选胄子”的传统，而当时每年应举总人数也不多，因此开平四年(910)，兵部尚书知贡举姚洎奏请“在朝公卿亲属、将相子孙，有文行可取者，请许所在州府荐送，以广毓才之义”。⑤ 梁太祖虽然采纳了此建议，但从中可见原先对朝官子弟是有格外限制的。从开平二年(908)至龙德二年(922)，后梁共开科13次，合计录

① 《旧唐书》卷20下《哀帝纪》。

② 《五代会要》卷22《进士》。

③ 《唐黄先生文集》卷7《段先辈启》。

④ 《旧五代史》卷128《卢损传》。按《登科记考》卷25开平二年条未载此5名进士，当补入。

⑤ 《册府元龟》卷641《贡举部·条制》3。

取进士 189 人，另有诸科 34 人。

2. 后唐科举的改进

后唐庄宗李存勖于后梁龙德三年（923）四月称帝，改元同光，仍用唐为国号，史称后唐。十月灭梁，定都洛阳，此年自然无法开科。同光二年（924）初，取进士 14 人。同光二年十月，中书门下以时限促迫、举选人准备不足为由，奏请停贡举和铨选一年，后唐宗下敕文不准，认为“举、选二门，国朝重事，但要精确，难议权停。宜准常例处分”。[①] 此后，后唐科举从未停顿，而且还有所演进，其可述者主要有以下几点：

一是明令禁止请托。贡举和铨选是“仕进根本”，为了杜绝“倖求之路”，同光二年（924）三月敕令“吏部、礼部，翰林考艺，必尽于精详；灭私徇公，无从于请托，仍委三铨、贡院，榜示省门，晓告中外”。[②] 将禁止请托的告示张贴于尚书省门外，目的在于大力宣传公平取士。后唐明宗天成四年（929），又规定知贡举官不得接受内外官僚荐托举人的条子，若有违反禁令致有屈抑人才者，其主考官与发送条子者都要受到黜降责罚，被荐托的人也要受到处分。同光三年（925）曾敕令礼部贡院复试新及第进士符蒙、桑维翰等 4 人，并规定此后新进士所试杂文、策等都要送宰相细览详复，方可奏闻发榜。该年和长兴元年（930）中书门下奏文皆规定复查试卷时“不得辄徇人情，有隳事体”。

二是实行及第后至中书省陈状、考试授官的办法。《旧五代史·选举志》载，天成五年（即长兴元年，930），鉴于近年文士轻视选举条格，“就试时疏于帖经，登第后耻于赴选”的情况，敕令进士科已及第者，在选数年满之后，允许到中书省交纳书状，“于都堂前各试本业诗赋、判文，其中才艺灼然可取者，便与除官”。按通常惯例，进士及第

① 《旧五代史》卷 148《选举志》。

② 《册府元龟》卷 641《贡举部·条制》3。

者候选年须到吏部参加铨选，考试身言书判，而天成五年为了“别开奖功之门”，采取变通办法，让及第进士考试诗赋、判文，择优入仕，这有点像清代的朝考入仕办法。

三是落第举人取解的反复。后梁时已明令禁止“拔解”的做法，但因为科举年年举行，一些举子参加省试后落第，要再回原解送州府去考试取得举送文书参加次年的省试，路途遥远，相当不便，因此总有人设法变通。为此，后唐同光三年(925)，工部侍郎任赞奏请各科举人不是家在远方、水陆隔越者，必须到本贯州府“分明比试”，由州府宾从官僚中选一位“艺学精博”者主持考试，考试“如非通赡，不许妄给文解”。[①] 据《五代会要》卷23《缘举杂录》载，天成四年(929)，中书门下再次规定诸道州府解送各类举人，须派“有才艺公正官考试及格”，然后才给解送文书，并将所试诗赋、墨义、帖经题目和试卷送省，如不按规定考试解送，礼部贡院不受理参加省试。但到长兴三年(932)，政策又有改变，考虑到贡举之人辛勤贫苦，每年返回原州府取解困难颇多，因此规定今后落第举人已在户部交纳家状者，次年便可以到贡院就试，可并再取文解。这是省试报考制度的重大改革，不仅对遥远州府，而且是对所有举子的宽待。虽然此政策到清泰二年(935)又被礼部贡院奏请取消，但却是一次颇有意义的改革尝试。

四是确定每榜宾贡进士名额。自唐穆宗长庆元年(821)开始录取域外举子附名进士科榜尾为宾贡进士以来，不断有外国尤其是新罗(今韩国、朝鲜)士人宾贡进士登科，唐代宾贡登科的新罗人有金云卿等58人，五代后梁、后唐宾贡登科者又有31人。按韩国史籍《增补文献备考》卷185《选举考》2《科制·宾贡科》，共列出唐代有姓名可考的宾贡进士23人，五代没有1名姓名可考宾贡。而按《册府元龟》卷641《贡举部·条制》3，可以考出五代后唐有宾贡进士高策，还有1

① 《文献通考》卷30《选举考》3《举士》。

名落第宾贡郑朴。天成五年(即长兴元年,930)六月,中书门下奏文说中书省按复核该年进士所试诗赋,重试发现 15 名进士中,只有李飞等 6 名可以及第,而卢价等 7 人诗赋各有不合韵格之处,将其落下,接着说:

> 高策赋内于字韵内使依字,疑其海外音讹,文意稍可,望特恕此。其郑朴赋内言肱股,诗中十千字犯韵,又言玉珠。其郑朴许令将来就试,亦放取解。仍自此宾贡,每年只放一人,仍须事艺精奇。

高策赋文不合韵律估计是因为“海外音讹”,说明他是海外考生,也就是宾贡。对待宾贡进士要求一般较低,鉴于其“文意稍可”,特别予以宽待,即放其及第。郑朴诗赋试卷中问题较多,故未放及第。按《文献通考》卷 30《举士》所载《五代登科记总目》,“长兴元年进士十五人,重试落下九人”,将高策也列入其中,明显有误,高策应列为及第进士。观中书门下的奏文,高策与郑朴放到最后处理,说明他们与李飞、卢价等 13 人不属同类进士。而“仍自此宾贡,每年只放一人,仍须事艺精奇”这句话,明确规定今后每榜进士只取一名宾贡。按《增补文献备考》所说新罗登五代梁唐宾贡者 31 人,而后梁、后唐共开科 26 次,从长兴元年(930)至后唐最末一科清泰三年(936)榜是每科取 1 名宾贡进士,而此前有些年份是不止 1 名。如若不是朝廷进行复试,高策和郑朴当年 2 人都是宾贡及第了。既然允许郑朴将来就试,估计郑朴也在后唐末年考上宾贡进士。

五是加强贡院的行政职能。中唐以后,随着许多新科目的开设,贡院试务日渐繁重,加上每年开科,而知贡举官并不固定,往往是临时差遣,这样贡院便逐步变成一个具有一定考试行政职能的机构,而不仅仅是一个考试场所。五代时,贡院的行政职能得到加强,其中尤以后唐为突出。据《册府元龟》卷641所载，各次有关科举考试事务的奏文多由礼部贡院上奏，而非由哪位具体官员如礼部侍郎上奏，朝廷敕文也直接下发给贡院，知贡举官各年常更换，而贡院却是一个常设机构，真是“铁打的机构流水的官”。天成二年(927)，贡院奏请依旧设考试官两员，“数年系属贡院”，当时还有“五经考试官”“五科考试官”之称。除知贡举官和考试官以外，贡院还有不少管理考试的人员。天成四年(929)十月，中书门下制定贡举人事务，规定：

> 诸色举人，至入试之时前五日内，据所纳到试纸，本司印署讫，却送中书门下，取中书省印印过，却付司给散，逐人就试。贡院合请考官、试官，今后选举业精通、廉慎有官者充。如在朝臣门馆人，不得奏请。①

由此可见，考官、试官名义上是由贡院这一机构所聘请的，对其品学还有严格的要求。不过，对试卷在考试前5天之内由贡院盖中书省印再发放给考生的规定，后来又有所松动。当时考试科目有进士、九经、五经、明经、五科、童子、明算、道举等科，而“五科”包括《三传》《三礼》《三史》《开元礼》及学究一经科。清泰二年(935)九月，礼部贡院奏说：“入试前五日纳试纸，用中书省印讫，付贡院司，缘五科所试场数极多，旋印纸锁宿内，中书往来不便。请只用当司印”，得到批准。当时贡院具有行政职能，充分体现在“院司”“当司”“本司”这些用词上，而《五代会要》卷23《缘举杂录》中还有“贡院司”“知贡院官”之称，说明贡院几近于一个行政实体，这与后世贡院仅为科场试场颇为不同，这是唐末五代科举相当独特的一个方面。

后唐共开科13次，取进士164人，另有诸科104人，是五代科举

---

① 徐松：《登科记考》卷25。

发展史上内容最为丰富的一个朝代。

（二）后晋、后汉、后周科举的变迁

此三个政权是比后梁、后唐更为短暂的三个朝代，但其科举也还有某些变动发展。

1. 后晋科举诸科分合

后晋高祖石敬瑭于后唐清泰三年(936)十一月即位，改元天福。从天福二年(937)至开运三年(946)共开 8 科，取进士 112 人，诸科 281 人。后晋科举在对待落第举子投诉和明经科等省并方面与前代有所不同。

落第举人感到委屈不公是科场中常见的现象。为此，后唐天成四年(929)就曾规定贡院要将不录取的原因分别说明，贴出告示；长兴四年(933)，礼部贡院也奏准将考生所答经书题目，具体写明"第几道不，第几道粗，第几道通"，也就是按答错、粗略答对、通过三个档次标准来评判试卷。如考试官评阅去留不当，允许考生陈诉，并当根据情况严行处理。但至后晋时，举人众多，"科目之中，凶豪甚众。每驳榜出后，则时有喧张。不自省循，但言屈塞，互相朋扇，各出言词。或云主司不公，或云试官受赂"。天福三年(938)权知贡举的兵部侍郎崔棁感到"无以自明，昼省夜思，临深履薄"，于是奏请令举人落第之后不甘心者，可以投状陈述，然后将其试卷与经书疏义对证，并令"一甲共同校量，若独委试官，恐未息词理"。他认为倘若确是抑屈考生，考官则应受处理，如果是考生妄加陈论，则应对其痛加惩处。[①] 允许落第不服者复查试卷评阅合适与否仅限于经义类考试，进士科大概没有此法。按《册府元龟》载，有一位叫孔英的进士举子"行丑而才薄"，宰相桑维翰素知其为人，深为厌恶。天福三年崔棁知贡举，在锁院前向桑维翰辞行，桑生性说话简短，只是问"孔英来也"，其用意是

---

① 《旧五代史》卷 148《选举志》。

担心崔棁误放孔英及第，故提其姓名以阻扼之。可是崔棁却生性“纯直”，不再细问，而默记孔英姓名。及到贡院后，孔英自称是孔子的后裔，又在考场中捣乱，崔棁不得已录取孔英及第。及放榜，众人皆喧哗笑谈，桑维翰听说后，“举手自抑其口数四”，对自己失言后悔不已。此一事例说明进士科考试知贡举官的主观因素对录取与否十分关键。

天福五年（940）四月，礼部侍郎张允认为唐代初期未设诸科，主要以明经科取士，自从有九经、五经科之后及三礼、三传科以来，诸科并存，而明经科内容实际上主要是明三经或明二经，已包括于九经、五经科之中，无出于三传、三礼之外，因此奏请停废明经、童子、宏词、拔萃、明算、道举、百篇等科。虽然明经和童子二科于开运元年（944）复置，但至后周显德二年（955）又停。明经是每年报考和录取人数最多的科目，《五代登科记总目》所录天福六年（941）以前各榜诸科人数一般只有数人，①当时明经及第者并未计入“诸科”人数中去。而天福五年明经科被停省入九经、五经、三传、三礼诸科中去之后，《总目》中所录从天福六年起诸科人数突然增多，这是此前后“诸科”计算口径不同所致。

2. 后汉科举简况

后晋开运四年（947）二月，刘知远即皇帝位，自称未忍改晋，又讨厌“开运”之名，于是改称天福十二年。六月，改国号为汉，史称后汉。

---

① 后唐长兴三年“诸科八十一人”恐有误。《文献通考》卷30不明天福五年明经停废并入诸科之理，因此说“五代自晋汉以来，明经诸科中选者动以百计……故其所取反数倍于盛唐之时也。国初诸科取人亦多于进士，盖亦承五季之弊云”。实则唐代和后梁、后唐明经人数不少于后晋、后汉，只是未计入“诸科”而已。《五代登科记总目》中自天福七年后有的年份只记进士，应该也有诸科及第者，估计为《总目》所漏载或缺载。与此类似，天福五年之前，明经与九经、三礼等为并行的不同科目，《登科记考》卷25后唐天成五年条，据《册府元龟》和《五代会要》所载：“十月，吏部南曹关试，今年及第举人进士李飞等六十九人，内三礼刘莹、李斐、李铣、李道全、明算宋延美等五人，所试判语皆同，宜令所司落下”，将刘莹等4名三礼科举人列为明经科，不确，当为三礼科落下者。

后汉仅存在4年，是五代中最为短命的一个朝代，其科举也无多少可述者。应提及的是后汉科榜所取进士人数稍较多，4榜中少则17人，多则25人，25名进士是五代各榜中进士人数最多的一榜。这与当时应举人数众多有关，当时考生“动应五举六举，多至二千三千”，为此，乾祐二年（949）刑部侍郎边归谠上言建议诸道州府解送举人“须塞滥进之门，开兴能之路”。[①] 后汉4科共取进士84人，诸科498人。其中乾祐元年（948）所取进士23人中，状元王溥后来成为编纂《唐会要》的著名学者，李昉入宋后官至宰相，主编《太平御览》《太平广记》《文苑英华》三部卷帙浩繁的典籍，此三书与《册府元龟》合称宋代四大书，因此李昉在中国学术史上占有重要的地位。

3. *后周科举的发展*

后周太祖郭威于广顺元年（951）正月即位，随后便举办当年的科举考试。后周也是五代中科举有较明显的发展的朝代。

其一，在常科贡举中实行糊名考试。广顺二年，赵上交任礼部侍郎，“会将试贡士，上交申明条制，颇为精密，始复糊名考校。擢扈载甲科，及取梁周翰、董淳之流，时称得士”。[②] 唐代已将糊名法用于铨选试判和制科考试、科目选考试，而后周时赵上交主持的是礼部的常科考试。所谓“复糊名考校”，便意味着此前已实行过糊名办法，赵上交只是“复”行而已。如此看来，无论是在后周之前的梁、唐、晋、汉哪个朝代，甚至在唐末可能已在常科考试中试行过糊名办法，但由于无具体史料记载，因而无法确定，而后周时期则肯定一度在礼部常科考试中推行糊名法。只是由于次年赵上交再次知贡举时，因“选士失实”而被贬谪，糊名考试法没能延续下去。

其二，考试内容和形式的变动。广顺三年（953）正月，权知贡举的户部侍郎赵上交奏请九经、五经、明经、明法等科罢帖括（帖经）这

---

① 《册府元龟》卷642《贡举部·条制》4。

② 《宋史》卷262《赵上交传》。

种题型，全部采用墨义（“对义”）题型，也就是取消填空题而用简答题；学究科罢“念书”（即背诵）只考“对义”；进士科原先试诗赋各1首，帖书20帖、对义5道，赵上交请改为试杂文2首、试策1道，罢帖经义。但是在该年九月由翰林学士、刑部侍郎徐台符权知贡举后，又奏请各科考试基本上“并依元格”，即恢复了原先的考试内容和形式。

其三，科场条规的改革。周世宗显德二年(955)五月，翰林学士、礼部侍郎知贡举窦仪上言认为“明经所业，包在诸科”，请依后晋天福五年(940)敕停罢明经和童子科。关于科举办法和条规，窦仪建议作出以下几方面的改革。第一，进士科考生纳省卷限5卷以上，其中须有诗、赋、论各1卷，此外可以包括除墓志铭之外的其他文体。第二，进士科考试不及第者，以其试文优劣定为五等，“取文字乖舛、词理纰缪最甚者为第五等，殿五举”，也就是考得最差者，要限制其五年内不许应举；其次为第四等，殿三举，以下依次为第三、第二、第一等，并许次年赴举。此制是为了避免水平太低者作无谓的努力。三礼、三传、学究者科也根据考试成绩实行殿举办法。其进士及诸科所殿举数皆用朱笔书于试卷上，封送宰相，对解送水平太差的府州试官和相关人员要加以处罚。第三，为防止科场中请人代为述作以应举的现象，规定一经发现，押送回原籍，永远不许其应举仕进。这些办法虽然严格，但有利于维护科场秩序。

其四，恢复制科举士。后梁时曾数次开制科，但很少人敢应举。后周显德四年(957)，兵部尚书张昭上疏，希望能恢复唐代盛况，“置制举以罩英才”，周世宗柴荣于是下诏开贤良方正能直言极谏、经学优深可为师法、详闲吏理达于教化三个制科，令各州府每年依贡举人考试办法，专门差派考官负责考试解送，尚书吏部负责主持考试，考试内容为策论3道，共3000字以上，取文理俱优、“人物爽秀”者任予官职。[①] 只是由于不久后周朝就灭亡，制科并未充分实行。

---

① 《五代会要》卷22《制举》。

其五,进士及第欢庆宴会改由官办。唐代礼部放榜之后,进士多于曲江宴饮,称为“闻喜宴”,中晚唐时新进士游宴相当铺张,还有叫“进士团”的经营团体专门负责操办,费用相当大,对有些身家贫寒的进士是一笔不小的开支,而且基本上由民间自行筹办。后周显德六年(959),诏令今后每年新及第进士及诸科举人闻喜宴,皆由官方安排,体现出周世宗优待贤俊的善政。此法也为后世所沿用。

其六,科举为高丽所效法。作为一种公开考试、择优录取的选官制度,科举制无疑具有其合理性,因而为周边国家所效仿。虽然于公元七八世纪之际开始实行科举的日本,到10世纪以后科举已走向形式化,但此时科举却为高丽国所学习而远播异域。五代梁、唐时有31名新罗人入中国成为宾贡进士,后晋天福元(936),朝鲜半岛统一,高丽国建立。至高丽光宗九年(958),光宗采纳后周入使高丽并留任为官的中国人双冀的建议,模仿唐五代科举,建立了自己的科举制度。该年五月,双冀以翰林学士知贡举,录取了进士甲科崔暹等2人、明经3人、卜业1人。韩国史籍《增补文献备考》卷184《选举考·科制》1说:“双冀,后周人,随册使来,以病留,王表请为僚属。冀献议设科,遂受以文柄。”在今日看来,科举制在当时高丽的实施条件已趋成熟,但当时人并不是个个都能够有同样体会,更少人敢去推动这个历史的轮子。双冀身为外国人而能捕捉到这个历史机缘,投身当中,不能不说他有过人的眼光和见识,令他不仅在邻邦仕途顺畅,还因而名垂青史。① 由于后来朝鲜成为东亚诸国中仿行科举最久也最为成功的外国,因此后周时科举东传高丽具有深远的历史意义。

在“置君犹易吏,变国若传舍”的五代时期,朝代可以改,皇帝可以换,但每年科场却不可不开,这说明科举制在唐代以后已带有强大的历史惯性,能够与时迁徙,与世偃仰,成为跨越时代的一种基本政

---

① 黄约瑟:《仕高丽朝的后周人双冀》,台湾《韩国学报》1993年第12期。

治和文教制度。

## 二　十国科举的兴灭

唐末五代与中原王朝并存许多割据政权，在前后十国中，北汉较迟自立，且地域狭小民不聊生；荆南在唐代该地区就绝少解送及第，科举天荒很迟破开，且为十国中最小的政权；楚则可能由于缺载未见举行科举。除此之外，其他七国都或多或少实行过科举制度。

### （一）吴越、闽、南汉、前蜀、后蜀的科举简况

#### 1. 吴越、闽国科举

首府在杭州的吴越为唐镇海、镇东军节度使、吴越王钱镠所建立。文穆王钱元瓘继位时，用后唐年号于长兴三年（932）设置择能院，“掌选举殿最”，以沈崧主持。① 因此吴越曾开科举士，但具体情况不详。

以福州为首府的闽为唐武威节度使王审知所建立，辖境为今福建省。闽国是否一开始就实行过科举考试，史书记载不很明确，因为在唐末、后梁、后唐时王审知还奉中原王朝为正统，尚未独立称帝，估计不大可能单独并科，而是举行地方性的拔解考试，到中原王朝再去参加省试。后梁、后唐时闽人中进士者有 7 人，其中贞明四年（918）陈逖还以状元及第，长兴三年（931）登科的江文蔚则对南唐科举的建立起过重要作用。至于《十国春秋》卷 96《林省邹传》曾提及林省邹“累举不第，慷慨好直节”，是否为参加王闽的科举考试，有待考证。②不过，后来南唐管辖时割据泉州和漳州的留从效政权却肯定实行过独立的科举制度，史籍留从效曾“每岁取进士、明经，谓之秋堂”。③此明确记载显示当地举行过有自身特点的科举考试，考试科目有明

① 《资治通鉴》卷 77《后唐纪》6 明宗长兴三年。
② 郑学檬：《五代十国研究》，上海人民出版社，1991 年版，第 88 页。
③ 《宋史》卷 483《漳泉留氏世家》。

经、进士二科,也是每年开考,"秋堂"大概是秋天考试录取的意思。

2. 南汉科举

由唐清海军节度使刘隐于天祐二年(905)所建立的南汉,首府广州,辖境包括今广东全部、广西东部。南汉高祖刘岩于乾亨四年(920)采纳兵部侍郎杨洞潜之建议,开始立学校、置选部,开贡举,录取进士、明经10余人,"如唐故事,岁以为常"。[①] 该年状元为简文会,为此其故里旧居有简状元井。此外,南汉有可考的进士还有钟允章、王宏、梁嵩等,梁嵩也是"举进士第一",仕至翰林学士。[②] 而唐末光化三年(900)进士王定保在五代时入刘隐幕府为官,后著《唐摭言》15卷,详述唐代科举制度及相关逸事,成为今人了解唐代科举史的重要文献,也是流传至今的最早的有关科举的专书。

3. 前蜀、后蜀科举

辖境包括今四川省与陕西、贵州部分地区的前蜀,为唐四川节度使、蜀王王建建立,首府成都。后主王衍,崇尚学问,好为靡丽之辞,乾德四年(922),亲自于文明殿试制科,策题问:"何以使三农乐生,五兵不试,刑狱无枉,赋敛无加?以何策可以定中原?以何道可以卜长世?"[③]平民应科者蒲禹卿对策切直,执政者切齿痛恨,欲置之死地,后主却认为其言有益于朝政,提升为右补阙。次年,又诏置贤良方正、博通经史、明达吏治、识洞兵机、沉滞丘园五科,"令黄衣选人、白衣举人投策就试"。[④] 看来前蜀主要是用制科取士。

后蜀则以进士科选拔人才。后主孟昶于广政十二年(949)置礼部贡举和吏部三铨。[⑤] 次年,知贡举者为翰林学士欧阳迥。后蜀有

---

① 《十国春秋》卷58《南汉・高祖纪》。
② 《十国春秋》卷63、64《南汉(各人本传)》。
③ 《全蜀艺文志》卷26《王衍试制科策文》。
④ 《十国春秋》卷37《前蜀・后主纪》。
⑤ 《新五代史》卷64《后蜀世家・孟知祥》。

姓名可考的进士有王归、王贲、句中正等人，王归还是广政中状元及第。[1] 后蜀科举中也有腐败现象，如翰林学士范禹偁掌贡举，贪得无厌，"贿厚者登高科，面评其直，无有愧色"。有举人冯赞尧与范禹偁是旧时布衣之交，因为家贫，无钱送礼，范终不放其登第。[2] 另外，后蜀还出现了专门记载科举考试的书籍，《十国春秋》卷 56《后蜀·杨九龄传》说：

> 杨九龄，蜀人。擅俊才，撰《蜀桂堂编事》二十卷，中纪广政举试事，载诗赋策题及知贡举、登科人姓氏，且言科举起于隋开皇，或以为自唐太宗始者，非也。又撰《要录》十卷，亦为士林所称道。

看来《蜀桂堂纪事》是类似于唐代《登科记》一类的科举专书，是一部难得的地方政权科举考试的编年史，可惜至今已佚，但这说明后蜀的科举是较为规范和兴盛的。

（二）吴、南唐的科举

吴的奠基者是唐淮南节度使、吴王杨行密。首府扬州。吴曾设礼贤院，招礼士大夫。在吴高祖杨隆演时，曾由王潜负责选官之事，还有一位叫张翊的士人"以射策中第"，[3]说明吴也曾实行考试选官。只是因为吴立国时间不长，史籍记载又十分简略，我们所能知道有关吴国科举的情况就只有这些。

代吴国而起的南唐，是十国中科举最为盛行、记载最为翔实的一个政权。吴天祚三年(937)十月，掌握吴国军政大权的李昪废吴国，建立唐，史称南唐，以金陵为都，占有东南大片地区，包括今淮河以

① 《十国春秋》卷 53、56《后蜀》各人本传。
② 《十国春秋》卷 53《后蜀·范禹偁传》。
③ 《十国春秋》卷 11《吴·张翊传》。

南、长江以北地区,以及江西、苏南西部和湖北东部,并曾西灭楚,东灭闽,一度占领河南、福州。李昪初即位时,制度草创,未设取士之科。张延翰迁礼部侍郎,“时贡院未备,士有献书可采者,随即考试,公平详审,士论美之”。① 李昪在位其间是否一直未开科取士?史书记载并不一致。《十国春秋》卷25《南唐·江文蔚传》说:“昪元建国以来,言事遇合,即随材进用,不复设礼部贡举。”昪元是烈祖李昪的年号,据此,昪元时似未举行科举考试。但是该书《李徵古传》称李于“昪元末,举进士第”,并引《南唐近事》所记李徵古事迹,提及李在早年曾“成名”(即举进士)。该书的《陈起传》又称陈起“昪元中,以进士起家为黄梅令”,而《汪焕传》更称汪在南唐“开国时第进士”。因此,昪元时也曾有开科取士,只是没有经常化、制度化。② 这种不定期的考试,是在士人上书言事之后才举行的。

南唐制度化的进士科举是从元宗李璟保大十年(952)二月开始的。《资治通鉴》卷290载此事说:

> 当时唐之文雅于诸国为盛,然未尝设科举,多因上书言事拜官。至是,始命翰林学士江文蔚知贡举,进士庐陵王克贞等三人及第。唐主问文蔚:“卿取士何如前朝?”对曰:“前朝公举、私谒相半,臣专任至公耳!”唐主悦。中书舍人张纬,前朝登第,闻而衔之。时执政皆不由科第,相与沮毁,竟罢贡举。

南唐仿唐代制度,正式设立礼部贡举,但只录取了3名进士。江文蔚是后唐长兴三年(932)中的进士,上述引文中的“前朝”便是指中原的后唐王朝,但同样于后唐及第的中书舍人张纬,却对江文蔚所说的后唐科举公荐、私谒结合,自己以至公取才的说法大为不满,加上当时

---

① 马令:《南唐书》卷10《张延翰传》。

② 郑学檬:《五代十国史研究》,上海人民出版社,1991年版,第87页。

执政宰臣都不是科举出身，竞相阻挠干扰，进士科因而刚在南唐建立便遭停罢。这反映出不由科第进身的官员一般较为排斥科举。

然而，自认为是“唐室苗裔”的李璟，以规复盛唐旧观为职志，而进士科举可以说是唐代引以为傲的盛事，加上以考试择优选才是取士制度发展的内在要求，因此，当名动江南的徐铉于保大十一年(953)十二月上言“贡举初设，不宜遽罢”之后，李璟便下令复行贡举。①

经过短暂的停罢反复之后，从保大十二年(954)起，至北宋开宝八年(975)止，中间除个别年份停举之外，一般情况下也是每年开科一次。南唐共开17榜，放进士及第者93人。② 其中至今可考姓名的状元有8人，即保大十年(952)的王克贞、元宗时的伍乔，后主李煜时有乐史、姚端、赵绮，以及王崇古(乾德二年，964)等。南唐进士科常举行复试，如曾就读于庐山国学的伍乔，就是在复试后取得第一名进士的。乾德二年，李煜命吏部侍郎韩熙载知贡举，放进士王崇古等9人，随后又命中书舍人徐铉复试舒雅等5人，舒雅虽有文才，但不就试，李煜乃改为御殿命题亲试，5人皆落选；开宝五年(972)，内史舍人张泌知礼部贡举，放进士杨遂等3人，又命张洎复试落第者，又取士王纶等5人。③ 可见南唐进士科试已出现朝经常化、制度化方向发展的趋势。

虽然南唐科举也还有明经、明法和童子科，但最为人们看重的还是进士科。甚至还有人因为进士及第喜极而疯。佚名《江南余载》说：“开宝初，举子齐愈及第，缀行至白门，忽于马上大笑不已，遂坠，驭者扶策，良久乃苏。盖其喜成名如此。”此狂喜痴迷状态，与清代《儒林外史》所描写的范进中举情态十分相似。之所以会出现这种情

① 《资治通鉴》卷291《后周纪》2。
② 《续资治通鉴大编》卷16开宝八年。
③ 《十国春秋》卷17《南唐·后主纪》。

况,是因为南唐进士科地位崇高,相当贵重难得,许多士人久困于科举,连年入场,却屡试屡败。这种压抑的场屋生涯一旦得到解脱,自然是欢欣莫名的事情。

进士科令许多落第考生备受挫折和打击,但毕竟发挥了向上流动的社会功能,大多数考生及相当部分的及第者是来自贫寒家庭。而且,进士科举还一定程度上发挥了武质功臣家族文质化与地方行政架构文职化的效用。① 一些名臣士人也竞相以登第为荣,《十国春秋》卷23《严续传》载,后主时宰相严续,非由科第而登大位,为同列所轻,"因力教群从子弟,砥砺儒业,诸子及孙举进士者累累不绝"。功臣子孙原本凭借荫补出身入仕,但进士科备受推崇,也令部分可由门荫入仕者改从科第上达,这大大有利于提高官员的文化素养。

由于南唐科举竞争激烈,许多应试举子久困科场。为了表示对长期角逐科第而无反顾的举子的照顾,后主时也录取了一榜类似于唐昭宗时"五老榜"的5名大龄举子。《南唐近事》载:后主时乔匡舜知贡举,进士及第者有丘旭、乐史、王则、程渥、陈皋5人,皆以应举次数升降等第,有人嘲笑说此榜有类于陈橘皮,年多者居上,因此有"橘皮榜"之称。而《十国春秋》卷25《乔匡舜传》则说其知贡举"放及第乐史辈五人,多见滞名场者,时称得人。而少年轻薄子嘲之,谓之'陈橘皮榜'"。这种不以才识高低而以举数多少来定进士等第的做法,难免会受到一些人的讥诮,但也"时称得人",说明社会舆论也相当同情那些久困场屋的举子。

李煜是一位风雅善文的亡国之君,即使是在国运日危之时,犹然留意于科第。北宋开宝八年(975),宋兵已将唐都金陵城团团围住,南唐政权危在旦夕,还照样举行科举考试。当时,"举国皆知亡在旦暮,而光政副使张洎犹谓北师已老,将自循去,后主益甘其言,晏然自

① 伍伯常:《南唐进士科考述》,台湾《汉学研究》1997年第1期。

安，命户部员外郎伍乔于围城中放进士孙确等三十八人”。[①] 大概是国之将亡，其情可哀，这次进士科考试格外开恩，一榜录取了 38 名进士，只是这些“围城进士”还来不及入仕为官，南唐被北宋所亡，真是“问君能有几多愁，恰似一江春水向东流”！

① 《十国春秋》卷 17《南唐·后主纪》。

# 第三章 科举社会的出现

科举社会是指重视考试选才，科举在政治、文化生活和社会结构中占有重要的地位、科举的影响无所不在，并造成大量阶层流动的社会，也可以说是指教育和文化活动都以科举为中心、以科举为取向的社会。有的西方学者认为科举制“在中国政治理论和社会实际结构中居于中心的地位”。① 唐代已出现了科举社会的雏形，但真正出现科举社会还是在宋代。唐代士人借科举作社会流动的幅度虽大，但流动的量并不大。宋代科举取士数量空前增加，不少下层人士通过科举阶梯步入上层社会，因而多数学者认为，宋朝以后，中国基本上是一个科举社会，朝廷、士大夫及学术文化经由科举而紧密结合。钱穆曾说：“科举进士，唐代已有。但绝大多数由白衣上进，则自宋代始。我们虽可一并称呼自唐以下之中国社会为‘科举社会’，但划分宋以下特称之为‘白衣举子之社会’，即‘进士社会’，则更为贴切。我们亦可称唐代社会为‘前期科举社会’，宋以后为‘后期科举社会’。”②魏晋南北朝时期是一种门第社会，自从隋唐实行科举考试制度以后，到宋代逐渐演变为一种科第社会，人们的社会身份和地位的高低不再以血统和出身为划分，而代之以是否考中科名并以科第的高低为依据。

考试取士所遵循的是能力本位原则，健全的考试制度应做到在

---

① E. A. Kracke, Religion, Family and Individual in the Chinese Examination System. In John K. Fairbank (eds.), *Chinese Thought and Institutions*. Chicago: University of Chicago Press, 1957, pp. 252-268.

② 钱穆：《中国历史研究法》，读书·新知·生活三联书店，2001年版，第46页。

成绩面前人人平等，并会促成较多的社会阶层流动。宋代科举经过改革与发展，逐步得到完善，使中国社会逐渐从门第社会演变为科第社会或科举社会。的确，无论是从社会结构的变化、社会的区域流动方面，还是从社会习俗、社会心理等方面来看，宋代科举的影响都无所不在、无孔不入。两宋320年间，在社会上日益形成了"读书人人有分"①的观念。此种教育机会均等观念的形成，既得益于科举取士的推动，也促使科举社会的出现。

## 第一节 "无情如造化，至公若权衡"：北宋科举

科举制在宋代得到充分的发展和完善，各种规章制度逐步健全，使考试取士走向法制化和规范化，最大限度地减少人为因素的干扰。同时，宋代又处于科举制的上升发展时期，具有一定的活力和生机，不像明清时期科举较为刻板，因此，科举考试的公平择优原则在宋代体现得较为明显，选拔出来的优秀人才也较为突出。有的学者认为："科举之制，始于隋唐，行于五代，而盛于有宋……贵德行而贱浮薄，重寒畯而抑势家，乃宋世科举取士之二大精神也。"②宋代科举的演变与多位文化巨人密切相关，呈现出中国科举史上丰富多彩的篇章。美国汉学家贾志扬(John W. Chaffee)指出："在悠久的科举史上，使宋朝与其他各朝有最大区别的是它的特别喜爱改革。科举制度在任何其他时代都没有像在北宋那样从根本上受到挑战或进行过如此果断的试验。"③

---

① 施彦执：《北窗炙輠》卷上。

② 金中枢：《北宋科举制度研究》(上)，《新亚学报》第6卷第1期，1964年2月。

③ John W. Chaffee, *The Thorny Gate of Learning in Sung China: Social History of Examination*. Cambridge: Cambridge University Press, 1985, p. 184.

## 一 科举考试的严密化与客观化

保证考试的客观性与公平性,是宋初科举改革的主要内容和目标,这既是考试制度本身发展的内存要求和必然趋势,也是宋初统治者以科名利益诱导广大士人为其所用的需要。经过北宋初期太祖、太宗、真宗三朝(960～1022)的一系列改革,科举考试逐步走向严密化与客观化。

### (一) 赵匡胤的用意

策划“黄袍加身”夺取后周政权的宋朝开国皇帝太祖赵匡胤,为了防止历史重演,以“杯酒释兵权”的手法将其他开国元勋的实权收缴。他深知加强皇权、排除心腹隐患对其坐稳皇帝宝座有多么重要。在科举取士方面,赵匡胤也采取了一些新的措施,使科举考试更为严密和开放,以在更广阔的范围内延揽平民中的优秀人才,巩固其政权统治基础。

#### 1. 禁止公荐

赵匡胤于建隆元年(960)登基伊始,便沿唐五代旧制开科取士,其贡科举目有进士、九经、五经、开元礼、三史、三礼、三传、学究、明经、明法等科,也是秋季州试取解,冬季集中于礼部报到,春季举行省试。赵匡胤了解科举取士的重要意义,为了集中取士权,他于建隆三年(962)下诏废止了中唐以来知贡举官与及第考生结成座主门生关系的习惯做法,诏文说:

> 国家悬科取士,为官择人。既擢第于公朝,宁谢恩于私室?将惩薄俗,宜举明文。今后及第举人不得辄拜知举官子孙弟侄,如违,御史台弹奏……兼不得呼春官为恩门、师门,亦不得自称门生。①

① 《宋会要辑稿·选举》3之2。

科名为天下之公器，而非主考官私人的恩赐，赵匡胤禁止及第后谢恩仪式有其道理，也有利于使及第为官者效忠于皇帝而不是对录取自己的主考官感恩戴德。

通榜公荐法是唐代科举中制度所允许的推荐考生的办法，即知贡举官将赴贡院之前，中央台阁大臣可以向其推荐自己所了解的具有才艺的举子。由于此法给请托留有可乘之机，“公荐”实际上很容易变成私荐，成为权贵把持科场、培植私人的温床。为根本改变因私荐人的状况，从制度上堵住“走后门”的漏洞，乾德元年(963)，赵匡胤又下诏规定：“礼部贡举人，自今朝臣不得更发公荐，违者重置其罪。”①他是看出通榜公荐可能“因缘挟私”，才下诏禁断此法。从理论上说通榜公荐能结合举子的才学声望而拔取真才，但实际上往往不是荐贤而是荐私，这种科举制中存留的荐举因素到宋初被严行禁断，到宋真宗景德元年(1004)以后，又多次重申这一禁令，随着后来科举考试进一步严密化和客观化，荐举因素最终被完全排除。

2. 设立特奏名进士

赵匡胤开创的宋代是一个崇尚科名、重文轻武的朝代，也是一个文化繁荣、武功衰弱的朝代。吸取唐末五代藩镇割据、武将范上作乱的历史教训，赵匡胤尽量裁抑功臣的地位，大量吸收读书人参政，他曾说：“宰相须用读书人。”②他一方面废止通榜公荐的合法性，防止举子、考官和通榜者三者之间朋党关系，一方面对宰臣绕开皇权为子弟猎取科名的现象严加防范。乾德三年(965)，翰林学士陶谷之子陶邴考取进士第六名，赵匡胤质疑道：“闻谷不能训子，邴安得登第?”于是下诏：“食禄之家，有登第者，礼部具姓名以闻，令覆试之。”③由于

---

① 《续资治通鉴长编》卷4乾德元年四月条。

② 《续资治通鉴长编》卷7乾德四年五月条。

③ 《宋史》卷155《选举志》1。按：《续资治通鉴长编》卷9系此事于开宝元年(968)三月。

官宦子弟倚仗父兄权势,较有可能徇私登第,因而对其加以格外复试。

为了牢笼士人,安抚贫寒年老举子,赵匡胤还设立了特奏名进士。开宝三年(970),在礼部录取了张拱等8位进士之后,又令礼部贡院检阅贡籍,将进士、诸科十五举以上且考试终场者106人特赐本科出身。为了申明此举的意图,还下诏说:

> 汉诏有云:"结童入学,白首空归。"此盖愍乎耆年无成,而推恩于一时也。朕务于取士,期在得人,岁命有司,大开贡部。进者俾升上第,退者俟乎再来。而礼闱相继,籍到十五举已上贡士司马浦等一百六人,皆困顿风尘,潦倒场屋。学固不讲,业亦难专,非以特恩,终成遐弃。①

诏书说此举是为了优待老而无成的举子。这种举人应省试多次不第特赐出身的办法到北宋中叶以后形成定制,称为特奏名及第,又称恩科及第。这在唐昭宗时"五老榜"已有先例,但宋太祖一举赐予106人科名,人数大为增加,是为宋代特奏名之始。

特奏名的设立,使科举更具有吸引力,它意味着取士额的扩大,使读书应举的前途显得更为光明。特奏名的基本条件是应举次数与年龄而不是才学高下,所谓"退者俟乎再来",则为每一个科场失意者始终保留着下一次成功的机会与希望,而只要存在着这种机会与希望,一般士子就不会轻易放弃举业铤而走险。正如宋人王栐所说:"唐末,进士不第,如王仙芝辈唱乱,而敬翔、李振之徒,皆进士之不得志者也。盖四海九州之广,而岁上第者仅一二十人,苟非才学超出伦辈,必有绝意于功名之途,无复顾藉。故圣朝广开科举之门,俾人人

---

① 《宋会要辑稿·选举》3之3。

有觊觎之心，不忍自弃于盗贼奸宄。”特奏名办法出台后，“士之潦倒不第者，皆觊觎一官，老死不止……英雄豪杰皆汩没消靡其中而不自觉，故乱不起于中国而起于夷狄”。[①] 作为笼络士子的一种手段，特奏名办法在维持宋朝境内安定方面发挥了一定的功能。特奏名入仕者任官比正奏名进士低，多数是授州府官学助教一职，这虽有促使官办教育事业发展的作用，但特奏名制度也使科举的选贤任能功能变为选贤任能与养士抚庸相辅并行了。[②]

3. 殿试制度化

开宝六年(973)，翰林学士李昉知贡举，取进士宋准等11人。宋太祖在召见奏名进士时，发现其中武济川“材质最陋，对问失次”，将其黜去。武济川是李昉的同乡，太祖觉得其间有私，颇感不悦。正当此时，落第进士徐士廉等击登闻鼓，上告李昉用情取舍，去留不当，并伏阙下求见。太祖问翰林学士卢多逊，卢也说“颇亦闻之”。于是当晚召见，徐士廉即有关科举考试之事，向太祖进言：

> 方今中外兵百万，提强黜弱，日决自上前，出无敢悖者。惟岁取儒为吏官下百数，常常赘戾，以其授于人而不自决致也。为国家天下，止文与武二柄取士耳，无为其下鬻恩也。[③]

徐士廉打鼓论榜，声震殿廷，而这一席话又击中了赵匡胤的心弦。为此，赵匡胤下令呈上终场下第举人360人名单，从中挑选出195人召见，连同宋准等人，各赐纸札，别试诗赋，命殿中侍御史李莹等为考官。试毕，宋太祖又御讲武殿亲自阅卷，最终录取了进士26人，五经

① 《燕翼诒谋录》卷1《进士特奏》。

② 穆朝庆：《论宋代的“恩科”制度——兼评宋代的养士政策》，《中州学刊》1991年第5期。

③ 柳开：《河东集》卷8《与郑景宗书》。

4人,开元礼7人,三礼38人,三传26人,三史3人,学究18人,明法5人,皆赐及第,又赐钱20万举办庆祝宴会。李昉等人也因此受到责罚。从此开了殿廷复试的先例,殿试成为制度化的最高一级考试。宋太祖为此曾得意地对大臣说:"昔者,科名多为势家所取,朕亲临试,尽革其弊矣。"①而且,为了尽快填补宋初官员缺额,宋太祖一改唐代进士等常科及第后还须等候参加铨选考试的办法,实行殿试登科随后即释褐入仕的制度。

(二)"博求俊彦于科场之中"

宋太宗刚即位,便考虑选拔人才问题,他曾对宰相薛居正说:"朕欲博求俊彦于场中,非敢望拔十得五,止得一二,亦可为致治之具矣。"②宋太宗很明白科举所取之士不可能个个都成大器,只要有百分之一二十的人能成大才便算成功。为此,他奉行广种薄收的政策,采取了一系列措施来改进科举取士制度。

1. 扩大进士名额

在"斧声烛影"传闻中即位的宋太宗,为了收买人心,培植亲信,并填补州县地方官的阙员,采取扩大取士名额的办法,以大开仕进之门。唐代科举每榜录取进士一般为30人左右;五代时期每榜进士一般也是10余名,47科平均每科14人;宋太祖时共开科15次,每科平均也仅13人。宋太宗在其即位后的次年,即太平兴国二年(977)举行的第一次科举中,一科就录取了进士109人、诸科207人;宋太宗又调阅贡举档案,录取特奏名进士和诸科184人,合计录取总数达500人。仅此一榜,就比太祖一朝15科录取455人的总数还多。而且,宋太宗还赐宴开宝寺,并对这些及第者从优授官。为此,时任宰

---

① 《宋史》卷155《选举志》1。

② 《宋史》卷155《选举志》1。《石林燕语》卷5为:"太宗初即位,天下已定,有意于修文,尝语宰相薛文惠公治道长久之术,因曰:'莫若参用文武之士,吾欲于科场中广求俊彦,但十得一二,亦可以致治。'"

相、曾在宋太祖朝知贡举的薛居正认为“取人太多,用人太骤”,“宠章殊异,历代所未有也”。①

不过,宋太宗对薛居正这位《旧五代史》的作者的看法并不以为然。到了太平兴国三年(978)夏,本来太宗早已下诏这一年停止贡举,但他忽然改变主意,认为前科遗才还太多,于是下令去年诸州已得解送资格者,于该年秋季到礼部集中考试。九月二日,宋太宗在讲武殿亲自主持复试,录取了74名进士、82名诸科及第者。按照历来的惯例,省试和殿试都在春季,宋太宗这次临时下令开科,结果改在秋季考试和发榜。该榜状元为胡旦,有的学者认为这是宋代“遗材奔竞”、以同年关系结党较典型的一榜。② 胡旦曾说过一句著名的话:“应举不作状元,仕宦不作宰相,乃虚生也。”③这是在科举及第从优授官且升迁迅速的时代背景下的名人名言。

雍熙二年(985)及端拱元年(988),礼部考试录取之后,宋太宗也是“虑有遗才”,取未被录取者再举行一次考试,于是又录取了数百人。结果雍熙二年共取进士255人、诸科620人、特奏名84人,合计959人;端拱元年也录取了进士160人、诸科811人,合计971人。宋太宗还常常亲自连续多日评阅试卷,他曾对近臣说过:“朕亲选多士,殆忘饥渴,召见临问,观其才技而用之,庶使田野无遗逸,而朝廷多君子尔。”④淳化三年(992),又创纪录地录取了进士353人、诸科964人,总共达1 317人。宋太宗在位共开科8次,录取进士总数1 487人,平均每榜进士达186人,是五代和宋太祖朝每榜进士人数的10多倍。宋太宗扩大科举及第人数,是与当时微妙的政治形势分不开的,是出于维护自身政治统治的需要。然而一旦成例,即成祖宗成

① 《续资治通鉴长编》卷18。
② 何冠环:《宋初朋党与太平兴国三年进士》,中华书局,1994年版,引言第1～4页。
③ 《渑水燕谈录》卷4。
④ 《宋史》卷155《选举志》1。

法,而为有宋后世奉行不变了。[1] 宋代成为中国科举史上录取进士最多的一个朝代,这与宋太宗所开扩大录取人数的先例是分不开的。

2. 殿试用糊名

糊名在宋代通常称为"封弥"。五代后周时曾一度在礼部常科考试中采用糊名办法,但仅试行一次,没有形成制度。到宋初,尽管在宋太祖朝已禁止因科场结成座主门生关系、禁止通榜和公荐法,并使殿试制度化,但还是没有杜绝请托之风,其中原因之一便是主考官能够明白地知道试卷的主人。为了杜绝此弊,必然要将糊名考试制度化。宋代科举糊名最早是从殿试开始的。宋太宗淳化三年(992),参加省试的举子达 17 000 余人。此前,有人击登闻鼓投诉科举评阅试卷不公。于是将作监丞莆田陈靖上疏,建议在科举考试中使用糊名的方法。宋太宗采纳了这建议,召集朝中的大臣商议以后,开始在殿试中使用糊名法,按试卷优劣来分等级,从此糊名成为殿试的定例。这为以后扩大糊名法实行的范围,逐步推行到各级常科考试中去,开启了一个良好的先例。

此外,宋太宗朝还采用唐代曾经实行的别头试办法以防考官子弟作弊。另外,开始将进士分为三甲,并定"贡院故事",刊刻进士同年小录,即在每科放榜之后,将所有及第进士的姓名、籍贯、祖宗三代之类刊刻流布,谓之小录。这种发榜后由官方刊刻同年录或登科录的办法,一直为以后各朝代所遵行。

(三)"书中有女颜如玉"

宋真宗于咸平元年(998)即位后,继续太宗广开科场、优渥士子的政策,他曾有一首流传千古的《劝学诗》,劝诱士子读书应举:

> 富家不用买良田,书中自有千钟粟。安房不用架高梁,书中自有黄金屋。娶妻莫恨无良媒,书中有女颜如玉。出门莫恨无

---

① 张其凡:《论宋太宗朝的科举取士》,《中州学刊》1997 年第 2 期。

人随，书中车马多如簇。男儿欲遂平生志，六经勤向窗前读。

从此，“书中自有黄金屋”，“书中自有颜如玉”就成为历代广泛流传的格言。“黄金屋”和“颜如玉”不仅是激励读书人寒窗应举的动力，而且也是他们一举成名之后获得金钱美女的客观现实的真实写照。因为宋代科举及第者可以获得大量的政治和经济特权，而且社会上流行的榜下择婿风俗也确实使一些苦读成名的举子找到了颜如玉。为了更好地选拔人才，宋真宗朝实行了以下几方面的科举改革。

1. 誊录法的建立

宋真宗景德二年（1005），即宋辽订立“澶渊之盟”的第二年，为了巩固北方边防，在按照常例取正奏名和特奏名进士、诸科 1 003 人之外，特地再为河北举人举行专门的省试。结果，经过殿试，取正奏名进士 146 人、诸科 698 人，特奏名进士 205 人、诸科及瀛洲防城举人 997 人，共 2 046 人。此榜总共取士达 3 049 人之多，这在 1 300 年中国科举史上是空前绝后的。[①] 在这次宋真宗亲自主考礼部奏名的河北举人中，首先实行誊录法，这是中国科举史上的一大创举。因为实行糊名编号评卷，考官无法看出举子的姓名，但还能认识举子的字迹或暗记。为了使考官无法通过辨认字迹以定取舍，当时考完后“别录本，去其姓名”，[②]即将试卷另外誊录副本。景德四年（1007），颁定《亲试进士条制》，规定“试卷，内臣收之，付编排官，去其卷首乡贯状，别以字号第之；付封弥官誊写校勘，用御书院印”。[③] 这样，殿试誊录正式成为制度。誊录后盖上御书院印，是为了防止誊录者偷梁换柱，以示郑重。

大中祥符四年（1011），糊名法在省试中开始实行。到大中祥符

① 张希清《论宋代科举取士之多与冗官问题》，《北京大学学报》1987 年第 5 期。
② 《宋会要辑稿·选举》7 之 9。
③ 《宋史》卷 155《选举志》1。

八年(1015),又专门设立誊录院,由专职书吏誊抄试卷,从此省试也开始实行誊录。[①] 宋人吴曾指出:“取士至仁宗始有糊名考校之律,虽号至公,然尚未绝其弊。其后,袁州人李夷宾上言,请别加誊录,因著为令,而后识认字画之弊始绝。”[②]这样,科举评卷环节完全杜绝了考官的主观因素,使考试取士真正走向公平与客观。这种阅卷的方法,详定官不能见到考生的姓名,而编排官能够见到考生的姓名又没有权利决定考生的升降,有效地防止了阅卷时因辨认姓名和字迹而给考生打人情分。

宋真宗曾对宰相王旦等说:“今岁举人颇以糊名考校为惧,然有艺者皆喜于尽公。”[③]糊名与誊录办法实行以后,使寒士与官宦子弟站在同一跑道上“公平竞争”,来获取科举考试的录取名额,打破了他们之间贫富、贵贱的等级界限,使“一切以程文为去留”的取舍原则有了制度上的保障。有一次科举发榜后,真宗问左右官员,在及第人中“有知姓名者否?”得到的回答是:“人无知者,真所谓攫求寒畯也。”其中原因,正如王旦所说“条式具备,可守而行。至公无私,其实由此”。[④] 糊名誊录制度的实行,标志着科举制度日臻完善。

2. 双重定等第法

按景德四年(1007)颁布的《亲试进士条制》规定,殿试的成绩分为五等:学识优长、词理精绝为第一,才思该通、文理周密为第二,文理俱通为第三,文理中平为第四,文理疏浅为第五。上二等称为及第,列第三等的称出身,列第四、五等的称为同出身。[⑤] 在评卷时,便要根据试卷的优劣评定等第。

据《续资治通鉴长编》卷93载,宋真宗天禧三年(1019)规定:考

---

① 穆朝庆:《宋代糊名法和誊录法的若干问题》,《中州学刊》1983年第5期。
② 《能改斋漫录》卷1《糊名考校》。
③ 《宋会要辑稿·选举》3之9。
④ 《续资治通鉴长编》卷84大中祥符八年三月条。
⑤ 《宋史》卷155《选举志》1。

生试卷收齐以后，先交给编排官，将写有考生姓名、籍贯的卷首裁掉或封起来，在试卷上标明号码，然后交给弥封的官员，誊录对读以后才送给考官阅卷。在第一位考官阅卷以后，再将试卷上给的等第弥封起来，再由复考官评阅，最后送给详定官拆开等第的封条，看前两位阅卷者所给等第的差别，平衡以后，确定等级名次，最后再根据字号、姓名登录最终等第。由于采用双重定等第的方法，初考官和复考官互相不知他人所定等第，减少了阅卷的主观随意性。起初详定官对比两位阅卷者所打的等第时，如果等第大致相同时则已，不同则再详细评阅其程文，或按初考或按复考所定等第，以较近者为最后成绩，不能另外再定等第。到后来，才发展为详定官可以别立等第。这种双重定等第法，一份试卷要经过三位考官的评阅，相当周密严谨。这种评卷方法能够有效地防止主观试题出现大的误差，还被一些现代考试所采用。

3. 实行别头试、锁厅试

别头试又称"别试"，起于唐代，是特为知举官及与科举考试有关人员之子弟、亲属专门举办的考试，以防"假托宗枝，迁就服属"。[①]但当时并未固定的形成制度。自宋太宗雍熙二年（985）省试令考官亲戚别试以后，宋代的别头试才逐渐固定下来。不仅与试官有亲嫌者为避亲专设考场外，宋代别试的对象还不断扩大，规定凡是省试主考官、州郡发解官和地方长官的子弟、亲戚甚至门客等，在应省试和发解试时，都要另派考官，别院就试。

宋真宗咸平元年（998）还规定国子监、开封府的发解官亲戚也需别试。到宋仁宗景祐四年（1037），又规定诸路亦实行别头试。至此，宋代"惟临轩亲试，谓之天子门生，虽父兄为考官，亦不避"[②]外，所有科举考试都实行别头试制度。别头试的普遍实行，有助于裁抑子弟，奖进寒士。

---

①② 《宋史》卷156《选举志》2。

另外,在宋代,现任官员也可以参加科举考试,这更是一个极易产生考试腐败的考生群体,他们活动能量大,善于投机钻营,关系盘根错节,所以,北宋王朝对他们的应举实行专门的"锁厅试"。规定凡参加省试的现任官员,必须由所在长吏,"先考试艺业,合格者始听取解。如至礼部不及格,当停见任。其前后考试官、举送长官皆重置罪"。[①] 真宗天禧三年(1019)进一步规定,凡锁厅试不合格者,定为私罪,罚铜10斤,并永远不准再应举。现任官员的考试必须另设场屋,即使殿试第一名,也要降为第二名,"锁厅人不为状元"是当时一条不成文的规定。此规定在仁宗天圣之后才逐步放宽限制。

真宗还于景德四年命令大臣详定《考校进士程式》,送礼部贡院,规定举子必须还原籍应举,各州解送举人应保证考察其德行,如已解送而有德行缺失,则处罚州县相关官吏;若省试而文理荒谬,则要处罚地方考官。此外,还在景德五年(1008)规定贡举人曾参加过省试者,如犯公罪则允许以赎代罚。

北宋初期科场具有相当的变动性和探索性,经过宋太祖、宋太宗和宋真宗三朝的不断努力,科举在社会上的地位日益提高,进士及第者赐宴琼林苑,赐御诗、袍笏,赐期集钱等。状元则赐紫裹、金带、靴笏。回归故里,州县迎接设宴,立状元额牌于所居之侧,真是"状元登第,虽将兵数十万,恢复幽蓟,逐强虏于穷漠,凯歌劳还,献捷太庙,其荣亦不可及也!"[②]同时,科举制度在宋初开始走向公平化和客观化,为北宋中叶的科举改革和完善奠定了一定的基础,并为随之出现的文化高峰作了人才准备。

## 二　"推朝廷至公,待四方如一"

中国科举史在北宋出现了一个高潮,尤其是仁宗、英宗、神宗在

---

① 《文献通考》卷30《选举考》3。
② 《儒林公议》卷上。

位的北宋中叶(1023～1085),更是一个人才辈出的时代,是中国古代文化的黄金时代。有关科举改革的争论波澜壮阔,精彩纷呈,有如“惊涛拍岸,卷起千堆雪”。范仲淹、欧阳修、苏轼、司马光、王安石等千古风流人物,都当过科举的主考官或副考官,或在宰相任内作过大刀阔斧的科举改革。他们纷纷提出各自的科举改革主张,进行过针锋相对的激烈争论,为中国科举史留下了色彩斑斓的画卷,真乃“江山如画,一时多少豪杰!”

(一)“科场之制,便于今世”

从仁宗朝开始的北宋中叶,宋代科举进入一个改革活跃的时期,其中有些改革定制一直沿用到科举制的终结。

1. 殿试免黜落

宋初以来,省试通过后参加殿试仍有黜落,具体比例不固定,录取率或三分之一,或二分之一,或三分之二,故有多次省试通过而在参加殿试时被摈弃的举人。仁宗宝元元年(1038),西夏元昊正式称帝,与宋朝对峙。一些屡次落第的举人愤而投奔与宋朝分庭抗礼的西夏,为西夏攻宋出谋划策。其中最有名的是一位叫张元的举人屡次殿试不第,投奔西夏后成为西夏的谋主。宋朝一开始将张元的家属囚禁起来,后来又释放。于是群臣纷纷归咎于殿试。为此,嘉祐二年(1057),宋仁宗“亲试举人,凡与殿试者始免黜落”。[①] 该年参加殿试的 388 名进士、389 名诸科举人全部录取及第。从此,殿试没有淘汰而只涉及名次,成为中国科举考试的定制。

对因张元叛宋而导致殿试改为等额录取这件事,有的学者认为,“是一叛逆之贼子,为天下后世士子无穷之利也”。[②] 也有的人指出,“以张元而罢殿试之黜落,则惩黄巢之乱,将天下士子无一不登第而

① 《宋史》卷 155《选举志》1。
② 王栐:《燕翼诒谋录》卷 5。

后可”。[①] 选拔性考试本来就会有淘汰,这本是考试区分选拔功能发挥后的必然结果,但在参加高层次的省试之后,离及第仅有一步之遥,且淘汰率又不可能很高的情况下,殿试不第的挫折感就特别强。为解决这一问题,宋仁宗朝开了殿试不黜落的先例,在一定意义上,可以说是又回到了原来没有殿试时的状态。不过,因为最后的殿试名次对将来入仕和升迁具有重要的影响,因此还是为举子所高度重视。

2. 三年大比的定制

宋代开科的时间,最初并无明确规定,宋太祖时和唐代一样,多是一年开科一次。宋太宗太平兴国三年(978)冬,各州举人已会集京师,却因太宗要亲征北汉而暂时停罢,其中还有一个潜在的原因是录取数额大增之后,需要延长开科周期。此后多间隔一年或二年开科,但不稳定。到淳化四年以后(993),因身体欠佳等原因,先前十分“留意科目”[②]的宋太宗竟然连续5年(993～997)停止贡举,这是唐五代以来未开科举年份最长的一次。宋真宗朝开科较频繁一些,但到仁宗朝开科年份又很没规律。从天圣二年(1024)开科以后,有3次是间隔2年,有6次是间隔3年才开科。这种开科间隔太长且没有规律的状态对士子备考应举带来不便,迟早必须加以改变。

嘉祐二年(1057)发生的一个科场事件促成了开科时间的固定化。事件的主角是大名鼎鼎的以省元进士出身的欧阳修。据《文献通考》卷31《选举考》载,当时科场流行奇僻的文风,进士科举子“钩章棘句,浸失浑淳”。嘉祐二年(1057),被后人誉为“唐宋八大家”之一的欧阳修知贡举,他对科场中竞相炫奇用僻的文体十分忧虑,在考试时严禁挟带参考书籍入场,在评卷时对不够平实的试卷痛加裁抑。

---

① 《日知录集释》卷17《御试黜落》。
② 《文献通考》卷31《选举考》4所载淳化三年条后按语。

发榜之后，当时举子中所推誉的人皆榜上无名。于是在一天早晨，“浇薄之士”聚众等候在欧阳修上朝时的路上，围堵诋毁欧阳修，连当时街上的巡警警察无法制止。甚至还有人写了祭文投到欧阳修的家中，最后也没能查获肇事者绳之以法。不过，从此以后科场和文坛的文体风尚也有所改变，这与欧阳修提倡的古文运动也有关系。

之所以会发生这次考生聚众闹事事件，其中原因之一是由于相当长时期以来都是4年一开科，四方士子客居京师以待省试者常有六七千人，“一有喧噪，其徒众多，势莫能禁”。多年来形成了这么一种态势，发榜之后出现落第举子群聚遮诋主考官的情况也就不足为奇了。而且，此时又有人上言说：因为开科间隔时间太长，“中下之士，往往废学数年；才学之士不幸有故，一不应诏，沉沦十数年，或累举滞留，遂至困穷，老且死者甚众。以此毁行冒法干进者，不可胜数。宜间岁一贡举”。①

正好此段时间仁宗请侍臣讲解《周礼》，讲到“三年大比，大考州里，以赞乡大夫废兴”之处，仁宗说：“古者选士如此，今率四五岁一下诏，故士有抑而不得进者。今为之计，孰若裁其数而屡举也。”于是下请有关官员研议，参与商议者合奏说：

> 臣等谓易以间岁之法，无害而有利，不足疑也。使举子不幸有疾病、丧服之故者，不致久沉。且程文偶不中选，旋亦遇贡举，则无滞才之叹。而天下所荐举数既减半，礼部主司易以详校，得士必精矣。近年挟书、代笔、传义者多，因使权贵、富豪之子得滥进，盖由人众，有司无繇察。若人少，则诸伪滥势自不容，使寒苦艺学之人得其途而进。②

---

① 《文献通考》卷31《选举考》4。

② 《续资治通鉴长编》卷186。

仁宗听取了奏请，于是下诏，改为每隔一年举行一次科举，并将进士和诸科的录取数额减半。这次改制一时间收到了良好的效果。欧阳修本人因锐意改变科场文风而遭到落第举子的羞辱，但他的改革举动却着实改变了科场文风，并在一定程度上引发了开科时间的固定化，对科举制度的改进具有积极的意义。

科举改为二年一科以后，又带来另一个问题，即录取人数虽然减半，从总数上说并未增加，但获得高第之人却增加了一倍，而按当时优待科举高第的办法，会有太多的人骤然显贵，于是又下诏说："朕惟国之取士，与士之待举，不可旷而冗也。故立间岁之期，以励其勤；约贡举之数，以精其选。著为定式，申敕有司，而高第之人，尝不次而用。若循旧比，终至滥官，甚无谓也。"①因此将及第者的授官等级稍作降低。

到了宋英宗治平三年（1066），鉴于二年一开科不太方便，开科频繁但录取机会总体而言并未增加，各地到京城参加省试的举子路远辛苦，于是最终改为三年一贡举。结果是"恩典不增而贡举期缓，士得休息，官以不烦矣"。② 这是一次贡举时间上的重要改革，从此三年一个周期的"三年大比"成为定制，并一直延续至清末科举制终结。英宗在位只有四年，虽然时间很短，但三年一个科举周期的定制却有非常长远的影响。而这次"三年大比"之制的顺利出台，是与仁宗时先期改定为隔年开科制度作了铺垫分不开的。

3. 关于糊名考校的争论

糊名誊录之制从仁宗朝开始不仅在殿试和省试中采用，而且诸州考试也普遍采用。仁宗天圣元年（1023），在开封府、国子监的发解试和别头试中开始糊名。最后，于仁宗明道二年（1033），将糊名法推行到诸州发解试中去。从此，在科举考试的各个层级全部建立了糊

---

① 《宋史》卷155《选举志》1。

② 《文献通考》卷31《选举考》4。

名誊录制度。糊名之法也日臻完善，将考生姓名、籍贯等封弥后加以编号，并分别加盖各级考试机构印章。这样，宋代各级的科举考试都从制度上将人为因素排除在外，体现考试的公平性和客观性。后来有论者评论道：

> 宋沿唐制，亦贵进士科。然唐犹兼采誉望，不专辞章；宋则糊名考校，一决于文字而已。故议者有"一番科第，诸色人皆备"之说。虽则云然，要之实出于公。其得之者，盖天与之，而人亦贵之也。①

糊名誊录是中国科举中的重要制度，全面实行糊名誊录制度是宋代科举走向完备的重要步骤和标志，它使科举考试的公平性和客观性得到保障。当然，追求细节上、形式上的公平有可能偏离考试取才的根本意图，完全不考察举子平日的德行和才学，只看考场上一时的表现也可能遗漏某些人才，因此也有人认为采用各种严防考试作弊的办法不一定就是符合公平的真正意义。庆历三年(1043)，范仲淹在向仁宗上《答手诏条陈十事疏》中，提议州郡发解考试不必用糊名法：

> 外郡解发进士、诸科人，本乡举里选之式，必先考其履行，然后取以艺业。今乃不求履行，惟以辞藻、墨义取之，加用封弥，不见姓字，实非乡举里选之本意也……臣请重定外郡发解条约，须是履行无恶、艺业及等者，方得解荐，更不得封弥试卷。②

过了 20 多年，又有一位大臣起来反对糊名誊录制。熙宁二年(1069)，知制诰苏颂曾上书说："弥封、誊录。本欲示至公于天下。然

---

① 刘壎：《隐居通议》卷 31。
② 《范文正公集·政府奏议》上。

徒置疑于士大夫,而未必尽至公之道。”①他认为糊名誊录之后,考官只看试卷优劣而不顾举子平时德才,进退之间取决于一日之短长不合理。他也主张科举取士应恢复公开考较,兼考察举子的行实以决定录取与否。

针对废止糊名誊录制度的提议,一些有识之士起而反驳。庆历四年(1044),权三司使包拯在反对范仲淹提出的废止科举密封誊录之制时指出:一个人的实际德行很难核实,何况考官未必都能以公心取人,“或缘其雅素,或牵于爱憎,或迫于势要,或通于贿赂,势不得已因而升黜者有矣。又何暇论材艺,较履行哉!洎取舍一谬,则是非纷作,不惟抑绝寒素,窃虑天下因此构起讼多端矣。况封弥、誊录行之且久,虽非取士之制,稍协尽公之道”。② 而反对废止糊名誊录办法的人士中最著名的是欧阳修。宋英宗治平三年(1066),欧阳修赞美糊名誊录制度时说:

> 窃以国家取士之制,比于前世,最号至公。盖累圣留心,讲求曲尽……又糊名、誊录而考之,使主司莫知为何方之人,谁氏之子,不得有所憎爱厚薄于其间。故议者谓国家科场之制,虽未复古法,而便于今世。其无情如造化,至公如权衡,祖宗以来不可易之制也。③

欧阳修在这里一再提到了“至公”的概念,这是中国科举史上的核心理念之一。考试的基本原则是公平、公正,早在唐代,已有一些人将科举考试看成是一种“至公”的制度。唐宪宗元和三年(808),白居易

① 《苏魏公文集》卷15。

② 包拯:《孝肃包公奏议》卷2《请依旧封弥誊录考校举人》。不过,包拯在论及兴学育才时,对糊名誊录制度又持批评态度。参阅李弘祺:《宋代官学教育与科举》,(台北)联经出版事业公司,1994年版,第273页。

③ 欧阳修:《欧阳文忠公集》卷113《论逐路取人札子》。

在主持制科考试的复试时便说自己“唯秉至公，以为取舍”；①唐宣宗大中元年(847)复试进士敕文也声称“有司考试，只在至公”。② 科举考试“至公”观念到宋代以后有所发展，实行糊名誊录制度之后，宋代有很多人将科举看成是一种“至公”的制度。不管科举是否真正做到“至公”(实际上世上没有绝对的公平)，至少成熟期的科举考试从制度上说是提倡公平竞争的。所谓“科场之制……便于今世”的议论，充分说明实行糊名誊录等科举改革具有可行性；而欧阳修“无情如造化，至公若权衡”的说法，则是对科举考试公平性的精炼概括。欧阳修对科场的公平性和严肃性高度重视，他在《礼部贡院阅进士就试》诗中说：“紫案焚香暖吹轻，广庭清晓席群英。无哗战士衔枚勇，下笔春蚕食叶声。”③将科举考试的庄严和答卷时的静穆情形生动地描述出来。

有两个典型的事例说明糊名誊录制度的作用。其一是郑獬得罪主司却中状元的经历。仁宗时，有个国子监的学生叫郑獬，既有才气又很自负。国子监选拔考生时，把他排在第五，郑獬十分不平。按当时的惯例，考试结果公布以后，被录取的学生要向国子监的主管官员写感谢信。郑獬在谢主司启中有“李广事业，自谓无双；杜牧文章，止得第五”之句；又说“骐骥已老，甘驽马以先之；巨鳌不灵，因顽石之在上”。他把国子监祭酒比作劣等的驽马、挡路的顽石，而将自己比作千里马、巨鳌。国子监祭酒看了以后气急败坏，衔恨在心。皇祐五年(1053)，郑獬通过会试后参加殿试，主考官恰恰又是那位国子监祭酒。这位主考官极力要让他落榜，以报其不逊。当他看到有一份试卷文笔极像郑獬的卷子，立刻将其淘汰掉。但是阅卷完毕拆封以后，

① 《白居易集》卷58《论制科人状》。
② 《旧唐书》卷18下《宣宗纪》。
③ 欧阳修：《欧阳文忠全集》卷12《礼部贡院阅进士就试》。

这位主考官发现被淘汰的试卷根本不是郑獬的，而郑獬偏偏中了状元。[①] 这一事例生动地证明在实行糊名誊录制度的情况下，主考官想报宿怨也难以如愿。

另一个显例是苏轼欲取李廌而未果的故事。李廌是苏门六君子之一，深受苏轼的赏识。元祐三年(1088)，苏轼主持省试时，在阅卷中认定一份卷子为李廌的试卷，大喜，在卷子上批写了数十字赞扬性的评语，并得意地对同考官黄庭坚说："是必吾李廌也"，并设法录取为第一名。及至拆号，苏轼才发现第一名是章援，而李廌则名落孙山。在考完归来的时候，李廌曾对友人说："苏公知举，吾之文必不在三名之后。"及至发榜，李廌年已70岁的乳母大哭道：吾儿遇苏东坡知举都未能及第，今后还有何希望？于是闭门不出，到晚上人们破壁入内，发现她已自缢而亡。后来李廌果真终身不第而死。[②] 苏轼当时也为李廌的落榜十分懊丧，但从这一事例也可以看到弥封誊录在防止考官、考生徇私舞弊这一问题上能够起到相当大的作用。

经历北宋中叶的争论之后，糊名誊录制度完全确立下来，被以后各代科举所遵行。后世虽还偶尔有人指出糊名誊录制度的不足，但不再有人从根本上提出废止的动议。明末清初顾炎武曾对陈彭年在宋真宗朝主持制定糊名誊录制度的历史，以及范仲淹、苏颂的观点评论道：

> 范仲淹、苏颂之议，并欲罢弥封、誊录之法，使有司考其素行，以渐复两汉选举之旧。夫以彭年一人之私，而遵之为数百年之成法，无怪乎繁文日密，而人材日衰。欲求才者，非有重门洞开之心胸，不能起而更张之矣。[③]

---

① 沈括：《梦溪笔谈》卷9。
② 陆游：《老学庵笔记》卷10。
③ 顾炎武：《日知录集释》卷17《糊名》。

糊名誊录制度是有其局限，不过陈彭年等人将其定制之后会被长期沿用下去，说明有其存在的合理性。一切以程文定去留，的确会出现“幸与不幸”都取决于临场发挥的弊病，但与荐举制相比，毕竟有一个客观的标准。不至于让取士权被权贵所垄断的情况。因此有的学者认为，糊名誊录制度是利多弊少的，是传统社会里唯一可行的取士办法。①

“所谓制度是指稳定的、受到尊重的和不断重现的行为模式。”②制度是人制定的，然而制度一旦制定之后，人就要受其约束，不能轻易改变了。或者说制度是人们共同约定的行事规则。规则对事不对人，既然已经制定，就得共同遵守，除非事先对规则作出更改。《宋史·常安民传》载：熙宁中以经义取士，一般举人纷纷效法王安石的学说，但常安民却特立独行，不随大流。当他在太学春试中考得第一名，试卷启封后，主考官见其年少，欲改变其名次，判监常秩（监察官员）不同意，指出：“糊名较艺，岂容辄易？”这体现了制度的约束力量。糊名誊录制度如此，科举考试的许多制度规定也如此，具有高度的稳定性与权威性。

（二）科举改革的两难争论

北宋中叶是中国科举史上争论最为激烈的时期之一，有些争论开启了后代相似争论的先河。在此期间，除了上述糊名考校之争以外，还发生了学校科举之争、科举存废之争、南北地域之争、经术文学之争，而且这些争论还常常交织在一起。③ 此波争论时间旷日持久，参加争论的人士非常多，上至皇帝、下至一般官员都卷了进去，因此影响重大。

---

① 徐规、何忠礼：《北宋的科举改革与弥封制》，《杭州大学学报》1981年第1期。

② ［美］塞缪尔·亨廷顿，王冠华、刘为译：《变化社会中的政治秩序》，华夏出版社，1988年版，第12页。

③ 有些争论实际上是错综复杂的，为了便于叙述和理解，所以将其分开介绍。——笔者注

1. 学校教育与科举考试的矛盾

仁宗庆历三年(1043),范仲淹任宰相参知政事,进行政治经济等多方面的改革,史称庆历新政。在他上书条陈改革的十件事中,第三件便是"精贡举"。他对科举和学校进行大刀阔斧的改革,除了改革考试内容以外,重点在理顺科举考试与学校教育的关系。关于教学与考试的关系,仁宗朝君臣有多种形象的比喻。其一是比喻为殖货。由于多次参加省试不第,则可得特奏名,有些举子不思进取,"因循不学"。为此,仁宗所下督促进学的诏书指出:"学犹殖也,不学将落。"①也就是说,学习好比做生意,不加经营则很容易衰落。其二是将学习与应举比喻为种植与收获的关系。范仲淹认为,求贤得才必须依靠学校,如果只重科举取才而忽视兴学育才,就如同只管收获而不问耕耘。他说:"当太平之朝,不能教育,俟何时而教育哉?乃于选用之际,患其才难,亦由不务耕而求获矣。"②把学校育才看作耕种,把科举取才看作收获结果,所以范仲淹力主劝学兴学,先教育而后选拔。

仁宗将此科举改革问题交由近臣商议,翰林学士宋祁等人赞同范仲淹的意见,于是合奏仁宗曰:"教不本于学校,士不察于乡里,则不能核名实。有司束以声病,学者专于记诵,则不足尽人材。参考众说,择其便于今者,莫若使士皆土著,而教之于学校,则学者修饰矣。"③因此,在庆历四年(1044),由欧阳修起草了《颁贡举条制敕》,诏令州县立学,由本道使者选部属为教授,若合适人选不足,则取于乡里宿学之有道业者。并规定士子须在学三百日方能应举,已应举者以百日为限。④ 把在学三百日作为参加科举考试的先决条件,客观上有助于学校功能的发挥,有利于推动宋代学校教育的发展,以保证经世致用人才的成长。这一措施,学生由于"日有定数,不敢不

①③ 《宋史》卷155《选举志》1。
② 《范文正公文集》卷8。
④ 《文献通考》卷31《选举》4。

来”，从学生人数上能够维持学校的充实。

然而，规定士子须入学才许应举，又出现另一些问题，一是有的学生入学“非其本心，同于驱役”，在听读期间托别人代为签到；二是因为规定八品以下官员子弟以及平民子弟不得收入国子监，于是有冒称品官子弟者，导致甄别困难；三是限定入学时间不利于一些家境困难的“食贫之人”。① 结果实行不到一年，“乃诏罢天下学生员听读日程”，学生又一心一意地埋头于备考应举之中，轰轰烈烈的第一次兴学运动最后以失败而告终。因范仲淹被罢去宰相之职，继任者观点不同，新政自然无法继续。中国官场上向来存在的“人在政存，人去政亡”的现象又一次得到了印证。庆历五年(1045)三月的诏书说：“科举旧条，皆先朝所定，宜一切如故，前所更令，宜罢之。”②不过，此次科举新政所获得的局部成果，特别是对人们思想上的深刻影响，为后来王安石主持更大规模的改革学校与科举不平衡状态的兴学运动，奠定了一定的思想理论基础。

为了改变学校有名无实的状况，宋神宗即位后，又着手改革学校与科举制度。熙宁二年(1069)王安石被宋神宗任命为参知政事，更具体地提出了改革科举、兴办学校的设想和建议。早在嘉祐四年(1059)任地方官时，王安石就递交了长达数万言的《上仁宗皇帝言事书》，明确提出了改革科举、兴办学校的初步设想。及至熙宁二年为相之后，王安石提出：“古之取士，俱本于学，请兴建学校以复古。其明经、诸科欲行废罢，取明经人数增进士额。”③按王安石的本意，首先是改革科举考试的内容，并使学校和科举统一起来，但这只是过渡性的办法，最终目的是要将养士与取士皆统一于学校。

中国历史上历次科举改革由于关系重大，都要由最高统治者皇

① 《文献通考》卷31《选举》4。
② 《续资治通鉴》卷47宋仁宗庆历五年。
③ 《宋史》卷155《选举志》1。

帝本人才能做出决定,而皇帝通常都是先交由中央各有关部门的大臣讨论,提出建议。宋神宗也是如此,他将王安石的科举改革设想告诉大家,并令"两制、两省、待制以上、御史台、三司、三馆臣僚,各限一月内议状奏闻"。在宋神宗的授意下,当时许多朝臣都参与了此次改革学校和科举的讨论。现存留下来参加讨论的奏状除苏轼的《议学校贡举状》外,还有司马光的《议学校贡举状》,程颢的《请修学校尊师儒取士札子》,刘攽的《贡举议》、吕公著的《上神宗答诏论学校贡举之法》、苏颂的《议贡举法》等。像唐代宗时一样,多数议者皆认为要改变科举办法。但具体如何变法,则众说纷纭,莫衷一是。在参与讨论的大臣中,只有苏轼提出不同看法,时任殿中丞、直史馆的苏轼奏上《议学校贡举状》,其议略曰:

> 得人之道,在于知人,知人之法,在于责实。使君相有知人之明,朝廷有责实之政,则胥吏、皂隶未尝无人,虽用今之法,臣以为有余;使无知人之明,无责实之政,则公卿、侍从常患无人,况学校贡举乎?虽复古之制,臣以为不足矣。时有可否,物有兴废,使三代圣人复生于今,其选举亦必有道,何必由学乎?且庆历间尝立学矣,天下以为太平可待,至于今惟空名仅存。今陛下必欲求德行道艺之士,责九年大成之业,则将变今之礼,易今之俗。又当发民力以治宫室,敛民财以养游士,置学立师,以又时简不帅教者,屏之远方,徒为纷纷,其与庆历之际何异?①

苏轼认为鉴于范仲淹的学校取士改革试验也出现了许多严重问题,其优点并不明显,反而不及科举取士更能保证质量,体现国家的意志。

---

① 《宋史》卷155《选举志》1。

神宗读到苏轼的奏疏后说："吾固疑此，今得轼议，释然矣。"他日，神宗将此事问王安石，王安石却说："不然。今人材乏少，且其学术不一。一人一义，十人十义，朝廷欲有所为，异论纷然，莫肯承听。此盖朝廷不能一道德故也。故一道德，则修学校；欲修学校，则贡举法不可不变。"[①]当时，大多数人拥护王安石将人才培养与人才选拔紧密结合这一改革动议，其中以程颢最为积极。而赞同苏轼的看法只有赵抃一人。后来，王安石又进一步提出改科举兴学校的方案，并在太学中创立三舍法。然而，学校与科举之间的矛盾也并未因此而有根本改变。这正说明学校育才和科举取士之间，既有统一性又存在着矛盾性，因为学校和科举各有其自身的社会功能，企图用学校教育来代替科举考试，或只重视科举考试而无视学校存在，都会失衡，这在北宋后期以学校取士代替科举取士的实践中体现得更为明显。因此，在学校与考试之间建立起动态平衡，使其能相互促进、良性发展，一直是中国科举史上需要面对但却没能得到很好解决的问题。[②]

2. 德行取士与考试取士的争辩

这是中国科举史上的第三次科举存废之争，而且与学校科举之争、经术文学之争交织在一起。宋神宗下令中央各部司讨论的问题中还包括是否应恢复察举办法的问题，对此，苏轼在上疏中极力为科举辩护，指出科举考试有一定标准，远远优于无客观标准的察举德行，也比直接从学校中取人更为可行。苏轼针对当时关于科举改革的各种议论说："至于贡举，或曰乡举德行而略文章；或曰专取策论而罢诗赋；或欲举唐故事，采誉望而罢封弥；或欲变经生帖墨而考大义，此数者皆非也。"他陈述反对以德行设科取士的具体观点说：

夫欲兴德行，在于君人者修身以格物，审好恶以表俗，若欲

① 《文献通考》卷31《选举考》4。
② 刘海峰：《科举考试的教育视角》，湖北教育出版社，1996年版，第154～164页。

> 设科立名以取之,则是教天下相率而为伪也。上以孝取人,则勇者割股,怯者庐墓。上以廉取人,则弊车、羸马、恶衣、菲食,凡可以中上意无所不至。自文章言之,则策论为有用,诗赋为无益;自政事言之,则诗赋、论策均为无用。然自祖宗以来莫之废者,以为设法取士,不过如此也。近世文章华丽,无如杨亿。使亿尚在,则忠清鲠亮之士也。通经学古,无如孙复、石介。使复、介尚在,则迂阔诞谩之士也。矧自唐至今,以诗赋为名臣者,不可胜数,何负于天下,而必欲废之?①

人的道德品质是很难客观评定的东西,只有通过言行加以考察。而一个人的言行又不完全代表其真实思想品德,当不带有功利目的时,言行较具有真实性;当他为胜过他人求取被举入仕时,便很可能矫言饰行,弄虚作假,人们却难以断定其真伪。苏轼深知此道理,而一般人只看到以德行取士好的一方面,往往忽视了另一方面,即采取的改革措施是否会出现比原来的办法更大的弊病,所以苏轼认为那些贸然提出变更现行做法的人是“知其一不知其二”。②

苏轼的观点是与唐代柳宗元的看法一脉相承的。柳宗元在《送崔子符罢举诗序》中,曾简略谈到即使以孝悌、经术等取代进士科,并不见得就能更好地选拔人才。③ 苏轼的论述更为深刻,这是他在考察多次科举改革的经验教训之后得出的精辟见解。特别是“设法取士,不过如此”一语,道出了考试选才是有其局限,但却找不出比之更好的办法的道理。元人马端临对苏轼的观点评论道:“科举不足以尽取人之法,然自隋唐以来,入官者皆以是为进身之阶,及其人之贤否,则初不缘此。”④意思是,人的道德品质并不会因为以德行取士就会

①② 《宋史》卷155《选举志》1。
③ 刘海峰:《唐代教育与选举制度综论》,(台北)文津出版社,1991年版,第185页。
④ 《文献通考》卷31《选举考》4。

更好。

王安石虽然不同意苏轼的一些看法，但也只是罢去明经诸科而合为进士科，并未彻底颠覆科举制度。这次中国历史上第三次科举存废之争，因苏轼的反驳有理有据，故没有人再直接进行辩驳。但是，到宋哲宗元祐更化之后司马光建议“立德行明经科”，宋徽宗时更进一步罢科举实行三舍法和“八行科”取士，结果出现的弊端可以说是被苏轼所准确预言。将近700年以后，在清代乾隆三年（1738）发生的第五次科举存废之争中，清朝礼部对科举存废利弊的看法与宋代苏轼的观点几乎相同，有些用语还直接引用了苏轼反对变革科举的奏疏，可见苏轼对科举取士的看法具有相当长远的影响。

3. 考试公平与区域公平的权衡

考试公平是指完全依据考试成绩来公平录取考生，区域公平是指通过区域配额来调控各地区之间考中人数的悬殊差异。在中国这么一个幅员辽阔的大国，这是一个古今大规模考试都遇到的一个棘手的问题。

在科举取士的初始阶段，就已实行各地定额报考制度，隋唐时期都规定各州县按人口多少可以贡举解送一至数人到中央参加考试。不过因为有“有其才者不限其数”的变通办法，实际上还是完全的自由竞争，当时考中者绝大部分都是北方人士，南方各地考中者很少。唐代尽管也存在着严重的区域公平问题，但由于当时中原与边远地区政治势力和经济水平还存在着巨大的差距，人们的认识水平也有限，科举竞争的弱势群体或弱势区域要么根本就没意识到区域公平问题的存在，要么就以为科举及第者高度集聚现象是自古而然、天经地义的，因而这一问题未引起人们的关注。只有当原有的优势群体或区域变成弱势一方后，区域公平问题才凸显出来，人们也才认识到应该解决到此一问题。

宋朝建立以后，沿用唐武宗会昌五年（845）规定各地解送名额的办法,实行固定解额制,并在解额分配方面给予面临敌对政权的北方地区以及文化落后地区一定的照顾。但是,在中央一级的省试,并没有限制区域中额。北方地区因为经历较多的战乱,经济发展受到严重影响,加上与辽、西夏长期处于对峙状态,士人读书环境相对不够安定,北方士人又较不擅长诗赋这些进士科的主要考试内容,所以北方士人五代以前在科举中的优势逐渐丧失。到了北宋中叶,出现了科场及第优势的南北易置,北方士子及第人数越来越少,南方举子占及第者的绝大多数。《容斋随笔》引宋嘉祐中吴孝宗所撰《余干县学记》说:"古者江南不能与中土等。宋受天命,然后七闽二浙与江之西东,冠带《诗》《书》,翕然大肆,人才之盛,遂甲于天下。"在科举录取人数南北比例悬殊的情况下,到北宋中叶,终于引发了朝中大臣关于科举取士的南北地域之争。①

首先发难的是从陕州夏县(今山西夏县人)入仕朝中大臣的司马光,他本人较长于经史而相对不擅长于诗赋。宋英宗治平元年(1064),司马光上《贡院定夺科场不用诗赋状》,认为诗赋不足以观言,且易助长浮华风气,应该停止考试诗赋而改试经书。② 司马光此奏表面上看与科场的地域之争无关,但实际上因为北方士子长于经学、南方士子长于诗赋,司马光的建议隐含着扶植北方士人的用意。两年之后,即治平三年(1066),太子中舍知封州军州事柳材称各地举人在省试中及第比例悬殊,建议今后在省试之后各以逐路糊名,按规定名额分别录取。司马光接到此奏后,也奏上《乞贡院逐路取人状》,面对朝野上下崇尚文学不利西北人士进身的状况,他力主按地域均衡举额分路取人。他引用知封州军州事柳材的奏文,并从多方面分析了科举考试在举额和进士录取过程中的不公正现象,指出:"国家用人之法,非进士及第者不得美官,非善为诗赋论策者不得及第。非

① 刘海峰:《科举取才中的南北地域之争》,《中国历史地理论丛》1997年第1期。
② 《司马光奏议》卷13。

游学京师者，不善为诗赋论策。以此之故，使四方学者皆弃背乡里。”为此，他建议今后考试进士举人，“其诸道州府举人试卷，各以逐路糊名，委封弥官于试卷上题以在‘京师’‘逐路’字，用印送考试官。其南省所放合格进士，乞于‘在京’‘逐路’以分数裁定取人”。① 并提出逐路取人的具体比例为每十人取一人，不满十人，六人以上亦取一人，五人以下则不取。

针对司马光的“分路取人说”，从江西庐陵（今江西吉安）应举入朝的参知政事欧阳修不惜与之发生正面冲突，针锋相对提出“凭才取人说”。他在《论逐路取人札子》中指出：“窃以国家取士之制，比于前世，最号至公。盖累圣留心，讲求曲尽。以谓王者无外，天下一家。故不问东西南北之人，尽聚诸路贡士，混合为一，而惟材是择……盖言事之人，但见每次科场东南进士得多，而西北进士得少，故欲改法，使多取西北进士尔。殊不知天下之广，四方风俗异宜，而人性各有利钝。东南之俗好文，故进士多而经学少；西北之人尚质，故进士少而经学多。所以科场取士，东南多取进士，西北多取经学者，各因其材性所长，而各随其多少取之。今以进士、经学合而较之，则其数均；若必论进士，则多少不等”，“若欲多取西北之人，则却须多减东南之数”。

按欧阳修的说法：“今东南州军进士取解者，二三千人处只解二三十人，是百人取一人，盖已痛裁抑之矣。西北州军取解，至多处不过百人，而所解至十余人，是十人取一人，比之东南十倍假借之矣。”且“东南之士于千人中解十人，其初选已精矣，故至南省，所试合格者多。西北之士，学业不及东南，当发解时又十倍优假之，盖其初选已滥矣。故至南省，所试不合格者多。今若一例以十人取一人，则东南之人合格而落者多矣，西北之人不合格而得者多矣”。所以，欧阳修

---

① 《司马温公集》卷 30。

认为:“朝廷以岭外烟瘴,北人不便,须藉摄官,亦许其如此。今若一例与诸路十人取一人,此为缪滥,又非西北之比。”重要的是:“若旧法一坏,新议必行,则弊滥随生,何可胜数?故臣以谓且遵旧制,但务择人,推朝廷至公,待四方如一,惟能是选,人自无言。此乃当今可行之法尔。”①

当时司马光和欧阳修各执一端,互不相让。分路取人是按区域分配名额,凭才取人则不拘地域额数,在考试面前人人平等。司马光和欧阳修的争论所持观点不同,明显代表了当时北南不同地域集团的利益。但从发挥大规模考试的社会控制功能方面来看,“凭才取人说”着眼于一切以程文定去留,为的是保证考试的客观性和公平程度;而“分路取人”,则有利于提高文化相对落后地区士人的学习积极性,促进区域经济发展,维护国家的团结和统一。两种取士观都有一定的道理和充分的理由,是利弊兼具的一个“两难问题”。“分路取人,可以普及文化。而其为弊,文化低落之地,亦必照例取录。凭才取人,可以吸收英彦,而其为弊,多京师国学之人,鄙陋之乡难及焉。”②元人马端临也说:“司马、欧阳二公之论不同。司马公之意,主于均额,以息奔竞之风;欧阳公之意,主于核实,以免缪滥之弊。要之,朝廷既以文艺取人,则欧公之说为是。”③的确,最后由于双方观点相持不下,因而取士方法还是维持现状,宋英宗实际上是听取了欧阳修的意见。但在区域解额的分配中,则尽量向北方地区倾斜。如嘉祐八年(1063)以后,每次特奏名科诏中,总是明确规定:“河北、河东、陕西举人仍递减一举,令礼部贡院特以名闻。”④之所以如此,也无非是因为“西北近虏,士要牢笼”。⑤ 后来宋神宗朝起用王安石进

① 《欧阳文忠公文集》卷113。
② 邓嗣禹:《中国考试制度史》,国民政府考选委员会,1936年版,第173页。
③ 《文献通考》卷31《选举考》4。
④ 《宋会要辑稿·选举》3之37。
⑤ 《欧阳修文集》卷113《论逐路取人札子》。

行科举变法，其中的一个原因也是由于考虑区域公平问题。史载，“神宗笃意经学，深悯贡举之弊，且以西北人材多不在选，遂议更法”。①

司马光与欧阳修之争实际上是一个考试公平（或教育公平）与政治公平的关系问题。考试公平往往是一种理想、理论或原则，区域公平则是一种政策或手段。定额贡举和录取制度的设立，显然是为了达到一定的政治目的。科举取士具有深远的地缘政治的考虑，而不仅是为了达成考试技术上的公正。“突出考试的公正是适当的，因为它能在考生中均等地分配机会。但对主持考试的政府来说，这种制度要达成另外可能更为远大的目标，它必须满足社会的、地缘的，尤其是道德评判的要求。”②这种“远大的目标”，便是统治者所共同认定的“公平分配利益”的公道理念。而这种以达成地域平衡、照顾弱势群体的“天下之大公”为表现形式的政治和社会理念背后，则隐藏着统治者维护和巩固政权的深远考虑。

这次著名的南北地域之争是中国科举史上第一次关于考试公平与区域公平的争论，是传统社会中就已出现的具有一定现代性的问题，当时司马光和欧阳修两人都没有也不可能意识到他们争论的是一个千古难题，他们开启了中国古今社会长期存在的考试公平与区域公平的争论。

经历此次南北地域之争后，由于在省试中仍未实行分区定额制度，南北科举及第人数差别巨大的状况并无改变，因此整个北宋时期科场中南方士人占了绝对优势。据美国学者贾志扬（John W. Chaffee）以地方志中所载北宋进士进行的统计，现在可考的北宋进士全国有 9 630 人，其中南方诸路达 9 164 人，占总数的 95.2%，北方

---

① 《宋史》卷 155《选举志》1。

② Thomas H. C. Lee, *Government Education and Examinations in Sung China*. Hong Kong: The Chinese University Press, 1985, p. 204.

诸路仅466人,占总数的4.8%。在南方地区中,又以两浙东、两浙西、江南东、江南西、福建等东南五路的进士为多,共有进士7 038人,占北宋进士总数的73%。[①] 由此可见,这是中国科举史上南北及第比例最为悬殊的一个时期。

4. 经术取士与文学取士的进退

经术指中国传统的经学儒术,文学指注重形象思维的文章辞藻。从唐代开始,就存在着以经学知识还是以诗赋文学为主要考试内容的科举争论。宋代的经术与诗赋之争愈演愈烈,进入了针锋相对的冲突阶段,许多著名人士都卷了进去。大体划分,北宋中叶的两派争论中,范仲淹、司马光、王安石等属于经术派,欧阳修、苏轼等属于文学派。

范仲淹在主持庆历兴学时,不仅对专以诗赋取士深为不满,并首次在实践中将诗赋贬于次要地位。他认为:"今诸道学校,如得明师,尚可教人六经,传治国治人之道,而国家乃专以辞赋取进士,以墨义取诸科,士皆舍大方而趋小道,虽济济盈庭,求有才、有识者十无一二……其取士之科,即依贾昌朝等起请:进士先策论而后诗赋,诸科墨义之外,更通经旨,使人不专辞藻,必明理道,则天下讲学必兴,浮薄知劝,最为至要。"[②]可见范仲淹等反对在进士科考试中过分倚重诗赋。但鉴于"旧制用词赋,声病偶切,立为考试,一字违忤,已在黜落,使博识之士,临文拘忌,俯就规检,美文善意,郁而不申","庆历新政"中,范仲淹规定进士科三场考试的次序为:先试策,次试论,最后才试诗赋;同时罢去帖经、墨义的考试形式。"其考校进士,以策论高、词赋次者为优等;策论平、词赋优者为次等"。[③] 这一评判标准很

① John W. Chaffee, *The Thorny Gates of Learning in Sung China: Social History of Examination*. Cambridge: Cambridge University Press, 1985, pp. 132－133.

② 《范文正公集·政府奏议》卷上。

③ 《续资治通鉴》卷49,宋仁宗庆历四年。

快招致一些人的反对，他们认为，“诗赋声病易考，而策论汗漫难知，祖宗以来，莫之有改，且得人得人尝多矣。天子下其议，有司请如旧法”。[①] 结果又恢复了先诗赋、后策论的老办法。

解决经义与诗赋之争的矛盾，是王安石科举改革的中心，也是和反对派产生分歧和进行斗争的焦点，而能否解决好二者之间的矛盾，更是决定此次科举改革成败的关键。根据《文献通考》卷31《选举考》记载，宋神宗熙宁二年（1069）议更贡举法，“罢诗赋、明经诸科，以经义论策试进士”。赞同者如翰林学士韩维“请罢诗赋，各习大经，问大义十道，以文解释，不必全记注疏。通七以上为合格”。集贤学士苏颂则认为：“欲先行实而后文艺，去封弥、誊录之法。”[②]但直史馆苏轼则认为：经义策论之类，“无规矩准绳，故学之易成；无声病对偶，故考之难精。以易学之士，付难考之吏，其弊有甚于诗赋者矣”。[③]

在这场争论中，神宗开始也倾向于苏轼的主张。于是，王安石又对神宗进言：“若谓此科尝多得人，自缘仕进别无他路，其间不容无贤；若谓科法已善，则未也。今以少壮时，正当讲求天下正理，乃闭门学作诗赋，及其入官，世事皆所不习，此科法败坏人才，致不如古。”[④]他强烈要求改变以讲求声病对偶的诗赋来选拔人才的局面。王安石奏折中进一步说：“课试之文章，非博诵强学穷日之力则不能。及其能工也，大则不足以用天下国家，小则不足以为天下国家之用。”所以，“宜先除去声病偶对之文，使学者得以专意经义，以俟朝廷兴建学校，然后讲求三代所以教育选举之法，施于天下”。[⑤] 于是，宋神宗采纳了王安石的建议，将明经、诸科罢去，只保留进士一科。虽然他还建立了新科明法，但从那以后中国的科举基本上都归并到进士科中

①④ 《宋史》卷155《选举志》1。
② 《宋史》卷340《苏颂传》。
③ 《东坡奏议》卷1《议学校贡举状》。
⑤ 《临川文集》卷42《乞改科条制札子》。

去了,后来的“科目”之称实际上是有科而无目了。因此,这是一次规模巨大、影响深远的重大改革。

改革后的进士科考试停罢了诗赋、帖经、墨义等考试项目,命士人在《易》《诗》《书》《周礼》《礼记》中各专治一经,并兼习《论语》《孟子》。此次考试内容和方法的改革,突出了经义、策、论在取士中的作用,进士科省试内容依次为经义、论、策。考试被分为四场:第一场,大经大义十道;第二场,兼经大义十道;第三场,论一首;第四场,策三道,礼部试即增二道。另外,殿试专用策。由此可见,殿试也一改以前诗赋论三题的办法,而改试策一道。熙宁八年(1075)朝廷颁布王安石所著《三经新义》,作为科举考试的专用教材和标准答案。也就是说,在这次经术与文学之争中,经术派占据了上风。

司马光当政后,他虽在政治上与王安石的治国理念不一致,但在有关科举取士的标准上却与王安石十分接近。他也认为,“取士之道,当先德行后文学,文学为后。就文学言之,经术又当先于词章。神宗专用经义、论策取士,此乃复先王令典,百王不易之法”。① 但他也说王安石不该以一家私学,令天下学官讲解。对此,王安石在晚年自己也感到这次改革之失,认为用他的《三经新义》取士,结果是“本欲变学究为秀才,不谓变秀才为学究”。② 因为举子专门记诵王安石的《三经新义》而不注重经学道理地阐发,正如书生学究只顾背诵注疏一样。另外,王安石“经义式”文章成为后世八股文的肇端。

其实,无论以经义、诗赋或是策论取士,突出强调某一方面,都有失偏颇。诗赋、经义、策论均各有其自身的文学、教育、政治和文化价值,只有根据人才选拔的目标,综合地运用,使其作为进士科考试的必要内容和方法,统一作为取士的主要标准,才能显示其客观性和确保科举考试的全面性。后来进士一科又一分为二,走向经义进士与

---

① 《司马光奏议》卷37《起请科场札子》。
② 陈师道:《后山先生集》卷21。

诗赋进士两途，说明北宋中叶的经术与文学之争，经术派的取胜只是暂时的，最终的结果是到明清时发展为经术与文学的融合。

水本无华，相荡乃成涟漪；石本无火，相击乃发灵光。北宋中叶这些文化巨人的科举改革观点经过碰撞，产生了许多思想火花和理论光芒，促使人们较深入地认识考试取士的利弊得失，不仅推动了科举制度改革向前发展，而且对后世的科举改革和科场争论也产生了深远的影响。北宋中叶出现的科场大争论，为中国科举史留下了丰富多彩的篇章，成为 1 300 年中国科举史上十分珍贵的一页。

## 三 科举与学校的纷争起伏

宋哲宗、徽宗在位的年代（1086～1127）属于北宋后期。当时社会乱象丛生，党争激烈，科场中的经术与文学之争、学校与科举之争往往与朋党之争交织在一起。

### （一）进士试经义与诗赋的反复

哲宗于元祐元年（1086）即位后，改宋神宗时王安石当政采取的许多做法，史称“元祐更化”。在科举方面，为平息长期以来的经术与文学之争，元祐元年十一月，“三省奏立经义、词赋两科，下群臣议。从之”。① 此为倡导进士分立经义与诗赋两科取士的开端，然而，以北方人士为主的洛党力主以经义取士，反对恢复诗赋，而以南方人士为主的蜀党则要求恢复诗赋。由于党争不已，致使分科取士的动议没有着落。为了“敦士行，以示不专取文学之意”，司马光又奏请立“经明行修科”，每年由升朝文臣保举所知一人。②

由于科场考试经义，而一经之内可以为题者无几，考官所试多为其平日已经出过的题目，因此从考试命题技术方面来看，考经义确有局限。侍御史刘挚曾奏言：

---

① 《续资治通鉴长编》卷 392。
② 《宋史》卷 155《选举志》1。

> 国朝取士，试赋论策，更百余年，号为得人。熙宁初以章句破碎大道，乃罢诗赋而改试以经，可谓知本。然今之治经，大与古异，专诵熙宁所颁新经字说……且诗赋、经义，均之以言取人，贤否邪正，未可遽判，第从有司去取。较之诗赋，有声律法度，故工拙易见，所从命题者广，故寡重复。经义命题，不出此书，既可夙具，稍更数试，题多重出，既格律不严，难以一见判其高下。或时得窃他人之文，以为己作。此于取弃难易之间，科第当否，由之以分。愿复诗赋与经义兼行。①

为此，元祐二年(1087)，“更科场法，进士分四场”：第一场试考生所专本经义二道、《论语》和《孟子》义各一道，第二场试赋及律诗各一首，第三场试论一道，第四场试子、史、时务策二道。并规定，“经义进士不兼诗赋人许增治一经”，而“诗赋人兼一经”者只能在《诗经》《礼记》《周礼》《左传》等大经中选择。② 此次进士科考试内容的改革，主要便是恢复诗赋在科场中的地位。但是，元祐三年(1088)六月下诏：“将来一次科场，如有未习诗赋举人，许依旧法取应解发。”③这一办法关照了以往专攻经义的举子，是主张以经义取士的洛党的一次胜利，④宋代科举中的经术与文学之争又经历了一次反复。

在蜀党的策动下，元祐四年(1089)，“乃立经义、诗赋两科，罢试律义”。凡诗赋进士四场考试与元祐二年考法相同。凡专经进士，须习两经，以《诗》《礼记》《周礼》《左氏春秋》为大经，《书》《易》《公羊》《谷梁》《仪礼》为中经，《左氏春秋》得兼《公羊》《谷梁》《书》，《周礼》得兼《仪礼》或《易》，《礼记》《诗》并兼《书》，愿习二大经者听之，但不得偏占两中经。初场试本经义三道、《论语》义一道，次场试本经义三

---

①② 《文献通考》卷31《选举考》4。
③ 《续资治通鉴长编》卷412。
④ 参阅何忠礼：《宋史选举志补正》，浙江古籍出版社，1992年版，第54页。

道、《孟子》义一道，第三、四场所试论策与“诗赋科”一致。两科进士取解名额各占一半，都以四场考试成绩通定高下。“专经者用经义定取舍，兼诗赋者以诗赋为去留，其名次高下，则于策论参之。”①自隋炀帝创建进士科后，到北宋中叶已兼并了明经等其他科目，但到北宋后期进士科又再分为诗赋进士和经义进士两科。

元祐八年(1093)，中书省奏请在殿试中恢复熙宁以前试诗赋的成法，试诗、赋、论三题，且言：“士子多已改习诗赋，太学生员总二千一百余人，而不兼诗赋者才八十二人。”于是下诏：“来年御试，习诗赋人复试三题，专经人且令试策。”从此，不仅在省试中，而且在殿试中诗赋文学也成了主要的考试内容。但仅过一年，绍圣元年(1094)，哲宗亲政，又下诏：“进士罢诗赋，专习经义，廷对仍试策。”②可见北宋有关科场中的经术与文学之争是多么曲折复杂。

宋哲宗朝在科举改革方面还有值得一提的是命题方法的改进，绍圣四年(1097)，“诏礼部，凡内外试题悉集以为籍，遇试，颁付考官，以防复出”。③这是在总结长期以来考试命题方面的经验和教训之后采取的措施，在考试方法改革方面有其积极意义。

(二) 科举与学校的反复

北宋真正在位的最后一位皇帝宋徽宗在治理国家方面昏乱不已，在文化艺术方面却颇有建树。在培养和选拔人才方面，宋徽宗起用蔡京，对学校和科举实行了颠覆性的改作。

1. 以学校取代科举的尝试

宋徽宗即位，蔡京当权。崇宁元年(1102)，蔡京奏请天下州县一律设立官学，县学生考选升州学，州学生每三年贡升中央太学。崇宁三年(1104)，于京城南门外营建太学的“外学”，名为“辟雍”，并诏令“取士悉由学校升贡，其州郡发解及试礼部并罢”。④科举罢后，代之

---

①②③④　《宋史》卷155《选举志》1。

以三舍法和八行科察举取士。每年上舍的考试也临时差遣知举官，办法与过去的礼部试类似。这次罢科举是北宋中叶学校与科举之争的延续，也是中国科举史上第三次存废之争的结果。蔡京在主持这次兴学校罢科举时没有提出什么理论，只是将北宋中叶主张以学校育才取代科举取士的言论推向极端付诸实施而已。

崇宁五年（1106），从县、州到太学皆全面实行三舍法，每年考选县学上舍生升入州学外舍，州学上舍生每年秋季贡入辟雍。每年春季太学生、辟雍生皆参加公试，上等，立即释褐任官；中等，允许参加皇帝主持的策试；下等，补内舍生。但是，以学校取代科举出现了许多严重的问题。“时人议其法曰：利贵不利贱，利少不利老，利富不利贫。”[①]最明显的一点为，“时州县悉行三舍法，得免试入学者，多当官子弟，而在学积岁月，累试乃得应格，其贫且老者甚病之”。因此在崇宁五年（1105）特地诏许“大比岁更参用科举取士一次”，[②]而未遽废科举，当年礼部省试也照样举行，录取了省元吴倜。

崇宁五年（1106）礼部试之后，科举被真正罢去，该年下令说：“太学试上舍生，本虑与科举相并，试以间岁。今既罢科举，又诸州岁贡士，其改用岁试。”[③]从此，一直到宣和二年（1120），十四年中科举处于停罢状态。这其间，共录取了五榜进士，都是由太学上舍考取的，因为废止了省试和解试，所以没有“省元”之称，取而代之的是“上舍魁”。不过，包括上舍魁的所有合格者还要参加殿试才能取得进士，殿试也还录取状元。因此，就从最高层次的殿试和进士状元等科名仍然存在这一点来看，在北宋后期这次科举兴废事件中，科举制还不是完全罢废。但是，因为北宋后期殿试已无淘汰，而参加人数最多、影响最大的州县试和礼部试已被三舍法取代，所以说科举制是基本

① 《文献通考》卷31《选举考》4。
② 《宋史》卷155《选举志》1。
③ 《宋史》卷157《选举志》3。

上被停罢了。

然而，以学校取代科举确实造成了办学经费支出浩大、利贵不利贱、利少不利老等问题，也出现了徇私舞弊的现象。为了求得入学和升舍，“于是轻薄书生，矫言饰行，坐作虚誉，奔走公卿之门如市矣”。[①] 要革除这种察举时代的弊端，只有恢复科举考试。大观四年(1110)五月，因为遇到“星变”的天文现象，凡事多所更定，侍御史毛注乘机进言：“养士既有额，而科举又罢，则不隶学籍者，遂致失职。天之视听以民，士，其民之秀者，今失职如此，疑天亦谴怒。愿以解额之归升贡者一二分，不绝科举，亦应天之一也。”[②]毛注将天文星象的变化解释为因士人出路不畅所致，由此来建请恢复科举，可谓处心积虑。

在朝野上下的反对和经费困难等各方面的压力下，以三舍法取士事实上已无法再继续进行下去，于是朝廷不得不在宣和三年(1121)下诏恢复了科举考试，罢州县三舍法，但太学仍继续实行三舍法。如此，便恢复了元丰时期科举考试与三舍法并存的局面。蔡京以学校取代科举的努力以失败而结束，说明科举制具有顽强的生命力。只是宣和六年(1124)实行礼部省试录取一榜进士之后不久，北宋政权就被金朝所灭亡。

2. 八行科的纷扰

科举考试长期实行之后的一大弊端，就是只考察士人的才学而基本上无法考察其德行。为了纠正这一偏差，历代皆有人试图恢复汉代的察举办法。宋哲宗时，司马光便曾奏请实行“十科”荐士。在宋徽宗崇宁五年(1106)全面推行三舍法以取代科举时，诏令中也提出：“如有孝弟、睦姻、任恤、忠和，若行能尤异为乡里所推，县上之州，免试入学。州守贰若教授询审无谬，即保任入贡，具实以闻，不实者

---

① 魏泰：《东轩笔记》卷6。

② 《宋史》卷155《选举志》1。

坐罪有差。”①

大观元年(1107),正式诏以“八行科”取士,具体地规定了八行科的标准和取士办法。诏书说,为了“善风俗,明人伦”,参考“成周以六行宾兴万民”的办法,设立“八行科”。所谓“八行”:“善父母为孝,善兄弟为悌,善内亲为睦,善外亲为姻,信于朋友为任,仁于州里为恤,知君臣之义为忠,达义利之分为和。”凡是有以上八种善行的士人,乡里将纪录其行实的状子,上报于县,县将其取入官学,审查考核无伪之后,上报其名于州。州则将各人的善行分成三种等第,孝、悌、忠、和为上,睦、姻为中,任、恤为下。如果具备八行,不必等到年终,即可以贡入太学,免试补为上舍生。再由“司成”审核考查,名实相符者便可以申报尚书省释褐任官;不能完全具备八行者,则取为州学上等上舍生。②

这种按士人“善行”的多少来选拔任用人才的办法立意虽佳,但实际上却很难操作。由于“八行”的品目既立,出现有关部门和人员刻意搜求本地士子的事迹以应诏令,遂有琐碎细行牵强上报者。为了获取“八行”之名,许多人用心良苦,挖空心思来应对,例如,“亲病割股,或对佛燃顶,或刺臂出血写青词以祷,或不茹荤,常诵佛书,以此谓之孝。或尝救其兄之溺,或与其弟同居十余年,以此谓之悌。其女适人,贫不能自给,取而养之于家,为善内亲;又以婿穷窭,收而教之,为善外亲。此则人之常情,仍以一事分为睦、姻二行……如此之类,不可遽陈”。③ 对于那些矫言饰行、徇私舞弊的行为,因为没有客观的、刚性的标准来把关,结果不可避免地出现了汉代察举所出现的弊病。对此,史家评论说:

①② 《宋史》卷157《选举志》3。
③ 《宋会要辑稿·选举》12之36。

> 自元祐仿古，创立经明行修科，主德行而略艺文，间取礼部试黜之士，附置恩科。其时御史既已咎其无所甄别矣。及八行科立，专以八行全偏为三舍高下，不间内外，皆不试而补，则往往设为形迹，以求入于八行，固已可厌。至于请托徇私，尤难防禁。大抵两科相望几数十年，乃无一人卓然能自著见，与名格相应者。而八行又有甚弊……以是知略实艺而追古制，其难盖如此也。①

既然实行“八行科”取士多年都没能选拔出一位名实相符的杰出人才，说明这种选拔方式具有制度缺陷，因此也不可能长期实行下去，政和三年(1113)，宋徽宗下诏限制八行人贡入太学和州学的名额，以免妨碍士人正常的考选升补入学途径。“八行科”取士最后不了了之，北宋后期这次尝试以德行的努力以失败而告终。

经过北宋167年的发展，科举制已成为中国社会上举足轻重的选士制度，宋代科举的变化大部分是在北宋时期完成的。由于科第中蕴藏着各种利益，考中进士已成为广大知识分子梦寐以求的目标。司马光曾描绘了金榜题名以后能够得到的好处：“一朝云路果然登，姓名高等呼先辈。室中若未结姻亲，自有佳人求匹配。”②北宋开始流行榜下择婿的风尚，难怪宋真宗会说“书中有女颜如玉”。科举制的利诱促使读书人急剧增加，嘉祐进士苏辙曾说：“凡今农工商贾之家，未有不舍其旧而为士者也。”③北宋录取的进士人数也空前庞大，据朝鲜史籍《文献撮录》卷3《历代登科记总目》所载的历科进士数，北宋共取进士18 546名，诸科12 348名。而据有的学者综合各种史书所载数据统计，北宋共取正奏名进士19 259名，诸科16 366名。也正是因为科举参加科举的人数和录取的人数迅速扩大，科举在社会

---

① 《文献通考》卷31《选举考》4。
② 《宜斋野乘》(不分卷)《先辈》。
③ 《历代名臣奏议》卷267；苏辙：《请去三冗疏》。

上的影响无所不在,从北宋以后中国才真正成为科举社会。

## 第二节　经术治国与文学造士:南宋科举

靖康之变后,赵宋王朝在金兵铁骑的驱赶下"临安"于江南长达153年之久。但北宋时期已经成为士人仕进阶梯——科举制度并未受到冲击,反而通过进一步健全制度使其成为影响广大士人的最重要、最有价值的制度之一。南宋洪迈《容斋随笔》中记载了说当时流传的得意、失意诗两首:"旧传有诗四句诵世人得意者云:'久旱逢甘雨,他乡见故知。洞房花烛夜,金榜挂名时。'好事者续以失意四句曰:'寡妇携儿泣,将军被敌擒。失恩宫女面,下第举人心。'此二诗,可喜可悲之状极矣。"①金榜题名与应举落第成为人生四大快事与四大悲事之一,足见科举在宋代社会影响之广泛,南宋已经成为典型的科举社会。唐人曾经标榜的"宁为百夫长,胜作一书生"看法在宋代已经成为陈年旧事了。

### 一　宽容的科举政策

南渡之后,宋高宗赵构并无图谋恢复中原的决心,其关注的重心主要集中在解决两大难题上:一是在徽宗和钦宗尚在金人手中,而且大半江山沦陷的情势下如何使自己的统治合法化;二是如何在偏安江南以后,让以主战为主流的士人理解、支持朝廷的议和政策。为解决这两个难题,通过恢复科举制度,并结合战争的特殊情况实行宽容的科举政策成为解决这两个难题的关键步骤。

#### (一)变通科举条例

南渡之后,战争并没有结束,已经占据中原地区的金兵还是试图

---

①　洪迈:《容斋随笔·四笔》卷8《得意失意诗》。

挥师南下，高宗时刻都面临着被灭亡的危险，“江南糜烂，宋无一城之可恃”①。逃亡成为刚刚上任的高宗的唯一选择，史载：高宗于靖康二年“即皇帝位于南京，改元建炎。十月，幸扬州。三年二月，渡江幸杭州。四月，进幸江宁。闰八月，复幸临安。十二月，自明州幸海。四年正月，幸温州。四月，进幸越州。绍兴二年正月，又幸临安。四年十月，又幸平江。五年二月，还临安。六年九月，又幸平江。七年四月，进幸建康。八年二月复还临安”。② 尽管史书为维护皇帝的尊严，将失魂落魄的皇帝逃亡生活美化为“幸”之类的优游过程，但字里行间所透露出多次的往复江南这些地方，可以感受到南宋初年在金兵追杀下的痛苦生活。这种失去皇帝尊严的生活整整持续了十二年之久，绍兴八年（1138）建都临安才结束这种动荡流离。

战争状态下，必须实行特殊的科举政策。南宋初期不仅对北宋时期的特奏名进士和其他下第举人实行特殊优待，而且放宽参加殿试的标准，使很多士人能直接参加殿试。南渡第一年（1127），高宗就酝酿恢复科举制度：“顷缘寇戎侵犯京邑……特从权宜，创立规制，分礼闱之奏额，就诸路之漕台，俾谨择于考官……以俟亲策，敷告多士，咸体至怀。”③同年五月一日，高宗下诏“应合特奏名人，并与理举免试。内曾经六举以上到省人，与登仕郎；五举，补京府助教；四举，上州文学；三举，下州文学；两举，诸州助教。内两举合补助教人，愿赴将来特奏名殿试者亦听。虽试在下等，不应出官者，亦取旨升等；其已赴殿试、缴纳敕牒、愿次举再试之人，亦依此推恩。应天府免省举人、特奏名并就殿试及再就殿试人，并与同进士出身，免解人与免省试”。④

---

① 王夫之：《宋论》卷 10。

② 《建炎以来朝野杂记》甲集卷 1《高宗诞圣》。

③ 《文献通考》卷 32《选举》5。

④ 《宋会要辑稿·选举》4 之 17。

建炎二年(1128)四月七日,高宗下诏举行殿试,按照建炎元年宽待士人的思路,此次殿试之前没有举行省试,参加的对象为北宋落第士人,并下诏:“下第进士,年四十以上六举经省御试,八举经省试;五十以上四举经御试,五举经省试;河北、河东、陕西特各减一举;元符以前到省,两举者不限年。一举者年五十已上者,诸道转运司、开封府皆以名闻,许直赴廷试”。① 五月十一日,又下诏:“曲赦:河北、陕西、京东路逐路免解举人,应今年就省试下而举数、年甲各应特奏名条格者,并与特奏名……应逐路举人,本因举数或年限已该常免而又因守御功赏得常免解者,亦与特奏名。”②这是由于南宋尚处于战乱时期,根本无法按照常规的科举考试程序进行的不得已而为之的临时举措。同时,此次殿试主要是为平息士人对战争节节失败的不满,笼络士人,尤其是安抚处于金人统治前沿的士人。南宋的第一次殿试就已经呈现了“牢笼英才”的特点,这与北宋前期统治者希望通过科举考试获得士人认同有相通之处。

不仅如此,高宗在北宋基础上再次扩大了科举录取名额。建炎二年九月高宗在集英殿主持殿试,“赐诸路类省试正奏名进士李易等四百五十一人及第、出身、同出身。而川陕、河北、京东正奏名进士一百四人,以道梗不能赴,皆即家赐第。特奏名张鸿举已下至五等,皆许调官”。③ 这样首次开科就录取了正奏名进士554名,是南宋科举史上录取正奏名人数较多的一次,远远超过了南宋科举及第的平均数。

对因受战争影响的士人尽量实行特殊政策,使其能如期参加考试,对因战争原因而丢失个人科举档案文书的士人简化报考手续。据《宋会要》载:“应该恩赏免解举人,昨因兵火毁失公据,有去失处陈乞因依干照文据者,召京朝官二员,各结除名罪委保,经所在州军勘

① 《宋史》卷156《选举志》2。
② 《宋会要辑稿·选举》4之22。
③ 《建炎以来系年要录》卷17。

验，出给公据讫，仍具元连干照、保状，申缴礼部注籍。”①高宗还对因“道路艰阻，既到行在，已过试期”，而且不愿意参加下一次殿试者，经过礼部审查以后，可以直接赐予同进士出身，特奏名授予州助教。②不经过殿试就可以直接授予出身，这在科举史上是比较少见的。

不仅如此，对在考试中犯御名的士人也不追究，绍兴二年（1132）四月一日，“进呈《殿试升降册》，因奏有犯御名及文理纰缪者，上曰：‘犯御名格当扶出，然使文理可采，亦可惜；至于纰缪，乃不当复收。’宰臣吕颐浩等曰：‘圣度如此，真得取士之体，后当守以为法’。”③这种宽容政策在随后的殿试唱名中就得到运用，“五日，唱名，殿试进士有犯庙讳者，上曰：‘犯宗庙讳，当依格降等。’至犯御名者，上曰：‘此虽格法，朕岂以己名妨士人进取耶？’特命收寘本等。”④在皇权至上的传统社会能如此宽容士人犯御名忌讳，足以说明南渡之初高宗笼络士人之心切。

（二）类省试的设置

高宗根据战时特殊情况，为尽量保证所有士人都能参加科考，对科举制度实行部分的变通，其中设立类省试是最为典型的。按照北宋科举的规定，各州的发解进士必须到礼部参加省试，但由于南宋“缘巡幸非久居，盗贼未息灭，道路梗阻，士人赴试非便”，朝廷下令诸路提刑选官在转运司所在州举行类省试，并规定“内河东路合赴试人，令附京西路转运司所在试；国子监、开封府合就试人于开封府，诸路合就试人于转运司置司州军类试。内国子监合赴试人，如在外路州军，愿就本路试者，听”。⑤这一诏书还规定类省试的录取比例和省试的比例相同，“三省措置省试合放人额，纽计正解、免解。转运司

① 《宋会要辑稿·选举》16之3。
② 《宋会要辑稿·选举》16之1。
③④ 《宋会要辑稿·选举》8之40。
⑤ 《宋会要辑稿·选举》4之17～18。

正解并衮同,合以一十四人取一名,余分不及一十四人亦取一名,不终场者不计"。[①] 按照这一规定,各地都有可以设置类省试。这也可以从建炎二年(1128)王绹的建议得到证实,他说:"诸路类省试举人,除正解、免解人及前年秋运司得解人、所随亲见在本任者,就元得解路分类省试。"[②]

类省试本来就属于战时的变通措施,由于由各地分别主持考试,考官的素质也参差不齐,很难保证科举取士的公正、公平原则的贯彻实行。随着战争形势的逐渐好转,实行类省试的合法性也随之消失,绍兴三年(1133)十月下诏:"自诸路置类省试,行之才二举,议者以为奸弊百端。且言:本朝省试,必于六曹尚书、翰林学士中择知举,诸行侍郎、给事中择同知举,卿监为参详官,馆职学官为点检官,又以御史监视,故能至公至当,厌服士心。今盗贼屏息,道路已通,若以此试复还礼部,不过括诸路漕司所费,输之行在,则必裕然有余矣。诏:检坐累降指挥,申严行下。于是遂罢诸路类试。"[③]这样,南宋建立之初普遍实行的类省试实行了两科以后就宣告结束了。

但是类省试制度并没有从中国科举史上消失,朝廷根据四川、陕西地区"隔绝不通"的实际情况,又于绍兴四年(1134)六月十四日下诏:"川陕合赴省试人,令宣抚司于置司州军置试院。"[④]绍兴九年(1139),鉴于陕西多次受战争的影响,"士人学术久荒,拙于为文。若与四川类试,必不能中程",[⑤]于是将陕西士人试卷别立字号,使其与四川分开进行类省试,从此,川陕地区实行类省试成为定制。

类省试合格者可以赴京师参加殿试,绍兴二年(1132)三月,"上

---

① 《宋会要辑稿·选举》4之17～18。
② 《宋会要辑稿·选举》4之19。
③ 《建炎以来系年要录》卷69。
④ 《宋会要辑稿·选举》4之24～25《贡举杂录》。
⑤ 《建炎以来系年要录》卷133。

策试诸路类试奏名进士于讲殿上”，将张九成录取为状元。[①] 绍兴三年(1133)，“诏诸路类试进士赴殿试不及人，正奏名与进士同出身，特奏名与诸州助教，调官如文学例”。[②] 这是对因道路受阻士人的一种特殊待遇。绍兴六年(1136)十二月，又下诏给予四川、陕西类试合格者提供方便，“其合预殿试人，并赴行在，仍给五人衙门驿券，自是为例”。[③] 这与明清时期举人公车赴考十分类似。

但此后类试的合格者有时不要求参加殿试，绍兴五年(1135)十一月十九日下诏：“川陕类试过省第一人，特赐进士及第，与依行在殿试第三人恩例，余并赐同进士出身。”[④]四川、陕西的特奏名进士也不需要参加殿试，只需要“置院差官，试时务策一道，其取人分数并推恩等第，令礼部开具，申尚书省，行下本司照会”。[⑤] 绍兴十二年(1142)九月根据礼部侍郎施垧的建议，规定：“川陕类试正奏名，来行在趁赴殿试不及，赐同进士出身人，与免铨试。”[⑥]至绍兴十八年(1148)八月，高宗批准礼部侍郎沈该的建议：“四川类省试合格、不赴殿试人，第一等并赐进士出身，余人同出身。”[⑦]从此以后，类省试中式者不论是否赴殿试都能获得进士出身，四川、陕西地区的类省试实际上是代替殿试的职能，这是南宋前期对边远或战争前沿地区士人的特殊优待，试图通过稳定这些地区的士人之心，达到安抚这些地区的政治目的。但朝廷的本意还是希望类省试者能赴京殿试，绍兴二十七年(1157)二月，高宗说：“蜀中举人，前此有赴殿试不及者，皆赐同进士出身。恐其间有俊秀能取高第之人，例皆置之下列，甚可惜也。今次

---

① 《建炎以来系年要录》卷52。
② 《建炎以来系年要录》卷53。
③ 《建炎以来系年要录》卷107。
④ 《宋会要辑稿·选举》2之16。
⑤ 《宋会要辑稿·选举》4之25。
⑥ 《宋会要辑稿·选举》2之18。
⑦ 《建炎以来系年要录》卷158。

若来者尚少,宜相度展日少待。”[①]

为保证在四川和陕西地区实行的类省试的公平取士,在恢复设置这两个地区类省试时,有鉴于以前普遍实行类省试以后的缺憾,朝廷特别对类省试考官的出身、学识和经历进行了严格的规定:“选差有出身、清强、见任转运使副或提点刑狱官充监试,于逐路见任京朝官内,选差有出身、曾任馆职、学官,或有文学官充考试官,务在依公精加考校,杜绝请托不公之弊。”[②]绍兴十三年(1143)十月,朝廷又下诏:“川陕发解,科诏到日,便行锁院。逐路运司并令六月前锁院。”[③]绍兴二十六年(1156)三月,由于“类试院人吏兵士邀阻赴试人,乞取钱物”。高宗强调要严加整改,他说:“祖宗贡举之法,无不周备。顾有司奉行之如何耳。可令类试所严行禁止,仍令礼部立法。”[④]根据这一指示,礼部立即修改了贡院法规,规定:“诸贡院人吏并把门兵级辄将赴试人邀阻,不即放出,及人吏收接试卷作弊,乞取钱物,罪轻者杖一百,赃重者自从重。”[⑤]

至绍兴二十七年(1157)五月,不少朝廷大员认为四川类省试实行的时间已经很长了,出现了诸多弊端,请求取消类省试,要求四川地区的考生也赴礼部省试,但兵部尚书兼国子监祭酒杨椿表示反对,他说:“蜀士多贫,而使之经三峡,冒重湖,狼狈万里,可乎?欲去此弊,一监试得人足矣!”他认为革除类省试弊端不需要废止类省试,而是要选拔一定品级、能力强的考官前往,他说:“请选清强有才行郎曹以上一人,往莅其事。”[⑥]绍兴二十九年(1159)重申锁院制度,并规定锁院的时间为九月十五日,并由朝廷选派监试、考试官,以加强对类

① 《宋会要辑稿·选举》8之43。
② 《宋会要辑稿·选举》4之24～25。
③ 《宋会要辑稿·选举》16之6。
④ 《宋会要辑稿·选举》4之29。
⑤ 《宋会要辑稿·选举》13之11。
⑥ 《建炎以来系年要录》卷177。

省试舞弊行为的打击，“七月乙酉（四日）诏：直秘阁、成都路转运使王之望充四川制置司类省试院监视，左朝奉郎、知嘉州何逢原充考试官……类省试敕差官自此始”。[①] 次年二月七日，四川安抚制置使王刚中说：“类省试已从朝廷选差监试、考试官，所有特奏名进士，试官亦合从朝廷选差。”[②]至此，川陕地区的类省试制度已经相当完备了，在一定程度上为川、陕地区士人脱颖而出提供了公平竞争的机会。

尽管如此，类省试还是成为宋代科举制度中舞弊最为严重的考试之一。在四川类省试中，相约为暗号以通关节的舞弊尤为严重。据《齐东野语》载：“李璧季章、埴季永，同登庚戌科，乙酉赴类省试。二公皆以文名一时，而律赋非所长。乡人侯某者以能赋称，因资之以润色。既书卷，不以诗示侯，侯疑其必有谓。将出门，侯故少留，李遂先出，而侯踵其后。至纳卷所，扣吏以二李卷子，欲借一观，以小金牌与之。吏取以示，则诗之警联皆曰：‘日射红鸾扇，风清白兽樽。’侯即于己卷改用之。既而皆中选。二李谢主司，主司问：‘此二句，惟以授于昆仲，何为又以与人？’李怳然不知所以。他日，微有所闻，终身与侯不协。”[③]另据陆游的《老学庵笔记》载：“师浑甫本名某，字浑甫。既拔解，志高退，不赴省试。其弟乃冒其名以行，不告以浑甫也。俄遂登第，浑甫因以字为名，而字伯浑，人人尽知之，弟仕亦至郡倅，无一人议之者。”陆游还说：“此事若在闽、浙，诉讼纷然矣。”[④]可见，类省试中的舞弊行为还是相当普遍的。

（三）选拔寒畯

南宋建立之初还效仿北宋，注意通过科举考试来选拔贫寒子弟。高宗在南渡的首次开科取士时，表现出了对考官的充分信任。按照

---

① 《建炎以来系年要录》卷183。
② 《宋会要辑稿·选举》20之14～15。
③ 《齐东野语》卷8。
④ 《老学庵笔记》卷3。

过去的惯例,殿试前十名是“例先纳卷子御前定高下”,但高宗并不要求他们这样做,他说:“取士当务至公,既有初、覆考、详定官,岂宜以朕一人之意更自升降?自今勿先进卷子。”[①]但是高宗充分信任并不能保证所有考官都能公正取士,不少考官还是徇私舞弊,录取权贵子弟,使贫寒之士仕进之路十分狭窄。绍兴九年(1139),殿中侍御史周葵说:“今奔竞之风大炽,请托之弊公行,监司郡守以权势高下为论荐之先后,孤寒之士无所求知,或货赂以干其私,或谄曲以阿其意,仅而得举。”[②]特别是秦桧当政执国时,考官成为其录取权贵子弟,结党营私、排斥异己的主要工具之一。“初,秦桧专国,其子熺廷试第一,桧阳引降第二名。是岁,桧孙埙举进士,省试、廷对皆首选,姻党曹冠等皆居高甲,后降埙第三。二十五年,桧死,帝惩其弊,遂命贡院遵故事,凡合格举人有权要亲族,并令覆试。仍夺埙出身,改冠等七人阶官并带‘右’字,余悉驳放。”[③]

秦桧死后,不少人对协助其徇私舞弊的考官的卑劣行径进行了严厉的批判,殿中侍御史汤鹏举说:“去岁省闱,德元为参详官,于誊录处取号而得秦埙卷子,对众曰:‘吾曹可以富贵矣!’今房中以得埙之试卷更自相庆。而德元对众又曰:‘此卷子高妙,魁等有余。’”[④]考官希望通过科举考试这一途径巴结权贵必然会影响寒畯之士的进身。汤鹏举还指出:“近年试官容私,公道不行,故孤寒远方士子不得预高甲,而富贵之家子弟常窃巍科。将期预差试官,以通私计,而知举、考试官皆登贵显,天下士子归怨国家。伏乞申严,革去容私之弊,挟书、代笔、继烛必欲尽禁,封弥、立号、誊录必欲依条,考校定去留,分高下,必欲至公,如知举、参详、考试官,临期御笔点差,以复祖宗至

① 《建炎以来系年要录》卷17。
② 《建炎以来系年要录》卷53。
③ 《宋史》卷156《选举志》2。
④ 《续资治通鉴》卷130。

公之法。”朝廷批准了这一建议。[①] 当朝廷执政之宰相以宋太祖复试陶穀之子的典故进呈时，高宗一方面为自己在录取秦埙事件上的过失上辩护，他说：“秦埙中甲科，所对策叙事皆桧、熺语，灼然可见。朕抑之，置在第三，不使与寒士争先。”另一方面，又认为“祖宗故事，今可举行”，并下令贡院：“遵依咸平三年三月诏旨，所试合格举人内有权要亲族者，具名以闻。”[②]这是北宋初期裁抑权贵、选拔寒畯政策的回归。

《南宋建炎以来系年要录》转引的《中兴圣政》中的大臣奏言，对南宋科举取士过程中这一政策的演变有过很好的描述：“恭维太上皇帝当建炎之初，策士于庭，一委主司，不以一人之好恶升黜，天下之至公也。及绍兴中，权臣罔上，假国家之科目，以私其子弟亲戚，则圣断赫赫然，拔寒畯，抑权贵，以端仕进之路，亦天下之至公也。”[③]尽管这种表述的褒扬之意十分明显，但也显示出南宋前期统治者试图通过科举笼络下层士人的意图。

## 二　经义和诗赋之争的延续

南宋高宗在位的 36 年间，除根据战争实际情况变通科举制度，以达到稳固统治的目的之外。北宋时期已经有过长时间激烈交锋的经义和诗赋之争仍在继续，并在争论的基础上形成了分科考试的定制。

建炎二年(1128)五月四日，朝廷决定采用诗赋、经义两科取士，并规定：“欲习诗赋人止试诗赋，不兼经义。第一场，诗、赋各一首；第二场，论一首；第三场，策三道……欲习经义人依见行止习一经。第一场，本经义三道；第二场，论一首；第三场，策三道……殿试。欲习

① 《宋会要辑稿·选举》20 之 11。
② 《宋会要辑稿·选举》4 之 30。
③ 《建炎以来系年要录》卷 17。

诗赋、经义人并同试策。”同时,朝廷还确定了诗赋和经义的解额和省额比例,“欲计数各取,通定高下。除诗赋既不分经,自无有余、不足外,将诸经听通融相补,不得过三分之数。内逐经各留一分,添取诗赋。如无合格人,听阙”。①

绍兴元年(1131)十二月,南宋首次出现诗赋和经义之争,侍御史曾统认为没有必要采用经义,只须用词赋取士就可以了。高宗说:“经术、词赋取士各有说。神宗皇帝尊崇经术,方时承平,王安石之说得行。盖以经明道,谓非尧舜之道不敢陈于王前。朕观古今治乱,多在史书,以经义登科者类不通史。”显然高宗是倾向支持曾统的观点的。但吕颐浩却说:“经术、词赋均以言取人。今若且用词赋,亦得顾所得人材如何耳。”②这场争论一直持续至绍兴二年,高宗并未对此作出最后的裁决。

绍兴六年(1136)八月,礼部再次颁布“进士兼诗赋人治经,并不兼诗赋人治诗赋人治经色目,及引试场数,并考校格法、取人分数”的“永法”。虽然还是以经义和诗赋分别取士,但在诗赋进士科增加了经义的考试内容,要求“兼诗赋人,许于《易》《诗》《书》《周礼》《礼记》《春秋》正经内治一经,仍兼习《论语》《孟子》”。③ 这表明在诗赋和经义之争的过程中,统治者的砝码逐渐加给经义取士这一方。绍兴七年(1137),高宗说:“文学、政事,自是两科。诗赋止是文词,策论则须通知古今,所贵于学者,修身、齐家、治国以治天下。专取文词,亦复何用?”④

绍兴议和以后,秦桧出于政治的需要,极力主张将重经义取士的倾向推向极致,即罢诗赋,专以经义取士。绍兴十三年(1143)二月国子司业高闶言:“取士当先经术。请参合三场,以本经、《语》、《孟》义

① 《礼部韵略》附《韵略条式》。
② 《宋会要辑稿·选举》4之24。
③ 《礼部韵略》附《贡举条式》。
④ 《建炎以来系年要录》卷113。

名一道为首，诗赋各一首次之，子史论一道、时务策一道又次之，庶几如古试法。又《春秋》义当于正经出题。”①高宗批准了这一建议。由于绍兴十三、十四年都没有举行省试、殿试，因此并没有在省试中得到实施，绍兴十五年(1145)正月下诏：“诗赋、经义分为两科，各计终场人数为率，依条纽取。试经义人：第一场本经义三道，《论语》《孟子》义各一道，第二场论一首，第三场策三道。试诗赋人：第一场诗、赋各一首，第二场论一首，第三场策三道。”②次年，又规定经义、诗赋人数相等，即以终场人数来决定录取名额，如果不足或有余，就以文理优长者补充。但实际情况是诗赋科的应试人数远远超过经义科，如果以应试者的人数决定录取人数，就会出现“诗赋人常占十之七八，而治经术者止得十之一二，但恐寖废经术之学矣”。高宗对此十分重视，他说：“当日行诗赋，为士人不读史。今若专用诗赋，士人不读经。大抵读书当以经义为先，所论宜令礼部看详以闻。”③这表明高宗从重视诗赋科逐渐转向重视经义科了。特别是不少士人为献媚于秦桧，也纷纷趋向于经义进士科。礼部侍郎兼国子监祭酒周葵说：“科举所以取士。近年主司迎合大臣之意，多取经传之言可为谀佞者，以为问目。学者因之，专务苟合时好。如论伊尹、周公，则竞为归美宰相之言；《春秋》讥贬失礼，则指为褒称之事。其悖戾圣人之意，大率类此。至于前古治乱兴亡之变，以时忌，绝口不道。后生晚辈往往不读史，历代先后有不知者。”④

这种重经义的局面并没有持续太长时间，秦桧死后，相对较为容易学习的诗赋又受到士人的青睐，杨椿说：“今时经学者白首一经，如蠹书之鱼；词赋者骈四俪六，如儿女之戏，而皆不读史。”⑤吏部员外

---

① 《宋史》卷156《选举志》2。
② 《宋会要辑稿·选举》4之28。
③ 《建炎以来系年要录》卷155。
④ 《建炎以来系年要录》卷171。
⑤ 《宋会要辑稿·选举》4之31。

郎王晞亮也指出:“切见国家取士,词赋之科与经义并行,取人之数初不相过。比来学者惮试选革弊之严,去严就易,竞习词赋,罕有治经。”国子监的情况也是如此,学生治经人数极少,学习二《礼》才两三人。① 高宗对此十分忧虑,他说:“举人多习诗赋,习经义者绝少,更数年之后,恐经学遂废。”他采纳沈该“经义兼习诗赋”的建议,②开始下令在科举考试中予以经义科在录取名额上大幅度倾斜。绍兴二十七年(1157)正月十一日下诏:“经义、诗赋两科合格人,如有余、不足,内诗赋不得侵取经义。若经义文理优长合格人有余,许将诗赋人材不足之数,听通融优取,仍以十分为率,不得过三分。以臣僚言:‘学者竞习词赋,治经甚少。又于六经之中,舍其所难,则经学寖微。乞于二科所取分数,稍损诗赋而优经义。’故是有命。”③同年二月更是明确规定:“自今国学及科举取士,并令兼习经义、诗赋;内第一场大小经各一道,永为定制。”④这样,经义和诗赋两科合二为一,并在绍兴二十七年丁丑科得到实行,这是南宋科举史上出现的唯一一次在省试中以一科取士的事例。

实行合并两科为一科取士以后,非但没有解决分科时出现的弊端,反而凸显出更为严重的问题,主要表现为:“老成经术之士,强习辞章,不合声律。后生习诗赋者,不能究经旨渊源。场屋之内,病于偏枯。策问太寡,议论器识,无以尽人。有司去取,不以此为重轻。士守传注,史学浸废。”⑤陈良祐则指出:“比诏兼习经义、诗赋,然法行之初,学者不复加意声律,而有司考校又专以大义定去留。欲望申敕有司,自今考校,通取经义、诗赋之优者。”⑥针对这一情况,不少大

---

① 《宋会要辑稿·职官》13之11。
② 《宋会要辑稿·选举》4之31。
③ 《宋会要辑稿·选举》13之31～32。
④ 《续资治通鉴》卷131。
⑤ 《宋会要辑稿·选举》4之34。
⑥ 《宋会要辑稿·选举》4之32。

臣提出了自己的见解，右谏议士夫何溥说："论经义、词赋合为一科之弊，以为两场俱优者，百无一二。而韦布之士，皓首穷经，厄于声病之文，卒无以自见于世。"于是，他建议士人年纪超过50岁的，"许兼一大经，于诗赋场引试；其不愿兼经者，亦听。庶几宿学有以自展"。[①]礼部郎中王普认为产生士人偏重诗赋科的主要原因是："经义、诗赋既分为两科，而解额犹未分。夫取易舍难，人之常情，故此盛彼衰，势所不免。"针对这一弊端，他建议"国学及诸州解额，各以三分为率，其二取以经义，其一取以诗赋。若省试，即乞以累举过省酌中人数，立为定额而分之。仍于经义之中优取二《礼》《春秋》。庶几两科可以永久并行，而无偏废之患矣"。[②]但他们的建议都没有得到朝廷采纳。

礼部侍郎金安节建议依旧分为经义和诗赋两科，而且诗赋科不能占用经义科的录取名额，如果经义科文理优长者多，则可以从诗赋科剩余的名额中录取，但不能超过总录取人数的百分之三十，他的建议得到朝廷的采纳，成为绍兴三十一年（1161）恢复分科取士诏书的主要内容。不过在宋代社会偏重文学的情况下，经术的势力实际上是不容易与文学分庭抗礼的，对此马端临在《文献通考》卷三二中有过评论："至建炎、绍兴之间，则朝廷以经义取士者且五六十年，其间兼用诗赋才十余年耳。然共场而试，则经拙赋工；分科而试，则经少而赋多。流传既久，后来所至场屋，率是赋居其三之二，盖有自来矣。"

自此经义和诗赋取士之争虽基本告一段落，但并未停止，只不过很少激烈的正面交锋而已。孝宗淳熙十四年（1187），朱熹认为"今之诗赋实为无用"，[③]提出罢诗赋，而专用经义取士的改革方案。光宗

① 《建炎以来系年要录》卷188。
② 《建炎以来系年要录》卷190。
③ 《朱子语类》卷109《论取士》。

绍熙元年(1190)七月十八日,礼部侍郎兼直学士院兼权给事中李巘、中书舍人罗黠、起居舍人兼权中书舍人莫叔光等建议:“士子科举,一于经义则或不足于词藻,一于诗赋则或不根于理致,乞照绍兴十三年国子司业高闶条具太学课试及科举三场之制。”而执政的宰相则认为:“两科之分,其来已久。绍兴十三年、二十七年,臣僚申请兼科取士,非不详尽,然皆行之一举,随即分科。盖缘人材各有所长,难以求备,勉强取办,终不能精。彊其所劣,并丧所长,虽平时场屋有声之人,亦复未免指诮。臣等窃谓宜如旧便。”后者的观点得到了光宗的支持,他说:“士人各有所长,亦不必拘兼经。”①这次是以两科为定制以后的少有的激烈争论,结果是维持两科取士的制度。

宁宗庆元四年(1198),有人提出:“今之诗赋,虽未近古,然亦贯穿六艺,驰骋百家,拘以骈俪之制,研精覃思,始能成章。惟经义一科,全用套类,父兄相授,囊括冥搜,片言只字,不脱毫分,溢箧盈箱。初无本领,旅进场屋,鲜有出于揣拟之外。天下士子,谁务实学哉!望令有司,所出六经题目,各于本经摘出两段文意相类者,合为一题,庶几实学得尽已见,而挟册雠伪者或可退听。”②但这些议论都没有改变南宋中后期经义科和诗赋科并行的局面。乾道九年(1173)六月,有大臣奏章云:“近岁科举,士子习诗赋者比之经义每多数倍,至于二《礼》《春秋》之学,习者绝少。加以有司考校,或全经不取,遂令士子惮习。除二《礼》已有指挥许侵用诸经分数优取外,如《春秋》文理优长,亦乞许侵用诸经分数取放。”③

经义和诗赋取士是从不同的角度考察士人的能力,从理想的角度而言,应该要求人才必须全面掌握经义和诗赋知识,而不是只是从一个方面来考察,直至元代以经义为主要考试内容的进士科的出现,

---

① 《宋会要辑稿·选举》16之22～23。
② 《文献通考》卷32《选举》5。
③ 《宋会要辑稿·选举》5之1～2《贡举杂录》。

考试科目亦由经义和诗赋两科变为进士一科，进士科成为元明清三代科举考试的最主要科目，参加科举考试也被称为考进士，经义与诗赋之争才最后停止。

## 三　科举制度的发展

随着政治的日益稳固，南宋统治者逐渐调整了应付战时需要的科举政策，在各地普遍建立贡院的同时，对北宋已经形成的科举制度进行修补，使其更能在士人急剧增加的情势下达到公平、公正取士的目的。

### （一）贡院的普遍设立

贡院，又称试院，是科举考试的专用考场。唐初科举考试并没有专用的考场，省试一般在吏部南院举行。唐玄宗开元二十四年(736)，科举转由礼部执掌以后，才开始建立贡院。《册府元龟》卷六百四十《贡举部》载：贡院“关试之日，皆严设兵卫，荐棘围之。搜索衣服，讥诃出入，以防假滥焉”。唐代为防止考生翻越，在贡院四周围墙上插满荆棘，贡院也因此有“棘围”“棘院”之称，这些名称为后世所沿用。唐及五代的贡院规制较为简单，试铺之间没有分隔开来，但因当时科目繁多，且每年开科考试，贡院考试任务较重。

随着科举制度在社会生活中地位的日益提高，角逐科场的士人也越来越多，宋代有的地方开始设立贡院，并且随着应试人数的增加而不断扩充规模。北宋元祐五年(1090)，福州建立贡院，“五月，乃择州治之东南公廨及隙地，广二百三十尺有奇，而深倍之，乃增筑厥址，崇其旧三尺，穹堂廷庑，中辟旷除，后敞公堂，缭以重屋，以为考校之舍。外门之内，监门、巡铺、弥封、誊录之所皆具。旬五十而成，凡为正屋百有二十区，是时举士才三千，峨冠鹊袖，雍容而入”。[①] 宋徽宗

---

① 《三山志》卷7《公廨类一・试院》。

曾于政和二年(1112)“从董正封建请,令诸州遍立贡院”。[①] 但北宋贡院并未真正普遍建立起来,特别是三舍法取消以后,“贡院亦随废矣”,[②]各省解试基本上都只能临时借用学校、寺庙或者官府衙门进行。南渡之初,福建兴化军开始是在郡官学所在地举行解试,但随着应考人数的增加,官学建筑已经不能容纳了,于是“移于使者行部之舍,历数举,试员益众,则移于南山之广化寺”。[③] 四川的情况也十分类似,魏了翁《普州贡院记》说:“蜀自中兴以来……而诸郡校士,非学宫则佛舍也。”[④]真州科举考场也是多次发生变化,先是“权寓于佛寺,后每试于学宫”,然后“复试于佛寺”。[⑤]

这种借用学校、寺庙和官府衙门的措施虽然能解科举考试无考场的燃眉之急,但不仅为出借的场所带来了很大的困扰,地方官吏也深感不便,而且以“学校、佛寺或官舍作为临时考场,空间有限,而考生人数欲日益增多,使得这些临时考场难以容纳”。[⑥] 魏了翁在描述资州建立贡院之前,贡院狭窄给士人应考带来诸多不便的情况时说:“仅入出于一门,既未免有雍于蹦藉之虞,幸而得入,负笈而冀少纾焉,则伥伥然靡所止戾。编苇架竹,犹未足以容也,有徙就于楼居者焉,则危机腐梁,上下填砌廪乎,压覆是惧。投卷之庑,衣冠曳屦,校艺之馆,藩拔级夷;封录之所,嚣隘近市;导水之沟,污秽杂袭。士生一世,居广居而立正位,其所存何如也。”[⑦]因此,应试者的不断增加,要求建立专门用来考试的贡院来保证科举考试的正常进行。

礼部贡院“取具临时”,不仅给每次省试带来许多不便,也不可能

---

① 《成都文类》卷 46;李焘:《贡院记》。
② 《鹤山先生大全文集》卷 44《普州贡院记》。
③ (弘治)《大明兴化府志》卷 27《礼纪·艺文志》。
④ 《鹤山先生大全文集》卷 44《普州贡院记》。
⑤ (隆庆)《仪真县志》卷 8《学校考》。
⑥ 梁庚尧:《南宋的贡院》,《中国史学》第 1 卷,日本中国史学会,1991 年版,第 38 页。
⑦ 《鹤山先生大全文集》卷 38《资州新创贡院记》。

建造起与考试有关的建筑物，并在那里放置进士题名石、御诗石等石碑，开展与省试有关的活动，以丰富礼部贡院的内涵，使它成为一座庄严的、具有纪念意义的取士场所，以宣扬彬彬文治。在群臣的奏请下，绍兴十三年(1143)或稍后的一二年间，宰相秦桧主持了礼部贡院的建造。①

南宋礼部有专门的贡院，据《梦粱录》记载：

> 礼部贡院，在观桥西。中兴纪年，诸郡贡生，类试于各路转运所在州府就试。绍兴十年，诸州依条发解，将省、殿试展一年。向后科场，自十二年省试为准。至十四年，诸州发解如故，三年一次降诏，自是为定制。贡院置大中门。大门里置弥封、誊录所及诸司官，中门内两廊各千余间廊屋，为士子试处。厅之两厢，列进士题名石刻，堂上列省试赐知贡举御札，及殿试赐详定官御札，并闻喜宴赐进士御诗石刻。别试院在大理寺之西，专以待贡士之避亲嫌者。本州贡院，在钱塘门外王家桥，以待本州九县士人发解之处。两浙漕司贡院，在北关门外沈家桥，以待两浙路寓士及有官人宗女夫等发解之处。②

淳熙六年(1179)，“宰执进呈礼部状，乞修贡院。上曰：‘岁久不修，恐致倾倒，可令漕司修盖’”。③

四川作为类省试的主要地区，成都贡院是由一违章建筑转换而成的，其规模十分宏大。《桯史》对这一建筑的形成前后有详细的记载：

---

① 何忠礼：《南宋礼部贡院与省试》，《厦门大学学报》(哲学社会科学版)2018年第5期。

② 《梦粱录》卷15《贡院》。

③ 《宋会要辑稿·职官》13之13。

> 成都新繁有藏艺祖御容者,莫知始何年,令长交事椟护,畀付惟谨。淳熙间,胡给事元质制置四川,闻之,谓偏陬下鄙,非所宜有,命归之府……建殿以严崈奉。遂斥羡财鸠工,伐巨木千章,卜地筑宫有日矣。僚寀或谓郡国私建宗庙,谊盍先以闻,俟报可。胡竦然,乃暂辍役,驿书请于朝廷。议果不以为然,弗之许。胡大沮,念木石已具,且动观瞻,不容已,会贡院敝甚,因撤而新之,既毕工,壮丽甲西州焉。①

随着参加科举考试士人数的增加,科举考试在地方行政工作中地位的日益提升,各州郡纷纷建立贡院,结束了以往州郡解试临时借用官舍、佛寺或学校等建筑的局面,而且贡院建筑还有明确分工。如孝宗乾道四年(1168),淮南路转运司在"扬、真、通、泰、楚州、高邮军六郡置试院"。② 乾道七年(1171)五月九日,朝廷批准礼部建议:"淮南路今岁科举,庐州、黄州就试士人如各及百人以上,及所差试官足备,别无违碍,依条令置试院。如不及百人以上,并所差试官不足,即合依逐举例并试,各用本州解额,别立号考取施行。"③梁庚尧先生在《南宋的贡院》一文中详细地列出了南宋贡院兴建和重修年代,笔者在此基础上根据皇帝庙号重新列表如下:④

| 朝代名称 | 兴建和重修贡院的名称 | 备　注 |
|---|---|---|
| 高宗(1127～1162) | 礼部贡院、吉州贡院、衢州贡院、潮州贡院、临江军贡院、建昌府贡院、建宁府贡院、常州贡院 | 共计8座 |

---

① 《桯史》卷10。

② 《宋会要辑稿·选举》20之19。

③ 《宋会要辑稿·选举》16之41《贡举杂录》。

④ 资料来源于梁庚尧:《南宋的贡院》,《中国史学》第1卷,日本中国史学会,1991年版,第51～58页。

续 表

| 朝代名称 | 兴建和重修贡院的名称 | 备 注 |
| --- | --- | --- |
| 孝宗（1163～1189） | 衡州贡院、汉州贡院、湖州贡院、福州试院、平江府贡院、建康府贡院、徽州贡院、礼部别试所明州贡院、泉州贡院、夔州贡院、台州贡院、绍兴府贡院、福建类试院、漳州贡院、饶州贡院、兴化军贡院、彭州贡院、镇江府贡院、婺州贡院、四川类省试贡院、临安府贡院、严州贡院、通州贡院 | 共计 23 座 |
| 光宗（1190～1194） | 汀州贡院、真州贡院 | 共计 2 座 |
| 宁宗（1195～1124） | 袁州贡院、高邮军贡院、梅州贡院、扬州贡院、江阴军贡院、黄州贡院、容州贡院、资州贡院、长宁军贡院、江东漕试院、普州贡院、眉州贡院、 | 共计 12 座，其中袁州贡院为北宋建 |
| 理宗（1225～1264） | 福州贡院、泰州贡院、池州贡院、广州贡院 | 共计 4 座。福州贡院为元祐五年建，泰州贡院为绍圣四年建，池州贡院和广州贡院的兴建年代不详 |

南宋地方共兴建或重修了 49 座贡院，其中福建、江浙、四川等地区尤为发达。地方贡院不仅数量急剧增加，而且贡院的规模也不断扩大。乾道元年（1163），福州贡院增加房屋 127 楹。① 不少地方贡院扩建以后，规模远远大于原有建筑，袁州贡院庆元二年（1196）有建筑 232 楹，三十一年之后的宝庆元年（1225）增建了 700 百楹，为原有建筑的三倍；②原有建筑 100 楹的建康府贡院经过两次扩建以后，分别增加

① 王之望：《汉滨集》卷 16《福唐解试告谕举子文》。
② （正德）《袁州府志》卷 16《艺文志》。

212 楹和 294 间。[①] 不少贡院还是多次建设,泉州贡院原有建筑 126 区,嘉泰元年(1201)增建了 45 楹,嘉定十二年(1219)又增建 135 间,两年之后,再次增建 34 间;[②]潮州贡院创建以后不久,就“再辟复廊于东,其长与故东廊等”,乾道六年(1170)又“撤考官位,为群试所,外辟巨室为考校地”,绍熙年间再“增架中溜横屋者三”,“以中庭逼窄而撤其一”,“又辟西偏地,增创西后廊”。嘉定十二年(1219),因“人物日盛,地窄无以容”,不得已再“迁于北廓之外”。但由于这里地理位置过于偏僻,绍定元年(1228)以后又迁回原址。嘉熙四年(1240),又“通郡学直舍后,加横廊者三”。宝祐二年(1254),再“辟西畔二廊,遂与东庑等”。景定五年(1264),又“揭三门,迁至平准、迁善二坊,复就外各架东西四庑以联接之”。[③] 这些史料反映潮州贡院不断扩建的事实。

贡院数量的增加、规模的扩充是应试人数空前增加的直接结果。乾道元年(1163),福州解试应试者高达 17 000 人,致使不得不扩建贡院,参政王之望说:“本州仰体朝廷之意,以科举为重事,开斥贡院,编排坐次,增添内外执事之人,种种如法,州郡于此邦举子亦不苟矣。”[④]至淳熙元年(1174)竟增至 2 万人,只能在贡院之外再借知录、司法等 4 部门衙门作为考场。潮州贡院的扩充亦是由于从南宋初的不足 2 000 人,增加到南宋后期的 10 000 余人的结果。

南宋贡院的普遍建立和规模扩充,应试人数的增加,说明科举制度对士人影响的加深,它已经成为士人进身的最主要途径,成为决定了士人的个人、家庭甚至整个地区声誉和利益的大事,正如朱熹所言:“使孔子复生,亦不免应举。”[⑤]由于解额没有随着应试人数的急

---

① 《景定建康志》卷 14《建康表》。
② (乾隆)《泉州府志》卷 12。
③ 《宋辽金元方志辑佚 · 潮州图经》。
④ 王之望:《汉滨集》卷 16《福唐解试告谕举子文》。
⑤ 《朱子语类》卷 13《力行》。

剧增加而大幅度增加，淳熙十三年(1186)时，福州的解额为100名，而当时福州参加解试的人数多达1万余人，福建路转运副使赵彦操奏称："福州每岁就试之士，不下万四五千人。"①按日本京都栗棘庵收藏的南宋《舆地图》所载《诸路州府解额表》统计，福州取解比例高达150人取1人。② 同年福建建宁参加解试的人数不下万人，而当时建宁府的解额是83人，其取解比例也达到133人取1人。③朱熹曾对学生说："旧时此中赴试，只是四五千人，今多一倍。"应该就是指建宁府举子增加的情况。他甚至还说一些州府："或五六百人解送一人。"④尽管南宋末年进士人数大量增加，但南宋末年解试录取比例还是非常低，《宋史·选举志》载："时诸州郡以乡贡终场人众而元额少，自咸淳九年为始，视终场人多寡，每二百人取放一名。"⑤

科场竞争达到了如此残酷的地步，不少落第举人为争取榜上有名甚至不惜冒险闹事。宁宗嘉定三年(1210)漳州解试时，部分落第士人冲破贡院大门，打伤了作为贡院监试的进士出身的漳州州学教授杨宏中及其他考场工作人员。后来朝廷并未能查出闹事者的身份，但将漳州知州降级，并罚漳州举人停止参加在临安举行的省试一年。⑥

（二）科举制度的修补

南宋建炎元年(1127)高宗开科取士诏曾指出："国家设科取人，制爵待士，岁月等阴阳之信，法令如金石之坚。"⑦所谓"岁月等阴阳之信"，就是说开科的时间非常固定，其准确可信等同于自然界昼夜季节变化的自然现象，具有高度的稳定性和规律性。有关科举的法

---

①③ 《宋会要辑稿·选举》22之6。
② 刘海峰：《福建教育史》，福建教育出版社，1996年版，第68页。
④ 《朱子语类》卷109《论取士》。
⑤ 《宋史》卷156《选举志》2。
⑥ 参阅贾志扬：《宋代科举》，台湾东大图书公司，1995年版，第4页。
⑦ 《文献通考》卷32《选举》。

令则有金石般的刚性,得到普遍的贯彻实施。

在开科时间上,绍兴十年(1140)二月,采取"将省、殿试更展一年,于绍兴十二年正月锁院省试,三月择日殿试"的办法,使科举制度恢复三年开科一次的定制,"其向后科场,仍自绍兴十二年省试为准。于绍兴十四年,令诸州依条发解"。[①] 过去州郡发解试一般都在秋天,但没有固定日期。绍兴二十四年(1154)正月二十日下诏:"今后国子监、临安府、两浙转运司与诸路州军并转运司,依条并以八月五日锁院,十五日引试。"[②]此后,解试时间定为中秋日。这是中国科举史上首次固定发解试的日期,以后虽然还有变化,但到明初洪武三年(1370)又将乡试第三场日期定在八月十五中秋节这一天,而后500余年不变。因此,绍兴二十四年的初次定制具有重要意义。

省试时间一般为春季,淳熙十六年(1190)光宗即位以后,右谏议大夫何澹建议:"窃惟国家三岁一举士,事体不轻,四方士子,冲冒严寒,引试之时,春令尚浅,间遇风雪,则笔砚冰冻,终日呵笔,书字不成,纵有长才,莫克展布,年高之人,至有不能终场者。今欲展半月,定以二月一日引试。"光宗批准了这一建议。[③] 因考虑天气寒冷原因延迟开考时间在清代也出现过,雍正五年(1727)春季闰月,"二月节候,天气尚寒",将会试日期改为三月。乾隆十年(1745)考虑到"天气尚未和暖"和"各省俱须复试",将会试改在三月进行,从此成为定制,[④]一直沿用至科举废止。

类省试的时间则不相同。四川类省试解试的时间最初为四月五日锁院,十五日考试。淳熙三年(1176)六月,根据礼部的建议,将四

① 《宋会要辑稿·选举》4之26。
② 《宋会要辑稿·选举》16之9。
③ 《宋会要辑稿·选举》1之20～21。
④ (光绪)《钦定科场条例》卷1《乡会试期·乡会试加科(附改期)·附载旧例》。

川类试解试时间改为三月五日锁院，十五日引试[①]。类省试的时间一般为秋季，绍兴二十九年（1159）三月规定："今后四川类试用九月十五日锁院"，[②]从此成为定制。

南宋孝宗在殿试时，要求文举考生增加御射。按《宋史·选举志》载："淳熙二年御试，唱第后二日，御其殿，引按文士詹骙以下一百三十九人射艺。翌日，又引文士第五甲及特奏名一百五十二人。其日，进士具襕笏入殿起居，易戎服，各给箭六，弓不限斗力，射者莫不振厉自献，多命中焉。"[③]孝宗结合士人的文举成绩给予相应的奖励，《宋会要》对此有详细的记载："四月七日，诏特奏名内愿射射者，听。仍依争奏名推恩：比拟，应射艺精熟，能全中者听旨；第五等同射入上等，第一名循一资，余免铨试，内文学免待郊出官；入中等，一任回，不依名次注官，内文学候到部日收使；入下等，一任回，升一年名次，内文学候到部日收使。第射入上等，与依下州文学恩例；入中等，与带阶官，注应格岳庙一次。从之。"[④]淳熙十一年（1184）夏四月，"进呈进士射射日分。上曰：'进士射射甚好。'王淮等奏：'孔子射于矍相之圃，观者如堵墙。古人以射为重，后世乃废而不讲。'上曰：'古者有文事，必有武备。后世不知此意，所以朕举行之。'"[⑤]尽管从现有的历史文献很难知这一制度是否真如《宋史全文》所言"后遂为例"，[⑥]但这是改变文举殿试只是单纯试策的一次重要尝试。少数民族政权金设立的女真进士科殿试也要求试射。明初朱元璋曾经试图在殿试时增加武艺的内容，但没有付诸实施。因此，淳熙二年以来的殿试御射在汉人文举中是相当少有的。

---

① 《宋会要辑稿·选举》16之19。
② 《建炎以来系年要录》卷181。
③ 《宋史》卷156《选举志》2。
④ 《宋会要辑稿·选举》2之21～22。
⑤ 《宋史全文》卷27上。
⑥ 《宋史全文》卷26。

在科举条格的方面,政权建立之初的建炎二年(1130)八月就颁布了由礼部尚书谢克家等人所制定的试诗赋格式、出题书写试卷式样等。绍兴五年(1135)又重修了贡举令。在此基础上,绍兴六年又"续降指挥,参考条具",对考试内容和时文格式作了严格的规定。[①]至宁宗时期,科举时文的格式大体上形成了十段文文体。元代学者倪士毅在《作文要诀》中描述了宋代经义时文文体格式:"其篇甚长,有定格律:首有破题,破题之下有接题(接题,第一接,或二三句,或四句。下反接,亦有正说而不反说者),有小讲(小讲后,有引入题语,有小讲上段;上段毕,有过段,然后有下段),有缴结。以上谓冒子。然后入官题,官题之下有原题(原题有起语、应语、结语,然后有正段、或又有反段,次有缴结),有大讲(上有段,有过段,有下段),有余意(亦曰后讲),有原经,有结尾……其文多拘于作对,大抵冗长繁复可厌。"由此可见,南宋时期形成的科举时文,已经具备了八股文的雏形,二者之间存在着内在逻辑联系。[②] 考试文体向程式化、标准化倾向发展是符合科举考试公正、公平原则的,也是科举制度发展的必然结果。但是南宋十段文的格式并没有发展到八股文的形式僵化、内容空疏的地步。

此外,各类考官的选任资格都有明确的限制,[③]并在科场实践中不断完善科场规制的细节。南宋虽然弥封考卷,而且考卷上还盖有礼部压逢墨印,但"缘其印狭长,往往可以裁去重粘",这样考场官员还是能对换考生试卷。为消除这一科场纰漏,淳熙五年(1178)二月,知贡举范成大建议:"于卷首背缝添造长条朱印,以'淳熙五年省试卷头',皆缝印为文,仍斜印之,使其印角横亘家状、程文两纸,易于觉

---

① 《礼部韵略》附《韵略条式》。
② 参见朱瑞熙:《宋元的时文——八股文的雏形》,《历史研究》1990 年第 3 期。
③ 见《绍兴十八年同年小录》。

察。"①他的建议在以后的贡院弥缝中得到应用。

南宋度宗时期，为制止解试举人之滥，决定复试乡贡举人，《宋史·选举志》载："先是，州郡乡贡未有覆试。会言者谓：冒滥之弊，惟在乡贡。遂命漕臣及帅守于解试揭晓之前，点差有出身倅贰或幕官专充覆试。尽一日命题考校，解名多者，斟酌分日。但能行文不缪、说理优通、觉非假手即取，非才不通就与驳放。如将来省覆不通，罪及元覆试漕守之臣及考校官。"②但这种复试方法因南宋的覆亡而没有形成制度。

在完善各项制度的同时，加大对各种舞弊行为的打击力度，绍兴二十六年(1156)三月，高宗内降手诏，要求严厉惩治试院的舞弊行为，诏书的内容是："近年以来，士风浸薄，巧图牒试，妄认户名，货赂请求，重叠冒试。逮至礼闱，不遵绳矩，挟书、代笔、传义、继烛，种种弊欺，靡所不为。不惟负国家教育选举之意，兼使有素行、负实学之人，俱蒙其耻。一至于此，岂所望哉！……在外委漕臣及监司按察在内令主司觉察，御史台纠劾以闻。当置典宪，务在必行。故兹戒谕，想宜知悉。"③孝宗乾道元年(1165)，针对各地士人公开受贿、冒名顶替日益严重的现象，下诏："应令人代名及为人冒名赴省试者，各计所受财，依条坐罪外，并真决编配千里外州军，同保、知情人永不得应举。"并对举报者一定的奖励："如士人告获，与免一次文名解，诸色人赏钱三百千。"④但总的来说，南宋只是北宋贡举条例的基础上进行部分的修补，没有能突破北宋创立的基本制度。

由于制度建设只能从理论层面保证科举制度的公正、公平性，在操作层面无法超越现实社会政治、经济的局限，很难保证制度的有效

---

① 《宋会要辑稿·选举》5之4～5。
② 《宋史》卷156《选举志》2。
③ 《全宋文》卷3841。
④ 《宋会要辑稿·职官》4之38。

实施。因此,南宋科举制度还弊端丛生,舞弊现象还是相当严重。如前引周葵、汤鹏举以及高宗的言论都足以说明这一点。

(三) 朱熹贡举私议

在对科举考试的各种舞弊行为进行批判的同时,不少有识之士从教育空疏和社会风气败坏的角度出发,站在理想主义的立场上,对科举制度的考试内容和方式等方面进行了严厉批评,南宋中期宰相赵汝愚严厉斥责科举制度影响下的太学的腐败,他说:"中兴以来,建太学于行都,行贡举于诸郡,然奔竞之风胜,而忠信之俗微。亦惟荣辱升沉,不由学校;德行道艺,取决糊名;工雕篆之文,无进修之志。视庠序如传舍,目师儒如路人。季考月书,尽成文具。"①朱熹也说:"所谓太学者,但为声利之场,而掌其教事者,不过取其善为科举之文,而尝得隽于场屋者耳。士之有志于义理者,既无所求于学,其奔趋辐辏而来者,不过为解额之滥,舍选之私而已。师生相视漠然,如行路之人。间相与言,亦未尝开之以德行道艺之实,而月书季考者,又只以促其嗜利苟得,冒昧无耻之心。殊非国家之所以立学教人之本意也。"②州县之学也是如此,朱熹说:"今郡县之学官,置博士弟子员,皆未尝考其德行道艺之素,其所受授,又皆世俗之书、进取之业,使人见利而不见义。"③南宋心学的代表人物陆九渊则说:"今天下士皆溺于科举之习,观其言,往往称道《诗》《书》《论》《孟》。综其实,特借以为科举之文耳,谁实为真知道者。口诵孔孟之言,身蹈杨墨之行者,盖其高者也;其下则往往为杨墨之罪人,尚何言哉!"④

尽管以朱熹为代表的新儒家严厉批评科举,甚至认为已经是"弊极矣",但并非要从根本上否定科举制度。当有人主张废止科举制

① 《宋史》卷157《选举志》3。
② 《朱熹集》卷69《学校贡举私议》。
③ 《朱熹集》卷79《衡州石鼓书院记》。
④ 《陆象山全集》卷11《与李宰》。

度,代之以上古时期的乡举里选,朱熹说:“乡举里选之法是第一义,今不能行。”当有门人问“今日科举之弊,使有可为之时,此法何如科目取人。”朱熹则说:“也废他不得。然亦须有个道理……更须兼他科目取人”。①

在朱熹看来,南宋科举制度的最大弊端在于科举制度的具体措施不合理,他说:“如今科举,直是法先不是了。今来欲教吏部与二三郎官尽识得天下官之贤否,定是了不得这事。”② 而朱熹改革科举的核心内容就是取消诗赋进士科,改革经义进士考试,他说:“只是就科举法中与之区处,且变着如今经义格子,使天下士子各通《五经》大义。”他对经义科考试也十分不满,认为:“今人作经义,正是醉人说话。只是许多说话改头换面,说了又说,不成文字。”为改变这种状况,朱熹认为应当通过改革经义科考试形式来引导士人学习儒家经典,他说:“闻虏中科举罢,即晓示云,后举于某经某史命题,仰士子各习此业。使人心有所定止,专心看一经一史,不过数举,则经史皆通。此法甚好。”③ 他在《学校贡举私议》中将这一思想进行了具体的阐述,即将诸经、子、史、时务分科分年考试,他说:

> 古者大学之教,以格物致知为先,而其考校之法,又以九年知类通达、强立不反为大成。今《乐经》亡而《礼经》阙,二戴之《礼》已非正经,而又废其一。经之为教已不能备,而治经者类皆舍其所难而就其易,仅窥其一而不及其余。若诸子之学同出于圣人,诸史则该古今兴亡治乱得失之变,皆不可阙者。而学者一旦岂能尽通?若合所当读之书而分之以年,使之各以三年而共通其三四之一。凡《易》《诗》《书》为一科,而子年、午年试之;《周礼》《仪礼》及二《戴记》为一科,而卯年试之;《春秋》及《三传》为

①②③ 《朱子语类》卷109《论取士》。

> 一科,而酉年试之。义各二道,诸经皆兼《大学》《论语》《中庸》《孟子》义一道。论则分诸子为四科,而分年以附焉。诸史则《左传》《国语》《史记》《两汉》为一科,《三国》《晋书》《南北史》为一科,《新旧唐书》《五代史》为一科。时务则律历、地理为一科,以次分年如经、子之法,试策各二道。又使治经者各守家法,答义者必通贯经文,条举众说而断以己意,有司命题必依章句,如是则士无不通之经、史,而皆可用于世矣。①

并根据不同的考试形式采取不同的命题要求,"使治经者必守家法,命题者必依章句,答义者必通贯经文,条举众说而断以己义"。② 认为士人通过这样的熏陶,不但"可以观士子之实学而息其谀佞之奸心矣",③而且可以使士人"无不通之经,无不通之史,而皆可用于世矣"。④在以道德为本体的新儒家看来,通过改革科举制度,促使士人学习儒家经典,是解决北宋以来科举考试中德行和道艺矛盾的重要手段。朱子的科举言论反映了日益发展的新儒学家改革科举的普遍心态,成为南宋科举发展史的重要组成部分。它尽管没有被南宋统治者所采纳,但天下有识之士对此称颂不已,并在元代明两代科举得到相当程度的应用。

(四) 制科与词科

除常科考试之外,宋代还有制科和词科考试。制科设置始于宋太祖乾德二年(964),设有贤良方正能直言极谏、经学优深可为师法、详闲吏理达教化3科,并于开宝三年(970)和开宝八年(975)两次发布诏令,要求各地举荐人才,但太祖、太宗两朝只录取了1名考生。真宗景德年间将科目增加为6科:贤良方正能直言极谏科、博通坟典达于教化科、才识兼茂明于体用科、武足安边科、洞明韬略运筹决

---

① 《宋史》卷156《选举》2。
②③④ 《朱熹集》卷69《学校贡举私议》。

胜科、军谋宏远材任边寄科，史称“景德六科”。但不久就废止了制科。仁宗天圣七年（1029）再次恢复制科，保留了除武足安边科之外的5科之外，又增设了详明吏理可使从政科、书判拔萃科、高蹈丘园科、沉沦草泽科和茂才异等科，史称“天圣十科”。但能应举登科的，事实上只有贤良方正能直言极谏、才识兼茂明于体用、茂材异等三科。北宋制举时行时废，南宋高宗绍兴元年（1131）正月，“首诏复置贤良一科”，①一直延续到南宋末年，但也是有名无实，这一时期的及第者仅1人而已。

宋代士人未仕、已仕者均可应诏参加制举考试。考试一般分为阁试、殿试两级。阁试按成绩分为五等，入前四等者方可参加殿试。殿试合格者分为五等，第一、二等空缺，第三等即为上等。制举登科，未仕者即依贡举进士例授予官职，有官者则依等第升迁。两宋制举共殿试22次，登科者人数甚少，总共只有41人次而已，虽然如此，也选拔了不少著名人才，如富弼、张方平、苏轼、苏辙等。

词科是用来选拔为朝廷起草诏诰文书官吏的科目，虽与制科选拔从政人才有区别，但还是形式上属于选拔特殊人才的制科，所以《宋史·选举志》和《文献通考》等史籍皆将其列入制科。词科考试产生于北宋哲宗时期，盛于南宋。绍兴三年（1133）规定了博学宏词科的考试内容：“凡十二题：制诏、诰表、露布、檄、箴铭、记赞、颂序内杂出六题，分为三场，每场体制，一古一今。”②而且还要求考生必须要先投三篇文章，然后才能由学士院选拔3名优秀者参加正式考试。考试的结果定为三等，上等转一官，无出身者赐进士及第，除馆职。中等磨勘三年，无出身者赐进士出身。下等减二年磨勘，无出身者赐进士。并许召试馆职。由于应词科的要求太严格，应试者太少。理宗嘉熙三年（1239）放松了要求，规定“止试文辞，不贵记问”。③只要

① 《愧郯录》卷11。

②③ 《宋史》卷156《选举志》2。

有出身者,都可以至礼部报名并投献文章,考试合格就能录取,不限名额。词科每三年开科一次,与省试同时进行。

词科由于过分注重文章的形式、技巧,往往内容空疏,因而经常受到有识之士的批评。据聂崇岐先生的《宋词科考》一文统计,宋代词科共计开科56次,每次录取不超过5人。南宋以后,词科“所得之士,多至卿相、翰苑者”,[①]词科出身的著名人物有洪迈、王应麟、吕祖谦等,南宋大奸臣秦桧也是词科出身。

## 四　禁学与科举考试

南宋后期文教政策的重要内容是以朱熹为代表的新儒家创立的新儒学体系历经多次禁学,最终成为科举考试内容的重要组成部分,这是科举考试内容的重要转折,也成为元明清三代以程朱理学作为主要考试内容的开端。

北宋中晚期,以二程为代表的新儒学受到王安石、蔡京等的压制,形成了“元祐党禁”,新儒家成为政治权力排斥的对象。南渡之初,为获得士人对其正统地位的认可,笼络士人,高宗明确表示“朕最爱元祐”,[②]在取消王安石配享神宗灵位的同时,解除了对“元祐学术”的禁锢,并先后召用了几位著名的理学家,《宋史》载:“崇宁以来,禁锢元祐学术,高宗渡江,始召杨时置从班,召胡安国居给舍,范冲、朱震俱在讲席。”[③]不仅如此,朝廷允许士人在科举考试中引用二程的观点,《文献通考》云:“自熙、丰间,程颢、程颐以道学倡于洛,海内皆师归之。中兴以来,始盛于东南。士子科举之文稍祖颐说。”[④]尽管只是“稍祖”程颐的学说,但这表示新儒学在这一时期的合法化。

① 《宋史》卷156《选举志》2。
② 《建炎以来系年要录》卷79。
③ 《宋史》卷428《道学》2。
④ 《文献通考》卷32《选举》。

不但著名的儒学家能够跻身于庙堂之上，而且普通的门人也有可能进入上层社会，学习新儒学成为士人的追逐的风尚，士人“意欲歆慕之，遂变巾易服，更相汲引，以列于朝”。①

但新儒学的这种发展的宽松环境持续还没有十年，绍兴六年(1136)，高宗又以朝廷官员利用程颐学说结党营私为由，禁止新儒学的传播。陈公辅云：“在朝廷之臣，不能上体圣明，又复辄以私意，取程颐之说，谓之伊川之学，相率而从之，是以趋时竞进……伏望圣慈，特加睿断。察群臣中有为此学，相师成风、鼓扇士类者，皆屏绝之。”②禁学政策在秦桧当国以后得到延续。绍兴十四年(1144)，为使和议政策得到实施，排斥反对议和者，将新儒学指控为“专门曲说”，并且将禁学和科举取士结合起来，八月二十四日，殿中侍御史汪勃云：“陛下兼爱南北之民，力定和议，与天下更始。崇儒重道，同符祖宗。臣愚以为今年科场，当国学初建，万方多士将拭目以观取舍，为之趋向。欲望戒敕攸司，苟专师孔孟而议论粹然，一出于正者，在所必取。其或采摭专门曲说，流入迂怪者，在所必去。”③高宗对此表示赞许，他说：“汪勃所甚善，曲学臆说，诚害经旨，当抑之，使不得作，则人之心术自正矣。可如所奏。”④为士人学习和研究新儒学设置了极大的障碍，出现了“秦丞相当国，场屋无道程氏学者”⑤的局面。程朱理学完全被排斥在科举考试内容之外，绍兴二十五年(1155)十月，秘书省正字张震言：“陛下临御以来，兴学校，制礼乐，天下学士靡然乡风。臣愿申敕天下学校，禁专门之学，使科举取士专以经术渊源之文。其涉虚无异端者，皆勿取。庶几士风近古。”⑥高宗对此表示赞

① 《建炎以来系年要录》卷108。
② 《建炎以来系年要录》卷107。
③ 《宋会要辑稿·选举》1之52。
④ 《宋会要辑稿·选举》4之27、28。
⑤ 《东莱集》卷13《陆先生墓志铭》。
⑥ 《建炎以来系年要录》卷169。

同。禁学政策延续了将近二十年,绍兴二十五年(1155)秦桧病死以后,高宗批准了叶谦亨的"程学不当一切摈弃"奏疏,解除了对新儒学的禁令。

孝宗即位以后,仓促派兵北伐,很快就以失败告终。尽管以朱熹为代表的新儒家也是主战派,反对与金朝议和,但他们认为收复领土的前提条件是改革南宋内部的各种弊端,特别是依照新儒家所规定的伦理纲常重建统治秩序是关键。隆兴元年(1163),朱熹在奏折中尖锐地指出北伐不具备条件。这种切合实际的分析,切中了孝宗组织北伐失败的要害,使其十分不高兴,朱熹在《与魏元履书》中描述了自己在给孝宗讲学时的状况:"熹六日登对,初读第一奏,论致知格物之道,天颜温粹,酬酢如响。次读第二奏,论复仇之义,第三奏论言路壅塞、佞幸鸱张,则不复闻圣语矣。"①孝宗对朱熹的这种态度成为新一轮禁学的导火索,淳熙五年(1178),朝廷再次宣布在科举考试中禁止使用新儒学的观点。此后,朱熹屡次上书批评朝政,更加激化了孝宗和新儒家的矛盾,朝廷甚至以罢免尊奉理学的官员相威胁,监察御史陈贾上奏曰:"近世搢绅士夫,有所谓道学者……不几于假其名以济其伪者邪?……愿陛下明诏中外,痛革此习,于听纳除授之间考察其人,摈斥勿用,以示好恶之所在。"②这一奏疏得到了皇帝的批准。值得注意的是,此次禁学是由新儒家对政治的批判引发的,它是政治斗争的一种表现形式而已。因此,孝宗时期虽然对新儒家进行了一些政治上的打压,但对新儒家的学术和教学活动并未禁止,甚至成为南宋学术最为活跃的时期,南宋几个在中国古代思想领域有影响的新儒学派奠基人都活跃于这一时期。事功学派的核心人物陈亮云:此时"广汉张栻敬夫、东莱吕祖谦伯恭,相与上下其论,而皆有列于朝。

① 《朱熹集》卷24《与魏元履书》。
② 李心传:《道命录》卷5《陈贾论道学欺世盗名乞摈斥》。

新安朱熹元晦讲之武夷，而强立不返，其说遂以行而不可遏止”。①

淳熙十六年（1189）光宗登基，1190 年改元绍熙，解除对新儒学控制的呼声日益高涨，刘光祖上书云：“方今道学，伊洛为宗，实非程氏之私言，出于《大学》之纪载……伏几圣心廓然，永为皇极之主，使是非由此而定，邪正由此而别，公论由此而明，私情由此而熄，道学之讥由此而消。”②光宗准奏，结束了淳熙五年以来对新儒学的压制局面，新儒学也得到了蓬勃的发展。

但庆元元年（1195）六月宁宗即位以后，新儒学又失去了宽松的发展环境。出于权力斗争的需要，权臣韩侂胄将新儒学视为“伪学”。同年七月，求当执政心切的何澹请禁伪学，史载：“十三日上疏，论专门之学流而为伪，空虚短拙，文诈沽名，诏榜朝堂。”③刘德秀指责新儒学者“口道先王语，而行如市人所不为”，要求“以孝宗为法，考核真伪，以辨邪正”。④ 宁宗同意了他的建议，又一次禁止新儒学，史称“庆元党禁”。此次禁学的措施和程度都远远超出了南宋前几次，不但直接罢免了新儒学的代表人物朱熹的官职，流放其学术助手蔡元定，而且在科举考试中严厉打击采用程朱理学答卷的考生，庆元二年（1196）二月，“禁省闱习伪学。知贡举叶翥、倪思、刘德秀奏论文弊上言：‘伪学之魁，以匹夫窃人主之柄，鼓动天下，古文文风未能丕变。乞将《语录》之类尽行除毁。’是科取士，稍涉义理，悉见黜落。六经、《语》、《孟》、《中庸》、《大学》之书，为世之大禁”。⑤并且认定新儒学派将科举考试作为结党营私、徇私舞弊的工具。同年三月，吏部尚书叶翥等上奏：“二十年来，士子狃于伪学，汩丧良心，以六经、子史为不足观，以刑名、度数为不足考，专习语录诡诞之说，以盖其空疏不学之

① 陈亮：《陈亮集》卷 28《钱叔因墓碣铭》。

② 李心传：《道命录》卷 6《刘德修论道学非程氏之私言》。

③ 《庆元党禁》（不分卷）。

④⑤ 《两朝纲目备要》卷 4。

陋，杂以禅语，遂可欺人。三岁大比，上庠校定，为其徒者专用怪语暗号，私相识认，辄置前列，遂使真才实能，反摈不取。”①宁宗朝禁学政策一直持续至八年以后的嘉泰二年(1205)。该年五月，有朝臣上奏：“前日习伪之徒，盗名以欺世，其罪固不容诛。今者以伪攻伪，其弊遂至于欺君，罪又甚焉……世人哗然指攻伪而为进身之具，钓取爵禄之资……欲望睿慈下臣此章，播告中外，继自今以始，专事忠恪，毋肆欺谩，不惟可以昭圣朝公正之心，抑有以杜伪习淆乱之患。”②宁宗批准了这一奏章。虽然新儒学仍被视为“伪学”，但对其打击的程度已经大为减轻了，“道学之禁稍解矣”。③

宁宗嘉定二年(1209)十二月，朝廷赞扬朱熹“集诸儒之粹”，“有功于斯文”，称其为“孟子以来不多有”的儒学大师，以朱熹为代表的新儒学派获得了统治者的认可。嘉定五年(1212)，批准国子司业刘爚将《论语集注》和《孟子集注》二书立学的请求，正式成为官方教材，这也就意味着，程朱理学正式成为科举考试的内容。理宗即位以后，极力倡导程朱理学，宝庆三年(1227)，理宗下诏曰：“朕观朱熹集注《大学》《论语》《孟子》《中庸》，发挥圣贤蕴奥，有补治道。朕方励志讲学，缅怀典刑，深用叹慕，可特赠熹太师，追封信国公。”④程朱理学的官方哲学地位再次得到强化，也成为科举考试的重要内容。

南宋建炎二年(1128)至咸淳十年(1263)共开科 49 次，录取正奏名进士 23 198 人(含新科明法之人)，特奏名进士 22 442 人，共计 45 640 人。虽然总数少于北宋，但由于南宋的疆域比北宋大约减少了五分之二，其户数及人口也大约减少了五分之二。由此可见，南宋士人的比例数无疑是大大增加了。尤其是南宋特奏名登科者占总人

① 《宋会要辑稿·选举》5 之 17～18。
② 《道命录》卷 7 下《言者论习伪之徒唱为攻伪之说乞禁止》。
③ 《宋史》卷 156《选举志》2。
④ 《续资治通鉴纲目》卷 19。

数的 54.2%，比北宋增加了 14.8%，[①]这也反映出南宋统治者通过科举制度笼络士人阶层的良苦用心。

尽管南宋科举弊端丛生，但还是南宋文官的主要来源，科举出身者占据了南宋官僚体系中的主体。不但涌现出文天祥、赵汝愚、陆秀夫等治国之才，而且还选拔了许多有较高学术造诣的学者，南宋著名的思想家朱熹（绍兴十八年）、吕祖谦（隆兴元年）、陆九渊（乾道八年）、陈亮（绍熙四年状元及第）、叶适（淳熙五年进士第二）等皆是进士出身。据笔者统计，《宋元学案》所收录的人物中，理宗之前进士出身的有 224 人，[②]其中有著作问世的人有 99 人，占总数的 44%。宝祐四年（1256）殿试时，理宗在策题中针对当时的社会现实，提出有什么办法能够改变人才匮乏、士习浮华、国库空虚、兵羸军弱的状况。文天祥以"不息"为中心，直言不讳地指出：皇权独断、贪官暴吏充斥、宫廷奢华，都是造成今天这种社会局面的原因。为改变现状，他认为必须改革，要自强不息，主张下放权力，以正人君子代替贪官暴吏，节省开支，壮大军队。文天祥下笔万言，敢于批评王权，在对策中是相当少见的。评阅试卷的著名史学家王应麟最初将文天祥排在第七名，宋理宗看了以后，被文天祥的一片忠心感动了，提出将文天祥排在第一位，录取为新科状元。

不仅如此，南宋科举制度也在一定程度上促进了社会的流动，通过科举考试进入上层社会的贫寒之士确实不在少数。1947 年，美国汉学家柯睿格根据南宋绍兴十八年（1148）《同年小录》统计，在可考家庭背景的 279 名进士中，父祖二代中全无做官的有 157 人，占 56.3%；根据宝祐四年（1256）《登科录》统计，家庭背景可考的 572 名进士中，平民家庭出身的有 331 人，占 57.9%，因此科举造成了相当

① 张希清：《南宋贡举登科人数考》，《古籍整理与研究》1990 年第 5 期。

② 这一统计没有将特奏名进士计算在内，此外有的不能确定时间的进士也没有计算在内。

范围的社会阶层流动。[①]

南宋统治者通过变通科举政策,尽量消除战争对科举制度的影响,并通过不断修补完善科举制度,使不少真才脱颖而出,科举成为士人社会关注的焦点,赵宋统治者偏居的南方成为典型的科举社会,在这种文化氛围的社会中,读书应举成为一种社会风尚,“为父兄者,以其子与弟不文为咎;为母妻者,以其子与夫不学为辱”。[②] 这种风气的长盛不衰,有力地推动了宋代教育的普及和文化的发展,以至出现了“读书人人有分”[③]的观念,甚至连偏远的村落也是如此,故有“孤村到晓犹灯火,知有人家夜读书”的诗句。[④]

科举取士实行精英治国或贤能治国体制,能否当官以才学为依据,因此宋代就有这样的说法:“学,则庶人之子为公卿;不学,则公卿之子为庶人。”[⑤]官宦人家的子弟也只有通过科举才能使其家道不致中落。若无法延续其科第链条,则无法保住其家庭的政治和经济地位。而一些士人通过科举,“朝为田舍郎,暮登天子堂”,青云直上至中高层官员,形成了相当大的社会阶层流动,使政府官员的结构多样化,这种官员成分的不断更新有利于保持活力和清明吏治。

此外,书籍的增加和印刷术的普及与科举制的推动密切相关。宋人岳珂曾说:“自国家取士场屋,世以决科之学为先,故凡编类条目,撮载纲要之书,稍可以便检阅者,今充栋汗牛矣。建阳书肆,方日辑月刊,时异而岁不同,以冀速售,而四方转致传习,率以携入棘闱。”[⑥]这种读书风气形成的直接结果是士人阶层的扩大,而士人阶

---

① E. A. Kracke, Family Vs. Merit in Chinese Civil Service Examinations Under the Empire. *Harvard Journal of Asiatic Studies*, 10, 1947. pp. 115 - 116.

② 《容斋随笔·四笔》卷5《饶州风俗》。

③ 施彦执:《北窗炙輠录》卷上。

④ 《晁具茨先生诗集》卷12《夜行》。

⑤ 黄坚:《古文真宝前集》卷1《柳屯田劝学文》。

⑥ 岳珂:《愧郯录》卷9《场屋编类之书》。

层的扩大并不一定意味着寄生阶层的扩大或游手好闲者的增加，只是从事知识生产和学习的人数增加，或者说只是扩大了精神文明领域中的活动者而相对减少了物质文明领域中的活动者。

虽然南宋的科举历史不像北宋科举那么变化多端，但总体而言，科举制度的发展到宋代出现了中国历史上最具决定意义的变化[1]。科举取士的积极作用在宋代得到了充分的发挥，它不仅为与宋朝对峙的辽、金两朝所模仿，而且最终还被代宋而起的元朝所采用。

---

① 李弘祺：《宋代官学教育与科举》，(台北)联经出版事业公司，1994年版，第23页。

# 第四章　科举魔力的体现

辽、金、元是我国北方少数民族建立的政权，以契丹为核心建立的辽朝和以女真为核心建立的金朝与汉族政权并存，元朝则建立了一个横跨欧亚大陆的庞大帝国。通过唐宋统治者的不断建设和完善，科举逐渐显示出“天下至公”的制度威力，它有如一块巨大的魔法石，不但实现了统治者所希望的让天下所有“英雄入彀”的宏愿，而且还吸引了与中原文化异质的辽、金、元三朝少数民族统治者的目光，使他们在参照、吸收汉人唐宋科举制度基础上采行科举取士之法，这充分体现出科举的魔力已经深入到少数民族统治者和士人心中。

## 第一节　“蕃汉不同治”：辽代科举

辽朝（916～1125）是以契丹族为核心在中国北方游牧地区建立的少数民族政权。907年，耶律亿（阿保机）依靠自身的实力，取代遥辇氏称可汗，创建了契丹王朝，即辽朝。至916年，耶律阿保机立国号契丹，建元“神册”。耶律阿保机称天皇王，述律氏称地皇后，以长子耶律倍为太子。大同元年（947）改国号为辽。辽圣宗统和元年（983）复改国号大契丹国。统和二十五年（1007）中京建成，以中京为都城。辽道宗咸雍二年（1066）复号大辽。辽天祚帝保大五年（1125）为金国所灭。从耶律阿保机创立契丹王朝到辽朝灭亡，辽朝一共延续了209年。

### 一　由局地推到全境

辽朝是以耶律阿保机为首的契丹族通过不断的武力征伐逐步建

立起来的，呈现出少数民族执掌政权、崇尚武力和文化相对落后三个显著特点。正因为如此，辽太祖耶律阿保机执政期间并未设科取士，辽初多选北方游牧民族的俊秀者为官，以“世选制度”选拔契丹贵族和其他少数民族贵族子弟为官。清代学者赵翼云：“辽初功臣无世袭，而有世选之例。”《续通志》云：“辽初官职多由帐院所选，不设科举保荐之法。”①世选制度并非世袭制度，是从官员子孙内选拔人才之制，赵翼云：“盖世袭则听其子孙自为承袭；世选则于其子孙内，量才授之。兴宗诏‘世选之官，从各部耆旧择材能者用之’是也。”②除了世选之外，还有恩荫制度，如辽朝的韩、刘、马、赵四大家族，基本上都是依靠荫补步入仕途的。由于恩荫并不是辽朝选拔官吏的核心制度，其实施范围和影响相对比较小，不仅无法与世选制度相比，更不能与后来辽朝实行的科举制度相提并论。辽太祖执政期间，虽然并没有实行科举取士，但是通过任用汉族官员和建立汉城，让契丹贵族加深了对汉族文化的认识，为辽朝实行科举奠定了良好的思想和文化基础。

辽太祖耶律阿保机于天显二年（927）驾崩后，其次子耶律德光在述律后的帮助下继任，即辽太宗。辽太宗在加强了对原有控制地区管理的同时，还得到了领土扩张的极佳机会，即天显十一年（936），中原地区发生了内部动乱，后唐河东节度使石敬瑭与末帝李从珂互相猜忌，石敬瑭在晋阳叛变，反唐自立。辽太宗亲自率领契丹大军支援石敬瑭，在晋阳（今太原）打败后唐张敬达、杨光远。十一月，辽太宗在晋阳册封石敬瑭为“大晋皇帝”。闰十一月，石敬瑭攻下洛阳，后唐废帝李从珂自焚而死，辽太宗率兵北还。辽太宗会同元年（938）十一月，石敬瑭以后晋皇帝之名，遣使奉表，割幽（今北京市）、蓟（今天津蓟州区）、瀛（今河北河间）、莫（今河北任丘市）、涿（今河北涿州市）、

---

① 嵇璜等：《续通志》卷141《选举略》2。
② 赵翼：《廿二史札记》卷27《辽官世选之例》。

檀(今北京密云)、顺(今北京顺义)、新(今河北涿鹿)、妫(今河北怀来)、儒(今北京延庆)、武(今河北宣化)、云(今山西大同)、应(今山西应县)、寰(今山西朔县马邑)、朔(今山西朔县)、蔚(今河北蔚县)十六州给辽朝,并承诺每年向辽朝输帛 30 万匹。从此,燕云十六州便归辽朝了,后晋也成为辽朝的附庸。

由于燕云十六州的政治、经济、文化水平远远高于辽朝原来的控制地区,幽州成为辽朝在华北的政治、文化重要地区。为了加强对燕云十六州的统治,辽太宗决定实行“因俗而治”的基本国策,“至于太宗,兼制中国,官分南、北,以国制治契丹,以汉制待汉人”。[①] 他还对官僚机构进行了调整。不仅如此,辽太宗还在原有的部落组织中引入了汉官名号,增加了负责监督、礼仪、文翰、对外交往方面的机构和官员职数。在南京所辖州县,“置百官,皆依中国,参用中国之人”,[②]这不仅为辽朝建立南、北面官制奠定了良好的基础。而且使汉族官员的数量急剧增加。为尽快选拔出更多的高素质官员,辽朝统治者决定效仿唐宋,在燕云十六州率先实行科举取士制度,将汉族士子选拔到燕云十六州的官僚机构中来,以真正实现对新掠夺的汉族聚居区的统治。

对于辽朝首次实行科举的时间,因相关史料的记载存在差异,导致出现不同的解读。《辽史》载:“辽起松漠,太祖以兵经略方内,礼文之事固所未遑。及太宗入汴,取晋图书、礼器而北,然后制度渐以修举。至景、圣间,则科目聿兴,士有由下僚擢升侍从,骎骎崇儒之美。但其风气刚劲,三面邻敌,岁时以搜狝为务,而典章文物视古犹阙。”[③]《契丹国志》卷 23《试士科制》所载的内容也基本相同:“太祖龙兴朔漠之区,倥偬干戈,未有科目。数世后,承平日久,始有开辟。”这

---

① 《辽史》卷 45《百官志》1。
② 欧阳修:《新五代史》卷 72《四夷附录第一》。
③ 《辽史》卷 103《文学传》上。

一史料包含的信息非常丰富：首先，认为辽太祖忙于战争，并未在文教方面有所建树，实际否认了辽太祖曾经开科取士；其次，对于辽太宗，仅仅说明了其在制度完备方面作出了重大的贡献，但是并未说明在他统治时期实行了科举制度；再次，将科举制度的“聿兴”，也就是科举制度兴起的时间确定在景宗、圣宗年间。

对于这样的记载，清人厉鹗在其在编撰的《辽史拾遗》中对《辽史》记载的景宗、圣宗年间的科举一事进行了梳理，他说：“史称，景宗保宁八年，诏复南京礼部贡院。圣宗统和六年，诏开贡举。而保宁九年至统和五年，十年之中，易州已有进士三人，又出一姓，皆在未开贡举之前，岂景宗诏复贡院之后，南京已诏科而未及他处耶？惜不可考矣。”[①]在厉鹗看来，《辽史》将辽朝开科的时间定在圣宗统和六年(988)。厉鹗对此提出质疑，他引用《易水志》的关于科举及第者的记载：“保宁九年，进士易州魏璟。统和二年，魏上达。五年，魏元真。”[②]这也就是说，在保宁九年(977)至统和五年(987)的十年之中，仅易州一地就出了3名进士，而且都是姓魏。在厉鹗看来，他们3人及第都在统和六年(988)之前，由此可以推断辽朝科举制度的肇始并不在景宗、圣宗期间，而应在此之前。但是，到底是在景宗、圣宗之前的何时开科，厉鹗认为已经不可考矣。《续文献通考》则引用《辽史·室昉传》关于室昉在会同初年考中进士的记载，否定辽朝科举始于圣宗统和年间，“臣等谨按：辽科目始见于统和，而室昉传称会同初登进士第，则进士之来，远矣”。[③]

室昉在辽初登第的记载并不是辽朝开科的孤证，还有文献记载了辽朝科举的及第者。北宋田况的《儒林公议》对于辽朝开科取士的时间有比较明确的记载：“契丹既有幽、蓟、雁门以北，亦开举选，以收

①②　厉鹗：《辽史拾遗》卷16《补选举志》。
③　王圻：《续文献通考》卷34《选举志》1。

士人。”[1]由于辽朝取得燕云十六州的时间是在会同元年(938),这也就是说,在田况看来辽朝实行科举是在会同元年之后。

《旧五代史》亦有类似的记载:刘晞年少时,以精通儒学而闻名于乡里,曾充任唐将周德威的幕僚。刘晞被辽朝俘虏之后,“契丹以汉职縻之。天福中,契丹命晞为燕京留守,尝于契丹三知贡举,历官至同平章事、兼侍中”。[2] 从关于刘晞的这一记载来看,刘晞曾经在天福年间三次担任科举考试的主考官。“天福”为五代后晋高祖石敬瑭年号,始于936年,止于944年,与此相对应的辽朝年号为太宗天显(927~938)、会同(938~947)。从刘晞在辽朝担任知贡举的经历来看,辽朝开科应是在会同元年之后。

《宋史》卷264《宋琪传》的记载也能说明辽朝开科是会同元年之后,幽州蓟人宋琪“少好学,晋祖割燕地以奉契丹,契丹岁开贡部,琪举进士中第,署寿安王侍读,时天福六年也”。天福六年(941)是后晋高祖皇帝石敬瑭的年号,对应的辽朝的年号是太宗会同四年(941),这说明辽朝开科的时间应该是在太宗会同四年之前。这也就是说,辽朝初次开科时间并非如《辽史》之《文学上》所记,既不是在景宗和圣宗年间,也不是圣宗统和六年(988)。

在具体的开科年份问题上,从刘天骥、室昉和刘晞的记载来看,辽朝首次开科是在会同元年之后。宋琪在辽太宗会同四年进士及第的记载,则说明在会同四年之前已经开科。我们完全可以有理由认为,辽朝首开科举的时间应该是在会同元年至会同四年之间。由于石敬瑭将燕云十六州献给辽太宗的时间是会同元年(938)的十一月。之后,辽太宗采取了一系列的措施,主要有升幽州为南京,宣布“以汉制待汉人”为南京地区的基本国策等,而通过实行科举选拔大量汉族

---

① 田况:《儒林公议》卷下。
② 薛居正:《旧五代史》卷98《刘晞传》。

文官是落实这一国策的重要措施。创立于隋代的进士科举制度一直是作为汉族政权的选官考试制度，其考试内容也是以儒家经典、诗赋文学为主，参加考试的对象是汉族知识分子。而辽朝作为少数民族政权，不但没有实行科举取士的传统，而且也谈不上有实行科举的经验。因此，在会同元年仅剩的两个月时间内，作为少数民族政权的辽朝要在南京顺利开科取士并不是一件容易的事情。因此，我们认为，辽朝确定在南京实行科举取士的时间可能是会同元年，而真正开科取士是在会同二年(939)。

对于辽朝在燕云十六州开科的意图，有的学者认为这是辽朝的权宜之计。白寿彝总主编的《中国通史》认为："辽代举行科举考试的时间，前后不同。自会同初至统和六年(988)无定期，为笼络和选拔汉族士人的临时措施，权宜之法。"①然而，我们认为辽初统治者实行科举，并不能被看作权宜之计，更不是偶然为之。主要有以下原因：

首先，辽初开科虽无定制，但是开科是相当频繁的。前文所引刘晞在天福中曾经三次担任辽朝知贡举，尽管我们无法确切知道刘晞担任知贡举的年份，但是他在这段时间内三次知贡举，说明辽朝初年开科频率是相当高的，因此并不是如有学者所言"多是偶然为之"。

其次，获得燕云十六州以后，辽朝实行"因俗而治"，将科举视为辽朝治理这一原为汉族统治区的重要手段。尽管由于史料的阙如，我们无法找到会同初年开科时及第者的题名录，但是辽朝通过科举考试选拔燕云十六州的汉族士子，充实到这一地区的官僚队伍之中，不但扩大了辽朝官僚机构的统治基础，而且对推动辽朝政权的封建化进程都有一定的积极意义。

---

① 白寿彝等：《中国通史》(第七卷)，上海人民出版社，1999年版，第995页。

再次,辽朝在南京实行科举,南京实际上就成为辽朝以科举取士的试点地区,这不仅使契丹贵族能更直接地接触儒家文化,而且通过在南京选拔的文官,能真切地感受到科举取士对于选拔治世之才,实现辽朝统治的好处,让作为少数民族的辽朝皇帝和贵族感受到了科举取士制度的优越性,使他们有意愿将科举推向辽朝全境,并将其制度化。可以说,在南京实行的科举为辽朝科举的发展奠定了良好的基础。因此,辽朝在南京实行科举,不能被视为"临时作出决策",更不是"权宜之计"。

辽太宗之后,出现了世宗、穆宗两朝的20年动荡局势,尤其是穆宗的暴政让辽朝的内忧外患都凸显出来。执掌朝政的皇后萧绰唯才是举,在团结大批有才能的契丹贵族的同时,也大胆任用汉族官员,内安百姓,外御强敌,为政局的稳定奠定了良好基础。正是在这样的背景下,为选拔更多的有才华的汉人和渤海人,加强科举的制度建设成为这一时期辽朝统治者的重要选择。

作为制度建设的重要内容,辽朝统治者加强了科举的管理机构建设。《辽史·景宗本纪》载:景宗保宁八年(976)十二月戊午,"诏南京复礼部贡院"。在此诏令中,明确地表明是"复"礼部贡院,即再一次设立礼部贡院,或者说是恢复礼部贡院。辽初曾经仿效后唐,将贡院作为科举的管理机构,而此处用"复",说明辽初设立的礼部贡院已经中断或者被取消。尽管从现有文献的相关记载,我们无法知道辽初设立的贡院何时被取消,但是辽太宗之后,辽朝皇室围绕皇位继承问题发生激烈的斗争,属于"礼文之事"的南京科举被搁置也就在情理之中,贡院因此也就没有存在的必要。景宗即位之后,政局逐渐稳定之后,科举再次被统治者提到议事日程上来。因此,辽朝统治者"复"礼部贡院,显然是要把科举再次作为选拔官员的重要途径。

辽朝科举仅仅局限于南京的局面直到辽圣宗统和六年(988)才

得以改变，也就是说在南京实行科举半个世纪之后才得到彻底改变。统和六年，辽圣宗"诏开贡举"，[1]将科举从南京推向辽朝全境，科举也逐渐走向制度化。与之相适应，贡院不仅从南京迁至上京临潢府，管理的范围也由南京扩大到全国，使贡院成为名副其实的全国性的科举管理机构，这是科举走向制度化、正规化的重要标志。

在科举向辽朝管辖的全境推广之后，开科频率非常高。据《辽史》的记载，圣宗统和六年(988)起，至圣宗太平十年(1030)的42年间，辽朝开科多达30次。其中，统和年间共计开科18次，圣宗开泰年间和太平年间分别开科6次。

自圣宗统和六年(988)起，辽朝在全境实行科举，但录取进士人数并没有立即大幅度增加，统和年间共计开科18次，共计录取76名进士，平均每科录取的人数仅为4.2名，其中前10科每科的录取人数仅为1～2名。至圣宗开泰三年(1014)起，辽朝录取进士的人数明显增加。此后至太平十一年(1031)，辽朝共计开科12次，录取进士488名，平均每科录取人数达到40名，是前期每科平均数的9倍之多。辽圣宗朝共计开科30次，录取进士564名。

从圣宗朝科举录取的进士人数不断增加来看，辽朝统治者对于科举取士的重视程度也在不断增加，甚至将其作为选拔官员的重要来源之一。在科举及第的诱导下，辽朝科举越来越受到辽朝全境汉族知识分子的重视，这有利于辽朝的政治稳定和文化的发展。

尽管如此，与南京原来属于汉族统治区域不同，南京地区的士子已经习惯了读书应试，通过科举获取进身之途，因此，他们对科举有较高的认同感，参加科举的积极性也比较高。而辽朝的大部分地区归契丹贵族统治，这一区域内的汉族士子对科举熟悉程度、认知程度等都不如南京地区，他们从了解、认识和认同科举，到积极应试需要

---

① 《辽史》卷12《圣宗本纪》3。

一个过程。加之,科举尽管已经在南京地区实行了50年之久,但是将其推向辽朝全境,这对于第一个在全境实行科举的少数民族政权来说,仍然有诸多制度需要进一步加以完善。因此,尽管圣宗朝科举已经有长足的进步,已经为辽朝科举的发展奠定了坚实的基础,但是辽朝科举依然有进一步发展与完善的空间。

### 二　盛极而衰

辽朝科举经历了圣宗时期的发展,至兴宗、道宗朝则步入了快速发展的轨道,无论从制度建设、录取人数,还是其在政治生活中的地位,都已经达到了鼎盛的阶段。然而,至天祚帝后期,随着辽朝政局出现风雨飘摇之势,加之遭受到以完颜阿骨打为首的金朝的猛烈进攻,辽朝统治者已经无暇顾及“礼文之事”,科举逐渐走向衰败,直至因辽朝的终结而停止。

太平十一年(1031)六月,圣宗驾崩,耶律宗真继位,即辽兴宗。据《辽史·兴宗本纪》载:兴宗“幼而聪明,长而魁伟,龙颜日角,豁达大度。善骑射,好儒术,通音律”。① 正是因为兴宗“好儒术”,发展科举就成为其治国理政的重要举措之一。兴宗在位期间,共开科6次,除重熙十九年(1050)没有明确记载录取人数之外,兴宗朝共计录取进士280名,平均每科录取的人数46名,延续了圣宗朝后期录取人数比较多的趋势。但是与圣宗朝开科频次非常高,甚至每年开科不同,兴宗朝的开科间隔明显延长,除重熙五年、七年两科是间隔1年,十九年和二十四年是间隔4年之外,其余都是间隔3年开科。

重熙二十四年(1055),兴宗驾崩,长子耶律洪基继位,即是道宗。耶律洪基6岁即封梁王。重熙十一年(1142),进封燕国,总领中丞司事。次年,总北南院枢密使事,加尚书令,进封燕赵国王。至二十一

---

① 《辽史》卷18《兴宗本纪》1。

年(1052),被封为天下兵马大元帅,直接参与朝政。《辽史》对于道宗有很高的评价:"帝性沉静、严毅。每朝,兴宗为之敛容。"[①]道宗即位之后,在位46年,继续实行科举取士。自清宁五年(1059)起,开科12次,除咸雍十年(1074)没有记载取中进士数之外,道宗朝共计录取进士979名,每科平均录取81名进士,每科录取进士数在辽朝的历朝之最,其中咸雍六年(1070)录取138名进士,是辽朝录取人数最多的一榜。道宗朝开科并不频繁,间隔时间多为2～4年。仅从录取人数来看,辽朝科举已经发展到鼎盛了。

寿昌七年(1101)正月,道宗驾崩,耶律延禧继位,被尊为天祚皇帝。耶律延禧为道宗之孙,昭怀太子耶律浚之子。六岁封梁王,加守太尉,兼中书令。3年后,进封燕国王。因昭怀太子夫妇为耶律乙辛所害,耶律延禧为皇位继承人。大安七年(1091),总北南院枢密院使事,加尚书令,为天下兵马大元帅。天祚皇帝是辽朝的最后一位皇帝,在位长达25年。至辽末,天祚皇帝已经无暇于"礼文之事",科举受到直接的冲击,直至停开。天祚帝在位期间,共开科6次,除天庆五年(1115)无法确定录取人数之外,天祚帝在位期间,通过正式的科举考试,共录取进士473人,平均每科录取78人。

至天祚帝末年,摄政的耶律淳、称制的德妃开展过三次恩赐进士的活动:第一次是,天祚皇帝保大二年(1122),耶律淳"以处温守太尉,左企弓守司徒,曹勇义知枢密院事,虞仲文参知政事,张琳守太师,李处能直枢密院,李奭为少府少监、提举翰林医官,李爽、陈秘十余人曾与大计,并赐进士及第,授官有差"。[②]

第二次是,建福元年(1122),"百官上号天锡皇帝,改保大二年为建福元年,大赦。放进士李宝信等一十九人,遥降天祚为湘阴王"。[③]

---

① 《辽史》卷21《道宗本纪》1。
② 《辽史》卷29《天祚皇帝本纪》3。
③ 《辽史》卷30《天祚皇帝本纪》4。

第三次是，德兴元年(1122)，天锡皇帝“遗命遥立秦王定以存社稷，德妃为皇太后，称制，改建福为德兴元年，放进士李球等百八人”。①

这三次科举取士活动虽然并未严格按照辽朝的科举程序实施，但这是在特定历史背景下所开展的科举活动，是在选拔治世人才的同时，更希望通过科举能达到笼络士子，稳定民心、军心，以延续辽朝政权的存在时间的目的。至天祚帝保大五年(1125)，辽朝为金国所灭，科举亦随之终止。

在正式开科取士之外，圣宗朝还仿效唐宋开常科之外，亦实行制科，以录取有特殊才能的人。如统和十二年(994)十一月庚戌，“诏郡邑贡明经、茂材异等”。② 此时辽朝虽然实行科举取士，但是录取的人数非常少，因此需要采用制科等特殊手段来选拔草泽隐逸之士，以满足辽朝对汉族官员的需求。除此之外，圣宗还征召所俘虏的、投诚的北宋进士，通过考核之后，授予地官官职，补充到地方官僚机构中去，扩大了辽朝的统治基础。如圣宗统和七年(989)三月初一，“宋进士十七人挈家来归，命有司考其中第者，补国学官，余授县主簿、尉”。③ 与常科相比，辽朝的制科开设时间并不长，取中的士子也并不多。

### 三　科举程式

辽朝自会同初年开科以来，仿效后唐、宋代科举，至辽圣宗朝以后，结合契丹族统治的需要，逐渐建立了较为完善的科举制度，为辽朝科举的运作，及其在政治、文化与社会中发挥作用提供了制度的保障。

---

① 《辽史》卷30《天祚皇帝本纪》4。
② 《辽史》卷13《圣宗本纪》4。
③ 《辽史》卷12《圣宗本纪》3。

与唐宋科举制度相似，辽朝科举亦有常科和制科之设。在辽金文献中，辽朝有词赋科或诗赋科的记载，圣宗太平五年（1025），“求进士得七十二人，命赋诗，第其工拙，以张昱等一十四人为太子校书郎，韩栾等五十八人为崇文馆校书郎”。[①] 重熙五年（1036）九月，兴宗在黄花山狩猎，捕获36只熊。十月幸临南京，大赦析津府境内囚犯，是年主持御试，以《日射三十六熊赋》和《幸燕诗》为题，这是以诗赋为考题，也就是说词赋或者诗赋成为辽朝科举考试的科目之一。

除词赋科之外，辽朝科举可以明确的科目还有明经科、律学科和制科。明经科是唐代主要常科之一。辽朝沿袭唐、五代科举，将明经科作为科目之一。据《辽史》卷13《圣宗纪四》：统和十二年（994）十一月，“诏郡邑贡明经、茂材异等”。有关辽朝明经科进士及第者的记载还散见于碑刻之中，《师哲为父造幢记》记载：“□公讳颉，生而迥异，长而好学。重熙二十四年，一举明经擢第。”从师颉的记载来看，重熙二十四年（1055）不但开科，并且设有明经科。

在词赋、明经科之外，辽朝科举的常科还有律学科，专门选拔法律人才。律学科的设置时间最晚应在道宗清宁后期。《窦景庸女赐紫比丘尼造经记》记：“施主窦景庸相公女赐紫比丘尼。乡贡律学张贞吉施手书。”而《辽史》列有《窦景庸传》，对窦氏的记载为道宗清宁中进士及第，大安九年（1093）卒。从窦景庸的及第时间来看，至少在道宗朝的中后期，辽朝科举已设有律学科。在常科之外，辽朝还仿效唐朝、五代科举，开设制科。辽朝开设的制科主要有举才行、贡明经、茂才异等、举才能、举贤能等，但辽朝制科举行的次数非常少。

由于史料记载的原因，研究者对于辽朝科举层级的认识并不一致。《契丹国志》载：辽朝科举“有乡、府、省三试之设。乡中曰乡荐，府中曰府解，省中曰及第。时有秀才未愿起者，州县必根刷遣之……

---

① 《辽史》卷17《圣宗本纪》8。

殿试,临期取旨”。[①]《金史》亦云:“金设科皆因辽、宋制……凡诸进士、举人,由乡至府,由府至省,及殿廷,凡四试皆中选,则官之。”[②]从这两则史料来看,前者认为辽朝科举为乡试、府试和省试三级,后者认为辽朝科举有乡试、府试、省试和殿试四级。无论是三级说还是四级说,基本上承认乡试、省试和殿试的存在,而主要分歧则在府试这一级。

由于辽朝科举仿效唐、五代、宋代科举,而唐、五代和宋代科举都存在州县一级的解送考试,被称为“乡赋”“乡荐”或“乡试”。五代和宋代均有类似的解送考试。因此我们认为辽朝文献中关于“乡贡”“乡解”的表述,实际是解送考试的简单化表达,或者是修史书者所处时代的一种约定俗成的表达方式,其中应该包含了乡试、府试。《王泽墓志》所记王泽以朝廷官员的身份主持的析津府考试,这不但可以说明府试的存在,而且说明朝廷对于府试的重视程度。2008 年 12 月,在内蒙古赤峰市巴林左旗辽上京博物馆征集到的一方辽朝天祚帝乾统七年(1107)《高士宁墓志》中,高士宁不仅自己是进士出身,而且曾经两次主持科举考试,“征拜轧文阁待制,承诏于礼部,较进士选举。公方时谓得人,转中京内省使,累授榆、北(安)州刺史。高丽新王居位,诏以公为封册使。时再辟贡举,命公考试于(析)津府,未踰岁加司农卿,知上京副留守”。[③] 可见,高士宁不但曾经担任知贡举,而且还主持过析津府的府试。因此,我们认为府试是存在的,辽朝科举无疑应该是四级制,即乡试、府试、省试和殿试。

辽太宗在取得燕云十六州之后,为了选拔汉族士人进入到官僚机构之中,以稳定新掠夺的汉族聚居区,辽朝在燕云十六州实行科举

---

① 《契丹国志》卷 23《试士科制》。

② 《金史》卷 51《选举志》1。

③ 左利军:《辽〈高士宁墓志〉考释》所附《高士宁墓志铭》,《辽金历史与考古》(第三辑),辽宁教育出版社,2011 年版,第 292 页。

制度，应试者也是汉族士子。圣宗统和六年(988)“召开贡举”之后，实施科举的范围扩大至辽朝统治的所有区域，辽朝全境范围内的汉族士子都有资格参加科举考试。随着辽朝科举向全境扩展，除了汉族士子之外，应试者还包括辽朝统治地区的汉化比较深的渤海族士子。

与汉族、渤海族士子能参加科举考试不同的是，由于契丹贵族担心让契丹士子参加科举考试，会影响契丹族历来强调尚武骑射精神，从而削弱契丹子弟的战斗力，这事关辽朝的兴衰，因此辽朝从设立科举之初就严格禁止契丹族士人，以及辽朝北方的其他游牧部族士子参加科举考试。然而，随着契丹族、北方其他游牧部族与汉族的交往日益频繁，甚至出现汉族与契丹族杂居，契丹族与汉族不仅在经济、政治方面的联系愈加密切，而且契丹族士子受儒家文化的影响日渐加深，科举对他们有一定的吸引力，出现了少数契丹族士子不顾禁令私自参加科举考试的情况。从现有文献来看，第一个参加科举考试的契丹士子是横帐季父房耶律庶箴之子耶律蒲鲁。尽管耶律蒲鲁考中进士，但是当主考官把耶律蒲鲁违反禁令参加科举考试的情况报告给兴宗之后，兴宗对其父耶律庶箴进行了严厉处罚，打了他 200 鞭子，这是辽朝统治者严格执行禁止契丹族子弟应试禁令的表现。

值得注意的是，辽兴宗仅仅惩罚了耶律蒲鲁的父亲，并没有惩罚耶律蒲鲁本人，更没有取消耶律蒲鲁的进士资格，甚至对他还倍加赏识。据《辽史》记载，在处罚完耶律庶箴之后，兴宗“寻命蒲鲁为牌印郎君”。[①] 这也就是说，耶律蒲鲁不但没有受到处罚，而且还被立即授官了。兴宗之所以没有严厉惩处耶律蒲鲁本人，应该与辽朝统治者对儒家的重视不无关系。

至道宗朝，虽然放松了禁止包括白霫族和契丹族子弟参加科举

① 《辽史》卷 89《耶律蒲鲁传》。

的禁令,但是文献资料的记载是在43年之后的天祚帝天庆五年(1105)才有契丹子弟耶律大石进士及第。《辽史》载:"耶律大石者,世号为西辽。大石字重德,太祖八代孙也。通辽、汉字,善骑射,登天庆五年进士第,擢翰林应奉,寻升承旨。辽以翰林为林牙,故称大石林牙。历泰、祥二州刺史,辽兴军节度使。"[①]从这则史料的记载来看,作为皇族子弟的耶律大石能顺利参加科举,并考中进士,这更无可争辩地说明辽朝后期已经不再禁止契丹族士人,以及其他游牧部族士人参加科举考试。然而,由于史料记载的阙如,辽朝解除禁止契丹族士子应试禁令的起始时间无从考证。

除禁止契丹士子应试之外,辽朝科举还对应试者的身份进行限制。辽朝科举对应试考生的身份限制既与唐、宋科举有类似之处,也结合了辽朝统治的需要。据《辽史·兴宗本纪三》载:兴宗重熙十九年(1050)六月壬申,"诏医卜、屠贩、奴隶及倍父母或犯事逃亡者,不得举进士"。至天祚皇帝乾统五年(1105)十一月,又颁布一道禁令:禁止商贾之家子弟参加科举考试。从这一记载来看,辽朝禁止参加科举考试的对象主要包括从事四种职业、有犯罪记录的人,即医卜、屠贩与奴隶、有不孝与逃犯、商贾。

与唐宋科举类似,儒家经典和诗赋文学是辽朝科举的主要考试内容。元人王恽在谈及金朝科举考试时引李世弼《金登科记序》云:"词赋之初,以经传子史内出题。次又令逐年改一经,亦许注内出题,以《书》《诗》《易》《礼》《春秋》为次,盖循辽旧也。"[②]金朝科举是仿照辽朝,其进士科的考试内容应该与辽朝大致相同,因此,辽朝进士科的考试内容也应该是按《书》《诗》《易》《礼》《春秋》的顺序逐年出题。

对于辽朝的诗赋题目,我们可以从一些零星的史料中得以窥见,

---

① 《辽史》卷30《天祚皇帝本纪》4。

② 王恽:《玉堂嘉话》卷5;李世弼:《金登科记序》。

以辽圣宗朝、兴宗朝的记载相对较多。圣宗在一次游猎时，遇到两只老虎，他策马追赶，一箭射死了这两只老虎，又曾经一箭射中三只鹿。在随后进士科考试中，圣宗这一具有神话色彩的英雄之举被作为考试内容，“时幽州试举人，以《一箭贯三鹿》为赋题”，[①]要求考生写一篇赋。重熙五年(1036)九月，兴宗在黄花山狩猎，一共捕获36只熊。十月幸临南京，大赦析津府境内囚犯。这一年的御试就以这两件事作为考题，分别出了《日射三十六熊赋》和《幸燕诗》两道题目。重熙七年(1038)进士科赋题是《有传国宝者为正统赋》。重熙十一年(1043)，辽朝廷派遣南院宣徽使萧特末、翰林学士刘六符出使北宋，目的是“取晋阳及瓦桥以南十县地；且问兴师伐夏及沿边疏浚水泽，增益兵戍之故”。北宋仁宗御赐辽史者刘六符飞白书“南北两朝，永通和好”八个字。刘六符返回辽朝，担任知贡举时，“乃以《两朝永通和好》为赋题，而以‘南北两朝永通和好’为韵，云：‘出南朝皇帝御飞白书’。”[②]刘六符所命依然是诗赋题。

辽朝科举仿效唐代，发榜前一天，由贡院准备好喜帖，即“贡院以二寸纸书及第者姓名”。发榜的当天，榜单出来时，“乐作，及门，击鼓十二面，以法雷震”，[③]场面非常隆重。发榜后，朝廷还要举行“三礼”，即“进士接见仪”“进士赐等甲敕仪”“进士赐章服仪”。

辽朝进士科的等第按考试成绩分为甲科、乙科、丙科三等，每等之中再按成绩排列名次。甲科是辽朝进士科发榜的第一等。比如，张俭在统和中年，一举冠进士甲科。杨佶在统和二十四年举进士第一。杜防于开泰五年擢进士甲科，累迁起居郎。赵徽为重熙五年擢甲科，累迁大理正。

乙科为辽朝进士科发榜的第二等。如杨皙在太平十一年擢进士

---

① 《契丹国志》卷7《圣宗天辅皇帝》。

② 陆游：《老学庵笔记》7。

③ 《契丹国志》卷23《试士科制》。

乙科,为著作佐郎;姚景行"博学。重熙五年,擢进士乙科,为将作监,改燕赵国王教授。不数年,至翰林学士,枢密副使,参知政事";[①]王观"博学有才辩。重熙七年,中进士乙科";[②]刘彦宗之"父霄至中京留守。彦宗擢进士乙科。天祚走天德。秦晋国王耶律捏里自立于燕,擢彦宗留守判官。萧妃摄政,迁签书枢密院事"。[③]

丙科是辽朝进士发榜的第三等。白霫族进士郑恪"以属文举进士,中第三甲。选授秘书省校书郎"。[④] 范承吉,"好学问,属辽季盗贼起,虽避地未尝废书。天庆八年中进士丙科,授秘书省校书郎,至大定府金源令。归朝为御前承应文字"。[⑤]《王师儒墓志》记载:"公讳师儒……年二十有六,举进士,屈于丙科。"[⑥]据该篇墓志记载,王师儒死于天祚帝乾统元年(1101),他享年62岁,这样可以推断出他出生于重熙九年(1040),那么他26岁中进士的年份就是咸雍二年(1066),这也就是说,王师儒是咸雍二年丙科进士及第。

与唐宋科举一样,辽朝的读书人经历乡试、府试、省试和殿试四级考试,考中进士之后,也就完成了其读书应试的历程。

因此,自辽圣宗统和六年(988)起,有54次开科是有明确的文献记载的,如果再加上辽太宗朝开科3次,那么辽朝共计开科57次。统和六年至天庆八年(1118),有明确文献记载的录取进士数为2 296名,如果再加上辽太宗的室昉和宋琪两名进士及第者,那么辽朝至少录取了2 298名进士。

对于辽朝科举的地位与影响,清人魏源的评价是:"又辽起塞外,宜乎不识汉文,而首立孔子庙,太祖即亲祭孔子。太宗及东丹王兄弟

① 《辽史》卷96《姚景行传》。
② 《辽史》卷97《王观传》。
③ 《金史》卷78《刘彦宗传》。
④ 《郑恪墓志》(大安六年)。
⑤ 《金史》卷128《循吏・范承吉传》。
⑥ 《王师儒墓志》(天庆四年)。

皆工绘事，勒石能铭，登高能赋，师旅能誓，其材艺有足称者。每科放进士榜百余人，故国多文学之士，其史、纪、表、志、传，皆详明正大，虽在元代前，而远出元代之上。”①在魏源看来，科举对于儒家文化在辽朝管辖地区的传播，以及辽朝文学的发展都有极大的贡献。然而，元好问则持几乎完全相反的观点，他认为辽朝科举对儒学、文化的影响都相当大的负面影响，他说：“辽则以科举为儒学之极致，假贷剽窃，牵合补缀，视五季又下衰。唐文奄奄，如败北之气，没世不复，亦无以议为也。”②

辽朝进士在官僚体系中所占的比重并不大，但是他们却在辽朝官僚体系中发挥了比较重要的作用：不仅从总体上提高了辽朝官员的素质，而且加强了辽朝与北宋、西夏和高丽的交往，在一定程度上促进了辽朝这个崇尚武力的少数民族政权向文官政治转变的步伐。与此同时，在科举制度影响下，包括契丹族士子在内的各族士子对于学习儒家文化都有较大的热情，从而推动了儒家文化在北方游牧地区的广泛传播和普及。

虽然科举对辽朝的政治、文化和社会都产生了一定的影响，但是辽朝科举是以儒学和文学为主要考试内容，因此文化水平较高的南京道的士子的录取人数明显高过上京道、中京道、东京道和西京道，使辽朝科举发展在地域上并不平衡。不仅如此，辽朝科举虽然在会同元年(938)开始在南京道实行科举，但是到圣宗统和六年(988)才将科举推向辽朝全境，这在一定程度上削弱了科举对于辽朝的影响。不止于此，辽朝科举禁止契丹族子弟应试，表现出明显的民族性，也在一定程度上限制了辽朝科举作用的发挥。因此，无论是从空间、时间，还是从民族性方面来看，科举对于辽朝的影响也不宜过分夸大。

---

① 魏源：《古微堂外集》卷3《书辽太祖事》。
② 元好问：《遗文先生文集》卷16《碑铭表志碣·闲闲公墓铭》。

## 第二节　从南北选到南北通选：金代科举

金朝是我国东北地区以女真贵族为核心，联合契丹、渤海、汉人共同进行统治的政权。女真贵族完颜阿骨打于 1115 年称帝，为金太祖，以会宁府为都城，建元收国。经过 10 年的战争，金太宗于天会三年(1125)俘虏辽帝，金取代辽。金朝科举承袭辽制，兼采唐、宋，同时结合女真族的统治需要，不但有针对汉族知识分子的汉儿进士科，亦有为女真民族创设的女真进士科，形成了风格独特的科举考试制度。科举在金朝政治、社会生活中的影响远远超过了同为少数民族政权的辽朝。元人对此有精辟的概括："金承辽后，凡事欲轶辽世，故进士科目兼采唐、宋之法而增损之。其及第出身，视前代特重，而法亦密焉。若夫以策论进士取其国人，而用女真文字以为程文，斯盖就其所长以收其用，又欲行其国字，使人通习而不废耳。终金之代，科目得人为盛。"①

### 一　南选与北选

阿疎事件之后，完颜阿骨打成为生女真部族节度使，女真族与辽朝的关系日趋紧张，直至走向与辽朝的直接军事对抗。随着实力的逐步提升，阿骨打终于决定称帝，建立金朝。在这一过程中，完颜阿骨打重视网罗辽、宋知识分子，不仅在新占领地区实行汉官制度，而且重视辽、宋科举出身者在抗辽策略、建国方略等方面的作用。对于金初统治者来说，这些降金进士在处理政务中的作用，让他们更加充分地认识到知识分子对金朝立国、对抗辽朝与北宋过程中有着不可或缺的作用。而网罗知识分子的最有效途径就是以科举取士。不仅

① 《金史》卷 51《选举志》1。

如此，唐宋的汉族政权已经长期实行科举，曾经统治女真族的契丹族政权辽朝也以科举取士，女真贵族对科举应该并不陌生，这为金初统治者实行科举打下了比较好的思想基础。

对于金朝首次实行科举的时间，学术界有不同的观点。从《金虏图经》《登科记序》《金史》《大金国志》等文献来看，金初科举有沈州榜、平州榜、真定榜、东京榜、西京榜、蔚州榜、朔州榜、显州榜和凉廷试等。由于这七次考试与唐、宋、辽的科举都有明显的不同，“时以急欲得汉士以抚辑新附，初无定数，亦无定期”。① 金朝初期的科举只是一种临时举措，是安抚、统治占领地区的需要，与辽朝初年在燕云十六州以科举取士有相似之处。但是，金朝初年开设科举又与辽初有不同之处，即这些考试应该都是由攻占这些地方的金军统帅做决定，然后委派汉族官员去主持考试，考生则是占领区的士子，他们之中有不少还是被强迫来参加考试的，并不是考生自由报考。正因为这样，有学者认为“严格来说，还不是真正意义上的科举”。②

我们认为，既然辽初会同初年在燕云十六州所实行的科举可以被视为辽朝科举的开创，那么同样在攻占地区开设的金朝初年科举也可以视为金朝科举之始，金、元时代的人亦将这些考试视为科举之始。前述刘㧑为朔州榜及第，其玄孙刘祁在《归潜志》中云：“高祖南山翁，金国初，辟进士举，词赋状元也，故为一代词学宗。”③在刘祁看来，刘㧑及第的朔州榜是科举考试。金末元初的王恽亦持同样的观点，他在为刘㧑所作《浑源刘氏世德铭并序》中也说：“生㧑，字仲谦，即今监察御史郛之高祖也，始释耒耜，习进士业，当辽金革命扰攘际，学未尝一日废。天会二年，肇辟科场，公以词赋第一人中选。”④因

① 《金史》卷 51《选举志》1。
② 李桂芝：《辽金科举研究》，中央民族大学出版社，2012 年版，第 141 页。
③ 刘祁：《归潜志》卷 8。
④ 王恽：《秋涧先生大全文集》卷 58《浑源刘氏世德碑铭》。

此,金朝科举之始应该早于天会元年或者天会二年,应该是金太祖朝的天辅年间。尽管金初科举只是临时之举,并没有严密的制度,但仍然为金朝政权稳固和壮大发挥了重大作用。

金太宗攻灭北宋之后,一部分汉族科举及第者选择与金朝统治者合作,甚至出仕为金朝服务。如宋末进士傅慎微,被宗翰俘虏之后,宗翰因非常看重他的才学,任命他为陕西经略使,旋即权兼州节度使。傅慎微累官至礼部尚书,成为金朝初期的重要官员。另一部分长期受理学的浸染的北宋士子的态度完全不同,从内心就不认同作为少数民族的金朝政权,元人虞集曾经说:"昔者,金有中原,豪杰奇伟之士,往往不肯婴世,故蹈乱离,辄草木衣食,或佯狂独往,各立名号,以自放于山泽之间。"①

正是在这样的背景下,金朝统治者以科举考试选拔文官,不仅可以充实金朝的官员队伍,而且与其他仕金方式相比,通过科举及第仕金更能为中原地区汉族士子所接受,也能达到笼络汉族知识分子的目的。于是金朝统治者着手改革科举,吸引更多的原北宋地区的士子应试,"河北、河东郡县职员多阙,宜开贡举取士,以安新民"。② 然而,鉴于原北宋管辖范围士子和原辽朝管辖范围士子无论从知识结构,还是文化水平方面都存在差异的实际情况,金朝统治者并没有简单地将考试内容统一起来,而是对两者进行区别对待。天会五年(1127)八月,金太宗下诏:"以河北、河东初降,职员多阙,以辽、宋之制不同,诏南北各因其素所习之业取士,号为南北选。"③南选的对象为原北宋所控制地区士人;北选的对象则是原为辽朝管辖地区的士人。由于参加南选的士人原为北宋的北方士人,他们擅长经义,故而南选时,让他们"因其素所习",应试经义进士,兼应词赋进士;而参加

① 虞集:《道园学古录》卷50《真大道教第八代崇玄广化真人岳公之碑》。
② 《金史》卷3《太宗本纪》。
③ 《金史》卷51《选举志》1。

北选者原为辽朝所属士人，他们擅长文学辞章，因而让他们应考词赋进士，兼考经义进士。

自天会五年宣布南北选以后，金朝在天会六年、天会十年开科，然而天会十年仅实行北选，而没有南选，但是金太宗朝已经迈开了科举制度化的步伐，为后世的发展奠定了基础，至熙宗朝、海陵朝起，金朝科举制度得到了长足的发展。

在金太宗天会年间，由金朝扶植的傀儡政权"伪齐"也曾经两次举行赐进士活动，一次是阜昌四年(1133 年，即金天会十一年)二月，取中状元罗诱等 84 人。另外一次是在阜昌七年(1136 年，即金天会十四年)春，取中状元邵世矩等 69 人。

天会十三年(1135)，完颜亶即位，即是金熙宗。深受中原文化影响的熙宗改变了歧视南人的政策，提倡"四海之内，皆朕臣子，若分别待之，岂能致一。谚不云乎：'疑人勿使，使人勿疑。'自今本国人及诸色人，量才通用之"，①这为金朝科举制度的建设创造了较为宽松的环境。更重要的是，至熙宗主政时期，女真贵族对中原文化已经有进一步的认识。金军攻破汴京之后，在上京新建孔庙，熙宗亲临祭奠。

随着金朝政治、社会局势的相对稳定，熙宗在天眷元年(1138)五月，下诏南北选分别以经义、词赋取士。南北选虽然是在天会五年提出的，但是天会年间的开科仍然是各地的军事统帅或地方官主持，只是区域性的考试，并不是由金朝廷组织的统一性的考试。天眷元年的这一规定，使得科举的管理权由地方统一到朝廷，金朝科举从此走向全国统一性考试，这是金朝科举走向制度化的重要步骤。

从《金史》和《松漠纪闻》的记载来看，天眷元年下诏举行科举，似乎应在当年开科。然而，现有文献中并没有天眷元年进士及第者的

---

① 《金史》卷 4《熙宗纪》。

记录。不仅如此,按照熙宗诏书,科举定为三年举行一次,如果天眷元年开科了,那么下一次开科就应该是在天眷四年,但金朝实际是天眷二年再次开科。因此,我们认为虽然熙宗在天眷元年下诏开科,但实际开科却是在天眷二年。

金熙宗在位 15 年,共计开科 4 次。虽然开科次数并不多,也没有实现三年开科一次的设想,但是熙宗朝实行南北选,规定了三级考试制度和考试科目,结束了金朝科举之前均由地方长官掌控的局面,在金朝全境统一实行科举,这是金朝科举迈向制度化的重要表现。

天德元年(1149),海陵完颜亮弑杀熙宗登基,金朝进入海陵王朝,开启了金朝科举的一个新的发展阶段。与金太宗、金熙宗一样,海陵王也深受中原文化的影响。为了巩固自己的地位,海陵王大量压制异己力量。为延揽更多的士人参与政权,海陵王不但继续实行科举取士,还提出和实行了诸多改革科举的举措,使金朝科举制度趋向完善。① 由于皇统九年(1149,是年十二月海陵王即位,改元天德)已经开科,如果按照每三年开科一次的规定,应在天德四年(1152)开科,但是海陵王提前一年开科,即在天德三年再次开科。尽管没有实行南北通选,但殿试制度建立起来了。据《金史》记载,郑子聃在参加天德三年科举时,"丘行为太子左卫率府率,廷试明日,海陵以子聃程文示丘行,对曰:'可入甲乙。'及拆卷,果中第一甲第三人"。② 此处不但明确记载殿试,更重要的是还显示海陵王还直接参加考生试卷的评阅和定等。也就是说,自天德三年起,金朝增加殿试,科举由三级变成乡试、府试、会试和殿试四级。

---

① 有学者认为海陵包含改革科举的一系列举措实际效果是加快了女真人的汉化进程,拉铁摩尔说过:"历史的进程有两个方面:一方面,当时汉人的政治边界由于野蛮人的征服而正在向南方推进;另一方面,当时汉人的文化疆域却被征服者远远地扩张到北方和西北,这些征服者在他们的文化特色和社会特征上迅速地变得越来越汉人化了。"(拉铁摩尔:《中国简明史》,商务印书馆,1962 年版,第 50 页。)

② 《金史》卷 125《郑子聃传》。

海陵王时期,改革科举的最重要举措之一是改南北选为南北通选。由于天德三年仍然实行南选与北选,因此下诏实行南北通选的时间当是天德三年之后。海陵王"并南北选为一,罢经义、策试两科,专以词赋取士",[①]正式宣布取消经义科。贞元二年(1154),海陵朝第二次开科,这一科是正式取消南选与北选,实行南北通选后的第一科。张景仁、翟永固为礼部会试考官。据《金史》载:张景仁"贞元二年,与翟永固俱试礼部进士,以《尊祖配天》为赋题"。[②] 弑杀熙宗而篡位的海陵王认为《尊祖配天》似乎是在讽刺自己忤逆祖宗,明确表示对这个考题非常不满意,并且认为如果祖宗是像桀、纣这样的暴君,就不需要祭拜。实际上,他是为在自己弑君进行辩护。因此,海陵王处罚了张景行翟永固和两位会试主考官。在金朝科举史上,这是第一次因为命题问题而处罚考官。由于实行南北通选,罢经义科,从此科起金朝科举仅有词赋进士。在实行南北通选之外,正隆元年(1156)金朝还进一步规定了考试内容和三年开科一次的制度,《元史》记:"贞元元年,定贡举程试条理格法。正隆元年,命以《五经》《三史》正文内出题,始定为三年一辟。"[③]

海陵在位13年,开科4次,不仅基本遵循了三年开科一次的规定,而且还从天德六年开始实行南北通选,殿试环节在科举考试中的地位明显得到强化,这是金朝科举制度发展的重要表征。

## 二 创置女真进士科

正隆六年(1161)十月,金太祖之孙完颜雍通过政变夺取政权,在东京即位,即金世宗,改元大定。为选拔更多的汉族士子,世宗沿用前世做法,坚定地以科举考试作为重要的选官制度。大定三年(1163),有大臣提议停罢科举,世宗与张浩之间的对话非常有意思:

---

①③ 《金史》卷51《选举志》1。
② 《金史》卷84《张景仁传》。

"上曰：'自古帝王有不用文学者乎?'浩对曰：'有。'曰：'谁欤?'浩曰：'秦始皇。'上顾左右曰：'岂可使我为始皇乎。'事遂寝。"[①]在金世宗看来,如果不任用通过科举选拔的文士,那自己就是秦始皇了,科举制度得以延续,这是金朝唯一一次关于科举存与废的讨论。

随着金朝统治版图的扩展,越来越多的女真人与汉族杂居,他们深受中原文化的影响与熏陶,汉文化水平明显提高。不仅如此,金朝立国不久,女真学者完颜希尹和耶鲁仿契丹文字和汉字创制女真大字。熙宗年间又创制女真小字,颁行金朝管辖地区。为提高女真人的文化水平,金世宗大定四年(1164),颁行以女真大小字翻译经书,并设立了女真文学校,以便让女真子弟能更好地学习女真文字和儒家经典。九年(1169),金朝廷从各路中挑选百名优秀女真学生至京师,由编修官温迪罕缔达执掌教鞭。十三年(1173),金朝下诏在京师设立女真国子学,诸路设女真府学,以新进士为教授,并且规定"每谋克取二人,若宗室每二十户内无愿学者,则取有物力家子弟年十三以上、二十以下者充。凡会课,三日作策论一道,季月私试如汉生制"。[②] 全国府州学二十二所,在中都、上京、胡里改、恤频、合懒、蒲与、婆速、咸平、泰州、临潢、北京、冀州、开州、丰州、西京、东京、盖州、隆州、东平、益都、河南、陕西等地设府学。女真官学教育的发展使女真族知识分子队伍已经明显壮大,在府学就读的猛安谋克内所挑选的子弟达到3 000余人。

世宗大定九年(1169),完颜思敬在奏疏中建议,女真人可依与汉人一样参加科举。金朝统治者于大定十一年(1171),"始议行策选之制"。但礼部却认为女真人所学与中原文化完全不同,"未可概称进士"。听到礼部的意见之后,世宗对是否开女真进士科也是举棋不定。移剌履向世宗建言:"进士之科,起于隋大业中,始试以策。唐初

① 《金史》卷83《张浩传》。
② 《金史》卷51《选举志》1。

因之，高宗时杂以箴、铭、赋、诗，至文宗始专用赋。且进士之初，本专试策，今女真诸生以试策称进士，又何疑焉。”[①]听到移剌履的这一解释，世宗疑云顿消，下定决心设立女真进士科。世宗大定十三年(1173)，“始定每场策一道，以五百字以上成，免乡试、府试，止赴会试、御试”，[②]女真进士科正式创置。辽和西夏等少数民族政权所实行的科举制度，都只是面向汉族士人的，而契丹和党项族人是不能参加科举考试的。而金朝在建立面向汉人的完备的科举制度同时，专门设立了面向女真子弟的女真进士科，“以策论进士取其国人，而用女真文字以为程文。斯盖就其所长以收其用，又欲行其国字，使人通习而不废耳”。[③]

对于设立女真进士科的意义，陶晋生先生认为，“世宗在努力复兴女真文化和安定女真政权方面有一项极重要的措施，就是前面已经提女真进士科的设立。这些措施的原来目的是在提倡女真文字的学习，但在本质上是世宗建立理性化用人制度的一个重要的项目。也就是说，把录用非女真人才的良好的考试制度，也应用到女真人身上，来提升女真平民中的才智之士，以平衡贵族的势力……女真进士科和汉人的科目从世宗时代成了平等的两种考试制度，可以说是异族入主中原所建立的朝代中，相当特殊而聪明的用人政策”。[④]

应该说，设立女真进士科金朝科举史上具有里程碑意义的大事，这不仅在中国科举史上第一次为少数民族开辟了通过科举入仕的制度化渠道，使女真进士及第者成为金朝官僚阶层的重要力量，而且通过开设女真进士科，促使女真人更为广泛、深入地了解和掌握了儒家文化，对于女真族与汉族的融合起到了推动作用。此后，同为少数民

---

① 《金史》卷95《移剌履传》。

②③ 《金史》卷51《选举志》1。

④ 陶晋生：《边疆史研究集·宋金时期》(五)，《金代中期女真本土化运动》，(台湾)商务印书馆，1971年版，第56页。

族政权的元朝和清朝效仿女真进士科,分别实行左右榜和满汉榜。

金朝女真进士科实施之初,“每场策一道,以五百字以上成,免乡试、府试,止赴会试、御试。且诏京师设女真国子学,诸路设女真府学,拟以新进士充教授,以教士民子弟之愿学者。俟行之久、学者众,则同汉进士三年一试之制。”①因其只试策,故女真进士又称策论进士。

大定十三年(1173),世宗朝第四次开科。据《中州集》卷九《赵文学承元》记:“承元字善长,先世汴人,兵火间寓旅河间,遂占籍焉。大定十三年,词赋第一人。除应奉翰林文字,兼曹王府文学。”②这也就是说,此科词赋进士是赵承元。除此之外,还开设女真进士首科。此次考试在悯忠寺进行,考官是侍御史完颜蒲涅、太常博士李晏、应奉翰林文字阿不罕德甫、移剌杰、中都路都转运副使奚钰,应试者为女真族士子。此次考题是策问“求贤为治之道”。徒单镒等 27 人及第,均授女真教授之职。徒单镒为女真进士科首科状元。

从现有的文献来看,尚没有发现大定十六年、十九年女真进士及第者。这也就是说,大定十六年、十九年不但停考的可能性极大,而且由于女真士子和汉族士子文化水平上整体差异比较明显,女真士子与汉族士子同场应试的可能性也极小。从大定二十年(1180)到二十二年之间,金世宗和大臣关于女真进士科的讨论来看,他对开设女真进士科是有疑虑的,因此,在彻底消除疑虑之前,金世宗停开女真进士科应该是合乎情理的。

之后,平章政事唐括安礼提出改革考试内容,建议取消女真进士科,即策论进士科,实行汉族和女真士子同场考试,从中选拔优秀的考生。他说:“臣前日言,士人不以策论为意者,正为此尔。宜各场通考,选文理俱优者。”世宗的回答是:“并答时务策,观其议论,材自可

① 《金史》卷 51《选举志》1。

② 元好问:《中州集》卷 9《赵文学承元》。

见，卿等其议之。”[①]按照金世宗的意见，女真进士科得以保留。不仅如此，世宗朝对于女真进士科加以完善。二十年，金朝对于女真进士科的考试内容和考试时间有了明确的规定：“遂定制，今后以策、诗试三场，策用女真大字，诗用小字，程试之期皆依汉进士例。”[②]

尽管如此，考虑到女真文字刚刚创立不久，世宗担心以女真文字命题恐怕很难很好地表达儒家经典的深奥意思，进而让女真进士科沦为笑柄。据《金史·选举志一》载所世宗云：“契丹文字年远，观其所撰诗，义理深微，当时何不立契丹进士科举。今虽立女真字科，虑女真字创制日近，义理未如汉字深奥，恐为后人议论。”对于金世宗的这一担心，丞相完颜守道提出将女真进士科的考题翻译成汉文，请汉族官员审阅，就可以解决这个问题，他说：“汉文字恐初亦未必能如此。由历代圣贤渐加修举也。圣主天姿明哲，令译经教天下，行之久亦可同汉人文章矣！”世宗完全同意这一建议，他说：“其同汉人进士例。译作程文，俾汉官览之。”[③]应该说，完颜守道的建议消除了世宗心中关于女真进士科的一大疑虑。

在金世宗将女真进士科的作用尚有疑虑的时候，驸马、尚书右丞相乌古论元忠的言论对打消金世宗的疑虑起到了相当的影响。乌古论元忠对设立女真进士科是极为支持的，“策论进士之科设，元忠赞成之”。[④] 有关乌古论元忠对于女真进士科的支持，由大定十九年状元张行简撰写的《大金故开府仪同三司判彰德尹驸马都尉任国简定公墓志铭并序》(《乌古论元忠墓志》)记：大定二十一年(1181)，“朝廷方崇文教，译经书，兴学校，选英隽，议设女真进士科举。而或者乃言古书浩瀚，罕测涯涘，以难进之学待□穷之问，恐不能也。公言：‘学非一日而成，必俟薰醲涵浸之久，使古书蓄胸中了然不疑。待问

---

①②③ 《金史》卷51《选举志》1。
④ 《金史》卷120《乌古论元忠传》。

之次，器识自远。人非生知，不可无学，但务学之以道，教之以渐，何病其不能哉?'时宸断欲举行之，而公言有合于是，选举法定，以广登贤之路，而成长久之计焉。"[1]这一记载清楚地表明，乌古论元忠的论述，对于打消金世宗关于实行女真进士科的疑虑，将女真进士科制度化起着直接的推动作用。

世宗不但使科举制度逐渐完善，而且创设了女真进士科，金朝的科举制度有了长足发展。与此同时，通过科举取士，被金朝征服地区的士子对女真贵族统治的认同程度也不断增加，到大定年间，甚至出现了"由进士擢第者，累累相继，前后不绝"[2]的局面，这与金朝初年需要通过拘押逼迫士子应试的情况已有天壤之别了。

大定二十九年(1189)正月，金世宗驾崩，完颜璟以世宗皇太孙的身份即位为帝，即金章宗。章宗非常重视儒家文化，进一步放宽了中央官学太学的入学条件，官学教育得到了较大幅度的发展，学生人数明显增加。与此相应，府试的地点随之增加。在府试之外，大定二十九年，章宗讨论恢复经童科之事，"上谓宰臣曰：'经童岂遽无人，其议复置。'"次年，即明昌元年(1190)，有益都府的官员请求按照宋朝童子科的方式，赐予11岁的刘住儿科举出身，"童子刘住儿年十一岁，能诗赋，诵大小六经，所书行草颇有法，孝行夙成，乞依宋童子李淑赐出身，且加以恩诏"。对于这一请求，章宗将刘住儿召到宫中，"试《凤凰来仪》赋、《鱼在藻》诗，又令赋《旱》诗，上嘉之，赐本科出身，给钱粟、官舍，令肄业太学"。[3] 刘住儿被赐予出身只是个案，在明昌元年并没有恢复经童科。直至明昌三年，经童科才正式恢复。

为了吸引更多的士子参加科举，章宗还下诏取消乡试。章宗明昌元年正月，有大臣提出："举人四试而乡试似为虚设，固当罢去。其

① 《乌古论元忠墓志》。
② 《山右石刻文编》卷23。
③ 《金史》卷51《选举志》1。

府会试乞十人取一人，可以群经出题，而注示本传。”章宗接受了这一建议，“诏免乡试，府试以五人取一人，仍令有司议外路添考试院，及群经出题之制”。[①]

章宗还改革了女真进士科。之前女真进士科应试和录取对象都是女真族士子。大定二十九年，章宗下诏“许诸人试策论进士举”。这一做法就打破了民族的界限，允许不同的民族士子都可以参加女真进士科考试。随着应试女真进士科的人数越来越多，免乡试、府试直接参加会试、殿试的范围也越来越小，明昌元年（1190）规定，猛安谋克愿试进士者，不能直接赴御试。随后又规定，“余官第五品散阶，令直赴会试，官职俱至五品，令直赴御试”。[②]除常科之外，明昌元年三月下诏设立宏词科。

明昌四年（1193），平章政事完颜守贞上奏，请求增加进士录取名额，他说：“国家官人之路，惟女真、汉人进士得人居多。诸司局承应，旧无出身，自大定后始叙使，至今鲜有可用者。近来放进士第数稍多，此举更宜增取，若会试止以五百人为限，则廷试虽欲多取，不可得也。”[③]章宗接受了这一建议，宣布会试录取不限名额，凡是考试优秀的考生都可以被录取，毋限人数。

为使女真进士保持女真族勇猛善战的骑士之风，少受科举影响而沾染文弱之风，承安三年（1198）规定，四十五岁以下的女真族士子参加进士科考试，需在府试前十天试以弓箭。据《金史·选举志一》记：“以六十步立垛，去射者十五步对立两竿，相去二十步，去地二丈，以绳横约之。弓不限强弱，不计中否，以张弓巧便、发箭迅正者为熟闲。射十箭中两箭，出绳下至垛者为中选。”直接参加会试、殿试的考生，由大兴府官员主持考试，曾经应试三次者免试弓箭。次年，礼部尚书贾铉提出曾经两次应试和 16 岁以下的考生因为弓箭考试被淘

---

①②③　《金史》卷 51《选举志》1。

汰,是非常不合理的,他请求在考生及第后加试弓箭,合格者给予"别加任使,或升迁,否者降之"。对此,尚书省官员表示了反对意见:"旧制三举终场免试,今两举亦免之,未可。若以未成丁免试,必有妄匿年者,如果幼,使徐习未晚也。至于及第后试验升降,则已有定格矣。"金朝廷下诏遵从旧制。与南宋殿试御射一样,金朝文举试射在中国科举史是相当少见的,其设置的初衷是使女真族保持其独特善战优势,同时也切中科举考试只考文化知识,而忽视身体素质考察的弊端。

在改革女真进士科的同时,对词赋科、经义科也进行了相应的改革。首先,承安四年(1199),金朝取消经义状元,仅留词赋状元。《金史》载:"上谕宰臣曰:'一场放二状元,非是。后场廷试,令词赋、经义通试时务策,止选一状元。余虽有明经、法律等科,止同诸科而已。'"①其次,对于词赋进士和经义进士的地位也进行了规定,即词赋状元排第一,经义魁次之,"恩例与词赋第二人同,余分为两甲中下人,并在词赋之下"。② 此类改革举措列入承安四年十二月更定后的《科举法》之中。

章宗还有意强调考官的文化素养,要求考官在考试前为考生写一篇范文。承安五年(1200)下诏:"考试词赋官各作程文一道,示为举人之式,试后赴省藏之。"③ 对于这一要求,大定十九年(1179)状元张行简对这一规定表示异议,他说:"拟作程文,本欲为考试之式,今会试考试官、御试读卷官皆居显职,擢第后离笔砚久,不复常习,今临试拟作之文,稍有不工,徒起谤议。"④ 尽管这一诏令的实施,可能有助于从考官环节保证命题、阅卷的质量,但是张行简的意见也是符合实际情况的,担任会试考官和殿试读卷官的官员大多数已经及第多年,可能很难写出出色的程文了。如果他们写的程文出现纰漏,可能

①②③④ 《金史》卷51《选举志》1。

会招致社会和考生的非议和批评。章宗接受了他的建议，取消了这一规定。

章宗泰和元年（1201），平章政事徒单镒病针对科举考试内容过于简单而导致士子不重经史的弊端，提出科举在试策的同时，增加经义等考试内容，他说："诸生不穷经史，唯事末学，以致志行浮薄。可令进士试策日，自时务策外，更以疑难经旨相参为问，使发圣贤之微旨、古今之事变。"①这一建议得到了章宗的采纳，成为定制。此外，泰和元年还禁止从良的奴隶参加科举。在泰和元年之前，金朝科举还一度采用"解发袒衣，索及耳鼻"的搜检手段，当时就有大臣认为："甚过矣，岂待士之礼哉"，甚至引起应试者的反感。如耶律履（移剌履）"尝以乡赋一试有司，见露索失体，即拂衣去"。② 于是，泰和元年决定恢复大定二十九年（1189）曾实施的让举子在入场前沐浴，更换上由官方统一提供衣服的制度。这样既能防止夹带，又尊重了士人的人格，达到了既可以防止考生作弊，又能有尊重考生的良好效果，这种防止作弊的办法在中国科举史上也是十分独特的。

此外，入闱以后，金朝对考生的搜检之制也非常严格，由军士具体承担搜检任务，"凡监检之制，大兴府则差武卫军，余府则于附近猛安内差摘，平阳府则差顺德军。凡府会试，每四举人则差一人，复以官一人弹压。御试策进士则差弩手及随局承应人，汉进士则差亲军，人各一名，皆用不识字者，以护卫十人，亲军百人长、五十人长各一人巡护"。③

至泰和三年（1203），考虑到已经取消经义状元，金朝采取了优待经义会元的做法，"泰和三年，以经义会元与策论词赋进士不同，若御试被黜则附榜末，为太优，若同恩例，又与四举者不同。遂定制，依曾

①③　《金史》卷51《选举志》1。
②　元好问：《遗山文集》卷27《尚书右丞耶律公神道碑》。

经府试解元免府试之例。会试下第,再举直赴御试”。[1] 即会元殿试落第之后,以后可以直接参加殿试。

金章宗在位期间,针对科举在实施过程中出现的种种问题,多次进行改革,使金朝科举制度更为完善,可以说章宗朝是金朝科举最为鼎盛的时期。章宗朝严格执行三年开科一次的制度,共计开科 6 次。

自章宗承安年间之后,金朝开始由盛而衰,金末的卫绍王、金宣宗和金哀宗都无力回天,至 1235 年终于被蒙古攻灭。卫绍王在位将近 5 年,继续开科取士,报考人数逐渐增加。据元好问的《续夷坚志》卷 4 记载,大安元年(1209),平阳府的报考者多达万人,“太安初,高子约、耿君嗣、阎子秀、王子正之考试平阳,举子万人。主司有梦绯衣人来谢谒者,明旦试题下,以语同官”。[2]

宣宗南迁汴京之后,考虑到战争的影响,宣布取消府试。《金史》卷五十一《选举志》亦载:“向者贞祐初,诏免府试,赴会试者几九千人。而取八百有奇,则是十之一而已。”由于取消府试,导致贞祐三年(1215)参加会试的考生人数爆棚,达到将近 9 000 人。南迁之后,金朝对会试的地点也进行了相应的调整,“宣宗贞祐二年,御史台言:‘明年省试以中都、辽东、西北京等路道阻,宜于中都、南京两处试之。’”[3] 战争对于金朝科举的影响远不止于此,更重要的是表现为科举考试的混乱。贞祐三年会试时,由于考生人数急剧增加,考场纪律相当混乱,以至于有大臣上奏:“国初设科,素号严密,今闻会试至于杂坐喧哗,何以防弊?”[4] 更有甚者,此次会试放榜之后,出现了落第考生抗议考试不公的事件。据《金史》记:“贞祐初,秉文为省试,得李献能赋,虽格律稍疏而词藻颇丽,擢为第一。举人遂大喧噪,诉于台省,以为赵公大坏文格,且作诗谤之,久之方息。”[5]

---

①③④　《金史》卷 51《选举志》1。

②　《续夷坚志》卷 4。

⑤　《金史》卷 110《赵秉文传》。

至宣宗兴定二年(1218),会试录取过滥的问题被大臣提出来。御史中丞把胡鲁提出:"国家数路取人,惟进士之选最为崇重,不求备数,惟务得贤。今场会试,策论进士不及二人取一人,词赋、经义二人取一。前虽有圣训,当依大定之制,中选即收,无问多寡……时已有依大定之制,亦何尝二人取一哉!今考官泛滥如此,非所以为求贤也。"[①]于是,把胡鲁建议在会试之前由皇帝钦定会试录取人数,会试考官根据钦定人数来录取。针对把胡鲁的建议,召集文官进行讨论,最后结果是维持泰和年间的做法。这也就是说,会试录取人数维持在泰和年间的录取比例,即策论进士三人取一,词赋、经义四人取一。

宣宗南渡之后,科举随着金朝的日益衰败而走向衰落,相对严格的制度变得越来越松弛,元人的评价是:"宣宗南渡,吏习日盛,苛刻成风,殆亦多故之秋,急于事功,不免尔欤。自时厥后,仕进之歧既广,侥幸之俗益炽,军伍劳效,杂置令录,门荫右职,迭居朝著,科举取士亦复泛滥,而金治衰矣。"[②]

金哀宗完颜守绪即位之后,改元正大,继续开科取士。金朝最后一次举行科举考试是在正大七年(1230)。随着金朝江河日下,科举很难按照原有的制度运行,统治者也被迫做出了简化科举程序的改革,天兴元年(1233)八月,"戊辰,免府试"。不仅如此,金朝皇帝在公开宣布卖官的同时,还"许买进士第",这开了朝廷以科举功名敛财之先河。清朝咸丰、同治年间为镇压太平天国,亦采取捐输广额的形式录取举人,其实质是清廷通过卖举人名额来筹措军费,与金朝末年的做法极其相似。

## 三　科目与程式

金朝科举科目的设置在仿效辽朝、唐宋之制的同时,也根据金朝

---

①② 《金史》卷51《选举志》1。

统治的需要设立了若干科目,常科主要有词赋、经义、律科、经童和女真进士科。

词赋科是金朝科举的重要常科之一。太宗天会初年宣布开科,词赋进士便已载于史册。从现有史料记载来看,刘㧑即为天会二年(1124)词赋状元。金初词赋科的考试内容包括赋、诗、策、论,《金史·选举志一》云:“凡词赋进士,试赋、诗、策、论各一道。”至天德三年(1151),海陵王下诏罢去经义及诸科,专以词赋取士,“词赋之初,以经、传、子、史内出题”。[①] 词赋科增加了经义、子史方面的内容。正隆二年(1157),改为从五经、三史正文内出题。明昌元年(1190),词赋科从六经、十七史、《孝经》、《论语》、《孟子》、《荀子》、《老子》内出题,均要求在题目下注明出自的经书书名。明昌六年(1195),规定词赋进士科,亦要求在题目下注明出自的经书书名,而且题目不得超过50字。词赋进士科受到金朝士子的青睐,擅长词赋者也往往能擢高第,词赋进士中有的成为金朝的文坛中坚。

金朝经义科的出现稍晚于词赋科。经义科的设立应该是金朝攻灭北宋之后,原北宋管辖范围内的士子应经义科,即南选。确切地说,经义科始于天会六年(1128)的南北选首次考试时,经义状元是孙九鼎。至天眷元年(1138)五月,熙宗下诏:“诏南北选各以经义、词赋两科取士”,[②]再次强调南选以经义,北选以词赋。词赋科和经义科并行的制度实施了20余年之后,至天德三年(1151),海陵改革科举科目,宣布南北选合而为一,取消经义、策试两科,专门以词赋科取士,正式宣布取消经义科。

随着金朝版图的扩大,政治日渐稳固,对地方官员的需求也随之扩大,而取消经义科之后,录取进士数反而明显减少了,导致出现了县令阙员严重问题。为了增加录取进士的人数,大定二十八年

---

① 王恽:《玉堂嘉话》卷5;李世弼:《金登科记序》。

② 《金史》卷51《选举志》1。

(1188),时隔37年之后,金世宗下诏恢复经义科,一直沿用至金末。

金朝科举最初是不允许兼试词赋与经义的。然而,至承安五年(1200),章宗考虑到如果禁止士子同时应词赋科和经义科,可能会出现经义科应试人数极少的情况,于是,章宗谕令:"后场词赋经义同日试之。若府会试更不令兼试,恐试经义者少,是虚设此科也。别名之弊,则当禁之。补试入学生员,已有旧条,恐行之灭裂尔,宜严防闲。"①

律科是金朝仿照辽、宋之制设立的科目,主要是用于选拔法律方面的专门人才的,律科中选者称举人。据《金史》所记:"金设科皆因辽、宋制,有词赋、经义、策试、律科、经童之制"② 按照这一记载,金朝至少应当在实行科举之初的太宗朝就设立了律科。《金史》卷五十一《选举一》的"律科进士"条又记:"其法以律令内出题,府试十五题,每五人取一人。大定二十二年定制,会试每场十五题,三场共通三十六条以上,文理优、拟断当、用字切者,为中选。临时约取之,初无定数。其制始见于海陵庶人正隆元年。"③ 这也就是说,《金史》此处记律科应始于海陵王正隆元年(1156)。然而,《松漠纪闻》卷下记:"又有明经、明法、童子科,然不擢用,止于簿尉。"④如前文所述,《松漠纪闻》的作者洪皓是建炎三年(1129年,即金天会七年)出使金朝,被扣留在金朝至绍兴十三年(1143,即金熙宗皇统三年)八月。由于金朝并未开明法科,因此洪皓此处所说的"明法"即是指律科。按照洪皓的这一记载,至少在熙宗朝,金朝的律科就已经存在。律科考试按照进士科举的程序进行,其内容从律令内出题,海陵王正隆元年(1158)规定,府试15题,每5人取一人。世宗大定二十二年(1183)又规定,律科会试每场15题,3场共通36条以上。录取人数属于"临时约取之,初无定数"。大定二十九年(1189),章宗即位之初,有司言:"律科止

①②③　《金史》卷51《选举志》1。
④　洪皓:《松漠纪闻》卷下。

知读律,不知教化之源,可使通治《论语》《孟子》以涵养其气度。”[1]此后,律科在考本科试题之外,还需在《论语》《孟子》内出小义一道,由经义试官出题,根据经义和律科的等第确定考生的去留。

经童科是仿效唐宋的童子科或神童科而设立的,其目的是选拔13岁以下天资聪明,卓尔不群的少年之才。《金史》记熙宗即位的第二年(1136,即天会十四年),正式设立经童科。经童科的报考者和录取条件是:“凡士庶子年十三以下,能诵二大经、三小经,又诵《论语》诸子及五千字以上,府试十五题通十三以上,会试每场十五题,三场共通四十一以上,为中选。所贵在幼而诵多者,若年同,则以诵大经多者为最。”[2]可见,经童科主要考察幼童背诵经书的数量,录取时如果遇到年龄相同,则录取能背诵经书多的考生。海陵天德三年(1151),金朝在宣布停止经义科的同时,也废止了经童科。直至明昌元年(1190)才得以恢复。金初,经童科及第后亦授予官职,律科、经童科正隆元年格:“初授将仕郎,皆任司候,十年以上,并一除”。[3]

金朝仿效唐宋科举,在常科之外设立制科,以选拔非常之才,由皇帝颁诏实行。金朝仿照北宋的特奏名进士之例,设立“恩榜”或“恩例”,以慰藉多次应举落第者。金朝还有特恩赐第之制,称为“特恩”。虽然特恩赐第则是由皇帝根据需要随时进行,却是朝廷笼络士人的一种特殊制度,其政治意图非常明显。在文举之外,金朝于熙宗皇统年间始设武举,至章宗泰和年间形成定制但武举的地位并不高。

金朝在允许士子自由报考的同时,也规定了报考者的条件。《金史·选举志》记:“犯十恶奸盗者不得应试”,“乐人不得举进士,而奴免为不良者则许之”。所谓“十恶”,一般是指:“一曰谋反,二曰谋大

---

①② 《金史》卷51《选举志》1。
③ 《金史》卷52《选举志》2。

逆，三曰谋叛，四曰恶逆，五曰不道，六曰大不敬，七曰不孝，八曰不睦，九曰不义，十曰内乱。”①“犯十恶奸盗者”可以泛指犯罪之人。然而，据《大金国志》记：“举人应试，而或公事，在案罪犯不至徒刑者，听责保试。若武官，并诸经及第官人，已在任欲应进士举者，如不犯赃私追当罪，听告所属，申覆本部所厅。”②从这一记载来看，尽管金朝规定“十恶”者没有资格参加科举考试，但是对于一些犯罪情节轻微，不至于被判处有期徒刑以上的，还是有资格参加科举考试。可见，金朝对于科举报考者的身份限制相对是比较宽松的。除对犯罪者的规定之外，金朝科举还对乐人报考也进行了限制。乐人是指少府监工匠和太长大乐工等。

虽然《金史》所载金朝科举有乡试、府试、省试和殿试四级，但是在金朝初年，仅仅实行三级制。据洪皓《松漠纪闻》：“金人科举，先于诸州分县赴试。诗赋者兼论，作一日；经义者兼论策，作三日，号为‘乡试’，悉以本县令为试官。预试之士，唯杂犯者黜。榜首曰‘乡元’，亦曰‘解元’。”③从这一记载来看，乡试是以县为单位，以县令为主考官的考试，也称解试。自海陵朝之后，乡试改在州一级举行，录取比例也限定在三取一。天眷二年起，乡试在秋天举行。至世宗大定二十八年(1188)，乡试改在三月二十日举行。乡试合格者并没有出身称谓，只是获得参加府试的资格。乡试榜首称“乡元”或“解元”，解元可免府试而直接参加省试。至章宗明昌元年(1190)，有人认为乡试已经成为虚设的考试，请求取消乡试，“上是其言，诏免乡试”。④乡试从此被取消。

乡试合格者有资格参加府试。府试是金朝科举制度的第二级。

---

① 《隋书》卷25《刑法志》。
② 宇文懋昭：《大金国志校证》卷35。
③ 洪皓：《松漠纪闻》卷下。
④ 《金史》卷51《选举志》1。

金朝初期,府试在乡试次年的春天举行。天眷初年,经义、词赋进士科府试有3处,“自河以北至女真皆就燕,关西及河东就云中,河以南就汴”。[①] 海陵朝,府试地点增加为6处,“河北东路、西路、中都路于大兴府,临潢、会宁、东京等处于大定府,西京、河东南路北路于大同府,大名路、山东山西两路于东平府,南京开封府,京兆、鄜延、庆原、熙陈等路河中府”。[②] 海陵朝还规定了府试的录取比例为四人取一。

至章宗明昌元年(1190),府试增加三处考点,即“上京、咸平府路则试于辽阳,河东南北路则试于平阳,山东东路则试于益都”。[③] 这也就是说,至此府试一共有大兴府、大定府、大同府、东平府、开封府、河中府和辽阳府、平阳府和益都府9处。至承安四年(1199),增加太原府,府试地点一共10处。中都、河北考生在大兴府,上京、东京、咸平府等考生在辽阳府应府试。

女真进士科设立之后,世宗大定二十年(1180)规定,次年女真进士科府试在中都、上京、咸平、东平府四处举行。至章宗明昌元年,女真进士科府试地点明显增加,“上京、合懒、速频、胡里改、蒲与、东北招讨司等路者,则赴会宁府试。咸平、隆州、婆速、东京、盖州、懿州者,则赴咸平府试。中都、河北东西路者,则赴大兴府试。西京并西南、西北二招讨司者,则赴大同府试。北京、临潢、宗州、兴州、全州者,则赴大定府试。山东西、大名、南京者,则赴东平府试。山东东路则试于益都”。[④]宣宗南迁之后,金军节节败退,疆土日益缩减,兴定元年(1217)对女真进士科的府试地点减少为四处,“策论进士及武举人权于南京、东平、婆速、上京四处府试”。[⑤]

府试的考试内容,洪皓记:金初府试“试诗赋、论、时务策。经

---

① 洪皓:《松漠纪闻》卷下。

② 《大金国志》卷35《天德科举》。

③④⑤ 《金史》卷51《选举志》1。

义，则试五道、三策、一论、一律义”。[①] 至章宗明昌元年(1190)，府试的考试内容进行调整，“以《六经》《十七史》《孝经》《论语》《孟子》，及《荀》《扬》《老子》内出题，皆命于题下注其本传”。[②]

府试的考试日期与乡试相互关联。金初乡试为秋天，府试则在春天举行。世宗大定二十年(1180)乡试改为三月二十日后，府试的日期则调整为当年的八月。据《金史》记，府试实行分场考试，参加女真进士科的考生于八月二十日试策，三天后试诗。参加词赋科的考生于二十五日试赋及诗，三天后试策论。参加经义科的考生于二十九日试经义，三天后试策。然后是参加律科、经童科的考生参加府试。由于实行不同科目时间错开进行，因此完成全部科目的府试，一般需要 20 余天。

会试由尚书省主持，因此又称省试。又因会试一般由尚书省礼部主持，故又称礼部试、礼闱。“会试”一词始于金朝，后为元明清所沿用。金初，会试在秋天举行。世宗大定二十年(1180)，乡试定为三月二十日举行，府试定于八月二十日，会试则为次年正月二十日。会试时，女真进士科二十日试策论，三日之后试诗。词赋科会试在女真进士科试后三日举行，先一日试诗赋，三日之后试策论。之后，试经义进士科，先一日试经义，三日之后试策论。律科和经童科依次进行，每场皆间隔三天进行。

金初会试地点在燕京。海陵王迁都燕京后，改燕京为中都，会试地点改为中都。宣宗南渡以后，迁都南京之后，于中都、南京两处举行会试。金朝末年，中都被蒙古人侵占，会试场所仅存南京一处。会试应考者除府试合格者外，还有“皇家袒免以上亲及执政官之子”[③]亦可以直接参加会试。

---

① 洪皓：《松漠纪闻》卷下。

②③ 《金史》卷 51《选举志》1。

在会试的录取人数方面,《金史》记载:大定二十五年(1185),词赋进士录取不得超过500人。二十八年(1188),下诏会试不限应试人数,此科录取586人。承安二年(1197),根据章宗的要求,录取不限人数,合格者即予录取,录取人数增至925人。由于录取人数太多,出现取士太滥的问题,于是又下诏规定会试的录取人数不能超过600人。在会试录取比例方面,天眷初年,金朝廷确定会试的录取比例为六人取一名。海陵天德年间的录取比例多寡不一,具体名额由皇帝临期确定。泰和二年(1202)规定,会试录策论三人取一,词赋、经义五人取一。会试的合格者有资格参加接下来举行的御试。

御试又称殿试、廷试,是金朝最高级别的科举考试。金朝确定实行殿试是在天德二年(1150),而"贞元元年,定贡举程式条理格法",[①]殿试制度应该属于贡举程式中的重要内容。贞元二年正式宣布南北通选,殿试才得以正式实行。大定十三年(1173),设女真进士科后,确定殿试在汉进士科之后的八月举行。大定二十二年(1182)调整了殿试日期,三月二十日女真进士科试策,二十三日试诗论。二十五日词赋进士科试赋诗论,经义进士科试经义。二十七日试策论。金末殿试时间则有所变化,前引根据金光平、金启孮的《女真进士题名碑译释》,哀宗正大元年(1224)女真进士科四月十五日试策,十七日试论及诗。如果殿试考试日遇雨雪天气,则延期至天晴后继续考试。兴定二年(1218)三月,宣宗发布诏令:"旧制,廷试进士日晡后出宫。近欲复旧,恐能文而思迟者,不得尽其才,其令日没乃出。"[②]根据这一规定,殿试每场考试的时间由日晡(即下午三点至五点)交卷出场,改为天黑前交卷,考试时间略有延长。

除会试合格者之外,世宗大定十六年(1176),命皇家两从以上亲及宰相子,官职俱至五品者均可直接参加殿试。殿试地点在京城,海

---

① 《金史》卷51《选举志》1。
② 《金史》卷15《宣宗本纪》中。

陵王迁都燕京之后，殿试在燕京同乐园。世宗改殿试地点为中都万宁宫。宣宗南迁之后，殿试改在南京明俊殿举行。殿试原则上由皇帝主持，但设有读卷官评阅试卷。大定年间规定了读卷官和其他考场官员人数，女真进士科、词赋科各七名，经义科五名，职事官各二名。与北宋殿试自嘉祐二年(1057)起不黜落不同，金朝与辽朝一样殿试有黜落。金初进士分上甲、中甲和下甲三等，实行殿试之后沿用此制。上甲三人，中甲多为五至七人，下甲若干人。词赋科、经义科第一名均称状元。承安四年(1199)规定："词赋依旧，分立甲次，第一名为状元。经义魁次之，恩例与词赋第二人同，余分为两甲中下人，并在词赋之下。"①这也说明金朝科举以进士科为重，而进士科又以词赋为最，经义次之，经义科第一名不再称状元，仅称经义魁。

海陵朝迁都燕京之前，唱名地点是在广阳门西边的一个寺庙。海陵迁都燕京之后，唱名地点在宣阳门，世宗、章宗、卫绍王均沿袭，成为定制。宣宗南迁之后，唱名地点改为金朝南京丹凤门。进士及第之后，新科进士入见赐章服。如世宗大定二十二年(1182)，"敕进士授章服后，再试时务策一道，所谓策试者也"。② 宣宗兴定二年(1218)五月，"策论词赋经义进士及武举人入见，赐告命章服"。③ 贞祐三年(1215)，宣宗规定武举及第者亦赐章服。

与宋、辽科举相同，金初进士及第之后即直接授官，但并未形成制度，多次进行调整，世宗朝进士初授官基本都是录事、防判、教授、主簿等品级较低的官职。但是，随着金朝与南宋、元朝的战争愈来愈激烈，进士在战争中所发挥的作用越来越大，他们的升迁速度也快于之前的进士。不仅如此，大定十三年(1173)设立女真进士科所选拔的女真子弟的初授官虽然也与其他新科进士相差无几，但是女真进

① 《金史》卷51《选举志》1。
② 《金史》卷52《选举志》2。
③ 《金史》卷15《宣宗本纪》中。

士的特殊身份也让他们的升迁速度一般也快于词赋、经义进士。

但是,在金朝庞大的官僚体系中,科举出身者所占的比例是比较低的,据《金史》卷55《百官志一》记载了金世宗、金章宗朝官员人数的变化:“大定二十八年,在仕官一万九千七百员,四季赴选者千余,岁数监差者三千。明昌四年奏,周岁,官死及事故者六百七十,新入仕者五百一十,见在官万一千四百九十九,内女真四千七百五员,汉人六千七百九十四员。至泰和七年,在仕官四万七千余,四季部拟授者千七百,监官到部者九千二百九十余,则三倍世宗之时矣。”①如果我们把金朝科举进士及第人数确定为6 500名左右,那么这相对于金朝庞大的官员体系来说,进士肯定不能成为官员的主要来源。

尽管如此,金朝统治者借鉴唐、宋、辽等朝代科举制度,结合本民族统治的需要,建立了较为完善的科举制度,实行南北选,设立女真进士科又使得金朝科举体现出鲜明的民族特点。金朝统治者通过科举不仅选拔了大量的官员,而且推动了儒家文化的北传和民族融合,对于金朝的政治、文化、社会等方面都产生了重要影响。应该说,金朝科举不仅超越了同为少数民族政权的辽朝,而且在一些方面还有所发展,对后世科举取士产生了一定的影响。

## 第三节 左榜与右榜:元代科举

在成吉思汗、窝阔台、贵由和托雷的先后带领下,蒙古军队对金、欧洲东部诸国、西亚诸国、南宋等进行征伐。1260年忽必烈建元中统,定都燕京。至元八年(1271)改国号为大元。至元十六年(1279),元灭南宋,实现了南北统一,建立了疆土横跨亚欧大陆的庞大帝国,“其地北逾阴山,西极流沙,东尽辽左,南越海表”。② 作为第一个在

① 《金史》卷55《百官志》1。
② 《元史》卷58《地理志》1。

全国范围内建立政权的少数民族，蒙古贵族“只识弯弓射大雕”的民族习气并未完全改变，仍然倚重蒙古贵族和军功吏才，统治阶层和士人对是否采行科举取士存在着很大的分歧。经历了多年的酝酿后，元仁宗于皇庆二年(1313)下诏“行科举”，许有壬说：“皇朝贡举启于太宗，定于世祖，申议于成宗，而决行于仁庙。”①此时距元世祖攻灭南宋(1279)已有34年之久，这是自科举创立以来中断时间最长的一次。开科之后，元朝科举在将理学作为重要的考试内容的同时，以北榜和南榜分别录取蒙古人、色目人和汉人、南人，使元朝科举呈现出浓厚的民族色彩。

## 一 恢复科举之争

元太宗窝阔台灭金再向南宋管辖地区进发之时，中书令耶律楚材认识到掌握儒学的士人在汉人社会的地位，建议以儒学思想治国，要求优待、任用汉儒。为从制度上解决儒生问题，让儒生在蒙元有合法的地位，希望像通过考试确定僧人、道士优免赋税之特权一样，以考试的形式为儒生谋取独立地位；从窝阔台的角度出发，他希望通过考试选拔儒士为元朝服务。元朝廷于1237年八月二十五日发布诏令，对原金朝统治地区的儒生进行考试。1238年，元政府派刘中等人到各地举行考试，录取4 030人，为四分之一的考中选者免除奴隶身份，即释放没有人身自由的一千余名儒士，其中东平杨奂等人为一时名士。由于1238年为戊戌年，史称这次考试为“戊戌选试”。

此次戊戌选试的主要作用是确立了儒户，让中选的儒士获得人身自由和一定的经济特权。虞集说：“太宗皇帝思养其贤才而用之，乃择知名之士，乘传行郡县，试民之秀异者，以为士籍，而别于民，其尤异者，复其家。”②王恽有几乎相同的表达，他说：“我国家以神武戡

---

① 许有壬：《至正集》卷72《跋首科贴黄》。

② 虞集：《道园学古录》卷42《天水郡伯赵公神道碑》。

定区宇，至戊戌间，生聚甫集，首阐猷设科，擢贤隽，复户役，其所以开太平之基者，固权舆于兹矣。”①通过戊戌选试所选中的儒户数量，与通过考试确定的享有特权的僧人道士相比，还是极为有限的，王恽说：“戊戌年中选儒户，比之僧、道百分无一。”②但是，戊戌选试不仅给予部分儒生经济、人身自由等方面的权利，更重要的是使儒生在政治上获得了元朝统治者的认可，儒生因此能作为一个群体能在元朝社会中得以延续，这对儒家文化在元朝得以传承起着至关重要的作用。③ 除通过选试确定儒户之外，蒙元朝廷在丁酉年所颁布的诏书中还明确规定，此次选试还有一个重要任务就是选拔优秀的儒士为官员，即“开辟举场，精选入仕”。④ 耶律楚材希望考试选拔出来的儒生通过担任议事官等职务，直接参与到朝廷的运作与管理之中，以改变元朝政权官员素质低下的局面。刘因说：“天下既定，中书令耶律楚材奏疏，遣使分诸道设科选士，中者复其家终身，择疏通者补郡县详议。”⑤然而，戊戌选试的中选者入官并未得到落实，“当世或以为非便，事复中止”。⑥

从元朝开始，即有不少学者认为戊戌选试是元朝科举的肇始。刘秉忠被召入忽必烈藩邸后，极力主张以考试选材，他说：“宜从旧制，修建三学，设教授，开选择才，以经义为上，词赋论策次之。兼科

---

① 王恽：《秋涧先生大全文集》卷39《睢州仪封县创建庙学记》。

② 王恽：《秋涧先生大全文集》卷90《便民三十五事·恤民·议恤民》。

③ 对于戊戌选试的作用，萧启庆重视戊戌选试给儒生带来的特权，他说：“戊戌之试在历史上的重要性，不在于举拔官吏，而在于救济流离失所及陷于奴籍的儒士，使他们以‘儒户’的身份，取得优免赋役的特权。”（萧启庆：《内北国而外中国：蒙元史研究》，中华书局，2007年版，第384页。）有的学者则认为，戊戌选士使儒士成为一个独立群体，对儒士保持和延续文化传统具有重要作用，“只有成为独立的群体后，儒士的传统才能得以更好地保存，文化的传承才有可能得到延续”。（余来明：《元代科举与文学》，武汉大学出版社，2013年版，第68页。）

④ 《庙学典礼》卷1《选试儒人免》。

⑤ 刘因：《静修先生文集》卷17《处士寇君墓表》。

⑥ 《元史》卷81《选举志》1。

举之设，已奉合罕皇帝圣旨，因而言之，易行也。”[①]可见，他将戊戌选试视为科举考试。被俘虏至北方的“江汉先生”赵复也持同样的观点，他说：“顷藏戊戌，秋八月，诏郡国取士，奂偕东平上计，吏以首荐，登名于天府，授河南课税长官。东履海，南际淮，西至潼陕，北抵河，咸隶焉！自元朝开国，以进士用人，实由奂始。”[②]

我们认为，“戊戌选试”与科举考试确实有显著的差别。首先，“戊戌选试”的对象是包括被俘为奴的儒士，“儒人被俘为奴者，亦令就试，其主匿弗遣者死”[③]，而不全是自由报考的考生，但科举的最显著特点是允许考生“投牒自进”，从这一角度而言，此次考试并不能视为科举考试。其次，“戊戌选试”中选之后，大多数考生只是被认定为儒户，借此享受一定的经济特权和获得人身自由，而中选者授官的设想并未得到真正落实。科举考试自创立以来，对于考中进士者或者通过铨选任官，或者直接授官。因此，戊戌选试并不是一次选官考试，与科举选拔文官的性质完全不同。由此可见，“戊戌选试”并不是一次严格意义上的科举考试，只是确定儒户的考试。尽管如此，我们也应该看到，正是通过戊戌选试以及此后的选试，不但让儒士群体得以扩大，而且促进了元朝社会重学之风，这为元朝恢复科举奠定了一定的思想和社会基础。

忽必烈早先在潜邸招揽贤士，著名的有刘秉忠、王鹗、张德辉、窦默、许衡、李献卿、赵复、郝经、姚枢、李治、杨奂等人。他们对忽必烈了解、接受儒家思想，并以儒家理念治国有着比较大影响。为适应这一需要，儒士的选拔逐渐摆到忽必烈以及潜邸的儒士面前了。对此，儒士们从自己的角度提出了选士的建议。刘秉忠在1250年向忽必烈所上的万言书中，即提出以科举取士，他说：“古者庠序学校未尝

① 《元史》卷157《刘秉忠传》。
② 《乾县文物志》。
③ 《元史》卷146《耶律楚材传》。

废,今郡县虽有学,并非官置。宜从旧制,修建三学,设教授,开选择才,以经义为上,词赋论策次之。兼科举之设,已奉合罕皇帝圣旨,因而言之,易行也。开设学校,宜择开国功臣子孙受教,选达才任用之。"①

然而,刘秉忠的建议并未让忽必烈接受科举这一种选材制度。忽必烈登极的中统元年(1260),他在跟许衡的谈话中表现出他完全否定科举的态度,据《鲁斋遗书》记:"庚申,上在正位宸极,应诏北行,至上都,入见,问所学,曰:'孔子。'问所长,曰:'虚名无实,误达圣听。'问所能,曰:'勤力农务,教授童蒙。'问科举何如,曰:'不能。'上曰:'卿言务实,科举虚诞,朕所不取。'七月,还燕。"②这一段对话透露出三个方面的信息:其一是作为北方大儒的许衡在忽必烈面前有意贬低孔子,及孔子的思想;其二,许衡对科举是持完全否定的态度,他不希望元朝以科举取士;其三,许衡对孔子和科举的态度直接影响到忽必烈,让他做出了不采用科举取士的决定。

与许衡不同,有不少儒士是希望元朝恢复科举取士的。至元初年,丞相史天泽在遵照世祖旨意提交应当立即办理的大事中,即将科举纳入其中,但这一建议并未真正付诸实践。孟攀鳞也提出了实行科举的建议,《元史》记:"至元初,召见,条陈七十事,大抵劝上以郊祀天地,祠太庙,制礼乐,建学校,行科举,择守令以字民,储米粟以赡军,省无名之赋,罢不急之役,百司庶府统于六部,纪纲制度悉由中书,是为长久之计。"对于孟攀鳞的包括"行科举"的建议,尽管"世祖悉嘉纳之",③却没有实际行动。

至元元年(1264)三月,"命尚书宋子贞陈时事,子贞条具以闻,诏

---

① 《元史》卷157《刘秉忠传》。
② 许衡:《鲁斋遗书》卷13附录;耶律有尚:《考岁略》。
③ 《元史》卷164《孟攀鳞传》。

奖谕，命中书省议行之”。①《元史·宋子贞传》载：“子贞还……又请建国学教胄子，敕州郡提学课试诸生，三年一贡举。有旨命中书次第施行之。”②从宋子贞的这一建议看，他不但认为选拔人才担任州县之官非常重要，而且建议实行科举，每三年开科一次。对于宋子贞的建议，世祖忽必烈下诏由中书省进行讨论后实行。然而，宋子贞的建议并未得到落实。至元四年(1267)九月，王鹗等人上奏，提出效仿金朝开科取士，他说：“贡举法废，士无入仕之阶，或习刀笔以为吏胥，或执仆役以事官僚，或作技巧贩鬻以为工匠商贾。以今论之，惟科举取士，最为切务。”并且以“远述周制，次及汉、隋、唐取士科目，近举辽、金选举用人，与本朝太宗得人之效”为例，说明科举取士制度在官员选拔和笼络士人方面的重要作用。世祖认为“此良法也，其行之”，下令中书左三部与翰林学士“议立程式”。③ 对于王鹗的奏请，忽必烈同样发布圣旨，要求有关部门讨论后实行，但是因为有官员故意阻拦，使王鹗的建议再次付诸东流。

尽管忽必烈多次要求朝廷有关部门进行讨论，并且准备将科举付诸实施，但是每次都是无果而终的情况，担任御史台监察御史的王恽非常不满，他说：“切见科举事理，往年翰林院已经具陈中书省，乞闻奏定拟。顷者尚书省亦下礼部，复有讲究条目。至今未闻施行，盖未有度其事宜而力为言者。”④

与大多数大臣讨论是否尽快恢复科举不同，王恽的《论科举事宜状》则将讨论的重点置于科举考试的科目之上。首先，王恽提出恢复科举是实现政治清明的重要手段，他说：“伏见朝廷发明诏，议科举，以取进士。盖欲明公道，广仕途，以革徼竞之风；选人材，收实用，致

① 《元史》卷5《世祖本纪》2。
② 《元史》卷159《宋子贞传》。
③ 《元史》卷81《选举志》1。
④ 王恽：《秋涧先生大全文集》卷87《乌台日事·请举行科举事状》。

隆平之化。”其次,针对礼部提出拟仅设经义、词赋两科取士,王恽明确表示反对,[①]他说:“伏虑浅狭拘窒,于国于士两有未尽。必期登俊良,远庸鄙,总揽群材,经理世务,盖有后其所先,先其所后者矣。鸿惟圣天子渴于文治,听言如流。凡所制作,取唐为多。兼国朝科举之设,自戊戌以后未遑再议,天下之士往往留心时务,讲明经史,捉笔著述,一尚古文。顾惟举业多未素习,一旦取非其人,不适于用,返为科举之累矣。”他主张在恢复科举制度时,要为不同知识结构的士人提供不同的考试科目,“以时务对策,直言极谏”来选拔“切中利病,有经画之略者”的治术之材;“以博学宏词兼试典礼义一道”选拔精通文学之士;以经义、词赋二科来考选天下之士。他说:“其经义、词赋两科,乞转经出题,先为布告中外,使学者明知所向,谓如今年《书》,明年《诗》,限以几时,然后赴试。其格律略除苛细,如故实、景象、明水、干羽、金在镕之类,例皆为命题。如此,不致隔碍长材,使得展手笔以尽其器能,不数年,则五经可以通治矣。”他认为:“如此,当国计者上可以副朝廷用儒之实,下可以待俊造非常之士,尽遗贤于网罗,收实用于中外,则文治之功,隆平之化,可计日而待矣。”[②]

至元十一年(1274)十一月,有中书省的大臣向裕宗(即真金)报告:“去年奉旨行科举,今将翰林老臣等所议程式以闻。”可见,世祖于至元十年曾下诏实行科举。中书省为此制定了比较完善的科举考试制度,核心内容是科举分蒙古进士科和汉人进士科,但结果仍然是没有真正实行。

至元十六年(1279),元世祖忽必烈攻灭南宋,统一全中国之后,

---

① 陈高华认为:在至元八年四月魏初上疏以后,朝廷下诏行科举,由礼部和翰林院拟定条例,设经义、词赋两科,然后报到尚书省,批复时黜词赋,只用明经、经义,并规定举子须品官保举。王恽对此表示反对。加上王恽在至元五年(1268)至八年(1271)间任监察御史。因此,陈氏认为王恽的《论科举事宜状》和《论明经保举事状》两件奏疏应在至元七八年间所上(参见杨学为主编:《中国考试通史》,首都师范大学出版社,2004 年版,第 347～348 页)。

② 王恽:《秋涧先生大全文集》卷 87《乌台日事·请举行科举事状》。

逐渐认识到选拔更多的儒士担任官职，不但能填补重建统治秩序过程中的人才空阙，而且可以在一定程度上消除儒士与蒙古族贵族的对立，因此，恢复科举取士又被提上了重要的议事日程。

至元十八年（1281）前后，①王恽向裕宗真金进献《守成事鉴》一书，其中有《选士》一篇，首先谈到忽必烈历来重视贤能之士的选拔，王恽认为科举是最公正的人才选拔制度，他说："伏睹先皇帝在潜、登极四十年间，招延侧陋，寻访好人，略无虚岁。得士之多，于斯为盛。以选择难精，任使乖用，设科取士，尝有定议。计古今治道，良法美意行之略遍，独此未及行耳。比读诏条节该议贡举之法，可谓得先帝遗旨矣。况科举取士历代讲究，既公且当，无逾于此。"②

随着元朝统治疆域的扩大，统治区汉人的数量急剧增加，有的蒙古族官员也逐渐认识到了以科举取士的重要性，至元二十一年（1284）九月，丞相火鲁火孙（即和礼霍孙）与南宋淳祐间状元留梦炎等，以及其他中书省臣皆认为"天下习儒者少，而由刀笔吏得官者多"，③要根本解决这一问题，就必须实行科举取士，凡蒙古之士及儒吏、阴阳、医术之士均可以应试。十月，火鲁火孙请求设立科举，世祖下诏中书省讨论。但因火鲁火孙被罢免，事情仍然没有结果。

至元二十九年（1292）春，身为翰林学士的王恽在《上世祖皇帝论政事书》十六条中，第七项即为"设科举以收人材"。为能培养和选拔更多的年轻人才，王恽建议尽快设立科举取士，他认为元朝实行科举，必须"迈隆前代，创为新制"，建议参照唐代杨绾和朱熹关于科举考试改革的设想来建立元朝的科举制度，主要有两个方面的内容：

---

① 据王公儒撰《大元故翰林学士中奉大夫知制诰同修国史赠学士承旨资善大夫追封太原郡公谥文定王公神道碑铭并序》（《中州名贤文表》卷28）记："十八年，除行台治书侍御史，不赴。进《承华事略》于东宫，《广孝》《立爱》《端本》类二十篇，采古储贰善事，前有图，后断以己意，蒙裕皇遍览，称善，赐酒，有极用心纂述之谕，令诸皇孙传观。"由此可见，王恽的《选士》的进呈时间当为至元十八年前后。

② 王恽：《秋涧先生大全文集》卷79《选士》。

③ 《元史》卷81《选举志》1。

其一,受杨绾的影响,王恽也认为科举考试应该取消投牒自进,而从官学选拔,这样就将官学教育和科举制度直接联系起来了,不但能选拔有真才实学的人才,而且可以促进官学教育的发展。他说:“愚谓为今之计,宜先选教官,定以明经、史为所习科目,以州郡大小限其生徒,拣俊秀无玷污者充员数,以生徒员数限岁贡人数,期以岁月,使尽修习之道。然后州郡官察行考学,极其精当,贡于礼部。”其二,对考试内容,王恽则依据朱熹《学校贡举私议》,强调科举考试的内容以经史为主,他说:“经试、经义作一场,史试、议论作一场(题目止于三史内出)。廷试策兼用经史,断以己意,以明时务。如是则士无不通之经、不习之史,进退用舍,一出于学,既复古道,且革累世虚文妄举之弊,必收实学适用之效,岂不伟哉?”①王恽关于科举考试以经史为主的建议在元仁宗下诏实行科举时被采纳。

至元三十一年(1294)四月十四日,元世祖忽必烈之孙、裕宗真金第三子孛儿只斤铁穆耳即位,即元成宗。他在即位诏书中明确要求中书省讨论实行科举取士之事,诏书云:“学校之设,本以作成人才。仰各处教官、正官钦依先皇帝已降圣旨,主领敦劝,严加训诲,务要成才,以备擢用。仰中书省议行贡举之法。其无学田去处,量拨荒闲田土给赡生徒,所司常与存恤。”②对于元成宗的这一举措,天下儒士都感到欢欣鼓舞,认为恢复科举已经近在咫尺了,松江知府张之翰云:“圣上嗣登大宝之初,诏天下议行贡举,南北士子无不喜……贡举之设,盖始于魏,盛于唐,实宾兴之遗意,科目之良法。国家崇尚儒术,自戊戌一试后,尝垂意取士之科,时时梗其议而止。今天语丁宁,臣心协赞,以人材为第一义,虽乡举里选未易复,如明经,如宏辞,如诗赋义论策,次第举行,特反掌然,则向之私议,又安得龃龉于其间?”③

① 王恽:《秋涧先生大全文集》卷35《贡举议》。
② 《元典章》卷2《圣政一·兴学校》。
③ 张之翰:《西岩集》卷16《贡举堂记》。

然而,元成宗在位期间科举也未得到真正落实。

成宗的继位者是武宗孛儿只斤海山,他在即位诏书中虽然没有提到科举,但是强调了人才培养的重要性和免儒户杂泛差役的政策:“学校,风化之原,人材所在。仰教官、提调官勉励作养,业精行成,以备擢用。应系籍儒户杂泛差役,依例蠲免。”①大德十一年(1307)十二月,元武宗在至大改元诏书中宣布:“兴举学校,乃王政之所先。爰自累朝教养不辍,迄今未见成效。今后路府州县正官、教官,照依累降条画,主领敦劝,廉访司常加勉励,务要作成人材,以备擢用。其贡举法,中书省续议举行。”② 与元世祖、成宗时期一样,武宗的这一诏令最终亦未能付诸实施。王恽对包括武宗朝在内的元朝廷“屡以是形于诏旨”,但科举依然没有恢复非常不满,他说:“计古今治道,良法美意行之略遍,独此未及行耳。”③

与元世祖忽必烈相比,元成宗、武宗受儒臣的影响显然要小,尤其是武宗海山长期驻扎在漠北,他们身边不但缺少忽必烈潜邸儒士那样的恢复科举的坚定支持者,而且他们跟儒臣接触也很少,加之元朝政治已经步入正轨。因此,元成宗和元武宗并没有恢复科举的内在驱动力和紧迫感。

尽管经历元世祖、元成宗和元海宗三朝,科举都未能得以恢复,然而讨论过程儒家经典、经义在科举中的地位无形中得到凸显,为元朝恢复科举后以经义为主要考试内容奠定了思想基础。不仅如此,由于不断有人提出恢复科举,世祖、成宗和海宗也多次下诏议行科举,让全国的读书人仍然看到了读书应试博取功名的希望,举业仍然被视为踏入仕途的青云梯。林景熙在《送松存弟》中说:“科举废,士媒青云,犹假所业以自见。夫所业者,岂必出其所构,相与为欺,以至抗颜倚席,贻笑子衿。有如君者,蜀日越雪,政自寥寥。夫录以举善,

①② 《元典章》卷2《圣政一·兴学校》。

③ 王恽:《秋涧先生大全文集》卷79《元贞守成事鉴·选士》。

君裁鉴精,月书季考,不失锱铢。”①这不仅为恢复科举之后提供了人才储备,同时也成为推动科举恢复的社会力量。

## 二　开科与停科的反复

自元世祖忽必烈时期起,关于采行科举的争论就已经开始,至元武宗时期都未结束,前后长达30多年。至元仁宗即位之后,恢复科举再次被提上了重要的议事日程,也得到了元仁宗的高度重视。元仁宗爱育黎拔力八达为武宗之弟,他长年生活在汉地,从10岁左右起,就与海山一起在名儒李孟指导下学习儒学。无论是在潜邸时,还是在即位为皇帝后,仁宗都非常注重招揽儒士,并且重用他们。在任用这些儒士的实践中,仁宗进一步认识到儒士在治国理政过程中所发挥的作用,也真切地感觉到通过科举选拔儒士任官是有必要的。在跟大臣讨论取士时,仁宗曾对亲信大臣多次说:“进士中得一范仲淹,亦足副吾意。”②

不仅如此,在仁宗看来,恢复科举可能还能解决一个迫在眉睫的问题——澄清吏治。在没有恢复科举的情况下,吏员升迁成为元朝官员的重要来源。由于吏员的选拔与升迁主要注重其实际工作能力,而相对忽视他们的道德修养和文化水平,导致元朝的官僚政治出现了诸多的弊端。这主要体现者以下两个方面:首先,吏员办事拖沓,公文长期积压,公事无法及时办理,“应决不决,往往作疑咨”,③甚至处理官方文书时也是错误百出。据《元典章》记载:“近照刷河南、江北等处行中书省文卷数内,各道宣慰司、路、府、运司等衙门应

① 林景熙:《霁山集》卷5《送松存弟序》。

② 虞集:《道园学古录》卷33《杨贤可诗序》。与此类似的表述,戴良亦有记载:“昔者仁庙设进士科以取士,或病进士之无实效也。仁皇则曰:‘千百人中,岂无一范仲淹者乎?’”(见戴良:《九灵山房集》卷13《遁斋小稿序》)与虞集所记略有不同的是,戴良所记是仁宗用科举能选拔出范仲淹这类讲求“实效”人才为例子,以回应反对科举者的质疑。

③ 《元史》卷24《仁宗本纪一》。

有申禀公事，当该掾史或受请求，及避照刷，多不明白立案，披详与决，又不引用条例，纵恣所为，止押行检，朦朣回下，依例或照验施行，故令中间事情支离，难于处置。时辈皆以可上可下，谓之把猾。使在下官府承文束手，莫知适从，以致案牍愈繁，事多壅滞，日就月将，不胜其弊。”①

其次，吏员不但无能，还欺压百姓。对此，元朝的儒士多有批评，马祖常说：“国家官制，率以国人居班簿首，州县则又仍国初，官各置建达噜噶齐员，并守令丞佐，连位坐署，哄然言语，气俗不相通。大或恣睚压僚吏，小或啮螫单弱。使者劾治，则称谓氏族贵重，人人皆假贷，不绳细微廉慎之节，彼亦往往甘心焉。而欲效古之循吏，能专志于治者，寡矣。”②郑玉说：“方今之吏，颓堕委靡、贪婪败阙者固所不论。至于表表愈伟，为众所称，号为能吏者，则强者不过生事以立声名，弱者不免废事以市恩惠。”③李存说：“今吏弊民瘼何可胜言，诈伪多端，奸诡百出，殉私而不殉公，知利而不知义，虽使伊周、孔孟复生于斯世亦必精求方略可也。”④

面对以吏为官制度的重重弊端，仁宗十分焦虑，多次向大臣询问选拔文官的办法，以消除这一弊端。在儒臣们的建议之下，仁宗最终恢复科举作为整顿吏治、选拔优秀治国人才的重要手段。换言之，通过科举选拔文官，改变以吏为官制度弊端丛生的局面是元仁宗决心恢复科举的最现实原因。正如苏天爵所言：“仁宗皇帝自居潜宫，深厌吏弊。及其即位，乃出独断，设进士科以取士。”⑤元明善也认为消除吏治弊端是元仁宗恢复科举的主要原因，他说：“上患吏弊之深以

---

① 《元典章》卷4《朝纲一·典章四·政纪·减繁新例》。

② 马祖常：《石田文集》卷13《霸州长忽速剌沙君遗爱碑》。

③ 郑玉：《师山文集》卷6《休宁县达鲁花赤也先脱因公去思碑》。

④ 李存：《李仲公文集》卷28《与友人书》。

⑤ 苏天爵：《滋溪文稿》卷9《元故翰林侍讲学士知制诰同修国史赠江浙行中书省参知政事袁文清公墓志铭》。

牢也,思有以扶而破之。于是考取士之法,仿于古而不戾于今者,乃设两科以待国之士。”①此外,元朝科举的恢复,可能与高丽忠宣王还有一定的关系。②

尽管如此,如果要真正恢复科举,必须由朝廷重臣来落实。对仁宗恢复科举产生直接影响的是李孟。仁宗即位四个月之后,李孟即与完泽等上疏,建议仁宗重用儒士,“方今进用儒者,而老成日以凋谢,四方儒士成才者,请擢任国学、翰林、秘书、太常或儒学提举等职,俾学者有所激劝”。对于李孟的请求,仁宗给予了正面的回答,仁宗说:“卿言是也。自今勿限资级,果才而贤,虽白身亦用之。”③对于如何选拔儒士,仁宗和李孟进行了讨论,李孟明确提出以科举选拔真才,他说:“人材所出,固非一途,然汉、唐、宋、金,科举得人为盛。今欲兴天下之贤能,如以科举取之,犹胜于多门而进;然必先德行经术,而后文辞,乃可得真材也。”仁宗对他的建议非常重视,“决意行之”,④即下定决心恢复科举。明人修《元史》时,关于李孟建议实行科举的记载,应源自黄溍所记:“先是,上与公论用人之道,公曰:‘自古人材所出,固非一途,而科目得人为盛。今欲取天下人材而用之,舍科目何以哉?然必先德行、经术,而后文辞,乃可得其真材以为用。’上深然其言,遂决意行之。”⑤从这两则文献来看,李孟是元仁宗下决心恢复科举的关键人物。

除李孟之外,“通诸国语”,并且帮助爱育黎拔力八达登上皇位的得力干将陈颢在仁宗即位后,“特拜集贤大学士、荣禄大夫,仍宿卫禁中,政事无不与闻。科举之行,颢赞助之力尤多”。⑥ 由此可见,陈颢

① 元明善:《清河集》卷4《送马翰林南归序》。

② 参阅桂栖鹏:《元代进士研究》,兰州大学出版社,2001年版,第153页。

③ 《元史》卷24《仁宗本纪》1。

④ 《元史》卷175《李孟传》。

⑤ 黄溍:《金华黄先生文集》卷23《元故翰林学士承旨中书平章政事赠旧学同德翊戴辅治功臣太保仪同三司上柱国追封魏国公谥文忠李公行状》。

⑥ 《元史》卷177《陈颢传》。

也是仁宗恢复科举的重要影响力量。除了汉族大臣之外，部分蒙古族官员也支持采行科举，柏铁木尔就是其中一位。有一天，仁宗与他讨论“求取贤士”之法时，他回答说：“今以季劳用人，何由得才？古有科举之法，先朝尝欲举行而未果。今宜以时述祖训，以开贤路。”他的建议得到仁宗的认可，“即命中书议行之”。①

以李孟为代表的儒臣不仅在促使仁宗决心恢复科举过程中起到了至关重要的作用，而且是元朝科举制度的主要制定者。虞集对于元朝恢复科举的讨论有比较详细的记载，他在《本德斋送别进士周东扬赴零陵县丞诗序》中说：“延祐初，天子慨然思见儒者之治，命执政讲求取士之法，执政者退而与廷臣议焉，曰：‘唐、宋科举之制，先朝议论常及之，盖周人乡举里选之遗也，以为可尽得天下之士乎？固不敢必以为不足，以得天下之士乎？则昔之大贤君子，胥此焉出？其弊者，尚文之过也。今为是举者，本之德行，以观其素；求之经学，以观其实；博之以文艺，以观其华；策之以政事，以观其用；通此，其庶几矣。而或者以为此四者，自古之人，据其一已足名世，今欲兼之，不亦难乎？是不知本出一原，体用无二致也。’于是，天子特出睿见独断而行之，其宵旰望之之志深矣。缙绅先生之言曰：吾党之士，何以报上哉？盖企而望之，伏而叹焉，庶乎其有以当上意矣。”②在这次讨论中，不仅谈及了恢复科举取士的重要性，而且大致确定了科举恢复之后的考试内容，即以经学（即程朱理学）为主，文学为辅。尽管虞集的这一记载并未直接点出执政者和参与讨论大臣的姓名，但执政者应该是指李孟，参与讨论的大臣应是以儒臣为主，他们在恢复科举以及科举制度等方面都发挥了重要的作用。他们之中既有南宋遗民，也有推崇程朱理学者，他们所制定的科举制度明显地打上了南宋经义进士科的烙印。

---

① 黄溍：《金华黄先生文集》卷43《太傅文安忠宪王家传》。

② 虞集：《道园学古录》卷6《本德斋送别进士周东扬赴零陵县丞诗序》。

皇庆二年(1313)十月,仁宗诏令中书省召集朝中重臣讨论开科的具体事宜,翰林院承旨程钜夫、中书平章政事李孟、参知政事许师敬、翰林学士贯云石、翰林院侍读学士吕域等参加讨论。程钜夫认为科举内容应以经学为主,而且“经学当主程颐、朱熹传注”,即程朱理学,而非唐宋以来长期采用的诗赋文学。对于程钜夫关于科举改革的建议,危素所撰《大元敕赐故翰林学士承旨赠光禄大夫大司徒柱国追封楚国公谥文宪程公神道碑铭》记:“议行贡举法,公请以朱文公《贡举私议》损益行之。‘经学当祖程朱传注,文词宜革宋金宿弊。’此诏实公所草。”[①]这也就是说,元仁宗决定恢复科举之后,在制定科举运作的实施办法过程中程钜夫起到了相当重要的作用,尤其重要的是,正是程钜夫的推动,使元朝科举考试以朱熹的《学校贡举私议》为蓝图,以程朱理学为主要内容的基本制度得以确立。

深受汉文化影响的元仁宗出于整治吏员制度,稳固元朝统治的需要,在李孟等儒臣的大力支持下,不但确立了恢复科举的政策,而且还确立了以程朱理学为主要考试内容的基本制度,使元朝的科举得到恢复,科举考试内容也迈入了一个新的时代。元朝正式恢复科举的时间是皇庆二年(1313)。十一月十八日,元仁宗下诏“行科举”。此诏书为程钜夫所拟,首先强调实行科举是继承“祖训”,即继承元朝历代皇帝的做法。关于科举考试内容,规定以程朱理学为主,辞章为辅。在考试的具体安排方面,仁宗宣布皇庆三年八月开科。次年二月举行会试,之后举行殿试。诏书所列“合行事件”共计8项,主要包括考试年限、应试条件、考试程式等方面。与这份诏书同时颁行全国的,还有由中书省向仁宗上奏的《中书省奏准试科条目》(或称《科举程式条目》),此份公文由仁宗批准的时间是皇庆二年十月二十三日。此后开列了科举具体实施的20条内容。这一文件与开科诏书结合

---

① 程敏政:《新安文献志》卷75;危素:《大元敕赐故翰林学士承旨赠光禄大夫大司徒柱国追封楚国公谥文宪程公神道碑铭》。

起来，使得元朝科举的实施办法更为具体，这也说明元朝恢复科举不仅仅停留在决策层面，已经到了可以实施的阶段了。

因皇庆三年正月即改元延祐，延祐元年(1314)正式举行乡试，次年举行会试、殿试，正式录取新科进士56名。这标志着元朝科举取士得到正式恢复。此时距元太宗戊戌选试(1238)已有77年，距元世祖攻灭南宋统一中国也有36年之久，这是中国科举史上中断时间最长时间后的重建。

至此，中国科举史上第四次科举存废之争终于结束了。与前三次科举存废之争不同，元初出现的第四次科举存废之争，它主要集中在是否要恢复已经中断的科举制度，以及科举取士是否能为统治者选拔德才兼备的人才这两个焦点问题上。在元朝特殊的社会历史条件下，争论双方的政治地位并不是势均力敌的，赞成采行科举取士者往往处于弱势地位，他们的建议往往都没有付诸实践，甚至无法阻止反对者停罢科举。而反对者或者政治地位比较高，或者为蒙古贵族，他们千方百计阻止采行科举取士。不过，在少数民族执掌政权的背景下，这种争论对加速恢复科举制度的进程，以及改革科举客观上都起到了不可忽视的作用。自元仁宗延祐元年(1314)至元顺帝至元元年(1335)宣布停罢科举，一共开了7科。

元仁宗恢复科举的举措，既让士子们获得了通过科举入仕的途径，也可以为元朝选拔到贤良之才任官，苏天爵说："夫天之生材，非学校教养不足以致其美，非有司程试不足以知其能，此汉、唐以来贤良方正、词赋、经义诸科所由设也。不然，士将伥伥然无所依归，群然杂进，贤、不肖混淆，有国家者何以精别能否而用之乎!"①科举恢复之后，士子们可以通过科举任官，这对长期以来报国无门的士子来说，确实是一件扬眉吐气的大喜事。正因为如此，士子们欢欣鼓舞、

① 苏天爵：《滋溪文稿》卷29《题咸淳四年进士题名》。

弹冠相庆,有人说:“今者朝廷兴科举以取士,此政吾党弹冠相庆之秋。”[1]著名文士、“儒林四杰”之一的柳贯说:“自延祐设科以来,观一士之升名,则喜见颜间。”[2]

由于科举与教育、学术直接关联,元仁宗恢复科举也极大地改变了当时的学风。有人认为科举直接影响官学的发展,甚至关系着官学的兴盛与否,“夫学校之设,所以明人伦也,视科目之兴废,为学者之作辍,古未之闻也。使不乡举里选,人伦之道固当明,则学校之废固当修,修学校一也。或借意于科目方兴之日,或留心于科目暂废之后,以此扶世教,明人伦,人心所向移,固在一举措间耳”。[3] 科举恢复之后,士子们为博取功名全力以赴,形成一种读书向学的风尚,杨维桢说:社会上“聘硕师教子,复出厚币为赏试,曰‘应奎文会’。”[4]

科举自元仁宗延祐二年(1313)恢复以后,开科7次之后,到顺帝至元元年(1335),江浙省平章政事彻里帖木儿首次提出停罢科举,这一年“会行科举,见驿请考官,供帐甚盛,心颇不平,故其入中书以罢科举为第一事”。[5] 应该说,彻里帖木儿只是停罢科举的发难者,而停罢科举的决策权掌握在右丞相伯颜手里。伯颜通过清除顺帝身边的权臣,从大尉升为右丞相,成为朝中权倾一时的大臣。伯颜是保守的蒙古贵族,非常看不起儒士和科举出身者。权衡的《庚申外史》中记载了关于伯颜的一件事:“乙亥至元元年。……伯颜奏曰:陛下有太子,休教读汉儿人书,其间好生欺负人。往时我行有把马者,久不见,问之,云:往应举未回。我不想科举都是这等人得了。遂罢今

---

① 李存:《李仲公李文集》卷28《与友人书》。
② 柳贯:《柳待制文集》卷17《送段吉甫州判序》。
③ (同治)《永新县志》卷13;冯翼翁:《修永新州学记》,凤凰出版社,2004年版,第143页。
④ 杨维桢:《东维子文集》卷24《故义士吕公墓志铭》。
⑤ 《元史》卷142《彻里帖木儿传》。

年二月礼部科举。”①在伯颜看来，参加科举考试的人都是一些低贱之人，要从他们之中选拔出优秀的人才简直不可能的。正因为如此，伯颜赞同彻里帖木儿停罢科举的主张也就在情理之中。

在停罢科举的诏书起草后，盖上皇帝玉玺正式发布之前，参政许有壬强烈反对这一政策，并与伯颜爆发了激烈的争论。许有壬提出：“科举若罢，天下人才觖望。”在许氏看来，废除科举的直接结果是让天下英才无进身之路。然而，伯颜则针锋相对地提出：“举子多以赃败，又有假蒙古、色目名者。”伯颜认为参加科举的汉族士子道德败坏，甚至弄虚作假，假冒蒙古、色目人的身份应试。许有壬反驳道：“科举未行之先，台中赃罚无算，岂尽出于举子？举子不可谓无过，较之于彼则少矣。”②许有壬认为在恢复科举取士之前，各级官员中腐败、道德品质差者也不计其数。尽管科举出身者中也会有道德败坏者，但其比例远远低于采行科举前官员的比例。

被许有壬反驳之后，伯颜没有就科举能否选拔真正人才继续与许有壬争论，转而提出即使停罢科举，士子只要发奋读书，依然可以做官，他说：“科举虽罢，士之欲求美衣美食者，皆能自向学，岂有不至大官者邪？”许有壬则反驳说士子读书应试，其首要目的是为实现儒家的治国平天下的理想，而不是为了做官发财。伯颜又提出：“今科举取人，实妨选法。”换言之，伯颜认为科举制度并不是选官的有效途径。许有壬则以元朝通过科举选拔的文官数量予以反驳，他说：“古人有言，立贤无方。科举取士，岂不愈于通事、知印等出身者。今通事等天下凡三千三百二十五名，岁余四百五十六人。玉典赤、太医、控鹤，皆入流品。又路吏及任子其途非一。今岁自四月至九月，白身补官受宣者七十二人，而科举一岁仅三十余人。”③

---

① 权衡：《庚申外史》卷上。

②③ 《元史》卷142《彻里帖木儿列传》。

从这场争论来看,虽然伯颜并未提出令人信服的观点,许有壬反驳他的观点又是有理有据的,但这并未对元朝廷是否停罢科举产生直接的影响,伯颜把持的朝政最终还是下诏停罢了科举,史称"至元废科"。

顺帝朝停罢科举不久之后,就不断有大臣提议恢复科举。据《元史》记:至元二年(1336)六月,礼部侍郎忽里台请求恢复科举,但被朝廷拒绝。同年,陕西行台监察御史赡思上奏"封事十条",包括法祖宗,揽权纲,敦宗室,礼勋旧,惜名器,开言路,复科举,罢数军,一刑章,宽禁网等十条,恢复科举列其中。由于当时伯颜当权,"赡思所言,皆一时群臣所不敢言者",[1]朝廷依旧没有采纳他的建议。

科举停罢了5年之后,至元六年(1340)二月,趁伯颜外出至柳林狩猎,在伯颜之侄脱脱等大臣的帮助下,顺帝下诏罢黜中书大丞相伯颜,将其贬逐至河南,后来伯颜死于放逐途中。在罢黜伯颜事件中起重要作用的脱脱被任命为知枢密院事。十月,脱脱被任命为中书右丞相。顺帝宣布改元"至正"。19岁的元顺帝和脱脱锐意改革,推行新政,史称"脱脱更化",恢复科举便是这场改革的最重要内容。三月十八日,顺帝发布诏书,明确表示要求中书省讨论举行科举的事宜。恢复科举的事宜也得到了蒙古族大臣的支持,翰林学士承旨巙巙向顺帝建议:"古昔取人材以济世用,必由科举,何可废也。"[2]巙巙向顺帝提出恢复科举的建议与吴直方直接相关,据《元故集贤大学士荣禄大夫致仕吴公行状》记:"科举废已久,公力言丞相曰:'科举之行,未必人人食禄,且缘此而家有读书之人。人读书,则自不敢为非,其有系于治道不小。'丞相因奏复之。"[3]铁木儿达识也极力主张恢复科举,黄溍说:"上既总揽权纲,用脱脱为中书右丞相,王为右丞,以更新

① 《元史》卷190《儒学二·赡思传》。
② 《元史》卷143《巙巙传》。
③ 宋濂:《潜溪后集》卷9《元故集贤大学士荣禄大夫致仕吴公行状》。

庶政。科举之废也，王在参议府，争之不得，讫不署其奏牍；至是，力为上言前代科举得人之盛，遂复行焉。”①元朝首科进士欧阳玄也极力主张恢复科举，据危素记：“至正改元，更张朝政，事有不便者，集议廷中，极言无隐。科目之复，沮者尤众，公力争之。命脱脱右丞相草诏。”②十二月，中书省向朝廷提交包括重开科举的相关条目，即《都省奏准科举条画》。科举制度由此恢复，史称“至正复科”。此后，元朝科举考试一直延续到至正二十六年(1366)，也就是元朝灭亡的前两年。此次恢复科举在很大程度上是元朝统治者内部政治斗争的结果，它是脱脱打击伯颜的重要措施。

元朝至正复科之后，尤其是战乱蜂起之后，应试人数急剧减少。即便有为数不多的应试者参加考试，其整体素质和知识水平也比较低下，有的考生甚至连基本的知识都不具备。至正二十四年(1364)，翰林学士承旨、荣禄大夫、知制诰兼修国史的张翥出任至正十三年(1353)大都乡试主考官，他亲眼看到大都乡试应试者水平之低，他说：“至正癸巳，予以太学博士考试大都，至秋闱发策汉人，问以六艺，众皆罔然，叩帘语之尚弗达，所答遗五得一，举二舛四，终场无全策，第曰试官困我举人而已。盖以为儿童之学而易之，不知此成德达材之先务也。”③根据张翥的描述，原本是以儒家经典为主要考试内容，但这些考生对儒家的六艺完全不懂，即便是主考官解释了相关题目之后，他们还是基本无法作答，落第之后反而把责任推给主考官，认为是主考官有意为难他们。在张翥看来，参加这次乡试的考生的知识水平比普通儿童还要差。

为吸引更多的士子参加科举，笼络天下士子之心，元朝廷根据实

---

① 黄溍：《金华黄先生文集》卷28《敕赐康里氏先茔碑》。

② 欧阳玄：《圭斋文集》附录；危素：《大元故翰林学士承旨光禄大夫知制诰兼修国史圭斋先生欧阳公行状》。

③ 谢启昆：《小学考》卷24《文字十六》；张翥：《六艺纲目序》。

际情况对科举进行了相应的改革。自至正十一年(1351)农民战争爆发以后,元朝控制地区逐渐缩小,交通受阻,不仅有些地区已经无法正常举行科举考试,而且连能够顺利赴京参加会试的乡贡进士也越来越少。至正十九年(1359),根据中书左丞成遵等人的奏请,实行"流寓乡试",改变乡试应考者必须回原籍报考的规定,"今淮南、河南、山东、四川、辽阳等处,及江南各省所属州县,避兵士民,会集京师。如依前代故事,别设流寓乡试之科,令避兵士民就试,许在京官员及请俸掾译史人等,系其乡里亲戚者,结罪保举,行移大都路印卷,验其人数,添差试官,别为考校,依各处元额,选合格者充之,则国有得人之效,野无遗贤之叹矣"。监察御史亦提出相应的建议。礼部则提出调整录取名额的建议:"曾经残破处所,其乡试元额,蒙古、色目、汉人、南人总计一百三十有二人。如今流寓儒人,应试名数,难同全盛之时,其寓试解额,合照依元额减半量拟,取合格蒙古、色目各十五名,汉人二十名,南人十五名,通六十有五名。"①中书省奏准,流寓乡试正式实行。根据这一规定,在京城的外省士子可以在京城参加乡试。除京城之外,元朝廷针对江西士子因逃避战乱流亡到福建省的特殊情况,允许流寓在福建的江西士子参加福建乡试,并且专门为福建省乡试增加 8 个录取名额。河南行省省治所在地汴梁路于至正十八年(1358)五月被刘福通领导的红巾军攻陷。次年五月,陕西行省平章察罕帖木儿上奏,在陕州设贡院,"依河南省元额数",采取"不拘籍贯"的方式,考试"河南举人及避兵儒士"。②江浙行省的胡季城原来为杭州路总管府照磨,"会大都乡试,季城以流寓与贡。及试春官,不利,而京师诸公无能以馆阁为荐者,仅取广西一簿司以去"。③

除此之外,元朝廷还规定,录取状元不再有民族的限制,所有应试者都有资格选为状元。至正二十六年(1366),对于殿试录取的进

---

①② 《元史》卷 92《百官志》8。

③ 胡助:《纯白斋类稿》附录卷 2;马国章:《送胡主簿诗序》。

士予以优待，授官的时候提高一品。皇庆二年（1313）规定，“蒙古、色目人作一榜，汉人、南人作一榜。第一名赐进士及第，从六品，第二名以下及第二甲，皆正七品，第三甲以下，皆正八品，两榜并同”。[①] 元统元年（1333）殿试一甲第一名授予承务郎，第二名以下及第二甲皆授予承事郎，三甲授予将仕郎。按《元史·百官志七》所记，承务郎为从六品，承事郎为正七品，将仕郎为正八品。而至正二十六年（1366）殿试后，“赐赫德溥化、张栋等进士及第、进士出身、同进士出身有差，凡七十有三人，优其品秩。第一甲，授承直郎，正六品。第二甲，授承务郎，从六品。第三甲，授从仕郎，从七品”。[②] 显然，元末殿试三甲的授官品级都高于之前。

尽管如此，随着元朝政权逐渐走向衰亡，科举制度也无法避免走向再次停罢的命运。元朝自仁宗延祐元年（1314）采行科举，延续 20 年，开 7 科。至元元年（1335）被停罢，停开 2 科之后，至元六年（1340）恢复，至正二十六年（1366）三月，元朝举行了最后一次会试与殿试，此后再未举行科举，再开 9 科。有元一代，共计开科 16 榜，开科次数少于唐代，开科次数、每科的录取人数远远少于两宋、明、清三代。

### 三　南北分榜而试

元朝恢复科举之后，对于士子的报考条件有严格规定。仁宗皇庆二年（1313）颁布的科举条制规定：“科场，每三岁一次开试。举人从本贯官司于路府州县学，及诸色户内推选年及二十五以上，乡党称其孝悌、朋友服其信义、经明行修之士，结罪保举，以礼敦遣，贡诸路府。其或徇私滥举，并应举而不举者，监察御史、肃政廉访司体察究

---

① 《元史》卷 81《选举志》1。
② 《元史》卷 92《百官志》8。

治。”[①]根据这一规定，元朝科举沿用宋代科举之制，要求考生在“本贯”报考，也就是要求考生在籍贯所在地报考。然而，对于在大都和上都的报考者，籍贯限制有所放松，“别路附籍蒙古、色目、汉人，大都、上都有恒产住经年深者，从两都官司依上例推举就试。其余去处冒贯者治罪”。[②]可见，除南人之外，无论是蒙古人、色目人还是汉人，只要在大都、上都有固定财产，并且居住生活时间比较长，经地方官府的批准，即可以在大都、上都报考应试。由于元朝四等人在乡试录取中存在难以辨别的可能性，至正七年(1347)所颁布的《都省奏准科举条画》对于汉人、南人的报考材料有进一步的规定：“汉人、南人须要取具三代名讳，委于几年于某州某县附籍，应当是何差役，揭照相同，具实申解。蒙古、色目人附籍者，依上揭照。其无籍者称说因何到此，即今应当何处身役。”之所以要作出如此严格的规定，主要是防止在报考环节色目考生假冒蒙古考生，南人假冒汉人，汉人、南人假冒蒙古、色目人。如果汉人、南人假冒了蒙古、色目人报考应试，即便是及第做官，也可以“终身许人陈告，以诈冒得官例断罪追夺。未除者减等科断”。[③]

除籍贯限制之外，要求考生年龄必须在25岁以上，元朝是中国科举史上唯一对考生年龄的下限明确限制的朝代。除了籍贯和年龄限制之外，元朝科举报考还对考生的身份进行限制，规定“倡优之家及患废疾、若犯十恶奸盗之人，不许应试”。[④]汉人和南人在“居父母丧服”期间不能报考应试。

为了保证报考者身份的真实性，仁宗皇庆二年下诏开科时，要求监察御史和肃政廉访司负责审查考生报考材料的真实性。至元六年(1340)恢复科举的诏书中，对报考的审查程序有更加明确的规定：

---

①②④　《通制条格》卷5《学令·科举》。

③　《都省奏准试科条画》，转引自陈高华：《元朝科举诏令文书考》，纪宗安、汤开建主编《暨南史学》第1辑，暨南大学出版社，2002年版，第160页。

"乡贡之法，并依旧制。须从社长、坊里正推选委系孝悌信义、经明行修之士，结罪保举。亲临州县正官体覆是实，保结申达上司。中间一切欺诈不实，举人验事治罪，体覆官断标附，社长人等并行究治。监察御史、肃政廉访司严加纠察。"①这一规定将基层官府在考生身份审查中的责任加以具体化，即社长、里长需要先提供保证文书，保证报考者提供材料的真实性。之后，考生的报考材料再由所在州县的正官进行审查，并且向上级官府立下保证文书。如果发现举人报考材料造假，社长、里长等故意隐瞒，州县官员要对相关人员予以惩处。监察御史和肃政廉访司负责最终审查。除此之外，元朝科举要求考生 5 人互相结保。

对于国子监生的报考，皇庆二年(1313)规定："国子监学岁贡生员及伴读出身，并依旧制，愿试者听。中选者，于监学合得资品上从优铨注。"②至元六年(1340)恢复科举之后，《都省奏准科举条画》规定："国子监积分生员三年一次依科举例会试，中者取一十八名，通与科举总一百名，其出身依国子监旧例；伴读生员人等也依旧例考试。"③元朝廷规定国子监生积分达到要求者可以直接参加会试，其陪读则可以在大都报考参加乡试。这一规定是元朝科举在至元六年的一项改革。

对于在任官员，皇庆二年规定："在官未入流品之人，愿试者，听。若中选，已有九品以上资级，比附一高加一等注授；若无品级，止依试例从优铨注。"④

考生完成报考手续，获得应试资格后，需要自己准备好答题纸。答题纸有格式要求，"举人试卷，各人自备，叁场文卷并草卷各人壹拾贰幅，于卷首书叁代、籍贯、年甲，前期半月于印卷所投纳，置簿收附，

---

①③　《都省奏准科举条画》，转引自陈高华：《元朝科举诏令文书考》，纪宗安、汤开建主编《暨南史学》第 1 辑，第 160 页。

②④　《通制条格》卷 5《学令·科举》。

用印钤缝讫,各还举人”。[①] 士子完成报考手续之后,即有资格参加科举考试,考生依次参加乡试、会试和殿试三级考试,以实现金榜题名。

皇庆二年颁布的中书省所制定的考试程式规定,乡试在17处举行,苏天爵云:“肇定乡试之所,由两都、十一行省、河山之东二宣慰司及真定、东平,共十有七。”[②]这也就是说,乡试的考点在行省有11处:河南、陕西、辽阳、四川、甘肃、云南、岭北、征东、江浙、江西、湖广;宣慰司两处:河东,山东;直隶中书省部路分试四处:真定路试河间路、保定路、顺德路、大名路、广平路、彰德路、卫辉路、怀孟路士子,东平路试济宁路、曹州、濮州、恩州、东昌路、高唐州、泰安州、德州、冠州士子,大都路试大都、永平路士子,上都路试上都、兴和路士子。元朝乡试一般在贡院或试院举行。贡院内,“度地安置席舍”,[③]让每个考生都有一个相对独立的位置,目的是使考生保持有一定的距离,尽可能地防止考生在考试时舞弊。

元朝乡试每三年举行一次,于八月进行,二十日为第一场,二十三日为第二场,二十六日为第三场。蒙古、色目人乡试、会试均考两场,汉人、南人考三场。每场考试的时间为一天,“凡就试之日,日未出入场,黄昏纳卷”。[④]大多数地方乡试时仍然天气炎热,加之考试时间非常紧张,应试士子是非常艰辛的。至元末,因战乱的影响,元朝廷允许至正十九年(1359)乡试改期,“许先期春贡”。江浙行省将当年举行的乡试由八月提前至四月举行,“吴越之士斤斤百余人”[⑤]参加了考试,规模远远小于之前的江浙行省乡试。

考生试卷经过受卷、弥封、誊录、对读之后,“各所行移,并用朱

---

① 《通制条格》卷5《学令・科举》。
② 苏天爵:《滋溪文稿》卷4《燕南乡贡进士题名记》。
③④⑥ 《元史》卷81《选举志》1。
⑤ 杨维桢:《东维子集》卷5《乡闱纪录序》。

书”。[6]每一环节完成之后，都需要钤盖关防印，延祐元年（1314）规定，“三代、籍贯并乡试格式定□，如□弥封、誊录等所印□□该行宣去处□□□官用检校所印，誊录官用省□□，钤缝官用儒学提举司印信。□处所□中书省印。弥封官用经历司印，提调官用儒学教授印。试卷钤缝所用印信，府、县学、提举司处用本司印，如无教授印”。[1]

试卷经过内帘评阅之后，将拟录取者的朱卷的字号抄录下来，由誊录所校对，并抄录字号后，誊录所根据字号取出考生元卷，请监试官、知贡举官、同试官共同对号拆开，确定录取考生的姓名。一般来说，由于拆号后可以看到考生的姓名，为防止考官徇私，不能再改变考生的录取名次。

乡试放榜时间为九月，如至正四年（1344）江西乡试，“九月辛丑拆名，黎明榜出，龙兴路官属导以鼓吹仪仗，揭之省门之外”。[2] 至正十年（1350），山东乡试是“九月二日揭榜，得士蒙古四人、色目五人、汉人七人充赋，而备选者十有五人，从定额也”。[3]

乡试出榜分左右两榜。元朝规定全国乡试录取名额为 300 名，其中蒙古、色目、汉人、南人各占 75 人，但在实际录取时，各省录取人数几乎都没有达到 75 名。尽管元朝科举采取蒙古、色目、汉人、南人的乡试录取名额相等的措施，确实能起到鼓励文化水平相对较低的蒙古、色目人读书应试的作用。然而，由于汉人、南人的人口远远多于蒙古、色目人，采用相等的录取名额，对于汉人和南人而言又是极为不公平的。

及第者通称为“乡贡进士”，由地方官府发给凭证，通过礼部核实之后，便可以参加次年在京城举行的会试。备榜或副榜的录取者没

---

① 《延祐元年六月中书省文书》，转引自陈高华：《元朝科举诏令文书考》，纪宗安、汤开建主编《暨南史学》第 1 辑，暨南大学出版社，2002 年版，第 165 页。

② 杨翮：《佩玉斋类稿》卷 8《江西乡试小录序》。

③ 毛元庆：《山东乡试题名记》（至正十年），北京图书馆藏《宋元科举题名录》。

有资格参加会试,至正四年(1344),江西行省规定副榜录取者仅“留省以备学官之任”。[①] 可见,元朝乡试中备榜或副榜与正榜有着完全不同的待遇。明清乡试与会试的副榜基本沿用元朝之制。

放榜之后,有的行省还举办鹿鸣宴,宴请考官、监试官等官员,以及新录取的乡贡进士,并且在试院立碑题名。各地则要举行乡饮酒礼,新科举人,考官、地方官等参加。

与乡试一样,元朝的会试与殿试亦是沿袭宋、金之制,正如清人秦蕙田所言:“元中书省所定科场条目皆参用宋、金之制,斟酌损益,最为得中。自明以来相承用之,虽有更定,大略不出乎此。”[②]然而,无论从应试规模,还是皇帝的重视程度而言,元朝的会试、殿试均无法跟宋朝相提并论。

会试是在大都贡院举行。贡院在翰林院东侧,至公堂是其中最重要的建筑。皇庆二年(1313)十一月规定,会试在乡试次年举行,“于二月初一日试第一场,初三日试第二场,初五日试第三场”。[③]

会试的考试科目与内容大致与乡试相同,但具体要求和程度较乡试更加高。乡试录取的乡贡进士有资格参加会试。会试参加者的名额 300 名,蒙古、色目、汉人和南人各占四分之一,即各占 75 名。

试卷处理程序大致与乡试相同。会试放榜仍然分为左右两榜,分别张贴在中书省大门的左右两边。按照元朝统治者的最初设想,会试每科录取 100 名,其中蒙古、色目、汉人、南人各四分之一,即 25 名。然而,从进士的录取情况来看,[④]元朝仅有元统元年(1333)为 100 名,其他各科均未达到 100 名的定额。究其原因,主要是由于会

---

① (雍正)《江西通志》卷 128《艺文记七·贡院题名记》。

② 秦蕙田:《五礼通考》卷 175《嘉礼四十八·学礼》。

③ 《中书省奏准试科条目》,转引自陈高华:《元朝科举诏令文书考》,纪宗安、汤开建主编《暨南史学》第 1 辑,暨南大学出版社,2002 年版,第 156 页。

④ 关于元代殿试有无黜落的问题,桂栖鹏认为元代殿试没有黜落,即殿试录取的进士人数与会试录取人数相等(见桂栖鹏:《元代殿试有无黜落问题再探》,载《中国史研究》2001 年第 3 期)。

试的应试者达不到300名。如延祐二年(1315)会试,应试者仅有135人,录取进士56名。而会试考官又拘泥于三比一的录取比例,致使会试录取人数远远低于100名定额。至正十一年(1351),举人和国子监生应会试的人数仅为373人。元人宋褧说:"初,科举条制有云,天下选合格者三百人赴会试,内取中选者百人。概言之也。由前知举官泥条制之人,止凭赴会试数中三取一,故累举中选者恒不及百。"①取中者留在京城,准备参加殿试。

会试中式者有资格参加御试或殿试。三月初七日举行殿试。考生交卷之后,试卷无须誊录,考生元卷弥封后交由知贡举、读卷官等负责评阅。由于殿试的主考官是皇帝,进士的对策名义上是给皇帝看的,因此,读卷官在评阅试卷时,批语不能像会试一样,直接写在试卷上,而是需要写黄纸上,并将其贴在试卷的卷首,称之为"廷对贴黄"。

元朝殿试没有黜落,读卷官根据其对策的高下来确定考生的名次。读卷官将拟录取的考生名单分为三甲,于三月初十日进呈给皇帝,由皇帝最后确认。十一日,考生"于国子监关栏帽"。十二日,礼部通知新科进士,请他们第二天前往阙前等候唱名、谢恩。唱名的时间是在十三日的凌晨,唱名之后是张榜,金榜有左右两榜,分别张贴在揭于"内前红门之左右",即大明宫或兴圣宫外。② 蒙古、色目人为右榜,汉人、南人为左榜。除元统元年(1333)一甲三人之外,左右榜均为一甲一人,二甲五人,其余新科进士为三甲。右榜以蒙古人为状元,左榜以汉人为状元,色目人和南人则不能取为状元。不仅如此,地位低下的南人要成为榜眼和探花的机会都非常小,元朝仅有南人李祁名列元统元年一甲第二名。

---

① 宋褧:《燕石集》卷15《故集贤直学士大中大夫经筵官兼国子祭酒宋公行状》。

② 吴志坚:《元代科举与士人文风研究》,南京大学博士学位论文,第88页。然而,陈高华等人撰写的《中国考试通史》则记为:"'内'指大内,即皇城,红门即崇天门。"(首都师范大学出版社,2004年版,第390页)

唱名发榜后,新科进士有谢恩、受恩仪式。《元史》载中书省拟定进士受恩仪式:"择日赐恩荣宴于翰林国史院,押宴以中书省官,凡预试官并与宴。预宴官及进士并簪华至所居。择日恭诣殿廷,上谢恩表。次日,诣中书省参见。又择日,诸进士诣先圣庙行舍菜礼,第一人具祝文行事,刻石题名于国子监。"①

四月十七日,在翰林院国史院举行恩荣宴。十天之后,新科进士"于中书省祗受敕牒",即是授官。依《元史》所记,左右榜的第一名均赐进士及第,授从六品。第二名以下及第二甲,均为正七品,第三甲以下,均为正八品。元统元年,改为状元授承务郎,为从六品;第二名以下及第二甲均授承事郎,为正七品;三甲进士授将仕郎,为正八品。由于承务郎、承事郎和将仕郎均为官阶,新科进士实际授予的官职有时会低于官阶,如二甲进士授翰林院编修,仅为正八品。元末,为收买士子的人心,统治者提高了新科进士授官的官阶。至正二十六年(1366),元统治者决定"第一甲,授承直郎,正六品。第二甲,授承务郎,从六品。第三甲,授从仕郎,从七品"。② 然而,由于这是元朝最后一科殿试后宣布的措施,元朝在次年就灭亡了,因此这一政策对新科进士并无实际的意义。

四月二十九日,进士穿公服入朝廷大殿谢恩。次日,新科进士着私服赴都堂谢恩。五月初二,新科进士至先圣庙行舍菜礼。之后,新科进士在国子监刻石题名,其上按照三甲名次排列,上刻有新科进士的姓名、籍贯、名次等信息。北京国子监中,现在仍然保留了三通元朝进士题名碑。题名碑是进士们金榜题名荣耀的物质见证,不少元朝进士以能从题名碑或题名碑拓片上找到自己的名字而为荣,甚至因此能让他们回忆其当年应试的一些事情。

值得注意的是,元朝科举是在沿袭宋代科举的基础上,结合其少

① 《元史》卷81《选举志》1。
② 《元史》卷92《百官志》8。

数民族政权的特点建立起来的，因此其与宋朝科举有相似之处。但是，元朝殿试与宋代却有比较大的差异，主要表现在以下几个方面：首先，与宋代皇帝亲自主持考试不同，元朝皇帝不亲自主持考试，也不直接参与命题；其次，殿试在翰林国史院，而不是在朝中大殿进行，赵翼在《陔余丛考》据此认为元朝没有殿试，只是“省试后再试于翰林国史馆耳”；[①]其三，唱名是宫殿外崇天门，皇帝并不接见新科进士，而宋代殿试后是在宫殿内举行传胪唱名仪式，皇帝亲自接见新科进士；其四，元朝新科进士赐宴翰林国史院，而宋代殿试后赐宴礼部。因此，元朝殿试尽管也是名义上由皇帝主持的考试，但是我们认为由于元朝大多数皇帝的汉文化水平并不高，很难有直接领导命题、阅卷和录取等工作的能力和水平，这应是他们不直接参与殿试的重要内在原因，“天子门生”在元朝就显得名不副实，科举的地位并不高也由此可见一斑。

在宣布实行科举的诏书中，专列“考试程式”，对于乡试、会试考试内容有明确的规定：蒙古、色目人，第一场试经问五条，要求从《大学》《论语》《孟子》《中庸》内设问，义理精明、文理典雅为中选，用朱氏章句集注。第二场策一道，“以时务出题，限五百字以上”。汉人、南人，第一场明经，经疑二问，“《大学》《论语》《孟子》《中庸》内出题，并用朱氏章句集注，复以己意结之，限三百字以上”。经义一道，各治一经，“《诗》以朱氏为主，《尚书》以蔡氏为主，《周易》以程氏、朱氏为主。以上三经，兼用古注疏，《春秋》许用《三传》及胡氏《传》。《礼记》用古注疏。限五百字以上，不拘格律”。第二场古赋、诏、诰、章、表内选择一道作答，“古赋、诏诰用古体，章表四六，参用古体”。第三场试策一道，“经史时务内出题，不矜浮躁，惟务直述，限一千字以上”。[②] 依照

① 赵翼：《陔余丛考》卷28《殿试》。

② 《抄白元降圣旨》，转引自陈高华：《元朝科举诏令文书考》，纪宗安、汤开建主编《暨南史学》第1辑，暨南大学出版社，2002年版，第154页。

《元史》所记,“于是诏钜夫偕平章政事李孟、参知政事许师敬议行贡举法,钜夫建言:‘经学当主程颐、朱熹传注,文章宜革唐、宋宿弊。’命钜夫草诏行之”。① 可见,这份诏书的起草者是元朝大儒程钜夫。

至元六年(1340)再次恢复科举之后,考试内容略有调整:蒙古、色目人,第一场,“经问三条,《四书》内出题。明经一道,《五经》内各专一经,不拘格律字数,义理详明、文辞条畅者为中式”。第二场,时务策一道;汉人、南人,第一场,“经疑二问,一问《四书》内出题,一问《五经》内出题。举人各从本经以对。经义一道”。第二场,“古赋一道,诏、诰、章、表又科一道”。第三场,经史时务策一道。②

与皇庆二年(1313)诏书的不同之处有以下两个方面,一是蒙古人、色目人第一场经问从五条改为三条,增加明经一道;二是汉人、南人第一场虽然都是经疑二问,但是皇庆科举规定经疑均从《四书》中命题,并且规定以朱熹的《四书章句集注》作为参考书。而至元六年则规定经疑一问从《四书》内出题,一问从“五经”中出题,另外还有经义一道。

元朝科举考试内容的相关规定,在中国科举史上有着里程碑的意义,其主要意义在于无论是蒙古人、色目人,还是汉人、南人,《四书》都成为首要的考试内容,而且规定了参考书——朱熹的《四书章句集注》等为代表的理学家的著作,诏书中《四书》中排列顺序都是采用朱熹所定的先后次序,即《大学》《论语》《孟子》《中庸》,而《五经》则相对没有那么受到重视,《四书》的地位真正得到确立,《四书全书总目》对此有精辟的论断:“《论语》《孟子》旧各为帙;《大学》《中庸》旧《礼记》之二篇。其编为《四书》,自宋淳熙始;其悬为令甲,则自元延

---

① 《元史》卷172《程钜夫传》。

② 《都省奏准科举条画》,转引自陈高华:《元朝科举诏令文书考》,纪宗安、汤开建主编《暨南史学》第1辑,暨南大学出版社,2002年版,第160页。

祐复科举始。”[①]至元六年(1340)重新恢复之后,汉人、南人第一场,经疑一问从《四书》内出题,一问从“五经”中出题,另外还有经义一道。元朝科举将《四书》摆在最重要的位置,既是宋代理学不断发展的结果,也是以李孟、姚遂、程钜夫等为代表的元朝儒臣与理学家直接推动的结果。

无论是皇庆二年(1313),还是至元六年(1340)的诏书都明确规定,汉人、南人的第二场均将古赋作为必考的内容。古赋水平是通过科举选拔能从政为官的士子的必备素质,吴澄认为考古赋,可以选拔“通古而善辞”[②]的考生。苏天爵认为以古赋为考试内容,可以考察考生能否“敷扬宏休”,“以备代言之选”。[③] 元末陈高则认为考古赋可以考察考生是否有广博的知识。很显然,元朝统治者认识到善写古赋是做官的重要素质。元仁宗正式确定以古赋为考试内容。元朝科举考试的古赋呈现出鲜明的理学色彩,赋题中经义、经史题占了大多数。赋题要求以古赋来撰写,而非唐宋以来的律赋。之所以会出现这种情况,这与元朝科举考试重程朱理学密切相关。由于元朝科举的第一场是考经义,无论是考官还是考生大多精通理学或者受理学的熏陶,他们所撰写的古赋有着浓厚的理学色彩也在情理之中。因此,作为乡试、会试考试文体的古赋表现出鲜明的理学色彩,是元朝科举以程朱理学为考试内容在第二场的直接体现。

在皇庆二年重开科举诏书中,规定蒙古、色目人第二场策一道,“以时务出题,限五百字以上”。汉人、南人,第三场试策一道,“经史时务内出题,不矜浮躁,惟务直述,限一千字以上”。[④] 至元六年再次恢复科举之后,规定蒙古、色目人第二场试时务策一道;汉人、南人第

① 《四库全书总目》卷35《四书类小序》。

② 吴澄:《吴文正公集》卷49《跋吴君正程文后》。

③ 苏天爵:《滋溪文稿》卷6《济阳文会序》。

④ 《抄白元降圣旨》,转引自陈高华:《元朝科举诏令文书考》,纪宗安、汤开建主编《暨南史学》第1辑,暨南大学出版社,2002年版,第154页。

三场试经史时务策一道。[①] 殿试亦试策题。从现在保存的策问来看,元朝的策问主要包括对当前现实发问的时务策,和以经史发问的经史策。无论是哪种类型,都要求考生“其酌古今之宜,而以折中之以对”,[②]即要求考生结合现实来撰写对策,目的是选拔既通经明理,又有处理实际政务能力的人才。时务策涉及的问题主要包括法律、水利、铨选、吏治、天文等。经史策问虽然偏重于考查考生的经史知识的掌握水平,但也往往与现实有着直接的关联,需要考生联系现实来回答。

元朝科举以策问作为考题,要求考生撰写对策,其目的是选拔经世之才,正如苏天爵认为科举以策问考试士人,目的是“经济斯世,发为有用之学”,[③]“以考古今治乱之原,推天地事物之变,民之利疚,政之美恶,皆得指陈。他日措诸实用,将见真儒善治之效出焉”。[④] 有学者认为科举以时务策、经史策为题来考查考生的功效,“一、可以提高文章的写作能力;二、促进对《四书》《五经》和历史知识的理解;三、培养处理各种现实社会问题的应对能力”。[⑤] 然而,由于科举考试策问注重经史,真正涉及国计民生大事的现实问题比较少,加之绝大多数的考生并无实际从政经验,他们撰写的对策大多是书生之言,甚至为了能博取科举功名,对策多是溢美之词,考生很难提出有效的对策,更难以针砭时弊。因此,以经史时务策作为科举考试内容,也很难实现选拔经世致用之才的设计初衷。

元朝实际实行科举的时间就只有48年,共计开科16次,录取进

---

① 《都省奏准科举条画》,转引自陈高华:《元朝科举诏令文书考》,纪宗安、汤开建主编《暨南史学》第1辑,第160页。

② 黄溍:《金华黄先生文集》卷20《会试汉人南人策问》。

③ 苏天爵:《滋溪文稿》卷6《济阳文会序》。

④ 苏天爵:《滋溪文稿》卷3《常州路新修庙学记》。

⑤ [日]渡边健哉:《元代科举的“策问”和“对策”》,《考试研究》2009年第5卷第2期,第101页。

士为 1 139 人，平均每科只有 71 人，每年仅录取 21 人。即便是加上国子监进士 164 名，元朝进士总数也只有 1 303 名。无论从开科持续时间，还是录取人数而言，元朝科举都无法跟汉族政权唐、宋相提并论，甚至也无法跟同为少数民族政权的金朝相比。由于元朝直至中叶才实行科举，这就使得科举及第者只能在元朝中后期政坛上发挥作用。加之在由吏入仕是儒士出仕重要途径的背景下，科举所选拔的进士在元朝文官中所占的比例很低，进士的升迁速度也比较慢，甚至被蒙古、色目贵族出身的官员，乃至被由吏入仕者轻视、排挤，无法对在元朝的官僚体系中产生比较大的影响，科举甚至被人视为“殆不过粉藻大(太)平之具”。①

尽管如此，由于元朝进士的个人素质往往高于普通人，吴师道认为科举及第者由于受到儒家圣人之学的熏陶，他们往往有异乎常人的才华。不仅如此，元朝科举以程朱理学作为重要考试内容，让进士出身者受程朱理学中重义、重节思想的熏陶，既在一定程度上提高了元朝官僚系统的整体素质，也让进士出身者比非进士出身的官员和普通人更重民族大义和名节，遇到国家大难时往往能挺身而出，甚至能舍身成仁。

不仅如此，元朝以程朱理学对儒家经典的阐释作为考试标准，不仅是南宋以来中国思想史的重要变革，而且从根本上改变了唐代以来以诗赋文学取士的格局，将诗赋文学排除在科举考试内容之外，科目设置亦因此而趋向简明。可以说，元朝将唐宋以来经义进士科、词赋进士科和策论进士三者合而为德行明经科，这不但使几百年来有关经术与文学之争最终也以经术的胜利而宣告结束，而且使科举取士的公正性得到更充分的体现，这是符合考试发展规律的重要变革。在考试内容和科目设置方面，明清科举基本上沿用了元朝的做法，对

---

① 叶子奇：《草木子》卷 4《杂俎篇》。

后世产生了重要影响。①

科举自隋唐创立以来,至元朝已有700余年的历史,其形成的历史惯性已经在政治、文化和社会中充分体现出来了。尽管科举在元朝中断30余年,但是其历史惯性并未消失。当皇庆年间恢复之后,裹挟着历史惯性的科举在比较短时间内影响到元朝的政治、文化与社会等各方面,尤其是元朝科举对于明清科举的影响,更足以说明科举在帝制中国仍然有着强大的生命力。

① 参阅王炳照、徐勇主编:《中国科举制度研究》,河北人民出版社,2002年版,第162～163页。

# 第五章　科举制度的定型

一元复始，万象更新。在经历元末农民战争的剧烈动荡之后，元朝蒙古族统治者被彻底推翻，代之而起的是出身贫贱的汉族皇帝明太祖朱元璋。经过改朝换代的又一轮回，中国社会复归到新兴王朝的初期励精图治的起点。明初统治者通过在实践中反复比较荐举与科举的优劣，最终选择了科举作为选官之途。之后，在借鉴前朝科举的基础上，订立了号为"永制"的科举考试程式，通过不断完善，使其高度定型化、程式化。由于明统治者将八股文作为考试文体，并逐渐完善贡院规制，科举的公正性得到了充分的彰显，有"天下之公"之誉。

## 第一节　"非科举毋得与官"：明初科举

明代是中国科举发展史上一个非常重要的朝代，明太祖朱元璋执政期间所定的科举程式是明清两代科举制度日臻完善的基础性文件。尽管朱元璋对科举制度的发展有如此大的贡献，但是与唐宋统治者不同，他并非一开始就全盘接受科举，而是通过在实践中比较荐举和科举的优劣后，认为科举取士的实际效果更好，更符合其建立统治秩序的需要，才将科举视为选材的最重要途径，甚至形成了"非科举毋得与官"①的局面。

---

① 《明太祖实录》卷52，"洪武三年五月乙亥"。

## 一　从以荐举为主到专用科举

作为元末群雄之一,朱元璋一方面要联合其他割据势力对抗元朝政府,另一方面又需要跟他们斗智斗勇,在争霸天下的过程中,他逐渐认识到人才的重要作用。早在元至正二十年(1360),作为起义军头目的朱元璋求见乐平儒士许瑗,请教夺取天下良策时,许瑗提出招揽天下人才的建议。他指出:"阁下欲扫除僭乱,平定天下,非收揽英雄难以成功。"这一提议得到了朱元璋的高度认同,他当即向许瑗表示自己对人才的需求已经到了"有如饥渴"①的程度。

尽管有着强烈的人才需求,但是朱元璋也清醒地意识到以自己的实力和处境,尚不足以吸引正在为元朝服务的人才。于是,他将目光投向与元朝官方不合作的隐逸之才身上。在他看来:"今土宇日广,文武并用,卓荦奇伟之才,世岂无之?或隐于山林,或藏于士伍。"②为将这些人才招揽到自己麾下,朱元璋实行荐举,并多次下"荐贤令"。元至正十六年(1356),刚刚起兵四五年的朱元璋便发布征召令:"贤人君子有能相从立功业者,吾礼用之。"③吴政权建立之后,对统一全国满怀信心的朱元璋越来越重视荐举选材。至正二十四年(1364),朱元璋明确要求,已经纳入自己统治版图的官员必须及时上报所管辖地区的人才。对于这些人才,他下令有关部门选拔"民间俊秀,年二十五以上,资性明敏、有学士才干者"充任地方郡县官府的中书,与年老的现任官员共事,等年老官员退休之后,这些年轻者"已熟于事,如此则人才不乏,而官使得人尔"。④ 他希望这些人才能在地方官员中占有一定的比例,并且在实际工作中得到历练,这不仅有利于地方政权的正常运作,而且有利于巩固政权。

---

① 《明太祖实录》卷 8,"庚子闰五月丁亥朔"。
② 《明太祖实录》卷 14,"甲辰三月庚午"。
③ 《明太祖实录》卷 4,"丙申三月庚寅"。
④ 《明太祖实录》卷 14,"甲辰三月庚午"。

为使荐举能更好地发挥作用，朱元璋还建立了荐举选材的相关制度。首先，明确以中书令作为管理荐举的官员；其次，明确规定州县官员必须每年举荐人才，而且不能滥举和蔽贤，违反者都要受到惩处。与此同时，朱元璋命人前往各地征辟人才，至正二十七年（1367）十月，朱元璋派起居注吴林、魏观带上重礼前往各地寻访人才。尽管根据现有的史料，我们无法得知此次征辟人才的数量，然而朱元璋重视人才的政策通过征辟的官员带往了各地，实际起到了一次人才政策宣传会的作用。

朱元璋登极之后仍然以荐举选材，多次下诏荐贤。洪武元年（1368）三月，明军攻克山东之后，朱元璋要求山东的州县官员寻访贤才和曾经在元朝为官者，择其优秀者举荐给朝廷。十一月，朱元璋派遣文原吉、魏观、吴辅、赵寿等人，带着白银分头前往各地征求贤才。在他们出发之前，朱元璋要求他们根据人才的个性来具体对待与评价："天生人材必为世用，然人之材器有不同，明锐者质或剽轻，敦厚者性或迂缓，辨给者行或不逮，沉默者德或有余。"①洪武三年（1370）二月，朱元璋再次下诏，要求各地举荐隐逸的贤才。然而，朱元璋对于各地寻访人才的效果并不满意，认为各地所推荐的人才大多名不副实，甚至有泛滥之势。为此，他再次提出了考察人才的方法，并要求各级官员严格按照要求举荐，以遏制荐举泛滥之势。他认为："观人之法，即其小可以知其大，察其微可以见其著，视其所不为可以知其所为，但严举主之法，则冒滥自革矣。"②

在征伐期间或甫国初定之时，不具备举行全国大规模统一考试的条件，朱元璋以荐举选材，确实选拔了大量的人才。如至正十八年（1358）十二月，朱元璋攻克婺州之后，征召儒士范祖干、叶仪，任命他们为咨议。同时征召儒士许元、叶瓒玉、胡翰、吴沉、汪仲山、李公常、

---

① 《明太祖实录》卷 36，"洪武元年十一月己亥"。
② 《明太祖实录》卷 45，"洪武二年九月壬辰朔"。

金信、徐孳、童冀、戴良、吴履、张起敬、孙履等人,每天让他们中的两人为其讲经史知识和治国之道。至正二十年(1360)三月,朱元璋征召青田刘基、龙泉章溢、丽水叶琛、金华宋濂至建康,此四人号称“浙东四贤”,朱元璋均予以重用,刘基则留在军中议事,成为朱元璋最重要的参谋。章溢、叶琛被授予佥营田知事,宋濂则被任命为儒学提举司提举。明朝建立之后,因修《元史》的需要,征召山林遗逸之士汪克宽、陶凯等 16 人为修纂。应该说,这些通过荐举选拔的人才,不仅成为朱元璋最终战胜元朝和群雄的重要依靠力量,而且为明朝建立以后迅速巩固其统治奠定了良好的人才基础。

随着统治版图的日渐扩大,统一全国的目标指日可待,在采用荐举的同时,与唐宋以来的统治者在立国之初都习惯性地采用科举一样,朱元璋也开始关注科举制度。吴元年(1367)三月,朱元璋下令设文武二科取士。在这一命令中,朱元璋要求对应试文武两科的考生进行全面的考试,对于应文举的考生,既要通过观察其言行来考察其道德修养,通过测试儒家经典的掌握程度考察其学业水平,通过对其书法、算术、骑马和射箭等方面的测试来考察其综合能力,通过策问的方式来考察其经、史、时务的掌握程度,进而判断其实际行政能力。对于应文举的考生,先测试其谋略的高低,然后再考察其武艺水平。在朱元璋看来,通过科举选拔出来的人才,不仅要有高尚的道德、文艺超群,而且必须具备处理政务的能力,即所谓“俱求实效,不尚虚文”。朱元璋如此强调求实效,与其出身于“淮右布衣”、注重实用有着直接关联。同时,我们也可以从另一个角度看到,他对科举选才的效果还存在担忧——科举所选拔的人才虽然精通儒家经典,但不一定能胜任行政工作。

正因为存在这种担忧,朱元璋并没有急于将开科取士付诸实施,而是提出应该首先从培养人才着手。他认为考生要达到上述的文武二科考试的要求,至少需要用三年的时间学习与准备:“然此二者必三年有成，有司豫为劝谕民间秀士及智勇之人，以时勉学。”①这样，在正式开科取士的时候，就有大批能达到要求的士子应试。也就是说，朱元璋预计3年之后实行科举取士。

至洪武三年（1370）五月，朱元璋如期发布诏书，宣布以科举取士。之所以在此时宣布实行科举，除兑现自己3年之后开科的承诺之外，主要原因是需要通过科举选拔大批的人才充实到官员队伍中去，以实现“与斯民共享升平之治”的目标。此外还有一个原因是，通过3年的了解，朱元璋对于唐宋以来科举的利弊得失已有比较清醒的认识，他认为在自己的主导下能解决科举取士中存在的问题。在这份诏书中，朱元璋分别对唐宋元三代科举的利弊进行了分析：“汉、唐及宋科举取士，各有定制。然但贵词章之学，而不求德艺之全。”在他看来，唐宋科举偏重于文学，而忽视对考生的道德水平和从政能力的考察，导致选拔的人才缺乏处理行政事务的能力。对于元代科举，朱元璋认为元代虽然建立了科举选士制度，但是由于政治腐败，权贵显要通过非正常渠道的升迁速度远远高于有科举功名者：“权豪势要之官，每纳奔竞之人，夤缘阿附，辄窃仕禄，所得资品，或居贡士之上”，其结果是科举无法充分发挥作用，有真才实学者因为绝望而放弃应试科举。“甘隐山林而不起，风俗之弊，一至于此。”②

正是基于这种认识，朱元璋认为开科取士必须消除这些弊端：首先，鉴于唐宋科举的不足，科举必须选拔“经明行修，博通古今，文质得中，名实相称”的人才。为保证科举选拔的人才确实具备这些素质，朱元璋表示一定要亲自进行考核：“其中选者朕将亲策于廷，观其学识，第其高下，而任之以官，果有才学出众者，待以显擢。”其次，有鉴于元朝的教训，他将科举规定为文官选拔的唯一途径，以提升科举制度的地位，他认为，“使中外文臣皆由科举而选，非科举者毋得与

① 《明太祖实录》卷22，“吴元年三月丁酉”。
② 《明太祖实录》卷52，“洪武三年五月乙亥”。

官。彼游食奔竞之徒,自然易行"。[①] 根据这一规定,之前长期实行的荐举被彻底取消,选士制度从以荐举为主转变为专用科举。

为使这一意图得到贯彻,朱元璋在借鉴历代制度的基础上,对科举制度进行了大幅度的修订,对乡试、殿试的考试内容、日期及举额的分配等具体事宜做出了明确的规定。除此之外,为尽快补充各地官员的缺额,朱元璋又采取了两项特别举措:首先,打破三年开科一次的惯例,要求"各行省连试三年,庶贤才众多而官足任使也,自后则三年一举着为定例";[②]其次,考虑到各级地方政府官员缺员非常严重,朱元璋于洪武四年(1371)十二月谕令礼部,要求全国当年乡试录取的举人,全部免会试,直接赴京城听候任命。

## 二　暂停科举而恢复荐举

在连续三年开科取士之后,朱元璋对科举选拔的人才非常失望。他发现科举选拔的人才大多是没有实际行政能力的年轻书生,与他对人才的要求有很大差距。他认为:"今有司所取多后生少年,观其文词,若可与有为,及试用之,能以所学措诸行事者甚寡。"自己虽"实心求贤,而天下以虚文应朕,非朕责实求贤之意也"。[③] 其实,这种困惑是科举考试选材所决定的,具体而言,由于科举考试是笔试,考试内容也仅仅是儒家经典,考生只需寒窗苦读数年、数十年,就有可能考中举人、进士;行政能力则需要在实践中历练、积累,士子们在考中进士、举人之前,他们没有资格做官,根本就谈不上有行政经验,更没有什么行政能力。因此,科举考试很难选拔出朱元璋所要求的有行政能力或行政经验的人才,最多只能选拔出具备行政能力潜质的人才。

---

① 《明太祖实录》卷52,"洪武三年五月乙亥"。
② 《明太祖实录》卷60,"洪武四年正月丁未"。
③ 《明太祖实录》卷79,"洪武六年二月乙未"。

在朱元璋看来，既然科举无法选拔出他所要求的人才，也就意味着科举没有存在的必要，因此他毫不犹豫地下诏停罢科举，恢复荐举制度。洪武六年(1373)二月正式下诏："今各处科举宜暂停罢，别令有司察举贤才，必以德行为本，而文艺次之。庶举天下学者知所向方，而士习归于务本。"①对于这一诏令，有两点值得我们注意：第一，诏令只是宣布暂时停罢科举，意味着科举取士的大门并未关死，为以后重开科举预留了空间；第二，诏令宣布恢复荐举制度，但并没有说明恢复荐举的原因。笔者认为，这应该与朱元璋对荐举的认识有直接关系。如前所述，由于朱元璋曾经较长时间采用荐举选材，实际效果非常好，让他对荐举有比较好的印象。虽然在洪武三年宣布以科举取士时，取消了荐举，②但此次取消荐举并不是因为朱元璋认为科举优于荐举，或者荐举选材的实际效果不好，而是因为朱元璋急需提升科举的地位，使其成为唯一选官途径，不得已取消了荐举选士制度。可见，通过比较之前实行的荐举与正在实行的科举，朱元璋的结论是荐举优于科举，停罢科举而恢复荐举也就在情理之中了。

停罢科举之后，荐举再次成为选士的最重要、最主要途径。如果说朱元璋第一次实行荐举重在选拔经天纬地的谋士和年轻的后备官员的话，那么此次重开荐举则担负着选拔能充实全国各级官僚队伍的官员。因此，无论是荐举的人数还是规模都远远大于之前的荐举。在宣布停罢科举的两个月之后，朱元璋要求吏部访求天下贤才："今山林之士岂无德行文艺之有称者，宜令有司采举，备礼遣送至京，朕将任用之，以图至治。"③此后，朱元璋多次发布诏令，要求各地积极

---

① 《明太祖实录》卷79，"洪武六年二月乙未"。

② 从现有的文献来看，自洪武三年八月下诏开科，到洪武六年二月宣布停罢科举的时间内，朱元璋仅在洪武四年四月"命中书省征天下儒士、贡举下第者及山林隐逸，悉起赴京。其有业农而有志于仕才堪任用者，俱官给廪传遣之"。(见《明太祖实录》卷64，"洪武四年四月丙午")这期间通过荐举入仕者也是寥寥无几，如儒士欧阳性于洪武四年荐举为静宁州知州。(见《明太祖实录》卷170，"洪武十八年正月庚寅")

③ 《明太祖实录》卷81，"洪武六年四月辛丑"。

荐举人才。洪武十二年(1379)十二月,朱元璋强调拥有众多人才对于治理国家的重要性,要求礼部向朝廷推荐年老博学老成之士。

洪武十三年(1380)以后,因受空印案株连大量官员被杀,导致各级官僚机构缺员比较多,急需补充大量的官员,朱元璋频繁颁布荐举贤才的诏令,加大了荐举人才的力度。如洪武十四年(1381)三月,朝廷下诏,要求“内外仓、库、司、局官各举贤良方正、文学、材干之士一人”。[①] 有学者统计,“自洪武元年至三十年,下达或发布关于荐举人才发明的诏令,至少五十九次以上……从洪武十三年至十五年,诏举人才达到高峰,三年间共三十二次,占总数的60.38%;其中,洪武十三年达二十二次,独占总数的41.51%,成为洪武时期和有明一代诏举人才频次最高的一年,在中国古代诏举人才史上,也是极为罕见的”。[②]

不仅如此,朱元璋一再要求优待被举荐者,以吸引更多的人才愿意通过荐举出仕为官。如洪武十三年(1380)二月,朱元璋谕令为举荐至京的贤良方正、孝弟、力田、文学之士按月提供廪饩,要求礼部尚书偰斯凡选派专门的工作人员负责此事。四月,朱元璋谕令:“吏部铨次各处所举儒士,及聪明正直之人,皆授以官,凡十一人,各赐夏衣一袭。”[③]此外,朱元璋还会特别召见一些被荐举者,以彰显他对荐举人才的重视。如中书舍人林廷纲举荐兴化府儒学教授吴源,朱元璋派遣使者征召至京师,亲自面试他。

在朝廷政策的倡导下,各级官员将举荐人才视为拥护皇帝决策、忠于朝廷的表现,他们尽可能地向朝廷举荐人才;广大士子将荐举作为他们踏上仕途的最重要途径,他们也尽其所能地表现自己的才华,非常希望得到举荐。除此之外,朱元璋还改变之前一直强调荐举隐

---

① 《明太祖实录》卷136,“洪武十四年三月丙申”。

② 郭培贵:《明史选举志考论》,中华书局,2007年版,第273~274页。

③ 《明太祖实录》卷131,“洪武十三年四月癸卯”。

逸之士的做法，洪武八年(1375)十月下诏，要求有关部门将富民作为荐举的重要对象，其理由是“有恒产者有恒心”，富民中“素行端洁，通达时务”者大有人在，因此要求各级官员重视举荐富民。为使各级官员掌握富民的名单，不至于出现滥举的情况，他要求：“而又恐有司冒滥举不以实，命户部第民租之上者，下其姓名于各道，俾按察司及分巡监察御史核其素行以闻。”①在这些合力的推动下，荐举人数急剧增加，“以故山林岩穴、草茅穷居，无不获自达于上，由布衣而登大僚者不可胜数”。② 每年举荐的人数都远远超过洪武四年(1371)殿试所录取的120名进士。如洪武十三年(1380)十二月，全国各郡县举荐的才干之士并通过吏部铨选的有860余人。洪武十五年(1382)，各地荐举进京者多达3 700余人。朱元璋亲自召见了这些被荐举者，鼓励他们尽可能地向朝廷举荐他们所知道的人才：“卿等固皆贤人君子，山林之下又岂无如卿者，其悉举以为朕用。”③此次被举荐者中的济宁单县儒士张宁因再次返回去征求贤才，得到朱元璋奖赏。

为使荐举人才的分类更加明确，便于各级官员考察的目标更加明确，朝廷设立了聪明正直、贤良方正、孝弟力田、儒士、孝廉、秀才、人才、耆民等荐举科目。各科目所荐举人才被送至京师之后，都会被授予官职。如洪武十四年(1381)三月，朝廷任命贤良方正余应奉为山东布政使司右参议，马卫为湖广布政使司右参议，儒士黄桐生为福建布政使司右参议，陈多逊为山东盐运使。④

此次荐举制度延续了十年之久，选拔了大量的人才，并委任不同的官职，这在一定程度上弥补了官员的空缺，他们成了明代初期官僚体系中的重要组成部分。根据王世贞的《弇山堂别集》所载，由荐举

---

① 《明太祖实录》卷101，“洪武八年十月丁亥朔”。

② 《明史》卷71《选举志》3。

③ 《明太祖实录》卷148，“洪武十五年九月己酉”。

④ 郭培贵在《明史选举志考论》一书中，根据《明太祖实录》列有《洪武时期荐举授官统计表》，认为明洪武时期直接授官的人数为2 800余人。

官至内阁辅臣者2人,吏部尚书17人,户部尚书32人,礼部尚书10人,兵部尚书7人,刑部尚书17人,工部尚书11人,占洪武年间内阁大臣和六部官员总数的44.7%。[1] 通过荐举选拔的士人占据了明朝权力中枢的半壁江山,不少被荐举者表现出了较为出色的政治管理才华。正如有的学者所言:"被荐人士在洪武年间入仕任正二品以上官职,几乎占总人数的一半。其在高级机关中的地位十分重要。"[2]

### 三　科举与荐举并用

一种制度在其小规模实施或者其实施影响较小的情况下,其优劣、利弊都比较难完全表现出来,即便表现出来,一般人也不容易觉察到。朱元璋在征战时期和立国之初所实施的荐举制度即是如此,由于实施规模相对较小,其弊端也没有全部暴露出来。然而,此次荐举前后延续长达十年,规模涉及全国,其弊端也就较为充分地暴露出来,这使得朱元璋能更清楚、全面地认识荐举的利与弊。

尽管此次举荐的人数大幅度增加,但是朱元璋对荐举人才的实际效果还是不满意。洪武十三年(1380)十月,朱元璋对吏部尚书阮畯等说:"比遣使遍谕有司各举才能以备任使,而有司不体朕意,往往以庸才充贡。已尝敕所司按之以法。"[3]在这次谈话中,朱元璋认为荐举之选出现庸才是各级官员不理解他的良苦用心,缺乏责任心所导致的。仅仅过了几天,朱元璋再次跟吏部大臣谈起荐举之事:"近朝臣为朕举贤,朕皆征用之。所举者多名实不称,徒应故事而已。夫披沙将以求金,掘井在于获泉,荐士期于得贤。今所举皆非,岂昧于识人耶?抑贤才之果难得也?尔吏部其以朕意再谕天下,有司尽心

---

① 根据王世贞的《弇山堂别集》卷45、47、48、49、50、51统计。

② 黄明光:《明代科举制度研究》,广西师范大学出版社,2000年版,第212页。

③ 《明太祖实录》卷134,"洪武十三年十月辛酉"。

询访,必求真材以礼敦遣。”①应该说,朱元璋对这一问题还有更深层次的思考,即荐举能否有效甄别人才,荐举制度能否选拔出真才?此次谈话尽管没有给出结论,但非常清楚地表明,曾经认为能比较有效选拔人才的荐举在朱元璋心目中的地位开始动摇了。

荐举制度的美好印象被打破之后,朱元璋能更加理性地认识其不足与弊端。洪武十五年(1382)八月,监察御史赵仁上奏:朝廷对被荐举者并不熟悉,了解也不全面,就任命他们担任各级地方官,大多数人的行政能力非常有限。之所以这样,主要原因是缺少了行之有效的考核手段和客观的评价标准。他提出应当仿效古代,对荐举的人才进行考核,考核的标准是“经明行修”“达于政事”“通晓四书”“才兼干济”四个方面,然后根据考核的成绩授官。很显然,赵仁认为荐举选材缺少客观评价的标准,必须在荐举人才过程中增加考试。朱元璋完全接受了赵仁的建议,也就是说,他也认为荐举无法实现选拔真才的目的,其根本原因是缺乏客观评价的标准。不仅如此,朱元璋还认识到,荐举选材的危害非常大,甚至会危及明王朝的统治根基:“有能者委以腹心,或面从而志异;有德授以禄位,或无所建明;中材下士,寡廉鲜耻,不能克己,若此无已,奈何为治?”②与此同时,在朱元璋看来,科举却在牢笼英才、笼络士子之心、稳固统治秩序方面有着无可比拟的优势。他认为:“吾强之而天下不得不争,吾柔之吾不使与彼争,然则争我者亦寡矣。吾有法以柔天下,则无如复举制科。天下才智,无所试,久必愤盈。诸负血气者,遂凭之以起。”③正是有鉴于此,洪武十五年(1382)八月初一发布诏令,宣布恢复科举制度,“诏礼部设科举取士,令天下学校期三年试之,着为定制”。④ 这

① 《明太祖实录》卷134,“洪武十三年十月辛酉”。
② 《明太祖实录》卷172,“洪武十八年三月壬戌朔”。
③ 查继佐:《罪惟录》卷18《科举志总论》。
④ 《明太祖实录》卷147,“洪武十五年八月辛丑”。

一诏令宣布恢复科举的同时,并未像洪武三年(1370)强调科举在选士过程中的唯一地位,而是保留荐举制度,使明代的选士制度由以荐举或科举为主转变为荐举与科举并用,即《明史》所言“洎科举复设,两途并用,亦未尝畸重轻”。①

即便如此,这并不意味着两者在朱元璋心中的地位是平等的。实际上,科举的地位明显高于荐举,这可以从两个方面得到反映:其一,恢复科举之后,朱元璋于洪武十七年(1384)颁布了“科举程式”,奠定了明代科举的基本规制,《明史》的评价是:“十七年始定科举之式,命礼部颁行各省,后遂以为永制。”②这一文件为明代科举提供了制度保障,是科举正常运作的重要保障。其二,对荐举制度进行改革,增加考试环节,使其有客观评价的标准。洪武十五年(1382),朱元璋对吏部尚书开济说:“今征至秀才不下数千,宜试其能否,考其优劣,然后任之以职。”③开济等人根据这一指示,提出将考试作为评价荐举人才的重要标准,使荐举具有了考试的元素。这与魏晋南北朝时期察举制度中增加考试环节的情况非常类似,考试在察举中的地位越来越重要,结果是察举被科举考试所取代。由于荐举和察举都是以推荐为核心,名异实同,明代荐举的发展轨迹是察举的压缩版,因此,荐举在明代也难有发展的空间,尤其是在朱元璋极力发展科举的大背景下,荐举名存实亡是可以预见的结果。正如有史籍所言:“太祖虽间行科举,而监生与荐举人才参用者居多,故其时布列中外者,太学生最盛。一再传之后,进士日益重,荐举遂废,而贡举日益轻。”④

在前后30余年的时间里,朱元璋对科举选士的态度发生了巨大

---

① 《明史》卷71《选举志》3。
② 《明史》卷70《选举志》2。
③ 《明太祖实录》卷147,“武十五年八月辛丑”。
④ 《明史》卷69《选举志》1。

转变：从担忧、批评到最终将科举确定为基本的选士制度。朱元璋最终成为科举的坚定支持者和执行者，是中国历史上使科举制度化的关键性人物。应该说，这主要应归功于他反复比较荐举与科举的实践，其过程比较艰难，也比较复杂。查继佐认为："洪武中，科举之法，废而复行，此有机存焉。始以为寝食孔孟，差可驯其才。继以才诎不任治，坐废。而久之任治者多急见其才，于是复定为制，不易。"①

从中国选士制度的发展史来看，朱元璋通过比较荐举与科举，进而确立科举为选士的基本制度也有着非同一般的意义。在中国古代，推荐与考试是最重要的选材方式，汉代的察举是推荐选材的最典型制度，隋代创立的科举则是考试选材的最完善制度。科举经历唐宋的发展，至元末已经实行了 700 余年，成为对政治、文化、教育等产生重要影响的制度。然而，对科举的利与弊、存与废等争论始终没有停止过。曾经身为"淮右布衣"的朱元璋既无读书应试的经历，更没有管理荐举、科举的行政经验，他对荐举、科举的了解主要来自间接知识。朱元璋的高明之处在于他对于荐举与科举的态度，既不是一概否定，也不是全盘采纳，而是将荐举与科举都付诸实践，通过其选拔人才的实际效果来判定其优劣。应该说，朱元璋是自科举创立以来，首位在实践中反复比较荐举与科举优劣的皇帝。正是通过这种反复比较，朱元璋最终确定科举为选士的基本制度。从中国古代选士制度的发展脉络来看，此次朱元璋将荐举与科举付诸实践，让二者的利与弊在实践中得到了充分显现，由此确立了科举在中国选士制度史上的主导地位，科举自此沿用至清末停废。我们完全有理由说，朱元璋再次恢复科举并将其视为"永制"，是科举对荐举的胜利，是考试对推荐的胜利，在中国科举史上有着里程碑的意义。

---

① 查继佐：《罪惟录》卷 18《科举志又论》。

## 第二节　“永制”的程式化:明中叶科举

明人王士性曾说:“缙绅家非奕叶科第,富贵难于长守。”[①]科举时代士人必须不断地参加科举以博取科第功名,才能使祖宗的财富和地位长期延续下去。至于普通的平民子弟要想“登天子堂”,就更需通过科举阶梯从下层社会进入上层社会。依照洪武十七年(1384)礼部颁行的“科举成式”,士子们在科举的预备性考试——童试合格以后,依次参加乡试、会试和殿试三级考试,[②]才能达到士人梦寐以求的“金榜题名”的目标。这一成式为在明代不断加以完善,其实高度定型化、程式化,为明清两代科举制奠定了坚实的基础,此后 500 多年没有发生重大变化,成为名副其实的“永制”。

### 一　童试

童试又称童生试、童子试,包括县试、府试和院试三个阶段的考试,它既是明代士子获得官学资格入学的考试,也是其步入科举应试之路的起点。

明初官学并未建立严格的入学考试制度,尚无童试之制。明太祖朱元璋于洪武二年(1369)发布诏令,要求各地兴办官学。各级官学相继建立起来之后,官学学生由府州县学的教官先对童生进行选拔,凡年龄在 15 岁以上 20 岁以下、能背诵《论语》《孟子》,以及 20 岁以上的士子均有资格参加选拔。合格者再由知县、知州、知府等以提

① 王士性:《广志绎》卷 4《江南诸省》。

② 对于明代科举考试的层级,学术界有三种观点:一是乡试、会试和殿试三级(如王凯旋:《明代科举制度考论》,沈阳出版社,2005 年版,第 76 页),二是童试、乡试、会试和殿试四级(如刘海峰:《科举制与“科举学”》,贵州教育出版社,2004 年版,第 85 页),三是科考、乡试、会试、殿试和庶吉士考试五级(郭培贵:《中国科举制度通史·明代卷》,上海人民出版社,2017 年版,第 6 页)。我们认为童试是府州县学的入学考试,可以将其视为预备考试,这样明代科举应为乡试、会试和殿试三级。

调官的身份对童生进行审核，审查合格者，即授予生员，获得资格入官学学习。为保证选拔生员的质量，监察御史、按察使巡视各级官学，斥退才疏学浅者。

这种审核入学制实施67年后，至英宗正统元年(1436)被童试所取代。是年，户部尚书黄福上奏：每处增设按察司副使或佥事一名，南北直隶各增加御史一名，其职能是专门管理官学。于是，朝廷下诏各地设提学官，提学官制度正式建立起来。提学官主管各地的教育、考试事务，其中主持考试选拔生员是其重要的工作职责。这样，提学官主持的考试取代了提调官以审核确定生员的做法，童试制度正式建立起来。

士子应童试，需向官学提供身份证明材料，由府州县学教官进行保结，保证考生"无过犯方准进场，有败伦而失简举者，教官与州县官有罚"。①明代应童试者无年龄限制，年龄小者十余岁即已应试，如陆南英14岁参加童试，在考场内挥笔而就，答题速度与水平都让主考官惊讶。12岁的丁元复"就试郡守及督学，皆第一，补博士弟子。公既少年，试辄冠其列，名声大噪"。② 与此同时，也有70多岁童生参加童试，冯梦龙的《古今谭概》记："乌程金生，七十余犹应童子试，为文鄙俚，而高自矜期。人见之，无不笑者。"③凡是未获得秀才功名者，均称为童生。

童生需首先参加县试，县试由知县主持。如崇祯七年(1634)，知县刘念先主持了上海县试。参加县试的童生人数与各地文化教育水平密切相关，文化教育比较发达地区的应县试人数多达2 000人以上，如明末上海县"一时家弦户诵，县试童子不

---

① 孙承泽：《春明梦余录》卷40《贡举》。
② 申时行：《赐闲堂集》卷25《浙江布政使司左参议丁公墓志铭》。
③ 冯梦龙：《古今谭概》卷3《痴绝部・金童生》。

下二三千人，彬彬乎文教称极隆焉”。[①] 而汝阳县的考生人数更多，县试人数多至 8 000 人。

各地对县试比较重视，有的县还建有一定规模的试院或考棚。因考棚或试院多为临时建筑，故每次县试前都需要花费人力物力兴修。据(康熙)《平阳府志》卷 36 的《平阳试院记》载：平阳县每年修建考棚的费用为 300 两银子，三年将近 1 000 两。尽管花费巨大，但考棚仍然难以达到令人满意的效果，“诸物称是，费且不赀，则困在民。且芦苇覆葺，不蔽风雨，往往左执盖而右操觚，甚至不终局而改期者有之”。汝阳县的情况也是如此，据(顺治)《汝阳县志》卷 10 上的《天中校士馆碑记》载：“岁校士必盖棚厂，费不下数百金，事竣厂拆，又一岁，则费又如是。”为改变这种状况，有的地方建设了相当规模的固定建筑，以作为考试场所。平阳府新建的试院有“正堂五间，前有轩，旁为席舍，东西各十一间。门、皂房各三间。又前为仪门，内有坊。又前为大门，外有坊。后川堂五间，土房七间，东侧厨房五间，西侧书房五间，后旁书房三间。约费金钱若干，规模阔大而基孔固，盖屹然不朽之业焉”。这些新建的试院极大地改善了士子的应试条件，《天中校士馆碑记》记：“若夫应试之日，决灵建瓴而士不知有雨，扬沙飞砾而士不知有风，布席安居，不至跼天瘠地，挥毫展卷，如对净几明窗，此之为快，更有不可尽言者。”

县试前，考生先在试院外的广场集合，听候点名入场。入场时，由考场工作人员唱名，并发给答卷纸。入场后，考生依据答卷纸上之座位号对号入座。明人叶梦珠描写了他自己亲身经历的县试的情况：“是时，应试童生不下二三千人，先期盖厂北察院中，借取总甲桌凳，编号排列，用竹木绑定，不得动移，将儒童姓名，编定次序。如院试挨牌之法。各路巷栅，先遣官役把守，朝不得早开，独留学前一路。

① 叶梦珠：《阅世编》卷 2《学校》1。

诸童俱集广场听点，自拥高座，以次唱名给卷。领卷毕，即向东转北，由东栅入试院，卷上编定坐号，入场对号而坐。又分号出题，题即密藏卷后。既封门，方示以题之所在。外无拥挤之忧，内无传递之弊，亦吾生所仅见者。”①

县试的录取名额相对较多，一般情况是每县录取六七十名。至明末，县试录取名额明显增加。据叶梦珠记载：“其后娄县初分，真定李雪生老师浣首来为宰，以三月二十五日县试，二十八日覆案，全案并出，覆试二十七名，正取二百五十名。初一日内衙覆试，弊窦肃清，试卷随交随阅，面定甲乙，缙绅荐剡不及进，胥役上下无所施，故余列覆案二十五名，拔置第二名，由此入学，亦县试之良法也。”② 由此可见，县试分正场和覆试两次考试，正场录取的人数明显多于覆试的，此次娄县县试录取的人数达到 277 名，县试录取名额的宽松可见一斑。

县试的录取者有资格参加由知府主持的府试。府试的规模比县试大两三倍，大多数府试的硬件设施和组织比县试好。然而，与县试相较，府试的录取率要低很多。之所以会如此，是因为明朝廷认为知府不仅地位远远高过知县，而且其在地理位置上也离考生更远，这样可以在一定程度上可以避免考生的请托，能更公正地主持考试。府试的录取人数无定额，一般府试录取百余名考生，约为提学官录取人数的两倍。由此可见，提学官主持的入学考试的录取率为 50%左右。这样，府试就成为童试阶段难度最大的考试。叶梦珠说：“当时入泮，每县六七十名，府取不过百余名，文理稍顺者，竭力营谋，府取入泮，直如拾芥。故当日童试不难于入泮，而独难于府取。”府试故有“府关”之称。正由于竞争相当激烈，府试也被人情关系所困扰，据叶梦得记：“童生府取，在吾生之初，已无公道。凡欲府取者，必求缙绅荐

①② 叶梦珠：《阅世编》卷 2《学校》5。

引。闻之前辈,每名价值百金,应试童生,文义虽通,苟非荐剡,府必不录。”[①]

府试的录取者有资格参加提学道主持的考试,即院试。[②] 府试的第一名必定会被提学官录取,此为明代惯例。据明人钟惺记:“是岁,出应儒童试。郡守冯公奇其文,业置第一。司李陈公素知其为予弟,才而困也,喜见眉宇。冯公问而知之,谓乡绅子弟宜避寒士路,姑置第二。是时督学于府试第一人无不收者,而弟竟不录,人或惜之。”[③]明人曹家驹的《说梦》记:骆骎曾在担任苏松学政主持考试时,名列府试第三名的杨汝成之子杨时霖被淘汰,没有被取为秀才。司理刘之待请求讲其录为最后一名秀才,被骆骎曾直接拒绝了,他说:“本院校士以来,如童生为府录领案,失必查补,所以全府官体面。若第二便置不问矣。”对此,清人俞樾在分析明代科举的相关记载之后认为:“按此知府取第一必入学,自前明已然矣。”[④]

院试前,考生入场有极为严格的搜检,艾南英描述了参加院试点名、搜检时士人的窘态,他说:

> 试之日,衙鼓三号,虽冰霜冻结,诸生露立门外,督学衣绯坐堂上,灯烛辉煌,围炉轻煖自如。诸生解衣露足,左手执笔砚,右手持布袜,听郡、县有司唱名,以次立甬道。至督学前,每诸生一名,搜检军二名,上穷发际,下至膝踵,倮腹赤踝,为漏数箭而后

---

① 叶梦珠:《阅世编》卷2《学校》5。

② 陈宝良认为直至明末使有院试之称谓,清代则通称为院试(参见陈宝良:《明代儒学生员与地方社会》,中国社会科学出版社,2005年版,第227页)。由提学道主持的考试,在明代尚未普遍称为“院试”,但在明末的江南地区已有“院试”之称,至清代则非常普遍,为叙述方便,本书一概表述为“院试”。笔者为表述方便,将明代提学官主持的官学入学考试称为院试。

③ 钟惺:《隐秀轩集》卷22《家传》。

④ 俞樾:《茶香室丛钞·四钞》卷16《府录领案必入学》。

毕，虽壮者无不齿震冻慄，腰以下大都寒冱，僵裂不知为体肤所在。在遇天暑酷烈，督学轻绮阴凉，饮茗挥箑自如。诸生什伯为群，拥立尘坌中，法既不敢执扇，又衣大布厚衣。比至就席，数百人夹坐，蒸薰腥杂，汗淫浃背，勺浆不入口。虽设有供茶吏，然率不敢饮，饮必朱钤其牍，疑以为弊，文虽工，降一等。盖受困于寒暑者如此。

考生入场后，还要像囚徒一样接受考场工作人员苛刻的监督。艾南英描述了近视的他在考场中的种种窘况，他说：

既就席命题，题一以教官宣读，便短视者；一书牌上，吏执而下巡，便重听者。近废宣读，独以牌书某学某题，一日数学，则数吏执牌而下，而予以短视，不能见咫尺，必屏气嗫嚅询旁舍生问所目。而督学又望视台上，东西立瞭高军四名，诸生无敢仰视四顾，丽立伸欠倚语侧席者，有则又朱钤其牍，以越规论，文虽工，降一等。用是腰脊拘困，虽溲溺不得自由，盖所以絷其手足便利者又如此。

而且由于官府的腐败导致考场设施质量相当低劣，极大地影响了考生的发挥，艾南英说：

所置坐席，取给工吏，吏大半侵渔所费，仓卒取办，临时规制，狭迫不能舒左右肱。又薄脆疏缝，据坐稍重，即恐折仆。而同号诸生常十余人，虑有更号，率十余坐以竹联之，手足稍动，则诸坐皆动，竟日无宁时，字为坡踦。而自闽中一二督学，重怀挟之禁，诸生并不得执砚，砚又取给工吏，率皆青刓顽石，滑不受墨，虽一事足以困其手力。不幸坐漏痕承檐所在，霖雨倾注，以衣覆卷,疾书而毕事,盖受困于胥吏之不谨者又如此。[①]

院试与县试、府试的考试内容大致相同,以《四书》义、本经和论、策为主。张文麟于弘治十一年(1498)参加童试,其《年谱》详细记载了其应试的考题,县试“先考儒士,命题四篇(《四书》:徹者徹也,助者,藉也;经:大则如威,小则如愧;论:正己以格物;策问:张良、诸葛亮、陶潜、范仲淹人品优劣如何)”。县试要求考生写以《四书》和以本经为题的八股文各一篇,论一篇,策问一道。府试考题少于县试,仅命二题(其若是,孰能御之,论实学),也就是说考生仅需写一篇八股文,论一篇。院试考题包括“《四书》、本经、策、论”,考题数量与县试基本相同。[②]

考完以后,由督学评阅试卷,考生在诚惶诚恐中等待公布结果,艾南英说:

比阅卷,大率督学以一人阅数千人之文,文有平奇虚实、烦简浓淡之异,而主司之好尚亦如之,取必于一流之材,则虽宿学不能无恐。而予常有天幸,然高下既定,督学复衣绯坐堂上,郡、县有司候视门外,教官立阶下,诸生俯行,以次至几案前,跽而受教,噤不敢发声。视所试优劣,分从甬道西角门以出。当是时,其面目不可以语妻孥。盖所为拘牵文法,以困折其气者又如此[③]。

院试由提学道取中,取中人数与官学的入学名额直接相关。明初诏令全国设立官学之后,对官学的招生人数进行了规定。洪武二

①③ 艾南英:《天慵子集》卷13《前历试卷自序》。

② 王云五主编:《新编中国名人年谱集成》(第一辑)之《明张端严公(文麟)年谱》,台湾商务印书馆,1978年影印版,第13页。

年(1369),明廷定府生员数40人,州学30人,县学20人。至洪武十三年(1380),京城所在地应天府生员增至60名,这些生员都给予廪膳,因此称为廪膳生或廪生。由于廪生实行定额制,限制了士子的出路。为解决这一问题,明朝廷于洪武二十年(1394)下令,在维持廪生定额的同时,扩大招生规模,招收增广生员,或称增广生、增生,人数不限。增生的设置虽然增加了士子们的出路,然而由于没有限制招生人数,出现生员过滥的弊端。宣德三年(1428),礼部尚书胡濙上奏论及官学教育的弊端时指出:“天下郡县学应贡生员多是记诵文词,不能通经,兼以资质鄙猥,不堪用者亦多,此皆有司不精选择,教官不勤教训,是以学业无成,徒费廪馔。”他认为要消除这一弊端,必须对每所官学增生的数量进行控制,即在京府学60名,在外府学40名,州学30名,县学20名。[①] 这一建议得到了朝廷的采纳,并以此为明代增生的定额。至此,明代官学的生员定额为在京府学为120名,其他府学为80名,州学为60名,县学为40名。

由于明朝实行“科举必由学校”的文教政策,通过考取生员进入官学学习是士子踏上科举应试的必要前提,实行定额制的官学远远无法满足士子读书应试的需求。正统十二年(1447)三月,直隶凤阳府知府杨瓒上奏:“内建太学以储天下之英贤,外设府州儒学以育民间之俊秀,府学额设廪、增生员八十名,州学六十名,县学四十名。此外聪明之士不得与者,入学寄名以俟补增广之缺。”[②]杨瓒认为这些官学的寄名者地位非常尴尬,他们既没有资格作为增生的增补候选人,也没有资格参加科举考试,导致大量的人才被埋没。为解决这一问题,杨瓒建议扩大官学生员的招生规模。对于扩招生员的具体方

---

① 关于礼部尚书胡濙上奏的时间,俞汝楫等编纂:《礼部志稿》卷70《学约·申饬抡士》记为“宣德二年”,而《明宣宗实录》卷40记为“宣德三年”。拙作从《明宣宗实录》之记。《明宣宗实录》卷40,“宣德三年三月戊戌”。

② 《明英宗实录》卷151,“正统十二年三月癸酉”。

式,杨瓒的建议是:“天下学校,今后增广生员,不拘额数,但系本土人民子弟自愿入学读书,听府州县正官与学官公同考选,俊秀者即作收增广生员。凡遇开科,考其学问优长者许令应试,事下礼部议请,令如有此等子弟,准其入学,待缺补充增广。”①杨瓒的建议被朝廷采纳。这也就是说在增生之外扩招生员之制是始于正统十二年,即附生,或称附学生员、附学生。

对于附生的设立时间,不仅《明英宗实录》有记载,明代方志,如(嘉靖)《沈丘县志》亦有记载:“正统十二年,又令提调教官于常额外,考选军民俊秀子弟愿入学者为附学。”清人在编撰《明史》,以及关于明代的政书时,亦多将附生的设立时间定为正统十二年。如《明史》云:“礼部采瓒言,考取附学。天下学校之有附学生,由瓒议始。”②《明通鉴》云:“始命天下学校考取附学生,从凤阳知府杨瓒之请也。”③此外,清代方志在言及附生制度时,多认为正统十二年为始设时间。④

尽管附生之制始设于正统十二年(1447),但在明代官方文献中,附生之名应该要晚于正统十二年。明英宗天顺六年(1462),也就是在这一制度实施后的15年之后,明廷在颁布的提学官《敕谕》中明确规定了生员考选升等的次序,“廪膳、增广生员已有定额。廪膳有缺于增广内考选,学问优等者帮补;增广有缺,于本处官员、军民之家,选择资质聪敏人物、俊秀子弟补充,不许听信有司及学官徇私作弊。若有额外之数,须严加考选,通晓文义者存留待缺”。⑤ 这一敕谕虽然规定了增生可以增补为廪生,而增生的增补来源则是童生,而不是

---

① 《明英宗实录》卷151,“正统十二年三月癸酉”。

② 《明史》卷161《杨瓒传》。

③ 《明通鉴》卷23《英宗前纪》。

④ 如(康熙)《宿松县志》卷17《学校》记载:“正统十二年,于常额之外,复增附学,无定员。”再如(民国)《陆川县志》卷9《学校类一·学额》载:“正统十二年,采凤阳知府杨瓒言:民间子弟可造者众,令于额外增取,附于诸生之末,谓之附学生员,无常额。”

⑤ 俞汝楫等:《礼部志稿》卷24《仪制司职掌·学校·儒学》。

“额外之数”者，更没有使用附生之名。之所以如此，是因为附生此时尚未成为官学生员的主要组成部分，甚至可以说附生之制根本还没有大规模推广。

至明宪宗成化四年（1468），“礼部奏准，天下郡县学校廪、增生员，俱照旧额，而革去附学生员”。① 附生之名第一次出现在官方的正式文件之中，故而有人认为附生的设立实际是始于成化初年，如《兰阳县志》即认为附生始设于成化初年。② 然而，在笔者看来，明朝廷批准杨瓒之上奏，实际就是允许扩大招收生员，并不能因没有附生之名而否认官学已经开始招收附生。至于附生是否成为增广生的增补对象，并不能成为判断附生制度是否建立的标准。笔者查阅了《明实录》《明会典》《礼部志稿》《明史》等关于记载生员考法的史料，发现其中都没有记载六等黜陟法开始实施的年份，也没有发现有附生有资格成为增广生候补对象的具体年份。有学者认为六等黜陟法，附生补增生之做法应该在正德年间以后。③

在杨瓒的奏折中，明确提出在官学定额之外，由府州县正官和学官共同选拔优秀士子入学。据此，有学者认为附生是“由地方政府官员和学校教官考选其俊秀者入学”；④而有的学者则认为附生由提学官录取，“童生经过考试，初入学者称‘附学生员’。故凡由提督学官取为附学生员者，通称‘生员’（或俗称‘秀才’）”。⑤ 由于杨瓒的奏折是正统十二年（1447）上奏的，而明朝已经在正统元年（1436）设立了提学官，已经将生员的录取权从地方官变更为提学官，甚至明令禁止地方官干预提学官的录取工作。万历三年（1575），张居正在《请申旧

---

① 《明宪宗实录》卷54，“成化四年五月庚申”。

② （嘉靖）《兰阳县志》卷5《学校志·生员》。

③ 赵子富：《明代学校与科举制度研究》，北京燕山出版社，2008年版，第61页。

④ 李国钧等主编，吴宣德著：《中国教育制度通史》（第四卷），山东教育出版社，1999年版，第210页。

⑤ 陈宝良：《明代儒学生员与地方社会》，中国社会科学出版社，2005年版，第223页。

章饬学政以振兴人才疏》中明确提及:“各省提学官奉敕专督学校,不许借事枉道,奔趋抚按官干求荐举,各抚按二司官亦不许侵伊职掌行事。若有不由提学官考取,径自行文给与生儒衣巾,及有革退生员赴各衙门告诉复学者,即将本生问罪革黜。”①由于这一份奏折经过皇帝的批准,成为朝廷新颁发给提学官的敕谕,全国的提学官都必须遵守,因此从这一规定来看,无论是廪生、增生和附生都需要由提学官来录取,附生也不例外。

由于附生的名额实际没有限制,使得院试的取中人数也越来越多。明万历年间朝廷重臣张居正对此提出了严厉的批评,并且对录取名额提出了限制,他说:“廪膳增广旧有定额,迨后增置附学名色,冒滥居多。今后岁考务要严加校阅,如有荒疏庸耄不堪作养者,即行黜退,不许姑息。有捏造流言思逞报复者,访实拿问,照例问遣。童生必择三场俱通者,始收入学,大府不得过二十人,大州县不得过十五人。如地方乏才,即四五名亦不为少。若乡宦势豪干托不遂,暗行中伤者,许径自奏闻处治。”②根据张居正的这一建议,朝廷颁布提学官谕旨,按照张居正的建议,强调了院试录取的名额即大府不得过20名,大州县不得过15名。至万历十一年(1583),明廷又谕令提学官,如果有的地方人才众多,允许酌量增加录取名额,但不许徇情过滥。实际这一规定并未得到落实,院试录取的人数是不断增加的,明人李乐指出:“张江陵(居正)天分最高……其条列最不可废者,督学使进学大县不过十五名,不为无见。果如所言,拣得真才实学,恐大县未必有十五名。后来不依他,滥进童生至六七十名一县,如今做出许多病痛来。”③天启五年(1625),朝廷再次下令限定提学官取中人数,以消除不断出现的冒籍舞弊。然而,至崇祯年间,这一问题依然没有得到解决,陈龙正指出:“近二纪来,学臣不约而同,风力渐弱,以取数之

①② 张居正:《新刻张太岳先生文集》卷39《请申旧章饬学政以振兴人才疏》。
③ 李乐:《见闻杂记》卷3。

加多为从厚，以情面之周至为有能。一案之出，众相视而推敲，其以文章公道得者，指不数屈。于是读书自好之人，仰屋窃叹，以为闇修竭力，果无所用。上智不移，也有几人？中人之性，随俗而化。趋邪者日甚，慕正者难坚。盖自试童子与入芹宫之时，其心术已坏大半矣。科甲之士皆从此出，求其于登进之后卓然独立，或翻然易虑者，又能有几哉？"①

院试的取中者称为生员，生员又称诸生、秀才、茂才、博士弟子等。生员有资格入府州县学学习，故称为进学、入泮。生员在正式入官学前，还需要进行一次覆试，主要是核对该生员的笔迹，防止生员之前冒名顶替。叶梦珠对于覆试有清楚的描述："诸生入泮必取府、县考试原卷与入学试卷一并连钉，覆试之日，给发新生，令覆试所作文即誊于入泮试卷之后，以对笔迹异同，防顶代也。"②覆试后的第二天，新录取生员身着秀才服——襕衫，由府州县学的教官带领向提学官谢恩，"行师生礼。文宗躬率新生先于试所文庙内参拜，然后各回本籍"。③之后，新录取生员等候发红案，府州县择日将生员迎送入学。至此，童试的全部程序就已经结束。

士子通过童试取中秀才是士迈向漫长的科举之路的第一步，他们已经跨入了中国绅士社会的门槛，从外表上看，秀才已经换上襕衫，并且头上还要戴一顶方巾，这顶方巾也就成了秀才的身份标志，类似于西方的学士学位帽。这顶方巾的来历有多种说法，据《前闻见》载："今士庶所戴方顶大巾，相传太祖皇帝召会杨维桢，维桢戴此以见，上问所戴何巾？维桢对曰：'四方平定巾。'上悦，遂令士庶依其制戴。"另一种说法是："有司初进样方直其顶，上以手按偃落后俨如民字，遂为定制。"④

① 陈龙正：《几亭全书》卷39《精择学臣疏》。

②③ 叶梦珠：《阅世编》卷2《学校》5。

④ 祝允明：《前闻记・制度》。

秀才不仅外表上有显著的变化,而且地位比普通人高出一等,享有了一定的政治和经济上的特权。在政治上,他们见了知县不必下跪,官府也不能随便对他们用刑,而一般人见了秀才要称老爷。此外,秀才家的房门总比别人家的高出三寸,这已成为明清两代的民间习俗,也成为其光耀门楣的具体表现。在经济方面,秀才人家可按朝廷规定免除部分地丁钱粮,甚至差赋徭役。在乡村,除了进士、举人之外,秀才是地位最高的人。明代来中国的意大利传教士利玛窦对秀才的地位和身份有清楚的描述:"第一种学位与我们的学士学位相当,叫作秀才。……这是代表他们本城高等公民的显贵阶层,而凡是希望也得到同样尊荣的人都极力与他们结交。他们特殊的服饰是一件拖到脚踝的长袍、一顶帽子和长统靴,这些是除他们以外不许别的阶级穿着的。他们在行政长官会议时坐在荣誉席上,并可以对行政长官用普通人所不得使用的更亲热的称呼。在他们的家乡城市他们享有很多特权,并被视为高于除学监和那四位本城主考之外的一切人,别的行政长官不轻易审判他们所提出的或者是被控的案件。"①

按照明代的制度设计,明代秀才的出路主要有三条,即通过岁贡、选贡、考贡、例贡和恩贡等方式进入国子监;入官学一定年限以后充吏;以及获得参加科举考试的资格,乡试、会试与殿试,博取举人、进士。其中第三条出路是最主要的,明初秀才凭官学和有司的保送即有资格参加乡试。随着科举的地位逐渐提高,应试人数不断增加,至正统九年(1444),明廷正式规定,乡试的应试者,由提学官考送。此后,应乡试者必须先有提学官考试合格者方有资格参加,即科考。科考又称小试、小考,又因南北两直隶提学官由御史担任,而御史又称"台官",故南北直隶科考又称"台试"。

---

① [意]利玛窦、[比]金尼阁著,王遵仲等译:《利玛窦中国札记》,中华书局,1983年版,第36～37页。

科考[①]实施之初，所有秀才均需由提学官考试。随着生员人数逐渐增加，正德年间以后逐渐出现了类考，即先由州县官对于生员进行考试，合格者由府官进行复查和考试，合格者再由提学官确定参加乡试的生员。据万历三十二年（1604）礼部署部事左侍郎李廷机上奏："及至大比，又有类考之规，如府学，则府考送道；县学，则县考送府，府考送道。不送则不得进，不求则不得送。"[②]实际上，类考是科考的一种形式，曾经8次参加科考的艾南英回忆说："其科考则三岁大比，县升其秀以达于郡，郡升其秀以达于督学，督学又升其秀以试于乡闱。"[③]科考结束之后，为了不遗漏人才，各省提学官或巡按御史还要主持考试，从没有来得及参加科考或者科考落第者中选拔有真才实学的考生，称为"大收"。凡是通过科考、大收等生员称为"科举生员"，他们获得参加正式科举考试第一级——乡试的最基本资格。

## 二　乡试

乡试又称为乡闱、大比，是明代科举的正式考试。按照洪武十七年（1384）"科举成式"，乡试的考试时间为子、午、卯、酉年的八月。由于八月为秋天，因此乡试又称秋闱、秋试、秋榜、桂榜、秋贡、秋赋等。乡试在贡院举行。

乡试分三场进行，八月初九日为第一场，十二日第二场，十五日第三场，只有个别年份因特别的事件影响而改变日期。比如，有因战争停科或改期的，建文四年（1402）为壬午年，但因发生靖难之役，有的省份没有举行乡试，次年，礼部奏准，八月令应天府和浙江等补行

---

① 郭培贵认为：童试并非举子参加乡试的必经程序……明代只有"科考"才是决定生员和社会上以"儒士"为主体的其他非学校出身者能否获得参加乡试资格的考试，是科举考试体系中的最低一级考试。（参见郭培贵：《中国科举通史·明代卷》，上海人民出版社，2017年版，第70页）

② 《明神宗实录》卷398，"万历三十二年七月壬申"。

③ 艾南英：《天慵子集》卷13《前历试卷自序》。

乡试,但是北直隶则因为学校毁于战火,因此暂时停止,北直隶乡试停开一科;有因水火灾害而乡试改期的,英宗正统三年(1438)顺天乡试时,“初场之夕,场屋火,试卷有残缺者,有司惧罪,不敢以更试为言”,知贡举曾鹤龄力主更改考试日期,他说:“必更试,然后百弊涤,至公著。不然,虽无所私,亦招怨谤。朝廷何惜一日之费以成此盛举哉!”①于是,此年顺天乡试的初场改在八月十五日进行;有的则因为朝廷任命考官的时间延迟而导致乡试改期,比如万历四十年(1612),“命左中允赵秉中升左谕德、洗马郜景尧往应天主考乡试。异时省直试差先后题遣,例有定日。是岁如期者,独福建、川、广、云、贵六省,余停阁不下。礼部、科臣相继催请辅臣,至连上七疏,乃得谕旨。于是试期俱改”。② 这也就是说,浙江、江西、湖广、陕西、河南、山东、陕西等省乡试因主考官未到而延期。明朝共计开科 90 次,除少数省份因为特殊原因停科之外,南直隶、浙江、福建、湖广、广东、山东、河南、陕西、山西、广西等省均开科 90 次。

洪武三年(1370),恢复科举之初,明廷发布的科举条格诏书,规定各省于省会自行举行乡试,“高丽国、安南、占城等国,如有经明行修之士,各就本国乡试,贡赴京师会试,不拘额数选取。”③后迁都北京以后,直隶地区的考生分南北两京应试,应天府乡试称为南闱,顺天府乡试称为北闱,其余各省在省会城市举行。嘉庆十四年(1535),明廷批准贵州在省会贵阳建贡院,单独开科,实现云贵分闱。至此,明朝在各省省会举行乡试的制度得以实现。按明制:“大明分天下为十五国,南、北两京为天子京畿,故不言省。而十三省乃中书省之分署,故曰省。浙江、江西、福建、广东、广西、山东、山西、河南、陕西、四川、湖广、云南、贵州为十三省,合南、北二京,为十五国。三年一大

① 焦竑:《玉堂丛语》卷 6《科试》。
② 《明神宗实录》卷 497,“万历四十年七月辛酉”。
③ 王世贞:《弇山堂别集》卷 81《科试考》1。

比，子、午、卯、酉之年，大集举子于省会。”①

应乡试者的资格，洪武三年(1370)五月规定“各色人民并流寓各处者，一体应试”，但是“仕宦已入流品及曾于前元登科并曾仕宦者”和“有过罢闲人吏、娼优之人”不得应试。② 次年七月，明太祖对应试者的资格进行了调整，即“科举初设，凡文字词理平顺者，皆预选列，以示激劝”。③ 同时，又特别强调吏胥心术已坏，不许应试。洪武十七年(1384)三月，朝廷颁布《科举成式》，规定“国子学生及府州县学生员之学成者、儒之未仕者、官之未入流者，皆由有司申举性资敦厚、文行可称者”。④ 在这三类人中，生员是应试者的主体。“儒之未仕者”应是指没有科举功名，也没有成为吏员和官员的读书人，这一类考生的数量应该极少。“官之未入流者”是指没有品级的官员，他们虽然有资格参加考试，但是人数也极少。与此同时，明廷又严格限制学官和出身不清白的士子应试，“其学校训导专教徒及罢闲官吏、倡优之家与居父母丧者，并不许入试”。⑤

明初，朝廷明确要求考生在籍贯所在地报考，但由于乡试并未实行分区定额录取，考生跨籍贯报考的禁令并未得到严格执行。至宣德年间乡试实行各省定额录取，出现文化相对发达、科举竞争激烈省份的士子冒籍到文化相对落后地区应试的情况。明廷多次明确规定士子需在籍贯所在地报考，禁止冒籍应试。如万历十六年(1588)六月，明朝廷对于士子冒籍应试，“冒籍生儒，先年累奉明旨，发行禁革，今该大比之年……移咨都察院行各监临御史、各提学，严督所属提调及儒学官，将应试生儒逐一查核保勘，但有冒籍来历不明之人，一概不准送考，已在取中者，即据实申报，不准入试。如有疏略容隐，或被人报讦，或中后事发，本生照例黜退，教官并保勘生员、邻里人等坐赃

---

① 朱之瑜：《朱舜水集》卷10《答源光国问十一条》。
②④⑤ 王世贞：《弇山堂别集》卷81《科试考》1。
③ 《明太祖实录》卷67，“洪武四年七月丁卯”。

究问如律,有司及提调官参奏罚治”。[①]

乡试主考官和同考官为内帘官,提调官、监试、供给官、印卷官、收掌试卷官、受卷官、弥封官、誊录官、对读官、巡绰官、监门官、搜检官等为外帘官。主考官主要负责出题和确定各经房的录取名额、确定录取试卷,并排定其名次。

乡试考官的选任在明初没有明确的条件要求,均由皇帝钦定。明洪武三年(1370)开科取士时,应天乡试考官的阵容完全可以用“豪华”两字来形容,知贡举官为右丞相汪广洋、左丞相胡惟庸,考试官为御史中丞刘基、治书侍御史秦裕伯,这充分显示了明廷对开科取士的重视。洪武四年应天乡试,钦点兵部尚书吴琳、国子监司业宋濂为主考官。

洪武十七年(1384)的科举程式,对乡试考官的选任提出了明确要求,要求礼部从经明公正的儒官、儒士内选用,并且规定了乡试考官的人数,主考官二人,同考官四人。明初对于考官的科举出身并无明确规定,但自永乐二十一年(1423)起,规定选任的两京乡试的考官全部为进士出身。为了防止考官在入场前与考生串通作弊,明朝廷不但要求改变差遣两京主考的“需次”,而且在嘉靖二十五年(1546)还扩大了派遣两京乡试主考官的人选范围,“如翰林、春坊、中允、赞善、讲读官少,即于修撰、编修内共拟数员,上请点用,以绝士子窥伺之弊”。[②] 嘉靖四十年(1561)应天乡试主考官由无锡人吴情充任,因为同乡有舞弊之嫌,明廷于是规定南直隶的官员不能担任江南乡试的主考官。这也是说,籍贯为南直隶的官员不能担任应天乡试主考官。至嘉靖四十三年(1564)起,实行南北互换考官成为制度,规定今后两京主考不用本省人,南直隶人可担任顺天乡试主考官,北直隶人

① 王世贞:《弇山堂别集》卷84《科试考》4。

② 《明世宗实录》卷314,“嘉靖二十五年八月壬寅”。

可担任江南乡试主考官考,以免有同乡舞弊之嫌。

在两京之外,各省乡试主考官的选任则由各省布政使司来负责。景泰三年(1452)规定:由布政、巡按二司推举年龄在50岁以下、30岁以上,而且文学廉谨的现任教官充任考官,“于是教官主试,遂为定例”。[①] 但这种由教官充任考官的制度逐渐衍生出弊端,主要表现为两个方面:一是所谓“有司徇私,聘取或非其人,监临官又往往侵夺其职掌”。[②]一般而言,教官的职位低微,对于提调、监试官等提出的不合理要求不敢拒绝,往往导致科举取士不公。比如,正德十年(1515)十二月,南京礼科给事中徐文溥对这一现象有描述,他说:“近年场屋之权,一归御史,二司俯仰承风,考官局缩听命,《五经》分校于各所,去取一听于监临,且据所习之经以为举之首,或用字号以示内帘,或进帘内以谕己意,或临榜而执卷强填,或割榜而私自换易,为弊多端,所害不少。”[③]二是这种选聘方式几乎没有明确的指标要求,这一方面为选拔“明经公正之士”出任主考官提供了条件,另一方面也使地方官的任人唯亲有了可乘之机。宣德八年(1433),四川按察副使朱与言对这一现象提出了批评,他说:“奈何所司聘召考官,不问贤否,学识何如,多举亲故,是非莫辨,去取多乖。”[④]因此,他建议以后各省布政司必须先会同巡按监察御史、按察司官,访求素有学问老成之士,选聘为主考官。尽管宣宗接受了这一建议,但实际并没有得到落实。

为了解决这两个方面的问题,不少人提出任命京官为各省乡试主考官的建议。成化十五年(1479),御史许进请求各省乡试主考官依照两京之制,由朝廷钦派翰林官员担任。然而,明朝廷否定了这一建议,只是严令禁止外帘官侵夺主考官权力,并实行“考官不当,则举

①② 《明史》卷70《选举志》2。
③ 《明武宗实录》卷132,“正德十年十二月乙亥”。
④ 《明宣宗实录》卷103,“宣德八年七月庚辰”。

主连坐”的制度,以矫考官选任之偏。由于积习已久,这道禁令并未产生实质性效果。至弘治十四年(1501),掌国子监谢铎有见于考官的职位低于外帘官,导致出现“以外帘官预定去取,名为防闲,实则关节”的局面,严重危及科举取士的公正,他建议提高主考官的品级,“乞敕两京大臣,各举部属等官素有文望者,每省差二员主考”,以改变由于主考官地位卑微而出现的取士不公的弊端。但他的建议仍然没有被采纳。嘉靖七年(1528),根据兵部侍郎张璁建议,明朝廷宣布“各省主试皆遣京官或进士,每省二人驰往”。[①] 这成为明代后期乡试主考官选任的定制。据《涌幢小品》载:“嘉靖戊子用大学市张璁之议,差京官主考,不用词林,皆科部寺及行人为之。其给事中,不独用于浙江、江西,即山东、广东、四川、云南亦用之,行止两科而止。至万历乙酉、戊子而后,皆差京官,乃用词臣三员或四员,给事中亦同此数,皆于浙江、江西、福建、湖广,而他省则用部寺以下。”[②]乡试主考官选用京官,不仅提高了各省乡试主考官的品级和地位,而且还让乡试主考官能比较有效地避免地方官对于录取工作的直接干预。虽然嘉靖十年(1531)乡试的主考官仍由皇帝钦点,但至嘉靖十二年(1533),又因礼部尚书夏言认为以京官充任各省乡试主考官也会产生弊端,他说:“况上科差出考官与巡按御史,每因争较礼节,竞生嫌隙,以致妨误试事。其《试录》文字,间有艰深奇僻,不堪为式,有坏文体,一切事宜,俱有未便。”于是,他建议取消选派京官为各省乡试主考官。这一建议被嘉靖皇帝所接受,“嘉靖十二年十月初六日具题,本月初九日奉旨:‘考官只用教职,京官不必差。正文体依拟。’”[③]这也就是说开始于嘉靖六年(1527)的选派京官为乡试主考官的制度在这一年被终止。这种局面一直延续到万历十三年(1585),礼部对于

---

① 《明史》卷70《选举志》2。
② 朱国祯:《涌幢小品》卷7。
③ 《明世宗实录》卷155,“嘉靖十二年十月戊寅”。

各省乡试主考官的选派再次进行改革，即明确各省乡试主考官选用京官，“合无仍照旧例，凡遇乡试之年，各省巡按先期奏请，本部具题，于在廷诸臣，访其学行兼优者疏名上请，每省分遣二员主考。至用何等衙门，临期取自上裁，仍量道里远近以为点差先后”。① 这一做法制度化后，主考官独立阅卷、录取的权力得到了强化，地方官对于主考官的干预明显减少，清人谈迁说：“万历乙酉，始遣京官主试各省。旧主副俱教职，由监试御史所聘，藩司提调，臬司监临，弥封、誊录、受卷官皆有司，例得阅墨卷。有所识拔，帘内毋敢违也。自朝臣专遣，内帘始肃。”②

同考官是负责评阅试卷的考官，因分房阅卷，故称房考官、同考、房考。洪武三年(1370)应天乡试同考官为侍读学士詹同、弘文馆学士睢稼、起居注乐绍凤、尚宝丞吴潜、国史编修宋濂5人。洪武十七年(1384)所定科举程式，规定各省乡试同考官为4名，顺天乡试的同考官由应天府选任，各省由布政司选任。至景泰元年(1450)，明朝廷又根据分经考试来确定同考官人数，即《诗》《书》《易》《春秋》《礼记》五经试卷各设一名同考官负责评阅，同考官增至5名。

在实施过程中，每经应考人数差异明显。天顺三年(1459)，顺天府尹王福上奏：该年顺天乡试应《春秋》《礼记》的考生人数明显偏少，而应《诗》《书》《易》三经的则明显偏多，每经多至四五千人，他认为这么多试卷仅仅用一名同考官评阅，恐怕阅卷时会玉石不分，遗漏人才，因此，他请求礼部将《诗》《书》《易》三经每经增加一名同考官。这一奏请得到朝廷的批准，允许顺天北闱和应天南闱乡试都增加三名同考官。这也就是说，至天顺三年以后，两京乡试同考官人数增至8名。弘治十三年(1500)，根据顺天府尹张宪言之奏请，允许自次年起，顺天乡试再增加《诗经》房同考官一名。

---

① 王世贞：《弇山堂别集》卷83《科试考》3。
② 谈迁：《枣林杂俎·圣集·科牍》338《省试专遣》。

各省乡试同考官的人数也随着应试人数的增加也不断增加,正统六年(1441)十一月,根据大臣的上奏:在原有同考官只有四名的基础上,湖广、江西、广东、山西、山东、陕西各增加1名,福建增加2名。

乡试同考官最初主要从教官中挑选,景泰三年(1452)规定:"凡科举,布、按二司会同巡按御史,公同推保见任教官年五十以下、三十以上,平日精通文学,持身廉谨者聘充考官。"[①]为了提高两京乡试同考官的水平,明朝廷于嘉靖六年(1527)下令:"礼部仍会吏部于两京六科、部属等官内访举,每经一员,随考试官入院,各总校本房。其余仍用教官。"[②]这也就是说,两京乡试的同考官中,应至少有5名来自六科、部属京官。嘉靖四十三年(1564)规定:"两京同考官用京官进士,《易》《诗》《书》各二人,《春秋》《礼记》各一人,其余乃参用教官。"

各省同考官的任职要求也不断提高,并且了严格了选聘程序。嘉靖十年(1531)三月,礼部议覆都给事中张润身条陈,对同考官的选聘政策进行了调整:"宜令督学先廉所属教职年壮行端者,糊名考选,类造手册,分经编号,下实其姓名、官籍,自存备照。别置一策,不书名籍,第以所编字号密切钤封,送巡按处,以待隔省来聘,旋填姓名、官籍。或应回避,则用次人,以次应聘。其预泄私通及滥举充数者,听御史参究。"[③]这一规定要求提学官将所管辖地方符合条件的教官进行糊名,以杜绝同考官与地方官、考生通关节舞弊的弊端。

万历十三年(1585),礼部进一步提高了同考官的任职要求,"其他分考,不妨照旧,每经各聘请教官一员。各该巡抚及提学官,务要严加考选,限三科以下卓有文行,方准应聘,不许滥取充数。仍于本

---

① 《礼部志稿》卷23《凡考试官》。
② (万历)《明会典》卷77《科举·乡试》。
③ 《明世宗实录》卷123,"嘉靖十年三月辛卯"。

省甲科有司监临时，拣选数员同充考试”。[1] 从万历二十五年(1597)丁酉科开始，各省乡试同考官由府州县学现任教官充任的局面得到改变，即由科甲出身的推官、知县充任同考官，以提高同考官的文化水平。

考官公正阅卷是保证考试公正性的最为关键的环节。弘治十七年(1504)，明廷要求考官以考生答卷的优劣作为录取与否的标准。嘉靖四十四年(1565)直隶提学史耿定上奏，建议主考官在阅卷过程中要尽量不因阅卷而“遗真才”，“如所取未称，责令再阅，或付别房覆校，主考仍自行搜阅落卷，果有异材，亟收录之，毋避嫌轻弃”。主考官在分配同考官分经评阅初场试卷以后，“二三场更易品订，毋专委一人，致令偏重初场”。为防止取士过程中作弊和滥取士人，形成对主考官的监督制度，史耿定建议：“两京、各省于揭晓之日，以中式举人朱、墨卷发提学官查验钤封送京府，各布政司解部，以防伪滥。”史氏的这些建议皆由“礼部议覆，俱允行之”。[2]

万历十三年(1585)，礼部特别列出了“议核卷”和“议覆试”两条。“议核卷”一条和史耿定所议大致相同，只不过更强调对于已经核过的试卷的保存，“至于阅过数卷，亦宜申饬所司尽数收贮，以备不时查核。如有私自传览致有遗失者，责在典守”。覆试则是针对“被参举人”进行的，由礼部会同都察院进行，覆试试题要明白正大，要写经、书、论、策四篇，如果考生答卷的水平与中式试卷相差不远，即为中式；如果覆试试卷荒谬不堪，则有作弊之嫌，将该举人斥革为民。[3] 核卷和覆试都是对考官公正阅卷的有力监督，万历十六年(1588)，神宗再次强调：“科场事宜，该部已题明申饬，考试官只秉公阅卷，遵照行事，监试、提调官还用心关防。”[4]

①②③　王世贞：《弇山堂别集》卷 83《科试考》3。
④　王世贞：《弇山堂别集》卷 84《科试考》4。

乡试除主考官、同考官之外,还有外帘官,主要有监临、提调、印卷、收掌、受卷、弥封、誊录、对读、巡绰、搜检、供给等官。洪武十七年(1384)程式规定:"提调官,在内应天府官一员,在外布政司官一员。监试官,在内监察御史二员,在外按察司官二员。供给官,在内应天府官一员,在外府官一员。收掌试卷官一员,弥封官一员,誊录官一员,书写于府州县生员、人吏内选用。对读官四员,受卷官二员。已上皆选居官清慎者充之。巡绰、监门、搜检怀挟官四员,在内从都督府委官,在外从守御官委官。"①并且还规定外帘各官的职责。成化二年(1466)对于外帘官的选聘和职责进行了调整和细化,"巡绰、搜检、看守官军,止于在营差拨,其曾经差者不许再差。若他人冒顶军名入场看守者,民发充军,军调边卫。提调、监试官不许私自入号务要公同往来巡视。其巡绰官,止于号门外看察,不许入号与举子交接。违者,听提调、监试官参奏拿问"。② 誊录、对读等官,"今后务要精选四岁十上下,五品至七品有行止者"。③

明廷对于乡试考场作文定式有明确的规定。洪武四年(1371)规定:"科举,凡词理平顺者,皆预选列。"十七年规定:"文字回避御名、庙讳,及不许自叙辛苦门地。誊录官检点得出,送提调,监试官阅过不录。"洪武二十四年(1391),明朝廷再次定文字格式:"凡对策,须参详题意,明白对答,如问钱粮即言钱粮,如问水利即言水利,孰得孰失,务在典实,不许敷衍繁文。遇当写题处,亦止曰云云,不必重述。凡作《四书》经义,破承之下,便入大讲,不许重写官题。"正统六年(1441),明廷"令出题不许摘裂牵缀,及问非所当问,取文务须淳实典雅,不许浮华,违者从风宪官纠劾治罪"。④ 成化十三年(1477)十二月,詹事府少詹事黎淳奏科场出题、作文定式,"洪武年间已尝颁降。

---

① (万历)《明会典》卷77《科举·乡试》。

②③ 《明宪宗实录》卷25,"成化二年春正月丁卯"。

④ (万历)《明会典》卷77《科举·科举通例》。

近年有司多有不遵,任情行事。所刊程文,除两京外,其余纯粹者少,驳杂者多,甚至犯庙讳及御名。乞移文所司,将提调、监试并考试、同考试官究治,考官如例追夺表里。仍查墨卷,如举人自错,退还原学。……申明科场旧制,颁降学校,永为遵守”。[①] 弘治七年(1494),对考生的作文要求更加明确,“务要纯雅通畅,不许用浮华险怪艰涩之辞,答策不许引用缪误杂书。其陈及时务,须斟酌得宜,便于实用,不许泛为夸大及偏执私见,有乖醇厚之风。御名、庙讳及亲王名讳,仍依旧制二字不偏讳,不必缺其点画,违者黜落。文字试题上不许加‘奉试’字,其正卷务依所出题目次第楷书,不许草书及先后错乱。举人止凭文字高下去取,不得论其地方中式多寡,临时偏徇进黜,以废公论。小录文字,不许提调监试等官代作及将举人原文改刻。其考试等官各开职名,不许称张公、李公字样”。[②] 嘉靖六年(1527),明廷再次要求科场文字,务必平实典雅,不许浮华险怪。

嘉靖十七年(1538),明廷要求考官阅卷时,一定要选拔考场作文“醇正典雅、明白通畅、合于程式者”,对于“驾虚翼伪、钩棘轧茁之文,必加黜落”。考官如果发现考生作文中有“不写经传本旨、不循体制,及引用庄列背道不经之言悖谬尤甚者,将试卷送出”,[③] 由礼部将考生除名,并且不允许其再次应试。次年,明廷要求礼部详细复查各省进呈的乡试录,如果发现其中有考生作文离经叛道,甚至有诡辞邪说,要将监临、考官革职,同时将取中举人革退为民。

万历元年(1573),明廷规定士子作文限定 600 字之内,超过字数者,不得中式。八年(1580),又规定士子作文限 500 字,超过者不许誊录,也就是意味着不能进入到阅卷程序,落榜是必然结果。万历四十年(1612)十二月,礼部又覆准:“取文务求醇正典雅,其有吊诡抉奇、谈禅说偈等语,必黜无录。试卷到部,严加查核,但有前弊,举子

---

① 《明宪宗实录》卷 173,“成化十三年十二月辛亥”。

②③ (万历)《明会典》卷 77《科举 · 科举通例》。

黜革,考官降斥。”①

对于主考官和同考官的阅卷、取中工作,明人朱之瑜在《答小宅生顺问十六条》中有描述:“座师有二,有大座师,有本房座师。明朝之制,举子各习壹经,《易》《诗》《书》《礼》《春秋》,分房较士。《易》五房,《诗》五房,《书》二房(或四房、三房),《礼》一房,《春秋》一房。每房各一人主之,谓之本房座师。取中之士,呈于两总裁。副总裁于大批之后,又批一取字;大总裁于大批之后,又批一中字。然后登于榜上,谓之中式。二人谓之大座师。此乡试中式之式也。会试:《易》六房,《诗》六房,《书》四房,《礼》一房或二房,《春秋》一房(或二房),大概俱与乡试相同。”②考官阅卷之后,在监试官、提调官等考场官员的共同见证下,比对拟录取的朱卷和墨卷,两者相同,则拆号填榜。“考试官阅卷去取既定,先将所取中卷,用其字号编定名第,一样三本,封号印记。其一留以自备,其二以授提调、监试官。至期比朱墨卷相同,然后拆号,各照所编定字号填榜,不许更易。”③

乡试取中者称为举人,俗称孝廉,第一名为解元,朱之瑜说:“中式者为解元,合次四名为经魁,又次五名为亚魁,又次及末为文魁。”④乡试中榜称乙榜,也叫乙科。洪武三年(1370)开科,仿照元朝乡试定额录取之制,规定录取举人500名,各地分配的名额是:河南、山东、山西、陕西、北平、福建、江西、浙江、湖广均为40名,广西20名。在京乡试直隶府州100名。与此同时,又规定,“人材众多去处,不拘额数。若人材未备不及数者,从实充贡”。另外,对当时附属国高丽国、安南、占城等国的士人在本国参加乡试,举人“不拘额数选取”。⑤ 从这一规定可以看出,实际这一时期的乡试录取并不是严格

① 《明神宗实录》卷503,“万历四十年十二月戊戌”。
② 朱舜水:《朱舜水集》卷10《答小宅生顺问十六条》。
③ 丘濬:《大学衍义补》卷9。
④ 朱舜水:《朱舜水集》卷10《答源光国问十一条》。
⑤ 王世贞:《弇山堂别集》卷81《科试考》1。

按定额录取的。至洪武十七年所定科举程式规定：举人录取不拘额数。是年，应天乡试录取了229名举人，大大超过了洪武三年（1371）所规定的录取名额。

这种乡试不拘定额录取的方式在实施过程中，出现乡试录取举人太滥，而且各地举人数差异越来越大的趋势。据（万历）《明会典》记：至洪熙元年（1425）九月，仁宗下令礼部和翰林院讨论各省乡试定额人数，礼部奏定各省乡试定额：南京国子监及南直隶共80人，北京国子监及北直隶50名，江西50名，浙江、福建各45名，湖广、广东各40名，河南、四川各35名，陕西、山西、山东各30名，广西20名，云南、交阯各10名，贵州考生愿意参加考试，即前往湖广贡院应试。这就是说，明朝开科17次之后，确定乡试按照定额录取。英宗正统元年（1436），下诏增加乡试录取名额，即顺天为80名，应天为100名，浙江、福建60名，江西65名，河南、广东50名，湖广55名，山东、四川45名，陕西、山西40名，广西30名，云南20名，从下一科开始。但是，次年英宗又下诏宣布，乡试录取没有定额。五年（1440），又恢复了正统元年的定额数。正统六年，顺天乡试增加20名。十四年（1449），景宗登极之后，下诏依照永乐年间不拘定额录取的方式进行，取消了定额录取制。实行了两科之后，再次恢复乡试按定额录取，直至明朝覆亡。

此后，乡试定额不断增加。景泰四年（1453），南、北直隶各增35名，浙江、江西、福建、河南、湖广、山东各增30名，广东、四川、陕西、山西、广西各增25名，云南增10名。经过此次增加之后，南、北两直解额俱为135名，江西解额为95名，浙江、福建为90名，湖广为85名，广东为75名，河南为80名，山东为75名，陕西、山西皆为65名，四川解额70名，广西55名，贵州附试云南，两省共有解额30名。此后，明廷对于乡试定额仍然有增加，成化三年（1467），云南增加解额10名。成化十年（1474），云南增加解额5名。弘治七年（1494），增加云南、贵州两省共用解额5名。嘉靖十四年（1535）八月，令贵州自行开科,云南解额增至40名,贵州解额增至25名。十九年(1540),增湖广解额5名,至90名。二十五年(1546),增贵州解额5名,至30名。万历元年(1573),增云南乡试解额5名。二十二年(1594),增贵州解额5名,至35名。辽东地区士子,原本附试山东,因过海溺死者多,嘉庆十三年(1534)改附试顺天。万历三十七年(1609),增加顺天乡试解额5名,“以夹字编号待辽士。其寄户中式者,不许图便迁徙,违者黜革问罪”。[①] 万历四十三年(1615),明廷再次增加各省乡试解额:“请以今岁乙卯科乡试,除陕西、辽左各加额五名已得请外,如浙江、江西、福建、湖广、山东、山西、河南、广东、四川各加中五名。广西三名,云、贵各二名。两直于常额外,南直生员加中七名,监生三名,北直生员加中六名,监生四名。或于应天更加三名,以示不甚远于北直;浙江更加二名,以示不甚远于江西。此亦权衡地方,他处不容比例者也。”[②]经过此次调整后,顺天府增至150名,应天府增至148名,江西增至100名,浙江增至97名,福建、湖广各增至95名,河南增至85名,山东、广东各增至80名,四川增至75名,陕西、山西各增至70名,广西增至58名,云南增至47名,贵州增至37名。据(乾隆)《贵州通志》卷二六《选举志》记:天启元年(1621),贵州增加解额1名。四年,因为水西战争,减少贵州解额7名。七年(1627),贵州乡试解额恢复旧额。崇祯三年(1630),增贵州解额一名。据(康熙)《永州府志》卷7《学校·宾兴》记:湖广乡试解额,崇祯十五年(1642)增至105名。天启元年以后明朝仅仅开科8次,对于乡试取中举人数的影响并不大。可见,随着应试者的逐渐增加,各省乡试录取名额也是不断增加的。

由于明朝乡试实行各省定额录取,乡试录取率与应试生员数直接相关。明初由于生员的人数较少,生员只需符合应试条件,就有资格参加乡试。明初生员均为廪生,且实行定额制,有学者统计,洪武

① 朱国桢:《涌幢小品》卷7《辽阳试士》。
② 《明神宗实录》卷533,“万历四十三年六月庚寅”。

二十五年(1392),府学、州学和县学的在学人数为 23 750 人。[①] 洪武三年(1370),明廷规定的乡试定额是 510 名。洪武二十五年(1392),如果加上在洪武三年尚未开科的四川、云南、贵州三个省的举人数,将全国乡试举人数估算为 650 名左右应该是较为合理的。这样,洪武二十五年的生员中举率为 2.73%。

宣德二年(1427)设立增广生之后,生员人数增加了一倍。根据《礼部志稿》卷七十一《乡试·乡试额数》的记载,如果我们仍然按照洪武二十五年的官学数来计算,明朝的官学生员数已经达到了 47 500 人,而宣德四年(1429)乡试的录取名额是 545 人。这也就是说,宣德四年生员的中举率为 1.15%,录取率较明朝洪武二十五年已经大大降低。

而生员中举率大幅度下降是在正统十二年(1447)之后,由于允许官学招收附生,且名额没有限制,一般附生的人数是廪生和增生的数倍之多,大多数官学的生员人数急剧增加。徐渭在《养贤堂记》一文中说:"国初县学籍诸生廪膳二十人,增广倍之。……迨弘正以来,至于中,附学者多至四五百人。"[②]按照徐渭的描述,该县的附生人数已经是廪膳生和增广生的二十倍。至明代后期,各级官学的人数都明显增加,朱国祯转引南祭酒郭明龙的奏疏云:"今天下府、州、县学,其大者,生徒至一二千人,而小者至七八百人,至若二三百人而下,则下县穷乡矣。"[③]明末上海县学的生员数是 650 余名,包括上海县在内的松江府生员数为 3 000 余名。

---

① 李国均等主编:《中国教育制度通史》(第四卷),山东教育出版社,2000 年版,第 224～226 页。该书在统计洪武二十五年的在学生员数时,分别计算了是否将洪武中所建的官学数计入官学总数的生员数,如果不计入,生员数则为 20 260 人,如果计入则为 23 750 人。笔者认为由于朱元璋在洪武三十一年即去世,洪武二十五年至少可以视为洪武中后期了,将洪武中所建官学数计入官学总数是合理的,因此笔者采用后者,即官学生员数为 23 750 人。

② 徐渭:《徐文长逸稿》卷 19《养贤堂记》。

③ 朱国祯:《涌幢小品》卷 11《雍政》。

对于明代生员的总数,明末清初学者顾炎武估算是:“合天下生员,县以三百计,不下五十万人。”①与顾炎武估算为50万人略有不同的是,陈宝良的估算是:“明末全国生员总数将突破60万。再加上各类不参与科举的生员,其数字将更大。”②不过,笔者认为该书对于全国生员数的估算可能有夸大之嫌。比如,对隆庆四年(1570)江西生员数量的估算,据《覆南京科道交论江西科场事变参提学副使陈万言等疏》记载,“巡按御史刘思问于八月初一日在省考选遗才,众至三万八千余人”。③ 遗才考试是在科试之后举行的考试,这也就是说已经获得乡试资格的考生不再参加遗才考试,因此,江西全省生员人数应该是参加遗才考试的生员数加上获得乡试资格的生员数的总和。虽然笔者无法获得隆庆四年江西乡试应试生员的人数,据李舜臣的《愚谷集》卷5《江西乡试录序》记,嘉靖十三年(1534)江西乡试应试生员数为3 000余名。据倪元璐的《倪文贞集》卷6《江西乡试录序》记,天启七年(1627)江西乡试应试生员数为5 300余名。据此,我们可以估算隆庆四年的江西乡试的应试生员数大概为4 500名左右,这样江西全省生员数应该少于4.5万名。我们认为顾炎武的估算大致是合理的,即明末参加科举考试的生员应该在50万人左右。而据《礼部志稿》卷71《乡试·乡试解额》记,万历元年(1573)乡试的录取名额是1 185名,这样生员中举率是0.24%,较明代初期已经大幅度下降,生员的科举应试之路的艰难程度由此可见一斑。

随着科试实行之后,只有科举生员才有资格参加乡试,我们还有必要进一步分析科举生员的乡试中举率。笔者搜集了部分省份乡试的应试生员数和录取人数,列表如下:

---

① 顾炎武:《亭林文集》卷1《生员论》上。

② 陈宝良:《明代儒学生员与地方社会》,中国社会科学出版社,2005年版,第215页。

③ 高拱:《掌铨题稿》卷26《覆南京科道交论江西科场事变参提学副使陈万言等疏》。

| 年 份 | 省 份 | 应试生员数(名) | 中额(人) | 录取比率(%) | 资 料 来 源 |
|---|---|---|---|---|---|
| 宣德七年(1432) | 应天府 | 1 300 | 80 | 6. 15 | 李时勉:《古廉文集》卷 4《应天府乡试录序》 |
| 宣德七年(1432) | 顺天府 | 1 200 | 80 | 6. 67 | 李时勉:《古廉文集》卷 4《顺天府乡试录序》 |
| 天顺三年(1459) | 顺天府 | 3 000 | 135 | 6. 75 | 倪谦:《倪文僖集》卷 21《顺天府乡试录后序》 |
| 成化元年(1465) | 应天府 | 2 000 | 125 | 6. 25 | 邱浚:《重编琼台稿》卷 9《应天府乡试录序》 |
| 成化二十二年(1486) | 顺天府 | 2 300 | 135 | 5. 87 | 李东阳:《怀麓堂集》卷 27《顺天府乡试录序》 |
| 弘治五年(1492) | 应天府 | 2 300 | 135 | 5. 87 | 王鏊:《震泽集》卷十《应天府乡试录序》 |
| 弘治十七年(1504) | 山东 | 3 000 | 75 | 2. 5 | 王守仁:《王文成全书》,卷 22 外集四,《山东乡试录序》 |
| 嘉靖元年(1522) | 河南 | 1 700 | 80 | 4. 7 | 张羽:《东田遗稿》卷下《拟河南乡试录前序》 |
| 嘉靖七年(1528) | 浙江 | 2 800 | 90 | 3. 21 | 陆粲:《陆子余集》卷一《浙江乡试录序》 |
| 嘉靖七年(1528) | 顺天府 | 3 517 | 135 | 3. 85 | 韩邦奇:《苑洛集》卷 1《顺天乡试录序》 |
| 嘉靖十三年(1534) | 江西 | 3 000 | 95 | 3. 17 | 李舜臣:《愚谷集》卷 5《江西乡试录序》 |
| 嘉靖十三年(1534) | 广西 | 1 000 | 55 | 5. 5 | 翁万达:《翁万达集 · 文集》卷三《广西乡试录序(代作)》 |
| 嘉靖十九年(1540) | 云南 | 2 000 | 20 | 1. 0 | 杨慎:《升庵集》卷 3《云南乡试录序》 |

续 表

| 年 份 | 省 份 | 应试生员数(名) | 中额(人) | 录取比率(%) | 资 料 来 源 |
|---|---|---|---|---|---|
| 嘉靖二十五年(1546) | 山西 | 2 000 | 65 | 3.25 | 翁万达:《翁万达集·文集》卷二《山西乡试录序(代作)》 |
| 嘉靖二十八年(1549) | 广东 | 2 500 | 75 | 3.0 | 项乔:《项乔集》上《拟广东乡试录前序》 |
| 嘉靖三十七年(1558) | 福建 | 3 700 | 90 | 2.43 | 宗臣:《宗子相集》卷13《福建乡试序录》 |
| 嘉靖四十年(1561) | 广东 | 2 700 | 75 | 2.78 | 《嘉靖四十年广东乡试录》之《广东乡试录序》 |
| 隆庆元年(1567) | 浙江 | 6 000 | 95 | 1.58 | 王世贞:《弇州四部稿》卷70《浙江乡试录后序》 |
| 万历元年(1573) | 湖广 | 2 800 | 90 | 3.21 | 王世贞:《弇州四部稿》卷70《湖广乡试录序》 |
| 万历元年(1573) | 广东 | 2 500 | 75 | 3.0 | 胡直:《衡庐精舍藏稿》卷9《广东乡试录前序》 |
| 万历十年(1582) | 应天府 | 4 500 | 135 | 3.0 | 沈鲤:《亦玉堂稿》卷6《应天府乡试录序》 |
| 万历十三年(1585) | 浙江 | 2 700 | 90 | 3.0 | 孙继皋:《宗伯集》卷3《浙江乡试录叙》 |
| 天启元年(1621) | 浙江 | 4 900 | 97 | 1.98 | 钱谦益:《牧斋初学集》卷90《制科三·天启元年浙江乡试程录序》 |
| 天启七年(1627) | 江西 | 5 300 | 102 | 1.92 | 倪元璐:《倪文贞集》卷6《江西乡试录序》 |

注:为了统计的方便,忽略了文献中关于应试人数记载中的描绘数字的“余”“几”之语。如宣德七年应天府乡试应试人数,史料记为“八月乙未总太学畿内之士千三百余人”,表格中处理为应试人数1 300人。天顺三年的顺天府应试人数,史料记为“天顺己卯秋,适当大比,太学及畿内士就试者几三千人”,表格中处理为应试人数3 000人。

从上表统计的24科乡试情况来看，平均录取率为3.78%，如果考虑到统计时忽略了每科应试人数的零数，我们把明代乡试的平均录取率为3.7%应该是比较合理的。[①] 实际上，明代中后期规定了科试的录取人数，即要求提学官根据各省乡试录取的举人数按比例录取科举生员。嘉靖四十五年（1560）规定："申明各处科举名数，照原定解额，每举人一名，取应举生儒二十五名。"[②]据《礼部志稿》卷二十四《仪制司职掌·学校·考法》记，万历三年（1575），改为每一个举人名额，允许录取科举生员30名。这样，明朝中后期规定的科试录取生员数25∶1和30∶1，折算成录取比率则为3.65%，这与上表统计的24科的平均录取率基本是一致的。

从相关文献的记载来看，顺天和应天乡试的中式比例要高。例如，成化二十二年（1486），顺天乡试时，"赴试之士二千三百人，试而中者，百三十有五人"。[③] 这一顺天乡试的录取比例为5.8%。应天府乡试也大致相同，据王鏊的《应天府乡试录序》记，弘治五年（1492）庚戌科应天乡试，"时士之就试者二千三百余人……揭榜得士，凡一百三十五人"。[④] 而在京畿之外的地区，录取比例就小得多。据陆粲的《浙江乡试录序》记，嘉靖七年（1528）戊子科浙江乡试"就试者二千八百有奇，预选者九十人"，[⑤]录取比例3.2%。江西乡试的录取比例

① 吴宣德在《中国教育制度通史·明代卷》中估算明代乡试的录取率为4%（山东教育出版社，2000年版，第477页），由于该书的这个结论仅仅是依据一条史料得出的，笔者认为说服力不够；而陈宝良的《明代儒学生员与地方社会》则完全根据朝廷的规定，即每名举人录取30名科举生员，认为乡试的录取率为3.3%，很显然数据没有考虑到各地科举生员和乡试录取的实际人数，因此该书估算的这一比率是偏低的。郭培贵的《中国科举制度通史·明代卷》提出："明代乡试竞争最为激烈，明初中式率一般在10%上下，成、弘间定为5.9%，嘉靖末年又降为3.3%，而实际录取率又低于此，明末个别省份如江西中式率甚至不足2%。"（上海人民出版社，2017年版，第287页）

② 《明世宗实录》卷531，"嘉靖四十五年闰三月"。

③ 李东阳：《怀麓堂集》卷27《顺天乡试录序》。

④ 王鏊：《震泽先生集》卷10《应天府乡试录序》。

⑤ 陆粲：《陆子余集》卷1《浙江乡试录序》。

比浙江更小,据李舜臣的《江西乡试录序(代作)》记,嘉靖十三年(1534)甲午科江西乡试,“所选士三千有奇,而三试之,得中试者九十人”。[①] 录取比例还不足3%。应该说,这些文献记载的比例与上面的估算基本一致的。

明朝举人已是一种正式的科名,有资格参加会试。洪武三年规定,“凡举,各具籍贯、年甲、三代本姓,乡里举保,州县申送行省,印卷乡试,中者,行省咨解,中书省判送礼部,印卷会试。”[②]洪武十七年所颁行的《科举程式》规定:“其中试举人,出给公据,官为应付廪给脚力,赴礼部印卷会试。”[③]此外,举人还获得了入国子监肄业的资格。

举人即使会试未能考中进士,也可以通过吏部铨选而做官。明代举人一般担任地位较低的地方官吏和地方官学的教官,有学者研究,洪武年间,陕、甘、桂、粤、豫、闽、赣、浙、鲁和湖广10省的2 648位举人中,在府一级中,官至知府者有29人,占总数的1.1%;官至府通判者14人,占0.53%,任推官的6人,占0.23%;在州一级中,官至知州者凡16人,占0.6%,任同知者31人,占1.17%;在县一级中,任知县者凡111人,占4.22%,任县丞者凡20人,占0.76%,任县主簿者凡18人,占0.68%,任县典吏者仅3人,占0.11%。在官学教官一职上,举人也所占的比例也比较小,任府学教授者凡83人,占3.13%,任州学教授者共21人,占0.79%,任县学教谕者共261人,占总数的9.85%,任府、州、县学训导者共65人,占2.45%。[④] 根据这一统计,洪武年间的十省共有678名举人担任各级官吏和官学教官,只占总数的25.6%。而且随着进士的人数日益增加,举人在

① 李舜臣:《愚谷集》卷5《江西乡试录(代作)》。
② 王世贞:《弇山堂别集》卷81《科试考》1。
③ (万历)《明会典》卷77《科举通例》。
④ 黄明光:《明代科举制度研究》,广西师范大学出版社,2000年版,第39~46页。

任中央、地方和官学教职的人数都越来越少，不少举人终身都是候选者。

除了正式录取的举人之外，自万历年间起，仿照明初就有的会试副榜之制，设立乡试副榜。最初乡试中式副榜与其他例监生在选官上并无区别。至万历四十六年(1618)，例监取为乡试副榜者，即获得与岁贡生同等的选官资格。

不仅如此，考中举人还是可以使士子的社会、经济地位产生质的飞跃。明朝对举人的服装有专门规定："新举人朝见，着青衫，不着襕衫者，闻始于宣宗有命，欲其异于岁贡生耳。及其下第送国子监，仍着襕衫，盖国学自有成规也。"[①]新科举人可以获得牌坊银两。隆庆元年(1567)三月，浙江道巡按御史王得春上奏："各省举人牌坊银两，乃国家宾兴盛典。至嘉靖三十七年，始以边储缺乏，权议扣减，似非昔人劝驾续食之义，宜查先年例全给。"[②]礼部讨论之后，同意了王得春的建议，发给举人牌坊银两。从这一记载来看，给新举人发放牌坊银两应该早于隆庆元年，而且是由地方官发给。对于新科举人发给牌坊银两，方志中多有记载，如(乾隆)《广德州志》卷一《赋役・经费》中记："新中举人，每壹名牌坊银八十两。两院迎宴银十两。"乡试之后，各省还有鹿鸣宴，还要给举人准备好礼物，地方官设有专门的经费。据(万历)《新修南昌府志》卷八记："鹿鸣宴、牌额、花亭、举人马牌、小录、皮箱及应试生儒盘缠等银，南昌派银一十八两七钱四分六厘七毫，新建九两三钱七分三厘四毫。"(康熙)《高淳县志》卷七记："万历三十三年额，科举考官礼币、鹿鸣等宴、修理等银，一十九两五。"举人与秀才都享受一定的经济待遇，据(民国)《江阴县续志》卷二十二《石刻记》载：万历九年(1581)五月规定，"教官、举监、生员各免粮贰石，人丁贰丁"。在利玛窦是眼中，举人有比较高的地位，他

① 陆容：《菽园杂记》卷2。
② 《明穆宗实录》卷6，"隆庆元年三月辛未"。

说:“中国士大夫的第二种学位叫举人(Kiugin),可以和我们的硕士相比。……硕士学位要比学士高出很多,随之也就更加尊贵而且有更引人注目的特权。取得硕士学位的人,一般认为还要继续学习,进一步取得博士学位。”①中举是士子人生的一大转折,意味着他已经成为真正的绅士。

## 三 会试

明朝会试始于洪武四年(1371)。因会试由礼部主持,故称“礼闱”。洪武三年,明廷发布诏令,规定会试在乡试次年二月于京师举行,初九日第一场,十二日第二场,十五日第三场。洪武四年、五年连续两年举行之后,于洪武六年(1373)停罢,洪武十八年(1385)恢复。洪武十七年颁布科举程式时规定,乡试在子、午、卯、酉年举行,会试则相应为辰、戌、丑、未年二月举行,故会试又称“春试”“春闱”“春榜”“杏榜”等。但也有因故改期的特殊情况,一是永乐元年(1403)癸未年本为会试之年,然而由于发生永乐靖难之役,并未举行会试,永乐二年举行甲申会试;二是天顺七年(1463)癸未科会试头场发生火灾,烧死在贡院应试考生90余人。明廷下令同年八月再举行会试。另外,明朝最后一科会试,即崇祯十六年(1643)癸未科会试,因战乱的影响,士子前往北京受阻,会试延迟至八月举行。明初会试地点在南京,永乐十三年(1415)之后改在北京举行,比明朝迁都北京要早6年。

各省中式举人,包括新科举人和会试下第举人基本都有资格参加会试。弘治二年(1489),八月,内阁大学士刘吉奏准:“今后会试举人,如三入会试而不中者,请不许再入试,俱照本等挨选出身。”②这

---

① [意]利玛窦、[比]金尼阁著,王遵仲等译:《利玛窦中国札记》,中华书局,1983年版,第37~40页。

② 《明孝宗实录》卷29,“弘治二年八月戊子”。

一建议得到了明廷的认可。但是，这一规定刚出，立即遭到应会试举人的反对，还未实行就取消了。

明朝有会试下第举人入国子监读书之例，即举人监生。明初并未严格要求下第举人入监学习，如洪武十八年（1385），下令会试下第举人可以回家读书，以后再参加会试。正统十三年（1448）三月，礼部发布命令："旧例，副榜举人年及二十五以上者，授以教职，未及者或依亲，或入监读书。近例，不拘年齿，但愿入监、依亲者，皆听。"①为了让依亲读书的举人监生及时回监复班，明廷将回国子监复班作为应会试的条件。成化十四年（1478），根据礼部的奏请，明廷确定：如果延后两个月入监读书，即便有病，也要追究责任，并且将其名字上报礼部，取消下一科参加会试的资格。嘉靖十年（1531），礼部题准，如果举人违反复班规定，既无资格参加会试。嘉靖二十九年（1548），礼部奏准：会试下第举人应该尽可能入监读书，不能托故回籍，"其有已送监而迁延不至，及到监而无故潜回者，该监治之。有全不赴监，辄持原引及原籍起送入监文书投试者，有回籍之后陆续投告送监以觊赴试者，本部治之，仍不听会试"。② 万历三年（1575），礼部题准："两京、各省举人，有未经人监，及监事未毕告回原籍者，俱限三个月内起送到部，发监肄业。其原入南监者，仍赴该监依期起文会试。若未经入监者，虽有原籍起送公文，不准人场。"③这也就是说，入监读书成为落第举人应会试的必要条件了。

在将入监读书作为入监举人应会试的条件之外，明廷又规定已经通过铨选任官的举人不准再参加会试。但是自天顺年间起，担任教官的举人又获得了应试资格。英宗天顺八年（1464），明廷下令"教

---

① 《明英宗实录》卷164，"正统十三年三月丙申"。

② 《明世宗实录》卷340，"嘉靖二十七年九月甲戌"。

③ （万历）《明会典》卷77《科举・会试》。

官由举人署职,任满该升,年四十以下愿会试者,听”。这是明朝首次允许担任教官的举人应会试。之后,明廷对于举人出身的教官应会试的条件不断放宽。至成化元年(1465),将允许应会试的举人出身的教官的年龄改为50岁以下。成化二十三年(1487),明廷将原来举人出身教官9年考满,改为任职6年即可应会试。弘治十二年(1499),明廷下令“署职教官照成化二十三年例,两科准算六年,愿会试者,听;其任满该升,如遇会试将近,不拘年岁,亦许会试。若给假,或捏病,久不入选,窥伺会试者,不准。”①有学者依据现存明代《会试录》和《进士登科录》的相关记载,统计出自成化十一年(1475)至天启二年(1622)间的46科中,由举人教官身份考中的进士有247名,其中州学学正41名,占总数的16.6%,县学教谕181名,占总数的73.3%,府州县学训导总计25名,占总数的10.1%。②

除此之外,自成化八年(1472)开始,中书舍人中举后也有资格应试。洪武三年(1370)规定,高丽、安南、占城等国士子各在本国应乡试,之后到京师参加会试。洪武四年,高丽人金涛名列三甲第五名,授东昌府安丘县丞。③

明初会试主考官称主文官,为2员。洪武四年会试主考官为礼部尚书陶凯、学士潘庭坚。洪武十七年(1384)所定科举程式,规定会试主考官二人,文币各二表里,并未对主考官的品级、职务、科甲出身等作出明确要求。随着科举地位的提高,自永乐年间开始,会试主考官从大学士、学士中题请钦定。沈德符记云:“隆万以来,南宫主试,

① (万历)《明会典》卷77《科举·会试》。

② 陈长文:《明代教官进士登科考论》,载天一阁博物馆编:《科举与科举文献国际学术研讨会》(下册),上海书店出版社,2011年版,第176～197页。

③ 尽管有文献记了外国人参加明朝会试,但郭培贵先生通过研究,认为明朝除高丽人金涛之外,再无其他外国人应试。(郭培贵:《中国科举制度通史·明代卷》,上海人民出版社,2017年版,第301～304页)

例用辅臣，而以词林大僚副之，已有成规矣。惟今上之壬辰，列内阁者四公，首辅王太仓，四辅张新建，俱未至；次辅王山阴以争册立杜门，仅赵兰溪一人在阁，遂并用词林两学士主之。至辛丑科，则内阁二人，首辅赵兰溪久在病杜门，仅沈四明一人在阁；至丁未科，内阁亦止朱山阴一人，遂并用词臣如壬辰。又至庚戌科，则内阁三人，首辅王太仓不至，次辅李晋江以避言杜门，仅次辅叶福清一人在阁，于时主试亦用两词臣，是四科虽变体，亦揆之理势宜然，况先朝俱有故事乎?”[①]郭培贵统计永乐二年(1404)至崇祯十六年(1643)共81科会试的主考官情况，得出结论是：“随着时间的推移，阁臣充任会试主考的比例呈不断上升趋势。而且，隆庆、万历时由阁臣充任主考已成定制……随着阁臣充任会试主考的常态化并形成定制及其加官品级的不断提高，充任主考的官员品级也在不断升高中。”[②]与乡试大致相同，会试主考官的主要职责是命题、阅卷和录取，并排定录取者的最后名次。

洪武四年(1371)会试同考官为翰林院侍读学士詹同、国子监司业宋濂、吏部员外郎原本、前贡士鲍恂 4 人。洪武十七年(1384)颁行的《科举程式》规定同考官为 8 名。次年，对同考官的来源有进一步的规定，8 名同考官中，有 3 名来自翰林院，5 名来自京城之外的教官。景泰四年(1453)会试同考官的来源有了很大的调整，根据礼部尚书胡淡的建议：“翰林院及春坊以文艺为职业，宜专其事，京官由科第有学行者，宜兼取以充，教官不许充”。[③] 明廷同意了这一建议，会试同考官再不选用教官。很显然，这一改革措施有利于提高会试的阅卷质量。

---

① 沈德符：《万历野获编》卷 15《科场・阁臣典试》。

② 郭培贵：《中国科举制度通史・明代卷》，上海人民出版社，2017 年版，第 305、314 页。

③ 余继登：《典故纪闻》卷 12。

不仅如此,增加同考官人数也是保障阅卷质量的重要方式。会试同考官从洪武十七年规定的8名,到成化十七年(1481)之前增加为12名,其中《易》《春秋》《礼记》三经各2员,《书》《诗》二经各3员。随着《书》《诗》二经试卷逐渐增加,礼部请求这二经各增加一名同考官,这一建议得到了皇帝的认可,会试同考官增至14名。正德六年(1511),明廷下令会试同考官增至17名,即《易经》4房、《书经》4名、《诗经》5名、《春秋》2名、《礼记》2名。在这17名同考官中,翰林官十一员,科、部各3员。万历十四年(1586),应试《书经》的考生明显增加,明廷增加同考官1名,以翰林充任,会试同考官增至18名。万历四十四年(1616),礼部左侍郎何宗彦上奏:"各省乡试,取中不满百人,犹有十四、五房分阅。会试取数已逾五倍,而分考不及二十人,审阅未详。宜从科臣请,增《易》一房,则词臣十二人,科部各四人,非特人数适平,亦且分阅较易。"①这一建议得到了明廷的认可,同考官增为二十房。此后,会试同考官的人数略有调整。顾炎武在《日知录》中对明朝会试同考官的数量变化有记载,他说:嘉靖末年,会试同考官为《诗》五房,《易》《书》各四房,《春秋》《礼记》各二房,为十七房。万历八年(1580)庚辰科、十一年(1583)癸未科,以《易》卷多添一房,减《书》一房,仍为十七房;十四年(1586)丙戌科,《书》《易》经卷均多,《书》恢复为四房,会试达到十八房;四十四年(1616)丙辰科,《易》《诗》各增加一房,为二十房。天启五年(1625)乙丑科减少了同考官数量,《易》《诗》仍为各五房,《书》为三房,《春秋》《礼记》各一房,为十五房。崇祯元年(1628)戊辰科,同考官恢复为二十房;四年辛未科,《易》《诗》仍各五房,为十八房。十六年(1643)癸未科,同考官仍为二十房。

会试的外帘官职数、职责与乡试大致相同,有知贡举、监试官、提

---

① 《明神宗实录》卷541,"万历四十四年正月辛丑"。

调官、印卷、受卷、弥封、誊录、对读、巡绰监门、供给等官。[①] 知贡举官为全面负责除命题、阅卷和录取等内帘事务之外的会试事务的官员，一般为2员。洪武四年首次会试由右丞相汪广洋、左丞相胡惟庸担任。洪武十七年定科举成式后，知贡举官一般由礼部尚书和侍郎充任。监试官是负责监督会试的官员，由御史充任，洪武四年会试由监察御史孔希鲁、宋圭担任。

会试的时间为二月初九、十二、十五3天，考试时间亦为1天。按照朱元璋的最初设想，会试三场之后，应试举人还要试骑、射、书和律等，明人郎瑛记曰："本朝科场，自洪武三年第一场经义一篇，限五百字；《四书》义一篇，限三百字。第二场礼乐论，限三百字。逮至第三场，时务策一道，务直述，不尚文藻，一千字以上。三场之后，骑，观其驰骤便捷；射，观其中数多寡；书，观其笔画端楷；律，观其讲解详审。"[②]但骑、射、书和律考试都没有真正实行。洪武十七年成式则明确规定，会试所考文字与乡试相同。洪熙元年（1425）开始，会试实行南北卷取士制度。会试取中额数均为临期请旨确定，没有定额。《明史》云："会试之额，国初无定，少至三十二人，其多者，若洪武乙丑、永乐丙戌，至四百七十二人。其后或百名，或二百名，或二百五十名，或三百五十名，增损不一，皆临期奏请定夺。至成化乙未而后，率取三百名，有因题请及恩诏而广五十名或百名者，非恒制也。"[③]从总体上而言，明朝会试录取人数变化起伏不是特别明显，但是随着应试人数的逐步增加和地方官任职要求的提高，录取人数呈现出上升趋势。如万历四十三年（1615），礼部奏请增加会试录取名额："会试中式类以三百名为额，今海内人文日盛，各省增额已蒙俞允，乡会一体，不宜

---

① 关于洪武十七年科举成式中规定的会试外帘官的内容，(万历)《明会典》卷77《科举·乡试》均记在乡试条目下，可见乡试外帘官的规定与会试基本相同。

② 郎瑛：《七修类稿》卷14《国事类·本朝科场》。

③ 《明史》卷70《选举志》2。

盈缩。况今山东、山西、河南诸处皆有题请甲科为县令之疏,似当议增以济时需,合无以三百五十人为定额。"①根据这一奏请,次年会试取中人数则为350名。郭培贵对明朝会试录取人数有统计,自洪武四年辛亥至永乐十九年(1421)辛丑共15科会试,科均录取182.47人。自宣德五年(1430)庚戌至成化八年(1472)壬辰共15科会试,科均录取196.67人。成化十一年(1475)乙未至正德十二年(1517)丁丑共15科,科均录取323.33人。正德十五年(1520)庚辰至嘉靖四十一年(1562)壬戌共15科会试,科均录取324.67人。嘉靖四十四年(1565)乙丑至万历三十二年(1604)甲辰共11科会试,科均录取340.91人。②

## 四　南北榜到南北分卷

明初乡会试的录取完全依据考生应试程文的高低决定,而不是分区域录取。然而,洪武三十年(1397)发生一次重大的科场案——南北榜事件,让分区域录取成为明廷必须面对的现实问题。

洪武三十年二月会试,主考官翰林学士刘三吾和吉府纪善白信蹈为主考官,录取江西泰和县人宋琮等52人,全为南方考生,北方考生全部名落孙山。三月初一殿试,51名贡士应试,明太祖钦定福建闽县人陈郊为状元,江西泰和县人尹昌隆为榜眼,浙江山阴县人刘谔为探花为一甲,赐进士及第;江西南城县人芮善等13人为二甲,赐进士出身;江西泰和县人郭子庐等35人为三甲,赐同进士出身。由于这一次是三月放榜,因此被称为"春榜"。又因这一榜录取的进士全部为南方人,也被称为"南榜"。

放榜之后,北方考生强烈不满。由于殿试并不淘汰考生,只是对

① 《明神宗实录》卷540,"万历四十三年十二月戊辰"。
② 郭培贵:《中国科举制度通史·明代卷》,上海人民出版社,2017年版,第397页。

考生进行重新排名，因此北方考生将矛头直指会试的主考官刘三吾，认为他来自湖广茶陵县，会试阅卷录取时偏袒南方士子，他们上疏称："三吾等南人，私其乡。"明太祖朱元璋览疏后大怒，命儒臣复查会试落卷，"侍读张信、侍讲戴彝、右赞善王俊华、司直郎张谦、司经局校书严叔载、正字董贯、长史黄章、纪善周衡、萧揖及郊、昌隆、谔人各阅十卷。"①明太祖之意是希望张信等人从落卷中挑选出优秀试卷，录取一部分北方考生。然而，复核工作又被北方考生质疑，有传言会试主考官刘三吾、白信蹈专门到张信等复查者之所，目的是"嘱以卷之最陋者进呈"，也就是说刘三吾、白信蹈与复查官张信等人串通作弊，故意将北方人的劣等试卷呈送皇帝审阅，"上验之，果以不堪文字奏进"。② 朱元璋对这一复查结果更加感到愤怒，亲自复试落第考生，取中任伯安等六十一人。③ 六月初一，明太祖在奉天殿举行殿试，钦定山东武城县人韩克忠为一甲第一名，山东长清县人王恕为一甲第二名，山西乐平县人焦胜为一甲第三名，三人赐进士及第。北平巨鹿县人蔡或等 29 人为二甲，赐进士出身；山东恩县人苏文帝 29 人为三甲，赐同进士出身。此榜进士均来自山东、山西、河南、北平、陕西、四川等地士子。由于这一榜的放榜时间为六月，因此被称为"夏榜"。又因这一榜录取的进士全部为北方考生，也被称为"北榜"。洪武三

---

① 王世贞：《弇山堂别集》卷 81《科试考》1。

② 李调元：《制义科琐记》卷 1《春夏二榜》。

③ 对于这 61 名考试的录取程序，史料的记载并不完全相同，《明太祖实录》卷 252"洪武三十年六月辛巳朔"记："先是，礼部会试者多，而中式者少。被黜落者咸以为言。上命翰林儒臣考下第卷中，择文理优长者得六十一人，至是复廷试。"从这一记载来看，复试者是由明太祖任命的翰林儒臣选拔的。然而，《弇山堂别集》卷 81 记："或言刘、白嘱信等以陋卷进呈。上益怒，亲赐策问，擢韩克忠为翰林修撰。"徐学聚的《国朝典汇》的记载亦有几乎相同的记载。从记载中看到，明太祖对于复查大臣提交的试卷或者人选是完全不认同，他不得不亲自从落第者选出任伯安等 61 人。对于这一点李调元在《制义科琐记》卷 1 中有比较清楚的记载："或传三吾与白信蹈至阅卷官所，嘱以卷之最陋者进呈。上验之，果以不堪文字奏进，益怒，谓为胡、蓝二党，命刑部考讯……于是覆阅取六十一人，皆北人也。"从这一记载来看，明太祖完全否决了复查官提供的名单，61 人是他亲自从落第者中挑选的。

十年有春榜与夏榜、南榜与北榜,因此称南北榜、春夏榜。

为了平息北方士子的怨气,明太祖在录取北方士子的同时,还大开杀戒,“考信等俱磔杀之,三吾以老戍,郊、谔安置威虏,唯赦戴彝、尹昌隆,郊、谔取回为司宾司仪署丞,复杀之”。[①] 这也就是说,除会试主考官刘三吾因为年老被罚戍边,尹昌隆与复查官除戴彝无罪之外,其余考官、复查官和南榜状元、探花全部被处死。

“南北榜”是一次惩处空前严酷的科场大案,是中国科举史上第一次杀主考官的科场案。我们认为,这起科场案应该不是一起舞弊案,主要理由有四:

其一,刘三吾在洪武十八年(1385)被推荐到朝廷,参与刊定礼制及科举相关法律的制定工作,主编了多部大型的丛书。不仅如此,朱元璋认为孟子的思想不利于他的统治,下令由刘三吾删掉《孟子》章节,刘三吾仔细揣摩着皇帝的意图,最终删掉了《孟子》一书中 80 多条内容,朱元璋对此非常满意。从朱元璋选择刘三吾担任这一重要工作来看,他认为刘三吾不但儒学水平高,而且是值得信任的大臣。朱元璋还曾经把朝鲜玳瑁笔赏赐给刘三吾。尽管刘三吾的级别只有正五品,但因为他不仅年龄大,而且皇帝又器重他,名望很高,与汪睿、朱善被称“三老”。刘三吾这样德高望重的老臣,舞弊的可能性比较小。

其二,刘三吾已经在朱元璋身边工作超过了 12 年,在这一时间内,他目睹了朱元璋对郭恒案和蓝玉案涉案人员的残暴杀戮,对朱元璋的嗜杀成性十分熟悉。他肯定知道,如果舞弊,事情被查出来,朱元璋绝对不会手下留情,结果肯定是脑袋搬家,必死无疑。因此,他不敢舞弊。

其三,刘三吾是湖广茶陵人,也就在现在的湖南省茶陵县人。

① 王世贞:《弇山堂别集》卷 81《科试考》1。

《明史》记：刘三吾"为人慷慨，不设城府，自号坦坦翁。至临大节，屹乎不可夺"。[①] 如果刘三吾真是私其乡，应该会多录取湖广省的人，或者是湖南人。可事实是，刘三吾等人录取的52名贡士中，只有一人是湖南的。

其四，张信是洪武二十七年(1394)的状元，他是浙江定海人，为人耿直，跟刘三吾既不是同乡，又没有师生之谊等特殊关系。他跟刘三吾几乎没有串通的可能，更没有两人串通的确凿证据。

其实，从刘三吾、白信蹈和张信等人阅卷的情况来看，南方考生的文化水平确实比北方高，择优录取南方考生实属正常之举。但当时北方还不时出现逃亡塞外的元朝残余势力反抗朝廷的军事战争，朱元璋亟须笼络北方的知识分子，以达到稳定北方社会的目的，而通过科举录取北方士子是最好的方式，但刘三吾等人并未理解到朱元璋的意图，正如中国科举史上末科探花商衍鎏所言："因太祖以北方人士服属于元较久，虑遗民犹有故元之思，颇欲假科名以笼络之，是科所取皆南士，已恶试官之偏。而三吾又言礼闱取士，向无南北之分，大江以南本多佳士，北士自不及南，试官安能枉格相从，亏拔擢人才之旨，复阅诸臣亦仍不悟太祖之意，所以致有此祸也。"[②]因此，尽管南北榜事件是一次冤案，但是又在朱元璋滥杀元老旧臣、着意巩固朝廷对北方统治的历史背景下发生，存在一定的必然性。

次年，朱元璋还未来得及对会试的录取名额分配进行改革，就驾崩了。建文、成祖在位期间，会试依然没有实行分区录取。据有学者统计，在建文二年(1400)至永乐二十二年(1424)9科殿试中，明廷共录取进士1 939人，其中南方6直省共1 622人，占同期全国进士总

---

① 《明史》卷137《刘三吾传》。

② 商衍鎏：《清代科举考试述录》，生活·读书·新知三联书店，1958年版，第290～291页。

数的 83.65%。[①] 人文繁盛的南方士人仍在会试竞争中占有压倒性的优势。

仁宗即位后,通过改革科举,缩小录取的区域差异真正提上了议事日程。洪熙元年(1425),南方(江西)士人出身的杨士奇在回答仁宗质询时提出了南北分卷而取的构想,"杨士奇曰:'科举当兼取南、北士。'仁宗曰:'北人学问远不逮南人。'士奇曰:'长才大器,俱出北方,南人虽有才华,多轻浮。'仁宗曰:'然则将何如?'士奇曰:'试卷例缄其姓名,请于外书'南''北'二字,如当取百人,则南六十,北四十。南北人才,皆入彀矣。'仁宗曰:'然。往年北士无入格者,故怠惰成风。今如是,则北方学者亦感奋兴起。'"[②]此次讨论之后,明廷基本确定了会试录取南方士子占 60%,北方士子占 40%的措施。洪熙元年(1425)四月,仁宗谕礼部大臣:"科举之士须南、北兼取。南人虽善文词,而北人厚重,比累科所选,北人仅得什一,非公天下之道。自今科场取士,以十分论之,南士取六分,北士四分。尔等其定议各布政司名数以闻。"[③]

然而,具体措施尚未出台,明仁宗即驾崩。明宣宗即位以后,立即着手实施会试南北分卷录取。宣德二年(1427)会试,即实行南卷占 60%,北卷占 40%的比例取中。之后,明廷再次对南北卷进行了调整,即南北卷各拿出 5%,设立中卷。具体而言,南卷取中 45%,北卷取中 35%,中卷取中 10%,这样南北中"分地而取"的制度就完全形成。南北中卷所属地区具体为:浙江、江西、福建、湖广、广东、应天、直隶松江、苏州、常州、镇江、徽州、宁国、池州、太平、淮安、扬州 16 省府,广德一州,为南卷;山东、山西、河南、陕西、顺天、直隶保定、真定、河间、顺德、大名、永平、广平 12 省府,延庆、保安二州,辽东、大

---

① 郭培贵:《中国科举制度通史·明代卷》,上海人民出版社,2017 年版,第 381 页。
② 谷应泰:《明史纪事本末》卷 28。
③ 《明仁宗实录》卷 9,"洪熙元年四月庚戌"。

宁、万全三都司，为北卷；四川、广西、云南、贵州、庐州、凤阳、安庆7省府，徐、滁、和三州，为中卷。这一制度在明英宗正统年间也得到执行，使进士的地域分布过于集中的局面得到改变。

代宗即位以后，实行了20多年的南北分卷制度又起波澜。景泰元年(1450)，来自江西弋阳的直隶大理寺左寺丞李奎上奏，请求："今后会试天下举人，宜照永乐年间事例，三场文字合程格者，不拘多寡取中，仍通具名数，临期奏闻定夺，庶有学之士不为定额所拘。"①这一建议得到了皇帝的认可，于是下诏科举取士遵照永乐年间的规定执行。由于永乐年间会试并不实行南北分卷制度，意味着取消南北分卷制度，次年礼部会试录取即遵照执行。

对于这一做法，户科给事中李侃上疏激励反对，他说："今年会试，礼部奏准取士不分南北，臣等切惟，江北之人文词质实，江南之人文词丰赡，故试官取南人恒多，北人恒少。洪武三十年太祖高皇帝怒所取之偏，选北人韩克忠等六十一人赐进士及第、出身有差。洪熙元年，仁宗皇帝又命大臣杨士奇等定议取士之额，南人十六，北人十四。今礼部妄奏变更，意欲专以文词，多取南人。乞敕多官会议，今后取士之额，虽不可拘，而南北之分则不可改。"②刑部侍郎罗绮也附议这一奏章。李、罗二人将锋芒直指礼部，认为他们此举的目的是为了多取擅长文辞的南方士人。

科举考试的管理者和执行者——礼部对此进行了辩驳："顷者，诏书科举，自景泰元年为始，一遵永乐年间例行。本部查得永乐二十年间，凡八开科，所取进士，皆不分南北，已经奏允。今侃称礼部变更，意专以文词多取南人。夫乡举里选之法，不可行矣。取士若不以文，考官将何所据？且北方中土，人才所生，以古言之，大圣如周公、孔子，大贤如颜、曾、思、孟，皆非南人。以今言之，如靖远伯王骥、左

① 《明英宗实录》卷188，"景泰元年闰正月癸亥"。

② 王世贞：《弇山堂别集》卷81《科试考》1。

都御史王翱、王文,皆永乐间不分南北所取进士,今岂可预谓北无其人?况本部止遵诏奏书行,即不曾奏请多取南人,少取北人。今各官所言为是,乞敕翰林院定议。"①礼部坚持认为只是遵照皇帝的旨意行事,根本没有任何偏爱南人之心,并谈古论今,说明南北不分卷北方人才也能脱颖而出。根据礼部的上奏,明廷否决了李侃等人的建议,维持会试不分卷录取。

在实行了一科以后,景泰四年(1453),给事中徐廷章疏论科举取士太滥,他说:"今者科举,山西、陕西皆取百名,其数浮于额三倍,为悖典制。按正统四年,英宗在御,已定山西、陕西解额皆四十人,则所收虽未至三倍,而考官故违明旨,罪难自逭。"②次年会试,明廷采纳了徐廷章的建议,恢复了分南、北、中卷定额取中办法,其区域划分为:应天及苏、松诸府,浙江、江西、福建、湖广、广东为南卷;顺天、山东、山西、河南、陕西为北卷;四川、广西、云南、贵州及凤阳、庐州二府,滁、徐、和三州为中卷。南、北、中卷取中名额的比例与宣德、正统年间相同。

此后,这一比例的变化都不大,只有两次因主管官员徇私情而进行了调整。成化二十二年(1486),由于当政执国的万安和礼部尚书周洪谟都为四川人,"乃因布政使潘稹之请,南北各减二名,以益于中"。这也就是说,录取比例变为南卷占53%,北卷占33%,中卷占14%,明显增加了中卷的录取名额。这一录取比例仅仅在成化二十三年(1487)实行,弘治二年(1489)又恢复旧制。另一次发生在正德三年(1508),身为陕西人的宦官刘谨指使给事中赵铎"请广河南、陕西、山东、西乡试之额。乃增陕西为百,河南为九十五,山东、西俱九十"。又以"会试分南、北、中卷为不均,乃增四川额十名,并入南卷,

① 王世贞:《弇山堂别集》卷81《科试考》1。
② 沈德符:《万历获野编》卷14《乡试取士滥额》。

其余并入北卷，南北均取一百五十名”。① 刘瑾与身为内阁首辅大臣的河南人焦芳相勾结，达到了增加北卷名额的目的。这显然对文化相对发达的南方士人来说不公平。随着刘谨、焦芳等人失势，南北中卷按原有比例取士的制度得以恢复，一直沿用至明王朝覆灭。之后清代承袭这一制度，并在此基础上进一步完善，将其发展为会试分省定额取中的制度。

从政治上而言，会试南北分卷录取制度的确立和实行，主要是基于地缘政治的考虑。分卷取士之前，南方士人在高级官僚体系中占住了绝对优势，这引起北方士人的极大不满，不利于实行中央集权统治，因此必须通过兼取南北士人的方式平衡南、北政治势力，以达到稳定政局的目的。此外，南北分卷还能达到安抚、笼络北方士人的政治目的。

从文化的角度而言，会试南北中分卷录取，体现了优待、照顾边疆和文化相对落后地区目的，能够调动落后地区士人的学习积极性，促进当地人文教育水平提升，以及维护中华民族的统一。

尽管南北中分区域定额录取与考试公平性原则有一定的矛盾之处，但是中国科举史上分区取人的办法越来越具体，区域配额越分越细，这既是科举追求公正、公平的需要，也是科举实现其控制功能的体现。

## 五　殿试

殿试又称廷试，是科举阶梯的最后一个阶段，由皇帝主持，“天子亲策于廷”，参加者主要为新科会试的中式者。洪武三年(1370)，定殿试时间为三月初三，但是次年辛亥科殿试实际举行时间为二月十九日。四年，明廷定恩荣次第：“二月十九日，御奉天殿(嘉靖四十一

---

① 《明史》卷70《选举志》2。

年九月，奉天殿改称皇极殿——引者注）策试贡士；二十日，午门外唱名，张挂黄榜，奉天殿钦听宣谕，同除授职名，于奉天门谢恩。二十二日，赐宴于中书省。二十三日，国子学谒先圣，行释菜礼。”①洪武十七年定，殿试为会试次年的三月初一日举行。此后殿试多在会试次年三月十五日举行，只是偶尔因为特殊情况进行调整，朱国桢《涌幢小品》载：“旧制，殿试在三月初一日，谢恩在初六日。成化八年以悼恭太子发引，改十五日，至今仍之。然初一日太促，毕竟十五日为妥。此虽人事，亦天意之相合也。”②

明代曾因大丧或战争等因素变更殿试月份。正德十六年（1521），因武宗驾崩，殿试改在五月十五日举行。嘉靖十四年（1535），因皇后大丧，殿试改在四月初二日举行。崇祯元年（1628），因熹宗驾崩，殿试改为四月二日举行。崇祯十六年（1643），明廷“以边患改八月会试，九月廷试”。③

除此之外，明代还有因为特殊情况而变更殿试年份的情况。永乐元年（1403）补行建文四年乡试，次年举行殿试，故殿试比预定时间延迟了一年。永乐七年（1409）会试之后，因永乐帝巡幸北京，殿试延期一年，即九年才举行。天顺七年（1463），因为癸未科会试时，贡院火灾，会试延期到八月举行，殿试则改在天顺八年举行。正德十五年（1520）会试后，“时武庙南巡，及秋而还。辛巳夏五月，世宗登极，始廷试。赐杨维聪、张钺、费懋中及第。选进士廖道南二十五人为庶吉士”。④ 这也就是说，殿试延后一年，改在正德十六年举行。

殿试是由皇帝主考，主考官是皇帝本人，因此负责阅卷的官员通过读卷以供皇帝钦定名次，故称读卷官。殿试读卷官由内阁官及六

---

① （万历）《明会典》卷77《科举·殿试》。
② 朱国桢：《涌幢小品》卷7《殿试改期》。
③ 谈迁：《枣林杂俎·圣集·科牍》311，“癸未礼闱三改”。
④ 谷应泰：《明史纪事本末补编》卷2。

部、都察院、通政司、大理寺正官、詹事府、翰林院堂官担任；提调官由礼部尚书、侍郎担任；监试由监察御史二人担任；受卷、弥封、掌卷由翰林、春坊、司经局、光禄寺、鸿胪寺、尚宝司、六科及制敕房官担任；巡缀由锦衣、金吾等卫官担任；印卷由礼部仪制司官负责；供给由光禄寺、礼部精膳司官负责。

自洪武三年(1370)开始，殿试仅考时务策一道，考试内容主要是“治天下之道”。策题主要由内阁现行拟好，然后由皇帝钦定，但也有皇帝亲自拟题或者修改内阁所拟策题的情况。殿试前一天，鸿胪寺官在皇极殿东边设策题案。光禄寺准备好试桌，放置于大殿两庑。殿试日早上，礼部官员引导贡士入皇极殿丹墀内，东西向列队，朝北面站立，文武百官着公服站立。之后，鸿胪寺官请皇帝着常服至皇极殿，文武百官行礼之后，开始向贡士颁发策题，“执事官举策题案于殿中，内侍官以策题付礼部官，置于案上。鸿胪寺官引贡士就拜位，执事官举策题案由左阶降，置御道中。赞贡士行五拜三叩头礼，各分东西侍立。执事官随举策题案于丹墀东。鸿胪寺官奏礼毕。鸣鞭。驾兴。文武百官退。军校举试卓列于丹墀东西北向，置定。礼部官散题，贡士仍列班跪受，叩头就试。是日如遇天雨，或大风，试卓即移设于两庑”。①殿试时间为一天，日落前交卷。应试贡士的午餐为每人馒头二个，汤一碗。贡士对策时，需要写一千字以上，而不是用“八股文”。对策完成之后，“诣东角门纳卷而出”。②

殿试结束以后，受卷官将试卷送给弥封官。弥封完成后，由掌卷官转送至东阁读卷官处进行评阅。明初读卷时间仅有一天，不利于保证读卷质量，至弘治年间调整为 2 天。之后，要举行读卷仪式，“殿试后二日早常朝毕，驾诣文华殿，免日讲，不用侍班、侍卫等项。读卷官各执卷随至文华门外，候上升座。传读卷官进。各官趋至丹陛，行

① (万历)《明会典》卷 51《策士・殿试仪》。
② (万历)《明会典》卷 77《科举・殿试》。

叩头礼,入殿内东西序立。传读卷,读卷官居首者至御前跪,展卷朗读毕,司礼监官接卷置御案,本官叩头,兴,复班。其各读卷官以次进读如仪。读三卷后,临时候旨再读几卷。如奉旨免读,各官即执卷同至御前跪。司礼监官以次接卷,俱置御案。各官叩头,兴,复班。传各官退。各读卷官出至丹陛,行叩头礼毕,即出至文华门外,候上将试卷裁定,御批第一甲第一名、第一甲第二名、第一甲第三名,毕,其余各卷发出内阁官领收。上回宫”。① 之后,读卷官将第二甲以下拆卷,填写黄榜。

对于读卷大臣初拟的一甲名次,皇帝往往会根据对策的高下,在弥封的试卷上御批一甲名次,其所定的名次与读卷官初拟的经常会有所出入。天顺四年(1460)殿试,谢一夔的试卷被读卷官列为第三名,英宗阅读其对策之后非常高兴,将其列为第一名。据《弇山堂别集》记载:嘉靖十七年(1538)殿试,读卷大臣初拟陆师道第一名,皇帝朱笔批为二甲第五名,取袁炜为第一名。然而,文华殿宣读名单时,皇帝再诏令大学士李时、夏言,学士顾鼎臣入内,将袁炜改为第三名,把茅瓒定为第一名。嘉庆二十三年(1544),少傅翟銮的儿子翟汝俭、翟汝孝两人均应殿试,翟銮想回避读卷,被皇帝拒绝。然而,殿试后进呈试卷,皇帝怀疑翟汝孝被读卷官列为一甲第一名了,因此他将读卷官所拟第一名调到第三名,之后又将这份试卷改为二甲第四名,等到拆卷后发现,这份试卷果然是翟汝孝的。

按照规定,皇帝御批的殿试卷应当是弥封的,但是明朝出现过拆开弥封钦定名次,或者完全根据皇帝的个人喜好、愿望等定一甲三名名次的情况。洪武十八年(1385)殿试后,读卷官初拟花纶为第一名,练子宁为第二名,黄子澄为第三名。但明太祖将弥封揭掉,“上自以梦故,用丁显为状元,子宁如故,纶第三,抑子澄三甲,为庶吉士”。②

---

① (万历)《明会典》卷51《策士·读卷仪》。

② 王世贞:《弇山堂别集》卷81《科试考》1。

万历五年(1577)殿试后,皇帝拆开弥封,定一甲三名的名次。读卷官初拟宋希尧为一甲第一名,张居正之子张嗣修为二甲第二名。然而皇帝在御批时,“上拆卷得之,擢置嗣修第二,且谓居正曰:‘朕无以报先生功,当看先生子孙。’后始知慈寿及大珰冯保意也。宋希尧遂二甲第一”。①

不仅如此,明代文献还有依据考生的姓名定状元的记载。永乐二十二年(1424)殿试,皇帝在阅看殿试对策后,“初,上取第一孙曰恭,嫌其名近暴,曰:‘孙暴不如邢宽。’遂擢宽第一,仍用朱书填黄榜,一时称异事云”。② 同样因姓名被皇帝钦定为一甲第一名的还有秦鸣雷,嘉靖二十三年(1544)殿试,因皇帝头一天晚上做梦有惊雷,因此选秦鸣雷为状元。

明代还有依据相貌来确定状元的记载。建文二年(1400)殿试,王艮就因为相貌丑陋而失掉状元,“已取吉水王艮卷第一,及传胪,以艮貌不扬,遂以胡广易之,艮次焉。文皇兵入城,艮仰药死,广乃迎降,官至大学士,有负旧君多矣。以貌取人固如是哉”。③ 除此之外,万历八年(1580)殿试后,皇帝没有进行读卷,直接钦定一甲三名,将张居正之子张懋修定为第一名。

明代殿试没有黜落,只是确定考生的等甲名次。殿试发榜分为三甲,一甲三名,即三鼎甲,为状元、榜眼、探花,赐进士及第;二甲若干名,第一名称传胪,赐进士出身;三甲若干人,赐同进士出身。一、二、三甲统称进士。殿试取为进士又称甲科、甲榜。凡通过乙榜考中举人,又通过甲榜考中进士而做官者,称为两榜出身。如果一人兼有解元、会元、状元的就叫作“三元及第”。明代拥有“三元”艳称者仅有洪武二十四年(1391)的状元许观、正统十年(1445)的状元商辂二人。

---

① 王世贞:《弇山堂别集》卷83《科试考》3。
② 王世贞:《弇山堂别集》卷81《科试考》1。
③ 徐咸:《西园杂记》卷上。

明代共开科 90 次，录取进士 24 363 名，平均每科录取 267 名。录取人数最多的为洪武十八年(1385)的丁显榜，为 472 名；录取人数最少的为洪武二十四年(1391)的许观榜，仅录 31 名进士。

读卷后的第二天举行传胪大典。清晨读卷官在华盖殿拆一甲三卷，拆第一卷，奏第一甲第一名某人，二、三名依次进行。之后，由房官填写黄榜，尚宝司官于其上钤盖皇帝的印宝，再由内阁官员捧出授予礼部官员。传胪大典当天，皇帝着皮弁服，锦衣卫在奉天殿陈设仪仗，教坊司设中和韶乐、大乐。鸿胪寺在奉天殿内稍东设案，将黄榜放置其上。文武百官各着朝服侍班。新科进士们先期赴国子监领进士巾服，穿好之后，列班北向。"执事官于华盖殿行礼毕，鸿胪寺官奏请升殿。乐作，导驾官前导升座，乐止。序班举榜案于殿中，赞礼，举人四拜讫，传制官跪奏传制，俯伏，兴，由东门出，诣丹陛，东西向立。执事官举榜案，至丹墀御道中置定，称有制，赞礼。举人皆跪，传制曰：'某年某月某日，策试天下贡士，第一甲赐进士及第，第二甲赐进士出身，第三甲赐同进士出身。'复传第一甲第一名某，胪传序班递唱讫，序班引出班前跪。传第二名、第三名如之。复传第二甲某等几名，第三甲某等几名，仪并如前，惟不出班，赞礼。诸举人俯伏，乐作，四拜，兴，平身。执事官举榜由奉天门左门出，乐止。伞盖鼓乐迎导，诸举人后从，至长安左门外张挂，顺天府官用伞盖仪从送状元归第。是日，榜初出，文武百官入班，鸿胪寺官诣丹陛中道，跪致词云：'天开文运，贤俊登庸，礼当庆贺。'赞五拜三叩头，礼毕而出。"①

传胪大典结束的次日，在礼部举行恩荣宴，状元及进士、读卷官、执事官参加，"命大臣一员侍宴"。"进士并各官皆簪恩荣宴牌花，教坊司承应。"恩荣宴结束之后，状元及进士赴鸿胪寺学习礼仪。又次日，赐状元冠带朝服一袭，"诸进士宝钞，人五锭"。② 后三日，状元率

①② 张朝瑞：《皇明贡举考》卷 1《殿试》。

诸进士上表谢恩，“先期一日，鸿胪寺官设表案于皇极殿门之东。至日早，锦衣卫设卤簿驾，鸿胪寺官引状元捧表置于案，退立丹墀御道稍东，其诸士以次序立。上具皮弁服，御中极殿，执事官行叩头礼毕，鸿胪寺官奏请升殿，导驾官前导，上升座，作堂下乐，鸣鞭，文武百官各具朝服行礼，侍班如常仪。鸿胪寺官引状元及进士入班，赞四拜，赞进表，鸿胪寺官举表案置于殿中。赞宣表目，礼部官跪宣表目讫，俯伏，兴。撤案，状元及进士又四拜礼毕，鸣鞭，驾兴”。①

上表谢恩次日，状元率新科进士“诣国子监，谒先师庙，行释菜礼”。② 礼毕之后，新科进士们可以穿上冠服了，殿试相关的庆祝活动就此结束了。

洪武三年（1370）五月规定，一甲进士第一名授从六品官，第二、三名均授正七品官。次年首科殿试之后，状元授正六品员外郎，第二、三名及二甲进士均授正七品主事，三甲出身者和会元均授正八品县丞。洪武十八年（1385）殿试后，一甲三人直接授官。至永乐年间形成定例，一甲第一名授翰林院修撰，第二、三名授翰林院编修。

洪武十八年（1385），创立进士观政制度，即“其诸进士，上以其未更事，欲优待之，俾之观政于诸司，给以所出身禄米，俟其谙练政体，然后擢任之”。③ 要求他们全部进入翰林院、承敕监等近侍卫门、六部及诸司观政。新科进士观政时长并无明确的规定，主要是学习律令，熟悉政务；参实际问题的处理，培养行政能力；充任临时的乡试同考官，熟悉科举考试事务；草拟奏折，议论政事等。观政进士制度的创立和推行，在一定程度上缩短了新科进士们从书斋到科场、由科场到衙门之间的距离，使其能尽快地完成从书生到行政官员角色的转

① （万历）《明会典》卷 51《策士》。
② （万历）《明会典》卷 77《殿试》。
③ 《明太祖实录》卷 172，“洪武十八年三月壬戌朔”。

变,可以说是对科举考试制度的补充和完善。[①] 由于进士观政期间的表现并不会直接影响以后授官,因此进士观政至万历年间以后逐渐流于形式,名存实亡了。

自永乐二年(1404)起,明廷建立了殿试后从新科进士中选拔庶吉士的制度。明成祖希望新选庶吉士"为学必造道德之微,必具体用之全。为文必并驱班、马、韩、欧之间,如此立心,日进不已,未有不成者。古之文学之士岂皆天成?亦积功所至也"。[②] 庶吉士由阁臣会同礼部、吏部共同考选。庶吉士的学习年限一般为三年,但也有短至几个月,长达八九年的,明人彭时云:"翰林官惟第一甲三人即除授,其余进士选为庶吉士,教养数年而后除,远者八九年,近者四五年。有不堪者,复改授他职。"[③]庶吉士学成之后,优秀者留在翰林院任编修、检讨,其次则被任命为给事、御史等官,称之为"散馆"。庶吉士的升迁比一般进士快,《明史·选举志》记"非进士不入翰林,非翰林不入内阁,南、北礼部尚书、侍郎及吏部右侍郎,非翰林不任。而庶吉士始进之时,已群目为储相"的局面。在明代的172名宰相中,由翰林出身的占了十分之九,明代"科举视前代为盛,翰林之盛则前代所绝无也"。[④] 内阁中总揽朝政大权的为首辅或首揆,其地位相当于过去的"一人之下,万人之上"的丞相,明代著名首辅杨廷和、毛纪、费宏、严嵩、徐阶、高拱、张居正、钱锡龙均翰林出身。二甲、三甲进士没有考入翰林院者一般授给事、御史、主事、中书、行人、评事、太常、国子博士以及府推官、知州、知县等。

由于三鼎甲可以直接授官,被称为"天上神仙",而二甲、三甲中被选为庶吉士的则被称为"半路修行"。利玛窦说:"在刚刚提到的那

---

① 颜广文:《明代观政进士制度考略》,《华南师范大学学报》(社科版)1992年第2期。

② 黄佐:《翰林记》卷4《文渊阁进学》。

③ 彭时:《彭文宪公笔记》。

④ 《明史》卷70《选举志》2。

次考试之后，全国共颁发了三百零八名博士学位。在这之后不久，还有另一次考试，用以选定皇家学院的成员。顺利通过此项考试的候选人随后就被安插在叫作翰林院的这个皇家学院之内。从参与考试的总数中只选定廿四名，而且和所有的学位考试一样，这廿四名必须精通中国文字的准确结构。成功通过此项考试的候选人，最后可能成为国家的最高官员；如果他们奉命担任一个政府职务，他们都是直接被委以最高职位，而不需要晋升。”①

明代社会崇尚科举的风气非常浓厚，明人陈于陛云：“古之选举专论行，今之进士专论文，似相背驰，然古以行举者，未必便保其终，如兹科目虽以文进，而进士一科，尤为世所崇重。”②一甲三人往往都能官至宰辅，“及国朝，我太祖高皇帝定制，进士第一甲例取三名，释褐日即授翰林修撰、编修等官，储之馆阁，以备台辅，其重无以加矣”。③ 嘉靖壬戌科（1562），一甲申时行、王锡爵、余有丁；万历丁未科（1607），一甲黄士俊、张瑞图、施凤来；万历丙辰科（1616），一甲钱士升，林钎、贺逢圣等三科的鼎甲都成为宰相。不仅一甲进士如此，其他进士也能在官僚体系中发挥重要的作用。据《万历野获编》载：“惟戊辰一榜，则赵少师（志皋）、张少师（位）、沈少师（一贯）、朱少保（赓）、陈宫保（于陛）、王宗伯东阁（家屏）、于宗伯东阁（慎行），先后宰相七人，真是极盛。若尚书则十八人，亚卿、中丞、三品京堂则五十二人，而七相中五人一品，二人赠一品，尚书中四人一品，二人赠一品，凡系玉者十三人，此制科以来，未有之盛也。”④

明代共举行 88 科会试，有 89 榜进士，共计取中进士 24 586 名。进士成为明代高级官僚体系中的主体，“洪武三年取畿内诸贡士。寻

---

① ［意］利马窦、［比］金尼阁著，王遵仲译：《利玛窦中国札记》第 5 卷第 3 章，中华书局，1983 年版，第 489～490 页。

② 陈于陛：《意见·科目》。

③ 陆楫：《蒹葭堂杂著摘抄》。

④ 沈德符：《万历野获编》卷 16《科目·戊辰公卿之盛》。

未及会试而官之。明年始复试,得进士吴伯宗等。以为诸儒生多未脱占毕,无益天下大计,罢之。又十三年,而始更布条式,载在甲令。二百年来,公卿大夫之业皆出于此,易代之际灼然名臣至孤卿者,当有杨士奇之担簦,刘中敷、杨善之版筑,夏原吉、郭进、胡俨、吴中、吕震之应乡书,而其后遂寥寥矣。"①不少地方甚至要求朝廷任命进士出身者担任虽然级别虽然不高但责任重大的官职。隆庆六年(1572)六月,贵州巡抚蔡文上奏:"贵阳、思南、普安颇属繁剧,安顺贼患初平,政务猬兴,其推官、知州决非甲科不可。"②不少进士出身者常常为自己居官不高而感到羞愧,高拱说:"某子以辛丑进士出知某州知州,虽大夫然守令也。有城隍之寄,有临辖之司,有簿书勾稽之扰,有揖拜迎送之劳。而自科甲出也,时论恒屈之。以故进士之为是官,每有不怿然者。"③通过殿试获得了进士头衔者,即使不做官也在社会上有很高的地位,进士的地位远远高于举人,明人高拱在《议处科目人才以兴治道疏》中云:进士由于"众向之,甚至以罪为功",若是举人,则会"以功为罪"。④

## 六　武举

明代武举是由兵部主持,考生来源主要是各地精通武艺者和武臣子弟,考试内容主要包括试弓马和试策,旨在试其谋略艺能,列其等第而推用之。早在吴元年(1367)朱元璋就设立武科取士,但在实施过程中仅有文举一项,而武科并未与之同时开科。其实按照朱元璋的设想,人才必须文武兼备,也就无所谓文举和武举之分,他认为:"科选取士,务得全材,但恐开设之初,骑射书算未能遍习,除今科免

---

①　王世贞:《弇山续稿》卷49《科举考序》。
②　《明神宗实录》卷2,"隆庆六年六月乙亥"。
③　高拱:《高文襄公文集》卷2《同年任知州序》。
④　高拱:《掌铨题稿》卷5《议处科目人才以兴治道疏》。

试外，候二年之后，须要兼全方许中选。”[①]洪武二十年（1387），礼部奏请设立武学，以武举取士，但没有得到明太祖的批准，设武科取士依然没有得到实施。宣宗宣德四年（1429），山东监察御史包德怀上疏，请求开武举选拔武臣子弟，但因遭到了礼部尚书胡濙的反对而未能实行。至英宗天顺八年（1464）十月，“立武举法。凡天下贡举谙熟武艺之人，兵部会同京营总兵官，于帅府内考其策略，于教场内试其弓马。有能答策二道、骑中四箭以上、步中二箭以上者，官自本职量加署职二级，旗军、舍余授以试所镇抚，民人授以卫经历，月支米三石；能答策二道、骑中二箭以上、步中一箭以上者，官自本职量加署职一级。旗军、舍余授以冠带总旗，民人授以卫知事，月支米二石。俱送京营总兵官处赞画方略，量用把总、管队，以听调遣。后果能运筹奋勇克敌见功，仍听各该领军总兵等官核实，请命升擢。听太仆寺少卿李侃言，兵部折中覆奏，以为取士之法也。”[②]明代武举制度开始实行。

明宪宗成化十四年（1478），擅权的太监汪直“上疏请武举设科，亦用乡试、会试、殿试，悉如进士恩例”。对于汪直的提议，兵部尚书余肃敏请朝廷大臣集中讨论，“众知不可，然不敢逆直，遂条上大略。选武臣嫡子就儒学读书习射”，九月举行乡试，三月会试，考试分三场进行，初场试射，二场试论，三场试策。四月初一殿试，赐武举及第出身，“恩荣次第，刻录立碑，一如进士制”。[③] 这一讨论结果，最后并未付诸实施，“时万文康当国，心知其非，恐沮之且得祸，须有术以缓之，乃密奏上内批出，武举重事未易即行，宜令兵部移文天下，教养数年，俟有成效，巡按提学具奏起送，事方得止。文康生平以阿媚取宠，独此事调停最妥”。[④] 尽管这一奏疏没有得到批准，但其仿照文举制定

---

① 王世贞：《弇山堂别集》卷81《科试考》1。
② 《明宪宗实录》卷10，“天顺八年十月甲辰”。
③④ 沈德符：《万历野获编·补遗》卷3《请武举殿试》。

武举制度的思路成为明清时期武举制度发展的基本方向。可以说,至成化年间,制度化的武举还没有正式开设。

明代武举的正式设立是在孝宗时期,弘治六年(1493)明廷定武举考试为6年一次,考试内容沿用天顺八年的做法,但随后又"令先策略、后弓马。如策不佳,即不许骑射,或答策虽佳,不能骑射者,亦黜"。[1] 这样提高了策略在考试中的地位,将是否通晓兵法作为考察考生的首要内容。

至弘治十七年(1504),明廷规定武举为3年一试,一日答策,次日射箭,"中式者照例拟升,仍将中试姓名仿文举事例,出榜赐宴,俱送团营听用,愿回原籍者,许抚、按官推选军政"。[2] 尽管此时武举的地位明显得到提升,但其制度仍不及文举完备。

武宗正德三年(1508)正月,兵部制定武举条格。武乡试在文举乡试之年举行,"参酌文举会、殿二试例,每遇文举乡试之年,预行两京、十三省有能究极韬略、精通武艺、堪用武举者,具报所在官司,军卫送都司,有司送布政司,从抚、按同三司考试,无三司者从抚、按考试。两京亦送巡按考试,俱送兵部"。[3] 武举会试在文举乡试的次年四月举行,考试分三场进行,初九日为初场,试骑射,每人射9箭,中3箭以上者为合格;十二日为二场,试步射,每人射9箭,中1箭以上者为合格;十五日为三场,试策2道,论1道,在贡院进行。策、论考试程序与文举大致相同。"先期请命翰林院官二员为考试官,给事中并部属官四员为同考试官,监察御史二员为监试官,陛辞入院。试卷皆弥封、誊录、编号,上书马步中箭若干,送入内帘看详,分配等第。"[4] 武举会试之后,刊刻《武举录》进呈,并在兵部门外张榜,中式者有直接授官。

正德十三年(1518)九月,兵部尚书王琼再上武举条格,规定武举

---

①② (万历)《明会典》卷135《兵部十八・武举》。
③④ 《明武宗实录》卷34,"正德三年春正月庚申"。

乡试在文乡试后的十月举行，并且确定各省武举的录取名额，“武举天下军职，两京武学并诸卫所各起送五十名，南北直隶卫所各三十名，留守司、大宁都司各十名，辽东、万全二都司、山西行都司各视直隶卫所，陕西都司视两京武学，陕西行都司、山西、山东、河南、江浙、两广、川、湖、云南都司视陕西都司各杀三之一。福建、贵州各半之，川、湖、闽三行都司各视大宁都司。总小旗、舍人、舍余、军余、两京武学各卫所各起送二十名，南北直隶卫所、辽东万全都司、山西行都司各半之，大宁都司、留守司及十二都司、四行都司各杀四之三。民人南北直隶各二十名，每布政司各半之。以上起送之数虽有定额，若不及额者不拘，惟不得逾额”。会试于乡试次年四月举行，初九为初场，试马上箭；十二为二场，试试步下箭；十五为三场，试策一道。同时，规定了武举会试的考官选聘规定，“内阁大学士、兵部尚书为考验官，提督各营官、兵部左右侍郎、锦衣卫官二人、给事中二人为同考验官，监察御史二人为监试官”。①

嘉靖元年(1552)七月，议准武举定制。《明史》载：“各省应武举者，巡按御史于十月考试，两京武学于兵部选取，俱送兵部。次年四月会试，翰林二员为考试官，给事中、部曹四员为同考。乡、会试场期俱于月之初九、十二、十五日。”②同时，提高了应试考生的武艺要求，骑射必须中 4 箭以上，步射必须中 2 箭以上才算合格。武会试中式者，不再分等第，概升署二级。嘉靖十七年(1538)又改武乡试为九月，成为永制。十九年(1540)罢武科乡试，次年恢复。二十二年(1543)议准武举开设，务求真才，取人不必拘录取名额的限制。并依照文举会试南北卷的做法，将武举分“边方”和“腹里”定额录取，以蓟镇、昌平、辽东、万全、宣府、大同、山西、陕西、延绥、甘肃、宁夏、云南、贵州为边方，以两京、京卫、南直隶，浙江、江西、福建、山东、河南、湖

① 《明武宗实录》卷 166，“正德十三年九月癸丑”。
② 《明史》卷 70《选举志》2。

广、广东、广西、四川、河间、顺德、大名、广平、真定、保定为腹里。如每科 50 名,则“边方”取 30 名,“腹里”取 20 名。二十六年(1547)又规定原为腹里的武举中式者,愿意赴边疆杀贼的,可以不受分卷名额限制,即“武举中式人员,其在腹里,若有才堪边用、愿立边功者,起送兵部,再行考验,革去赞画名色,分送九边总兵参将,委领管军杀贼”。① 三十二年(1553),兵部规定,依照文举会试的做法,“应试官生曾经三次乡试中式者,查照文举会试事例,不拘官舍军民,免其再试。各省从本布政司,两直隶从本府申呈,抚按衙门给批赴京会试。若非三科以上者,军卫、有司不许朦胧起送,永为定规”。②

穆宗隆庆二年(1568),明廷议准,武举中式仍分腹里和边方定额录取,“边方有缺,即先推边方第一人;腹里有缺,即先推腹里第一人,各挨次推用”。③ 四年,明廷议准了武生的标准:“凡天下军民人等,力胜五百斤或四百斤、三百斤以上,及武艺超众者,府、州、县呈送抚、按,严加考校。如果艺勇不凡,量给衣巾,充为武生。开科年分,除精通策论者,听随武举入场,其余候场事毕日,抚按复行验中,行该府给文到部。会试之年,照例于武举场毕,将各送到选中之人,公同监试御史,通行考验,不中者发回肄业;中者,为首一人,量给冠带,随宜委用,余俱分发蓟镇;其力举五百斤者,留京为教师,食粮练军。三年有成效,量升职级。”④

神宗万历三十八年(1610),明廷确定会试定额,为 100 名。之后,曾经有因特殊情况增加 30 名,但并非定例。有大臣提出武举应该以武艺为重,万历末年,有大臣议设将材武科,初场试马步箭及枪、刀、剑、戟、拳搏、击刺等法;二场试营阵、地雷、火药、战车等项;三场各就其兵法、天文、地理所熟知者言之。然而,这一建议并未得到执行。

---

①③④　(万历)《明会典》卷 135《兵部》18。

②　王圻:《续文献通考》卷 47《选举考 · 武举》。

崇祯四年(1631),武科会试时,应试的举人中能使用重100斤大刀的只有王来聘和徐彦琦二人,而徐彦琦名落孙山了。“武会试发榜,论者大哗。帝命中允方逢年、倪元璐再试,取翁英等百二十人。逢年、元璐以时方需才,奏请殿试传胪,悉如文例。”[①]崇祯四年,兵部准奏:“拟以墨卷二十卷进呈,候皇上亲定名次,即常朝日,兵部堂上官引见,传胪自一名至五名俱唱名外,其余随班行礼。首名赏战袍、鸾带、铜盔、皂靴等物,余各赏钞有差。”[②]这是科举史上第一次武举殿试,此后武举有武乡试、武会试和武殿试三级,并未清代沿用。

明代武举自天顺八年(1464)开科以来,考试一直分技勇和策论两个部分。正德三年(1508)的武举条格规定,策论水平在决定考生成绩时更为重要,“其答策洞识韬略,作论精通义理,参以弓马俱优者列为上等;策论颇优,而弓马稍次者列为中等之前;弓马颇优,而策论粗知兵法、直说事状、文藻不及者列于中等之后。其或策论虽优,而弓马不及;或弓马偏长而策论不通,俱黜之,以俟后举”。[③] 至明末,武举在确定考生等第时,技勇得到明显的提升。崇祯四年(1631),四川道御史路振飞上奏:“国家设立文、武两科,诚并重也,则较阅武闱,必韬略、骑射事事精绝,方云入彀。而榜放后,又当因能量地授之以官。若有才技超越,可以内御士众,外料战形者,不妨特授专阃之寄。如此则举用得宜,群心悦服。恩由上出,图报必深。其于安内攘外之计,未必无裨也。近见枢部谓武重才勇,不重文义。试法亦重在马步二场,不在三场,则大失设科之意。”[④]在路振飞看来,如果武举重技勇而轻文义,就失去了设立武举选拔武将的目的了,他说:“盖武科之设,选将也,非选兵也。材勇者,兵之能;韬略者,将之事。而近来马

① 《明史》卷70《选举志》2。
② 《明实录附录·崇祯长编》卷49,“崇祯四年辛未八月丁巳”。
③ 《明武宗实录》卷34,“正德三年春正月庚申”。
④ 《明实录附录·崇祯长编》卷49,“崇祯四年辛未八月甲子”。

步二场,买箭顶名冒替,习为固然。监箭各官又多嘱托而上下其手。若并三场不论,则手不能挽弓者皆得滥竽。恐今日持是以取士大典,为之不光,而异日将无纶巾羽扇轻裘缓带之彦矣。”①对于这一建议,崇祯皇帝并没有接受,他认为武举应该以技勇为重,他说:“武试以技勇为先,果有方略,即字句粗率,亟宜收录。如有营求等弊,即当指实参处 。”②尽管技勇在武举中受到重视,但是考生的技勇标准是逐渐下降的,崇祯七年(1634)会试第二场遇到大风,考生步箭大多数没有射中,为了保证三场的入场人数,监考官允许射中一箭的考生亦能参加考试,技勇实际并没有受到重视。杨士聪甚至说:“假使上亲至武场,见所为马箭者,未有不哂其儿戏者也。甚乃移之文试,使人控马而驰,相去尺许,插箭于上,此必敌人相遇,皆木偶泥塑而后可也,将焉用之!”③

由于不少人认为武举应该选拔将才,而不是选拔武士,因此对明廷武举重视技勇的做法非常不满,甚至有人拒绝参加考试。据杨士聪记,崇祯四年(1631)武举考试增加刀、石两项技勇考试,“刀三等,自一百二十斤至八十斤;石三等,自五百斤至二百五十斤”。开考时,有位武举人上前问主考官:“请问今日选将才乎?选家丁乎?”主考官当即回答是选将才。这位考生对曰:“既选将才,须存将体,须识将略,为将者全在机警,胜负所争在毫芒疑似之间。即《武经七书》犹患其为陈言,但以科目久沿,不得不应此常套。至于骑射虽武人所有事,然亦特武人之余事。聊复试之,窥见其一斑耳!若在临阵之时全不恃此,况复增此刀石,无论力有强弱,未必能胜。即真能举石五百斤,舞刀一百二十斤,有力则诚有力矣,一旦遇敌,安所用之?以为战将且不可,况大将耶?以将才选而与选家丁者不异,此武举之所不能应也。”④这位考生因此愤然离开考场。

实际上,明代有人不止重策略轻武艺,而且从根本上就反对设立

①② 《明实录附录·崇祯长编》卷49,“崇祯四年辛未八月甲子”。
③④ 杨士聪:《玉堂荟记》卷下。

武科取士，认为武举“非祖宗之旧制”，设立武科只是为不愿意读书者提供了另一条出路，完全违背了“开科之初意”，《玉堂荟记》云：“至成化年间，承平既久，乃仿文试而为之，历试骑射，加以策论，以为读书不成去而学剑者地。乡试积累，约至三科，会试既捷，亦止分授赞画，不得实职。其有力者，或得建大将旗鼓；其无能为者，淹滞终身而止，似捍御所资，殊不在乎此也。若是乎已收而姑置之，盖以科目庠序所不能收者，聊复开此，使不逞之徒有所阶以自进。即不然，亦足以耗其雄心，而不至于为患。此弭乱之微权，非抡才之盛典也。今无故而尊之，与文试等，无论非祖宗之旧制，亦岂开科之初意哉！”①一般认为决战疆场不但需要武艺高强的勇士，更需要有运筹帷幄的高超策略，特别是武举所选拔的将帅之材更要具备文韬武略的素质。明人董份说：“明兴，设武进士之科，试步骑射革，而复命儒臣策之，取其文辞以进……欲坐筹当大将之任，秉麾授令，策全而制百胜者，非有文者不能。欲秉忠义大节，内持国家之重而外系安危，履庙堂之上，不战而坐胜者，则非深于文武而有得于道者，尤不能也。使专以步骑射革，则如斯人者何从见之。”②王夫之认为“文章吏治”之才，需要循序渐进式的培养，在学习中养成其素养，培养其品德；而“若武夫，则用其朝气而不用其暮气者也。以次而举之，果有能者，必不耐其迁迟；其能耐者，必其大不堪者也”。正因为如此，王夫之认为武将根本不需要由武举来选拔，只需要在军队中进行选拔，然后在战守的军事实践中检验就可以了，他说：“勿为之科，而于大操大阅之日募草泽之有智略勇敢者，督抚试而特举之，部核之而授之以试职，即使之从大帅军中以待命于边，或为突骑，或为队哨之长，或分城堡之守，或效幄幕之用，实委之以战守之事。其失也，不过亡一人。其得也，遂可以拔非常之士，而黠慄者不敢以身尝试。则岁一举之而已足，何事于科场

① 杨士聪：《玉堂荟记》卷下。
② 董份：《泌园集》卷17《赠柱国大都督东湖陆公序》。

之琐琐,决取舍于数矢之中否,数行之通塞哉!"①

事实正是如此,明代武举所选拔的人才也是凤毛麟角,著名的仅有戚继光、吴三桂二人。正如明人丘濬所言,与文举无法选出真正的从政人才一样,武举也无法选拔出将才,他说:"开武举以试将才,亦犹设文科以取儒士也。科目以试士,得其文而未必得其行。然因言以求其心,究其学识,亦可仿佛其一二焉。武科之于将才,何莫不然。"②尽管明代武举地位不高,影响也相当有限,但一直得以延续,并为清代所沿用。

## 第三节 "科举,天下之公":明后期科举

虽然中国自古以来就是一个讲究等级的国度,但另一方面也是一个注重以考试来进行公平竞争的社会,考试在人们的社会生活中占有十分重要的地位。考试的基本原则是公平、公正,从隋唐至明清的科举时代,许多人将科举视为一种"至公"的制度。明清时期,各省贡院的中心位置都有一座名为"至公堂"的建筑,它将"至公"理念具体化,也是考试公平精神的象征。明代科举的至公主要是通过八股文和贡院规制来实现的,而这二者的成型和在考试中真正发挥作用是在明代中期以后。

### 一 八股文:入仕的"敲门砖"

自明代中期起,八股文成为科举考试专用文体。八股文又称制艺、时艺、时文、八比文,因其题目来源于《四书》《五经》,又分别被称为《四书》文和《五经》文。八股文是一种排偶文体,顾炎武在《日知

① 王夫之:《噩梦》。
② 丘濬:《大学衍义补》卷130。

录》中称:“经义之文,流俗谓之八股,盖始于成化以后。股者,对偶之名也。”[①]八股文自明代中期形成以后,一直为明清两代科举考试所沿用。明人田艺衡《留青日札摘抄》卷四记:“又如《锦囊集》一书,今所罕睹……率以厚赂购至。抄录七篇,偶凑便可命中,子孙秘藏,以为世宝。其未得第也,则名之曰‘撞太岁’;其既得第也,则号之曰‘敲门砖’。”通过读《锦囊集》上的八股文考中者,称其为“敲门砖”,故而八股文也被视为入仕的敲门砖。

明初乡试为三场,“初场试经义二道,《四书》义一道;二场,论一道;三场,策一道。中式后十日,复以骑、射、书、算、律五事试之”。[②]洪武十七年(1384)明廷所定科举程式规定:乡试八月初九日为第一场,试《四书》义三道,每道200字以上;经义四道,每道300字以上。如果不能完成者,允许各减一道。对于科举用书,明廷规定:“《四书》义主朱子《集注》。经义,《易》主程、朱《传》义,《书》主蔡氏《传》及古注疏,《诗》主朱子《集传》,《春秋》主左氏、公羊、谷梁、胡氏、张洽《传》,《礼记》主古注疏(后《四书》《五经》主《大全》)。”十二日为第二场,“试论一道,三百字以上;判语五条,诏、诰、章表内科一道”。十五日为第三场,“试经、史、时务策五道,未能者许减其二,俱三百字以上”。[③] 会试的考试内容与乡试一致。其中首场的经义、《四书》文,都以八股文形式作答,是决定录取与否的关键。

1. 八股文的源流

八股文的渊源可追溯到唐代的试帖诗和宋代的经义。唐代进士科考试的五言八韵试帖诗的结构与八股文有类似之处,它主要包括首联、次联、颔比、颈比、腹比和后比几个部分,讲究对仗工整。八股文的真正源头是北宋王安石改革科举时所出现的经义程文,王士禛

---

① 顾炎武:《日知录集释》卷16《科举·试文格式》。
② 《明史》卷70《选举志》2。
③ (万历)《明会典》卷77《科举·科举通例》。

甚至说:“八股制艺始于宋王安石。”①王安石在《上仁宗皇帝言事书》提出改革科举取士制度的建议时,罢去“声病偶对之文,使学者得专意经术”。在考试文体方面作出了专门的规定,经义程文每篇不能超过500字,将中书门下制定经义程文的格式——“大义格”颁行天下,王安石还亲自撰写一些经义文章,作为应试的标准范文。《古今图书集成·文学典》中收录王安石的“经义式”程文《里仁为美》《五十以学易》《参也鲁》《浴乎沂》《非礼之礼、非义之义,大人弗为》《可以与、不可以与,与伤惠;可以死、可以无死,死伤死》6篇。其中《里仁为美》最为典型,它没有严格的格律要求,亦无篇幅字数的限制,可以围绕《论语·里仁》之意自由展开。但这篇古文也大量采用对偶句式,如“化之之故”与“害之之故”,“耳之所闻”与“目之所睹”,“夷之里”与“惠之里”两两相对,与八股文的句式十分类似。此外,《里仁为美》题目出自《四书》《五经》,并且根据经书的内涵展开议论。邓嗣禹认为,王安石命中书撰大义式颁行,使天下主于疏解理趣,不为章句之陋,此可视为八股文之先声。②

实际上,不只是王安石的经义程文与八股文关系密切。民国教育史家陈东原认为:“宋代的制艺都与八股文很相似。”③如作八股文的股法有轻叙、有重发、有照应、有宾主、有反复、有疑问、有流水、有推说、有锁上、有起下、有转换、有操纵、有一层上一层等等,而古文也有类似的方法。南宋后期,经义科考试所用的文章也出现了论头、破题、承题、小讲、缴结等等。宋代著名的文学家杨万里、汪立信等人所作的经义程文已经有四、六、八股的形式了。因此古人在谈论八股文源流时,对王安石的着墨不多,而是着眼于古文与八股文的关系。明

① 王士禛:《池北偶谈》卷3《八股》。

② 邓嗣禹:《中国考试制度史》,国民政府考选委员会1936年4月印行,第316页。另外,朱瑞熙在《宋元时文——八股文的雏形》,《历史研究》1990年第3期,对宋元时文与八股文的关系有详细的论述。

③ 陈东原:《中国教育史》,(台湾)商务印书馆,1982年版,第338页。

人艾南英说："制举业之道，与古文常相表里。故学者之患，患不能以古文为时文。"[①]清人阮元也说："明人号唐宋八家为古文者，为其别于《四书》文也，为其别于骈偶文也。然《四书》之文体，皆以比偶成文（《明史·选举志》曰：'四子书命题，代古人语气，体用排偶，谓之八股。'），不比不行。是明人终日在偶中而不自觉也。且洪武、永乐时，《四书》文甚短，两比四句，即宋四六之流派。宏治、正德以后，气机始畅，篇幅始长，笔近八家，便于摹取。"[②]明人甚至将学习古文作为作八股文的必修课，嘉靖朝进士茅坤的《唐宋八大家文钞》虽然不是为学八股文而选编的，但由于学习此书既能精通古文，又能运用于作八股文，故而成为"家学而户诵"的必备书目了。明清时期很多人都认为学会古文是写作八股文的前提条件。

以清人毛奇龄为代表，认为八股文源自元代的经义。元代科举将考试内容限定在《四书》《五经》和程朱集注的范围内，而且将文章的字数限制在 300 到 500 字之内，在内容和字数方面已与明清的八股文没有太大的差异了。毛奇龄说："自元仁宗朝，实创为八比之法，改去帖括。首以《四书》文取士，更名书义。而别立体制曰破题，曰接题，曰小讲，曰官题，曰中比、后比，曰原经，曰结尾。而于是书契以来，遂有八比一法在人世间焉。然且主者命题，多下小籤，相传延祐解士，题用'子曰'二字。其首解破题袭韩愈文'匹夫而为百世师，一言而为天下法'以为能事。其在明初，载之元文《矜式》间，曩时老成人能道之也。乃选家无学，称八比文为制艺。夫制科取士，皆天子亲试于庭，八比试有司，并非制也。又以为八比始于宋，伪造为王荆公、曾子固、苏子瞻、子由诸文以诬惑斯世。夫八比《矜式》，元实始之，宋时书义尚未行，焉所得八比而预用之也？人日循墙而不知为序，久

---

① 艾南英：《天慵子全集》3《金正希稿序》。
② 阮元：《揅经室三集》卷 2《书梁昭明太子文选序后》。

矣。”[①]因此,晚清经学大师皮锡瑞说:“明用时文,沿元人经疑之式,名为新义,实袭旧文。”[②]

民国学者刘师培则认为八股文源自元代曲剧,他说:“元人以曲剧为进身之媒,犹唐人以传奇小说为科举之媒也。明人袭宋元八比之体,用以取士,律以曲剧,虽有有韵、无韵之分,然实曲剧之变体也。如破题小讲,犹曲剧之有引子也;提比、中比、后比犹曲剧之有套数也。领题、出题段落,犹曲剧之有宾白也。而描摹口角,以偪肖为能,尤与曲剧相符……故曲剧者又八比之先导也。”[③]

明太祖立国之后,订立科举成式之时,以八股文为考试文体。后人在评价朱元璋创设八股取士目的时,多认为是要牢笼士人,清人冯桂芬云:“明祖以枭雄阴鸷猜忌驭天下,惧天下瑰伟绝特之士起而与为难,以为经义诗赋皆将借径于读书稽古,不啻传虎以翼,终且不可制。求一途可以禁锢生人之心思材力,不能复为读书稽古有用之学者,莫善于时文,故毅然用之。”[④]《明史》载:“科目者,沿唐、宋之旧,而稍变其试士之法,专取四子书及《易》《书》《诗》《春秋》《礼记》五经命题试士。盖太祖与刘基所定。其文略仿宋经义,然代古人语气为之,体用排偶,谓之八股,通谓之制义。”[⑤]由于刘基死于洪武八年(1375),而此时恰逢科举停罢,因此八股文不可能在这时立即成型。明洪武年间所定的考试文字程式,应该并不一定只是指八股程式,洪武二十四年(1391)所定“文字格式”也仅仅规定“凡作《四书》经义,破承之下,便入大讲,不许重写官题”。戴名世认为八股文的定式形成

---

① 毛奇龄:《西河文集·序》卷34《先正小题选序》。

② 皮锡瑞:《皮锡瑞集》,《经学历史·经学统一时代》,岳麓书社,2012年版,第1181页。

③ 刘师培:《刘师培全集》第二册《论文杂记》,中央党校出版社,1997年影印版,第91页。

④ 冯桂芬:《校邠庐抗议·变科举议》,上海书店出版社,2002年版,第37页。

⑤ 《明史》卷70《选举志》2。

于成化以后，他说："经义之文，自天顺以前，作者第敷衍传注，或整或散，初无定式。而成化以后，始有八股之号。嗣是以来，文日益盛。而至于隆庆及万历之初，其法益巧以密。"①顾炎武也持这一观点，认为八股文格式的形成是在成化二十三年(1475)，他说：

> 经义之文，流俗谓之八股，盖始于成化以后。股者，对偶之名也。天顺以前经义之文，不过敷演传注，或对或散，初无定式，其单句题亦甚少。成化二十三年会试"乐天者保天下"，文起讲先提三句，即讲乐天四股，中间过接四句，复讲保天下四股，复收四句，再作大结。弘治九年会试"责难于君谓之恭"，文起讲先提三句，即讲责难于君四股，中间过接二句，复讲谓之恭四股，复收二句，再作大结。每四股之中，一反一正，一虚一实，一浅一深(亦有联属二句、四句为对，排比十数对成篇，而不止八股者)。其两扇立格(谓题本两对，文亦两大对)，则每扇之中各有四股，其次第之法，亦复如之。故今人相传，谓之八股。②

在顾炎武所列举科举程文在结构上已包含八股文的所有要素，是典型的八股文格式。但是陈东原以成化十一年(1475)进士谢迁的一篇八股文来证明八股文定型早于成化二十三年(1487)。他认为："在顾炎武所谓成化二十三之前十二年，弘治九年之前二十一年，而已具八股的形式，故若谓成化二十三年方有八股，亦非定论。大概明代制艺，确较宋代格式严紧。成化以后，束缚得格外厉害罢了。"③明代中后期，乡、会试应试规程中多次强调必须严格按照八股作文，嘉靖十七年(1538)规定："会试校文，务要醇正典雅，明白通畅，合于程

---

① 戴名世：《戴名世集》卷4《丁丑书房序》。
② 顾炎武：《日知录》卷16《试文格式》。
③ 陈东原：《中国教育史》，(台湾)商务印书馆，1982年版，第337页。

式者,方许取中。”①尽管陈东原认为文体的变化大多是渐进的,将某一文体形成定制的时间确定在某一时间点上是不够科学的,八股文也是如此,但同时又认定严格的八股文格式是成化年间以后形成的。

对于八股文的起源,有学者认为:“科举八股文是适应科举考试的需要而产生,随着科举考试的发展而发展,作为一种成熟的考试文体,它的生成都不是一蹴而就的,是一个长期积累演变的过程。其最初的源头当追溯到宋代的经义文。从最初的试经文‘大义’发展而及‘三经新义’,到宋季元代的经义文,直至明代成化八股文的成熟定型,经历了萌芽、成长、完备、定型的过程。可见,它的形成并非由某人或某几个人或某个权威在某一特定的时间里制定的。它是在历史的过程中,伴随着科举考试的发展,由众多的人参与不断修补完善的结果。”②

对于八股文这种文体,明代有人认为是古文的正统,梁章钜的《制义丛话》中引用明人王耘渠评黄淳耀的话:“世之诟病时文者,谓其气体之非古耳。若得左、马之笔,发孔、孟之理,岂不所托尤尊,而其传当更远乎?愚故谓有明制义,实直接《史》《汉》以来文章之正统也。得先生文悬之为鹄,其亦可以无疑也夫。”③至正德、嘉靖年间,一些人在不改变八股文的体式及代圣贤立言的根本原则之下,引入古文写作技巧,拓宽了八股文的内容,在一定程度上改变思想陈旧僵化,语言重复的弊端,使得八股文盛极一时,名家辈出,有唐顺之、归有光、许孚远、瞿景淳、季本、罗洪先等人。至万历、天启年间,八股文开始走向内容空疏、追求奇矫的形式,完全脱离了现实。满族贵族入主中原之后,承袭明制,沿用八股取士,直至光绪二十七年(1901)七

① (万历)《明会典》卷77《科举·科举通例》。

② 高明杨:《文体学视野下的科举八股文研究》,云南人民出版社,2012年版,第34页。

③ 梁章钜:《制义丛话》卷7。

月二十六日，清廷才选拔科举考试停用八股文，八股文在中国科举史上沿用了500余年。

2. 八股文结构

八股文有固定的格式和不少烦琐而苛刻的要求，形成了自身的特点。金克木说："八股有特色。一是命题作文。二是对上说话。三是全部代言。四是体式固定。就体式说，又可有四句。一语破的。二水分流。起承转合。抑扬顿挫。这四句中：一是断案。二是阴阳对偶。三是结构，也是程序。四是腔调，或说节奏，亦即文'气'。《四书》八股，'一以贯之'，从秦至清，'其揆一也'。"①典型的八股文每篇由破题、承题、起讲、入手、起股、中股、后股、束股八部分组成。下面结合商衍鎏先生的《清代科举考试述录》简述八股文的结构：

开头是破题，用二句单行文字点明题义，类似于我们今天常说的点出文章的"主题"。在《红楼梦》的第八十四回中，贾政在议论贾宝玉的破题时，认为试题为"吾十有五而志于学"，破题就应作"圣人有志于学，十五而已然矣"。

破题的基础是"认题"，即理解题意，明人茅坤在《论文四则》中说："一曰认题。题中精神血脉处，学者须先认得明白，了了印之心中，方可下笔。然后句句字字，洞中骨理。"②破题方法非常多，都用两句单行。破题有明破、暗破、顺破、逆破、正破、反破、分破、对破之分。"长题之破贵简括，搭题之破贵浑融，大题之破贵冠冕，小题之破贵灵巧。"③破题时涉及圣贤必须用代字，不能直呼其姓名，如尧舜则称帝，孔子则称圣人。破题的好坏往往是决定能否录取的关键，因为阅卷官和主考官要评阅成千上万的试卷，不可仔细看完全部文章的

---

① 金克木：《金克木集》(第五卷)《八股新论》，生活·读书·新知三联书店，2011年版，第246页。

② 茅坤：《论文四则》，载《分课小题续编》，乾隆五十年令德堂刊本。

③ 商衍鎏：《清代科举考试述录》，生活·读书·新知三联书店，1958年版，第232页。

全文,往往只是看破题是否得当。因此破题成为读书人学习八股文的重中之重了,明清士子都非常重视破题。据《冷庐杂识》记:高安朱轼九岁的时候,其父带他去拜访一个富豪,富豪见他有书生气,就问他是否读过书,朱轼说:"《五经》甫读毕,学作破题。"富豪正好在建房子,就以"锯木"为题,要求他破题。朱轼应声说:"送往迎来,其所厚者薄矣。"听到他如此迅速破题,非常吃惊,带他登楼眺望,要求他以"小子登楼"为题作文。朱轼又应声说:"大人入阁。"富豪认为朱轼未来一定大有出息,"令在家塾肄业,以女妻之"。[①] 许金桥年幼时,有人以行酒令"韭菜蜡烛"为题,要他破题,他随即回答说:"浅绿深红,夜雨同剪矣。"他巧妙地将杜甫的"夜雨剪春韭"、李商隐的"何当共剪西窗烛,却话巴山夜雨时"糅合在一起,使这个破题天衣无缝。[②]

接着是承题,进一步阐明破题的意旨,起到补充阐发主题的作用。在上引《红楼梦》中的例子中,承题是"夫人孰不学,而志于学者卒鲜。此圣人所为自信于十五时欤",贾政认为这一承题切中要害。承题要讲究技巧:正破则用反承,反破则用正承,顺破则用逆承,逆破则用顺承,不能破自破而承自承。与破题不能直呼圣人姓名不同,承题则无须避忌,可以直言之,尧舜直称尧舜,孔子直称孔子。与破题一样,承题只需要三句左右的文字,但十分重要,所以贾政在检查贾宝玉的"窗课"时,就只对文章的破题与承题进行了一番评论。

三是起讲,又称小讲、原起。必须紧扣程朱集注等内容,仿摹以古人语气,代圣贤立言。作者应当将自己当作圣贤的代言人,摹拟孔子、孟子或孔子的弟子等所谓圣贤的语气,在这一部分都用"意谓""若曰""以为""且夫""尝思"等词开头,称之为"入口气"。起讲或由正而反,或由反而正,用简洁明了的语句总括全题,笼罩全局。明朝八股文起讲比较简单,仅三四句;清代起讲比较长,约十句左右。破

---

① 陆以湉:《冷庐杂识》卷8《朱相国》。

② 小横香室主人:《清朝野史大观》卷11《破题》。

题、承题和起讲这三个部分合起来也被统称为“帽子”，目的是要说明题意。

四是入手，又称入题、领上、领题、落题、提笔，用三四句引入本题。有上文者领上以入题；无上文者只以领题叫题为入题；无上文而有下文者，则领题后仍要留下文余地；有上文兼有下文者，则领上入题点清本题界限，意仍留照下文；若全章或连章之题无上下文者，则用浑括领起以入题。

入手之后就是文章的主要部分了，包括起股、中股、后股和束股四个部分，这四个部分中各有两股，两股的文字繁简、声调缓急，都要对仗成文，合称八股，八股文的名称就是由此而来的。

五是起股，又称起比、提比、提股、前股、起二比等。用四、五句或七、八句排比文字开始发表议论，要提起全篇的气势。起股以后用一、二句或三、四句将全题点出，称为出题，出题之后是中股。

六是中股，又称中比、中二比，字数多少没有规定，可以比起股略长，也可以比起股短，它是全篇文字的重心，要充分展开议论，将题目的主旨说透。如果出题未将全题点出，中股之后仍应有出题将全题点出，如出题已将全题点出，则这里就不必再用出题了。

七是后股，又称后比、后二比、后二大比，句式长短不固定。一般是中股长则后股短，中股短则后股长。这一股要将中股所没有完全阐发出来意思说明白，是全篇文字中最重要的部分。清代曾一度把中、后股合一，叫作大股，使八股简为六股，这样评判文章优劣，主要看大股。

八是束股，又称束比，束二小比。用来阐发前六股所没有阐发完全的意思，呼应前文揭示全篇主旨。束股可以放在起股或中股之后，也可以省略。有下文者谓之落下，无下文者谓之收结。

明代八股文的结构由破题、承题、起讲、入手、起股、中股、后股、束股八个部分组成。明代的八股文篇末用大结，汉唐以下的事，都可借题立论,甚至议论当朝时事。顾炎武说:“篇末敷演圣人言毕,自摅所见,或数千字,或百余字,谓之大结。明初之制,可及本朝时事,以后功令益密,恐有藉以自炫者,但许言前代,不及本朝。至万历中,大结止三四句,于是国家之事,罔始罔终,在位之臣,畏首畏尾,其象已见于应举之文矣。”①考生往往在大结中暗藏关节,讽喻朝政。清康熙二十六年(1687)在八股文中禁止用大结。

八股和六股都是明清科举考试的正格,此外还有十股、十二股、十四股、十六股,甚至十八股等八股文的变体,但是这些变体中的破题、承题、起讲、落下、收结等仍应按八股文格式,不能改变。写作八股文有基本技巧,如换字、对偶、相题、磨勘和钓、渡、挽等。②

在八股文的行文技巧方面,商衍鎏先生云:“唐彪(号翼修)曰:‘制艺之法有六位,曰顶、曰面、曰心、曰背、曰足、曰影。’据此以言,起二比如人之顶与面,意在题前着笔,提起全篇之势,每比约四五句至七八句,要炼而紧,俾留中比后比之地位。中二比如人之心与背,当进一步搜剔题中反正神理之所在之处,笔要松灵,有略长于提比者,亦有短于提比者,亦有短于提比者,其大开大合,尽情发挥题义蕴,每比长至十余二十句者,则为变格。后二比如人之足与影,为题最后之位置,可向题旨立意实处,畅发无遗。因中比既以轻松出之,后比若不庄重踏实,不足以振起全篇之精神,文气舒长,每比多为十余二十句。倘中比已长,则后比短如普通之中比,亦变格也。束二小比,每比二三句或三四句,所以回应揭醒全篇而加以结束之意。后来八股之格多改为六股,则将二小比减去矣。”③

字数方面,八股文也有严格的规定,洪武三年(1370)规定《四书》

---

① 顾炎武:《日知录》卷16《试文格式》。

② 启功、金克木、张中行:《说八股》,中华书局,2000年版,第18～33页。

③ 商衍鎏:《清代科举考试述录》,生活·读书·新知三联书店,1958年版,第233～234页。

义限300字，《五经》义限500字；洪武十七年（1384）又规定《四书》义每道200字以上，《五经》义每道300字以上，都没有规定上限。清初，头场限550字，康熙二十年（1681）增加了100多字。乾隆之后，都限制在700字以内。

由于八股文是“命题作文”，文题在八股文格式中就占有相当重要的位置。明清时期八股文命题有小、大题之分，所谓小题就只以《四书》中的一个字至一句话命题的形式，如以《论语》中“子之所慎齐战疾”句中的“战”字为题就是一字题。再如以《论语》中的“子曰：我非生而知之者，好古敏以求之者也”一句话为题目的，也是小题。而大题就是用经书中的几句话或一两章、一节、数节、数句等所命的题，就是大题。如以“子曰：学而时习之，不亦说乎？有朋自远方来，不亦乐乎？人不知而不愠，不亦君子乎？”为题，就是取自《论语》一章的大题。小题一般用于童试，限从《四书》中出题，小题内容很不整齐，大多纤佻琐碎。大题用于乡、会试，从《四书》《五经》中出题，题义一般完整明白。戴名世对大题、小题作法的评价是：“制义之有大题、小题也，自明之盛时已有之，而小题尤号为难工。盖小题也者，其势最为逼仄，而其法律更为谨严，往往有毫发之失而遂至于千里之隔者……今夫大题也者，其体崇，其势闳阔，固可以纵其驰骋，然而其法律之谨严，要无不与小题同，夫惟久而熟焉于小题，而大题已举之矣。吾闻有明先正之为制义也，小题时时不释手，虽临场屋，犹作小题数十篇。故先正大题文之工，由于小题文之工也。”①

有的考官甚至将完整的句子截头去尾地出题目，或将几句内容互不关联的话捏在一起出题，将本来不当连的地方连起来，不当断的地方断开，这种割裂经文所出题目叫截搭题，其中可细分为长搭、短搭、有情搭、无情搭、隔章搭几种。八股文文题的名称繁多，清人高塘

① 戴名世：《戴名世集》卷4《甲戌房书小题文序》。

在《论文集钞·题体类说》中将八股文分为48类：单句题、虚冒题、截上题、截下题、截上下题、结上题、过脉题、覆述题、关动题、口气题、记言题，记事题、叙事题、援引题、比兴题、攻辨题、问答题、虚揭题、叠句题、人名题、咏物题、枯窘题、俚俗题、游戏题、截搭题、上偏下全题、上全下偏题、上偏下偏中全题、长搭隔章搭题、连章题、二句滚作题、二句两截题、相因题、反揭题、长滚作题、长两截题、长割截题、两扇题、两扇分轻重题、三扇题、段落题、顺纲题、倒纲题、横担题、立纲发明题、浅深相应题、长章题、三折题。

八股文的题目都出自《四书》《五经》，这二者本是题量巨大的作文题库，随便摘出一段、一节、一句都可以作题目。但命题时间越长，考题重复的概率就越大，为防止考生互相蹈袭，考官只好挖空心思，出一些新奇的题目。据《典故纪闻》载，天顺年间，浙江温州府永嘉县教谕雍懋云："朝廷每三年开科取士，考官出题，多摘裂牵缀，举人作文亦少纯实典雅。比者浙江乡试，《春秋》摘一十六股配作一题，头绪太多，及所锓程文，乃太简略而不纯实。"①明人丘濬亦云："近年以来，典文者设心欲窘举子，以所不知，用显己能，其初场出经书题，往往深求隐僻，强截句读，破碎经文，于所不当连而连，不当断而断；遂使学者无所据依，施功于所不必施之地，顾其纲领体要处，反忽略焉。以此科场题目，数倍于前，学者竭精神，穷目力，有所不能给……而提学宪臣之小试，殆又有甚焉者也，其所至出题，尤为琐碎，用是经书题目愈多。"②清代科举的截搭题割裂更厉害，以致考生难以下笔。

明清时期八股文命题和作文也有从明白正大走向险僻偏难的过程，也体现了命题作文的内在演变趋势。不按常规命题虽然大大增加了命题的范围，扩充了题量，对防止考生猜题起了一定的作用，但

① 余继登：《典故纪闻》卷13。
② 丘濬：《大学衍义补》卷9。

偏题怪题层出不穷，增加了考生的学习负担，使考生穷于应付，并使八股文走向穷途末路。①

由于八股文有固定的格式，士人可以通过摹仿别人的文章来掌握写作八股文的基本技巧。于是，不少读书人争相学习科第高中者的八股文，正如张慎言："有成、弘先正之制义，至今可传。而近日名公大家，人人所脍炙而户诵者，既以取高第、博闻誉，然其文实如嚼蜡，讵可吠声而随众也哉。"②为满足士人的这需要，有人专门编辑前人的八股文作品。根据所收录八股文作者身份的不同，这种选本可分为四种，阮葵生的《茶余客话》云："坊刻时文，兴于隆、万间，房书始于李衷一。十八房之刻，自万历壬辰《钩玄录》始。旁有批点，自王房仲选程墨始。厥后坊刻乃有四种：曰程墨，则三场主司及士子之文；曰房稿，则十八房进士平日之作；曰行卷，则举人平日之作；曰社稿，则诸生会课之作。"③实际上，为后学者提供一定的作文范例是无可厚非的，但如果出现顾炎武所说的"天下之人惟知此物可以取科名、享富贵，此之谓学问，此之谓士人，而他书一切不观"④的话，程墨的作用就走向了反面了。

## 二　八股取士：文有定评

在明代，士人多认为八股文是不可易废的。如王龙溪认为："举业不出读书、作文两事。读书如饮食入胃，必能盈溢输贯。积而不化，谓之食痞。作文如写家书，句句道实事，自有条理。若替人写书，周罗浮泛，谓之沓舌。于此知所用心，即举业便是德业，非两事也。"⑤王龙溪为明代心学大师王守仁之高足，他从举业和作八股文

---

① 刘海峰：《科举考试的教育视角》，湖北教育出版社，1996年版，第279页。
② 张慎言：《泊水斋文钞诗钞》卷2《生机》。
③ 阮葵生：《茶余客话》卷16《坊刻时文》。
④ 顾炎武：《日知录》卷16《十八房》。
⑤ 钱谦益：《牧斋有学集》卷45《家塾论举业杂说》。

的角度出发,认为以八股文为主要考试文体的科举考试不会影响士人的道德修养,举业和道德修养是相辅相成的。

然而,至明末,明朝江山摇摇欲坠,故有人将其归罪于八股取士。崇祯末年,有人拟一仪状云:"谨具大明江山一座,崇祯夫妇二口,奉申贽敬。晚生文八股顿首拜。"①将八股文的危害提升到了贻误国家社稷的高度。这种批评之声在明末清初得到延续,顾炎武、黄宗羲等人严厉抨击八股文,呼吁废除八股文。至晚清,有识之士批评八股文毫无价值可言,指责其误国误民,罪大恶极,罄竹难书。

尽管如此,八股文从明代至清末,一直沿用了500余年之久。深究其原因,是因为八股文不但契合了统治者加强中央集权的需要,而且符合科举考试追求公正性的需求。八股文作为一种有效的测验文体,能较为充分地体现考试的客观公正的原则。

八股文的出现是考试文体向标准化方向发展的产物。与八股文相较,唐代进士科举的诗歌、宋代的经义与诗赋基本没有固定的格式,考生可以任意发挥,出现考生片面追求文字数量的弊端,真正高水平的文章极少。宋人洪迈等完在成当年的贡举考试工作后,上书指陈举子程文中的弊病时说:"至其程文,则或失之支离,或堕于怪僻。考之合式,赋限三百六十字,论限五百字。今经义、策论一道,有至三千言,赋散句之长者至十五六字,一篇计五六百言。寸晷之下,唯务贪多,累牍连篇,无由精好。"②试卷数量众多,而考官人数有限,如果文章没有基本的格式,考官很难在有限的时间将最优秀的试卷挑选出来。《宋史》载:"场屋士子日盛,卷轴如山。有司不能遍睹,迫于日限,去取不能皆当……举人文章不精,考官困于披阅。"③不仅如此,考官有时也凭个人的兴趣、爱好给考生定等第,这与考试要求的

---

① 吕留良:《伥伥集·真进士歌赠黄九烟》。
② 《宋会要辑稿·选举》5之10。
③ 《宋史》卷156《选举志》2。

客观公正原则不相适应。加之，对诗赋、策论的认识往往容易仁者见仁，智者见智，评价比较难以客观一致。

而八股文不但内容上是“代圣人立言”，有明确的规定，而且还有固定文章结构和近似苛刻的作文方法，这便于考官评阅试卷，即科举时代人们常说的“文有定评”。对八股取士制度深恶痛绝的顾炎武也说：“孟子曰：‘大匠诲人，必以规矩。’今之为时文者，岂必裂规偭矩矣乎！”[①]鲁迅先生在《透底》中说：“八股原是蠢笨的产物。一来是考官嫌麻烦——他们的头脑大半是阴沉木做的，——甚么代圣贤立言，甚么起承转合，文章气韵，都没有一定的标准，难以捉摸。因此，一股一股地定出来，算是合于功令的格式。用这格式来‘衡文’，一眼就看得出多少轻重。”[②]这是鲁迅先生用来批判八股文的空疏无用的话，但这段话也可以用来说明八股文是较为标准化的考试文体，即作文试卷都定有一定的标准格式，一眼就看得出轻重高下。明人杨士聪甚至宣称：“文至今日饾饤满纸，几于无处着眼，惟博雅好古之儒，足以振之，其光气一望而可知也。余每阅卷，不须由首彻尾，不拘何处，偶觑一二行，果系佳卷，自然与人不同，然后从头看起，场中搜察落卷多用此法，即数百卷，可以顷刻而毕，无能遁者。”[③]

在实际的阅卷过程中，不同的考官对于同一篇八股文会有大致相同的评价。据《万历野获编》载：“惟近科乙未会试第二名，以《尚书》出邹泗山太史之门，其卷为房师所赏，荐为榜首，终为《易》房陶石篑太史所压，取会元去，邹大以为恨。比出闱，则知众哗然，有言前场七艺，尽录坊刻，自破承至结题，不易一字，坊间寻刻魁卷，亦不复改窜，其声华亦顿减，房师大觉无色。然犹为二甲传胪，授礼部主

① 顾炎武：《日知录》卷16《试文格式》。
② 鲁迅：《鲁迅全集》第4卷《透底》，人民文学出版社，1973年版，第522页。
③ 杨士聪：《玉堂荟记》卷下。

事。”[①]从这则文献可以看到,考生将坊间所刻的优秀八股文直接默写到试卷上,得到同考官的赏识,这名考生于是名列前茅。尽管这可以说明房官未能发现是抄袭坊间刻本,确实是其失职,然而明代坊间刻本汗牛充栋,考官们不可能看到所有坊间刻本,即便看了也无法记住每篇文章,因此客观上而言,房官没有发现是情有可原的。但从另一个角度看,由于考生抄写的这篇八股文本来就是坊间刻本中的优秀文章,同考官在评阅时给予极高的评价,让这名考生名列前茅,恰恰也说明不同的人对于同一篇八股文几乎都有相同的评价,即所谓的“文有定评”。因此,我们完全可以说八股文是科举时代的客观题。

清代文献中也有类似的记载。比如,道光二十四年(1844)乡试,“浙江吴应壬首艺全抄嘉庆甲子科江南汪士侃作,湖北周崇勋首艺全抄江苏正谊书院课艺冯桂芬作”。[②] 吴应壬第一场第一篇八股文是抄袭嘉庆九年(1804)甲子科江南乡试汪士侃的乡试卷,汪士侃后来取中嘉庆十四年(1809)己巳恩科殿试二甲第64名进士。周崇勋抄袭的冯桂芬在江苏正谊书院的课艺,冯桂芬是道光二十年(1840)探花。可见吴应壬和周崇勋所抄袭的八股文的作者都是高中进士的写作八股文的高手,对于汪、冯两人所写的八股文,不同阅卷者的评价都是一致的。

乾隆二十七年(1762)乡试,状元出身的吴鸿为湖南学政,负责挑选生员参加乡试,而是科湖南乡试正副主考官分别是进士出身的大学者钱大昕和新科状元王杰。吴鸿、钱大昕、王杰不但自己是写作八股文的高手,而且也是评阅八股文的能手。乡试结束后,吴鸿看了考生们出场后凭借记忆写出的考场作文,他最赏识丁甡、丁正心、张德安、石鸿翥、陈圣清这5名考生,他认为这5人这次一定能考上举人,

---

① 沈德符:《万历野获编》卷16《科场·录旧文》。
② (光绪)《钦定科场条例》卷30《关防·搜检士子·例案》。

并且发誓“此五卷失一，吾此后不复论文矣”。阅卷结束以后，正副主考官钱大昕和王杰确定了录取名单，接着要拆开考生的弥封填榜，填榜的次序是先从第六起填到最末一名，接下来才开始倒着填第五、四、三、二名，最后揭晓的才是解元。在填榜的时候，考场内不断有人将中举姓名一一报告给吴鸿，从第六至末最后一名上仅有陈圣清一个人的名字，吴鸿十分疑惑，也让他变得不自信起来，“吴旁皇莫释”。等到前五名的名单报来以后，“四生已各冠其经矣，吴大喜。一时省下传为佳话”。① 他赏识的其他4位考生都在前5名。可见吴鸿在贡院外与钱大昕、王杰在贡院内对优秀八股文的评价几乎是一样的。之所以这样，重要原因之一就是因为采用了八股文这种标准化的考试文体。

八股文不仅体式复杂而又明了，易于客观地评定优劣，而且能在一定程度上测验士人的经学和文学两方面的能力。八股文是一种近似苛刻的文体，不但需要对仗工整，平仄抑扬、合于声律，气势雄浑，而且还要起承转合一丝不苟，最好还能委婉而不直率，虚实相生、正反相对，富丽而不浮华，并且言之有物。吴敬梓在《儒林外史》第十一回《鲁小姐制义难新郎，杨司训相府荐贤士》中借鲁编修之口说：“八股文章若做得好，随你做什么东西，要诗就诗，要赋就赋，都是一鞭一条痕，一掴一掌血，若是八股文章欠讲究，任你做出什么来，都是野狐禅，邪魔外道。”进士出身的蔡元培就曾说过，八股文的作法“由简而繁，确是一种学文的方法”。② 经过写八股文的严格训练之后，再去作其他文体，就显得较容易了。明清时期出现许多写对联的高手，还有不少特长对联，也和八股文的风行有关。现代著名作家周作人对八股文在文学史上的地位有极高的评价，他说：“八股文是中国文学

---

① 余金：《熙朝新语》卷12。

② 高平叔：《蔡元培教育论著选》，蔡元培：《我在教育界的经历》，人民教育出版社，1991年版，第705页。

史上承先启后的一大关键。”“八股不但是集合古今骈散的菁华,凡是从汉字的特别性质演变出的一切微妙的游艺,都包括在内,所以我们说它是中国文学的结晶。”①张中行也说:“由技巧的讲究方面看,至少我认为,在我们国产的文体中,高踞第一位的应该是八股文,其次才是诗的七律之类。”②

作八股文是一种高难度的写作训练,不但需要相当的文学功底,还需要作文者有相当好的个人修养,只有将文学才华和个体修养结合起来,才能写出好的八股文。明人陈确说:“作八股之法,能熟知古文之妙境,而俯就时文之恒矩,和养心性,体认题旨,开万古之胸,抒一己之得,则自然不今而今,不古而古,非时文而时文,非先辈而先辈。若存一摹时文之心,即非时文;存一摹先辈之心,即非先辈。”③袁中道也说:“时义虽云小技,要亦有抒自性灵,不由闻见者……读元岳兄诸制,无论为奇为平,皆出自胸臆,决不剿袭世人一语。一题中每每自辟天地而造乾坤。”④

不仅如此,八股文还有测验士人才智和能力的功能。由于八股文中是一种高级的文字游戏,要作好不仅需要掌握儒家经典知识和有良好的语言功底,还需要有相当的聪明才智。

八股文主要不是考死的“知识”的记诵,而是考对题义的理解,考对修辞手法的运用能力。邓云乡在谈及八股文教育所起的最大作用时,他认为:“就是以《四书》命题作文的严格限制思维的强化训练。天赋聪明的人,如果受了八股教育,不但掌握了传统文化知识,其思维能力也受到长期的正规严格训练,其思维能力在原有智慧和训练效果的结合下,正所谓如虎添翼,必然有了更大程度的提高。其办事

① 周作文:《看云集》之《论八股文》,上海开明书店,1932年版,第144～146页。
② 启功、张中行、金克木:《说八股》,中华书局,2000年版,第66页。
③ 陈确:《陈确集》卷18《杂著·作八股文法》。
④ 袁中道:《珂雪斋集》卷10《成元岳文序》。

能力就更无往而不利了。”在他看来，“人的大脑思维能力，也同四肢运动能力一样，自然状态的先天天赋，如再以后天的严格训练加强之，自然完全不一样。训练乒乓球运动员，大运动量抽一个角，一抽就是几千次、几万次，抽左就是左，抽右就是右，不允许其自由打，经过多少天、多少个月的强化训练，落点极为准确，然后临场自由发挥，那就能得心应手，极为自由，想到哪里，打到哪里。体育技能，如此训练，人能理解……想来八股文教育所起的思维能力训练作用的奥秘就在于此。”①刘海峰认为，科举考试能够在一定程度上测验和选拔出智力较高者，是因为采用试帖诗与八股文等考试文体。作为一种标准化的考试文体，八股文的作用确实很像敲门砖，用完便可丢弃。但它在敲门之时还是很起作用的，这正像现代考试中的标准化试题一样，考过之后谁都也不去记它，但它的功能就在测试这一点上。②

因此，从考试选材的角度而言，八股文较好地体现出考试的公平性原则，能选拔才智水平较高的人才。明清两代通过考八股文选拔的进士、举人，如明代的于谦、海瑞、丘濬、谌若水、王守仁、张居正、汤显祖、徐光启、史可法，清代的张廷玉、刘统勋、曾国藩、李鸿章、左宗棠等人，他们都成为彪炳史册的人物。

### 三　贡院规制

如果说采用八股文作为考试文体，是科举从阅卷环节保障公正与公平的重要体现的话，那么贡院的建设，以及不断完善的贡院规制，是从考试的组织、管理方面实现其“至公”的目标。

明清各地贡院只是规模大小不同，在建置上是整齐划一的。明代洪武十七年(1384)下诏：“在京及各布政司搭盖试院房舍。”③至明

① 邓云乡：《清代八股文》，河北教育出版社，2004年版，第201页。
② 刘海峰：《论科举的智力测验性质》，《厦门大学学报》1996年第3期。
③ (万历)《明会典》卷77《科举·乡试》。

成祖永乐十年(1412)以后,贡院格局基本定型。

贡院内部建筑分为三个部分。第一部分是以明远楼为中心的贡院主体建筑,位置在考场的最南边。明远楼建在进龙门之后的甬道中央,最高的一座建筑,规定为三层楼建筑,二三层有柱无墙,或者四面都是窗户,是考试时监临、外提调、外监试、巡察等外帘官登临的建筑,他们登楼眺望,居高临下,全考场的情况一览无余,防止考生、役吏等有场内外串通作弊。甬道东西两侧为文场(号舍),是考生考试和住宿的地方。每排号舍编为一个字号,用《千字文》编列。各省贡院号舍的多少不等,少的三四千间,多的有一万余间,应试考生每人一间。

甬道的两边是号舍。号舍既是考生的座位,也是考生入场之后休息和生活的场所,又称为号房、号屋、号子等。明代中期以后,号舍是一个有相对独立空间的小屋,每间号舍为三面有墙,南面敞开,没有门。每间号舍宽三尺,深四尺,后墙高八尺,前檐约高六尺。在号舍两边砖墙上离地一尺五寸高和二尺五寸高的地方分别留有一道砖缝,或者砖托,用于搁置号板。号板由两块木板组成,如果将这两块号板都放在下一道砖托里面,合起来能够铺满号舍,号板则成为一张床,供考生晚上休息用;考生答题时,将靠外面的号板挪到上一道砖托中,里面的号板则保持不动,正好成写字用的桌椅。从现有文献记载来看,雍正十年(1732)之前,贡院号舍内是砖土坐凳,此后才逐渐改为号板。

号舍的这种设计完全满足了科举考试的需要。因为明清乡试是八月初九日开始第一场,而实际上考生需要在初八日就进场,初九日凌晨开始考试,初十日才能交卷出场,也就是说考生需要在里面待三天两晚。第二场考试是十一日入场,十二日考试,十三日交卷出场。第三场是十四日入场,十五日考试,可以当天交卷。考生坐卧、答题、饮食等都在号舍及号巷中进行,因此他们既要有答题的桌椅,也需要有参加考试的前后九天的休息场所。清代每位举人、进士都曾经在这样的小房间内苦思冥想过，奋笔疾书过，这里是他们实现金榜题名梦想的起点。刘海峰说：

> 明清贡院的形制，是总结几百年科举考试的经验和教训的结果，凝聚着许多人的智慧。号舍是贡院存在的根本。贡院的本来意义就是考场，而每个考生一间的号舍是明清（或许也包括元代）贡院的特色所在。古今中外有形形色色的考试，但只有明清贡院才有那么奇特的独立的考试小空间。号舍是用最简单的设计、最少的材料，建出容纳一个考生最低需要的考试单间，它便于防止作弊，有利于举子独立静思答卷。虽然很多人都说举子在其中坐卧辛苦，但对一种需容纳成千上万人考试而又想兼顾每个人有独立空间的考场来说，三尺宽四尺深的号舍已经是很不容易了。对号舍的形制，现代人不应有太多的嘲讽，它实在是中国科举制度最有代表性的有形标志。①

第二部分是贡院中心的至公堂以及号舍。顺天贡院"至公堂"三个字是由明代大奸臣严嵩所写。严嵩虽然在政治上不为人所齿，但他的书法却极有造诣，写得一手漂亮的字。严嵩在政治上颠倒黑白，毫无公正可言，却居然由他来写"至公堂"三个字，实在是违背了"至公"——最公正的本意。南京江南贡院至公堂堂内悬挂明代名臣杨士奇的题联："号列东西，两道文光齐射斗；帘分内外，一毫关节不通风。"后来各省贡院明远楼中均书有此联。至公堂为外帘官工作之所，设有掌卷所、受卷所、弥封所、誊录所、对读所等部门，也是巡绰、监临、提调等外帘官员和其他考务人员的居住场所。

---

① 刘海峰：《科举制百年祭》，《北京大学教育评论》2005 年第 4 期，第 79～80 页。

第三部分是贡院的核心——内帘部分。内帘与外帘是绝对分开的,有的贡院用一道帘子或墙隔开,有的是用一座桥来连接,如明代江南贡院建有连接外帘与内帘的“飞虹桥”,外帘的工作人员只能在帘外或者桥的另一头与主考官沟通,根本不可能进行私下交流,目的是要防止承担不同任务的内外帘工作人员勾结舞弊。内帘的中央建筑于顺天贡院称为聚奎堂,各省多称衡鉴堂或衡文堂、抡才堂,是主考官和房考官分房评阅试卷的场所。很多省贡院的聚奎堂在整个贡院建筑布局上与内帘门、外帘门、至公堂、明远楼、龙门、大门同在贡院的一条中轴线上。内帘部分除聚奎堂外,还有内收掌、内监试、内提调等部门以及刻字房和印刷房。

《皇家亚洲学会华北分会学报》1866 年 12 月出版的新 3 号刊载了克尔(Keer)的《广东贡院》一文,该文对清代中国各省划一的贡院的布局、规制、各部分建筑的功能等作了详细的描述,并且认为这种专门而朴素的科举建筑完美地适用于科举考试。① 贡院格局与功能的完善,是科举实现公正取士的重要保障。

而要实现科举选士的公正与公平,逐渐完善贡院的关防制度是极为重要的。考生入场搜检是贡院关防的重要环节。明初会试的搜检较为宽松,据称明太祖朱元璋曾说:“此已歌《鹿鸣》而来者,奈何以盗贼待之。”②搜检在会试中没有得到执行,会试也未设立搜检官。宪宗成化二年(1466)制定了在京科场事宜,明确规定:“考试等官俱当于当月初七日入院,举人试日四更搜入,各就席舍坐待黎明散题,至黄昏誊正,未毕者给烛,不完者扶出。”“举人不许怀挟并越舍互录,及浼托军匠人等夹带文字。其军匠人等亦不许替带及纵容怀挟、互

① J. G. Keer, Description of the Great Examination Hall at Canton, *Journal of the North - China Branch of Royal Asiatic Society*, New Series, No. 3, Dec. 1866, pp. 63 - 69.

② 沈德符:《万历获野编》卷 16《科场 · 会场搜检》。

录文字，违者各治以罪。”“巡绰、搜检、看守官军止于在营差拨，曾差者不许再差。若他人冒顶正军入场者，罪之。”①尽管此时考生入场有严格的搜检，以防止考生夹带、代考作弊。然而，至嘉靖末年，由于“时文冗滥，千篇一律，记诵稍多，即掇第如寄”，这为举人夹带舞弊提供了条件，于是“无赖孝廉，久弃帖括者，尽抄录小本，挟以入试”，②而此时明世宗之忌讳越来越繁复，考官出题亦只能瞻前顾后，导致考生能十分容易地猜测到考题，这对考生挟带舞弊起到了推波助澜的作用。

正是由于会试夹带舞弊比较严重，有人提出会试应当与乡试一样，严格搜检。据徐树丕记：“会闱自嘉靖庚戌后，士子多用怀挟。丙辰以还，皆明言而公行之。言官建议，欲严加搜检，如乡场故事。礼书吴山持之曰：‘会试之士，皆歌《鹿鸣》而来者也，祖宗待之甚厚，不过防之。今使之囚首垢辱于奴隶之手，法诚密矣，如旧例何？吾宁使士负朝廷，不可使朝廷负士。’竟寝不行。盖前此《会试录》尚无搜检官也。山之议可谓恢恢有大臣之体矣，而其后卒置搜检官。犯法愈众，世道愈下，人心愈漓矣！”③

至嘉靖四十四年(1565)又进一步规定：“举人入场，务要严加搜检，放入就舍。如有怀挟及浼托人夹带文字入场埋藏抄誊，并越舍与人换写者，搜检得出，拿送兵马司究问，枷号一月，发回充吏，满日为民。不行觉察捉拿者，军调边卫，官罚俸一年。”④这成为明代会试搜检的定制。这样明初举人所得到的优厚待遇就被取消了，他们也必须被“解衣脱帽，且一搜再搜，无复国初待士体矣”⑤。

嘉靖四十四年(1565)会试，御史李邦珍、鲍承荫，监视周祖弘、顾

① 王圻：《续文献通考》卷45《选举考·举士》3。
②⑤ 沈德符：《万历获野编》卷16《科场·会场搜检》。
③ 徐树丕：《识小录》卷2《会试搜检》。
④ (万历)《明会典》卷77《科举·科举通例》。

廷对负责场外搜检。之后,李邦珍等“条上革弊四事”,在点名方面,“请留朝觐二司及府县官,临期督集所属举人,照依省分及府县次第挨次点验序进,以防冒替代笔之弊”。在搜检方面,“举人有不服搜检及搀先落后不循序进如新规者,轻则扶出,重则参奏,以防喧竞抗违之弊”。同时,“请增军三百余名,严密搜检场外,仍选差参将官一员,带领官军昼夜巡逻,俟揭晓乃止,以防怀挟透漏之弊”。① 这些奏议被皇帝批准执行。

乡试的搜检则自明初就十分严厉。洪武七年(1374)规定:“生儒点名进场时严行搜检,入号舍后详加伺察。如有犯者,照例于举场前枷号一月,满日问罪革为民。”②一旦查出考生夹带书册,就要贬斥为民。

《万历获野编》记载了一个叫邵喻义的举人搜检过程中的遭遇,可以窥见乡试搜检之严厉:万历三十五年(1067)丁未科乡试时,浙江考生邵喻义,是有名的才子,他在第三场考试入场前,抄录了一些文字准备带入考场,以便在答题时参考。入场搜检的时候,搜检的士兵查出这些文字,指控他夹带舞弊。邵喻义非常不满,挥拳殴打士兵,士兵把他抓到至公堂。负责维护考场纪律的内监试御史为叶永盛、李时华二人,李时华以严厉著称,他的意思是下令搜检的官兵惩罚邵喻义,让他为自己的骄横付出代价。而叶永盛则为邵喻义辩护,他说:“我之前主持考试的时候,他参加考试,我把他录取为第一名,这个人确实是一个奇才,这次一定能考中进士。而且他携带的文字并非是为了抄袭,不能认定为夹带舞弊,建议认定邵喻义没有舞弊,让他继续参加考试。”由于李时华只是举人出身,叶永盛忘记了。听叶永盛这么说,李时华认为这是在嘲讽自己不是进士出身,他更加愤

---

① 王世贞:《弇山堂别集》卷83《科试考》3。
② (万历)《明会典》卷77《科举·科举通例》。

怒，“立命去衣痛笞二十，枷之场前。虽屡次疏辨良苦，终无人敢为昭雪”。①

贡院关防的另一个重要内容就是防止考生在考试时作弊。搜检之后，各自按卷号进入号房，某字号人满后，立刻将该号栅栏门关闭上锁，不许考生擅自出入。考生全部入场以后，要随即查号。万历四年(1576)议准：“场中编号，令监试、提调官亲自掣签，一面登记号簿、一面楷书卷面。待其入坐，令军人各验看字号，如有不同，即时扶出。又委官间出不意，稽查一二，若有通同容隐者，士子即扶出，守号军人一并究治。”②考试过程中，场内外都有严格的搜检、巡视，场内的监考十分严格。按洪武十七年科举程式：考生黎明入场，每名考生派一名士兵监考，禁止他们在考场中交流，防止他们代考等。景泰四年(1453)规定：“今后科场知贡举、监试、提调等官，务在防范严切，不许容情。冒名、换卷、截卷、传递文字并说话作弊，监门、搜检、巡绰、监试官军，敢有如前容隐不举作弊者，俱治以重罪。”③宪宗成化二年(1466)制定的科场事宜又规定：“提调、监试官公同往来巡视，不许私自入号。其巡绰官止于号门外看察，不许入内与举人交接，违者听提调、监试官举问。”“试场外照例五城兵马率火夫、弓兵严加防守，不得违误。”“每场誊录红卷送入内帘考试，候三场考试红卷已定，方许吊取墨卷于公堂比对字号，毋致疏漏。”④多次参加乡试的艾南英说：“至入乡闱，所为搜检防禁，囚首垢面，夜露昼曝，暑暍风沙之苦，无异于小试。”⑤应该说，到明朝建立了较为严密的贡院规制，加上日渐严密的“永制”，为士子们的竞争提供了公正、公平的环境。

明代中后期，八股文作为一种新创立的考试文体带着初创的锐

---

① 沈德符：《万历获野编》卷16《科场·会场搜检》。
② (万历)《明会典》卷77《科举·科举通例》。
③ 王世贞：《弇山堂别集》卷82《科试考》2。
④ 王圻：《续文献通考》卷45《选举考·举士》3。
⑤ 艾南英：《天慵子集》卷13《前历试卷自序》。

气，不但使考官公正阅卷成为可能，而且能测量士人的文化、才智等方面的水平。而沿袭前代关防措施的基础上进一步完善的贡院规制，又为科举公正、公平取士提供了制度保障。科举成为衡量社会风气的重要指标，正如孙承泽所引明人王鏊所言：“夫科目之设，天下之士群趋而奔向之，上意所向，风俗随之，人才之高下，士风之醇漓，率由是出。”①科举已被人们视为天下最公平的一种制度。万历初年，御史魏允贞说：“科举，天下之公；大臣，庶僚之表。科举而私，何事为公？大臣而私，何人能公？”②从这种意义而言，科举的公正与否是社会公正与否的晴雨表，万历十七年（1589）正月，礼部郎中高桂断言：“我朝二百余年公道，赖有科场一事。”③明代后期的科举制度也因此获得了“天下之公”的美誉。明朝科举正因为为清朝所沿袭，从而成为清朝科举制度走向鼎盛的重要基础。

① 孙承泽：《春明梦余录》卷40《礼部二·贡举》。
② 张萱：《西园闻见录》卷44《礼部三·选举·科场》。
③ 王世贞：《弇山堂别集》卷84《科试考》4。

# 第六章　科举命运的终结

入关之前，皇太极以考试选才。定都北京后，清廷下诏沿袭明制开科取士，并根据自身统治利益的需要不断进行调整，使其达到缜密的程度。《清史稿》云："有清以科举为抡才大典，虽初制多沿明旧，而慎重科名，严防弊窦，立法之周，得人之盛，远轶前代。"①至光绪三十一年(1905)，清代共开科 112 次。清代科举虽然制度极为严密，然而其弊端也在实施过程中逐渐显露。鸦片战争以后，传统中国在西方的船坚炮利淫威下被迫迈出了走向近代化的沉重步伐，以科举制度为核心的中国古代教育制度受到极大挑战，在不少率先"睁眼看世界"的有识之士的严厉批评声中，改革科举被视为兴办新式学堂，培养掌握实用知识的人才的重要手段，但种种改革尝试都无法从解决科举所导致的所学非所用，所用非所学的问题。清廷最后不得不下诏废止科举制度，始于隋代的科举制度最终走向了终结。

## 第一节　"国家抡才大典"：清初至清中叶科举

在入主中原之前，满族贵族政权即开始模仿科举取士。入主中原之后，面对满汉民族发生矛盾的局面，清廷接受浙江总督张存仁的建议让士子读书应试，以消除尖锐的民族矛盾，清廷下诏"开科以取士，薄敛以劝农，诚安民急务，归顺各省准照恩诏事例，一体遵行"。②

---

① 《清史稿》卷 108《选举志》3。
② 《清世祖实录》卷 19，"顺治二年七月丙辰"。

清代科举在开科之初沿袭明制,之后在实践中不断加以完善,至清代中叶达到了缜密的程度,使其成为既鲜明地体现承袭明朝科举程式的特点,又能较好地体现满洲贵族统治者意志,并能为其统治服务的官员考选制度。

## 一　开科取士

在长期的征伐中,尚处于关外的满洲贵族逐渐改变了只崇尚武力的观念。皇太极即位后转变政策,大力缓和满、汉民族矛盾,提出"振兴文治"的治国方略,以模仿明代以考试方式选取儒士,作为争取汉族文人的重要手段。天聪三年(1629)八月,皇太极颁布谕令,用考试选拔儒生,"自古国家,文武并用,以武功戡祸乱,以文教佐太平。朕今欲振兴文治,于生员中考取其文艺明通者优奖之,以昭作人之典。诸贝勒府以下及满汉蒙古家所有生员,俱令考试。于九月初一日,命诸臣公同考校,各家主毋得阻挠。有考中者,仍以别丁偿之"。① 九月初一,考试儒生,录取一等、二等生员二百名,"凡在皇上包衣下、八贝勒等包衣下,及满洲、蒙古家为奴者,尽皆拔出。一等者赏缎二,二等、三等者赏布二,俱免二丁差徭"。② 此次考试的对象是辽东的汉族生员,他们因为反抗后金的统治,大多数沦为满洲贵族和八旗将领的家奴。正是由于有做奴仆的经历,他们中不少人是能说满语、用满文的,通过考试取中之后,他们主要承担译书和八旗学校教师的工作。这是皇太极以考试选拔儒生之始。

天聪八年(1634)三月,皇太极再次考试汉人生员,"分别等第。一等十六人,二等三十一人,三等一百八十一人",③考试取中一、二、三等生员均赏给银两。四月,后金命礼部从满洲、蒙古、汉书文义者

① 《清太宗实录》卷5,"天聪三年八月乙亥"。
② 《清太宗实录》卷5,"天聪三年九月壬午"。
③ 《清太宗实录》卷18,"天聪八年三月壬子"。

中选取举人，取中满洲习满书者刚林、敦多惠，满洲习汉书者查布海、恩格德，汉人习满书者宜成格，汉人习汉书者齐国儒、朱灿然、罗绣锦、梁正大、雷兴、马国柱、金柱、王来用，蒙古习蒙古书者俄博特、石岱、苏鲁木等16人，均赐为举人，“各赐衣一袭，免四丁，宴于礼部”。[①]从选拔的有满洲习汉书、汉人习满书、汉人习汉书三类人才来看，此次考试主要是选拔翻译人才。

崇德三年(1638)八月，后金再次以考试选才，赐中式举人罗硕、常鼐、胡球、阿际格毕礼克图、王文奎、苏弘祖、杨方兴、曹京、张大任、于变龙10名朝衣各一领，授半个牛录章京品级，各免人丁四名。一等生员鄂漠克图、满辟等15名，二等生员铿特、硕代等28名，三等生员费齐温泰等18名各赐䌷布，“授护军校品级，已入部者免二丁，未入部者免一丁”。[②] 崇德六年(1641)六月，经内三院大学士范文程、希福、刚林等奏请，在满洲、汉族和蒙古士人中以考试选拔生员、举人。对此，皇太极还专门发布上谕，要求考官能公正考试选材。七月，赐新中式举人满洲鄂谟克图、赫德等各缎朝衣一领，一等生员满洲科尔科代等各缎一、布二，二等生员满洲浑达硕马等各缎一、布一，三等生员满洲叶成格等各布二。尽管这两次的考试内容并没有记载，但也应该是以翻译人才为主。

后金共计举行的四次考试，选拔人数虽然不多，但有多人成为后金名臣。满洲贵族关外开科，虽然形式上仿效汉族科举，但与明代科举程式有显著的区别，不能视为科举，只能视为满洲贵族以考试方法选拔儒生之肇始。

关外取士既是后金统治者在政治上争取汉族知识分子的手段，也起到了延揽吸纳满化汉族文人，解决满足自身教育人才不足的作用。因此，有学者认为：“关外科举表面满、蒙、汉文艺并重，而在后金

---

① 《清太宗实录》卷18，“天聪八年四月辛巳”。

② 《清太宗实录》卷43，“崇德三年八月戊申”。

(清)政权中实际应用的却是满语满文。汉族人不努力学习满族文化,就很难得到满族贵族的信任……汉官们为了仕进和参政的畅达,不得不主动学习满语满文,努力争取在较短时间内掌握满语文。”①

清代真正开科取士始于入关后的顺治元年(1644)。入关之后,面对激烈的满汉之间的矛盾,大学士洪承畴“教以收拾人心之法,以为中国之所以俯首归诚者,贪图富贵也,社稷虽亡,而若辈之作八股义者苟得富贵,旧君固所不恤。于是前朝科第之人悉令为官”。② 洪承畴建议清廷以科举考试选拔精通八股文的汉族知识分子为官,同时亦任用前朝有科举功名者,便可达到让汉族知识分子俯首归顺的目的。顺治元年十月,范文程向清廷进言:“治天下在得民心,士为秀民,士心得则民心得矣。宜广其途以搜之。”③他建议在顺治三年(1646)丙戌科会试后,八月再举行乡试,次年举行会试。

清廷采纳了这些大臣的建议,在顺治元年十月的即位诏书中,顺治帝在即位诏书中即宣布开科取士,顺治皇帝采纳其建议,下令立即仿照明制开科取士,以期通过笼络士人之心,达到博取民心的目的。顺治二年(1645)秋八月举行乡试,三年春二月举行会试,沿袭明制,“会试定于辰、戌、丑、未年,各直省乡试定于子、午、卯、酉年。凡举人不系行止黜革者,仍准会试,各处府、州、县儒学食廪生员,仍准给廪,增附生员仍准在学肄业,俱照例优免”。④

清廷在顺治二年、三年连续开科取士,共录取进士多达 671 名。在大规模战争尚未结束的情势下,清廷如此重视科举,足见其开科取士的迫切心情,以及对科举功效的殷切期待。

清廷开科吸引了大批曾经发誓效忠明王朝而耻吃周粟的汉族知

---

① 张杰:《清代科举制度对满族文化发展的多元影响》,《学习与探索》2004 年第 4 期,第 130 页。

② 《海滨外史》卷 1《国朝历科》。

③ 《清史列传》卷 5《范文程传》。

④ 《清世祖实录》卷 9,“顺治元年甲申十月甲子”。

识分子参加，这表明他们已彻底放弃旧朝之思，转而归顺新朝，并且试图跻身仕途。因此，开科取士达到了清世祖所期待的笼络汉族知识分子、缓解满汉民族矛盾的目的。

满洲贵族本来并无开科取士的传统和经验，但又出于政治意图而急需在定鼎之初即宣布开科，因此沿袭已经程式化的明朝科举不仅是迅速建立起科举制度的有效途径，而且这种形式也最能为广大汉族知识分子所接受。清廷于顺治二年颁行《钦定科场条例》，其基本内容沿用明太祖朱元璋颁行的"科举程式"以及明代中后期的科举制度。

清廷统治者基本完成全国统一以后，在以实行文字狱的方式加强思想控制的同时，十分注重科举制度建设，雍正帝认为："乡会两闱乃国家抡才大典，必须防范周密，令肃风清，始足以遴拔真才，屏除弊窦。"①清廷统治者试图通过不断加强科举制度建设，为士人提供相对公平的竞争的氛围来选拔人才，以扩大其统治基础。②

## 二　应试报考

科举考试从报考开始。童生到本县署礼房报名，本人当堂填写姓名、年岁、籍贯、面貌，以及曾祖父母、祖父母、父母三代存、殁、已仕、未仕等履历，出继者必须填写亲生父母三代履历。

清代童生报考的基本要求有以下几项：首先，除商籍、灶籍等特殊情况之外，童生要在本县报考，严厉禁止冒籍。顺治二年规定："生童有籍贯假冒者……尽行斥革，仍将廪保惩黜。若有中式者，核实题参，革去举人，发回原籍。如祖父入籍在二十年以上，坟墓、田宅俱有

---

① （光绪）《钦定科场条例》卷29《关防・场规・例案》。

② 张杰：《清代科举制度对满族文化发展的多元影响》，《学习与探索》2004年第4期，第130页。

的据,取同乡官保结,方许应试。”①

其次,童生既无犯罪记录、道德品质方面的缺失等“过犯”问题,也无匿丧等弄虚作假行为。作为选官考试,这应该是对考生最低的要求。清廷认为士人应当为天下风尚的倡导者和榜样,因此道德品质高尚是士人的必要条件。雍正帝认为:“夫士为四民之首,必敦尚学行,以倡风化。今或务华鲜实,甚者嚣陵狙诈,岂渐摩化导有未至耶?”②正因为如此,清廷多次明确规定,童生本身无过犯,顺治九年(1652)题准:“童生入学,乃进身之始。不可不严为之防。或系娼、优、隶、卒之家,及曾经问革,变易姓名,侥幸出身,访出,严行究问黜革。若教官纳贿容隐,生员扶同保结者,一体究革治罪。”③由于科举时代规定,士子在守丧期间不得报考应试,有故意隐瞒守丧不报或守丧期未满而报考应试者,均为科场条例所严禁。

再次,报考士子身家清白。雍正四年(1726)规定:应试者除本人无过犯外,其父、祖亦不得为贱民贱役,恐有玷名器。“为士者乃四民之首,一方之望。凡属编氓,皆尊之奉之,以为读圣贤之书,列胶庠之选,其所言所行,俱可以为乡人法则也。”④不仅父祖三代中贱民、贱役身份,或者身世不清白者,其子孙无应试资格,清廷规定童生考试有冒籍、顶替、倩代、匿丧、假捏姓名、身遭刑犯,及出身不正,如门子、长随、番役、小马、皂隶、马快、步快、禁卒、仵作、弓兵之子孙,倡优、奴隶、乐户、丐户、蜑户、吹手等,凡是有不当应试者混入,那么认保、派保、互结之童需要相互检举、揭发,“如有虚捏、容隐等弊,五人连坐,廪保黜革治罪”。⑤

但在具体实施过程中,负责组织科举的官员往往从宽把握这种

① (光绪)《钦定科场条例》卷35《冒籍·冒占民籍例案》。
② 《清世宗实录》卷25,“雍正二年十月壬申”。
③ (乾隆)《钦定学政全书》卷31《区别流品》。
④ 《清世宗实录》卷48,“雍正四年九月丁巳”。
⑤ (光绪)《钦定科场条例》卷53《年老举人给衔·例案》。

限制，有的官员非常同情所谓“身家不清”的考生，梁章钜说：“今因一人之身，而禁锢及其子孙，代历数传之久，时经数十年之多，立法已为详尽，乃犹必搜求无已。万一其子孙刚及三传，而忽有意外之更变，则是读书种子自我之一念而绝，而全家永无自新之路，登进之阶，恐仁人君子不忍出此矣。”①雍正年间，徽州府的“伴当”、宁国府的“世仆”与乐户、惰民地位相同，都属于贱民，一直没有应试资格。清廷对这些人采取了“开豁为良人”的政策，让他们及子孙都有应试资格。道光朝以后，对于身家清白者的禁令更为宽松。至清末，对于报考者身家的限制相当宽松了，主要禁止“倡优”等子弟。

为保证考生报考材料的真实性，科举采用保结制度。不仅需要由亲友、族人、邻居和里长签订保结文书——结状，而且还实行考生互结制度。清代要求童生以同考五人互结，称为“五童结”。与此同时，清廷还采取结廪生保结措施。在实施之初，主要是认保，即由童生所在县廪生中自行选择一位为其担保者。如果报考者有冒籍、隐瞒守丧、身世不清、代考等舞弊行为，保结廪生则会被取消生员资格，与舞弊者一同治罪。如雍正六年(1728)规定，童生“倘仍有冒考者，除本童照冒籍例治罪外，并将廪保黜革。互结童生，一同治罪。仍将收考地方官，照混行收考例，降一级调用”。② 正因为需要承担如此重要的责任，廪生们往往会与自己熟悉的邻居、亲戚或者其他关系熟知的报考者结保，以便能尽最大可能地规避风险。然而，考生与廪生自行结保时，经常出现互相勾结，廪生甚至帮助考生隐瞒不实信息的情况，极大地影响了保结作用的发挥。如乾隆五十五年(1790)，福建学政吉梦熊案临永春时，查出童生林宗郭匿丧冒考，“经臣批饬该童杖责外，仍照例将来不准考试；廪保周兆元、郑朝佐于州考暨臣考试时，冒昧保结，迨招复案发，闻人攻讦，始廪首退保，仅予戒饬，不足示

① 梁章钜：《南省公余录》卷4《区别应试》。

② (乾隆)《钦定学政全书》卷30《清厘籍贯》。

儆。周兆元、郑朝佐俱革去廪生，降为附生”。①

为了革除认保的弊端，乾隆五十五年九月，湖南学政张姚成上奏：“嗣后派保，应责令各教官遵例挨派，毋任童生私自认识，而挨派之后，该学政仍不时加意周防，勿致童生贿嘱滋弊。”②清廷议准这一上奏，在认保之外实行派保。派保是在府试和院试时实行，考试前，府州官学将派保廪生姓名张榜公布，考生请其认保，称之为“派保”。这样考生和廪生的结保是随机的，他们不一定互相认识，使保结制度能更加有效地发挥作用。按照规定，派保廪生与考生的保结关系在府试后结束，院试则又需要根据府试结果更换派保廪生。

在认保、派保之外，清代为了防止考生冒籍报考应试，还实行审音制度，即通过核对士子口音，以判定是否为本籍贯所在地人。审音制度始于康熙年间，至乾隆年间较为普遍采用，以顺天府大兴和宛平两县最为严格。康熙三十九年（1700）规定：“顺天乡试，大兴、宛平两县审音不详、草率送试者，照收考、送考官例降级；其行查不据实呈报者，照出结官例革职。”③审音制度一直沿用到清末，但防范冒籍的收效并不显著。完成报考之后，士子就有资格参加童试了。

### 三　童试

与明代一样，清代童试是士子获得官学入学资格的考试。童试又称小试、小考，民间俗称“考秀才”。除考试内容稍有不同之外，清代的童试与明代基本相同，清代和明代一样，凡是没有取得县学、州学、府学学生资格的人，不论年龄大小，通称为童生，因此童生可以是儿童、是青壮年，也可以是白发苍苍的老人。有一副嘲笑老童生的对

---

① 中国第一历史档案馆：《乾隆中晚期科举考试史料》（中）之《福建学政吉梦熊为报永春等地生童岁试情形事奏折》（乾隆五十五年五月二十九日），《历史档案》2002年第4期，第12页。

② 《清高宗实录》卷1363，“乾隆五十五年九月丙午”。

③ （光绪）《钦定科场条例》卷335《冒籍·冒占民籍例案》。

联:“人生七十还称童,可云寿考;到老五经犹未熟,不愧书生。”①尽管童试不是正式的科举考试,但由于童试是士子参加科举考试的起点,因此童试与科举考试紧密相连。

清初沿袭明制,童试实行三年两考,与生员的岁试、科试并行。至顺治十五年(1658),清廷规定只许岁试考取,科试时停止考取生员,这样就将三年两考改为三年一考。康熙十二年(1673),考虑到三年一考过少,仍恢复三年两考之制,成为定制。

童试包括县试、府试和院试三个阶段,必须先参加县试,县试被录取,再参加府试,府试被录取再参加院试,院试被录取即是生员。

县试是童试的第一个环节,由本县知县(隶属于府的各州、厅则为知州、同知)担任主考官。各县根据应试人数,由本县署礼房备办试卷。县试卷为红格纸,每页 14 行,每行 18 字,共十数页,附草稿纸,统一规格。据(乾隆)《钦定学政全书》卷十三记:顺治九年(1652)规定:生童试卷应按照定式置办,不能长短不齐。“卷面三圈:上圈,书府、州、县;中圈,生员书廪、增、附、青、社及武生,童生填文、武童;下圈,书习某经。接缝处,上用提调、下用儒学各印钤盖……卷面加浮签,书姓名,黏第三圈下。旁留少许,以备填坐号。填号处,仍钤提调印,半在卷,半在浮签。”

署礼房提供试卷时,需要向考生收取卷价。卷价不仅仅包含试卷的制作成本,还包括童试期间考场工作人员的吃饭以及杂费等不能纳入正项报销的费用。有的考场工作人员为谋取私利,有意抬高卷价,将制作试卷作为敛财的工具,让考生叫苦不迭。为改变这种状况,雍正十一年(1733)规定:“嗣后府、州、县以及院试,无论大、中、小学,每本试卷定价三分。令该提调官自行办置,不许再招卷户。其纸价工费之外,盈余卷价,即为办事书吏人等饭食之费。若再立卷户,

---

① 钟毓龙:《科场回忆录》,浙江古籍出版社,1987 年版,第 1 页。

仍前增价,查出照例参处。”①

县试通常在农历二月举行,但时间并不固定,有较大的弹性空间,可以根据实际情况进行调整。考试前,县衙预先发出通告,公布考试日期。现存的福建汀州府长汀童试文书载,同治五年(1866)十二月初二日,长汀知县发布通告,宣布定于本年“十二月初八日开考”。对于这一开考日期,汀州知府提出:“查现届岁暮,应试诸童在乡居多,远近不一,考试正场,及覆试未及考完,诚恐□□各童,或因年事未及赴考,以致舛差不齐,自应改定者,期合再示谕。为此,示谕应试童□知悉,遵照本□改定明年正月初八日开考,断不再事改缓,尔等务须先期赴房报名,买备卷结、投交,填明年貌、三代、籍贯”,将要求长汀县将县试时间改为同治六年正月初八。长汀知县遵照要求,将县试日期定在正月初八考试,“业经示□,定于正月初八日县考在案。查现届□□□□各童赴房□投卷”。然而,在正月初八开考之日临近,长汀知县发现“兹查各童到房投卷,甚属寥寥,现值新正,诚各乡童生未能赶到,遵期应试,从宽改期,合再示谕。为此,□□应试童生知悉。现在本县改于正月初十日开□,□□□□挨延自误□□□期投考”。② 即将县试延迟到正月初十日举行。从长汀县试日期的两次调整看,县试的随意性比较大。

为防止同府的不同县考生骑考或重考现象,顺治九年(1652)规定每府下辖的州县应在同一天举行正场考试,以防止考生在同府的不同县骑考、重考。但在实际的运作过程中,有的地方根本无法做到同府同一天县试。如同治五年(1866)十二月初二,长汀知县在发给同府所辖的其他县的移文中称县试日期是十二月初八日,请汀州府所辖的县也在这一天举行县试。由于这一份移文是长汀知县发出

---

① (乾隆)《钦定学政全书》卷13《生童试卷》。

② 李兵、邹燕妮、薛东风点校:《同治年间福建汀州府童试文书》,《历史档案》2016年第1期,第40～42页。

的,并不是由汀州府发出的,长汀县与汀州府所辖的县行政上是平级的,长汀县所发的移文并无约束性。换言之,长汀县所提出的县试日期,其他各县可以不遵照执行。

实际情况也是如此,长汀发出请求各县同一天县试的移文之后,各县也分别给长汀县发来移文,请求长汀县与其同一天县试。从各县的移文中,我们可以清楚地看到,同属于汀州府的归化县县试是同治五年十二月初八,宁化县是同治六年正月初八,武平县是正月初九,上杭县、清流县均是正月十二日,永定县是正月十八日。连城县给长汀县移文的时间是同治六年正月十二日,其表述是"已于同治六年正月□□日开考",①这也就是说起考试时间应为正月十二日前的某一天。从这一记载看得非常清楚,汀州府管辖县的县试时间几乎完全没有统一,各县各行其是。

由于有的县试考场比较狭窄,只好分场考试,于是出现有枪手先后为不同考生代考的情况。乾隆二十三年(1758)四月,清廷议准:童试时,"一县务并一棚,不得分场叠考。其两县同城,亦照此例办理。"②

县试入场时需要点名识认,由保结廪生当场识认,依次进入考场。雍正十一年(1733),礼部议定:"府、州、县考取童生,原有点名定例。嗣后府、州、县有徇情滥纵,不肯点名,及地方豪绅劣衿,有倡纵闹场之处,该学政访闻,即会同该督、抚指名题参。"③各地也发布县试入场点名的纪律,如同治五年十二月,长汀知县规定:"照得考试大典,理宜肃静,恪守规矩。应试诸童,务须照牌挨次听点,鱼贯而进。高声应名,接卷归号。俾枪手顶冒,无由混入。兹奉文考试,合

① 李兵、邹燕妮、薛东风点校:《同治年间福建汀州府童试文书》,《历史档案》2016年第1期,第41页。

② 《清高宗实录》卷561,"乾隆二十三年四月癸酉"。

③ (乾隆)《钦定学政全书》卷22《童试事例》。

行示谕。为此,示谕□生知悉,尔等届期三炮后,□□考棚□□□照牌挨次听□,高声应名。接卷归号,毋得一人混□数□□□落后,□□挤喧。自示之后,如敢故违,定将该童除□□□□人等,毋得擅进试院,各宜凛遵毋违。特示立案示谕。”①但在实际的运作过程中,县试往往秩序混乱,甚至有考生闹考,湖南湘潭人欧阳兆熊记:道光十三年(1833)县试头场点名时,秩序相当混乱,“是夜,灵不得已,坐堂皇点名,昏黑之中,拥挤大哄,瓦砾飞击,致伤头额,因匿于楼房,听其蜂涌归号,勉强终场”。②

县试的场次由担任主考官的知县决定,一般为五场,但也有的地方考四场,或考六七场。第一场是正场,最为重要。其后为覆试,也称招覆。第二场为初覆,第三场为再覆,第四、五场为连覆。县试考试内容在清初屡有变更,至乾隆五十三年(1788),正场考《四书》文一道,经题一道,五言六韵排律诗一首。有的县试考题正场分“已冠”题和“未冠”题。“未冠”题由20岁以下考生作答,相对较为容易;“已冠”题由20岁以上考生作答,相对较难。同治六年(1867)长汀县试考题保存完好,我们开列如下:

县试正场,已冠首题:无求备于一人,周有□□□;次题:与其进也。未冠首题:如用之;次题:与其进也;通场诗题:赋得薄采其芹(得“科”字五言六韵)。恭默圣谕广训:“人生十年”至“自鲜矣”。

初覆,书题:无恒产而有恒心者;经题:是故君子安而不忘危;诗题:赋得春雨如膏(得“春”字五言六韵)。

补考,首题:何晏也;次题:端人也,其取友;诗题:赋得

① 李兵、邹燕妮、薛东风点校:《同治年间福建汀州府童试文书》,《历史档案》2016年第1期,第39页。

② 欧阳兆熊:《水窗春呓》卷上《癸巳县试》。

□□青云梯(得“云”字五言六韵)。

再覆,书题：之□□□;性理：师道立则善人多论;诗题：赋得雪却输梅一段香(得“香”字五言六韵)。

三覆,书题：断断兮(第一名至二十名);赋题：严子陵钓台赋(以题为韵);书题：君子矜(第二十一名至六十名)。君子惠(第六十一名至一百名);赋题：董仲舒十年不窥园赋(以题为韵)。

补考,首题：益者兴;次题：请益;诗题：赋得绿柳才黄半未匀(得“黄”字五言六韵)。

四覆,书题:“可谓仁乎”至“割鸡”;诗题：赋得一条冰(得“衔”字五言六韵)。

招覆,书题：翼如也,宾退必复命,曰宾不顾矣,入公门(做起讲)。发乘矢面后反,孟子曰,西子(做全扁);诗题：岣嵝碑(不拘体,不限韵)。①

县试的考试内容自由度比较大,不一定严格按朝廷规定进行,不但各省内容参差不齐,即使在同一省份之内的县试内容也不统一。

县试要求考生答题用正楷字书写,文章要句读,每一股画一勾标明,叫“勾股”,每篇八股文限300字以内,每份答卷不超过700字。县试考题比较容易,有的甚至与考生平时习作题完全相同,考生只要将平时背诵下来的八股文范文默写出来就可以了。

县试每场均在黎明入场,天黑之前必须交卷。交卷之后,弥封后的试卷由担任主考的知县负责阅卷和录取。但在实际操作中,有的知县往往请幕僚、官学教谕、书院院长等代为阅卷,自己则很少过问,阅卷者趁机徇私舞弊。乾隆三十三年(1767)二月规定:“府、州、县试

---

① 李兵、邹燕妮、薛东风点校:《同治年间福建汀州府童试文书》,《历史档案》2016年第1期,第43页。

阅卷,近例不许延请本属教官。查本地书院院长及他省流寓文人,地方官往往延请校阅,殊非远嫌防弊之道,请通行禁止。其隔属延请者,仍令谨密迅速,于途行署宿之际,一体关防。”①

由于县试仅仅只是为府试选送考生,因此录取比较宽松。每场考试结束后,都会公布本场录取童生的考号。考号以圆圈形式书写,第一名抬高一个字书写,位于圈居中位置的是最高一号,其他考号则依照排名按逆时针方向书写。这种公布考号的方式被称为“团案”“草案”等,有的地方称为“轮榜”“出号”。落榜则被称为“出图儿”“闷将军”。在圆形图案中心,用红笔写一个“中”字,“中”字的一竖上长下短,使它像“贵”字头,表示吉利。对于县试的这种放榜形式,周作人先生回忆了他与其兄鲁迅先生参加光绪二十四年(1898)县试的情况,他写道:“‘下午往试前看县考大案,凡十一图,案前马福田(即马一浮——引者注),予在十图三十四,豫材兄三图三十七,仲翔叔头图廿四,伯文叔四图十九’。旧时府、县考试发榜例以五十人为一图,第一名居中,姓稍提高,二名以下在其右,顺次而下,写作圆形,至第五十名便于第一名相并,列在左方,所以第二图第一即五十一,十图第一则是四百五十一了。”②

县试第一场录取最为宽松,录取者即有资格参加府试,考生可以自愿决定是否继续参加接下来的各场考试。因此,从第二场开始,每场考试的人数逐渐减少。在所有场次考试结束后,担任主考官的知县将各场录取者的姓名排列公布,称为“出案”。因按名次以长条形的榜单公布,故而又称“出长案”。县试第一名称“县案首”,院试时一般会被录取为秀才。在长案最后一名的姓名下用红笔画一个像椅子的椅面和靠背的钩形,表示名单到此为止,因此最后一名的考生就被

---

①　《清高宗实录》卷804,“乾隆三十三年二月庚午”。

②　周遐寿:《鲁迅小说里的人物》,附录一《旧日记里的鲁迅·戊戌五》,上海出版公司,1954年版,第249页。

戏称为“坐红椅子”。

顺治九年(1652)规定，县试依据所在府州县的官学定额来确定录取名额，县试录取名额为官学定额的二倍，府试则为府学和所辖县县学定额总和的一倍。顺治四年(1647)规定：大学定额为40名，中学为30名，小学为20名。这也就是说，大县的县试录取名额为80名，中县为60名，小县为40名。

之后，清廷又规定县试录取不再限录取名额，使县试录取呈泛滥之势。各地学政多次请求规定县试录取名额，清廷均未批准，仅强调县试主考官要认真阅卷，一旦查出取中者的试卷荒谬不通，则由学政严肃查处相关人员。然而，这并未改变各县录取泛滥的局面。至道光、咸丰以后，有的县试基本不淘汰考生，全部录送参加府试。同治六年(1867)长汀县县试一共录取了将近700名童生，“卑县遵将录取正案童生胡崇文等四百六十五名试卷，又补考童生一百三十五名试卷，具文申送宪台察核”。[①] 这不仅加重了士子们应考的负担，而且增加了府试的组考难度。至清末，县试录送泛滥之势都没有得到有效遏制。

县试结束后，知县将录取名单造册，送交本县儒学署，由其将名册及录取者的试卷一同报送给知府或直隶州厅。县试录取者，有资格参加府试。未能参加县试的士子，补考一场合格者亦有资格参加府试。

府试由各府的知府(各直隶州、直隶厅的则为知州、同知)主考，考试地点为府衙门所在地的考棚或试院，一般为农历四月，即县试结束的一两个月之后。府试前一个月公布考试日期，程序、内容、场次等与县试基本相同。

尽管如此，与县试相比，府试的关防更加严格。福建汀州府府试

---

① 李兵、邹燕妮、薛东风点校：《同治年间福建汀州府童试文书》,《历史档案》2016年第1期，第43页。

之前,同治六年二月初五日,汀州知府札长汀知县,要求其选派民壮用于府试的搜检和瞭望,“照得本府考试为抡才大典,士子入场例应搜捡夹带,以拔真才,合行饬派。为此,札行该县立即遵照选派公正干役,在于点名台□搜捡瞭望,并同把守东西辕门,及小栅栏各役姓名备造清册,送府察点,以便分饬□候,勿得混派滥充。致干未便”。[①] 由此,我们可以清楚地看到汀州府试的无论在考生入场搜检、考棚外巡查和考场内纪律的维持等环节都做得相当严密。

清初府试录送院试的名额控制比较严格。乾隆八年(1743)七月规定:“江西学政金德瑛奏请各学童生每额进一名者,府试酌取五十名,申送学臣。”[②]其后逐渐放宽,不规定府试的录取名额。府试的第一名称“府案首”。与县案首一样,府案首院试的时候一般也会被取为秀才。府试出案之后的一两天内,知府将录取童生姓名、人数造册,钤用提调印信,与录取者的试卷一并呈送学政衙门存档。府试录取者有资格参加院试。

尽管县试、府试有严格考试纪律,但各地执行程度并不相同,有的地区相对比较宽松,舞弊现象比较严重。但我们认为这并不会严重地影响科举选材的公正性,主要原因是:第一,县试和府试并不能最终确定考生是否被录取为秀才,只是选拔考生参加院试的考试;第二,县试、府试录取名额都较为宽松,大部分有真才实学的人基本都会被推荐去参加院试;第三,县试、府试考官为了保证自己管辖地所选拔的考生在院试中具有竞争力,他们还会采用面试来考核所录取的考生。比如,县试第一场结束之后,知县会面试前三十名左右的考生,称之为“提堂”。同样,府试也会对考试名列前十名的考生提堂。这样能淘汰一些通过舞弊手段被录取的假冒伪劣人才,以保证县试、

① 李兵、邹燕妮、薛东风点校:《同治年间福建汀州府童试文书》,《历史档案》2016年第1期,第44页。

② 《清高宗实录》卷197,“乾隆八年七月庚戌”。

府试选才的有效性。

院试是童试中最关键的考试，由学政主持。学政是明清时期由朝廷派往各省的负责全省教育事务官员的通称，一般在子、卯、午、酉的乡试之年八月任命，多由进士出身的侍郎、翰林等充任，任期为三年。在此期间，学政需要两次巡回所管辖省份各府，主持生员的岁试、科试和童生的院试。学政案临各地先进行生员岁试、科试，再进行院试。院试先考文童，后考武童。雍正年间对这一次序进行了调整，雍正十二年(1734)议准："嗣后学臣下马考试，仍照例先文生，次文童。将文案发过，然后较试武场生童。先考骑射，次考策论。俾文武内外，场规肃清。"①这也就是说，雍正五年(1727)规定学政主持院试，依次考武童和文童，再进行岁试、科试。但在实施过程中发现，文童的数量远远多于武童，先考武童不合常理，十二年(1734)恢复先考文童后考武童的旧例，此后成为定制。

顺治九年(1652)规定，学政案临各府，需在半个月前发巡视学校牌，以便让计划前往的府州长官能通知所辖地区的考生准备应试。学政出发前三天，发起马牌，预先通知案临目的地的官府。接到通知之后，除准备好应考者的名册之外，知府还需为学政预备好驻扎衙门。各省府州设有考棚者，则学政案临进行考试，尚未建考棚则附于邻近州县进行考试。院试的主考官是学政，而负责场务的官员则是由学政案临的知府或者直隶州知州担任。

院试的应试者主要是府试录取者。各州县文庙的佾生也有资格参加院试，他们是文庙祭孔时跳佾舞的童生。乾隆五年(1740)奏准：佾生"每遇学臣按临，免其府、县两试，由教官册送府、县，叙入考案之后，申送院考，凭文录取"。② 在府试合格和佾生之外，因议叙得有顶戴人员，愿应童试岁、科两试，均免其府、县试，一体移送参加院试。

---

① (乾隆)《钦定学政全书》卷9《考试事例》。
② (乾隆)《钦定学政全书》卷79《挑选佾舞》。

院试入场搜检、点名比县试、府试都更为繁琐、更严格。顺治九年(1652)题准：考生入场时，搜检官连唱“仔细搜检”，两旁齐应，二人搜检一名考生。搜检完成后，提调官点名给卷。由执照进牌官引二十人至公座前听点，用隔别州、县军壮再次搜检。如果搜出考生有夹带等舞弊行为，则加倍奖励，之前搜检人员将受到严惩。再次搜检完成后，印卷、散签教官照点册唱名，本生高声答应。由于院试应考人数众多，搜检、点名程序有所简化，乾隆十九年(1754)议准：“提调官于大门外点名，每二十名一牌，引至二门听唱名，鱼贯而入。学政堂吏给卷。”①尽管如此，搜检并未放松，道光十一年(1831)谕令：“各直省学政于岁、科两试及国子监录科，务令严行搜检，遇有不肖士子带小本文策者，立予斥革。其恃众逞强，不服约束者，枷号示众，治以应得之咎。倘搜检番役、吏胥人等，有意栽害者，重治其罪。”②著名教育家、北京大学校长蒋梦麟先生参加过院试，他回忆说：

> 考试开始时，清晨四点左右大家就齐集在试院门前，听候点名。那是一个初秋的早晨，天气相当冷。几千位考生挤在院子里，每人头上戴着一顶没有顶子的红缨帽，手里提着一个灯笼、一只考篮。大厅门口摆着一张长桌。监考官就是绍兴知府，昂然坐在长桌后面。他戴着蓝色晶顶的红缨帽，穿着深蓝色的长袍，外罩黑马褂，胸前垂着一串朝珠。那是他的全套官服。他提起朱笔顺着名单，开始点名。他每点一个名，站在他旁边的人就拖着长腔唱出考生的名字。考生听到自己的名字以后，就高声答应：“有！某某人保。”保的人也随即唱名证明。监考官望一眼以后，如果认为并无舛错，就用朱笔在考生名字上加上红点。③

---

① (乾隆)《钦定学政全书》卷12《考试常规》。

② (光绪)《大清会典事例》卷389《礼部·学校·考试规条》。

③ 蒋梦麟：《西潮·新潮》第7章《参加郡试》，岳麓书社，2000年版，第60页。

对于考生入场后的纪律，清廷也有明确的规定：应试当天巳时，考生才能饮水、出恭，“供给官禀明，二门上击鼓三声，方许饮茶出恭。饮茶者趋饮茶桌，自击小云板一声。东坐者放卷于桌之东，西坐者放卷于桌之西。司茶吏印‘饮茶’二字。饮毕，领卷自击云板二声，复位。出恭者趋出恭桌，自击木梆一声，亦各东西放卷，执出恭牌，于甬路中行。司恭吏印‘出恭’二字。恭毕，领卷自击木梆二声，复位。二生不许并出”。[①] 饮茶、出恭止许一次，重出者不准。如果利用饮茶、出恭交谈以及不击梆等，即要被印上“犯规”二字。

院试考试时间为一天，考场执事会在未时击鼓三声，堂上巡绰官击云板三声，大声说“快誊真”；申时，大门外击鼓四声，堂上击云板四声，大声说“快交卷”。申末，大门外击鼓五声，堂上击云板五声，考生不能是否完成答卷，都必须交卷，不能给烛。但在实际的操作过程中，有的学政并不严格执行，乾隆二十三年（1758）议准：“嗣后应恪遵题定场规，如有因给烛滋弊者，将违例之学政议处。”[②]

清代院试场规已经非常严密了，其能否得到落实很大程度上取决于院试的主考官。有的学政严格执行场规，严查各种舞弊行为。比如，乾隆四十九年（1784）湖北学政王懿修在奏折中报告了其案临各地时，在搜检、点名时查出的舞弊考生情况，他说：“生童入场时，臣细加搜检，务使弊端净绝。德安、汉阳两府尚属安静。考试黄州府，搜获童生胡本立夹带小本文字，当发提调惩治。至武昌府，五方杂处，恐易滋弊，臣每于点名时，率同提调留心察看。五月十六日考试文童，点至咸宁县周梦笔、李开文，蒲圻县覃方薪等三名，年貌、声音均不符合，诘其册载，祖父名目亦属茫然，其为枪手无疑，当即拿究。”[③]

---

①② 《钦定学政全书》卷 12《考试常规》。

③ 中国第一历史档案馆：《乾隆中晚期科举考试史料》（上）之《湖北学政王懿修为报黄州等地生童岁试情形事奏折》（乾隆四十九年七月初二日），《历史档案》2002 年第 3 期，第 35 页。

然而,有的学政并不认真履行自己的职责,导致院试考场纪律松懈,甚至出现混乱的局面。据晚清举人钟毓龙回忆:"宗师有宽有严,严者终日堂皇,禁止考生谈话吟哦,甚或禁止其左右顾。宗师既严,则各县学老师亦巡回于两走廊之间不敢懈。此次徐季和宗师,出题后即退堂入内,于是各老师亦群聚杂谈,绝少梭巡,而场中谈话之声渐起,有离座而就他人之位者,甚或至短墙边与隔间之人大声问答者,老师不禁也。"①

学政案临考试,院试正式考试前,先考经古一场。自乾隆朝起,经学受到重视,清廷要求各省学政引导士子学习经学,要求"每科、岁按临时,预饬各该学,确访生童中有诵读御纂诸经者,或专一经,或兼他经,着开明册报。俟考试文艺之后,就四经中斟酌旧说异同之处,摘取数条,另期发问。只令依义条对,不必责以文采。有能答不失指者,所试文稍平顺,童生即予入泮,生员即予补廪"。② 可见,此时学政主要是停留在口试阶段,并没有笔试。至乾隆十七年(1752),清廷议准:"嗣后,应令学政按临之初,即将册报能对经解之生、童总试一场。果有答不失指者,卷面上加以'经解'印记,以便查对。"③ 此后,经解成为院试之前的一场考试。尽管经解场并不能决定考生是否能被录取,但是对于录取有一定的帮助。

院试正式考试一般考两场,包括正场和覆试,每场考试时间为一整天。乾隆二十五年(1760)议准,即院试正场为《四书》文一道,经题一道,五言六韵诗一首。覆试为《四书》题一道,论题一道,五言六韵诗一首,并默写《圣谕广训》一二百字。不论正场、覆试,学政出题不许割裂题义。光绪二十七年(1901)七月十六日,清廷改革科举,规定:"生童岁科两考,仍先试经古一场,专试中国政治史事及各国政治

① 钟毓龙:《科场回忆录》,浙江古籍出版社,1987 年版,第 23 页。

②③ (乾隆)《钦定学政全书》卷 15《取录经解》。

艺学策论，正场试《四书》义、《五经》义各一篇”，[1]并且不准用八股文写作。

院试答题纸有固定的式样，每页12行，每行20个红格。除了这些画好格子的纸之外，通常还会附几张白纸，供考生起草稿用，称“卷后起稿”。童试阶段，清代规定考生必须写草稿，而且要求草稿纸上的文字须与答题纸上的大致相同，只是草稿可以用行书、草书潦草地书写，而正稿要用楷书书写。如果学政在阅卷时看不到草稿，可将试卷以违例论处。

正场交卷后即开始阅卷。阅卷以学政为主，也可以请居住地在本省500里之外的幕僚协助阅卷。雍正十二年(1734)议准：“学政职司衡文，自宜矢公矢慎，虚心校阅，以励人才。但试卷繁多，一己之精神，不能遍览，势不得不延请宿学之士寄以鉴衡。然必须慎择他省之人，与莅任之地相去辽远者，方可远避嫌疑，杜绝弊窦。”然而，有的学政为了图便利，将府试名次靠前者作为阅卷者，他们往往“瞻顾乡曲，势必暗通关节，广徇情面。兼之胥役勾连，传递消息，夤缘说合，招摇撞骗等弊，皆不能免”。对此，清廷规定，学政在案临各地之前，即延请外省的学问优长、操守廉洁之士一同阅卷。“如系两省接壤之地，亦必在五百里之外者，方准延请。不得更带本地生员阅卷，致滋弊端”。[2]

院试正场阅卷结束，正式确定录取名单以后，要求提调官核对坐号、姓名，将该考生的县试、府试卷解送学政，与其院试正场试卷核对笔迹、文气。乾隆十年(1745)议准：“倘文气笔迹稍涉可疑，即行究治。”[3]正场结束后的第二天，有时学政还要提覆，即指名面试考生。

正场录取之考生，只以团案的形式公布坐号，称之出号。出号者

---

① 《清德宗实录》卷485，“光绪二十七年七月己卯”。

② (乾隆)《钦定学政全书》卷17《阅卷关防》。

③ (乾隆)《钦定学政全书》卷22《童试事例》。

需再覆试一场，覆试在决定考生是否录取中作用并不大，至清末覆试成了过场，蒋梦麟回忆说："第三次考试只是虚应故事而已。除了写一篇文章之外，名义上我们还得默写一段《圣谕广训》(皇帝训谕士子的上谕)；但是我们每人都可以带一册进考场，而且老实不客气地照抄一遍。这次考试由学政(俗称学台)亲自莅场监考。"①

有的学政觉得试卷过多，连正场试卷都不仔细评阅，覆试试卷则根本不看，因此出现覆试还没有结束，就已经公布录取名单的情况，使覆试形同虚设。薛福成在《庸庵笔记》卷三有"学使以快短明衡文"："江苏为人文渊薮，闻昔学院有以'快''短''明'三字衡文者，大抵交卷愈快愈妙，篇幅愈短愈妙，而意义则取其明白轩爽。题纸一下，不可构思，振笔疾书，奔往交卷。取额一满，则不待终场而出案。往往考官方据案咿唔，研墨润笔，忽鼓吹聒耳，龙门洞开，始知出红案也，乃踉跄不终卷而出。"②有的学政则公开收受贿赂。光绪五年(1879)七月二十九日，掌云南道监察御史邓承修在奏折中说，广东学政吴宝恕不仅整天吸食鸦片，与幕友聚众赌博，"全不以考试为事。即如考试，臣籍归善县属士子三千余人，日暮完场，诘朝出榜。该学臣即一目十行亦不能如是之速也，一处草率如此，他处可知。至索取棚规供应倍于前任，大卖关节，贿赂公行"，当有童生向他行贿，他就答应录取。不仅如此，他还随意革除十余名士子的生员资格，"又喜怒任情，考试琼山一县，革廪生十余人，后每人索取洋银三百圆，始行开复"。科试时，这位学政更加猖狂，"乡试录科之弊尤难指数，或系官绅贿托，或系幕役夤缘，明目张胆，几如市侩之交易。粤东士人谈及者辄为切齿"。③ 覆试以后发案，拆出卷后编号，公布录取名单。

---

① 蒋梦麟：《西潮·新潮》第7章《参加郡试》，岳麓书社，2000年版，第60页。

② 薛福成：《庸盦笔记》卷3《学使以快短明衡文》。

③ 邓承修：《语冰阁奏议》，沈云龙主编：《近代中国史料丛刊》(第12辑)，文海出版社，1973年版，第55～56页。

院试的录取者称生员，又称庠生、茂才、博士弟子员、诸生，俗称秀才。生员是一种终身的资格，也是士子在科举生涯中获得的第一级身份。院试公布录取名单的当天，各门斗会前往被录取考生家中报喜，其后补送捷报单，捷报用红纸书写。捷报不仅送往考生家里，也送到考生的外祖父家、妻子的娘家，业师家等，以讨得赏钱。清代中秀才的士子可以换上秀才服——袍为蓝绸青缘，冠用镂花银座，上衔银雀，披领为袍式。公服与文九品朝带相同。

由于明清童试是官学的入学考试，考取生员也就取得了官学的入学资格。院试录取结束后，学政公布入府学、州学和县学就读者的名单，因用红色纸张印刷，被称为“黉案”或“红案”。红案印有生员的姓名、籍贯、名次，进入县学的名称等，分发给生员，生员需要付印刷成本费。由于官学多有泮池，因此考取生员入官学学习称为入泮，也称游庠、采芹。

士子通过童试考中秀才，应该不是他们的最终目标，继续参加科举考试。然而，明清时期，并非所有的秀才都有资格参加乡试，他们还需要通过一次选拔考试——科试。科试由学政主持，在乡试之年的前一年举行。科试考试成绩分六等，清初规定科试列一、二等的生员有资格参加乡试，三等可参加录科、录遗，四、五等则无资格应试。后来，又改为大省科试三等的前十名，中小省三等的前五名有资格参加乡试，其余三等者可参加录科。获得参加乡试资格的秀才被称为科举生员。此外，为使有才华的秀才不因科试而被埋没，还有几种“补考”的形式，即录科、录遗和大收。录科是为科试落第，或因故没有参加科试的秀才，以及在籍的监生、荫生、贡生等举行的选拔考试。录科之后，凡是没有被录取，或因故没有参加科试者，还可以参加一次考试，称为录遗。如果录遗之后，仍未参加科试、录科和录遗者，可参加乡试前的最后一次选拔考试，称为大收。通过科试、录科、录遗、大收录取的士子都有资格到省城参加乡试。

录送科举的名额是根据乡试的举额决定的。据《钦定学政全书》记：顺治二年(1645)定，直省乡试每取中一名举人，科试取 30 名生员。康熙二十九年(1690)议准，江南、浙江每取中举人一名，录送生员 60 名。次年，每取中一名举人，又增加到录送 100 名。乾隆七年(1742)，有见于参加乡试者人数日增，使考官的负担日益加重，甚至影响到了士风，“试卷太多，不但试官于仓猝之中难于别择，即浮薄之士子，将以观光为游戏，而不复攻苦于寒窗，于宾兴大典，甚有关系”。清廷决定减少科举生员的人数。乾隆九年(1744)议准：科试录取人数，直隶、江南、浙江、江西、湖广、福建为大省，每举人一名，录送科举生员 80 名。山东、河南、山西、广东、陕西、四川为中省，每举人一名，录送科举生员 60 名。广西、云南、贵州为小省，每举人一名，录送科举生员 50 名。直隶贝字号，举人定额 102 名，录送科举生员 8 160 名。江南省上江举人定额 45 名，录送科举生员 3 600 名。下江举人定额 69 名，录送科举生员 5 520 名。浙江举人定额 94 名，录送科举生员 7 520 名。江西举人定额 94 名，录送科举生员 7 520 名。湖广省中湖南举人定额 45 名，录送科举生员 3 600 名；湖北中 48 名，录送科举生员 3 840 名。福建举人定额 85 名，录送科举生员 6 800 名。山东举人定额 69 名，录送科举生员 4 260 名。河南举人定额 71 名，录送科举生员 4 260 名。山西举人定额 60 名，录送科举生员 3 600 名。广东举人定额 72 名，录送科举生员 4 320 名。陕西举人定额 61 名，录送科举生员 3 660 名。四川举人定额 60 名，录送科举生员 3 600 名。广西举人定额 45 名，录送科举 2 250 名。云南举人定额 54 名，录送科举 2 700 名。贵州举人定额 40 名，录送科举生员 2 000 名。①

秀才即使在未来考不上举人、进士，但他们毕竟是掌握官方认可

① (乾隆)《钦定学政全书》卷 36《录送科举》。

的知识体系的读书人，因此，相对于普通百姓而言，他们还是有一定的政治和社会地位的。首先，遇到有事情报告官府，秀才可以写禀帖，而普通百姓只能写呈文。齐如山先生说："禀帖"中可以说私事，而"呈文"中是绝对不可以的。而且从词义色彩上来看，"禀"的主体与禀的对象之间地位好像要略微平等一些，而"呈"的主体与呈的对象之间的地位则是完全不平等的；其次，秀才见知县不必下跪，只需要拱手作揖就可以了，官府也不能随便对他们用刑。如果一定要处罚秀才，必须先请示学政，由其取消其秀才身份后，才能进行处罚。如果情节轻微，知县一般交由县学教官来处理，最多只能打秀才的手板，不能动用其他刑罚。①

普通人见了秀才要称老爷，不能再直呼其名了。秀才家的房门总比别人家的高出三寸。之所以如此，最直接的原因是秀才的帽子上有雀顶。更深层次的原因是，通过允许秀才家加高大门，显示读书考秀才也可以光耀门楣。范进的岳父胡屠夫教训考中秀才的范进时说："你如今既中了相公，凡事要立起个体统来……若是家门口这些做田的、扒粪的，不过是平头百姓，你若是同他们拱手作揖，平起平坐，这是坏了学校的规矩，连我脸上都无光了。"

在经济方面，秀才可以免除部分地丁钱粮，甚至差赋徭役。更重要的是，中秀才的士子也获得了一种谋生的本领。按照张仲礼的研究，在古代中国，"对于绅士来说，教学是出仕之外唯一能令人满意的出路的想法"。秀才担任私塾教师成为明清社会的常例。古人往往将老师的工作称之为"舌耕"，尽管收入不是很丰厚，但还是比较稳定的。有一首名为《砚台是良田》直白地将读书描写为谋生的方式，进而告诫子孙要发奋读书，这首诗写道：

---

① 参见齐如山：《中国的科名》，辽宁教育出版社，2006年版，第6章《秀才》第3节。

要问我家有何产,祖传砚台好美艳!
作文犹如游花园,砚台好比是良田。
田庄不能看作砚,砚则可视为庄田。
池深年景不会坏,墨汁蓄积兆丰年。[①]

张仲礼先生列举过一个叫黎安力的贵州秀才担任私塾教师的收入,他18岁获得秀才后就开始教书,那一年的收入只有10两银子。21岁时,他招收了8个学生,年收入为24两银子。尽管这些收入仍然不够家庭的开销,但与一个年收入5～10两的雇工相比,秀才的收入显然是要高很多。[②]

## 四 乡试与会试

乡试又称乡举、乡闱、秋闱、秋试、秋榜、桂榜、大比,是明清时期在南、北直隶(南京和北京)及各省省会举行的选拔举人的考试。因采取分省考试、分省录取,与上古的乡举考试有形似之处,因此称乡试。乡试是明清时期参加人数最多的正式科举考试,也是改变明清士人命运的最关键的考试。乡试的录取者称举人,各省乡试第一名称解元。

会试因各省举人集中在京城考试而得名。又因会试是由礼部主持的全国性考试,故称礼部试、礼闱。各省乡试考中的举人有资格参加会试。会试的录取者称贡士,第一名称贡元、会元。由于殿试没有淘汰,因此贡士也被称为进士。

### (一) 科次与试期

清代沿用明制,在子、卯、午、酉年八月举行乡试,丑、未、辰、戌年二月举行会试。在这些年份举行的乡会试,不需要由朝廷特别批准,

①② 张仲礼:《中国绅士研究》第四章《教学作为收入的来源》,上海人民出版社,2008年版。

由礼部依照科场条例进行，称为正科，有清一代共开正科84次。

在正科之外，清廷根据需要还有加科。入关之后，清廷急需笼络汉族知识分子，以及选拔汉族官员来充实文官队伍，于是在正科之外特别开科，“凡乡会试加科，俱由特旨。其试期或仍于八月乡试，次年三月会试；或改以三月乡试，八月会试，均临时酌定，不拘成例。有与正科同岁者，或移正科于前，或移正科于后，亦不拘成例”。① 清代乡会试的加科有两种情况，一种是清初因为特殊情况的加科，一共有两次。第一次是根据范文程的建议，清廷在顺治二年（1645）举行乙酉乡试，三年二月会试之后，顺治三年八月“再行乡试，来年三月再行会试”。这也就是说，顺治三年乡试、四年会试为加科。第二次是顺治十六年（1659），鉴于云南、贵州需要大量的地方官，“现在候选官员尚未足用，应预为征取，以备任使。着于今科再行会试”。② 但此次加科仅仅是会试与殿试，没有举行乡试。

此外，康熙十六年（1677），御史程文彝奏请本年增加乡试，“今查直隶、江南、浙江三省贡监数多，应各遣官考试，河南、山西、山东、陕西贡监数少，应会在河南省，遣官一同考试。湖广、江西归并江南省，福建归并浙江省考试”。③ 这一建议得到了清廷的认可，于九月加科乡试，但只有顺天、江南、浙江、河南四省举行乡试，湖广、江西省考生在江南，福建考生在浙江，山东、山西、陕西考生在河南应试，录取比例为十五分之一，但此次仅有几个省份开乡试，而且没有举行会试，因此不能算严格意义上的加科。

另一种加科是恩科。清代还在万寿、登极等喜庆的年份特别举行乡试，称为乡试恩科。如果庆典恰逢正科之年，就以正科为恩科，正科则提前或推迟一年举行。至清末，有恩科和正科合并举行的事

---

① （光绪）《钦定科场条例》卷1《乡会试期·乡会试加科（附补行正科）·现行事例》。
② （光绪）《钦定科场条例》卷1《乡会试加科·乡会试加科（附补行正科）·例案》。
③ 《清圣祖实录》卷67，“康熙十六年六月癸丑”。

例,称为“恩正并科”。在乡试正科次年举行的会试为会试正科,乡试恩科次年举行的称会试恩科。

恩科主要有万寿恩科和登极恩科两种。万寿恩科是皇帝、皇太后生日之年特别举行的科举考试。康熙五十一年(1712)题准:“万寿圣节特开乡会恩科,照顺治丙戌、丁亥科例,于二月举行乡试,八月举会试。”①清廷颁布谕旨,于五十二年二月举行乡试,八月举行会试。此后,除雍正、同治朝之外,清代历代皇帝曾开万寿恩科。

在皇帝万寿恩科之外,清廷于乾隆十六年(1751)发布上谕,是年开皇太后万寿恩科。二十六年(1761)、三十六年(1771),又开皇太后七旬、八旬万寿恩科。此后,道光、光绪两朝也曾开皇太后万寿恩科。

登极恩科始于雍正元年(1723)。雍正帝即位之后,为选拔人才实施新政,宣布特开恩科,四月举行乡试,九月举行会试、殿试,将是年癸卯正科乡试改于雍正二年甲辰二月举行,甲辰正科会试改于甲辰八月举行。自此之后,历代皇帝登极时,均开设登极恩科。

除万寿、登极恩科之外,清代还有两次特殊恩科:一是乾隆帝登极六十年(1795)庆典并禅位嘉庆帝恩科。乾隆五十八年(1793)颁布上谕:于乾隆五十九年秋特开乡试恩科,六十年春为会试恩科。六十年秋天开恩科乡试,次年春天即开恩科会试。一是光绪十五年(1889)秋、十六年春,光绪帝亲政乡会试恩科。清代自顺治二年(1645)开科,至光绪三十一年(1905)科举停废,开正科 84 科,加科 2 科,恩科 26 科,共计 112 科。

在加科的同时,清廷还有因特殊情况未开科、停科、补行,导致这些情况的发生主要是因战争而起。尽管清廷在顺治二年(1645)即开科,但由于满洲贵族并没有完成全国统一,因此当年仅有顺天、江南、山东、河南、山西和陕西 6 省举行乡试,其他各省未开科。次年再次

① (光绪)《钦定科场条例》卷 1《乡会试加科・乡会试加科(附补行正科)・例案》。

举行乡试，增加浙江、江西两省，有八省开科，其他各省依旧未开。五年（1648）乡试，因为金声桓之乱，江西停开，而增加福建、广东和湖广，共计 10 省开科。八年乡试，江西、四川、广西均开科，共计 13 省开科。十七年（1660）乡试，贵州开科，开科省份增至 14 省。云南因贡院未修好，学政未到任，于次年补行乡试。

康熙十七年（1678）戊午科福建乡试经奉旨批准改为十八年举行。十八年四月，经福建巡抚吴兴祚上奏，由于战争尚未完全结束，今海氛未靖，请求将乡试延迟至康熙十九年举行。二十年（1681）补行改科乡试。

三藩之乱期间，康熙二十年三月，“贵州巡抚杨雍建以军兴旁午，请停贵州本年乡试，于壬戌年补行。从之”。① 二十一年，补行辛酉科广西乡试、贵州乡试。二十二年，补行辛酉科云南乡试、四川乡试。

至清末，因太平天国和东西捻军起义的影响，战争波及的省份停科或者补行的情况比较多，当时全国 16 省举行乡试，从未停科者只顺天、山西两省。我们依据（光绪）《钦定科场条例》卷一《乡会试加科·附补行正科》和《清实录》的相关记载，将咸丰、同治朝各省乡试停科、补行情况列表如下：

| 科　　分 | 停科省份 | 补　行　科　次 |
|---|---|---|
| 咸丰元年辛亥恩科 | 广西 | 咸丰六年丙辰科 |
| 咸丰二年壬子科 | 湖南 | 咸丰七年丁巳科 |
| | 广西 | 咸丰十一年辛酉科 |
| 咸丰五年丁卯科 | 广东 | 咸丰六年丙辰科补行乡试 |
| | 广西 | 咸丰六年丙辰科补行乡试 |
| | 湖南 | 咸丰七年丁巳科补行乡试 |

① 《清圣祖实录》卷 95，“康熙二十年三月丙辰”。

续 表

| 科　分 | 停科省份 | 补 行 科 次 |
|---|---|---|
| 咸丰五年丁卯科 | 湖北 | 咸丰八年戊午科 |
| | 河南 | 咸丰八年戊午科 |
| | 江南 | 咸丰九年己未恩科借闱浙江补行 |
| | 江西 | 咸丰九年己未恩科 |
| | 贵州 | 同治六年丁卯科 |
| 咸丰八年戊午科 | 福建 | 咸丰九年己未恩科 |
| | 江西 | 同治元年壬戌恩科 |
| | 广东 | 同治元年壬戌恩科 |
| | 广西 | 同治元年壬戌恩科 |
| | 江南 | 同治三年甲子科 |
| | 贵州 | 同治六年丁卯科 |
| | 云南 | 同治九年庚午科 |
| 咸丰九年己未恩科 | 广东 | 咸丰十一年辛酉科 |
| | 广西 | 咸丰十一年辛酉科 |
| | 湖南 | 同治元年壬戌恩科 |
| | 贵州 | 同治八年己巳科 |
| | 云南 | 同治九年庚午科 |
| 咸丰十一年丁酉科 | 福建 | 同治元年壬戌恩科 |
| | 河南 | 同治元年壬戌恩科 |
| | 山东 | 同治元年壬戌恩科 |
| | 江西 | 同治三年甲子科 |
| | 湖南 | 同治三年甲子科 |
| | 四川 | 同治三年甲子科 |

**续　表**

| 科　　分 | 停科省份 | 补　行　科　次 |
|---|---|---|
| 咸丰十一年丁酉科 | 浙江 | 同治四年乙丑科补行乡试 |
| | 江南 | 同治六年丁卯科 |
| | 贵州 | 同治八年己巳科补行乡试 |
| | 云南 | 同治九年庚午科 |
| 同治元年壬戌恩科 | 浙江 | 同治四年乙丑科补行乡试 |
| | 四川 | 同治六年丁卯科 |
| | 陕西 | 同治八年己巳科补行乡试 |
| | 贵州 | 同治八年己巳科补行乡试 |
| | 江南 | 同治九年庚午科 |
| | 云南 | 光绪元年乙亥恩科 |
| 同治三年甲子科 | 福建 | 同治四年乙丑科补行乡试 |
| | 浙江 | 同治六年丁卯科 |
| | 陕西 | 同治八年己巳科补行乡试 |
| | 贵州 | 同治十二年癸酉科 |
| | 云南 | 光绪二年丙子科 |
| 同治六年丁卯科 | 山东 | 同治九年庚午科 |
| | 陕西 | 同治九年庚午科 |
| | 云南 | 光绪二年丙子科 |

除了战争影响之外，清朝还出现过因为文字狱和闹考等原因停科的。雍正四年(1726)，浙江发生汪景祺、查嗣庭文字案，清廷对其进行了极为血腥镇压，但雍正帝认为这与浙江风气不正有关，于是发布上谕："浙江乡会试俱行停止。"浙江停开乡试之后，钦派河南学政王国栋为观风整俗使，前往浙江整肃知识界的风气。3 年以后，即雍

正六年(1728),清廷发布上谕:“明年即届乡试之期,浙省士子准其照旧乡会考试,以示朕训俗励民,乐闻迁善之至意。”[①]浙江乡试才得以恢复。

咸丰元年(1851),据两广总督徐广缙的上奏,清廷广东南海、东莞生徒煽动罢考,清廷发布上谕:“着将南海县西湖书院肄业生徒及东莞合学,俱暂停考试,该督等即确查主谋罢考及附议之人,分别首从照例惩办。”[②]不过,取消南海西湖书院、东莞士子参加乡试资格的决定并未实施,清廷发布上谕,宣布严惩罢考的倡议者,允许其他士子参加乡试。

光绪二十七年(1901)四月,因义和团起义的影响,奕劻、李鸿章上奏各国议定滋事地方,停止文武各考试五年一摺,清廷迫于西方列强的压力,宣布禁止直隶之顺天等5省的46州、府、县、城士子,参加乡试应停止文武考试5年。光绪二十八年(1902),清廷发布上谕,宣布原本应当停科的顺天乡试仍然举行,只是因顺天贡院毁于八国联军战火,不得不借闱河南贡院,于八月举行,而河南乡试延迟至十月举行。太原、忻州等地被禁的山西仍然开乡试,只不过借闱陕西贡院,于十月举行。

清代乡会试的试期和场次,顺治二年规定:会试二月举行,初九日为第一场,十二日为第二场,十五日为第三场。会试时间至乾隆十年(1745)从二月调整为三月,“昨岁朕亲临贡院,遍观堂所,周览号舍,矮屋风檐,备极辛苦,深可轸念,比赋四诗,命刻堂壁,可以知朕心矣。今岁会试已展限三月,以待春温,嗣后即以为例”。[③] 会试改为三月成为定制。乡会试三场为定制,仅有康熙二年(1663)改为两场。举行两科之后,康熙七年(1668)恢复三场之制,一直沿用到清末科举

---

① (光绪)《钦定科场条例》卷1《乡会试加科·附载停科旧例》。

② (光绪)《钦定科场条例》卷1《乡会试期·附载停科旧例》。

③ (光绪)《钦定科场条例》卷1《乡会试期·乡会试加科(附改期)·例案》。

停废。

有清一代，乡会试试期的改变，不仅有停科、补行等情况，还有因自然灾害、疾病等改变月份的情况。如嘉庆六年(1801)，由于京师六月以来雨水连绵，贡院墙垣、号舍多有坍塌、渗漏之处。且京畿附近道路泥泞，士子等来京应试跋涉维艰，于是，清廷决定是年顺天乡试延迟一个月，于九月初八举行。

除此之外，清代还有两次因皇帝去世而改变乡试日期：一次是嘉庆三年(1798)因乾隆帝去世，将原定于嘉庆四年的恩科乡试、五年的恩科会试推迟一年举行，即五年举行乡试，六年举行会试；另一次是咸丰十一年(1861)，因皇帝去世，顺天乡试延期至九月举行。

上述这些乡试改期都至少以月为单位。但乾隆九年(1744)甲子科顺天乡试时，"因搜检逾期，奏改试期一日"，[①]即临时奏准将考试日期推迟一天举行，即从八月初十开始，这在清代科举史上是一个特例。

清初会试的三场考试日期沿用明制，分别在二月初九、十二、十五举行。与乡试一样，每场考试都是前一天入场，后一天交卷出场。但清代因战乱、皇帝或皇太后去世等原因出现多次改变会试时间的情况。顺治三年(1646)丙戌科会试为清代第一次会试，礼部上奏："会试天下举人已经题准二月初九等日，但直、省举子虽名册投部，而人尚有未至者。兵火之余，道路梗塞，一时难齐，相应展期。"[②]清廷将原定于二月初九的会试延期10天举行，即十九日开始会试。顺治十五年(1658)，云南、贵州刚刚统一，"计偕士子，不能如期到京，诏缓一旬，于二月十八日始试初场"，[③]是科会试延期10天举行。十八年(1661)正月，顺治帝驾崩，清廷改会试于三月初九日举行。康熙二十

---

① 黄崇兰：《国朝贡举考略》卷2。

② 《清世祖实录》卷24，"顺治三年二月辛巳"。

③ 叶梦珠：《阅世编》卷2《科举二》。

七年(1688)正月,因太皇太后逝世,礼部请求会试延期至三月初九举行,“上念举子贫者资斧难继,命缓十日”,①也就是在二月十九日举行。此后,仅有光绪十二年(1886)因慈禧太后谒东陵,“业经降旨于三月初七日还宫,所有本年会试应行听宣之考官等,着改于三月初八日听宣入闱,应试士子着于初十日点名入场”。②

由于会试在二月举行,北京天气尚冷,雍正四年(1726)奉上谕:“明年乃会试之期,春季适有闰月,二月节候天气尚冷。凡应试举子,途次远来,及闱中考试,诚恐寒苦。着将明年二月入场之期改至三月。”③然而,当年是闰三月,三月天气依然寒冷,考虑到如果再延迟,恐怕举子盘缠不够,依然在三月初八入场考试,同时“晓谕各举子俱许携带手炉,以温笔砚,皮衣及厚绵衣服俱许穿进。但不得乘机怀挟,以滋弊端。场内茶饭,着供给官加意预备,朕另派大臣照看料理,令早晚给与姜汤,并按名给发木炭,以资其用”。④ 但此次会试改为三月为特例。乾隆二年(1737)恩科会试,改期于三月举行。九年(1744),考虑到二月天气还比较寒冷,清廷发布上谕,宣布将会试改在三月举行,此为定制。

(二) 考官

考官分主考官和同考官,主考官负责命题和确定录取名单,同考官承担具体的阅卷任务,并向主考官推荐拟录取的试卷。清初乡试主考官继承了明代选用京官的办法,一律由京官出任,每省任命正副主考官各一人,一正一副。唯有顺天乡试的主考官数量与各省不同,据《国朝贡举考略》记,顺治二年(1645)为一正一副,与各省相同;顺治八年(1651)、十一年(1654)改为一正三副,共四人,十四年(1657),

① 叶梦珠:《阅世编》卷2《科举》2。
② 《清德宗实录》卷223,“光绪十二年正月癸亥”。
③ (光绪)《钦定科场条例》卷1《乡会试期·乡会试加科(附改期)·附载旧例》。
④ 《清世宗实录》卷54,“雍正五年三月庚寅”。

顺天乡试仍为一正一副的旧制；乾隆四十五年（1780），顺天乡试改为一正二副。此后多有调整，至同治三年（1864）改为一正三副，一直沿用到清末。

清初乡试主考官的选任，进士、举人、贡生出身者并用。顺治十七年（1660）庚子科乡试，钦派岁贡出身的袁懋德担任山东正主考官，被人称之为“创典”。① 康熙二年（1663）癸卯科乡试，钦点拔贡出身的蔡驺担任云南正主考官。康熙五年（1666）丙午科云南乡试的正主考官黏本盛为举人出身。随着科举地位的提高，对于考官的要求也越来越高。

清初在选派乡试主考官时，根据各省文化水平、考生数量的差异，派遣不同级别的主考官，以便能充分发挥他们的作用。顺治八年题准：顺天、江南正副主考，浙江、江西、福建、湖广正主考，差翰林官8名；浙江、江西、福建、湖广副主考，山东正主考差给事中5名；山东副主考，山西正副主考，河南、陕西正主考，差光禄寺少卿一员，吏、礼二部司官各2名；河南、陕西副主考，四川、广东正副主考，广西、云南正主考，差户、兵、刑、工四部司官各2名；广西、云南副主考，贵州正副主考，差行人2名，中书、评事各1名。如光禄寺官或缺，户、兵、刑、工四部司官充山西副主考，中书、行人、评事充广东副主考。然而，实行这种差遣指定衙门官员的制度，有可能让考生事先揣测到主考官人选，进而影响科举的公正性。康熙三年（1664）题准：“乡试正、副主考，不必指定某衙门官差往某省。各衙门应差官员职名，概行开列题请钦点。”②

在注重主考官出身的同时，为了提高考官评阅八股文的能力，自雍正三年（1725）起，清廷宣布实行考差。考试钦命《四书》题一道，《五经》题一道，诗题一道。林则徐于嘉庆二十一年（1816）五月参加

---

① 黄崇兰：《国朝贡举考略》卷1。
② （光绪）《钦定科场条例》卷9《乡试考官·直省乡试正副考官·例案》。

试差考试,他在日记中记:“十六日,乙未。晴。寅初刻诣宫门外接试卷,入正大光明殿。寅正刻,发下题目:书题:‘克己复礼为仁’;次题‘以不忍人之心行不忍人之政’;诗题‘赋得膏泽多丰年’,得‘多’字。酉刻纳卷出,仍在园写信,夜(夜疑衍字——编者)。是日与考者共二百九人。”①试差之后,特派大臣阅卷,不发名单。在选派乡试主考官时,考试成绩被作为以后钦点考官的重要依据。实行考差弥补了科举考官选拔制度的一个漏洞,以保证考官的具有完成任务的基本素养和能力。

在试差的同时,自雍正三年(1725)起,清廷还明确要求乡试主考官由进士出身者充任,不用由举人出身之人。不仅需要选进士,更有状元担任乡试正主考官的惯常做法。顺天乡试的正主考官一般由上一科的状元担任,至康熙年间,这种做法成为不成文的规矩。比如,十一年(1672)壬子科顺天乡试的正主考蔡启僔为九年(1670)状元。十四年(1675)乙卯科顺天乡试的正主考韩菼为十二年(1673)状元。十六年(1677)丁巳顺天乡试正主考彭定求为十五年(1676)状元。二十年(1681)辛酉科顺天乡试的正主考归允肃为十八年(1679)的状元。不仅担任顺天乡试的主考,状元也出任各省乡试的主考。如四十四年(1705)乙酉科陕西乡试的主考由三十四年(1695)状元徐文元担任,二十六年(1687)丁卯科江西乡试的主考由二十四年(1685)状元陆肯堂担任。

顺天乡试正副主考官不仅数量与各省乡试不同,而且职衔也更高。乾隆三十五年(1770)提高了顺天乡试考官的职衔,清廷议准,顺天乡试考官应从协办大学士、尚书以下,副都御使以上官员中任命。道光二十九年(1849),军机大臣面奉谕旨:顺天乡试主考官从大学士及协办大学士中题请钦点,由大学士、协办大学士、尚书等朝廷大

① 林则徐:《林则徐日记》,“嘉庆二十一年五月”,中华书局,1962年版,第46页。

员出任顺天乡试主考官几乎成为定例，官员的职衔与会试主考官相当。

由于各省和京城的距离远近不同，选派主考官的工作需分批进行。顺治二年定，礼部题差乡试考官的日期为：云南、贵州四月初一日，四川、广东、广西、福建五月十二日，浙江、江西、湖广六月十三日，陕西、江南六月二十三日，河南七月十三日，山东、山西七月二十日，顺天八月初四日。至清代中期，社会逐渐稳定下来，选派主考官日期也多次进行了调整。乾隆五十七年（1792），云南、贵州为四月下旬选派，广东、广西和福建为五月上旬，四川、湖南为五月中旬，湖北、浙江、江西为六月上旬，陕西、江南为六月中旬，山东、山西、河南为七月上旬。为消除考官交通嘱托的弊端，清廷再次改变了选派时间，云南、贵州以四月下旬，广东、广西、福建以五月下旬，四川、湖南以六月上旬。嘉庆五年（1800），又改四川、广东、广西、湖南、福建以五月上旬。十八年（1813），广东、广西、福建的选派时间改以五月上旬，湖南、四川以五月中旬。至此，各直省主考官共分六批先后题请差遣，成为定制。

各省乡试主考官在午门听宣，“题本下内阁，礼部派司员领出，行知点出各官，次日常服，诣午门前，听礼部堂官宣旨。宣毕，各官行三跪九叩礼。如迟延不到，即行参奏”。① 为了避免被题差的考官在京城和沿路逗留时间太长，出现交通嘱托，清廷规定了考官起程的期限和前往主考点的相关规定。顺治十七年（1660）题准：“直省正、副考官命下之日，转行兵部，各给邮符，克期起行，不许淹留京邸。”②康熙二十九年（1690），清廷明确考官任命之后，5 天内必须起程。乾隆三年（1738）清廷发布上谕，起程期限略有延长，云南、贵州、四川、广东、广西、福建、湖南 7 省，以 10 日为上限；浙江、江西、湖北、陕西、江南 5

① （光绪）《钦定科场条例》卷 9《乡试考官·直省乡试正副考官·现行事例》。
② （光绪）《钦定科场条例》卷 9《乡试考官·直省乡试正副考官·例案》。

省,以7日为限;河南、山东、山西3省,以5日为限。如果有逾限逗留者,由礼部查明参奏。起程的期限放宽之后,难免出现交通嘱托,至乾隆五十七年(1792),清廷再次规定,考官必须在5天之内起程,成为定例。

林则徐于嘉庆二十一年(1816)闰六月十日被任命为江西乡试副主考官,他在日记中记:"十一日,己丑。阴,微雨。黎明恭诣午门前候宣旨,谢恩毕,出城料理行装……十六日,甲午。晴……未刻出彰义门,酉刻长辛店小憩,亥初刻至良乡县北关外(固节驿)。与美存前辈分两舍。"①可见,林则徐是在被任命之后5天内起程的。然而,至晚清,这一期限似乎并没有得到执行,比如曾国藩在咸丰二年六月十二日被钦点为江西乡试主考官,但他在六月二十四日才起程赴江西,②前后有12天,远远超出了清廷所规定的5天期限。

为解决奔赴各省主考官的食宿与交通问题,礼部与兵部给他们通行证,可以免费使用驿站的马、船等交通工具。各省地方官则会送路费给主考官,数量多少朝廷并无明确规定,则容易因考官收受金钱而徇私舞弊。正是有鉴于此,自乾隆三年(1738)起,清廷依据考官前往的主考地的路途远近,给予主考官路费,并且禁止考官收受地方官馈送的银两,具体规定是:云南八百两,贵州七百两,四川、广东、广西、福建、湖南六百两,江南、浙江、湖北、江西、陕西五百两,河南、山西、山东四百两。按照清廷规定,主考官的路费应是完成任务之后从所主考的省份领取。

由于考官赴任的时间正好是夏天,天气炎热,加上大多数路途遥远,因此赴任对主考官们来说是非常辛苦的。有的考官因为长期的旅途劳累,积劳成疾。嘉庆六年(1801),陕西布政使温承惠奏:"陕西正考官翰林院编修靳文锐,因沿途感冒暑热,入内帘后病势渐重,三

---

① 林则徐:《林则徐日记》,"嘉庆二十一年闰六月",中华书局,1962年版,第50页。
② 董丛林:《曾国藩年谱长编》,上海交通大学出版社,2017年版,第149～150页。

场试竣，于八月十八日移出贡院，安置寓所，并咨会副考官内阁中书谭元，督率各同考官并力校阅，讵靳文锐于八月二十一日午时身故。"[①]林则徐从在嘉庆二十一年（1816）闰六月十六日出发前往江西主考，实际到江西南昌的时间（八月）初一日，一共用了50天的时间。

尽管如此，由于出任乡试主考官是京官们仕途的重要经历，是日后升迁的资本，再辛苦他们都愿意承受。不仅如此，有的官员还将出任主考官作为收受钱财的好机会，甚至有"而以考差二字横塞于胸中。若谓非此不足以为计也，一旦得一差，各县之供应，各官之馈送，数且不赀，亦足以豪矣"[②]的记载。何刚德对此亦有描述："主考一次可得数千金，最苦如广西，只有九百金。若得乡会试房差，则专恃门生贽敬，其丰啬以门生之贫富为转移，大率不过三百金上下，亦慰情胜无耳。"[③]对于这一点可以从曾国藩的家书中得到应验，曾氏在道光二十三年（1843）被钦点为四川乡试主考官，次年他在给父母的信中写道："男前次信回，言付银千两至家。以六百为家中完债及零用之费，以四百为馈赠戚族之用。"作为一名俸禄加养廉银子并不多的五品官员，曾国藩能一次准备给家里寄回1 000两银子，说明去当主考官不仅有官方发给的补贴，而且还有地方官的馈赠和新科举人们的礼金等，收入是非常丰厚的。从四川回北京之后，曾国藩的身体、精神状态明显好转，生活也明显阔绰起来，他说："男自四川归后，身体发胖，精神甚好。夜间不出门。虽未畜车，而每出必以车，无一处徒步。"[④]无论从个人仕途，还是收入来说，品级比较低的京官确实盼望有机会被钦点为乡试考官。《春明梦录》记载了一首打油诗，来嘲讽这些想得到主考官差事的人：

---

① （光绪）《钦定科场条例》卷9《乡试考官·直省乡试正副考官·例案》。

② 柏景伟：《沣西草堂集》卷3《覆辞寿萱》。

③ 何刚德：《春明梦录》之《翰林放差情况》。

④ 曾国藩：《曾国藩全集·家书》，《禀父母》（道光二十四正月二十五日），岳麓书社，2011年版，第62页。

自从云贵盼山东,盼到山东又落空。
学政乡房都过了,团圞家宴月明中。[①]

据《湖南文史资料选辑》记载,长沙的萧荣爵为光绪二十一年(1895)殿试第四名进士,选为翰林院庶吉士。后来,在清廷重臣荣禄的保举下,出任为广东乡试主考官。在担任主考官期间,他收受了大量的财物,除了孝敬荣禄及相关官员巨款之外,在"家乡(甘草坑)还修建了大厦一栋,购置了良田千余亩"。[②]

乡会试同考官承担具体阅卷工作,因分房阅卷,故又称"房官"。清初,各省乡试同考官从地方官中选派,如果人数不足,则从邻省的科甲出身的推官、知县、教官中选派。顺治五年(1648),清廷规定各省同考官由该省巡按、提学公同考选派用。十七年(1660),清廷强调乡试同考官"选才望素著推知,或科甲教职等官"的同时,要求"先取进士出身者,不足,兼取举人出身之员"。[③] 为了便于选调,康熙五年(1666)议准,各省乡试同考官以本省内进士、举人出身官员为主,不足再选取邻省的官员。至雍正五年(1727),清廷认为各省乡试以现任知县充任,不但可能会影响到政务,而且并不一定对于考试有利。于是,雍正帝要求选聘邻省举人、进士在家候选者充任同考官。这一制度至乾隆年间发生改变。乾隆元年,各省乡试恢复以本省科甲出身之同知、州县官充任。三十二年(1767),清廷明确规定各省乡试同考官必须由现任的州县内考选,"其在省候补及暂行委署,并借补佐贰者,概不准入内帘"。[④]

各省乡试同考官数量主要依据考生人数的多少来选聘。顺治二

① 何刚德:《春明梦录》之《笔者考差经历结局》。
② 韦伯翰:《前清湖南贡院和省考内容》,《湖南文史资料选辑》,湖南省政协文史资料发行组,1981年,第10页。
③ (光绪)《钦定科场条例》卷10《乡试考官・直省乡试同考官・附载旧例》。
④ (光绪)《钦定科场条例》卷10《乡试考官・直省乡试同考官・例案》。

年(1645)规定:“其房数悉以各省科举之数为准,每房分阅三百卷或二百五十卷,计数分房,计房取官。其应取者,必以治行最、年力强、学识俱到者为主。”①之后,乡试同考官人数多有调整,至光绪年间,各省乡试同考官数为:江南18人,浙江、江西16人,山东、河南14人,广东13人,福建、湖南、湖北、四川12人,陕西10人,山西9人,广西、云南、贵州、甘肃8人。

顺天乡试同考官主要选京官,不足再取推官、知县。顺治十七年(1660),清廷强调顺天乡试同考官的科甲出身。乾隆三十五年(1770),清廷提高了顺天乡试的职衔,从翰林院侍读学士、詹事府庶子以下,科、道、部属、评事、博士、监丞以上的官员中选用。顺天乡试的同考官,最初定为20名。乾隆三年(1738)议准,为18名,此为定制。

与乡试一样,会试主考官称总裁,也分为正副。清初没有规定会试总裁的名额,由皇帝临时钦派。顺治三年(1646)首次会试,清廷钦点范文程等4人为正副总裁。四年加科会试,会试总裁增至6名。六年(1649)己丑科会试增至7人。此后,会试总裁钦派2～5名,嘉庆以前多为一正两副。嘉庆四年(1799)己未会试后,总裁多为一正三副。道光九年(1829)己丑科会试,总裁人数增至5名,其后又恢复为4名,即一正三副的旧制。

顺治三年(1646)规定,会试总裁从大学士、学士、六部尚书、侍郎、都察院堂官中钦点。九年(1652),根据大学士范文程的建议,沿袭明制,增加翰林院出身的官员为会试总裁的人选。与乡试一样,会试主考官也逐渐重视科举出身,至乾隆年间以后必须从进士中选用。据《国朝贡举考略》记:进士出身者五次担任会试主考官的有熊赐履、德保、王杰3人,四次担任会试主考官的有刘统勋和介福2人,三

① (光绪)《钦定科场条例》卷10《乡试考官・直省乡试同考官・附载旧例》。

次担任会试主考官的有范文程、李霨、陈廷敬、朱栻、张廷玉、史贻直、纪昀7人。状元是会试考官和同考官的热门人选。如乾隆四十三年(1778)戊戌科会试时,正总裁于敏中为二年(1737)状元,副总裁王杰为二十六年(1761)状元。此科会试不仅担任总裁的两位是状元,而且同考官中也有几位状元,有二十八年(1763)状元秦大成、三十四年(1769)状元陈初哲、三十六年(1771)状元黄轩、三十七年(1772)状元金榜。"时在京之一甲一名进士,无不入闱者。本科状元戴衢亨,官至大学士,是一科师生皆状元宰相,实为盛事"。①

清初会试同考官为20名,"内有翰林院官十二员,六科官四员,吏部司官一员,礼部司官一员,兵部司官一员,户、刑、工三部司官,每试轮用一员,各该衙门推举资俸优深、才望素著,送内院裁定,入闱阅卷。"②顺治十五年(1658),规定会试同考官为18名,其中内《易经》《诗经》各五房,《书经》四房,《春秋》《礼记》各二房。康熙五十四年(1715),康熙帝认为同考官阅卷非常重要,应该让两名来自不同省份的同考官同时评阅同一房试卷,所以同考官增加一倍,至36名。此后五十七年(1718)戊戌科、六十年(1721)辛丑科会试的同考官均为36名。至雍正元年(1723),清廷发布上谕:"法久弊生,一房两考官岂皆遇秉公持正之人?设有一狡黠者参杂其间,即为贤者之累。况两人或皆不肖,则朋比作奸,为弊更甚。嗣后,仍着照原定科场条例,各房止用一人校阅。"③于是,会试同考官恢复旧例为18名,成为定制。会试同考官从詹事府少詹事、翰林院侍读、侍讲学士以下,科道、郎中、员外郎、主事等官员中选派,而且要求必须是进士出身者,此为定例,一直沿用至清末。

清沿明制,乡会试主考官、同考官进入贡院之后,回避与外界的

---

① 福格:《听雨丛谈》卷10《乡会试掌故》2。
② (光绪)《钦定科场条例》卷11《会试考官·会试同考官·附载旧例》。
③ 《清世宗实录》卷4,"雍正元年二月丙寅"。

一切往来，不能接见亲戚朋友，也不得与贡院外有书信联系。在贡院内主要从事命题、阅卷与确定录取名单等工作。

清初科举考试内容多有变化。顺治二年（1645）规定，乡会试第一场试《四书》文三篇，《五经》文四篇，《五经》各出四题，士子各占一经；第二场试论一篇，诏、诰、表各一道，判五条；第三场试经史时务策五道。康熙二年（1663）议准：停止八股文体，乡会试以策论、表、判取士，分为二场，第一场试策五道，第二场《四书》论一篇、经论一篇、表一道、判五条。康熙七年（1668）恢复三场之制，仍以八股文取士。二十九年（1690），乡会试二场《孝经》论题甚少，嗣后考试将《性理》《太极图说》《通书》《西铭》《正蒙》一并命题。雍正年间多次强调乡会试第二场仍用《孝经》命题。乾隆二十一年（1756）奉上谕："嗣后乡试第一场止试以《四书》文三篇，第二场经文四篇，第三场策五道，其论、表、判概行删省。"①至乾隆五十八年（1793），乡会试三场考试内容形成定例：第一场，《四书》文三篇，五言八韵诗一首；第二场，《五经》文各一篇；第三场，策问五道，这一规定沿用至光绪二十七年（1901），100 余年都没有发生改变。

清初乡会试命题由主考官和同考官共同完成，顺治二年规定："凡前场题目，将经书分段书签，共同拈掣。如《论语》分为十段，主考掣至某书某段，即令房于本段内各拟一题。仍书签候掣出者用之，余题俱准此例。"②之后，《五经》题先由同考官拟出本经题目，由主考官当堂抽签确定。但是，这种命题方式不利于防止舞弊，乾隆二十三年（1758）清廷议定：《五经》题由主考官亲自出题，而不需要同考官参与。此后，清廷又规定策题由主考官亲自出题，"不得假手房考。如士子有预拟策题于场前传播者，严行禁止"。③ 这也就是说，各省乡

① （光绪）《钦定科场条例》卷 15《三场试题・题目成式・例案》。
② （光绪）《钦定科场条例》卷 16《三场试题・考官出题・附载旧例》。
③ （光绪）《钦定科场条例》卷 16《三场试题・考官出题・现行事例》。

试三场考题都是由正副主考官公同拟定。试题需刊刻在题名录中，以便进呈给皇帝预览。

林则徐担任嘉庆二十一年江西乡试副主考官，自八月初六入闱，与正主考官一起开始命题工作，现将他的日记摘录如下，由此可以窥视乡试主考官的工作：

初七日，癸未。晴。早晨帘官十四人同来见(同知二人，知县十二人)，即往答拜。上午拟策题。数日来天气甚热，可着亮纱。

初八日，甲申。阴，刮风，甚凉。早晨与美存前辈出玉清堂坐公案，掣十四房次第签。申刻封奎宿堂门，自书题目，传匠进刻。首题“子曰女得人焉”至“偃之室也”；次“所求乎子”四句；三“傅说举于版筑之间”五句；诗“赋得日照香炉生紫烟”，得“烟”字(李太白咏庐山瀑布诗)。亥刻刊毕，始闻外场封门炮。是晚邀帘官八人在奎宿堂晚饭，同监刊印。席间忽有蜈蚣自梁上坠余左耳，痛不可忍，亟取鸡冠血敷之，半夜始差；又有蟹从柱旁出，不知何祥也。题目纸刷印甚缓，与美存前辈及诸帘官监视彻夜。

初九日，乙酉。阴。黎明始得题纸七千张，与美存前辈先送至红门，监临接出，旋又续发四千张毕，入室补睡。下午内监试设席相招，赴之。

初十日，丙戌。晴。首场放牌，查取坊刻成文，二鼓净场。

十一日，丁亥。晴。巳刻自书二场题目：《易》“有孚盈缶”；《书》“用赉尔秬鬯一卣”；《诗》“吉甫作颂，穆如清风”；《春秋》“吴子使札来聘”(襄公二十有九年)；《礼记》“君子如欲化民成俗，其必由学乎”。午刻封内帘门传刻，未刻刷印，至子刻毕，候监临接题。是日邀帘官六人在奎宿堂晚饭，同监刊印。

十二日，戊子。晴。寅刻红门始开，偕美存前辈送题目出，入室补睡。

十三日，己丑。阴。录策题五道，传匠缮刻。傍晚外帘送朱卷来，因时已黄昏，未能分阅。三鼓策题刻毕。

十四日，庚寅。阴。传匠刷印策题。辰刻出玉清堂，视十四房分卷。未刻始有荐卷，阅十本，取一本，备取两本。自入闱以来，监临、提调、监试连日输送酒席，是日因近中秋，送席尤多，心甚愧之，且觉物力可借。是夜雨。①

顺天乡试和会试的命题在清初与各省相同，均由考官拟定。至康熙二十四年(1685)正月，刑科给事中杨尔淑上疏："试士三场，先以八股，首闱七艺，重在《四书》。请自乙丑科以后，会试及顺天乡试《四书》题目俱乞皇上钦定。"②这一建议得到朝廷的认可，此后顺天乡试、会试的头场试题由皇帝钦定。雍正元年(1723)规定："第一场《四书》题，考官密拟，乡试交顺天府，会试交礼部，均于初七日赍捧进呈，恭候钦定。于初八日发下，仍各捧交场内。"③此后形成定制：顺天乡试及会试第一场《四书》题、诗题均由皇帝钦命。乡试顺天府尹，会试礼部侍郎堂官于初八日黎明，诣乾清门领出钦命题目，恭捧题匣，亲自送交贡院交监临、知贡举，由其转送内帘刊刻印刷。顺天乡试、会试，二场《五经》题、三场策问由正副主考官共同拟定。

对于命题，清廷有明确的要求，"考官出题，择《四书》《五经》内义旨精深，及诗题典重者。不可拘泥忌讳，将颂扬语句并熟习常拟之题，致启揣摩宿构之弊"。④ 各省乡试的《四书》《五经》文题目，不许

---

① 林则徐：《林则徐日记》，"嘉庆二十一年八月"，中华书局，1962年版，第57～58页。

② 《清圣祖实录》卷119，"康熙二十四年正月丁亥"。

③ (光绪)《钦定科场条例》卷15《三场试题·钦命题目·附载旧例》。

④ (光绪)《钦定科场条例》卷16《三场试题·考官出题·现行事例》。

命题割裂、纤巧、牵连无理。第二场《五经》题的“经书重句命题,依本文次序,在前者不必加注,在后者注明某章某节”。试帖诗题,“期于中正雅驯,不得引用僻书私集,有乖体制”。并且在题目下正书“赋得某句”,旁注“得某字五言八韵”。第三场策题以关切事理、明白正大为主,不得搜寻辟事,不得以本朝臣子学问、人品策问士子,每问不得过 300 字。不能自问自答,敷衍过多,“及支离、迂阔、草率、弇陋者,并将该考官照违令例议处”。① 并且要求策题由考官亲自拟定,不能由同考官代替。

除主考官、同考官之外,内帘官还有内监试和内收掌,内收掌主要负责内帘的试卷管理。因这些官员都在内帘工作,被称为内帘官。在内帘官之外,还有负责考场事务的官员,主要包括乡试的监临、提调、监试,会试的知贡举、搜检王大臣、稽查大臣、弹压官、提调、监试等董事重员,以及负责印卷、受卷、弥封、誊录、对读、搜检等的执事官员,他们都在外帘工作,因此被称为外帘官。

乡试监临是考场的职位最高的官员,是考场事务的总负责人,除主考、同考官外,考场所有官员都接受他的管辖。顺治二年(1645)规定:各省用巡按御史为监临官。后来清廷裁撤巡按御史,乡试改由总督、巡抚担任监临。如果督抚因事不能出任监临,需要奏请朝廷另派人选,或者由布政使、学政出任。各省乡试提调、监试的地位仅次于监临,负责统筹安排考场内外各项事务,有各省道员充任。

顺天乡试的监临则由礼部直接咨取,并且分汉监临和满监临。顺天乡试的提调官由顺天府丞充任,内帘内帘监试由满洲科、道一员,汉科、道一员充任,负责稽查内帘事务。内场监试由满洲科、道四员,汉科、道四员充任,负责稽查龙门以内及至公堂事务。

知贡举是负责会试考场事务的最高官员,顺治三年(1646)规定,

---

① (光绪)《钦定科场条例》卷 16《三场试题·考官出题·现行事例》。

设会试知贡举一名，由礼部侍郎出任。后改为满、汉官员各一员。顺治三年规定，会试提调官有二名，一正一副，由礼部司官二人出任。至于会试之监试及其他官员均与顺天乡试同。

（三）应试士子

如前所述，清代乡试的应试者是通过科试、录科、录遗和大收的科举生员，他们是乡试的主体。尽管清廷规定了各省解送科举生员人数，然而各省参加乡试的人数明显多于清廷所规定的。康熙五十八年(1719)，江西巡抚白潢上疏："江西乡试入场士子多至一万二千余人，而中额比浙江、湖广少九名。请照浙江、湖广额数，取中举人九十九名。"[①]如果按照康熙年间规定，每中额一名，即可以录送100名科举生员，江西乡试的应考人数应是9 000名，实际多出了2 000余名。

在科举生员之外，贡监生也有资格应试。顺治二年，清廷要求在籍贡监生在本省应乡试，在国子监肄业者应顺天乡试。至康熙三十二年(1693)题准，监生可以选择参加顺天乡试，也可以在本省参加乡试。为了保证来京应试的贡监生身份的真实性，雍正十二年(1734)题准，要求考生提供担保文书，此后逐渐形成定制："各省贡监应本省乡试，由地方官申送学政录科。应顺天府乡试，由本籍地方官申送国子监考到录科。均取具族、邻甘结，加具印结，备造籍贯、年貌、三代清册，分晰官民字号，其曾经拣选、捐纳、就职、议叙者，并于文内声明。凡国子监录科，取具同考五人互结，方准收录。"[②]除生员、贡监生之外，清廷还允许杂项人员、皇帝巡幸召试考取贡监生和孝廉方正录取者等参加乡试。

无论新科、旧科举人，只要没有出现严重的违例，均可以参加会试。各省举人由本籍地方官具结，"申送布政使司核明详院。请咨发

---

① 《清圣祖实录》卷286，"康熙五十八年十一月庚寅"。

② (光绪)《钦定科场条例》卷5《科举·贡监科举·现行事例》。

司，转发各州县，给举人亲赍赴部投递，仍先造册送部。顺天乡试，南、北、中、皿字号新中举人，未及回籍起文者，取具同乡六品以上京官印结，具呈礼部，准其会试。礼部先期札知国子监、顺天府遵行，并出示晓谕”。[①] 同时，禁止涉及欠粮、缘事黜革，及现在议处未结，与罚科、丁忧、患病等项举人参加会试。各省举人已经拣选及在京候补、候选，不及回籍起文，情愿应会试者，行文吏部查明造册，准其会试。举人现任中书、评事、博士、助教、学正、学录及小京官等，由该管衙门咨送到部，也可以参加会试。

为了保证科举取士的公正性，清代制定了严格的乡会试回避制度，其中主要包括士子回避和考官回避两个方面。士子回避是限制与考官有亲属、亲戚关系的士子进入考场。顺治十五年（1658）题准："凡乡会试考官、监临、知贡举、监试、提调之宗族应试者，除实系同宗照例回避外，其余同姓无干之人，及先曾同谱，今遵上谕禁革连宗绝往来者，不准仍引宗谊避嫌。"[②]这里规定，同姓无干之人不需回避。此后，清廷对于回避制度不断加以完善，应当回避人员的范围也不断扩大，至道光年间形成定制，"入场官员之子弟及同族，除支分派远散、居各省、各府，籍贯迥异者毋庸回避外，其在五服以内，虽分居外省、外府、外县，服制虽远聚族一处之各本族，并外祖父、翁壻甥舅、妻之嫡兄弟、妻之姊妹、夫妻之胞侄、妻姊妹之子、嫡姊妹之夫、嫡姑之夫、嫡姑之子、舅之子、母姨之子、女之子、妻之祖、孙女之夫、本身儿女姻亲，概令回避，不准入场考试"。宗族子弟也被纳入回避范围，"宗室入场官员之祖孙、父子、同胞、叔侄、兄弟，及切近姻亲，俱照例令其回避。觉罗入场官员，其同族有服制者，及外姻各项，俱照例令其回避"。[③] 光绪元年（1875）规定，不同籍贯共祖兄弟之子已随故父

① （光绪）《钦定科场条例》卷7《起送会试·直省举人会试·现行事例》。
② （光绪）《钦定科场条例》卷26《回避·例案》。
③ （光绪）《钦定科场条例》卷26《回避·现行事例》。

出嗣的考生，如果并无服制，即毋庸回避。十年（1884），清廷奏准："妻妹之子，从前虽无回避专条，而较其亲谊，实与妻之胞侄、母姨之子同为切近，若竟准其考试，似于防微之意尚欠周密。拟请嗣后凡考试官妻姊妹之子，应令一体回避。"①

清初需要回避的主要是指乡会试内帘主考官、同考官，以及外帘知贡举、监临、提调等。此后，回避范围不断扩大，会试及顺天乡试，内帘主考、同考、内监试、内收掌，外帘知贡举、监临、提调、外监试、外收掌、受卷、弥封、誊录、对读四所，以及顺天府治中、通判各官之子弟、姻族，均应照例回避。在考试的当天，"至公堂移会内外帘官及场内执事各官，将应行回避各生姓名自行开出，汇单交知贡举、监临及至公堂监试御史详加覆核，行砖门点名御史，于名册扣除，仍揭示贡院外照墙。如不自行开出扣除，因而中式者，本官革职，该生黜革"。②

鉴于江南乡试包括江苏和安徽两省的考生，对分属于两地的地方官员亲属的回避也非常严格。乾隆五十年（1745），清廷同意御史丁云锦之上奏，安徽籍在江宁任首府、首县者，应列入回避官员范围，同时不允许安徽籍贯官员充任江南乡试内外帘官。五十三年进一步对于江苏和安徽两省官员的回避事宜进行细化。清廷议准：籍贯为江苏人员、现任安徽司道以上等官员，其子弟、亲族一律不准应江南乡试。至道光七年（1837），对于这规定有所调整，清廷根据兹据大学士两江总督蒋攸的奏议，清廷规定："嗣后籍隶江、安两省者，除巡抚、两司、学政、省城道、府首县仍照向例办理外，其总河、巡道等官遇所属开送帘员，亦应照例回避。如所属并无入帘之官，其子弟亲族应准其一体乡试，俾得就近观光。"③这也就是说，如果没有下属被选为内

① （光绪）《钦定科场条例》卷26《回避·例案》。
② （光绪）《钦定科场条例》卷26《回避·现行事例》。
③ （光绪）《钦定科场条例》卷26《回避·例案》。

外帘官的总河、巡道等官不在回避范围之列。与江苏、安徽士子合闱于江南贡院情况类似，陕西、甘肃士子则合闱于陕西贡院，其官员的回避规定也与安徽、江苏相同。

由于乡会试回避的范围大，有的士子多次因为需要回避而无法参加考试，遗恨终生，有史料记："今则僚婿姨甥，无不回避，且糊名易书，暗中摸索，防嫌更密，知人益难。惟外帘不操文柄，亦一例回避，似觉太严，竟有士子一连四五科皆以回避不得预试者。若当壮盛之时，蹉跎十余年，即成衰老，深为可惜。从前于回避士子另设一场，最为允当。"①面对很多大臣的奏请，清廷于雍正元年(1723)特开癸卯恩科乡试，考试对象是因回避不能应试的士子。回避子弟在午门内试以《四书》文二题，经文一题，表、策各一题，要求考生在一昼夜完成。这是清朝第一次专门为回避士子举行的乡试。此次录取了6名举人。之后，清廷发布上谕："入闱各官为国家宣力，但子弟反不得应试，殊属可悯，考试回避诸生，其永着为例。"②不过，雍正二年即改变了将考试回避士子定为永制的政策，清廷发布上谕，将考试回避士子改为特例，而不是定制。由于各科回避士子人数多少不同，如果遇到回避士子少时，中式就比较容易。

为了保证科举的公正性，清廷于乾隆九年(1744)发布上谕，宣布停止顺天乡试回避考试。之后，清廷又议奏，提出考试回避士子虽然是雍正皇帝发布命令，但并不是定例，会试回避官生仍准考试。至十七年(1752)壬申恩科会试，清廷停止所有回避考试。此后，尽管不断有大臣奏请恢复乡会试回避考试，但清廷均不采纳，并且将回避官生毋庸另行考试之条，纂入《钦定科场条例》，作为定例执行。清代科举回避制度涉及面广、制度严密是前所未有的，正如有学者所言："清代

① 福格：《听雨丛谈》卷2《科场回避》。
② (光绪)《钦定科场条例》卷26《回避・附载旧例》。

科举因袭明朝，但其回避规定更加详密，可谓‘设法防闲，纤悉具备’。”①

（四）贡院关防

清初开科，四川成都并未建立贡院，乡试在阆中贡院进行，阆中贡院又称川北道贡院。此后，十一年（1654）、十四年（1657）、十七年（1660）三科乡试均在阆中举行，直至康熙二年（1663）才移至成都贡院举行。十七年庚子科贵州开科，次年云南补行乡试。至此，全国共有 15 省举行乡试，也就是说全国在 15 省设贡院开科。甘肃、宁夏、新疆不设贡院，士子至西安的陕西贡院参加乡试。奉天考生在顺天贡院参加乡试。台湾考生在福建贡院参加乡试。

清代先后有两次分闱。第一次是在雍正元年（1723）的两湖分闱，湖南设立贡院。湖广省分为湖南、湖北两省之后，湖南士子强烈要求两湖分闱，桂阳举人郭远于康熙四十一年（1702）向朝廷上《呈请南北分闱文》，强烈请求在长沙设立贡院，为湖南士子乡试考场。此后士子王元复于四十四年（1705）再次湖南巡抚请求分卷考试。五十二年（1713），生员胡兴耦等联名请求两湖分闱，并得到了衡阳、永州、长沙、靖州等九府地方官的支持。五十五年（1716），士子杨启鼎等人向湖南地方官府强烈呼吁两湖南北分闱，他们认为烟波浩渺的洞庭湖是湖南士子前往湖北武昌参加乡试的“天险”，极大地影响了湖南士子应试的积极性。湖南士子长期不懈的呼吁逐渐引起了作为湖南地区最高行政长官巡抚的重视。康熙四十四年巡抚赵申乔、五十一年巡抚潘宗洛、五十五年巡抚李发甲先后四次请求两湖南北分卷或分闱。他们的理由是湖南考生去武昌应试，不仅路途遥远，而且每年乡试的秋天，考生必须过号称烟波浩渺的八百里洞庭湖，遇到暴风骤

---

① 魏秀梅：《清代科场回避制度，1645～1906》，台北“中央研究院”金代史研究所集刊 1978 年第 16 期，第 4 页。

雨,时常发生翻船而导致溺水身亡的惨剧。因此,湖南各界请求清廷能体谅湖南考生的难处,在湖南设立贡院。

直至雍正帝即位,两湖南北分闱之事才有转机。雍正元年(1723)发布上谕:"今欲于湖南地方建立试院,每科另简考官,俾士子就近入场,永无阻隔之虞,共遂观光之愿。明年二月为乡试之期,尔部可即行文湖南巡抚,若能于二月之前预备场屋,则于明春即分湖北、湖南两闱考试。倘为期已迫,预备不及,则于下科举行。至于湖广通省取中原有定额。今既分两闱,其取中之数应如何分别之处,著湖南、湖北巡抚公议,湖广总督从公酌定具奏。"①很显然,这位在争议中获得皇位的四皇子是想通过这种方式,有意识更广泛地笼络各地的读书人。雍正二年二月,即在新建的湖南贡院举行了甲辰科乡试,此时距两湖分闱上谕的发布仅仅只有 7 个月。此后,湖南贡院多次扩建,到同治年间已经达到了 8 500 余间号舍。湖南单独设立贡院举行考试之后,考生明显增加,至清末考生人数达到了 11 000 余名,对湖南文化的发展有着极为明显的推动作用。②

清代第二次分闱是光绪元年(1875)的甘肃、陕西分闱。在此之前,甘肃的考生需要到陕西西安参加乡试,不仅遥远的路途让甘肃考生望而却步,而且甘肃士子的文化水平整体要低于陕西,他们在乡试竞争中往往处于劣势,这极大地影响了甘肃士子的应试积极性。同治十二年(1873)十二月十八日 ,陕甘总督左宗棠请求在甘肃设立贡院,同治十三年,清廷议准:"查甘肃一省,向隶陕西统辖,至康熙年间分设省治,而乡试仍归并陕西。其由甘至陕,路程较远,士子跋涉之苦,资斧之艰,诚有如该督所称者。所请分闱考试之处,系为作兴士气起见,应由该督会通陕西巡抚妥议章程,再行核办。"③光绪元年

---

① 《清世宗实录》卷 9,"雍正元年七月丙午"。
② 李兵:《两湖南北分闱再探》,《历史档案》2013 年第 1 期。
③ (光绪)《钦定科场条例》卷 9《乡试考官·直省乡试正副考官·例案》。

(1875)，在兰州建成甘肃贡院，陕甘正式分闱，并举行了甘肃省第一次乡试，应试人数达3 000余人。十一年(1885)，陕甘总督谭钟麟扩建贡院，让甘肃贡院建筑气势恢宏，功能完备，号舍增至4 000余间。科举废止之后，贡院改设甘肃法政学堂。贡院至公堂及左宗棠亲笔题写的“至公堂”匾依然保存在兰州大学的至公堂。

至此，全国贡院有顺天、江南、浙江、江西、福建、湖北、山东、山西、陕西、河南、广东、广西、四川、云南、贵州、湖南和甘肃17座贡院，其中顺天、江南、河南和广东4座贡院被称为“清末天下四大贡院”。

乡会试入场之前，需要进行点名识认，以防止冒名顶替舞弊的发生，一旦查出，将倩代者与受代者一体治罪。每场考试在前一天点名入考场。点名与识认是同时进行的。在考生进场时，识认各员临场赴点名处点名识认，“顺天乡试生员，直隶每府各派教员二员，奉天、吉林每府各派教员一员，带同各学书役到京，临场赴点名处识认”。①国子监肄业贡监生，由助教等官识认。而不在监肄业的贡监生，并在部候选人员及誊录、教习等，取具同乡京官印结，令出结官赴点名处识认。现任各部院小京官，毋庸取具印结。各省乡试考生临场识认则是由官学教官充任，大府派教官三四员，小府及直隶州派一二员，带同各学书役到省城贡院，临场赴点名处识认。

乡会试点名识认当天，贡院外均立牌，其上“开写牌数、省分名次，擎向于外，以便士子认明随行。其牌背大书第几牌，点名册上标写牌数，以便查核”。②各门的点名官员根据乡试报名登记簿与考生手持的入场签，对准备入场考生的身份、年龄、相貌一一核对，经过认保者识认，准确无误以后便发给照入签。如果查出考生请人代考，则将考生与代考者一同问罪。

为了保证点名的正常秩序，顺天乡试和会试时，均请兵部派兵士

①② (光绪)《钦定科场条例》卷30《关防·入闱点名·现行事例》。

来维持秩序,“点名时,各士子在外砖门外按照次序,随定执牌人役等候。并责令派出砖门参领、守备等,酌带兵丁,以司外砖门启闭。送考人等不许一名混入。傥士子混行抢进,立即拿究。督门官不能认真办理,致有一名混入,送考参领京章不按旗分,任凭士子混行,由砖门御史一并查参议处”。① 如果考生第一次点名不到,待其所在府州县的所有考生都点完了,再点一次迟到考生的姓名。经过点名和认保无误之后,考生可以领到答题纸,称为“散卷”。考生持照入签接受士兵的搜检进入贡院,如果考生擅自违反顺序或者以假签入场,一旦查出就要受到严惩。

完成点名识认之后,身份确认无误的考生入场时还必须接受严格的搜检。清代科举恢复之初就对搜检作出了严格的规定。顺治二年(1645),清廷规定:考生入场时,如有怀挟片纸、只字,先将该考生在举场前枷号一个月。康熙五十三年(1714)覆准:考生入场只能穿拆缝衣服、单层鞋底,只能带篮筐、小凳、食物、笔砚等考试必需品,其他用品一概不准带进贡院。乾隆三年(1738)、六年(1741),清廷两次下诏严格科场搜检。乾隆九年,清廷颁布上谕:“国家宾兴大典,原欲得品行端方、文学优赡之人,以为朝廷有用之材,成菁莪棫朴之治。无如科场之中,易藏弊窦,我皇考加意整顿,数科以来,内帘之关节,已觉肃清,而外帘挟带之弊,一时难除。近则日益加甚,朕早已闻知,屡行申饬,至再至三,并非不教而罚也。”为了使这一上谕得到落实,在此年顺天乡试头场点名时,乾隆帝“命亲近大臣数人,前往监看,竟搜出怀挟二十一人,或藏于衣帽,或藏于器具,且有藏于亵衣裤裤中者,其丧心无耻至于此极”。② 面对严格的搜检,场内交白卷者达到68人,“不完卷者三百二十九人,真草违式及文不对题者二百七十六人。头场如此,伊等尚不知儆,二场仍有搜出夹带者二十一人,及见稽查

① (光绪)《钦定科场条例》卷30《关防·入闱点名·现行事例》。
② 《清高宗实录》卷222,“乾隆九年八月癸丑”。

严密……临点名时散去者竟至二千八百余人之多”。在乾隆帝看来，处于京师的顺天乡试舞弊都如此严重，“则外省防检疏略，瞻徇情面，苟且姑容，奸弊丛集，亦不问可知”。① 正因为如此，乾隆帝认为需要“立法严查”，大学士、九卿遵旨议准：对衣着、物品有着近似严苛的要求，不论是帽子，还是衫、袍、褂，都必须是单层的，皮衣去面子，毡衣去掉里子，内裤不论绸、布、皮、毡都只许是单层，袜子用单层的，鞋用薄底；对于考试用品也有严格的规定，坐垫用单层毡片，卷袋不能有里子，砚台不能太厚，笔管必须空心，装水的容器只准用陶瓷的，用于烤火的木炭只准两寸长，烛台要求用锡做，并且只能是单盘的，烛台的柱子必须空心通底。糕点等食物都要切开。字圈、风炉、茶铫等考试必需的用品，也要经过严格检查，才准带入贡院。“今议或竹或柳，应照南式考篮编成玲珑格眼，底面如一，以便搜检。裤裤既用单层，务令各士子开襟解袜，以杜亵衣怀挟之弊。”②乾隆十年(1745)发布上谕：“着将皮衣去面之例停止，但于入场时悉心搜检，以防弊窦。为士子者当感激体恤从宽之意，人人自爱，以从前恶习为深戒。”③

考生入场时，头门、二门内令搜役两行排立，士子从中鱼贯而入，以两人搜检一人，细查各士子衣服、器具、食物，以杜怀挟之弊。如果二门搜出考生怀挟，即将头门不能搜出之官役照例惩处。至此，清朝科举的搜检制度基本确定了。

如此严格的点名识认和搜检给考生虽然是为了杜绝舞弊，但确实给考生带来了诸多不便，其中最直接的是，由于入场考生人数众多，入口数量有限，点名识认和搜检需要耗费很长时间，江南乡试由于应试者数量众多，入场时更加拥挤。有史料记：“嘉庆癸酉为甚，至初九日辰时，始封门。是年，予入泮，初应乡试，露处达旦，困惫极矣。

① 《清高宗实录》卷223,“乾隆九年八月庚申”。

②③ （光绪）《钦定科场条例》卷30《关防・搜检士子・例案》。

水池在大门内之右,溺毙数人,丙子始改凿于东龙腮。道光辛卯,拥挤复然,头场至四更,点名始毕。”直至道光十二年(1832),林则徐任江南乡试监临时,对江南乡试点名入场的规则进行了调整,“明定章程,视各属人数多寡以定时刻,分三门鱼贯而入。未及时者,不得先期拥挤。刊刻清单,买卷时各给一纸,俾各遵行”。[①] 乡会试前,不仅需要搜检入场的考生,考官和执事官员入场和出场时也需要进行搜检。

考生入场之后,贡院有严格的场内纪律。考生需要依据卷号各归号舍。考生归号后不许私出栅栏,违者均即赶出考场。如有哄聚多人、紊乱场规者,将为首者照例治罪。士子接卷后,不许在龙门前后逗留。如有考生接谈、换卷、换号及入场后逾墙换卷、隔墙传递、代倩等行为,与从旁怂恿者,照例治罪。与考生认识的监临、提调等官不许差人传送饮食、果品,更不许入号往来。贡院甬道两边安设栅栏,各派委官专守。考生领卷后,稽查接谈换卷大臣验明卷面,分别东、西文场,考生由甬道下栅门入号,交卷即由甬道径出,不得任意驻足、偷归号舍,亦不准另入其他号舍。其水夫、杂项人役均不准轻越挡木,私自交往。考生入号舍之后,乡会试监临、监试、提调等需要“分段入号亲查。如监临查号不力,责成监试;监试查号不力,责成监临,互相指参。八旗号舍,由弹压副都统亲身巡查。各号士子如有乱号, 即行扶出。其挺身肆闹者,照例治罪”。[②]

至清末,贡院纪律松弛,考生并未严格遵守,有的考生在贡院内大声喧哗,有的考生还在考场中讨论如何作答。四川合川人丁治棠曾应光绪十五年(1889)会试,他在日记中记载了会试的情况,他说:“初九日,交五更,题纸飞下,恐搅眠兴,置不耳。平旦视之,首题:子曰……沉思首题,谋篇奠定。至号栅舒眼。适遇尊经院友刘健卿,系

① 甘熙:《白下琐言》卷7。
② (光绪)《钦定科场条例》卷29《关防·场规·现行事例》。

去岁中北榜者，喜同乡竟有人，胡昨未之睹？相与商题定局。伊主截作，以夏时三项为上截，韶舞句作下截，各截还二比，中为小过脉，颇称题势。己则主平中寓侧之局，前笼后总，中点四段肖题。”在丁治棠的日记中，只记载了自己与四川尊经书院的院友刘健卿讨论怎么写考场的八股文，并没有记载有监考人员来加以制止。第三场时，十四日入场之后，丁治棠记载与同号的朋友一起聊天，并且约定明天对策五道，他们三人分工完成，他说：“号之左，为直隶余某，右隔一舍，即忠州冯复轩，尊经院相识友也。余某携书甚多，谈亦博洽，遂联冯友而三，订明日对策之约。”到第二天策题下发下之后，他们真在考场中分工作答，“十五日，五更初，策题下，防破梦，转伤神，掷题枕旁，晓起读之。首问《仪礼》，次史汉地理，三兵制，四管子古字古义，五书目。派作之：己对首、次条，冯对三，余对四五。各寻书典，大约十对七八，惟管子条无书可核。余某揆以意，得失参半，尚漏紧要三条，乃自参心解”。① 这也就是说，第三场策问五道，他们三人分工完成了，这显然是违反考场纪律的，但是既没有考场工作人员来制止，他们更没有因此受到惩处，清末贡院关防的松弛程度可见一斑。

（五）外帘处理试卷

考生完成答卷之后，至受卷所交卷。顺治二年定：“诸生交卷时，监临坐堂上，严督受卷官收卷，封号入箱。剩有余零，亦即封锁如法。诸生出闱，必点签稽察，有卷发签，签完必缴，毋使不完者阑出，务使卷数与人数相合。”②受卷官主要有三项工作：其一，受卷官仔细检查考生的考卷，并核对考生的身份之后，发给考生照出签或者照票。为防止代考舞弊，照出签或照票上都需要钤盖提调官关防印，以表示照出签或者照票的真实性；其二，受卷官需要严格检查考生答卷，看是否有违例试卷。除了要检查考生是否污损试卷、在试卷上做标记等

① 丁治棠：《纪行四种・往留录》，四川人民出版社，1984年版，第106～107页。
② （光绪）《钦定科场条例》卷37《外帘所官・受卷所・例案》。

之外,还要检查考生书写试卷是否合式。清初对于答卷文字的避讳有明确的规定,凡是文中有御名、庙讳、至圣讳本字等,都需要敬谨避写。查照违式本例,遇有应贴之卷,呈明知贡举、监临贴出,“仍记明档案,以备查对。如有应贴不贴,幸邀中式,经磨勘官指出,将受卷官照失于查察例议处”。① 其三,受卷官还须登记士子在卷尾自行注明的添改若干字,以防誊录等人员代改试卷。放榜后,需要将登记字数交磨勘官,详加核对。受卷所贴出不合式考生与誊录所、对读所所挑出的违例者的姓名、籍贯用蓝笔书写,张榜公布于贡院门外,称为“登蓝榜”。登榜者,考生即被取消继续应试的资格。

受卷所接收的试卷装箱之后,由受卷所送至弥封所,由弥封官委派人员将卷首由考生本人填写的姓名、籍贯、年龄等信息,折叠反转后用空白纸覆盖封住,并在骑缝处加盖“弥封官关防”和“监临官关防”。弥封所的主要工作有四项:其一,对试卷进行分类,会试分别旗分、省分,乡试分别官、民等卷,顺天乡试分别满、合、南北皿等字号,各省乡试有应分别字号者,均分别字号,仍各印用红号。清代对于字号编排是比较繁复的,具体规定是:会试,按直隶、各省及满洲、蒙古、汉军分编字号,印明卷面。顺天乡试,顺天直隶生员编为贝字号,满洲、蒙古生监编为满字号,汉军编为合字号,奉天生员编为夹字号。承德生员编为承字号,宣化生员编为旦字号,长芦商籍生员编为卤字号。顺天、直隶、奉天、山东、山西、河南、陕西、甘肃贡监生编为北皿字号,江苏、安徽、浙江、江西、湖南、湖北、福建贡监生编为南皿字号,云南、贵州、四川、广东、广西贡监生足二十卷编为中皿字号,如不足二十卷仍附入南皿,无庸另编中皿字号。各省乡试,入场官生,江南、浙江、江西、湖南、湖北、福建足二十名,准编官卷;山东、山西、河南、广东、陕西、四川足十五名,准编官卷;广西、云南、贵州足十名,

① (光绪)《钦定科场条例》卷37《外帘所官·受卷所·现行事例》。

准编官卷。如名数不足,毋庸另编官字号。其各省另编字号内,如有应编官号者,仍一体编入通省官卷。此外,还有各省特殊的编列的字号,均需由弥封所根据规定来在试卷上编列字号。

其二,弥封官要监督各役吏弥封试卷。顺治十五年(1658)题准:"至于各役弥封时,须专心阅视,毋使窃去,以致割换。见有折角、针眼等弊,登时究治。封盈一箱,本所官亲自送堂上,仍约誊录所官眼同交收,不许两所人役近身私语。"①

其三,弥封所要给朱卷、墨卷印红号。红号相当于现在考试时的考生号,是弥封试卷之后识别考生朱卷、墨卷的唯一代码了。顺治十五年题准:"弥封一所,朱、墨卷面字号俱从此印,弊窦最多,切宜重加防范。号簿封送监临,人役严取互结,该所官亲自印号,勿经人役之手。卷到分生员、监生,信手用印,不许闲人窥看。墨卷号必与朱卷号相对,头场卷必与二、三场相对,卷号必与号簿相对,监生、生员必须分别,毋得相混。"②戳印时乡试由监临、会试由知贡举将将《千字文》戳印次序先行搅乱,根据参考人数,酌用若干字号,每字编列100号。然后由弥封官亲自信手戳印红号,不许由他人代替,不许闲人窥视,以防止弥封所役吏泄露红号。

其四,弥封所在弥封墨卷的同时,也要处理好朱卷。在给乡会试朱卷印红号的同时,还要在朱卷的接缝处铃用弥封官土红色关防。为便于磨勘,乡会试朱卷面上,印各所官职名戳记。

弥封所将弥封的墨卷和印号红号的空白朱卷同时送往誊录所。誊录所是外帘四所中至为关键的机构,主要职能是将墨卷用朱笔誊录在朱卷上,朱卷即是墨卷的副本。由于内帘考官评阅的是朱卷,因此誊录朱卷是阅卷的基础。

由于誊录试卷的工作量很大,誊录书手人数很多。乾隆三年

---

①② (光绪)《钦定科场条例》卷38《外帘所官·弥封所·例案》。

(1738)覆准：顺天乡试誊录书手在原有760名的基础上，再增加240名，总数达到1 000名。随着应试人数的增加，顺天乡试的誊录书手人数不断增加，至同治十三年(1874)，清廷根据奉天府府丞张绪楷的条奏，将顺天乡试誊录书手增加至1 200名，成为定例。各省乡试誊录人数也多至几百名。

誊录书手的职责是照墨卷誊录朱卷。誊录朱卷时，要求用楷书誊录，写完之后，需要在墨卷末尾写上书手姓名，在朱卷卷面上印上经管官员的职衔和姓名，如果有誊录书手誊写潦草错误，誊录所官查出，即将该誊录书手及总书重加责惩，勒令重写。若有誊录书手私通关节，买嘱记号，截去文字，挪东移西，或代人作文，或阅他人佳卷抄写，或一人所誊之卷工整、潦草差异明显，一定查出原因，从严行究处。誊录时，誊录书手严格按照墨卷誊写。朱卷明显违式，出现错字，或者写字草率，或朱淡无色，磨勘签出时，将誊录书手责惩。如有遗落成行，错误成句，有害文义的情况发生，不仅要将誊录书手责革，其该管官也要照疏忽例议处。

为了保证朱卷与墨卷相符，誊录的朱卷需要送对读所，由对读生逐字逐句核对。对读生要严格校对朱卷和墨卷，"照墨卷一一点句勾股。如遗漏不全，将该生戒饬示儆，该所官每卷照疏忽例议处"。[①]对于朱卷题内笔误一、二字，及文内错落数字，或者添写一、二字，对读生没有对出；对于誊录书手洗补、洗改试卷，对读生不举者；"庙讳、御名、至圣讳，朱卷未照墨卷避写，及庙讳、御名加有偏旁之字，朱卷未照墨卷缺笔，对读不行对出"；"誊录显违格式，遗落成行，错误成句，有害文义者，对读不行详对注改"；朱卷并没有写错，对读生擅自修改墨卷内文字；"墨卷本有脱落，对读擅为代填"[②]等情况，一经查出，对读生则要受到重罚；如果对读所官员没有查出对读生的疏漏，

①②　(光绪)《钦定科场条例》卷40《外帘所官·对读所·现行事例》。

一旦被查出，对读生也要被议处。与誊录书手一样，对读生也需要在墨卷上写上自己的姓名。

对读后的朱卷、墨卷送给外收掌，外收掌核对朱卷、墨卷的红号无误以后，将朱卷与墨卷分开，墨卷交由外收掌存档。朱卷则照同考官的数量，"监临、监试、提调等官亲行签掣、府分先后，编号发誊。由外收掌官按照原掣次序，每百卷为一束，详载号簿，开写'第一束''第二束'字样，钤盖关防。剩有余零，亦即封束如法，次第送进内帘。二、三场进卷，即查照头场次序办理"。[①] 由内帘官阅卷，外帘预处理试卷的工作就结束了。

（六）内帘阅卷与磨勘

清代乡会试阅卷采用同堂公阅公荐的形式。顺治二年规定，乡会试卷主考与各房同坐一堂，随分随阅，随取随呈。录取与否的决定权在主考官，不能只凭同考官的荐语定录取。这种阅卷方式可以让同考官们相互配合，相互监督，提高阅卷的质量。至顺治十四年(1657)，清廷改同堂阅卷为分房阅卷。然而，清廷很快就否定了这一变动，规定"乡会试不准分房阅卷，投认师生。其卷面不用分房印子，同经共阅，各列衔名，详注批语。《春秋》《礼记》各增一官公阅，以合不分房之例"。[②] 之后，再次强调同堂校阅不许私相商订。但实际上经常有同考官将试卷带回住房评阅的情况发生，乾隆三十二年(1767)议准：如果有同考官将试卷私自带回房间，内监试可以立即纠参。

至康熙十八年(1679)，改为分房分经阅卷，"考官、同考官阅卷之时，御史向上对坐，每晚停阅之时，检明卷数入箱，考官与御史各加封锁，次日公同开阅，不得私携入房，违者纠参"。[③] 乾隆四十二年

---

① (光绪)《钦定科场条例》卷18《试卷·外帘进卷·现行事例》。
② (光绪)《钦定科场条例》卷19《内帘阅卷·各房分卷·附载旧例》。
③ (光绪)《钦定科场条例》卷19《内帘阅卷·同堂校阅·例案》。

(1777)对于分经阅卷的方式进行了调整,“自至乾隆丁酉科为始,乡会同考试官,俱不必拘泥《五经》分房。如房官十人,试卷五千本,则每房各阅五百本,均匀分派,其每经分中卷数,仿照原额”。[①] 具体分卷的方式是,“先令至公堂监临、知贡举等官,于每次进卷时,照房考十八员之数,将试卷分为十八束,分别登簿,即用签开写‘第一束’‘第二束’等字样,钤盖监临、知贡举关防,送进内帘”。在内帘,主考官与满、汉御史、收掌官,“先将第几房掣签,次将试卷第几束掣签,当堂分给,仍填号登簿,以便稽核。其二、三场试卷,即照头场号簿办理。至各省乡试内帘,并照此掣签分给,以昭画一”。[②] 房官所要评阅的试卷,都是临时匹配的,无法预先知道。

同考官阅卷时,只能句圈句点,不能满篇密圈密点。同考官应在评阅试卷之后写出评语,同考官将拟录取的试卷推荐给主考官,称之为“荐卷”,“将应荐之故黏签加批。俟取中后,仍于卷面注明,以昭核实”。[③] 同考官的荐卷由内监试验明并无私通小帖,才能送给主考官。如果“同考内有暗通关节,而正、副主考姑容取中,听内监试题参。若内监试失察,别经发觉,将内监试一并议处”。[④] 同考官荐卷的荐条,交内监试收掌,随时用印,呈送给主考官。同考官没有推荐的试卷被称为“落卷”。同考官需要在落卷上批出不荐卷的理由,发榜之后,考生本人可以领取原卷,如果“同考官妄抹佳文,本生赴部具呈,查明纠参。若本生文本平常,不安义命妄行呈控者,革黜,外交刑部从重治罪”。[⑤] 由于顺天乡试有来自全国的贡监生,因此要求同考官阅卷时进行地域回避,顺天乡试同考官,南省人回避南皿卷,北省人回避北皿卷,边省人回避中皿卷,满洲、汉军人回避满字、合字卷。至南、北两籍人员,如奉旨派出,回避南、北皿卷,如系直隶籍,并回避贝字卷。

---

①② (光绪)《钦定科场条例》卷19《内帘阅卷·各房分卷·附载旧例》。

③④⑤ (光绪)《钦定科场条例》卷19《内帘阅卷·同堂校阅·现行事例》。

清廷要求主考官根据考生三场成绩决定录取与否。但在实际的录取过程中，乡会考官都十分重视考生的八股文，其定取舍时主要看首场四书文的好坏。首场合格以后，二、三场只要文章无明显纰漏，就可被录取。此后，清廷多次明确要求矫正这一弊端，综合三场成绩以决定考生的取舍。雍正六年(1728)覆准，清廷强调不能首重头场，“试官阅卷，必将后场试卷尽行细加校阅。首场虽佳，而二、三场草率者，不得取中。若首场属平通，而后场明确通达者，亦得取中。不得专重首场，忽略后场”。[①] 十三年(1735)，清廷再次强调，主考官务必认真评阅三场时间三场，根据三场成绩决定录取与否。乾隆九年(1744)，清廷发布上谕，再次要求取士需三场并重，“自今以后，司文衡者务思设立三场之本意，于经、策逐一详加校阅，以定去取，毋得轩轾其间，俾侥幸之徒无从获售”。[②]尽管如此，乡会试录取重头场的弊端并未真正得到改变，一直沿用到清末科举停废。

乡会试考官们从“理”“法”“辞”“气”四个落脚点来批阅八股文。“理”是考查考生对儒家经典的掌握和对宋儒著作的理解，“法”是考查考生对八股文行文方法的运用，“辞”是考查考生的文字组织能力和表达能力，“气”是考查考生蕴含在文章中的思想才情的浓度。评阅试卷的标准是“清真雅正”，具体是指八股文章要用简洁、典雅、畅达的语言来阐述士子所领悟到的孔孟之道、程朱之学。[③] 如果副主考官认可荐卷，会在上面写“取”字，正主考官则写“中”字。取中之后，这份考卷和同考官陈述推荐理由的纸条需要一起保留，以备礼部组织官员磨勘。如果同考官举荐的试卷，被主考官刷下来以后，同考官可以再次推荐，称为“抬”，若这份试卷多次被同考官推荐，而又多次被主考官刷下来，就称之为“抬轿子”。

为了保证不遗漏好的试卷，乡会试发榜前，主考官还要在落卷中

---

①② (光绪)《钦定科场条例》卷19《内帘阅卷·同堂校阅·例案》。

③ 龚延明、高明扬:《清代科举八股文的衡文标准》,《中国社会科学》2007年第4期。

寻找优秀的试卷,称之为“搜落卷”,或称“搜房”。清代搜落卷制度始于康熙五十年(1711),是年辛卯科顺天乡试后,九卿遵旨议奏:“直隶各省生员、举人额数屡增,赴考士子,较前倍众。因揭晓期迫,考试官不能细心遍阅,草率录取,以致遗失佳卷。嗣后,会试揭晓宽于三月十五日内;乡试揭晓,大省宽于九月十五日内,中省宽于九月初十日内,小省宽于九月初五日内。直隶、江南、浙江乡试人数倍于他省,照会试例加用房官二员。限期既宽,主考官、阅房考官之荐卷外,余卷亦令遍阅,庶不致遗失佳卷。”①清廷采纳了这一建议,乡会试阅卷时有搜落卷之制。乾隆二十五年(1760),清廷明确了主考官和同考官在搜落卷中的作用,“主考搜出之卷,交本房详阅。本房虚心悔悟,仍用荐条,毋庸置议。其有自执己见,不愿呈荐,经正、副主考公同研核,实系理明词正应中之卷,将缘由于卷内批明,仍行取中。俟试卷到部,交磨勘官平心详阅,其有干例议者,专坐主考,于同考无涉。倘所搜允当,无可訾议,将不行呈荐之同考官,照例严加议处”。② 为了防止主考官和同考官之间串通,或者因试卷优劣评判起争执,嘉庆五年(1800)规定:“嗣后各房每日将阅过若干卷分注荐卷,统交监试御史存贮。主考搜阅时,由监试交送,则主考得以从容翻阅,而房考亦无争执之嫌等因。”③清廷将各房考官落卷由监试御史送交等条载入《钦定科场条例》。

搜落卷的实施在一定程度上有助于科举公正选材,防止科场遗漏人才。如嘉庆二十一年(1816),林则徐担任江西乡试副主考官时,他对此次江西乡试的搜落卷情况有清楚的记载:“故夜以继日,于八月晦日荐卷甫经校毕,九月朔后又穷六昼夜之力,遍搜落卷九千余本,逐本加点,最少者亦点一比。就中拔出周仲墀一卷,三场俱瑰伟宏丽,兹询系驾堂先生之嗣、夙都文誉者。又有已列前五名之卷,因

---

① 《清圣祖实录》卷248,“康熙五十年十月乙亥”。

②③ (光绪)《钦定科场条例》卷19《内帘阅卷·同堂校阅·例案》。

查出与落卷雷同而黜，乃知废簏丛委之中愈不得不加察矣。”[①]从林则徐的描述来看，搜落卷不仅能把优秀者选拔出来，而且还能发现已经确定录取者试卷存在的问题。道光十二年(1832)壬辰科乡试，徐法绩担任湖南乡试正主考官，“其副病殁，独专校阅，遍搜遗卷，拔取多知名士，而得于遗卷者六人，大学士左宗棠其首也”。[②]

为明确内帘考官的责任，清代科场严格规定不同工作的官员和执事人员使用不同颜色的笔。乡、会试内帘，主考官用墨笔，房官用蓝笔，内监试用紫笔，内收掌及书吏用蓝笔，内收掌官及书吏均用蓝笔。同样，外帘不同成员也用不同的笔色：知贡举、监临官、监试官、提调官、受卷、弥封、誊录、对读、外收掌官均用紫笔。誊录书手用朱笔，对读用赭黄笔。对读官员发现朱卷与墨卷不同，应当在朱卷上用赭黄笔修改。对读所提交文件时，仍然用紫笔。清廷还规定：“内外帘应用黑墨、蓝锭、紫锭、银朱、赭黄等色，俱令承办之员详加检点，务使坚致鲜明，不得草率供用。”[③]为了防止内外帘考官和考场执事人员用墨笔修改试卷，清廷严厉禁止携带黑墨进入考场，“内外帘同考官、知贡举、监临、监试、提调四所等官，均不得携墨入闱，以滋弊混。如外省监临等官，在闱中遇有本任事务，由署中办就，应用墨笔书写，俟贡院开门时，交监试官逐加点验递进。其佥行判发，均用闱中紫笔”。[④]不仅笔色有明确规定，清廷还规定了用戳印的颜色，“乡会试同考官及内收掌官，均用蓝戳。内监试官、外收掌官、受卷、弥封、誊录、对读各官，均用紫戳。其有印用错误者，照疏忽例议处”。[⑤]

为了保证阅卷质量，乡会试还有一个复查程序——“磨勘”，即由礼部组织专门官员对于取中者的试卷进行复核。乡会试放榜后，考

---

① 《林则徐全集》(第7册)《信札卷·致沈维鐈(嘉庆二十一年九月二十一日)》，海峡文艺出版社，2002年版，第9页。

② 《清史稿》卷377《徐法绩传》。

③④⑤ 《钦定科场条例》卷32《关防·内外帘笔色·现行事例》。

官要把取中考生的三场墨卷、朱卷和本人填写的亲供等材料收集起来,认真核对之后当场包装,每十份试卷为一封,并且加盖关防印,派人解送到礼部。清初由礼部组织官员进行磨勘,康熙四十年(1701)规定,磨勘官由礼部奏请钦派九卿、翰詹科道等官。乾隆元年(1736)规定:磨勘官兼用中赞以上翰詹,科甲出身五品以上之京堂官。此后,清廷选派磨勘官成为定制。清代磨勘制度不仅仅复查考生试卷,更重要的是对考务工作的严格检查,使包括内、外帘官在内的入场官员都能严格地遵守科场条例,公正取士,这是防止科场舞弊的有力监督机制,正如《清史稿》所说:"盖自磨勘例行,足以纠正文体,抉剔弊窦,裨益科目,非浅鲜也。"①由于"磨"与"魔"同音,因此一些严厉的磨勘官有"魔王"的称谓。

但严密的磨勘制度的负面影响就是使考官只选四平八稳的答卷,士人答卷也是以符合要求为最高追求,无法使真才脱颖而出。乾隆曾经试图改变这种局面,他说:"嗣后,乡会典试诸臣,务择清真雅正、文义兼优之作为多士准绳,不得为磨勘周详,反以庸才塞责。更不得因有此旨,遂借口瑕瑜不掩,怠忽从事,负朕崇实黜浮至意。"②但这种局面没有得到根本性改观。

(七) 中额与录取

清廷依据各省的文风、政治、经济等因素规定了各省乡试的取中名额,被称为解额或者定额,解额或定额经过多次调整,至乾隆朝才形成定制。清廷主要是依照文风高低、人口多寡、丁赋轻重来确定各省录取举人数目,并把全国各省分为大、中、小三个等级,直隶、江南、浙江、江西、湖广、福建为大省,山东、河南、山西、广东、陕西、四川为次省,广西、云南、贵州为小省。

顺治初为笼络天下读书人,各省解额比较宽松。十七年(1660)

---

① 《清史稿》卷108《选举志》3。

② (光绪)《钦定科场条例》卷51《磨勘·磨勘处分(上)·例案》。

庚子科乡试前，清廷下诏将各省解额在之前的基础上减少一半。康熙初年，延续了顺治末年乡试定额的规定，各省乡试定额相对较少。随着清朝的政治、社会经济的稳定，至读书人的日益增加，康熙朝的应试人数也随之增加。

雍正初沿袭康熙朝之制，之后乡试定额不断增加，使雍正朝各省乡试中额明显多于康熙朝。自康熙六十年(1721)起，清廷定长芦商籍生员应顺天乡试，另编卤字号，于五十卷内取中1名。六十一年准广东商籍生员于乡试中编为卤字号，额中2名。由于康熙朝最后一科乡试的时间是康熙五十九年，因此商籍定额取中应从雍正朝开始。

乾隆帝在位六十年间，各省乡试定额的调整比较频繁。乾隆元年(1736)，清廷准尚书杨名时的奏请，以江南人文甲于天下，贡赋数倍于他省，增江南乡试定额21名，并分上下江取中。上江安徽48名，外加五经中式2名，共50名；下江江苏72名，外加五经中式4名，共76名。① 自此，江苏和安徽乡试中额分开取中，但两省的士子统一在江南贡院乡试。

乾隆九年(1744)，因查出顺天乡试士子夹带违规者众多，乾隆帝震怒，下诏裁减各省解额，他认为解额过于宽松导致一些考生抱有侥幸心理，决心通过减少解额来实现选拔有真才实学的人才。清廷决定减少乡试中额的十分之一。各省乡试的中额是：顺天乡试，八旗士子减4名，取中39名；南北皿各减3名，各取36名；中皿向例15卷中一名，改为20卷中一名；直隶贝字号减9名，取中99名；原夹字号4名、旦字号4名、卤字号1名不变。江南上江安徽减少5名，为45名，下江江苏减少7名，为69名；浙江和江西均减少10名，为94名；湖北减少5名，为48名。湖南减少4名，为45名。福建减少9名，为85名。山东减少7名，为69名。河南减少7名，为71名。山

① (光绪)《钦定科场条例》卷20《乡会试定额·例案》。

西减少6名,为60名。广东减少7名,为72名。四川减少6名,为60名。陕西减少6名,为61名。广西减少5名,为45名。贵州减少4名,为40名。云南减少5名,为54名。自乾隆十二年(1747)丁卯科为始,各省乡试按照这一解额予以录取。此后,清廷解额基本形成定制。个别省份的解额略有变动,湖北解额中有1名为湖南、湖北两省轮中之额,即湖北解额48名,湖南即45名;湖北解额47名,湖南即46名。

至乾隆十八年(1753),"《五经》应试,大率一时抄袭者多,实能贯通经义者少。壬申、癸酉二科,贵州、广西竟无《五经》应试之人。至于《五经》卷多之大省,又因限定额数,虽有佳卷,不得与专经一体凭文取中"。① 因五经习者不能贯通经义且多抄袭,朝廷遂下旨停止五经应试,"嗣后《五经》中额均行停止。所遗之额系在乾隆九年减定数内,应令各该督抚查明,归入每科卷多、文佳之专经取中"。② 这也就是说,五经中式之制在此年停止,乡试中额也按照乾隆九年所定额数。

除五经中式之外,乾隆四十三年(1778)议准:"各省商籍酌量定额取中,除广东旧设有卤字号中额,屡科遵照办理外,其直隶、江南、浙江、山东、山西、陕西等省,应查从前直隶设立卤字号之例,归于该省定额内五十名取中一名,虽应试人数多至数百名,总不得过二名之额。如有因人数过少不敷取中,情愿该归本籍者听。"③次年,清廷下诏停止编卤字号,商籍编入民籍应试。

此后,各省乡试中额的变化并不大。至咸丰朝各省乡试定额的调整受太平天国起义战争的影响比较大。咸丰元年(1851)议准,辛亥恩科各省乡试并加中额,遵照道光元年(1821)之数取中。随着与太平天国起义军的战事日益激烈,自咸丰三年(1853)起,清廷为镇压

①② (光绪)《钦定科场条例》卷20《乡会试定额·附分经定额旧案》。
③ (光绪)《钦定科场条例》卷21《乡会试中额·商籍中式·例案》。

太平天国起义军费开支日益巨大，国库空虚，为了弥补财政困难，不得不借资民力。清廷于咸丰三年(1853)议准：各省以捐输银两来换取乡试中额为捐输加广乡试中额。捐输广额分一次加广额和永远加广额两种情况。

在加永远定额方面，鉴于因战争对于银两需求甚大，而且考虑逐次增加需要的时间比较长，因此大学士议定，捐输银两数量多的省份，准许增加永远定额。具体的数量规定是，一省捐银 30 万两，则加文武乡试定额 1 名，均以 10 名为上限。已经给予一次性加广额的银两不能计算在内。同时，宣布一旦与太平天国起义军的战事结束，即停止捐输加广额。咸丰四年(1854)议准，台湾府捐银至 15 万两以上，即可增加永远定额 1 名。捐输章程颁布之后，各省地方绅民踊跃捐输银两以换取乡试举人名额。

捐输增额中一次加广和永远广额同时并行，由于捐饷数目日益增大，各省所广中额数目也日益增长，实际上永远中额没有遵循章程中“十名为限”的规定。对此朝野颇多议论，清廷觉得若不稍加变通，会导致科名太滥。于是礼部在同治十三年(1874)议定，“嗣后各省捐输，只准请加一次性乡试中额，概不准加永远定额。其加一次性文、武乡试中额，改为一省捐银三十万两者，准广一次文、武乡试中额一名”。① 至光绪十五年(1889)，礼部议准：“嗣后概不准援照军务章程，奏请加增乡试一次中额。”②但捐输广额一直存而不废，直至科举制度被废除。

清朝开科 112 次，全国各省乡试中额共计 140 063 名。如果再加上驻防八旗士子和商籍士子的中额，清朝乡试中额应在 140 400 名左右。

与正榜同时公布的还有副榜。副榜之名始于明中叶。顺治二年

---

① (光绪)《钦定科场条例》卷 24《捐输加广乡试定额·捐输广额章程》。
② 《续增科场条例》，“光绪十六年二月议覆”，光绪十六年至十八年刻本。

(1645),清廷在开科之初就沿用明制取副榜。十一年(1654)确定各省副榜的录取名额:顺天20名,汉军5名,江南12名,浙江10名,江西11名,湖广10名,福建10名,山东9名,山西8名,陕西8名,河南9名,四川8名,广东8名,广西6名,并规定副榜有资格入国子监,待遇基本比照贡生,因此副榜又称副贡。康熙元年(1662)取消副榜,直至十一年(1672)才恢复,规定满洲、蒙古、云南的录取副榜名额各5名,贵州4名。后改为正榜每录取举人5名,即录取副榜1名,如果正榜的尾数不足5名,即不再录取副榜1名,此为清代定制。清代乡试副榜者既无举人身份,也无资格参加会试[雍正四年(1726)除外],仅仅有入国子监的资格,因此,副榜的作用可以给那些答卷确实非常优秀的,但因名额限制而无法录取的考生一些精神安慰。

清初实行科举取士,顺治二年(1645)仅有6个省份举行乡试,因此参加次年的丙戌科会试的考生也只是来自这几个省份,没有必要仿照明代实行分卷录取。这一做法在四年丁亥加科会试中继续沿用。随着统治的省份日渐增加,清廷下诏于顺治九年(1652)会试录取沿用明制,实行南北分卷录取,具体地域的划分是浙江、江西、福建、湖广、广东5省,以及江宁、苏州、松江、常州、镇江、徽州、宁国、池州、太平、淮安、扬州十一府和广德一州属南卷;山东、山西、河南、陕西四省,以及顺天、永平、保定、河间、真定、顺德、广平、大名八府,延庆、保安二州,奉天、辽东、大宁、万全等处属北卷;四川、广西、云南、贵州四省,以及庐州、凤阳、安庆三府和徐、滁、和三州属中卷者。会试的录取名额是南卷233名,北卷153名,中卷14名。此后,关于会试录取是否公正的问题引起诸多争议,南、北、中卷的地区划分也因此多次变动。至康熙五十一年(1712),清廷认为按照南北分卷录取的结果是各省录取名额不均,宣布实行分省录取,只编列直隶、各省及满洲、蒙古、汉军编字号,按字号分别录取。这样,明代以来实行的会试南北分卷录取被分省录取代替。这一办法在次年的癸巳恩科会试时得到实施，会试分省录取成为定制，一直沿用至清末废科举。

由于会试录取名额是会试前皇帝钦定，每科的录取人数都不相同。清初会试录取名额比较多，顺治间多至 400 名。康熙年间减至 300 名左右。雍正八年(1730)庚戌科录取名额最多，为 406 名。乾隆五十四年(1789)己酉科录取贡士最少，仅有 96 名。嘉庆、道光年间以来，录取贡士都在 300 名以下。咸丰年间录取贡士进一步减少至每科 200 名左右。同治年间录取贡士又增加至 300 余名。光绪年间录取贡士多在 300 名以上。据统计，有清一代钦定的会试录取名额为 26 532 名。

与乡试有正榜和副榜相同，清初会试正榜之外也有副榜。举人会试中副榜，免廷试，由吏部授予官职。康熙三年(1664)，取消会试副榜。除副榜之外，清代还有明通榜。雍正五年(1727)丁未科会试后，礼部规定各省会试下第举人的落卷中如文理明顺，将该考生交与吏部，推荐给皇帝，等待朝廷选用；该考生回原籍候补教官，由吏部依次补授。此为明通榜之始。设立明通榜是为落第举人提供的一种入仕途径，登明通榜的举人，被称为“明通进士”。乾隆五十五年(1790)，清廷宣布取消明通榜。

乡试放榜的时间有明确规定。康熙五十年(1711)，九卿遵旨议定：“大省原于九月初五日内，今宽限于九月十五日内；中省、小省俱于八月内，今宽限中省于九月初十日内，小省于九月初五日内。”①光绪十三年(1887)，由于江南乡试考生人数众多，江苏、安徽两省应试士子不下 20 000 万人，有大臣请求将江南乡试揭晓日期延后，“所有江南乡试，向照大省例，于九月十五日内揭晓，拟再宽限十日，于九月二十五日内揭晓。俾考官得以从容校阅，既不至变更成法，亦不至于屈抑真才矣。该二省系合诮考试，他省不得援以为例”。②

---

①② (光绪)《钦定科场条例》卷 44《揭晓·揭晓定限·例案》。

放榜前一天,主考官将录取的试卷依照红号填写草榜。顺治二年定:"闱中草榜填号,外帘俱不得与。草榜已定,临填榜时,方延入监临等官,公同拆卷对号。"①拆号当天,随将朱、墨卷粘贴在一起,朱卷上大书姓名,墨卷上大书名数。之后形成定制:"副考官于朱卷上填写姓名,正考官于墨卷上填写名数,书吏依次唱姓名及某省某府州县某生,或系何项职衔,照依卷面字样,遍告在位者,然后书榜。"②填写正榜时,各省都是从第六名写起,直到写完最后一名,再写前五名,由第五名倒写至第一名。尽管填榜有严格的程序,但清代出现填榜错误绝非个案。比如,乾隆三十五年(1770),顺天乡试取中美二十号朱卷,误将美十二号吴嗣德名姓填写发榜,请将吴嗣德除名。

乡试录取者称举人,又称孝廉、登贤书、领乡荐、乡进士等。乡试中举又称乙榜。乡试第一名为解元,第二名为亚元,第三、四、五名为经魁,第六名为亚魁,其余都称文魁。清代乡试考生在五经内任考一经,每经取一名为首,"五经魁"之称便由此传沿下来,因此前五名也称"五经魁"。据晚清浙江举人钟毓龙的回忆,第一名解元必为正主考官取中,第二名亚元必为副主考官取中。同时,清代也有将第三名以后至十数名称为房元,表示为同考官所取的第一名。乡试要求回原籍报考,只有顺天乡试取解与其他省不同,允许全国各地举子参加考试,不属"冒籍",但规定解元必须录取直隶省籍的考生。为安抚南方籍的读书人,直隶举人第二名则选南方士人,称为"南元"。

乡试填榜的当天,考场工作人员还需要誊写题名录,进呈给皇帝。在题名录之外,各省还刊刻乡试录。除题名录、试录外,还有闱墨,俗称"刻朱卷"。乡试放榜后设鹿鸣宴,款待考官、场官和新科举人。清代鹿鸣宴还有一个创举,即准许举人中举60年后与新科举人一起参加鹿鸣宴,称重宴鹿鸣,或重赴鹿鸣。清初,老年举人重赴鹿

① (光绪)《钦定科场条例》卷44《揭晓·拆号填榜·例案》。
② (光绪)《钦定科场条例》卷44《揭晓·拆号填榜·现行事例》。

鸣是地方官自行邀请的，并没有形成定制。康熙五十六年(1717)，广东乡试放榜后举行鹿鸣宴，顺治十四年(1657)丁酉科举人的广东东莞人尹之逵应邀参加鹿鸣宴。据统计，清代共计有150余人重赴鹿鸣。鹿鸣宴后，新科举人还能得到赏赐，但赏赐的物品没有统一的规定。会试放榜日期，顺治二年规定会试阅卷时间为半个月，三月初一日以前放榜。之后，为保证考官们有较为充裕的阅卷时间，会试放榜时间为三月二十五日。乾隆十年(1745)，"会试改期三月，应于四月十五日内揭晓"。[①] 至于具体放榜日期，由主考官共同议定。会试录取、放榜的程序基本与乡试相同。会试榜单在礼部衙门前张挂，三天后由礼部收缴存档。与乡试一样，会试亦有副榜。

举人在明清时期已是一种正式的科名了，即使他们会试落榜，也已经具备了做官的资格，一般可出任知县、教官等职，因此有人说举人是"头顶知县，脚踏教官"。清代举人可以通过拣选、大挑和截取三种途径任官。不过，由于官员职位有限，加上每三年还会产生一批进士，至晚清，举人候选的时间就相当长，一二十年是常见的，有的举人甚至终生都是候选者。何刚德对此有描述，他说："行之数科，逐渐拥挤，外省知县，非一二十年，不能补缺，教职亦然。光绪以来，其拥挤更不可问，即如进士分发知县，名曰即用，亦非一二十年，不能补缺，故时人有以'即用'改为'积用'之谑。因县缺只有一千九百，而历科所积之人什倍于此，其势固不能不穷也。"[②]《都门竹枝词·候选》诗云：

老史皤皤发似银，龙钟带病少精神。
贵班请问居何职？四十年前老举人！

这首竹枝词描写了一个姓史的举人，他40年前就开始候选了，一直

① (光绪)《钦定科场条例》卷44《揭晓·揭晓定限·例案》。
② 何刚德：《客座偶谈》卷2《晚清举人仕途拥挤》。

没有获得职位。他现在已经老态龙钟了,而且因为生病,精神状态也很不好,即使有职位也无法赴任了。尽管如此,考中举人还是可以使自己的社会、经济地位产生质的飞跃。举人是中国古代社会绅士的主体,他们是一个地方最有权势和经济实力的人。

会试录取者称为"贡士",第一名叫"会元"。与新科举人有资格参加乡试后的鹿鸣宴不同,会试后的簪花筵宴仅宴请考官,新科贡士不出席。会试试录、题名录、闱墨的选辑与刊刻、进呈等事宜基本上与乡试相同。

乡会试放榜后,允许落第考生凭卷票领回自己的朱卷,称为"发领落卷","乡会试落卷,查填士子姓名,由各承办科场衙门出示晓谕,令其持原给卷票为凭,领回阅看"。① 如果考生觉得阅卷不公,可以向礼部申诉。这不仅可以安抚落第考生,也可以监督阅卷考官公正评卷。清初,经常有落第考生发现阅卷有错误,前往礼部申诉,使考官受罚的事件。至清代中晚期,随着应试人数的增加,阅卷越来越草率,考官批语也是诸如"欠精通""少出色"之类套话。即使考生申诉,也很少得到满意的答复,发还落卷的制度也形同虚设。

### 五　殿试

清初殿试在天安门外举行。顺治十五年(1658),根据礼部的请求,殿试改在太和殿前丹墀进行。雍正元年(1723)癸卯恩科殿试于十月举行,天气非常寒冷,砚台结冰,考生难以书写,殿试移至太和殿两廊进行,这一做法沿用至乾隆五十二年(1787)丁未科殿试。五十四年(1789),清廷改在保和殿内进行,成为后世所遵循的定制。仅仅嘉庆十四年(1809),因修缮保和殿,清廷决定"本年四月策试贡士,着暂照旧例,于太和殿两廊列坐考试"。②

---

① 《钦定科场条例》卷46《闱墨·发领落卷·现行事例》。
② (光绪)《钦定科场条例》卷55《殿试·殿试读卷·例案》。

殿试在会试后进行。清初二月会试，三月发榜，四月初殿试，此后多有调整。乾隆十年（1745）奉上谕："向来会试之期在二月，则三月发榜，四月殿试。雍正五年、乾隆二年会试改期三月，则四月发榜，五月初间殿试。朕思五月天气渐热，向改殿试之期者，因三月会试系偶一举行之事。今三月会试已着为定例，则殿试之期自应酌量变通。着自今科为始，于四月二十六日殿试，五月初一日传胪，该部通行晓谕知之。"①乾隆二十六年（1761）定："会试中式贡士，于四月二十一日对策于保和殿，"②从此成为定制。但也有因特殊情况而调整殿试日期的。乾隆四十五年（1780），因乾隆帝巡幸，清廷决定"五月初十日太和殿试新进士，十三日保和殿朝考，十四日带领前十卷引见，十五日升殿传胪，十七、十八两日带领新进士引见"。③

殿试由皇帝主持，评阅试卷、评定等第的考官称读卷官。因读卷官多选一二品大员，故称读卷大臣。清初殿试读卷官选派时间并无定制，其后逐渐形成定制，钦定后的读卷大臣在殿试前一天预先通知各王公、大臣，当天穿朝服在午门集合，听候宣旨。清初以内院大学士、学士为读卷官，之后读卷大臣的选派范围不断扩大。至乾隆二十五年（1760）形成定制，殿试读卷官，从大学士及由进士出身之内阁学士、尚书、侍郎、左都御史、左副都御史中钦派，其中大学士 2 名。

清初读卷大臣的人数没有定额，每次殿试前由皇帝决定。根据《清实录》记，顺治四年（1647）首次殿试时，任命内院大学士冯铨、范文程、刚林、祁充格、宋权、宁完我，学士查布海、来衮、蒋赫德、王铎、胡世安、陈具庆 12 人充任殿试读卷官。九年（1652），因殿试分满、汉榜，读卷大臣增至 28 名。十二年（1655）更是多达 37 名，其中满洲读卷大臣 18 名，蒙古读卷大臣 2 名，汉读卷大臣 17 名。清廷取消满汉

---

① （光绪）《钦定科场条例》卷 55《殿试·题派事宜·附载旧例》。
② （光绪）《钦定科场条例》卷 55《殿试·题派事宜·现行事例》。
③ （光绪）《钦定科场条例》卷 55《殿试·殿试读卷·附载旧例》。

分榜后,读卷大臣的数量明显减少,十五年(1658)规定,读卷大臣人数为14名,康熙、雍正朝沿用这一数目。乾隆二十五年(1760)议准:每科殿试不过200余份试卷,旧例用14人读卷,未免过多,于是将读卷官减少为8名,其中2名为大学士,此为定制,沿用至清末。

听宣任命的圣旨之后,读卷大臣不得回寓所,他们各自找公所散住。乾隆帝认为这容易滋生弊端,"又向来读卷官虽例不回寓,然皆各觅公所散住,地非锁院,人得自由,监试王公大臣等不能各分一员同居纠察,而读卷诸臣从容退息,亦何不可遣人回家潜通消息者?此而置之不问,则乡会试之设法关防,又何取焉?"为此,清廷规定读卷大臣集中住在文华殿两廊,并进行严格管理,"应请即于文华殿两廊,并传心殿之前后房间,令读卷官及监察之王公大臣、科、道、收掌等官一同住宿。自阅卷以后,其门上启闭,交与景运门护军统领,拨派护军管理。每日供给,系光禄寺备办,应令派出员役,运送饭桌,以省出入之烦"。① 至此,读卷大臣在文华殿、传心殿集中居住成为定制。

清初沿用明制,贡士都有资格参加殿试。如果有贡士因为丁忧和其他特殊情况不能继续参加殿试,可以向朝廷有关部门报告请假,称为"告殿"。告殿贡士有资格参加下两科殿试。凡是被斥革的贡士不得参加殿试,而罚停科的贡士则不能参加当次殿试,可以参加下一科或二科殿试。

然而,康熙五十一年(1712)壬辰科会试榜发后,新中式贡士、顺天解元查为仁因舞弊被查而逃逸。康熙帝谕大学士等:"去年顺天解元以科场事发脱逃,朕心甚疑。今中式进士内,或有不能作文令人顶替者,亦未可定。着于二十日齐备试卷,令赴畅春园,朕亲加覆试。"②当年公布会试录取名单之后,他下令二十四日在西苑举行覆试。康熙帝亲自命题,要求考生写三篇八股文。覆试时,他问了会元

① (光绪)《钦定科场条例》卷55《殿试·殿试读卷·例案》。
② (光绪)《钦定科场条例》卷49《覆试·附载旧例》。

卜俊明几个问题，卜氏的回答让他非常满意。第二天，清廷组织有关官员阅卷，四月一日公布了录取结果，有四名贡士被淘汰，无资格参加殿试。此后，会试后举行覆试成为定制。至乾隆年间，简化了覆试内容，即会试放榜以后，在殿廷举行覆试。礼部奏请钦命《四书》题一道，诗题一道，所有监试王大臣、阅卷大臣届期特旨简派，不由礼部开列。其试卷即由阅卷大臣分拟等第，汇封进呈钦定。覆试主要审查贡士覆试卷的文义、字迹与会试卷的差异程度，“覆试卷文义、字迹如与原卷大相径庭，比对如出两手，显有冒名、顶替以及传递、代倩等弊，讯明得实，将不能查出之知贡举、监试、提调等官照例议处。其内帘官凭文取士，无从查察，应毋庸议。如原中卷文义亦复荒谬，将主考、房官一并议处”。[①] 从这一规定来看，覆试主要作用是防止考生通过防冒名顶替，以及传递、徇私阅卷等舞弊行为考上贡士。

清初殿试在天安门举行，只是派专门人员管理。至改在保和殿应试后，当天黎明，贡士在午门外集合，由礼部和鸿胪寺官员带领进入保和殿。考生所带的笔、墨、砚台和坐凳等考试用品，由校尉代为提携，并送至殿内，以表示对贡士们的尊重。为了严肃入场纪律，至道光二十四年(1844)规定，贡士入场时，也要派护军统在中左、中右两门认真稽查。但至晚清，殿试趋于简化，商衍鎏先生参加光绪三十年(1904)殿试时的情况是：“当日于卯初刻服常朝服入东华门至中左门，候点名领卷，送场者至此为止。殿廷所备试桌，式如炕几高仅尺许，趺坐盘膝以事写作，试士素非所习。于是多自携考桌，其制用光面细布蒙薄板，以铁条为活四柱，纳于板背，折叠成片，支起扣于套环之内，即为一桌，较内廷所备者稍高；以藤筐盛布箱，贮考具应用之物，其筐即为坐椅，领卷后背负以入；从前校尉代携之制，已成虚文。”[②]

---

① (光绪)《钦定科场条例》卷49《覆试・现行事例》。

② 商衍鎏：《清代科举考试述录》，生活・读书・新知三联书店，1958年版，第110页。

贡士入场之后,发给策题。殿试当天黎明,“内阁官朝服捧题,设于保和殿内东旁黄案上……大学士一人,进殿左门,至案前奉策题,由保和殿中门闑左出至檐下,授礼部堂官……礼部官举题案至丹陛下,诸贡士跪,礼部司官散题,诸贡士跪受毕,行三叩礼,兴。鸿胪寺官引贡士各赴试案对策。”①尽管有如此严格的规定,但在光绪三年(1877)殿试时,因策题发放延迟,贡士为尽快拿到题目,竟然在大殿之中抢夺、喧哗。

考试时间为一整天,当天交卷,在大殿的中左门下交卷,受卷、弥封官收卷、弥封完成后,盛入卷箱,送交收掌官,由收掌官送给读卷大臣公阅。清初,给答卷延迟的贡士发放蜡烛,让他们继续答题,但乾隆帝认为这种做法容易滋生弊端,于是乾隆帝发布上谕:“殿试对策一道,穷日之力,写作已可从容,何必焚膏继晷始得成章乎?况殿廷重地,尤宜谨慎。嗣后殿试交卷,至迟亦以日入为度,不得仍准给烛。其不能完卷者,仍准列入三甲末。士子等各宜自勉,以副朕剔弊遴才之至意。”②至此,殿试不准给烛,成为定制。至晚清,殿试时,在天黑之前未能完卷者,多把试卷带到中左门补写,到二更才交卷。至光绪年间,清廷多次明确禁止殿试给烛,即禁止延长考生答卷的时间。

清初,策题由内阁在殿试前密拟,呈请皇帝钦定。康熙二十四年(1685)乙丑殿试前,有大臣奏请皇帝亲自命殿试策题,但康熙帝谕令大学士等:“若题目俱由朕亲出,不胜烦琐。即如会试题目,乃偶一行之,岂遂为例?且朕所出之题,乃试官不出,人所不能预拟者。若屡屡亲出,则人亦能预为揣摩矣。着传谕九卿、詹事、科、道,仍照旧例行。”③乾隆四年(1739),皇帝亲自命殿试策题,为清代殿试的特例。至乾隆二十六年(1761),殿试策题由内阁密拟的做法得到改变,改由

---

① (光绪)《钦定科场条例》卷55《殿试·殿试读卷·现行事例》。

② (光绪)《钦定科场条例》卷55《殿试·殿试读卷·例案》。

③ 《清圣祖实录》卷120,“康熙二十四年三月丁丑”。

读卷官密拟好进呈，恭候皇帝裁定后，再进行刊刻。读卷大臣在殿试前一天在文华殿命题，要求命八个方面的内容，每一内容由四个字（后改为两个字）来提示，请皇帝圈定其中的四个内容作为策题，然后再由读卷大臣撰写策题。策题交给内阁，在内阁刊印。

清初策题一般为两三百字，涉及两三个方面内容，主要涉及治国之道、武备筹边、吏治政风、通商阜民、民生仓储等方面。如顺治三年（1646）丙戌科殿试，策题为“治天下”“求贤才”两个方面。[①] 六年（1649）己丑科策题为“联满汉”“养民力”“化顽梗”三个方面。[②] 至康熙年间，策题越来越长，有时甚至多达五六百字，内容多涉及 4 个方面。如康熙九年（1670）庚戌科，题目内容为“安民”“兴贤”“吏治”“治河”。[③] 尽管最高统治者希望通过这些策题，既能考查士子治国理政的能力，也能借此获取民意。但从总体上而言，策题基本无关国是，殿试很难达到考查考生政治能力的效果。不仅如此，由于科举考试是关系士人前途命运的大事，大多数考生又没有政治历练，甚至生活阅历都相当欠缺，他们在对策中所发的政治议论大多只是书生意气，少有成熟的政治见解。特别是部分考生撰写对策时，还可能揣摩迎合考官的政见，甚至歌功颂德，更无法实现通过殿试考察士子们行政能力的目的。

殿试对策所用试卷正本由礼部制备，用白宣纸裱 4 层，乾隆四十八年（1783）以后加至 7 层。清初试卷为 15 开（两面为一开），前 6 开为素页，主要用来写履历后弥封。后 9 开画有直行，无横格，每开 12 行，用红线画出直行，而无横格，用于考生撰写对策，每行的字数无规定。嘉庆以后卷前的素页只有 2 开，其后画直行的纸张也减少为 8 开，清初殿试试卷长一尺五寸三分，宽四寸三分多。四十八年定，改

① 《清世祖实录》卷 25，“顺治三年三月壬戌”。
② 《清世祖实录》卷 43，“顺治六年四月庚子”。
③ 《清圣祖实录》卷 32，“康熙九年三月戊午”。

为长一尺四寸,宽约三寸七分。除殿试试卷外,还发给草稿纸一本,尺寸略小,画有格子,每行 24 个字。由于殿试预备有空白卷,如果考生不小心污损试卷,可以临时换给。至同治元年(1862)规定:“嗣后殿廷考试所备空白试卷不得过十本,如实有损坏墨污,及行款错误、题字错落等项,由监试王大臣查明,无关弊窦者,准其更换。其有笔误数字,及书写已过半幅者,概不准换,以示限制。”①

殿试卷撰写格式是:第一开前半页写履历,书写内容为:应殿试举人臣某某,年若干岁,某省某府某县人,由廪(或增附)生应某某年乡试中式,由举人应某某年会试中式,今应殿试,谨将三代脚色开列于后(嘉庆年间以前,此处写为谨将三代脚色并所习经书开具于后),曾祖某、祖某、父某,在其名字下注明已仕、未仕,已殁、未殁。卷后面印朱文大木记戳,印有“印卷官礼部某司某官臣某某”。卷前面、卷背骑缝钤盖“礼部之印”。考生交卷后,由弥封所将卷前人名及履历一页折叠成筒,用纸钉固定,并贴上纸条,纸条的上下两端各钤盖弥封关防印。读卷大臣八人的姓名按照官阶排列在卷背的右边。

殿试对策的撰写格式是,开头写“臣对臣闻”,对策开头部分——策冒,或四行,或八行,要切合策题本义立论,不得用宽泛套语。策尾文则八行左右。策冒文和策尾文都可以入场前预先拟好,带进考场抄写。第一条对策以“伏读制策有曰”开头,第二、三、四条对策则以“制策又以”起头。书写颂圣的“钦惟皇帝陛下”“干冒宸严”时,“钦惟”“干冒”须写该行的最末尾,“皇帝”“宸严”须另起行双抬一行。每条对策结尾、策尾的颂圣文字,均需双抬一行。“通体不得用四六颂联,违者不准滥置前茅。或五行或九行,抬写‘皇帝’‘陛下’。其前一行‘钦惟’二字,应核计字数,书写到底。”策末写“‘臣末学新进,罔识忌讳,干冒宸严,不胜战栗陨越之至。臣谨对’字样。‘干冒’二字亦

① (光绪)《钦定科场条例》卷 55《殿试·殿试读卷·例案》。

应核计字数，书写到底”。[①] 清初为“臣茅草新进”，自嘉庆八年(1803)允许宗室应试以后，策末的“末学新进”四字发生改变，“查贡士殿试卷尾，向例应书‘草茅新进’字样。今宗室人员应试，加以‘草茅’二字，似为未协。若仅将宗室贡士卷尾换易字样，又恐易于认识，亦非慎重关防之道。应请嗣后贡士殿试卷尾‘草茅新进’字样一体改为‘末学新进’，以符体制而昭画一”。[②] “臣”字须靠右旁书写。禁止在殿试试卷上添加、涂改。

殿试对策全文不得少于 1 000 字。考生在撰写对策时，为获得好的名次，往往会尽量多写一些字数，傅增湘在《清代殿试考略》中说：“其前幅策冒十四行，后幅空白十四行，原非古式，不必拘泥。然乾隆时多写八开另十行。嘉庆以后，则写七开另四行，相沿至同光，几同定式。”[③]如果按照每行写 24 个字，每开 12 行计算，对策多在 2 000 字左右。

殿试次日即开始阅卷。最初殿试阅卷的地点并不固定，阅卷限定的时间有 2～5 天不等。乾隆二十五年(1760)，清廷决定在文华殿阅卷，读卷官和及监察之王公大臣、科、道，收掌等官一同在文华殿两廊，以及传心殿之前后房间，要求在殿试后两天评阅完所有试卷。此后成为定制。清初读卷官所阅试卷都是随机分配的，收掌官从箱中取出试卷，摊在案上，按照读卷官的人数分成若干份，每人分三四十本，均随机分配。阅卷时，读卷官先评阅自己所分得的试卷，定出等级，再轮阅别人所分之卷，各桌互看轮看，所有读卷官都评判标识后，再排定名次，称之为“轮桌”，也称为“通阅”。

清廷多次要求读卷官公正阅卷，必须根据对策优劣进行评判。康熙五十二年(1713)癸巳恩科殿试后，读卷大臣遵例进呈十本试卷。

---

① (光绪)《钦定科场条例》卷 55《殿试·殿试读卷·现行事例》。
② (光绪)《钦定科场条例》卷 55《殿试·殿试读卷·例案》。
③ 傅增湘：《清代殿试考略》，天津大公报社，1933 年印行，第 20 页。

康熙帝阅至第二卷时说:"此卷必系南省人。"命人拆开弥封,果然为南方士子。之后,康熙帝谕大学士等:"尔等大臣多系进士出身,深知文字。凡文章书法,各有所习,一览可知。朕适阅第二卷,未及拆封,早知为南省人,昭然不爽。闻来京应试之人,将伊等所作文字,各处投送。其应开考试官,悉令过目,以博已之声名,以求人之采取。尔等场中阅卷,当一秉虚公,略无私意,始称厥职。至《五经》《四书》俱系圣贤之言,考试出题,专意取冠冕者,则题目渐少,士子易于揣摩。甚有将不出题之书,删而不读,尚得言学问乎?经书内有不可出之题,试官自然不出。其余出题之处,须以各种题目试之,则怀才实学之士,自无遗弃矣。"[①]乾隆二十五年(1760),清廷发布上谕,再次强调殿试读卷的主要标准是对策的内容,"而阅卷取择之方犹有未当,应遵奉谕旨,参核文字,务令取择适中。除条对精详、楷法庄雅者尽登上选外,其有缮录不能甚工,而援据典确,晓畅时务,即为有本有用之才,亦应列为上卷"。[②] 根据这一上谕,读卷大臣评阅殿试对策时,要求内容必须"精详",字体必须"庄雅",前者是主要的,后者是次要的,即如果策论写得好,书法相对较差,也可以评为上等。如果策论文理不通,即使书法再好也不能评判为优等。

然而,从清代中期开始,读卷大臣评阅时,普遍注重书法,考试内容反而相对次要了。对此,乾隆皇帝表示坚决反对:"廷试士子为抡才大典,向来读卷诸臣,率多偏重书法,而于策文则惟取其中无疵颣、不碍充选而已。敷奏以言,特为拜献先资。而就文与字较,则对策自重于书法,如果文义醇茂,字画端楷,自属文字兼优,固为及格之选。若其人缮录不能尽工,字在丙而文在甲者,以视文字均属乙等,可以调停入彀之人,自当使之出一头地。况此日字学稍疏,将来如遇馆选,何难临池习之?傥专以字为进退,恐读卷官有素识贡士笔迹者,

---

① 《清圣祖实录》卷256,"康熙五十二年十月乙酉"。
② (光绪)《钦定科场条例》卷55《殿试·殿试读卷·例案》。

转以此借口滋弊，非射策决科本义也。”①在乾隆帝看来，殿试重书法，不仅无法让有真才实学者脱颖而出，而且还有可能让应试贡士利用书法与读卷大臣通关节舞弊。

尽管如此，殿试专重书法的局面根本无法改变，道光以后几乎成为定制，“近数十年，殿廷考试，专尚楷法，不复问策论之优劣，以致空疏浅陋，竞列清班，甚至有抄袭前一科鼎甲策，仍列鼎甲者。而读卷诸公，评骘楷法，又苛求之于点画之间，有一字古体帖体，依《说文》篆隶而不合时式者，即工楷亦置下等……何况士子试卷，而变本加厉，遂至一画之长短，一点之肥瘦，无不寻暇索垢，评第妍媸。以朝廷抡才大典，效贱工巧匠雕镂组织之程材，而士子举笔偶差，关系毕生荣辱。末学滥进，豪杰灰心，波靡若斯，虽尧舜皋夔之圣贤，岂能逆料与？”②

由于殿试为读卷，读卷大臣不能为试卷写评语，只以不同的标识来评判优劣，标识为○、△、“、”、|、╳，即圈、尖、点、直、叉。读卷大臣阅卷时，用夹片一张，分作八行，其上写有八名读卷大臣的姓，标识列于姓下。然而，“在进呈及前列卷标识多佳，难以移动。其余诸卷，次第记认，分别无多，恐粘贴时不无错误，甲第前后颇有关系”。③ 为了避免夹片粘贴错误，影响考生名次，清廷决定在贡士对策弥封之外，列八名读卷大臣的姓，读卷大臣不用浮签，以避免标识被移换的弊端。嘉庆十九年(1814)，副都御史曹师曾上奏：“本科殿试各卷，读卷官记认圈点，并无一定之处，有在卷前三页背面者，有在卷后末页背面者，均未能一律。查试卷前三页，系书写策文之处，未便即加圈点于背面。”④针对这种情况，清廷要求，所有读卷大臣的标识都统一标记在策尾空幅背面，此后成为定制。

---

① (光绪)《钦定科场条例》卷55《殿试·殿试读卷·例案》。
② 陈康祺：《郎潜纪闻二笔》卷11《殿廷考试专尚楷法之由》。
③④ (光绪)《钦定科场条例》卷55《殿试·殿试读卷·例案》。

读卷大臣在阅卷时，各自给出标识，“其间即各有参差，不过如上之适中、中之适下，品题不无互见，当不致相去悬绝。其或相去悬绝者，必各存成见，有高下其手之弊”。针对这种状况，乾隆二十六年（1761），清廷下诏：“应自本科为始，俟传胪事竣，礼部即将读过遮蔽试卷，请旨另派大臣覆行察看。如有标识悬绝者，即行拣明进呈候旨，庶诸臣不敢稍以私意抑扬，鉴别益昭公慎。”①尽管这一规定的目的是使读卷官公正阅卷，但是读卷大臣为了不自找麻烦，在评阅别人已经评阅完的试卷时，往往会先看前面已经评判的标识，只要没有明显的问题，他们给一个与前者相同或者大致相当的标识。读卷大臣之间彼此心照不宣，即所谓的“圈不见点，尖不见直”的现象，这是殿试读卷时的“潜规则”。因此，尽管每份试卷经过了多次评阅，但起决定作用的是第一位读卷大臣的意见。如果殿试要取得好成绩，必须所定的等级都是圈，加尖、加点者的名次肯定靠后。

读卷大臣阅卷之后，需要将排名前列的试卷进呈，奏请皇帝钦定名次。清初，清廷并未规定进呈试卷的数额，皇帝仅钦定三鼎甲名次。至康熙二十四年（1685），“上御懋勤殿，殿试读卷官大学士明珠等将策试天下贡士卷，选择十卷进呈”。② 此后，进呈十卷成为定制，皇帝钦定前十名的名次。乾隆朝以后，前十名的试卷往往以读卷大臣的官阶来定，即第一本为官阶名列第一的读卷大臣所定，第二本为官阶第二的读卷大臣所定，以此类推。由于读卷大臣为八名，第九、十两本试卷依然由官阶第一、二的读卷大臣所定。

读卷大臣评阅完后，将弥封试卷进呈。换言之，皇帝钦定名次的试卷亦为弥封试卷。皇帝可能会改变读卷大臣预先拟定的名次，康熙十五年（1676）丙辰科殿试后，会元彭定求的试卷被读卷大臣列为

① （光绪）《钦定科场条例》卷56《殿试·殿试察看标识·例案》。
② 《清圣祖实录》卷120，“康熙二十四年三月壬午”。

第三名。进呈之后，康熙帝认为其对策的末尾有劝勉君主的文字，写得非常精彩，将其钦点为第一名状元。

乾隆二十五年(1760)，读卷大臣进呈十卷钦定名次，乾隆帝命令“读卷官会同监试拆去弥封，不得复行更调。至进呈之日，即将十名带领引见，恭候钦定甲第，仍于次日传胪，于向例既无变更，而于命官之意益彰详慎”。[①] 正因为拆开了弥封，乾隆帝发现江苏的赵翼名列第一，浙江的胡高望为第二名，陕西的王杰为第三名。乾隆帝问读卷大臣：“本朝陕西是否出过状元呢?”读卷大臣回答没有。于是，他将赵翼与王杰的名次互换，将王杰定为状元，赵翼为探花。赵翼对此耿耿于怀，他在《七十自述》中写道：“一桂枝高手已攀，胪传声里另排班。”直至晚年，他还在《外孙金皋京闱发解喜赋》一诗的自注中称：“余廷试卷进呈第一，后改第三，大魁侥失，心常歉然。”[②]可见，这件事给赵翼的一生都留下了难以磨灭的遗憾。好在拆开弥封的做法仅仅实行了一科之后，乾隆二十八年奉旨：“不必预折弥封，候朕阅定后，再行按名传齐，带领引见。”[③]

尽管皇帝钦定名次时，根本看不到考生的姓名，但是由于殿试体现着皇帝的绝对权威，因此有关皇帝根据自己喜好确定进士排名的故事在明清笔记资料中并不少见。如乾隆五十四年(1789)乙酉科殿试后，有传言说，乾隆帝认为胡长龄这个名字非常吉利，预示着自己能长寿。于是，将胡长龄定为状元。光绪二十九年(1903)万寿恩科殿试后，读卷大臣拟定王寿彭为第一甲第一名，寓意祝愿慈禧太后能长命百岁。与胡长龄、王寿彭因为名字而让自己的命运发生改天换地变化不同，同治七年(1868)殿试后举行传胪大典时，因拟定前十名的“王国均”三个字与“亡国君”发音相同，慈禧太后下令将其降为第

① (光绪)《大清会典事例》卷361《礼部·贡举·殿试》。
② 赵翼：《瓯北集》卷46。
③ (光绪)《钦定科场条例》卷55《殿试·殿试读卷·例案》。

三甲第二十八名同进士。

在此类记载中,科举史上最后一科殿试——光绪三十年甲辰科殿试刘春霖被取为状元的故事流传最广。光绪三十年(1904)举行了中国历史上最后一次殿试,读卷大臣拟定的三鼎甲分别为朱汝珍、刘春霖和商衍鎏。当拟定前十名的考卷呈送给慈禧太后时,看到朱汝珍的名字中有个"珍"字,"朱"与"诛"同音,让她立即就联想到自己前不久刚刚被她害死的珍妃。不仅如此,朱汝珍的籍贯广东清远,这也让她非常反感,因为领导太平天国运动的洪秀全,发动并主导戊戌变法的康有为、梁启超,意图推翻封建帝制的革命领袖孙中山都是广东人。当她再往下看,读卷大臣拟定的第二名刘春霖的名字却非常吉利,因为当时北方正遭遇大旱,希望有一场大雨来缓解旱情,而"刘春霖"正好寓意"春风化雨,普降甘霖"。如果选他为状元,也能表达自己是关心百姓疾苦的。刘春霖又是直隶肃宁人,"肃宁"寓意可以让清廷土崩瓦解的危局能迅速得到改变,实现社会的安宁、稳定。另外刘春霖书法甚精,曾受人之托为慈禧抄写过不少《金刚经》之类的作品。慈禧十分欣赏他写的馆阁体楷书。于是,慈禧太后毫不犹豫地用朱笔将刘春霖定为状元,他也成为"第一人中最后人",即最后一位状元,朱汝珍则被改为榜眼。

对于刘春霖中状元的事,末科探花商衍鎏在1958年写了一篇文章,回忆了光绪甲辰科殿试鼎甲名次变易的"实在情形":

> 光绪甲辰科五月二十一日殿试,派读卷大臣八人,为王文韶、鹿传霖、葛宝华、陆润庠、陈璧、李殿林、张英麟、绵文。读卷毕,于二十四日将试卷的前十本进呈,时前四本名次是朱汝珍、刘春霖、张启后、商衍鎏(按进呈时卷尚弥封,不知何人。此时追述当时的名次),及进呈后,光绪帝易刘春霖第一,朱汝珍第二,商衍鎏第三,张启后第四,诏见读卷大臣发下,谓第二卷比第一

卷写得好，第四卷比第三卷作得好，所以互易。此为读卷大臣陆润庠面告鎏者。①

作为亲历者，商衍鎏的记载无疑是最真实的，由此我们可以清楚地看到刘春霖被取为状元既不是因为姓名被取为状元，也不是慈禧太后钦点的。刘春霖之所以被取为状元，与殿试重书法是有密切关系的。刘春霖在河北莲池书院潜心学习，文章书法都出类拔萃。他所写的"馆阁体"小楷已达到炉火纯青的地步，当时社会上有"大楷学颜真卿，小楷学刘春霖"的说法。在考中状元之前，光绪帝的师傅翁同龢见了他的书法，都是赞叹不已，并预言他能考中状元。可见，在殿试阅卷普遍重视书法的情况下，刘春霖本身具备了高中状元的实力，姓名并不是他能中状元的因素。尽管这些传说或者故事不是历史真实，但也折射出殿试或者科举在民众心目中的地位与影响。

尽管殿试不再拆弥封，但是传胪大典前一日，读卷大臣将前十卷进呈后，预传贡士在午门前等候，待名次钦定，拆开弥封后，按名传宣，由读卷大臣带领十人引见，时人称之为"小传胪"。如果有钦定为前十名贡士错过引见，就要被降至三甲末尾。乾隆三十四年(1769)，"进呈前十卷，第八卷潘奕隽、第十卷季学锦二名，引见不到。"读卷大臣奉旨："着改附三甲末"。② 前十卷的名次钦定后，读卷大臣"将原卷捧至红本房，前三卷填写一甲第几名，后七卷填写二甲第几名，交内阁列入金榜"。③

钦定名次之后，要举行传胪大典。清初传胪大典并无定期，至乾隆二十六年(1761)定，四月二十一日殿试，二十五日传胪，成为定制。传胪大典在太和殿进行。在正式开始之前，礼部会预先请钦天监选

---

① 商衍鎏：《我中探花的经过——并谈光绪甲辰科殿试鼎甲名次变易的实在情形》，《清代科举考试述录及有关著作》，百花文艺出版社，2004年版，第443页。

② (光绪)《钦定科场条例》卷56《殿试·传胪谢恩·例案》。

③ (光绪)《钦定科场条例》卷55《殿试·殿试读卷·现行事例》。

好时辰，并根据这个时辰确定整个仪式的安排表，并报请皇帝批准。经皇帝同意之后，礼部通知各部门和贡士。与此同时，工部还需要给每个贡士预备一份三枝九叶顶，需要在公布录取名单时发给每个新科进士。除此之外，还需要顺天府准备一顶仪仗伞，供状元到顺天府参加宴会和回寓所时使用。

传胪大典前一天，需要填榜钤印。前十名试卷钦定甲第、名次后，在红本房填写好，交给内阁，再拆开其余试卷的弥封，由填榜官填写甲第、名次。填好之后，由内阁学士奉榜至乾清门，以“皇帝之宝”钤榜后，将金榜仍送入内阁。

传胪大典当日的五鼓（即五更，大概是凌晨四点左右），开长安门，贡士们由此进入，“诸贡士穿公服，戴三枝九叶顶，在丹墀内，于各官之次两翼序立”。文武百官着朝服在太和殿前的丹陛、丹墀排班序立。“礼部鸿胪寺官设黄榜案一于太和殿内东旁，又设黄案一于丹陛上正中，设云盘于丹陛下。设龙亭于午门外。内阁学士具朝服，捧黄榜安设于太和殿内东旁黄案上。”准备就绪后，由礼部堂官奏请皇帝具礼服出宫，传胪大典正式开始。大典在太和殿进行，“鸿胪寺官分引诸贡士至行礼处，次第排立。鸣赞官赞‘有制’，诸贡士皆跪，乐暂止。鸿胪寺官于丹陛上东旁立，宣制毕，唱第一甲第一名姓名，鸿胪寺官引状元出班，就道左跪；唱第一甲第二名姓名，引榜眼出班，就道右稍后跪；唱第一甲第三名姓名，引探花出班，就道左又后跪。皆传唱者三次。唱第二甲第一名某人等若干名，唱第三甲第一名某人等若干名，均不引出班”。[①] 之后，礼部堂官和一甲进士三人随金榜出，鸿胪寺官员领着其他新科进士从昭德门、贞度门、左右掖门出来，至东长安门外张挂。状元带领新科进士们观榜。观榜后，顺天府准备伞盖仪从，导引一甲进士三人入顺天府参加宴会，之后送他们回到各

---

① （光绪）《钦定科场条例》卷56《殿试・传胪谢恩・现行事例》。

自的寓所，称之为“归第”。金榜在东长安门外张挂三天，然后收存交内阁保管。

乾隆中期规定，放榜之后，新科进士朝冠顶为镂花金座，上衔金质三枝九叶。状元朝冠金座，上衔水晶，状元、榜眼、探花各赐披红一段，镀红金花一对，匾额一块。传胪大典之后，新科进士还需要参加恩荣宴、上表谢恩等活动。

清代沿用明代馆选制度，新科进士可参加朝考，目的在于通过朝考选拔翰林院庶吉士和任命官职。朝考在保和殿举行。“朝考试题，由翰林院开写前三科题目进呈，恭请钦命论、疏、诗题目各一道，于试日清晨颁发进士等。或诸题全构，或作一、二艺，听其各展所能。其诗题只赋一律，毋许违例多作。”①阅卷大臣拟定一、二、三等进呈。通过朝考被选为庶吉士的新科进士入翰林院学习三年，再经过一次散馆考试。继续留在翰林院庶常馆者，称为“留馆”，授予翰林院编修、检讨等官；其余庶吉士分派到六部任主事或外用为知县。

清代沿袭明制，殿试一甲三名，称状元、榜眼、探花，赐进士及第；二甲若干人，第一名称传胪，赐进士出身；三甲若干人，赐同进士出身，一、二、三甲统称进士，又称甲榜、登科。三鼎甲和未被选为翰林院庶吉士的进士授官。

根据商衍鎏先生的统计，清代共开科 112 次，因顺治九年(1652)、十二年(1655)分满汉榜，因此有状元、榜眼、探花、传胪和会元分别 114 名。状元的地区分布是：江苏 49 名，浙江 20 名，安徽 9 名，山东 6 名，广西 4 名，直隶、江西、湖北、福建、广东各 3 名，湖南、贵州各 2 名，顺天、河南、陕西、四川各 1 名，八旗 3 名，奉天、山西、甘肃、云南没有状元。② 乾隆四十六年(1781)辛丑科状元钱棨、嘉庆二

① (光绪)《钦定科场条例》卷 57《朝考·现行事例》。
② 商衍鎏：《清代科举考试述录》，生活·读书·新知三联书店，1958 年版，第 163～169 页。

十五年(1820)庚辰科状元陈继昌为三元及第者。

清初规定,状元授翰林院修撰,为从六品。榜眼、探花授翰林院编修,为正七品。二甲、三甲进士分派到六部、都察院、通政司、大理寺等衙门观政三月,然后授予官职。顺治三年规定二甲前50名授六部主事,51名至三甲前10名授予中行评博,三甲11～20名授予知州、21～70名授予推官,其他进士则授予知县。此后,对新科进士的授官政策多次进行调整。十八年(1661),清廷宣布停止进士观政的措施。康熙三年(1664)规定:二甲进士授推官,三甲进士授知县。此后,未能入选庶吉士的新科进士一般授予主事、中书、行人、评事、博士、推官、知州、知县等官职。

考上进士后,士人才可以说基本上走完了求取仕途的科考历程。尽管清代的官僚体系中,满洲贵族占据了相当的比例,进士、举人在官僚体系中的数量、地位均有所下降,但是至清代中后期,进士、举人等科举出身者在政治体制中依然发挥者主导地位,进士受到社会追捧的程度丝毫不亚于明代。

此外,清初仿明制设立武举制度,清代武科考试在程序上与文科一样,每三年举行一次,实行武童试、武乡试、武会试、武殿试四级制度,分别选取武秀才、武举人、武进士。由于清代武举只重视考察武生武艺和体力的外场,选拔的往往是一介武夫,少有能运筹帷幄的将帅之才,武举在人才选拔方面的作用没有真正凸显出来。

满族贵族定鼎中原之后,重开制科取士。清朝前期的历代皇帝都十分重视制科。清代前期的制举科目主要有博学鸿词科、孝廉方正、保举经学和巡幸召试等。康熙十八年(1679)开博学鸿词科最为有名,选拔了不少硕学鸿儒和社会名流,其中“富平李因笃、长洲冯勖、秀水朱彝尊、吴江潘耒、无锡严绳孙,皆以布衣入选,海内荣之”。[①] 由

① 《清史稿》卷109《选举志》4。

于是年为己未年，史称为己未词科。乾隆元年(1736)九月，再开博学鸿词科，在保和殿御试大臣所举博学鸿词100余人，录取一、二等15名。二年七月，又补试被荐之博学鸿词，取中一等1人，二等3人。博学鸿儒科录取者分别授翰林院编修、翰林院检讨、翰林院庶吉士等职。康熙己未科、乾隆丙辰科两次召试博学鸿儒，取中入翰林院者的地域分布为：江南省(江苏、安徽)32名，浙江21名，顺天、直隶6名，江西3名，山东2名，湖广、河南、陕西、福建、云南各1名，而广东、广西、四川、贵州、甘肃及满洲、蒙古、汉军则没有录取者。光绪三十四年(1908)，清廷仿康熙、乾隆间的博学鸿词科在全国征召耆儒硕彦，湖南举人王闿运被荐授翰林院检讨，江苏、安徽相继荐举人才。但是不久光绪帝去世，博学鸿词考试就此作罢，此后再未举行过。

翻译科是清代创立的一个特殊考试科目，始设于顺治八年(1651)，分为“满洲翻译”和“蒙古翻译”两科。满洲翻译是将汉文译成满文，或以满文作论；蒙古翻译是将满文译成蒙古文。顺治十四年(1657)随着八旗科举停止而停止。康熙初，重开翻译乡试。雍正元年(1726)下诏：“八旗满洲等，除照常考试汉字秀才、举人、进士外，在满洲等翻译亦属紧要。应将满洲另翻满文，考试秀才、举人、进士之处，尔等会同该部，作何考试，额数多少等处，定议具奏。钦此。”①并议定翻译科分童试、乡试、会试和殿试四级进行，但由于翻译科的应试者少，均免殿试，赐进士出身，因此翻译科实际上就只有童试、乡试和会试三级。清廷规定：“翻译乡会试，三年举行一次，乡试一场，会试两场。乡试及会试头场，均于文闱揭晓后二日点名入场。会试第二场，于文会试揭晓后五日点名入场。如恭遇恩科，亦一体加恩。”②尽管翻译科为理藩院和各部选拔了不少满蒙中书、笔帖式等低级官员，但是开设翻译科，不但没有达到促进清语发展的目的，而且翻译

---

① (光绪)《钦定科场条例》卷58《翻译·翻译童试·例案》。
② (光绪)《钦定科场条例》卷59《翻译·翻译乡会试(上)·现行事例》。

科的应试者也沾染了文科举的“寻章摘句”的习气，以至“无关翻译本义”。因此翻译科的地位与影响远远不能和文科举相提并论。

清代还开八旗科举。清初科举只针对汉族士子，至顺治八年(1651)允许八旗子弟应试，清廷决定仿照元代左右榜之制，以八旗子弟、汉军为一榜，称满榜，其他考生为一榜，称汉榜。顺治九年、十二年殿试分满、汉两榜放榜，分别取中麻勒吉、图尔宸为满榜状元，邹忠倚、史大成为汉榜状元。十四年，清廷宣布停止八旗考试。至康熙二年(1663)，因八旗生员无上进的途径，清廷恢复其应试之例，特准其当年参加癸卯科乡试一次。六年(1667)，清廷接受御史徐诰武的奏请，再次举行八旗科举。八年规定：八旗生员在京师参加顺天乡试。该科乡会试时，八旗生员与天下士子同场应试，均用汉文作答，录取名单同榜公布，不再分满、汉榜。十五年(1676)，因三藩之乱，清廷再次停止八旗科举。二十八年(1689)颁布谕令：“满洲、蒙古、汉军应乡试之监生、生员，均由兵部验射马、步箭。能射者准其移送顺天府入场乡试。”①目的是能保持满洲、蒙古人擅长骑射的传统。此后，八旗子弟与天下士子一体应试的制度沿用至清末。

## 第二节　“惟变科举为第一义”：清中后期科举

历史的长河不息地奔腾，涛飞浪卷，汹涌澎湃，挟千年风云，淘万古泥沙，历史上任何制度都将显露庐山真面目，优点和弊端都将逐渐显露出来，尤其是八股取士所导致的“所举非所用，所用非所举”的弊端非常明显地暴露出来，八股取士逐渐成为清代中后期批判科举的焦点，变通科举成为有识之士的迫切期望。革新历史制度的弊端，或

① (光绪)《钦定科场条例》卷6《科举・八旗贡监生员笔帖式等科举・例案》。

者是试图使历史制度继续存在,或者是希望从制度层面上消解这一制度,从而建立新的历史制度取而代之。清代中后期科举制度革新使其同样面临着这两种选择,即或者是在传统取士范围内对科举考试内容进行调整,制度进行完善,或者是进行与发展新式教育发展相关的考试内容与考试制度的变革,并在此基础上建立新的教育与考试制度。

## 一 积重难返的弊端

为了维护科举作为"抡才大典"的严肃性和权威性,清代制定了细密苛严的科举条例,以防止舞弊行为的发生而影响其公正与公平。然而,清代又是科举弊端暴露最充分,科场舞弊层出不穷,科场大案接连出现的朝代。

清代科举成为士人仕进的主要途径,康有为说:"束之极隘,驱天下出于一途,标之甚高,使清班必由此出。得之累资格,则可任台司封疆;失之为举贡,亦分任守令教佐。"①秀才、举人和进士是既是身份地位的象征,也是荣华富贵的代名词,这促使士人终身皓首穷经,殚精竭虑,甚至不惜冒身家性命,企求通过舞弊实现金榜题名的梦想。

清代科场最常见的作弊手法是夹带、传递、冒籍和枪代。比如,乾隆十七年(1752)举行恩科乡试,各省奏报夹带舞弊者极少,惟有四川总督策楞搜出夹带十九名,照例发落。对此,乾隆帝谕令军机大臣:"此非蜀士之犯科者独多,而他省士子概能奉法自爱也。察弊之道,实心行之,其弊自见,应以虚文,则见犹弗见耳。"②

夹带如此,传递舞弊也不少见。乾隆年间,在京城附近一带还出

---

① 康有为:《请废八股育人才折——代徐致靖拟(1898年6月22日)》,郑力民:《康有为集》,广东人民出版社,2018年版,第217页。

② 《清高宗实录》卷411,"乾隆十七年三月乙酉"。

现了专门提供考试舞弊服务的人员，他们往往与贡院的巡绰和号军进行内外勾结，为考生传递各种信息。乾隆五十二年（1787），礼部对此详细描写："京城举场附近地方，近科以来，闻有积惯奸徒窝藏枪手，专为场内代倩文字。而不肖举子勾通外场巡绰兵役及闱中号军，将题目走漏消息，用砖块等物掷出墙外。及至文字做就，或遥点灯竿，连放爆竹，或将驯养鸽鹞远远纵放，作为记号，预行指定地方，以便关通接递，仍用砖块等物掷入场内，最为积弊。"①府、州、县试的传递之风也十分盛行，据《明斋小识》卷二《嘲传递》载：黄潼鲤主考时十分严格，使"接递者慌失题纸文不得进，高才生竞呼负负，草率涂写而出"。

更为严重的是考生和入场的考官串通作弊，最常见手法为通关节。所谓通关节就是"用字眼于卷中，以为识别者"，②又称为"用襻"。钟毓龙先生在《科场回忆录》中说："襻者，随举两字，约定卷中之第几行，其上面之第几格必用某字，下面之第几格必用某字，如衣之有襻，故曰襻也。所以必用两字者，仅用一字，防其偶同，用两字则无讹矣。此等襻字，皆由誊录生拟定而交与考生，名曰'送襻'。誊录生所承揽者，不止一人，从其同也。考卷每一场盈万，然誊录生亦数十人，各有各襻，互相合作，故觅取亦易，此为誊录生额外得财之一法。惟考生进场后，必先于卷上将此两字预填于所约之某行某格中，而随即点去之，以免遗忘。"③通关节往往与贿赂、巴结权贵等联系在一起，成为清代科场影响最为恶劣的作弊手法。清廷对此进行严厉打击，查处了多起以这种方式舞弊所引发的科场大案。

顺治十四年（1657）的丁酉顺天乡试，翰林院侍读曹本荣为主考官，侍讲宋之绳为副主考，大理左右评事李振邺、张我朴，国子博士蔡

① （光绪）《钦定科场条例》卷31《关防·巡绰员役·例案》。
② 赵翼：《陔余丛考》卷29《关节》。
③ 钟毓龙：《科场回忆录》，浙江古籍出版社，1987年版，第62页。

元禧、行人司行人郭浚等 14 人为同考官。虽然李振邺等人“虽未必尽纳财贿，而欲结纳权贵以期速化，揽收名下以树私人，其用心则同也”，但是由于名额有限，结果出现“爵高者必录，爵高而党羽少者乙之；财丰者必录，财丰而名不素布者又将乙之”。李振邺更是毫无顾忌，在外所通关节达 25 人之多。而要数千份试卷中寻获与自己通关节考生的试卷，十分困难。李振邺“以亲随有奚童名灵秀者，颇黠慧，遂手画蓝笔一纸，托秀寻对，一一具见，止中五名，外二十人不中”。发榜以后，录取田耜、邬作霖为举人，京官三品以上子弟都榜上有名，舆论一片哗然。李振邺等还四处炫耀：“某某，我之力也；某某本不通，我以情故，得副车也；某某，我极力欲中，无如某老中隔何也。”①刑科给事中任克溥上奏以后，顺治立即派人严查。审理结束之后，顺治帝大开杀戒，李振邺、张我朴、蔡元禧、陆贻吉、项绍芳、田耜、贺鸣效等 7 人被斩首，其父母、兄弟、妻子、儿女等共有 108 人被流放尚阳堡，家产入官。正副主考官曹本荣、宋之绳因负有领导不力的责任，官降五级，仍留原任。同考官郭濬虽然没有被处死，但十二月病死监狱。事后，还查处了与此次舞弊有牵连的多名官员。经历了半年之久的科场大案至此终于画上了句号。这是满洲贵族入主中原以来处理的第一起科场大案。

同年八月，江南乡试发榜后，社会舆论一片哗然。由于此科有以《论语》“贫而无谄”一章为题，有人以写成《黄莺儿》词来嘲讽考官：“命意在题中，轻贫士，重富翁。‘《诗》云’‘子曰’全无用。切磋欠工，往来要通，其斯之谓方能中。告诸公，方人子贡，原是货殖家风。”②江宁书肆也刊刻出版无名氏编的杂剧《万金记传奇》来讽刺主考官，这个杂剧的标题就将主考官方犹的“方”字去一点为“万”，钱开宗的“钱”字去偏旁为“金”，剧情详细描写了他们受贿通关节的种种丑态。

---

① 信天翁：《丁酉北闱大狱记略》。
② 梁章钜：《制义丛话》卷 22。

《黄莺儿词》和《万金记传奇》传到了京城，顺治帝获知后龙颜震怒。十一月二十五日，工科给事中阴应节奏劾江南主考："江南主考方犹等弊窦多端，榜发后，士子忿其不公，哭文庙，殴帘官，物议沸腾。其彰著者，如取中之方章钺系少詹事方拱乾第五子，悬成、亨咸、膏茂之弟，与犹联宗有素，乃乘机滋弊，冒滥贤书。"①顺治帝下诏严查。至顺治十五年(1658)十一月二十八日，清廷发布上谕，宣布了对这起科场案的处理结果："方犹、钱开宗差出典试，经朕面谕，务令简拔真才，严绝弊窦，辄敢违朕面谕，纳贿作弊，大为可恶。如此背旨之人，若不重加惩治，何以儆戒将来？方犹、钱开宗俱着即正法，妻子家产，籍没入官。叶楚槐、周霖、张晋、刘廷桂、田俊民、郝惟训、商显仁、李祥光、银文灿、雷震声、李上林、朱建寅、王熙如、李大升、朱莀、王国桢、龚勋俱着即处绞，妻子家产，籍没入官。已死卢铸鼎，妻子家产亦着籍没入官。"②结果，这次江南乡试的正副主考官、同考官全部被处死，多名考生被流放，十分惨烈。

虽然在如此残酷的镇压之下，清代科场出现了"一时人心大震，科场弊端为之廓清者数十年"③的局面，但并不能从根本上根除科场舞弊。康熙三十八年(1699)，顺天乡试"所中大臣子弟居多"，落第考生十分不满。江南道御史鹿祐上奏："顺天乡试正副考官修撰李蟠、编修姜宸英等，以宾兴论秀之典为纵恣行私之地，实为有玷清班，请立赐罢斥。"④社会以"老姜全无辣味，小李大有甜头"⑤加以嘲讽。康熙令九卿詹事科道会同严查，将李、姜二人革职下狱。后来姜宸英病死狱中，李蟠谪戍关外。

康熙五十年(1711)辛卯科江南乡试，正主考官为副都御史左必

---

①　《清世祖实录》卷113，"顺治十四年十一月癸亥"。
②　《清世祖实录》卷122，"顺治十五年十一月辛酉"。
③　《清史稿》卷108《选举志》3。
④　《清圣祖实录》卷196，"康熙三十八年十一月丁酉"。
⑤　徐珂：《清稗类钞》(第三册)《狱讼类·康熙己卯顺天科场案》。

蕃，副主考官为翰林院编修赵晋。发榜以后，以刘捷为解元，苏州中式者 13 人，其余多是扬州盐商子弟。落第士子群情激愤，认为赵晋与总督噶礼通同贿卖关节。九月二十四日，苏州生员千余人聚集于玄妙观，推举廪生丁尔戳为首，请人将财神像抬入府学，锁之于明伦堂上，并且作歌谣嘲讽考官。其中一幅最为有名的对联："左丘明两目无珠；赵子龙一身是胆"，以指两位考官的姓。还有人用纸糊贡院的匾，将"贡院"二字改为"卖完"。

这起舞弊案的案情非常复杂，不但主考官与考生通关节舞弊，两江地区的最高长官两江总督噶礼、江苏巡抚张伯行、前任安徽巡抚叶九思均卷入其中，清廷两次派遣钦差大臣前往调查，江宁织造曹寅、苏州织造李煦多次密奏，至康熙五十二年（1713）才基本调查清楚：安徽歙县的徽州盐商吴荣赞的儿子、贡生吴泌在考试前与考官通关节，定下"其实有"三个字为字眼，通过门生员炳转送安徽巡抚叶九思，请求他关照。叶九思将字眼交给同考官、泾县知县陈天立，由他转交给副主考赵晋。入场后，吴泌试卷分在同考官、句容县知县王曰俞房内，即由他负责批阅。陈天立凭关节查到吴泌试卷，并串通王曰俞将吴泌的试卷作为荐卷，由赵晋录取吴泌。扬州考生程光奎是两淮盐商，与副主考赵晋、同考官山阳知县方名本来就认识，互相串通订立关节。同考官方名根据关节将程光奎试卷推荐给副主考赵晋，由他录取。吴泌招供自己在考试结束后，送给叶九思五千两银子，并请叶九思转送给赵晋金子三百两。程光奎除代同考官方名偿还 800 两银子债务外，也送给赵晋金子 300 两。然而，赵晋只承认受贿 300 两黄金。在严厉审问下，李奇终于承认 300 两金子是赵晋让他交给了泾县知县陈天立，请他转交给总督噶礼的。

至康熙五十二年正月，清廷宣布了最后的判决结果，噶礼革职，张伯行革职留任，其他涉案人员基本维持了第二任钦差的审结意见：除叶九思病故、陈天立自缢外，其余分别按律定罪，副主考赵晋和同考官王曰俞、方名三人,俱斩立决;程光奎、吴泌、席玕三名考生,以及余继祖、员炳、李奇三位参与贿卖作弊者,一律绞监候,秋后处决;主考官左必蕃因失察被革职。至此,历时两年多、案情牵涉多封疆大吏的康熙辛卯科场案终于画上了一个句号。

同一天,清廷还宣布了福建乡试舞弊案的同考官吴肇中和其他涉案人员判决结果,"又议福建科场贿通关节之同考官吴肇中,应拟斩立决;夤缘中式之王汤三、说事通贿之林英应拟绞监候;正考官检讨介孝瑹、副考官工部主事刘俨失于觉察,应革职。从之"。①

同年二月,康熙帝还宣布了几起科场案的判决结果。康熙五十年顺天乡试中式第一名解元查为仁由其父亲查日昌请人代考,查日昌因为贿买书办,传递文章。事发后,脱逃后被抓获,应处以斩监候。查为仁舞弊是受他父亲的指使,逃脱后被抓。其书役龚大业收受贿赂,传递文章,判处绞监候。代查为仁作文的举人邵坡革去举人,杖徒。失察之监察御史常泰、李弘文罚俸一年。同时,刑部审结康熙五十年顺天乡试周启托周三请人代笔,串通誊录、受卷所役吏通同作弊一案,清廷的最终判决是:周三、周启身系奴仆,肆行贿赂,紊乱科场大典,情罪可恶,处以斩立决。李嶟瑞、杨笃生、阿迩赛、石芳柱、陈勋等系考场工作人员,玩忽职守,全部革职。说事通贿之谈汝龙、高岳,受赃之誊录所书吏阿亮公、受卷所书吏钱灿如,判处绞监候。代周启作文之王廷铨杖徒。

尽管严厉打击舞弊,但正如康熙帝所言:"乡会试皆抡才大典,关系紧要。今见考试官不遴取真才,止图贿赂,夤缘作弊者渐多。"②至雍正朝,考官与考生串通舞弊并未减少,甚至还有愈演愈烈之势。雍正十一年(1733),河南学政俞鸿图在主持院试时,公开卖生员,被河东总督王士俊列款纠参。次年二月,清廷将俞鸿图判处斩立决。之

① 《清圣祖实录》卷253,"康熙五十二年正月甲辰"。
② 《清圣祖实录》卷253,"康熙五十二年正月癸卯"。

后，雍正帝再次警告了各省学政，主持考试时要公正，他说："今观俞鸿图赃私累万，则各省学政之果否澄清，朕皆不敢深信矣。盖学政与督抚同在一省，学政之优劣，督抚未有不深知者，只因督抚有所请托分润，代为隐瞒，朕复何从而知之？嗣后，各省若有考试不公、徇情纳贿者，经朕访闻，除将学臣从重治罪外，该督抚亦必照溺职例严加处分。"①

乾隆十七年（1752）恩科会试时，监试御史蔡时田行李内搜出两张关节纸条，外帘监试御史曹秀先认出为其侄儿、举人曹咏祖的笔迹，蔡时田和曹咏祖串通舞弊。清廷在将蔡时田、曹咏祖斩决之外，对于御史曹秀先一并交部严加议处。

为了严肃科举考试的考风考纪，乾隆帝对于八旗子弟闹考也严厉惩处。乾隆二十三年（1758），应顺天院试的八旗子弟因学政庄存与监考严格，心怀不满，以海成为首考生在交卷时大闹考场。乾隆帝对八旗子弟进行覆试，结果还有多人舞弊被查。审结后，乾隆帝发布上谕：怒斥带头闹考的八旗子弟海成，称其为满洲世仆中的"败类"，称"断不可留矣，因降旨将伊正法"。② 其他涉案的八旗子弟均受到发配或永远不准考试的处罚。

清代中后期，科场舞弊不仅没有因清廷实施严刑峻法而减少、收敛，反而是越来越严重。道光时期科场舞弊也是有增无减，有的考官不直接赴贡院锁院，而是居住在外面，而士子纷纷前往夤缘干谒，拜为师生，私通关节。徐珂在《清稗类钞》中说：关节"大小试皆有之，京师尤甚，每届科场，送关节者纷纷皆是。或书数虚字，或'也欤'或'也哉'或'也矣'，于诗下加一墨圈者给银一百两，加一黄圈者金一百两"。③ 咸丰年间，"递条子"的通关节手法特别盛行，薛福成在《庸盦

① 《清世宗实录》卷141，"雍正十二年三月丙申"。
② 《清高宗实录》卷557，"乾隆二十三年二月庚辰"。
③ 徐珂：《清稗类钞》，《考试类·考试送关节》。

笔记》中说:“条子者,截纸为条,订明诗文某处所用之字,以为记验。凡与考官、房官熟识者,皆可呈递,或辗转相托而递之。房考官入场,凡意所欲取者,凭条索之,百不失一……当咸丰之初年,条子之风盛行,大庭广众中不以为讳。敏给者常制胜,朴纳者常失利,往往有考官夙所相识,闱中不知而摈之,及出闱而咎其不递条子者。”①

咸丰八年(1858)戊午科顺天乡试舞弊案即是主考官接收条子所引发的科场大案。此科放榜后,议论蜂起,“优伶亦得中高魁矣”,即认为作为戏子的平龄也能高中。咸丰帝令载垣、端华、全庆、陈孚恩等前往查办。尽管平龄并非戏子,但是覆勘试卷时,发现平龄试卷有多处问题,除他之外,还查出 50 本有问题的试卷。咸丰皇帝认为主考、同考各官“荒谬已极”,将正主考柏葰先行革职,副考官朱凤标、程庭桂暂行解任。后来,又查出主考官、大学士、军机大臣柏葰听受嘱托、副考官程庭桂收受条子罪证。咸丰九年(1859)二月十三,清廷发布上谕:“柏葰着照王大臣所拟,即行处斩,派肃顺、赵光前赴市曹,监视行刑,已革编修浦安、已革举人罗鸿绎、已革主事李鹤龄均着照例斩决,以昭炯戒。副考官户部尚书朱凤标,于柏葰撤换试卷,闱中并未查询,出场后又不即行参奏,若照旧例办理,知情徇隐,即应治罪,即止于失察,亦应研讯。惟阅其供词,尚无知情情弊,谅朱凤标亦不敢公然徇纵,着从宽即行革职。同考官、降调编修邹石麟为已革举人平龄更改朱卷,实属违例,着革职,永不叙用。”②此外,还有多人受到惩处。柏葰是中国科举史上死于科场案的级别最高的官员。

尽管苛严的科场条例前所未有,残酷的科场大案也能在一定程度上给舞弊者以威慑,但是至清代中后期出现科场案查处越严厉,考试舞弊的手段越来越巧妙和多样,案情也越来越严重。这从一个角度可以说明,科举制度的合理内核——公正、公平原则在清代中晚期

---

① 薛福成:《庸盦笔记·戊午科场之案》。

② 《清文宗实录》卷 276,“咸丰九年二月甲寅”。

的政治、社会条件下已经很难维系了，科举必将随着清代政局的急剧震荡而发生变革。

## 二　八股取士的批判

自清初起，清廷沿用明制以八股文取士的做法即招致众多学者的批判，而明末清初启蒙思想家的批评最为典型。

顾炎武认为科举无法选拔真才实学者，他说："今则不然，合天下之生员，县以三百计，计不下五十万人，而所以教之者，仅场屋之文。然求其成文者，数十人不得一，通经知古今，可为天子用者，数千人不得一也，而嚣讼逋顽，以病有司者，比比而是。"①不仅如此，顾炎武认为科举败坏士子的学风，他们武断乡里，勾结胥吏，带来了严重的社会问题，他说："天下之患，莫大乎聚五方不相识之人，而教之使为朋党。生员之在天下，近或数百千里，远或万里，语言不同，姓名不通，而一登科第，则有所谓主考官者，谓之座师；有所谓同考官者，谓之房师；同榜之士，谓之同年；同年之子，谓之年侄；座师、房师之子，谓之世兄；座师、房师之谓我，谓之门生；而门生之所取中者，谓之门孙；门孙之谓其师之师，谓之太老师。朋比胶固，牢不可解。书牍交于道路，请托遍于官曹，其小者足以蠹政害民，而其大者，至于立党倾轧，取人主太阿之柄而颠倒之，皆此之繇也。故曰：废天下之生员，而门户之习除也。"②

顾炎武认为科举以八股取士，让士子以为背诵数十篇八股文即可攫取功名，结果是绝大多数士子应试终生，依然落第而终。他说："时文之出，每科一变，五尺童子能诵数十篇而小变其文，即可以取功名，而钝者至白首而不得遇。老成之士，既以有用之岁月，销磨之场屋之中；而少年捷得之者，又易视天下国家之事，以为人生之所以为

① 顾炎武：《亭林文集》卷1《生员论》上。
② 顾炎武：《亭林文集》卷1《生员论》中。

功名者,惟此而已。”①他认为八股取士不仅无法选拔出治国安邦之才,更不能抵御外侮。他说:“故败坏天下之人材,而至于士不成士,官不成官,兵不成兵,将不成将,夫然后寇贼奸宄得而乘之,敌国外侮得而胜之。”②顾炎武将八股取士之危害与秦之“焚书坑儒”相比较,他说:“昔人所须十年而成者,以一年毕之;昔人所待一年而习者,以一月毕之。成于剿袭,得于假倩,卒而问其所未读之经,有茫然不知为何书者。故愚以为八股之害,等于焚书,而败坏人材,有甚于咸阳之郊所坑者但四百六十余人也。”③因此,在他看来,用八股文取士的危害性,远远大于秦始皇焚书坑儒。

尽管顾炎武对科举,尤其是对八股取士有非常严厉的批判,甚至提出“请一切罢之,而别为其制”。他这里说“罢之”即废生员之制,将其作为改革八股取士制度的突破口,以辟举之法和生儒之制取而代之,以达到釜底抽薪之效,彻底废除八股取士制度。他提出:“必选夫五经兼通者而后充之,又课之以二十一史与当世之务而后升之。仍分为秀才、明经二科,而养之于学者,不得过二十人之数,无则阙之。为之师者,州县以礼聘焉,勿令部选。如此而国有实用之人,邑有通经之士,其人材必盛于今日也。”④很显然,顾炎武提出的主张是要以经史知识取士,而不是八股文;要以学校选士,而不是科举考试。

黄宗羲提出清政府设科取士意在牢笼士子,并不是为了选拔人才,反而是败坏人才。乡会试头场虽然要求考生写七篇八股文,但首篇是关键,其余六篇都是衍文。写作八股文要合符规定,否则视为离经叛道。然而,每科中额稀少,士子为获得赏识,不断揣摩主考官之意旨,无法潜心读书。他说:“今日科举之法,所以破坏天下之人才,唯恐不力。经、史,才之薮泽也,片语不得掺入,限以一先生之言,非

---

①② 顾炎武:《亭林文集》卷1《生员论》中。
③ 顾炎武:《日知录》卷16《拟题》。
④ 顾炎武:《亭林文集》卷1《生员论》上。

是则离经畔道。而古今之书，无所用之。言之合于道者，一言不为不足，千言不为有余。限之以七义，徒欲以荒速困之，不使其才得见也。二场三场，置之高阁，去取止在头场。头场之六义，亦皆衍文，去取定于首义。牢笼士子，以循故事，卷数既烦，摘其一字一画之讹，挂于墙壁，以免过眼，其恶士子，甚于沙石……三年之中，一岁一科，士子仆仆以揣摩主文之意旨，读书更在何日？凡此节目，人才焉得而不破坏乎？……以取士而锢士，未有甚于今日者也。”①

不仅如此，黄宗羲认为在八股取士的驱动下，为获取功名，士子们心思全部专注于背诵程墨，揣摩拟题，经史之书反而被束之高阁，至于品行修养、兵农钱谷等切于民生日用之学被荒废。一旦侥幸及第，便以为读书之事已毕，士子耗尽毕生精力学习的八股文成为猎取功名的手段。在黄宗羲看来，如果用八股文取士，古代的才学之士都很难考取，他说：“今也不然。其所以程士者，止有科举之一途，虽使古豪杰之士，若屈原、司马迁、相如、董仲舒、扬雄之徒，舍是亦无由而进取之，不谓严乎哉！一日苟得，上之列于侍从，下亦置之郡县；即其黜落而为乡贡者，终身不复取解，授之以官，用之又何其宽也！严于取，则豪杰之老死丘壑者多矣；宽于用，此在位者多不得其人也。”②黄宗羲还认为科举的出现，对学术是毁灭性的打击，他说：“举业盛而圣学亡。举业之士，亦知其非圣学也，第以仕宦之途寄迹焉尔。”③

在严厉抨击以八股取士的同时，黄宗羲提出以改革科举之法为中心的选士制度。他认为科举考试的内容与方法应仿朱子“学校贡举私议”之设想，考试分经、子、史、时务策四场进行，均不以八股文为考试文体，并提出三场的考试内容改革，即第一场考经义，第二场试论、表、判，第三场策五道。

---

① 黄宗羲：《南雷文定》卷3《蒋万为墓志铭》。
② 黄宗羲：《明夷待访录·取士(下)》。
③ 黄宗羲：《南雷诗文集·序类》之《恽仲升文集序》。

任源祥、陆世仪、邵长蘅、魏禧等都严厉批判八股取士,主张废八股文,用策、论取而代之。然而,士子寒窗苦读,少有政治历练,甚至生活阅历都相当欠缺,故而他们在论、时务策所表现的只能多是书生意气,难有政治见解。不仅如此,因科举事关其前途命运,有的士子还可能为能实现金榜题名的梦想而揣摩迎合考官政见,乃至在论、时务策中暗藏关节,考官勾结,论、时务策难以发挥其作用。加之,论、时务策没有固定的结构,考官无法掌握阅卷标准。因此,尽管批评八股文的声音不绝,明清科举考试却长期将其作为考试文体。

直至康熙二年(1663),八股文的地位才发生动摇。是年八月,清廷议准:"停止八股文体,乡会试以策论、表、判取士,分为二场,第一场试策五道,第二场《四书》论一篇、经论一篇、表一道、判五条。"①自三年(1664)甲辰科会试起,科举停用八股文。

仅仅实行了一科会试,恢复八股文的呼声即起。康熙四年(1665)三月,礼部侍郎黄机上疏:"礼部右侍郎黄机疏言,制科取士,稽诸往例,皆系三场。先用经书使士子阐发圣贤之微旨,以观其心术;次用策论,使士子通达古今之事变,以察其才猷。今甲辰科止用策论,减去一场,似太简易,恐将来士子剿袭浮辞,反开捷径。且不用经书为文,则人将置圣贤之学于不讲,恐非朝廷设科取士之深意。臣请嗣后复行三场旧制,则士子知务实学,而主考鉴别亦得真儒,以应国家之选。"②他请求恢复科举旧制,以八股文取士的建议并未为清廷所采纳。康熙五年(1666)丙午科乡试和康熙六年(1667)丁未科会试继续实行两场制。在士子、社会反对停止八股文,坚持恢复科举旧制的压力下,康熙七年礼部议定左都御史王熙请求恢复科举之奏疏,下诏恢复康熙元年以前之例,乡会试仍用八股文取士,并且考三场。应该说,清廷此次废八股文的改革以失败告终。尽管此次改革发生

---

① (光绪)《钦定科场条例》卷15《三场试题·题目成式·附载旧例》。

② 《清圣祖实录》卷14,"康熙四年三月壬寅"。

在康熙即位后，诏令亦以康熙帝名义发布，但他是康熙八年才亲政的，故此次清廷废科举改革的主导者并不是康熙帝本人，应该是掌握实权的朝廷重臣。

尽管康熙二年（1663）废八股文的改革努力以失败告终，但此后在清政府内部改革科举的呼声还是不断涌现。雍正七年（1729）三月，四川道监察御史李元直向雍正帝密奏，他认为以八股文取士，无法选拔实用之才，请求改革科举取士制度。他在奏折中说："伏念天下之吏治，本乎人才；人才之选举，重在科场。"他认为："衡之以八股时文，而望其为忠臣、为良吏，此所取与所需者相左也。夫八股时文，能为端人正士之言，未必无卑污苟贱之行；能为慷慨经济之论，未必有治民理事之才。乃以此无用之空言，雕虫之小技，劳士子无限之呫哔，费考官无限之精神，縻国家无限之供给，纵弊绝风清，亦无关实效。况其中弊窦有不可胜言者。"因此，李元直建议朝廷，"宜课之以优劣，升之以德行，访察其学术，考验其才猷"。[①] 即建议废科举，实行推荐选材。对于这种主张废除八股文的建议，雍正帝征求重臣张廷玉的意见。张廷玉的回答是："若废制义，恐无人读四子书，讲求义理者矣。"[②]雍正朝废八股文建议的并未付诸实施，科举还在原来的轨道上运行。

与李元直只采用密奏的形式请求改革科举不同，兵部侍郎舒赫德于乾隆三年（1738）公开奏请废除科举，他的奏请主要包括以下几个方面的内容：

其一，舒赫德认为科举并不是最好的选官制度，甚至弊端丛生。他说："我朝取材之法，备极周详，或出于辟召，或出于荐举，或出于制科，或出于资荫，或出于事例，或出于吏员，其途不一，而应选知县者，惟举人、进士为多。此我皇上之所用以治天下者也。进士、举人出于

---

① 中国第一历史档案馆，宫中硃批奏折，文教类 56：31。
② 陈康祺：《郎潜纪闻二笔》卷 15《议考试废制义》。

科举。其始也,凭文而取之;其继也,按格而官之。苟其资当得官,虽才具平常,而亦不得不予。此固已非为官择人之良法矣。又况科举之弊,日积而日深,欲仕者以侥幸苟得为心,而廉耻节义之风微。凡可以弋获而捷取者,无弗为也。法令密于防奸,而奸每伏于所防之外。盖至于今日而弊斯极矣。"

其二,舒赫德认为八股文内容空虚,毫无实用价值。他说:"今之时文,徒空言而不适于实用,此其不足以得人者,一也。时文体制昉于宋而沿于明,我朝因之,本欲其沉潜于四子之书,反复于濂、洛、关、闽之说,返躬深造而明理以达于用也。"

其三,舒赫德认为以八股文取士,使得士子应试时,辗转抄袭墨卷、程墨等应试范文,完全为应试而读书。他说:"今则不然。墨卷房行,展转抄袭,肤词诡说,蔓衍支离。其心以为苟可以取科第而止矣。"

其四,舒赫德认为对于古人需要皓首终生的儒家经书,士子只需学习一种经书,数月就可以应付考试。他说:"士子各占习一经,每经拟题多者百余,少者不过数十耳。古人毕生治之而不足,今则数月为之而有余。其陋者,至未尝全读经文,况望其通贯儒先之说乎?"

其五,舒赫德认为表、判考题可以猜题,时务策则可根据考题随意作答,个人见地无从谈起。他说:"表以观其词藻,判以观其决断,策以观其通古今、察利弊。今则表、判可以预拟而得答,策随题敷衍而无所发明。"

舒赫德认为以八股文取士无法选拔到真才实学者,因此,他建议废除科举,改用其他比科举更好的选拔真才实学的方式。他说:"若复探其本而清其源,将考试条款改易而更张之,别思所以遴拔真才实学之道,似于士习人心方能大有裨益。"①

---

① 张廷玉:《澄怀园文存》卷4《议覆制科取士疏》。

乾隆帝将舒赫德的奏折交由礼部议覆。礼部的覆奏由大学士张廷玉主稿，他们认为三代以来，取士之法各有利弊，并认可舒赫德对八股文弊端的评价。但又提出，八股文自明代以来，已经沿用了 400 年，其弊端是众所周知的，之所以一直使用，是因为没有比八股文更好的考试文体。他们说："今舒赫德所谓时文、经义以及表、判、策、论皆为空言，剿袭而无用者，此正不责实之过耳。夫凡宣之于口，笔之于书者，皆空言也，何独今之时艺为然。且夫时艺取士，自明至今殆四百年，人知其弊而守之不变者，非不欲变，诚以变之，而未有良法美意以善其后。"①在张廷玉等看来，士子需领会圣贤之义，融会贯通，然后结合所掌握经史知识，方能写出优秀的八股文，因此八股文能让士子阐发孔孟圣贤奥旨的适合文体。他们说："且就此而责其实，则亦未尝不适于实用，而未可概为訾回也。何也？时艺所论皆孔、孟之绪余，精微之奥旨，未有不深明书理，而得称为佳文者。今徒见世之腐烂抄袭以为无用，不知明之大家如王鏊、唐顺之、归有光、胡有信等以及国初诸名人，皆寝食梦寐于经书中，冥搜幽讨，殚知毕精，殆于圣贤之义理，心领神会，融液贯通，然后参之经、史、子、集，以发其光华；范之规矩准绳，以密其法律，而后乃称为文。虽曰小技，而文武干济英伟特达之才，未尝不出乎其中。至于奸邪之人、迂懦之士，本于性成，虽不工文，亦不能免，未可以是为时艺咎。若今之抄袭腐烂，乃是积久生弊，不思力挽末流之失，而转咎立法之凉，不已过乎？"②

经义、表、判、策等文体不仅能考查士子的知识积累，还能验证其经世致用之能力，故而不能因为科举使用这些文体，就要废除科举。张廷玉等说："即经义、表、判、策、论等，苟求其实，亦岂易副经文，虽与四书并重，而积习相沿，慢忽既久，士子不肯专心学习，诚有如舒赫德所云，'数月为之而有余'者。今若著为令甲，非工不录，则服习讲

①② 张廷玉：《澄怀园文存》卷 4《议覆制科取士疏》。

求,为益匪浅。表、判、策、论皆加核实,则必淹洽乎词章,而后可以为表;通晓乎律令,而后可以为判;必有论古之识,断制之才,而后可以为论;必通达古今,明习时务,而后可以为策。凡此诸科,内可以见其本原之学,外可以验其干济之才,何一不切于士人之实用,何一不可见之于施为乎?”①

张廷玉等进一步认为假如废除科举,无论是采用上古官学养士或还是乡举里选之法,其弊端比以科举取士更大。因此,他们主张继续实行科举制度,只要主考官循名责实,力除积弊,杜绝士子侥幸取中,一定能将有真才实学士子选拔出来。张廷玉等建议朝廷不再讨论舒赫德的建议,他说:“我皇上洞见取士源流,所降谕旨纤悉坐照,司文衡、职课士者,果能实心仰体,力除积习,杜绝侥幸,将见数年之后,士皆束身诗礼之中,潜心体用之学,文风日盛,真才日出矣。然此亦特就文学而言耳。至于人之贤愚能否,有非文字所能决定者。故立法取士不过如是,而衡品论人,初不由此。无俟更张定制为也。舒赫德所奏应毋庸议。”②张廷玉等人的观点得到执政大臣鄂尔泰的支持。他说:“非不知八股为无用,而用以牢笼志士,驱策英才,其术莫善于此。”③也就是说,鄂尔泰认为八股文的弊端是众所周知的,但以八股文取士可以起到牢笼英才,驱策志士的功效。中国科举史上的第六次存废之争以科举得以沿用而结束。这场争论实际上是以往有关科举存废利弊在不同历史条件下的重现,尽管也与前四次争论的结果相同,但清廷之后对科举考试内容却作了不少改动。

至乾隆十一年(1746),进士出身的翰林院编修杨述上奏请求改革科举,对此,大学士伯张廷玉等逐一进行了反驳。杨述曾提出:“科举之弊,自不可听其日下。”对此,张廷玉等奏覆中认为八股文不能取消,并以康熙二年(1663)废八股文改试策论失败的例子来说明,“而

①② 张廷玉:《澄怀园文存》卷4《议覆制科取士疏》。
③ 《满清稗史》第31节《用儒术以笼络汉族》。

制义之行已四百余年，今何能骤为更张？亦惟酌复旧式，稍为变通。臣等查，设科取士，近代试以文艺，原非专尚词华……今科场取士，试以经书、制义、论、表、判、策，求其各体皆合程式，即老生宿儒，不能出其范围。若惟节抄剽盗，即朝更夕改，其术自在。从前条奏更制者甚多，康熙五六年间曾废八股而试策论，行之一科，风气卑靡尤甚。百余年来，仍复旧制，亦以取士之法，如是已足。”①对于杨述曾提出的改革科举的建议，张廷玉等人都从维护科举公正、公平的角度予以反驳，应该说这些反驳都是有理有据的。也正因为如此，张廷玉等人的奏覆得到了清廷的认可，八股取士继续得到维持。

### 三　改革举措的酝酿

尽管如此，历代统治者通过八股取士选拔少量的治国精英，却造就了许多除了举业之外一无所长的儒生。八股文类似于一种汉语文字游戏，有的人多做之后容易痴迷其中，染上“八股癖”。当士子将才思过度集中于做八股文这种高级的文字游戏时候，自然无心也无暇顾及其他学问和营生。因此，改革以八股文为考试文体已经成为历史的必然。

鸦片战争敲开了清政府闭关的国门，中国被迫从传统社会逐渐向近代社会过渡，而八股文体日趋衰薄，以八股取士，不仅无法起到“正人心、正学术、正道德”的作用，反而具有“锢智慧、坏心术、滋游手”的消极作用，加之八股文的命题来自《四书》《五经》，根本不能与中国的近代化进程相适应，“所学非所用、所用非所学”的矛盾日渐凸显。批判八股取士、改革科举成为包括洋务派、维新派等在内的有识之士的共识。

随着八股取士弊端的日渐暴露，批评的声音亦愈加猛烈。魏源

① 《清高宗实录》卷 275，“乾隆十一年九月庚戌”。

认为必须改革八股取士制度,他说:“士之穷而在下者,自科举则以声音训诂相高,达而在上者,翰林则以书艺工敏,部曹则以胥吏案例为才,举天下人才尽出于无用之一途,此前代所无也。”①他主张以实用知识试士,他说:“故国家欲兴数百年之利弊,在综核名实始;欲综核名实,在士大夫舍楷法帖括,而讨朝章、讨国故始,舍胥吏例案,而图讦谟、图远猷始。”②他还建议在闽粤两省武试“增水师一科。有能造西洋战舰、火轮舟、造飞炮、火箭、水雷、奇器者,为科甲出身”,以选拔海军人才。录取之后,“分发沿海水师教习技艺”。③ 魏源的这些建议都是十分切合当时强军的实际需求的。

随着西方殖民侵略的日益加深,清朝统治岌岌可危,改革科举的呼声日益强烈。王茂荫、黎庶昌、桂文灿曾先后上疏指陈时弊。如王茂荫要求“于各途考试之外,更切旁招,使有才者不终淹,而无才者无所幸”。④ 他建议罢去时文、小楷,殿试改用誊录,以矫正士习,振兴实用人才。道光二十年(1840)庚子科探花冯桂芬认为科举制度是统治者“意在败坏天下之人才,非欲造就天下之人才”而设立的,因此必须改革科举,他说:“至近二三十年来遂如探筹然,极工不必得,极拙不必失。缪种流传,非一朝夕之故,断不可复以之取士。穷变变通,此其时矣。”因此他主张必须改革科举。他建议加大考试内容的难度,他说:“盖难则能否可以自知,中材以下有度德量力之心,不能不知难而退,而觊幸之人少矣;难则工拙可以众著,中材以上有实至名归之效,益愿其因难见巧,而奋勉之人多矣。”⑤具体而言,他建议经解为第一场,经学为主。宜先试汉代经学,然后试宋代经学,原因是后者比前者容易;以策论为第二场,史学为主;以古学为第三场,试散

---

① 魏源:《魏源集》之《明代食兵二政录叙》。

② 魏源:《圣武记》附录卷11《武事余记·兵制兵饷》。

③ 魏源:《海国图志》卷2《筹海篇三·议战》。

④ 王茂荫:《王侍郎奏议》卷1《振兴人才以济实用折》。

⑤ 冯桂芬:《校邠庐抗议·变科举议》。

文骈体文赋各体诗各一首。并主张将三场各设一名主考官而分校之,可以克服以一场考试的优劣确定考生录取与否的弊端。会试和殿试亦然。冯桂芬主张采西学,制洋器,特设一科,以待能者。在教育方面,冯桂芬主张在广东、上海建立翻译公所,选近郡十五岁以下颖悟文童住院肄业学习,聘西人教以诸国语言文字,又聘内地名师,教经史等知识,兼习算学,"三年之后,诸文童于诸国书应口成诵者,许补本学。诸生如有神明变化,能实见之行事者,由通商大臣赏给举人"。[①] 冯桂芬还建议在通商口岸拨款设船炮局,聘请洋人数名,招内地善运思者从受其法,以教授众匠工。对于达到或超过洋人水平者分别赏给举人或进士,允许参加会试或殿试。

以学习英文、究心泰西政治实业之学自居的郑观应比较中西方的取士之法,认为西方取士制度的考试内容是实用技术,而中国的科举的考试内容是空疏无用的八股文,所学非所用,所用非所学,显然明显落后于西方。他说:"泰西取士之法","无论一才一艺,总期实事求是"。而中国的八股取士则不同,他说:"中国文士专尚制艺,即本国之风土、人情、兵刑、钱谷等事,亦非素习。功令所在,士之工此者得第,不工此者即不得第。夫以八股为正途,视别学为异端,其不重可知矣。人材焉能日出哉! 如是,虽豪杰之士亦不得不以有用之心力,消磨于无用之时文。即使字字精工、句句纯熟,试问能以之乂安国家乎? 不能也。能以之怀柔远人乎? 不能也。一旦业成而仕,则又尽弃其所学。呜呼! 所学非所用,所用非所学,天下之无谓,至斯极矣。"他主张科举考试分两科进行,首科考经史、时事策、判例案;次科考西学,"一试格致、算、化、光、电、矿、重诸学。二试畅发天文精蕴、五洲地舆水陆形势。三试内外医科、配药及农家植物新法"。以期借此选拔精通有用之学和富强之事的人才。但在郑氏的改革方案

① 冯桂芬:《校邠庐抗议·采西学议》。

中,认为考西学与科举制度可以并行,科举制度可以保留。他说:“于文、武正科外,特设专科以考西学,可与科目并行不悖,而又不以洋学变科目之名,仍无碍于国家成法也。”①

与此同时,郑氏也看到,即使考西学,“恐未必能与正科并重”,必须模仿西方近代教育体制设立各级学校,在州县设小学,各府设中学,省会、京师设大学,这些学校的教学内容以西学为主。并将学校考试和科举制度联系起来,各级学校的学生仍称秀才、举人、进士、翰林,同时实行三年一试,由朝廷命该省督、抚、水陆提督会同学校的掌教评阅,“其历考上中等者,咨送院试,考取后名曰艺生,俟大比之年,咨送京都大学堂录科”。②这种以学校考试选材的办法,是科举取士仍占主导地位情势下的变通,也反映出他的对科举制度容忍的态度。

以谋求自强、富强相标榜的洋务派认为八股取士与洋务运动无丝毫关系。为选拔培养洋务人才,以李鸿章为代表的洋务派官员主张增开洋务科,并设立洋学局,分为格致、测算、舆图、火轮机器、兵法、炮法、化学、电气等科目,如洋学局学生学有所成,则将其科举出身同等对待。光绪十年(1884)闰五月十七日,潘衍桐《奏请开艺学科折》,他提出要仿照翻译科设立艺科,凡是“精工制造、通知算学、熟悉舆图”③者都能报考,将算学列入艺学科的主要考试内容之一,并制定了章程十二条。然而,这一建议并未引起统治者的重视。

光绪二十一年(1895),荣禄、陶模等人上书变通武举,建议以武学堂取代武举的培养和人才选拔。荣禄在奏疏中说:“若每省延聘精通洋操之教习数十人,就地教练,一岁之后,可成精兵。定以学习三年,作为武生……三年由督抚考试,列优等者,作为武举人。”④陶模

①②　郑观应:《盛世危言》卷2《礼政·考试上》。

③　潘衍桐:《奏请开艺学科折》(光绪十年闰五月十七日),转引自朱有瓛主编《中国近代学制史料》第1辑(下),华东师范大学出版社,1986年版,第21页。

④　《清史列传》卷57《荣禄传》。

也建议："兵士宜自幼入学校，分别水陆，各习专门，学成后，作为水军、陆军秀才，咨部考试作为举人，而罢去旧例武科。"①

不仅中国的有识之士极力主张废除八股文，改革科举，来华西方人以异质文化者的身份也关注中国的科举制度，对其利弊得失往往有较为清醒的认识，并可能结合自身的知识背景、价值观对科举改革提出不同的解决之途。

1882年7月20日，美国传教士林乐知在《万国公报》发表《中国专尚举业论》一文，批评分析了科举取士的弊端，指出："天下智能才艺之士一一来（应为'束'——引者注）缚于举业、制义、试律之中，而不知变计之为，可惜也。"他认为当时科举考试的内容空疏无用，"所举非所用，所用非所举"，专尚举业有害而无利，并说："窃谓今日之中国，纵不能举举业之制义、试律而废之，亦当如有唐秀才、明经、俊士、进士、明法、明字、明算，多其科目，而又参以宋司马温公所云……十科取士之制而斟酌行之。其会垣郡邑之书院不必专课制义。"他还建议设立机构，仿照西方之法学习科学技术。他自称："余西士也，本不欲妄参末议，为越俎之谋。特居中国久，不无杞人之忧。因西学为当务之急。"②

传教士花之安也认识到了八股取士的弊端："八股虽美，非有实际，坐而言，不能起而行，天下至理无穷，事物何限，岂八股所能尽耶？"③美国传教士狄考文批评八股文代圣贤立言的做法，认为这只能是束缚士人思想，他说："是为搭题文法所限也，既不足益士子之大智，更不能阐圣道之渊源。"同时，他还认为科举考试仅以一篇文章定考生的去取，具有很大的偶然性，他说："况人固有千日之短，一日之

---

① 《清史列传》卷61《陶模传》。

② 林乐知：《中国专尚举业论》，《万国公报》（十五），台北华文书局，1968年影印本，第9261～9262页。

③ 花之安：《养贤能论》，林乐知主编：《万国公报》（十一），台北华文书局，1968年影印本，第6630页。

长者,场中灵机偶动,必有佳作,亦必录取之矣。”“要宜知人之能文,乃学问之偏端,非学问之全体。夫能文者,不必尽为博学,即博学者,亦不必尽能文也”,不能断舞弊、启人干禄心、不暇及他学等弊端,并得出“考试之典,利少而弊多”,应该变革的结论。①

西方人大多不主张废科举,但在改革科举的方向上,部分对中国传统文化有比较深入认识的西方传教士主张复古,采用唐代科举多设科目的办法,或参照古代乡举里选的办法;而更多的人则是建议改革科举考试内容,废除八股文的同时,在考试内容中引入西方科学知识。例如从1865年起担任京师同文馆英文教习,1869年起任总教习(校长)前后达31年之久的丁韪良,曾翻译引进了许多西方著作,他主持的同文馆成为清末算学科举的评卷处和及第者的归宿,他是设立算学科的提议者。他还再三向清朝内阁各大臣建议改革科举考试内容,力陈科举采用科学的必要。丁韪良在《西学考略・自序》中也说:“中国倘能稍用西术于科场,增格致一门,于省会设格致书院,俾学者得门而入,则文质彬彬,益见隆盛矣。”1895年,李提摩太提出在科举考试中应新增科目,他说:“中国科目,意美法良,不可废也。惟题目不广,只讲本国之事,不知各国治平之法。考西国读书,于可以为官外兼为益于各业而设。每十人中能作字者,率有七八人。中国仅一、二人。学者既少,人才益稀。盖由三年一科,取士太寡,专讲一门,其道太隘。若不立新法以广荣途,终瞠乎在人之后。应请明发谕旨,增设中西一科。每年每府取进中西学秀才约百人。每年每省中式中西学举人约百人。每年中式中西学进士约百人。每年殿试钦点中西学翰林十人。学费有限,济济多才,方驾大地矣。”②

---

① 狄考文:《振兴学校论》,林乐知主编:《万国公报》(十四),台北华文书局,1968年影印本,第8379～8381页。

② 李提摩太:《新政策》,《万国公报》复刊(八七),台北华文书局,1968年影印本,第15938页。

与此同时，传教士创办的教会学校传授西学，对中国传统科举教育也形成了冲击和挑战，从而加速科举制的解体。清末康有为、梁启超等人改革科举兴办学堂的建议和构想，就曾明显受到过西方传教士改革科举言论的影响。①

## 四 变通科举的尝试

面对如此强烈变革科举的呼声，清廷也不得不开始变通科举制度。算学科的设立是晚清变革科举的首次重大举措。早在同治年间就有大臣提出设立算学科取士。同治九年(1870)五月，英桂上奏："水师之强弱，以船炮为宗。船炮之巧拙，以算学为本……拟请特开算学一科，使家有其书，人自为学。"②但是他的主张并未受到重视。光绪元年(1875)正月，礼部在《奏请考试算学折》中只是请求允许精通算学者参加考试，一体考试取中，"现在山林隐逸，以及末秩下僚中，如果有专精算学者，应请饬下京外三品以上大员，恪遵前旨，核实保荐，听候简用。其本系正途出身兼通是学者，即如该督等所请，别加优异，以示殊荣。若有资质明敏、愿学算法者，统归国子监算学照章学习。无论举贡生监及大员子弟，均准录取。其各省学政考试，仍一体录送科场，不阻其上进之路。总期由成法而得变化，即末艺而溯其本原，仰副朝廷造就人才之意"。但礼部又反对开设算学一科，"如此多设其途，较之特开一科尤觉鼓励奋兴，不至以实求而以名应，庶算学不难日益精密矣"。③

至光绪十三年(1887)三月，江南道监督御史陈琇莹奏请将学习算学者归入科举正途考试，并根据考试成绩给予相应的科甲出身。

---

① 参阅杨齐福：《近代科举制度的衰亡与近代文化》，北京师范大学，1999届博士学位论文，第39～66页。

② 《清史列传》卷52《英桂传》。

③ 《礼部奏请考试算学折》(光绪元年正月)，转引自朱有瓛主编：《中国近代学制史料》第1辑(下)，华东师范大学出版社，1993年版，第19～20页。

陈琇莹在奏折中，首先陈述了设立算学科的必要性，他说："西法虽名目繁多，皆权舆于算学。洋务从算学入，于泰西诸学，虽不必有兼数器之能，而测算既明，不难按图以索……可否仰肯饬下各该学政，于岁科试报习算学之卷，宽予录取。原卷咨总理衙门复勘，作为算学生员。届乡试时，除头场、二场仍试《四书》《五经》文，其三场照翻译乡试例，策问五题，专试算学，再照官卷例，另编字号，于定数外酌中数名，会试亦如之。"①其次，陈琇莹建议给与算学科及第者出身。再次，陈琇莹提出将算学科及第者送往国外大学学习，学成之后回国任职，他说："中式后，请予京职，遇有游历员缺，即令出洋赴泰西各书院学习。学成差旋，专充洋务及出使等项差使。"②

军机大臣奉慈禧太后的懿旨，会同吏部、礼部以及醇亲王奕譞讨论，讨论结果是基本采纳陈琇莹的建议。之后，清廷批准了他们的讨论结果："俟乡试之年，按册咨取赴总理衙门，试以格物、测算及机器制造、水陆军法、船炮水雷，或公法条约、各国史事诸题，择其明通者录送顺天乡试，不分满、合、贝、皿等字号，如人数在二十名以上，统于卷面加印'算学'字样，与通场士子一同试以诗、文、策问，无庸另出算学题目。其试卷由外帘另为一束，封送内帘，比照大省官卷之例，每于二十名额外取中一名，但文理清通，即为合式。如并无清通之卷，任缺无滥。卷数虽多，亦不得过三名，以示限制。"而会试则是仍然按另编字号的惯例，"至会试，向年另编字号之例，凡由算学中式之举人，应仍归大号，与各省士子合试，凭文取中"。③这种改革打破了长期以来科举考试内容只考人文学科的局面，代表西学主要组成部分的算学终于成为科举考试的部分内容，这是科举制度在危亡时局下的一种突破性变革。

尽管如此，清廷并未将西学列入考试内容作为改革的主要方向，

①②③　沈桐生等：《光绪政要》卷13《总理衙门奏会议算学取士事》(光绪十三年十月)，文海出版社，1985年版，第704～707页。

只是试图通过将算学列入科举来应付日益强烈的改革呼声。光绪十四年(1888)戊子科乡试,总理衙门将各省举送的监生及同文馆学生共计 32 名试以算学,仅录取一名举人,这既是中国近代第一名西学举人,也是整个洋务运动时期科举改革的唯一实际成果。次年恩科乡试,参加算学科考试者只有 15 人,没有人被取中。这些考生只能参加顺天乡试。此后,历次乡试时,皆因算学科应考者少而改应顺天乡试,算学科名存实亡了。

甲午战败标志着洋务运动的彻底失败,清廷的不少有识之士认识到必需通过改革科举,发展教育,破格选拔人才来缓解这场日益严重的统治危机。翁同龢说:“当此时变,不能不破格求才。”①光绪二十三年(1897)十一月,贵州学政严修奏仿照康熙、乾隆年间开设的博学宏词科的方式设立新科目,主要选拔“周知天下郡国利病,或熟谙中外交涉事件,或算学律学,擅绝专门,或格致制造,能创新法,或堪游历之选,或工测绘之长”,并提出“统立经济之专名,以别旧时之科举”。②

严修的奏折受到清廷的重视。次年正月初六,总理衙门对此进行讨论,向清廷建议,经济特科的考试内容包括六个方面:“一曰内政,凡考求方舆险要、邦国利病、民情风俗者隶之。二曰外交,凡考求各国政事、条约、公法、律例、章程者隶之。三曰理财,凡考求税则、矿产、农功、商务者隶之。四曰经武,凡考求行军布阵、管驾测量者隶之。五曰格物,凡考求中西算学、声、光、化、电者隶之。六曰考工,凡考求名物、象数、制造工程者隶之。”③参加经济特科的考生由京官和督抚、学政保举,在保和殿进行考试,十年或二十年开一科。在特科

---

① 梁启超:《戊戌政变记》第 1 篇《新政诏书恭跋》,上海古籍出版社,2014 年版,第 33 页。

② 《贵州学政严修奏请设经济专科折》(光绪二十三年十一月二十三日),转引自朱有瓛主编《中国近代学制史料》第 1 辑(下),华东师范大学出版社,1993 年版,第 61 页。

③ 《清德宗实录》卷 414,“光绪二十四年正月庚寅”。

之外,总理衙门还建议设立经济正科。同日,光绪帝发布上谕,基本同意了总理衙门的议奏,只是要求“俟咨送人数汇齐至百人以上,即可奏请定期举行特科,以资观感”。①

同年(1898)五月二十五日,光绪帝再次发布上谕:“着三品以上京官及各省督抚学政,各举所知,限于三个月内,迅速咨送总理各国事务衙门,会同礼部,奏请考试。一俟咨送人数足敷考选,即可随时奏请定期举行,不必俟各省汇齐再行请旨,用副朝廷侧席求贤至意。将此通谕知之。”②但同年八月,经济特科尚未实行,慈禧太后发动政变,在废止新法的过程中,以经济特科“易兹流弊”为由将其停罢。

戊戌变法时,光绪二十四年(1898)四月二十九日,康有为上《请废八股试帖楷法试士改用策论折》,严厉抨击八股取士弊端,他说:用八股取士,即便能金榜题名,“巍科进士,翰苑清才,而竟有不道司马迁、范仲淹为何代人,汉祖、唐宗为何朝帝者!若问以亚非之舆地、欧美之政学,张口瞠目,不知何语矣”。因此,他请求光绪帝立废八股文,然后再废科举,他说:“然则中国之割地败兵也,非他为之,而八股致之也。故臣生平论政,尤痛恨之。即日面奏,荷蒙圣训,以八股为学非所用。仰见圣明,洞见积弊。夫皇上既深知其无用矣,何不立行废弃之乎?……特发明诏,立废八股。其今乡会童试,请改试策论,以其体裁,能通古证今,会文切理。本经原史,明中通外,犹可救空疏之宿弊,事有用之问学。然后宏开校舍,教以科学。俟学校尽开,徐废科举。”③

梁启超认为改革科举,废除八股文迫在眉睫,他说:“中国所谓洋务学生者,竭其精力,废其生业,离井去邑,逾幼涉壮,以从事于西学,

① 《清德宗实录》卷414,“光绪二十四年正月庚寅”。

② 《清德宗实录》卷420,“光绪二十四年五月丁丑”。

③ 康有为:《请废八股试帖楷法试士改用策论折》(光绪二十四年四月二十九日),郑力民编:《康有为集》,广东人民出版社,2018年版,第212~214页。

幸薄有成就，谓可致身通显，光宠游族，及贸贸然归，乃置散投闲，瓠落不用，往往栖迟十载，未获一官，上不足以尽所学，下不足以救饥寒，千金屠龙，成亦无益。”他认为解决这一问题的关键是：“欲兴学校，养人才，以强中国，惟变科举为第一义。大变则大效，小变则小效。”①梁启超请求清廷废八股文、试帖诗，他说：“特下明诏，宣布天下：令自丁酉、戊戌乡会试之后，下科乡会试停止八股、试帖，皆归并经制六科举行；其生童岁科试，以经古场为经制正场，《四书》文为二场，并废八股、试帖体格。”②严复也指出：“如今日中国不变法，则必亡是已。然则变将何先？曰：莫亟于废八股。”③

根据康有为、梁启超等人的奏请，五月初五日，清廷发布上谕：“着自下科为始，乡会试及生童岁、科各试，向用《四书》文者一律改试策论。其如何分场命题考试，一切详细章程，该部即妥议具奏。此次特降谕旨，实因时文积弊太深，不得不改弦更张，以破拘墟之习。”④这是继康熙帝之后，清廷第二次下诏废八股文，并且规定科举考试改用策论。

同年（1898）五月十六日，张之洞、陈宝箴等上奏《妥议科举新章折》，提出了改革科举制度的具体建议，不仅规定了三场的考试内容，而且还规定了每场录取名额。六月初一，依照张之洞、陈宝箴等人之奏，清廷发布上谕：“着照所议，乡会试仍定为三场，第一场试中国史事、国朝政治论五道，第二场试时务策五道，专问五洲各国之政、专门之艺，第三场试《四书》义两篇，《五经》义一篇。首场按中额十倍录取，二场三倍录取，取者始准试次场。每场发榜一次，三场完毕，如额

① 梁启超：《梁启超全集》（第1册）《变法通议·学校总论》，北京出版社，1999年版，第24页。

② 梁启超：《梁启超全集》（第1册）《变法通议·公车上书请变通科举折》（光绪二十四年四月），北京出版社，1999年版，第163页。

③ 严复：《严几道诗文钞》卷2《救亡决论》。

④ 《清德宗实录》卷419，“光绪二十四年五月丁巳”。

取中。其学政岁科两考生童,亦以此例推之。先试经古一场,专以史论、时务策命题,正场试以《四书》义、经义各一篇。礼部即通行各省一体遵照。"①

与此同时,光绪帝诏令改革武科旧制。光绪二十四年(1898)三月,清廷下诏各省武乡试从庚子科(1900)始,武会试从辛丑科(1901)始,童试自下届科试起,均改试枪炮,废去默写武经一场。

八股文被废除之后,士人纷纷开始将目光转向新学,学风也随之发生改变,梁启超描述说:"八股既废,数月以来,天下移风,数千万之士人,皆不得不舍其兔园册子、帖括讲章,而争讲万国之故,及各种新学,争阅地图,争讲译出之西书。昔之梦梦然不知有大地,以中国为世界上独一无二之国者,今则忽然开目,憬然知中国以外,尚有如许多国,而顽陋倨傲之意见,可以顿释矣。"②社会大众对于废八股文也是普遍认同的,《申报》记:"今岁五月初五日恭奉明诏,停止八股,改试策论,一时缙绅士庶,田夫市侩,以及识字妇女,学语小儿,莫不交口而訾曰:八股无用,八股无用。"③

当然,废止八股文也遭到了顽固派的反对。废八股文诏令发布以后,守旧者大惊失色,甚至私下讨论,准备阻止此项改革,甚而有大臣联名请求恢复八股文。有的地方大臣根本不理会清廷的诏令,依然在主持考试的时候以八股文命题,光绪二十四年七月二十八日,清廷发布上谕斥责两广总督谭钟麟,"年逾七十,两目昏盲,不能辨字,拜跪皆须人扶持。粤东环海千里,武备尤重,该督到任后,首以裁水师学堂、撤鱼雷学堂为事,裁撤轮舟二十八艘,弃置不用。近日叠降诏书,举行新政及停废八股,该督考书院,故出八股题。学堂至今未

① 《清德宗实录》卷421,"光绪二十四年六月癸未"。

② 梁启超:《戊戌政变记》第1篇《新政诏书恭跋》,上海古籍出版社,2014年版,第27页。

③ 《八股辨》,《申报》(光绪二十四年六月十九日)第1版。

立。其他商人禀请开矿筑路等事，则必阻之，全省有谈时务者，不委差使，吏士以此相戒”。[1] 不少长期习举业的士人也强烈反对，他们痛恨康有为，甚至有人想聚集起来去示威，甚至殴打他。

慈禧太后发动戊戌政变以后，立即中止了维新变法的几乎所有改革。光绪二十四年八月二十四日，清廷发布懿旨：“嗣后，乡试会试及岁考、科考等悉照旧制，仍以《四书》文、试帖、经文、策问等项分别考试。经济特科易滋流弊，并着即行停罢。”[2]九月十八日清廷再发懿旨，武举恢复原有考试内容，即考试刀、弓、石为主。维新变法以废八股文为核心的改革科举制度的各项措施尚未真正实施就宣告失败，科举又回到原有的轨道上，八股文起死回生。只是此时的八股文已病入膏肓，复活仅为临终前的回光返照。正如欧榘甲所说：“及政变而八股文复矣，然不独聪明英锐之士，不屑再腐心焦脑，以问津于此亡国之物，即于高头讲章，舌耕口耨数十年，号为时艺正宗者，亦谓诵之无味，不如多阅报之为愈矣。”[3]

## 第三节 “数千年未有之大变局”：清末科举

清末虽然在考试内容和考试文体等方面都作出了一些的调整，但都未能改变科举制度不能适应近代化需要，以及科举长期发展过程中积淀的弊端，科举的大变革已经成为历史的必然。在庚子事变之后的 1900 年 11 月，被《万国公报》主编林乐知称为西方人中“寓华最久知华最深”的“美国通儒”丁韪良曾说：“今为十九周之末年，明岁

① 《清德宗实录》卷 421，“光绪二十四年七月”。

② 《清德宗实录》卷 428，“光绪二十四年八月乙巳”。

③ 欧榘甲：《论政变为中国不亡之关系》，中国史学会编：《戊戌变法》(三)，上海人民出版社，1957 年版，第 156 页。

即二十周之元年。天意欲辟东方大新之局面。"[1]身处19世纪与20世纪之交，一些通古今之变的人士感到中国社会将发生大的变化，这些变化中最大之一莫过于科举制度的停罢。

## 一 科举"新政"

光绪二十六年(1900)庚子事变后，为挽救岌岌可危的清皇朝，清廷意识到改革科举、发展新式教育的紧迫性。不少大臣呼吁将西学作为科举考试的内容。光绪二十七年(1901)正月，两广总督陶模等人上奏，请求本年的乡试、次年的会试均按照光绪二十四年改革科举的方案实行，"倘以学校经营未易，收效需数年，国家求才正急，不得已而思其次，则请将本年乡试明年会试，暂遵光绪二十四年六月谕旨，第一场试以中国史事，及国朝政治论五道；第二场试以时务策五道，专问五洲各国之政，专门之艺；第三场试以《四书》义两篇、《五经》义一篇"。[2]

同年(1901)三月，山东巡抚袁世凯则提出增加实学一科，将原有录取名额的二成用于实科，他说："暂宜量为变通，旧科仍按期举行，不必一旦全废。但将各省岁、科、乡、会各试取中定额，先行核减二成，另增实学一科，即将旧科所减之额，作为实科取中之数。"他建议采用渐进的方式减少科举的录取名额，他说："迨三科之后，学堂中多成材之士，考官中亦多实学之人，即将旧科所留四成帖括中额概行废止，一并按照实科章程办理。而实科亦必另作一途，仍归各省一律举行。"[3]

---

① 林乐知、任廷旭译：《丁君韪良演说北京使馆被围事略》，《万国公报》第142册，1900年11月。

② 《两广总督陶模奏请变通科举折》(光绪二十七年正月十九日)，转引自朱有瓛主编：《中国近代学制史料》第1辑(下)，华东师范大学出版社，1993年版，第119页。

③ 廖一中、罗真容整理：《袁世凯奏议》卷9《遵旨敬抒管见上备甄择折》(光绪二十七年三月初七日)，天津古籍出版社，1987年版，第271～272页。

五月二十七日，张之洞、刘坤一上奏，请求在设文武学堂、酌改文科、停罢武科、奖勤游学四个方面进行改革，以育才兴学。其中在“酌改文科”方面，作为光绪二十四年戊戌变法时期改革科举方案的主要设计者，他提出“拟即照光绪二十四年臣之洞所奏变通科举奉旨允准之案酌办”。在主张改革科举的同时，张之洞等人认为要逐渐减少科举录取名额，“俟学堂人才渐多，即按科递减科举取士之额，为学堂取士之额。”①

面对覆亡的危机和大臣们的极力呼吁，清廷于七月十六日发布上谕，正式宣布改革科举，内容几乎完全采纳陶模、张之洞等人的建议，直接将戊戌变法时期改革科举的举措照搬过来，规定从次年开始，乡、会试头场试中国政治史事论五篇，二场试各国政治艺学策五篇，三场试《四书》义二篇、《五经》义一篇；生童岁、科两考也要考中国政治史事及各国政治艺学策论，并试《四书》义、《五经》义各一篇，“以上一切考试，凡《四书》《五经》义均不准用八股文程式”。② 至此，八股文走到了历史的尽头，随着科举制本身在1905年被彻底废止，沿用500余年的八股文也就万劫不复，真正作古了。被清末人士深恶痛绝的八股文迅速成为一个历史名词，而且是一个十分丑陋的名词，后来“八股”几乎成为“迂腐俗套”“陈词滥调”的代名词。

这些改革主张随后得到实施。光绪二十八年(1902)，补行庚子(1900)、辛丑(1901)恩正并科乡试，有12个省份开科，考试的内容是头场试中国政治史事论，二场策问，三场经义。试题内容明显向新学靠拢。

在改革文举的同时，也宣布废止武举制度。光绪二十七年(1901)七月十六日清廷亦发布上谕：嗣后武生童考试及武科乡会

① 刘坤一：《刘坤一集·奏疏》卷35《变通政治筹议先务四条折》(光绪二十七年五月二十七日)，岳麓书社，2018年版，第207页。

② 《清德宗实录》卷485，“光绪二十七年七月己卯”。

试,着即一律永远停止,实行了几百年的武举制度终于走到了尽头。

清末新政过程中,对科举制度进行了一系列改革,恢复了戊戌变法时期的做法,废止了八股文,考试内容也增加了新学知识,有利于选拔实用人才,对促进新式学堂的发展有一定的促进作用。但总体上而言,科举制度还是很难适应清末社会大变革情势下兴学育才的迫切要求,要求停废科举的呼声日益高涨。

除了改革科举,慈禧太后还宣布恢复经济特科。光绪二十七年四月十七日,慈禧太后发布懿旨:“为政之道,首在得人。况值时局阽危,尤应破格求才,以资治理,允宜敬遵成宪,照博学鸿词科例,开经济特科,于本届会试前举行。天下之广,何患无才,其有志虑忠纯、规模宏远、学问淹通、洞达中外时务者,着各部院堂官及各省督抚、学政出具考语,即行保荐。并着政务处大臣拟定考试章程,先期请旨办理。”[①]然而,上谕发布之后,地方官保荐并不积极,至光绪二十八年三月,仅有广西巡抚黄槐森保荐了一人,前安徽巡抚王之春保荐了四人。为了使经济特科得到落实,清廷政务处于光绪二十八年三月初二日奏拟经济特科考试章程,要求有关大臣需要保荐素行廉正、不干清议者;京官五品以下,除京官翰林读讲科道外,外官四品以下,除现在实缺道府外,其余各员已任、未任及举贡生监、布衣,均准其获得保荐;并且规定,保荐者于本年十二月以前解送到京城。章程正式确定,经济特科分两场,第一场试历代史事论二篇,第二场试内政外交策二道。

至光绪二十九年(1903)七月十日,内外大臣保荐者达 370 余人。[②] 闰五月十六日,考试在保和殿进行,参加考试的有 186 人,考题为《大戴礼保保其身体、傅傅之德义、师导之教训,与近世各国学校体育、德育、智育同义论》《汉武帝造白金为币,分为三品,当钱多少各有

① 《清德宗实录》卷 482,“光绪二十七年四月壬子”。

② 参见何玲的《清末经济特科探析》,关于参加经济特科的人数,不同的史料有不尽相同的记载,《历史档案》2004 年第 1 期。

定值；其后白金渐贱，钱制亦屡更，竟未通行，宜用何术整齐之策》。清廷派张之洞、裕德、徐会沣、张英麟、戴鸿慈、李昭炜、张仁黼、熙英8人为阅卷大臣。二十一日拟定梁士诒等48人为一等，桂坫等79人为二等，准予覆试。二十七日在保和殿覆试，第一题为《〈周礼〉农工商诸政各有专官论》，第二题是《桓宽言外国之物外流而利不外泄，则国用饶民用给。今欲异物内流而利不外泄，其道何由策》。清廷派荣庆、张之洞、葛宝华、张英麟、陈邦瑞、戴鸿慈、李昭炜、郭曾炘等8人阅卷。录取袁嘉穀等9人为一等，冯善征等18人二等。正场录取者被淘汰了100人，其中正场一等的前5名仅录取了张一麟，梁士诒、杨度、李熙、宋育仁都落榜了。

尽管经济特科在考试内容方面作出一定的改革，不但考试内容更贴近现实，而且经济特科章程规定，字画无庸刻意求工，准许添注涂改，阅卷时一定程度上做到了不求形式。但当有传闻正场中取中的士子与革命党有牵连时，清廷大为惊慌，不但改换了阅卷大臣，大量削减取中人数，草草了事，仅仅录取了27人。这27人的授官情况也与康熙年间的博学宏词科有天壤之别，据《清史稿》载："迨授官命下，京职、外任，仅就原阶略予升叙，举、贡用知县、州佐，以视康、乾时词科恩遇，寖不如矣。"①录取的人数、录取过程中统治者个人意志的介入以及及第以后的待遇等方面情况都显示出经济特科作为改革科举的重要举措是失败的，社会普遍认为："现虽举行经济特科，不过招贤自隗始之意，止可为开辟风气之资，而未必遽有因应不穷之具。"②

## 二　渐废至立停

在新政在改革措施尚未完全得到实施的情况下，不少人逐渐认

---

① 《清史稿》卷109《选举志》4。

② 刘坤一：《刘坤一集·奏疏》卷35《变通政治筹议先务四条折》（光绪二十七年五月二十七日），岳麓书社，2018年版，第198页。

识到科举与发展新式学堂的矛盾，认为科举是发展新式学堂教育，培养实用人才的最大阻碍，他们从科举改革派变身为科举废除派，纷纷提出废除科举的建议。光绪三十一年(1901)废除科举后，清廷又制定了善后措施，为生员、举人、贡监生筹划出路。

光绪二十七年正月，两广总督陶模、广东巡抚德寿提出“废科目以兴学校”，作为“图存四策”之一。[①] 这是第一次有官员以奏折的形式正式向朝廷提出废除科举的建议。同年五月，湖广总督张之洞上《变通政治人才为先遵旨筹议折》，提出科举与学堂并行不悖，不能偏废，至学堂培养人才增多以后，即可按科递减科举中额，作为学堂录取名额，使科举考试与新式学堂结合起来，但并未明确提出废止科举的建议。

光绪二十九年(1903)三月，张之洞和袁世凯上《奏请递减科举中额专注学校折》。他们认为人才是拯救清朝于危亡的关键，而人才是由学校培养的，这是尽人皆知的道理，清廷曾经多次发布上谕鼓励兴办教育，但实际效果都不明显。之所以出现这种情况，是科举制度阻碍的结果，“其患之深切著明，足以为学校之的而阻碍之者，实莫甚于科举”。在他们看来学校的功能是培养人才，而科举的功能是选拔人才，应当使二者结合起来，学堂才能发展起来。如学校教育与科举选才分离，学校必然有名无实，即便实施废除八股文、试帖诗，改试策论、经义等改革举措，学校也很难发展起来。于是，他们提出科举不废，兴办学校、发展新式教育的环境和制度就无法形成。尽管如此，他们也认识到科举影响力巨大，只能采用渐废的方式，于是建议按年递减科举录取名额，学政岁科试分两科减尽，乡会试分三科减尽，直至废除科举；将科举递减的名额作为学堂录取的名额，“俾天下士子，舍学堂一途，别无进身之阶，则学堂指顾而可以普兴，人才接踵而不

---

① 《清史列传》卷61《陶模传》。

可胜用”①；对于原来的举贡生员，奏折也根据他们的年龄进行区别对待，为其提供多条出路，他们希望减少废科举的阻力。但这一奏折所提的建议并未得到采纳。

同年十一月二十六日，张之洞在与张百熙、荣庆联奏《重订学堂章程》时，又上奏《请试办递减科举折》，他们指出各省学堂之所以发展不起来，非常重要的原因是学堂经费难以筹措，而经费难筹措又是因为科举没有被废止，他们说：“然经费所以不能捐集者，由科举未停，天下士林谓朝廷之意并未专重学堂也。然则科举若不变通裁减，则人情不免观望，绅富孰肯筹捐，经费断不能筹，学堂断不能多。”②因此，他们认为：“必须科举立时停罢，学堂办法方有起色，学堂经费方可设筹。惟此时各省学堂尚未能遍设，从前大小各种学堂，尚未定有详细完备章程。”③他们再次提出分科递减科举名额的时间表，以废止科举的方案，即乡会试“自下届丙午科起，每科分减中额三分之一。俟末一科中额减尽以后，即停止乡会试”。童试，“学政岁、科试取进学额，请于乡试两科年限内分两岁、考两科考四次分减，每一次减学额四分之一，俟末一次学额减尽，即行停止学政岁、科试，以后生员即尽出于学堂”。④按照每三年开科一次计算，每科减少科举名额的三分之一，实际是希望用10年的时间实现科举的废止。

这一渐废科举的改革方案终于获得清廷的允准。清廷同日发布上谕：“至所称递减科举及将来毕业学生，由督抚、学政并简放考官考试一节，使学堂、科举合为一途，系为士皆实学，学皆实用起见。着自丙午科为始，将乡会试中额及各省学额，按照所陈，逐科递减。俟各省学堂一律办齐，确著成效，再将科举学额分别停止，

---

①　廖一中、罗真容整理：《袁世凯奏议》卷22《请递减科举中额专注学堂折》（光绪二十九年三月十二日），天津古籍出版社，1987年版，第736、738页。

②③④　张之洞：《张文襄公全集》卷61《请试办递减科举折》（光绪二十九年十一月二十六日）。

以后均归学堂考取,届时候旨遵行。"①至此,朝廷正式确定废止科举的方针。

其后,清廷举行光绪三十年(1904)甲辰恩科会试,仍借闱河南。此科会试不仅废止了八股文,而且还取消了誊录,考官直接评阅墨卷,考试内容方面新学的内容也进一步增加。进士的出路自光绪二十九年会试开始,也发生显著变化。清廷规定:"凡一甲之授职修撰编修,二三甲之改庶吉士,用部属中书者,皆令入京师大学堂,分门肄业。"②次年,京师大学堂进士馆开学,招收癸卯(1903)科进士 80 余名,甲辰科进士 30 余名。科举成为京师大学堂的选拔考试,使得之前科举必由学校、学校储才以应科目的局面开始改变,科举在人才选拔和培养中的绝对主导地位受到挑战。这说明在近代化的大变局下,科举存在的必要性正在消失,停罢只是时间问题。

然而,清廷十年渐废的计划尚未实施,国内外时势急剧变化。光绪三十年,为争夺中国东北地区,日俄战争爆发,清政府居然号称"中立",日本战胜俄国,并趁机大举入侵东北,中国主权再次受到严重损害,国事已经危在旦夕。面对各地反清浪潮,清廷内部立宪的呼声日益高涨,尽快培养大量新式政治人才成为改制立宪的关键,官立学堂又腐败丛生,南洋公学、南京陆师学堂相继发生留日学生风潮,各地也纷纷抗议学堂禁议时政、禁阅新书报,钳制学生思想的做法。而不少清廷大员将不能培养新式人才的原因归结到正在渐废的科举制度之上,那些原先主张递减举额者,转而提出立停科举的主张。

光绪三十一年八月初四日(1905 年 9 月 2 日),直隶总督袁世凯、盛京将军赵尔巽、两湖总督张之洞、两江总督周馥、两广总督岑春煊

---

① 《清德宗实录》卷 523,"光绪二十九年十一月丙午"。

② 《清德宗实录》卷 507,"光绪二十八年十一月戊午"。

和湖南巡抚端方会奏《请立停科举推广学校并妥筹办法折》，认为："臣等默观大局，熟察时趋，觉现在危迫情形，更甚曩日，竭力振作实同一刻千金。而科举一日不停，士人皆有侥幸得第之心，以分其砥砺实修之志。民间更相率观望，私立学堂者绝少，又断非公家财力所能普及，学堂决无大兴之望。就目前而论，纵使科举立停，学堂遍设，亦必须十数年后人才始盛。如再迟至十年，甫停科举，学堂有迁延之势，人才非急切可成，又必须二十余年后，始得多士之用。强邻环伺，讵能我待。"因此，立停科举是迫在眉睫的大事，他们在奏折中指出："欲补救时艰，必自推广学校始。而欲推广学校，必自先停科举始。拟请宸衷独断，雷厉风行，立沛纶音，停罢科举。"奏折还提出了停罢科举之后的兴学善后事宜的 5 条"切要之办法"，即"尊经学""崇品行""师范宜速造就""未毕业之学生暂勿率取"和"旧学应举之寒儒，宜筹出路"等。①

面对南北封疆大吏的强烈呼声，清廷宣布废止科举，同日发布上谕："兹据该督等奏称，科举不停，民间相率观望。欲推广学堂，必先停科举等语。所陈不为无见。着即自丙午科为始，所有乡会试一律停止，各省岁、科考试，亦即停止，其以前举贡生员，分别量予出路，及其余各条，均着照所请办理。"②丙午科是原定于光绪三十二年举行的乡试，这一上谕的发布标志着在中国历史上沿用了 1 300 年历史的科举制度的宣告终结，制度性的科举走下了中国历史的大舞台。由于 1905 年不是大比之年，因此，最后一次科举考试是光绪三十年(1904)甲辰科，这一科三鼎甲刘春霖、朱汝珍、商衍鎏便成为中国科举史上的末代状元、榜眼、探花。

---

① 廖一中、罗真容整理：《袁世凯奏议》卷 35《请立停科举推广学校并妥筹办法折》(光绪三十一年八月初四日)，天津古籍出版社，1987 年版，第 1187 页。按：此文献在该书中记为光绪三十一年八月初二日，实为八月初四日，据《清实录》等文献改。

② 《清德宗实录》卷 548，"光绪三十一年八月甲辰"。

### 三　善后举措与余响

废除科举直接影响到生员、举人和贡监生的前途，因此为他们筹划出路是清廷决定废科举时需要处理的重要问题。张之洞、袁世凯等在光绪二十九年(1903)奏请渐废科举时，便规定了各省举贡生员的出路是："三十岁以下者，易于改业，皆可令入学堂。三十至五十，可入仕学、师范速成两途。其五十至六十，与夫三十以上，不能入速成科者，应为宽筹出路。如每科大挑，或拣发一次，或岁贡倍增其额，或多挑誊录，令其入馆，可得议叙。或举人比照孝廉方正，生员比照已满吏，准其考职。三年一次，分别用为知县、佐贰杂职，俾免向隅。六十以上者，酌给职衔。"[①]但这仅仅是张之洞、袁世凯等人为减轻渐废科举的阻力而提出的建议，并未付诸实施。

光绪三十一年(1905)废科举后，全国举贡人数合计不下数万人，生员不下数十万人，年轻的举贡生员尚可投考学堂，而中年以上者则有穷途末路的感叹。光绪三十二年(1906)五月，为解决他们的出路，清廷政务处上奏《酌拟举贡生员出路章程折》，得到批准。清廷试图从六个方面为生员、举人和贡监生提供出路：

一是增加优贡、拔贡名额，优贡照原定额增加四倍，拔贡照原定额增加一倍，岁贡照原额增加数倍。宣统元年(1909)乙酉秋季各省举行优贡、拔贡考试，因学政已裁撤，本省提学使任主考官，提学使可调用进士、举人、优贡、拔贡为阅卷官。拔贡、优贡考试为两场连考，试以史论一篇，《四书》义或《五经》义一篇，当日交卷。依照录取定额放榜，所有试卷均需解送礼部。次年六月，新录取优贡、拔贡赴京朝考。因人数众多，朝考之前先在学部分考各省优贡、拔贡，考试一场，试题为《四书》义一篇，史论一篇，派大臣阅卷，录取者有资格参加朝考。优贡、拔贡朝考在保和殿举行，试经义、史论各一篇，钦派大臣阅

---

① 廖一中、罗真容整理：《袁世凯奏议》卷22《请递减科举中额专注学堂折》(光绪二十九年三月十二日)，天津古籍出版社，1987年版，第738页。

卷，评定一、二、三等。一等及二等前十名，中年以下者授七品京官，年长者授知县。二等十名以后，任命为部司小官、盐库大使、州判、州同、经历、县丞等。三等不授官。优贡、拔贡考试在科举停废之后计划进行三科。岁贡在本省进行考试，录取者不送京考试。

二是生员考职不必进京考试。废除科举后，生员考职在考优贡之年举行，由各州县长官和教官主持考试。考试分两场，头场试经义、史论各一篇，二场试时务策二篇。录取文理通达、事理明晰者，保送至省城考试，大省取100名，中省取70名，小省取50名，所取各生造册送吏部，一等授予各省巡检，二等授予典史。考职计划举行三科以后停止。

三是贡举考职授官。由于举贡生有着比较高的地位和比较大的影响力，其出路是清廷考虑的重中之重。仿照康熙、乾隆间贡监考职之例，举人与恩、拔、副、岁、优贡参加举贡考职。除已有官阶或担任学堂教习，以及实缺教官、未经朝考的优贡、拔贡之外，举人、恩、拔、副、岁、优贡通过保送考试者，有资格参加考职。保送考试分两场，头场试经义，二场试考生所报科目题目，录取者至京城考职。光绪三十三年（1907）四月在保和殿行举贡考职，试以经义、史论各一篇，录取吴承仕等367人。覆试分一、二、三等发榜，举人取一等及二等前十名者，授予主事、中书、七品小京官、知县等。二等十名之外者，授予州判、盐库大使、府经历、县丞；贡生一等者授予七品小京官、知县，二等者授予部司小官、县丞等。三等不授官。宣统元年（1909），各省如额保送，二年于京城举行第二次举贡考职，录取陈命官等320人。

四是各部院衙门均可通过考试选用举人与五贡生充任膳录等，当差期满，可择优奏请改用七品小京官在部行走。

五是已就拣举人准令报捐分发，免交补班银两。举人截取，之前主要用为知县与教职。废科举后，增加了直隶州州同、盐库各大使等职位;五贡生原来仅有直隶州州判一职,废科举后规定五贡均准以按察司、盐运司经历、散州州判、府经历、县丞分别注册选用。如捐交分发银两,即准分省试用。

六是凡未参加复试或曾经复试但未参加殿试、朝考的贡士,准予取具同乡京官印结,赴礼部禀明应试情况,由礼部带领引见,给予出身,分别录用。① 清廷给予贡士的出路更加优惠。

政务处上奏《酌拟举贡生员出路章程折》的内容大多按计划实施,但仅仅进行了两科,清廷就被民国政府取代,为举贡生员筹划出路的政策亦随之终止。

科举停废是中国教育史乃至中国历史上的重大事件。美国学者罗兹曼认为,科举制在中国传统社会结构中居于中心地位,是维系儒家意识形态和儒家价值体系正统地位的根本手段。科举制在1905年废止,使这一年成为新旧中国的分水岭,它标志着一个时代的结束和另一个时代的开始,其划时代的重要性甚至超过辛亥革命;就其现实和象征性意义而言,科举革废代表着中国已与过去一刀两断,这种转折大致相当于1861年沙俄废奴和1868年日本明治维新后不久的废藩。② 余英时也持类似的观点,他在《试说科举在中国史上的功能与意义》一文中说:"1905年的科举废止在中国传统的'士'与现代知识人之间划下了一道最清楚的界线。"③

科举制度自隋大业元年(605)设立以来,一直沿用了1 300年。科举制度逐渐发展成国家的"抡才大典",普通士人进身的阶梯,它在历史上曾起过多方面的积极作用。在科举时代,因为考试选官比其他选举取士方法更适应社会的需求,所以各个朝代皆将其作为拔取

① 《政务处奏酌拟举贡生员出路章程折》,载《东方杂志》1906年第3卷第4期。
② [美]罗兹曼:《中国的现代化》,江苏人民出版社,1988年版,第335页。
③ 余英时:《中国文化史通释》,生活·读书·新知三联书店,2011年版,第236页。

人才的首要途径。科举在当时社会上占据着非常重要的地位，甚至被视为“政治体系和社会体系的核心”[①]，或“在传统中国的政治理论和社会实际结构中居于中心的地位”。[②]

“物盈则亏，法久终弊。”从“求才为本”蜕化为“防奸为主”，说明经过长久的运作之后，科举制已渐渐背离了制度设计的初衷，走到选才的死胡同去了。康有为说过：“凡法虽美，经久必弊。及其弊已著，时会大非，而不与时消息，改弦更张，则陷溺人才，不周时用，更非立法求才之初意矣。”[③]特别在清末特殊的社会历史背景下，似乎只能用停罢科举这样的极端方式来解决科举与发展近代教育之间的矛盾。

在清末特殊的社会历史背景下，我们认为科举停废有其历史的必然性。首先，创立于隋代的科举经历了唐、五代、宋、元、明的发展，至清代已经高度程式化，这一方面是科举对公正性追求的结果，另一方面也使得科举更加僵化，无法根据社会的需要进行改革，最终走进了选材的死胡同。

其次，《辛丑条约》签订后，中国完全处于“危急存亡之秋，而不以全国精力养成今日切用之人才，不能生存于竞争激烈之世界”。[④] 废止传统教育，发展新教育，建立近代教育体系成为当时的共识。时人感慨云：“然中国士人，其志行又不免薄弱，往往为大势所鼓动而不能自主。例如近日科举未废，即有平素主持废科举兴学校之人，而仍躬

① 《伦敦日报》北京通讯员 1875 年发表于《纽约时报》的文章《令人恐怖的考试制度》，见郑曦原编：《帝国的回忆：〈纽约时报〉晚清观察记》，生活·读书·新知三联书店，2001 年版，第 90 页。

② E. A. Kracke, *Religion, Family and Individual in the Chinese Examination System*. In John K. Fairbank (ed.): *Chinese Thought and Institutions*. Chicago: University of Chicago Press, 1957, pp. 251－268.

③ 康有为：《请废八股试帖楷法试士改用策论折》，郑力民编：《康有为集》，广东人民出版社，2018 年版，第 211 页。

④ 云窝：《教育通论》，《江苏》1903 年第 3 期。

应乡会试者;又有在学堂肄业,或往外洋游学,而仍弃其应尽之学业,以博不可得之功名者。以素称有志维新之人,犹且知其不可而为之,何况其他。”[①]清政府光绪二十七年(1901)八月初四正式颁布改书院改学堂上谕,也无法扭转世人重科举轻学堂的趋向。尽管科举考试内容和形式在清末进行了重大调整,但仍严重束缚着新式学堂的发展,科举制度和学堂成为清政府的两难选择,当他们意识到“一个显而易见的不稳定因素正在国内外学生中流动,所以必须让学生获得各种出身并可以成为一个政府官员”[②],清代统治者更趋向选择学堂而废止科举。

再次,清廷内部权力斗争也向着有利于停废科举的方向发展。反对废八股最激烈的徐桐、刚毅、赵舒翘或自杀,或被处死,而主张改革科举的满汉大臣荣禄、刘坤一、张之洞、袁世凯、盛宣怀等人因“匡扶大局”受赏,端方、赵尔巽等均获提升,这为废科举提供了极佳的政治空间。正如有的论者所言:“反科举的主将皆手握重权,在清政府中占有绝对优势,为这一时期的废科举创造了权力的保证。”[③]而长期以科举为职业的士人也从清政府颁布的以科举功名作为学生出身的学堂奖励制度中得到满足,他们对科举停罢政策表示出一定程度的认同,一位在上海目睹废科举过程的日本人曾说:“废止科举是近来非常极端的措施,但未发生激烈的反对……反对者也没有出头,读书人都满心欢喜。”[④]此外,“废科场”被当时舆论视为清末朝廷的三大善政之一。因此无论是新式教育发展的需要、政治权利斗争的结果,还是社会舆论都朝着停废科举的有利方面发展,科举停废成为当时社会的必然选择。

---

① 佚名:《论中国改革之难》,《东方杂志》1904年第4期。

② [德]傅吾康:《中国科举制度革废考》,哈佛大学东亚研究中心,1960年,第52页。

③ 郑焱:《1905年废科举论》,《史学月刊》1989年第6期。

④ [美]任达著,李仲贤译:《新政革命与日本——中国,1898—1912》,江苏人民出版社,1998年版,第161页。

科举制度停罢以后，当时的知识界认为此举意义深远，严复称：废除科举“不佞尝谓此事乃吾国数千年中莫大之举动，言其重要，直无异于古者之废封建，开阡陌。”[①]1905 年 9 月 7 日的《时报》载文欢呼：“盛矣哉！革千年沉痼之积弊，新薄海臣民之观听，驱天下人士使各奋精神才力，咸出于有用之途，所以作人才而兴中国者，其在斯乎？其在斯乎？”

科举制度废除的直接影响就是推动了新式教育的发展，新学堂数量明显增加。有学者统计，1903 年有新学堂 769 所，1904 年为 4 476 所，而 1905 年为 8 277 所，1906 年为 23 862 所，1907 年为 37 888 所，1908 年为 47 995 所，1909 年为 59 117 所。[②] 由于新式学堂的出现，知识分子的知识结构也发生了巨大的变化，西方引进的自然科学、社会科学逐渐成为他们学习的主要内容。郭沫若在《我的童年》中说：“从前是死读古书的，现在不能不注意些世界的大势了。从前是除圣贤书外无学问的，现在是不能不注重些科学的知识了。”[③]知识分子的职业也由过去的科举一途向多种职业发展。

科举停罢不仅对中国国内产生巨大的震撼，世界的反响也相当强烈。《万国公报》1905 年 10 月号《中国振兴之新纪元》一文，评价了废止科举的意义：“中国政府近于改变之事颇有可观。而立废科举一节，取数百年以来败坏中国及近日屡蹶屡起、根深蒂固之附属物，一旦拔弃之，是真中国历史上之新纪元，而东方大局之转移在此矣。本馆记者不禁为之额手，爰取此次谕折，冠于时局之首，以明其关系之大，固不仅在中国也。”由于朝鲜、越南等东亚国家也仿行中国古代的科举制度，西方主要国家也借鉴科举制度建立了现代文官制度。科举制度在中国被废除以后，越南不久之后也废止了科举取士制度。

① 严复：《论教育与国家之关系》，《东方杂志》1906 年第 3 卷第 3 期。
② 王笛：《清末新政与近代学堂的兴起》，《近代史研究》1987 年第 3 期，第 254 页。
③ 杨芳选编：《郭沫若作品精选》，长江文艺出版社，2007 年版，第 272 页。

西方学者也十分关注这一重大历史事件,1906 年上半年出版的《美国东方学会学报》第 27 卷详细报道了中国废止科举的情况,并刊载了袁世凯等奏折和朝廷上谕的全文。①

废止科举确实是中国历史上的重大事件,连深谙社会进化和世事变迁的严复对废科举的后果也觉得难以预料,他在高度评价废科举的积极意义之后又说:“造因如此,结果如何,非吾党浅学微识者所敢妄道。”②虽然严复自称为“浅学微识者”,但他的论断其实具有很强的预见性。

长期在华的传教士林乐知也在《万国公报》发表评论说:“停废科举一事,直取汉唐以后腐败全国之根株,而一朝断绝之,其影响之大,于将来中国前途当有可惊可骇之奇效。”③林氏于 1907 年 5 月去世,中国社会和文化教育在废科举后确实发生了“可惊”的变化,出现了快速的发展,但林乐知大概也没有预料到废科举会带来中国传统社会礼崩乐坏、秩序瓦解。

在科举时代,科举年复一年地举行,士子年复一年地应考,周而复始,形成一种规律性的周期变化,人们都习以为常。一旦科举真的废弃,具有强大惯性的运行机制戛然而止,读书人一时很难适应,失落感和幻灭感是非常强烈的。清代科举一度为 100 多万人提供了一种生活方式,一旦这种赖以生存的生活方式遭到颠覆,这些人必将陷入困惑、彷徨和幻灭之中。由于经过一个阶段的舆论准备,到 1905 年真正废止科举时,整个社会表面上十分平和,没有激起什么反弹。掌握报刊等传播媒体的都是新学人士,人们听到的自然都是赞成的声音。而一批士人对废科举感到绝望、“心若死灰”的情形,后人只有

---

① 刘海峰:《科举考试的教育视角》,湖北教育出版社,1996 年版,第 113 页。

② 严复:《论教育与国家之关系》,《东方杂志》1906 年第 3 卷第 3 期。

③ 林乐知:《中国教育之前途》,《万国公报》(第 39 册),台北华文书局,1968 年影印本,第 24014 页。

从个别士人流传下来的日记中才能窥见一二。即使是主张废科举的人士,到后来才发现科举制的废止,等于将维系传统社会秩序和支撑官僚系统以及促使儒家文化传承的制度根基突然铲除,它所带来的社会震荡、政治混乱和文化断裂等后果,远远超过清末士人的估计和想象。为此,一贯主张中体西用的张之洞在1905年后曾对废科举的后果感到某种程度的惊恐,表现出某些懊悔与惋惜的心情。

不少学者都认为辛亥革命与科举废止有着密切的关联。余英时认为:"光绪三十一年(1905)科举废止后,持续了两千年的帝国体制也随即全面崩解了。"[①]萧公秦认为:废科举所产生的后果之一是,"群体性的社会心理挫折不断聚结为反体制的力量……正是这些在新政改革中产生的社会势力和青年团体,成为这场变革运动的主要掘墓人。"[②]刘海峰认为:"废止科举动摇和颠覆了传统社会的制度支柱,为士人走向革命开辟了道路,这是导致辛亥革命发生、帝制被迅速推翻的重要原因之一。"[③]

有学者认为废止科举制度是中国的一大不幸,美国学者威尔·杜兰说:"当这个制度以及由这个制度而带起的整个文化,被那无情的进化和历史破坏推翻时,这实在是一件最大的不幸。"《皇家亚洲学会华北分会学报》1866年12月出版的新3号刊载了克尔(Keer)的《广东贡院》一文,该文对全国各省划一的贡院的布局、规制、各部分建筑的功能等作了详细的描述,并且认为这种专门而朴素的科举建筑完美地适用于科举考试。"中国的竞争性文士考试制度是该国特有的制度,并且持续了一千多年。长期以来,它得到每一个朝代每一位皇帝的认可和支持,得到人民普遍的赞同和接受。经验毫无疑问

① 余英时:《中国文化史通释》,生活·读书·新知三联书店,2012年版,第236页。
② 萧公秦:《从科举制度的废除看近代以来的文化断裂》,《战略与管理》1996年第4期,第15页。
③ 刘海峰:《科举革废与辛亥革命》,《华中师范大学学报》(人文社会科学版)2012年第3期,第135页。

地证明，对处于半文明状态、崇拜偶像、民族尚文的独特的中国而言，科举是最好的事物。”①作为西方人，作者从欧洲的角度将中国人视为半开化民族带有其偏见，但他对贡院这种科举制度的具体象征好奇有加，对科举考试的独特性印象深刻，也得出了科举是十分适合帝制中国国情的一种制度的结论。

特别是废止科举制度之后，虽然新式学堂是大量兴办起来了，但统治者又面临着新的问题。科举废止后不久就出现由于缺少选拔和任命文官的标准，讨官跑官、任人唯亲、植党营私等弊端随之而来。有的学者认为，我国军阀时代与后来的官制也未见得优于、甚至常常是劣于科举。钱穆先生在《中国历史上之考试制度》中也认为科举制度“因有种种缺点，种种流弊，自该随时变通。但清末人却一意想变法，把此制度也连根拔去。民国以来，政府用人，便全无标准，人事奔竞，派系倾轧，结党营私，偏枯偏荣，种种病象，指不胜屈。不可说不是我们把历史看轻了，认为以前一切要不得，才聚九州铁铸成大错”。②

胡适则认为民主中国的历史基础之一便是科举制度。他说：“这种制度确实十分客观、十分公正，学子们若失意考场，也极少埋怨考试制度不公……它是一个公正的制度，即使是最贫贱家庭的男儿也能够通过正常的竞争程序而爬升到帝国最荣耀、最有权力的职位上。经过这种制度的长期训练，中国人心中已形成了一个根深蒂固的观念：政府应掌握在最能胜任管治工作的人的手中；政府官员并非天生就属于某一特殊阶级，而应通过某种向所有志愿参加考试的人敞开的竞争性的考试制度来选任。”③在谈到戊戌变法时，胡适又说：

---

① J. G. Keer, *Description of the Creat Examinations Hall at Canton*, Journal of the North—China Branch of Royal Asiatic Society. New Series, 1866(3): 63－69.

② 钱穆：《国史新论》，生活·读书·新知三联书店，2001年版，第260页。

③ 胡适：《中国的文艺复兴》，外语教学与研究出版社，2001年版，第323页。

“康梁变法的时候，只是空洞地吸收外国文化，不知道紧要的是什么。学堂是造就人才的地方，学堂不能代替考试的制度；用学校代替考试，是盲目的改革。结果造成中国二十五年来用人行政没有客观的、公开的用人标准。”①

不止于此，有学者认为，作为清王朝自发进行的一次变法，废科举深刻地影响着其后近百年的国运兴衰与社会变迁，可谓是唐宋以后、民国以前中国历史上最重大的一次制度革命。科举制在匆忙中废止引发社会震荡。从文化层面上看，科举的废止导致了中国历史上传统文化资源与新时代的价值之间的最重大的一次文化断裂。从政治层面上看，科举之废使得人心与政局都迅速陷入混沌状态。作为过往科举社会的主角，知识分子在科举被废后的政治舞台上出演了一幕幕令人心酸的悲剧，从此不得不面对一种起伏跌宕的命运。于是，在清末新政时期出现了大批既无法进入新式学堂又无法通过科举取得功名的“无根人”，成为对社会政局稳定极具破坏力的“游民阶级”。就制度而言，废科举亦非有效的改革。因为废科举非但没能达到“补救时艰”、挽救政局的目的，反而出现了一种可怕的官员选任制度真空。这样，在新旧规制之间本该有的过渡锁链被突然断开，正如严复所言，“非新无以为进，非旧无以为守”。② 这种“先破后立”的“休克疗法”没有充分考虑到新旧制度整合时所引发的问题，从而导致严重的社会脱序和社会整合危机。③

日本学者原胜郎曾经留学德国、英国、美国，而后担任京都帝国大学的教授。作为一名研究西方史的学者，原胜郎深刻了解西方学术界对于科举制度的高度评价。20 世纪初，他曾到南京参观江南贡院，并写下了《贡院之春》一文，他认为“科举未必是一概否定的恶制，

① 耿志云：《胡适年谱》，四川人民出版社，1991 年版，第 178 页。

② 严复：《严复学术文化随笔》之《主客平议》，中国青年出版社，1999 年版，第 70 页。

③ 刘海峰：《科举学导论》，华中师范大学出版社，2005 年版，第六章《科举存废论》。

反而存在着足以大为称颂之处。”中国社会的停滞,并不在于“科举”,而是中国文明早在数个世纪之前即已达到了发达的顶峰。清末中国之所以衰败,不过是“其命数穷也”。①

清末改革科举制度的主将梁启超在戊戌变法失败后逃亡日本,耳闻目睹了欧美、日本等国借鉴科举实行文官考试的功效之后,梁启超于1910年发出了恢复科举制度的惊世言论:“夫科举非恶制也。所恶夫畴昔之科举者,徒以其所试之科不足致用耳……世界万国中行此法最早者莫如我,此法实我先民千年前之一大发明也。自此法行而我国贵族寒门之阶级永消灭,自此法行,我国民不待劝而竞于学,此法之造于我国也大矣。人方拾吾之唾余以自夸耀,我乃惩末流之弊,因噎以废食,其不智抑甚矣。吾故悍然曰:复科举便!”②

尽管恢复科举只是梁启超的个人观点,科举已经走下历史的大舞台,但科举所蕴含的公开报考、公平竞争、择优录取的精神却没有而且也不可能废止。中华民国建立的文官(公务员)考试制度即与科举在考选原则、形式上有继承、相似之处。中国大陆长期实行的高考制度,以及20世纪80年代开始实施的公务员考试录用制度,可以视为中国古代科举传统在当代中国的延续。

---

① [日]宫崎市定:《科举史》,(东京)平凡社,1987年版,第317～321页。

② 梁启超:《饮冰室合集·文集》之23《官制与官规》,中华书局,1989年版,第68页。

# 附录一　历代登科表

## 1. 唐代进士科举年表

| 年　　代 | 知贡举 | 状　元 | 登科人数 |
|---|---|---|---|
| 高祖 武德五年(622) | 申世宁 | 孙伏伽 | 4 |
| 武德六年(623) | | | 4 |
| 武德七年(264) | | | 6 |
| 武德八年(625) | | | 5 |
| 武德九年(626) | | | 7 |
| 太宗 贞观元年(627) | 卢承庆 | | 4 |
| 贞观三年(629) | | | 5 |
| 贞观四年(630) | | | 9 |
| 贞观五年(631) | | | 15 |
| 贞观六年(632) | | | 12 |
| 贞观七年(633) | | | 13 |
| 贞观八年(634) | | | 9 |
| 贞观九年(635) | | | 6 |
| 贞观十年(636) | | | 11 |
| 贞观十一年(637) | | | 8 |
| 贞观十二年(638) | | | 11 |
| 贞观十三年(639) | | | 17 |
| 贞观十四年(640) | | | 5 |
| 贞观十五年(641) | | | 14 |

续　表

| 年　　代 | 知贡举 | 状　元 | 登科人数 |
| --- | --- | --- | --- |
| 贞观十七年(643) | | | 15 |
| 贞观十八年(644) | | | 24 |
| 贞观二十年(646) | 王师旦 | | 3 |
| 贞观二十一年(647) | 王师旦 | | 7 |
| 贞观二十二年(648) | 王师旦 | | 9 |
| 贞观二十三年(649) | 王师旦 | | 8 |
| 高宗 永徽元年(650) | | | 14 |
| 永徽二年(651) | | | 25 |
| 永徽五年(654) | | | 1 |
| 永徽六年(655) | | | 43 |
| 显庆元年(656) | | | 3 |
| 显庆二年(657) | | | 22 |
| 显庆三年(658) | | | 17 |
| 显庆四年(659) | | | 20 |
| 显庆五年(660) | | | 14 |
| 显庆六年(661) | | | 5 |
| 龙朔二年(662) | | | 8 |
| 麟德元年(664) | | | 3 |
| 乾封二年(667) | | | 5 |
| 总章元年(668) | | | 26 |
| 咸亨元年(670) | | 宋守节 | 54 |
| 咸亨四年(673) | 杜易简 | | 79 |
| 上元元年(673) | 王方庆 | | 66 |
| 上元二年(674) | 骞味道 | 郑　益 | 50 |

续 表

| 年 代 | 知贡举 | 状 元 | 登科人数 |
|---|---|---|---|
| 调露二年(680) | | | 1 |
| 永隆二年(681) | 刘思立 | | 1 |
| 开耀二年(682) | 刘思立 | 许 且 | 66 |
| 永淳二年(683) | 刘廷奇 | | 55 |
| 武后 光宅元年(684) | 刘廷奇 | | 16 |
| 垂拱元年(685) | 刘廷奇 | 吴师道 | 27 |
| 垂拱二年(686) | | | 4 |
| 垂拱三年(687) | | 陈伯玉 | 65 |
| 垂拱四年(688) | | | 24 |
| 永昌元年(689) | | | 8 |
| 天授元年(690) | | | 16 |
| 天授二年(691) | | | 16 |
| 长寿二年(693) | | | 20 |
| 延载二年(695) | 李迥秀 | | 22 |
| 天册万岁二年(696) | 李迥秀 | | 27 |
| 万岁通天二年(697) | | | 27 |
| 圣历元年(698) | | | 22 |
| 圣历二年(699) | | | 16 |
| 圣历三年(700) | | | 20 |
| 大足元年(701) | 张 说 | | 27 |
| 长安二年(702) | 沈佺期 | | 21 |
| 长安三年(703) | | | 31 |
| 长安四年(704) | 崔 湜 | | 45 |
| 中宗 神龙元年(705) | 崔 湜 | | 73 |

续 表

| 年 代 | 知贡举 | 状 元 | 登科人数 |
|---|---|---|---|
| 神龙二年(706) | 赵彦昭 | 姚仲豫 | 32 |
| 景龙元年(707) | 马怀素 | | 48 |
| 景龙二年(708) | 宋之问 | | 40 |
| 睿宗 景云元年(710) | 武平一 | | 52 |
| 景云二年(711) | 卢 逸 | | 4 |
| 太极元年(712) | 房光庭 | 常无名 | 37 |
| 玄宗 开元元年(713) | 房光庭 | | 77 |
| 开元二年(714) | 王 邱 | 李 昂 | 17 |
| 开元三年(715) | | | 21 |
| 开元四年(716) | | 范崇凯 | 16 |
| 开元五年(717) | 裴耀卿 | | 25 |
| 开元六年(718) | 裴耀卿 | | 32 |
| 开元七年(719) | 李 纳 | | 25 |
| 开元八年(720) | 李 纳 | | 57 |
| 开元九年(721) | 员嘉静 | | 38 |
| 开元十年(722) | 员嘉静 | | 33 |
| 开元十一年(723) | 源少良 | | 31 |
| 开元十二年(724) | 贾季阳 | 杜 绾 | 21 |
| 开元十三年(725) | 李怀远 | | 缺 |
| 开元十四年(726) | 严挺之 | 严 迪 | 31 |
| 开元十五年(727) | 严挺之 | 李 嶷 | 19 |
| 开元十六年(728) | 严挺之 | 虞 咸 | 20 |
| 开元十七年(729) | | 王正卿 | 26 |
| 开元十八年(730) | 崔明允 | | 26 |

续 表

| 年　代 | 知贡举 | 状　元 | 登科人数 |
| --- | --- | --- | --- |
| 开元十九年(731) | 裴敦复 | 王　维 | 23 |
| 开元二十年(732) | 裴敦复 | | 24 |
| 开元二十一年(733) | 席　豫 | 徐　徵 | 25 |
| 开元二十二年(734) | 孙　逖 | 李　琚 | 29 |
| 开元二十三年(735) | 孙　逖 | 贾　至 | 27 |
| 开元二十四年(736) | 李　昂 | | 20 |
| 开元二十五年(737) | 姚　奕 | | 27 |
| 开元二十六年(738) | 姚　奕 | 崔　曙 | 23 |
| 开元二十七年(739) | 崔　翘 | | 24 |
| 开元二十八年(740) | 崔　翘 | | 15 |
| 开元二十九年(741) | 崔　翘 | | 13 |
| 天宝元年(742) | 韦　陟 | 王　阅 | 23 |
| 天宝二年(743) | 达奚珣 | 刘　单 | 26 |
| 天宝三载(744) | 达奚珣 | 赵　岳 | 29 |
| 天宝四载(745) | 达奚珣 | | 25 |
| 天宝五载(746) | 达奚珣 | 羊袭吉 | 21 |
| 天宝六载(747) | 李　岩 | 杨　护 | 23 |
| 天宝七载(748) | 李　岩 | 杨　誉 | 24 |
| 天宝八载(749) | 李　岩 | | 20 |
| 天宝九载(750) | 李　暐 | | 21 |
| 天宝十载(751) | 李　麟 | 李巨卿 | 20 |
| 天宝十一载(752) | 李　麟 | | 26 |
| 天宝十二载(753) | 杨　浚 | 杨　儇 | 56 |
| 天宝十三载(754) | 杨　浚 | 杨　纮 | 35 |

续　表

| 年　代 | 知贡举 | 状　元 | 登科人数 |
|---|---|---|---|
| 天宝十四载(755) | 杨　浚 | 常　衮 | 24 |
| 天宝十五载(756) | 杨　浚 | 卢　庚 | 33 |
| 肃宗 至德二载(757) | 薛邕、崔涣裴、裴士淹、李希言 | | 51 |
| 乾元元年(758) | 裴士淹 | | 23 |
| 乾元二年(759) | 李　揆 | | 25 |
| 乾元三年(760) | 姚子彦 | | 26 |
| 代宗 宝应元年(761) | 姚子彦 | | 29 |
| 宝应二年(763) | 萧　昕 | 洪　源 | 27 |
| 广德二年(764) | 萧　昕 | 杨栖梧 | 25 |
| 永泰元年(765) | 贾至、杨绾 | 萧　遘 | 27 |
| 永泰二年(766) | 贾　至 | | 26 |
| 大历二年(767) | 薛　邕 | | 20 |
| 大历三年(768) | 薛　邕 | | 19 |
| 大历四年(769) | 薛邕、张延赏 | 齐　映 | 26 |
| 大历五年(770) | 薛邕、张延赏 | 李　抟 | 26 |
| 大历六年(771) | 张谓、张延赏 | 王　溆 | 28 |
| 大历七年(772) | 张　谓 | 张　式 | 33 |
| 大历八年(773) | 张谓、蒋涣 | | 34 |
| 大历九年(774) | 张谓、蒋涣 | 杨　凭 | 32 |
| 大历十年(775) | 常衮、蒋涣 | 丁　泽 | 27 |
| 大历十一年(776) | 常　衮 | | 14 |
| 大历十二年(777) | 常　衮 | 黎　逢 | 12 |

续 表

| 年 代 | 知贡举 | 状 元 | 登科人数 |
|---|---|---|---|
| 大历十三年(778) | 潘 炎 | 杨 凝 | 21 |
| 大历十四年(779) | 潘 炎 | 王 储 | 20 |
| 德宗 建中元年(780) | 令狐峘 | | 21 |
| 建中二年(781) | 于 邵 | 崔元翰 | 17 |
| 建中三年(782) | 赵 赞 | | 28 |
| 建中四年(783) | 李 纾 | 薛 展 | 27 |
| 兴元元年(784) | 鲍 防 | | 5 |
| 贞元元年(785) | 鲍 防 | 郑全济 | 33 |
| 贞元二年(786) | 鲍防、包佶 | 张正甫 | 27 |
| 贞元三年(787) | 萧 昕 | 牛锡庶 | 33 |
| 贞元四年(788) | 刘太真 | | 31 |
| 贞元五年(789) | 刘太真 | 卢 项 | 36 |
| 贞元六年(790) | 张 濛 | | 29 |
| 贞元七年(791) | 杜黄裳 | 尹 枢 | 30 |
| 贞元八年(792) | 陆 贽 | 贾 稜 | 23 |
| 贞元九年(793) | 顾少连 | 苑 论 | 32 |
| 贞元十年(794) | 顾少连 | 陈 讽 | 28 |
| 贞元十一年(795) | 吕 渭 | | 27 |
| 贞元十二年(796) | 吕 渭 | 李 程 | 30 |
| 贞元十三年(797) | 吕 渭 | 郑巨源 | 20 |
| 贞元十四年(798) | 顾少连 | 李 随 | 20 |
| 贞元十五年(799) | 高 郢 | 封孟绅 | 17 |
| 贞元十六年(800) | 高 郢 | 陈 权 | 19 |

续　表

| 年　　代 | 知贡举 | 状　元 | 登科人数 |
|---|---|---|---|
| 贞元十七年(801) | 高　郢 | 班　肃 | 18 |
| 贞元十八年(802) | 权德舆 | 徐　晦 | 23 |
| 贞元十九年(803) | 权德舆 | | 20 |
| 顺宗 永贞元年(805) | 权德舆 | | 29 |
| 宪宗 元和元年(806) | 崔　邠 | 武翊黄 | 23 |
| 元和二年(807) | 崔　邠 | 王源中 | 28 |
| 元和三年(808) | 卫次公 | 柳公权 | 19 |
| 元和四年(809) | 张弘靖 | 韦　瓘 | 20 |
| 元和五年(810) | 崔　枢 | 顾　行 | 32 |
| 元和六年(811) | 于尹躬 | | 20 |
| 元和七年(812) | 许孟容 | 李固言 | 29 |
| 元和八年(813) | 韦贯之 | 尹　极 | 30 |
| 元和九年(814) | 韦贯之 | 张又新 | 27 |
| 元和十年(815) | 崔　群 | | 30 |
| 元和十一年(816) | 李逢吉 | 郑　澥 | 33 |
| 元和十二年(817) | 李　程 | | 35 |
| 元和十三年(818) | 庾承宣 | 独孤樟 | 32 |
| 元和十四年(819) | 庾承宣 | 韦　谌 | 31 |
| 元和十五年(820) | 李　建 | 卢　储 | 29 |
| 穆宗 长庆元年(821) | 钱　徽 | 杜师礼 | 24 |
| 长庆二年(822) | 王　起 | | 29 |
| 长庆三年(823) | 王　起 | 郑　冠 | 28 |
| 长庆四年(824) | 李宗闵 | 李　群 | 33 |

续　表

| 年　　代 | 知贡举 | 状　元 | 登科人数 |
| --- | --- | --- | --- |
| 敬宗　宝历元年(825) | 杨嗣复 | 柳　璟 | 33 |
| 宝历二年(826) | 杨嗣复 | 裴　俅 | 35 |
| 文宗　大和元年(827) | 崔　郾 | 李　郃 | 33 |
| 大和二年(828) | 崔　郾 | 韦　筹 | 37 |
| 大和三年(829) | 郑　瀚 | | 25 |
| 大和四年(830) | 郑　瀚 | 宋　祁 | 25 |
| 大和五年(831) | 贾　悚 | 杜　陟 | 25 |
| 大和六年(832) | 贾　悚 | 李　珪 | 25 |
| 大和七年(833) | 贾　悚 | 李　余 | 25 |
| 大和八年(834) | 李　汉 | 陈　宽 | 25 |
| 大和九年(835) | 崔　郸 | 郑　确 | 25 |
| 开成元年(836) | 高　锴 | | 40 |
| 开成二年(837) | 高　锴 | 李　肱 | 40 |
| 开成三年(838) | 高　锴 | 裴思谦 | 40 |
| 开成四年(839) | 崔　蠡 | 崔　□ | 30 |
| 开成五年(840) | 李景让 | 李从实 | 30 |
| 武宗　会昌元年(841) | 柳　璟 | 崔　岘 | 30 |
| 会昌二年(842) | 柳　璟 | 郑　颢 | 30 |
| 会昌三年(843) | 王　起 | 卢　肇 | 22 |
| 会昌四年(844) | 王　起 | 郑　言 | 26 |
| 会昌五年(845) | 陈　商 | 易　重 | 19 |
| 会昌六年(846) | 陈　商 | 狄慎思 | 16 |
| 宣宗　大中元年(847) | 魏　扶 | 顾　标 | 23 |

续　表

| 年　代 | 知贡举 | 状　元 | 登科人数 |
|---|---|---|---|
| 大中二年(848) | 封　敖 | 卢　深 | 22 |
| 大中三年(849) | 李　褒 | 于　珪 | 30 |
| 大中四年(850) | 裴　休 | 张温琪 | 30 |
| 大中五年(851) | 韦　悫 | 李　郜 | 57 |
| 大中六年(852) | 崔　玙 | | 28 |
| 大中七年(853) | 崔　瑶 | 于　玙 | 30 |
| 大中八年(854) | 郑　薰 | 颜　标 | 30 |
| 大中九年(855) | 沈　询 | | 30 |
| 大中十年(856) | 郑　颢 | 崔　铏 | 30 |
| 大中十一年(856) | 杜审权 | | 30 |
| 大中十二年(858) | 李　藩 | 李　亿 | 30 |
| 大中十三年(859) | 郑　颢 | 孔　纬 | 30 |
| 大中十四年(860) | 裴　坦 | 刘　蒙 | 30 |
| 懿宗 咸通二年(861) | 薛　耽 | 裴延鲁 | 30 |
| 咸通三年(862) | 郑从谠 | 薛　迈 | 30 |
| 咸通四年(863) | 萧　倣 | | 35 |
| 咸通五年(864) | 王　铎 | | 25 |
| 咸通六年(865) | 李　蔚 | | 25 |
| 咸通七年(866) | 赵　骘 | 韩　衮 | 25 |
| 咸通八年(867) | 郑　愚 | 郑洪业 | 30 |
| 咸通九年(868) | 刘允章 | 赵　峻 | 30 |
| 咸通十年(869) | 王　凝 | 归仁绍 | 30 |
| 咸通十二年(871) | 高　湜 | 李　筠 | 40 |

续 表

| 年 代 | 知贡举 | 状 元 | 登科人数 |
|---|---|---|---|
| 咸通十三年(872) | 崔 瑾 | 郑昌图 | 30 |
| 咸通十四年(873) | 李 昭 | 孔 纁 | 30 |
| 咸通十五年(874) | 裴 瓒 | 归仁泽 | 30 |
| 僖宗 乾符二年(875) | 崔 沆 | 郑合敬 | 30 |
| 乾符三年(876) | 崔 沆 | 孔 缄 | 30 |
| 乾符四年(877) | 高 湘 | | 30 |
| 乾符五年(878) | 崔 澹 | 孙 偓 | 30 |
| 乾符六年(879) | 张 读 | | 30 |
| 乾符七年(880) | 崔 厚 | 郑 蔼 | 30 |
| 广明二年(881) | 韦昭度 | | 14 |
| 中和二年(882) | 归仁泽 | | 28 |
| 中和三年(883) | 夏侯潭 | 崔昭纬 | 30 |
| 中和五年(885) | 薛舍人 | 许祐孙 | 35 |
| 光启二年(886) | 郑延昌 | 陆 扆 | 9 |
| 光启三年(887) | 柳 玭 | | 25 |
| 光启四年(888) | 柳 玭 | 郑贻矩 | 28 |
| 昭宗 龙纪元年(889) | 赵 崇 | 李 瀚 | 25 |
| 大顺元年(890) | 裴 贽 | 杨赞禹 | 21 |
| 大顺二年(891) | 裴 贽 | 崔昭矩 | 27 |
| 景福元年(892) | 蒋 泳 | 归 黯 | 28 |
| 景福二年(893) | 杨 涉 | 崔 胶 | 28 |
| 乾宁元年(894) | 李 择 | 苏 检 | 28 |
| 乾宁二年(895) | 崔 凝 | 赵观文 | 15 |

续　表

| 年　代 | 知贡举 | 状　元 | 登科人数 |
|---|---|---|---|
| 乾宁三年(896) | 独孤损 | 崔　谔 | 12 |
| 乾宁四年(897) | 薛昭纬 | 杨赞图 | 20 |
| 乾宁五年(898) | 裴　贽 | 羊绍素 | 20 |
| 光化二年(899) | 赵光逢 | 卢文焕 | 27 |
| 光化三年(900) | 李　渥 | 裴　格 | 36 |
| 光化四年(901) | 杜德祥 | 归　佾 | 26 |
| 天复四年(904) | 杨　涉 | | 26 |
| 哀帝 天祐二年(905) | 张文蔚 | 归　孙 | 23 |
| 天祐三年(906) | 薛廷珪 | 裴　说 | 25 |
| 天祐四年(907) | | 崔　詹 | 20 |
| 总计(262 科) | | | 6 658 |

## 2. 五代贡举登科表

| 年　代 | 知贡举 | 状　元 | 进士人数 | 诸科人数 |
|---|---|---|---|---|
| 梁开平二年(908)戊辰 | 封舜卿 | 崔　邈 | 18 | 5 |
| 开平三年(909)己巳 | | | 19 | 4 |
| 开平四年(910)庚午 | | | 15 | 1 |
| 乾化元年(911)辛未 | 姚　洎 | | 20 | 10 |
| 乾化二年(912)壬申 | 杨　涉 | | 11 | 1 |
| 乾化三年(913)癸酉 | 郑　珏 | | 15 | |
| 贞明元年(915)乙亥 | | | 13 | 2 |
| 贞明二年(916)丙子 | | | 12 | 1 |
| 贞明三年(917)丁丑 | 薛廷珪 | | 15 | 2 |

续 表

| 年 代 | 知贡举 | 状 元 | 进士人数 | 诸科人数 |
|---|---|---|---|---|
| 贞明四年(918)戊寅 | | 陈 逖 | 12 | 2 |
| 贞明五年(919)己卯 | | | 13 | 1 |
| 贞明六年(920)庚辰 | | | 12 | 3 |
| 龙德二年(922)壬午 | | | 14 | 2 |
| 合 计 | | | 189 | 34 |
| 唐同光二年(924)甲申 | 赵 颀 | 崔光表 | 14 | 2 |
| 同光三年(925)乙酉 | 裴 皞 | 王 彻 | 4 | |
| 同光四年(926)丙戌 | 裴 皞 | 王归朴 | 8 | 2 |
| 天成二年(927)丁亥 | 裴 皞 | 黄仁颖 | 23 | 9 |
| 天成三年(928)戊子 | 赵 凤 | 郭 晙 | 15 | 4 |
| 天成四年(929)己丑 | 卢 詹 | | 13 | 2 |
| 长兴元年(930)庚寅 | 张文宝 | 李 飞 | 7 | 1 |
| 长兴二年(931)辛卯 | 李 愚 | | 4 | |
| 长兴三年(932)壬辰 | | 卢 华 | 8 | 81 |
| 长兴四年(933)癸巳 | 和 凝 | | 24 | 1 |
| 清泰元年(934)甲午 | 卢 导 | | 17 | 1 |
| 清泰二年(935)乙未 | 王 权 | | 14 | 1 |
| 清泰三年(936)丙申 | 马胤孙 | | 13 | |
| 合 计 | | | 164 | 104 |
| 晋天福二年(937)丁酉 | 王 延 | | 19 | |
| 天福三年(938)戊戌 | 崔 棁 | | 20 | |
| 天福六年(941)辛丑 | 张 允 | | 11 | 45 |

续　表

| 年　　代 | 知贡举 | 状　元 | 进士人数 | 诸科人数 |
|---|---|---|---|---|
| 天福七年(942)壬寅 | 张　允 | | 7 | |
| 天福八年(943)癸卯 | 张　允 | | 7 | |
| 开运元年(944)甲辰 | 符　蒙 | | 13 | 56 |
| 开运二年(945)乙巳 | 窦贞固 | 寇　湘 | 15 | 88 |
| 开运三年(946)丙午 | 王　松 | | 20 | 92 |
| 合　计 | | | 112 | 281 |
| 汉天福十二年(947)丁未 | 张　昭 | | 25 | 155 |
| 乾祐元年(948)戊申 | 王仁裕 | 王　溥 | 23 | 179 |
| 乾祐二年(949)己酉 | 司徒诩 | | 19 | 80 |
| 乾祐三年(950)庚戌 | 司徒诩 | 王　朴 | 17 | 84 |
| 合　计 | | | 84 | 498 |
| 周广顺元年(951)辛亥 | 司徒诩 | | 13 | 87 |
| 广顺二年(952)壬子 | 赵上交 | 扈　载 | 13 | 66 |
| 广顺三年(953)癸丑 | 赵上交 | | 8 | 83 |
| 显德元年(954)甲寅 | 徐台符 | | 20 | 121 |
| 显德二年(955)乙卯 | 刘温叟 | 李　覃 | 4 | 116 |
| 显德三年(956)丙辰 | 窦　仪 | | 6 | 29 |
| 显德四年(957)丁巳 | 申文炳 | | 10 | 35 |
| 显德五年(958)戊午 | 刘　涛 | 刘　坦 | 8 | 72 |
| 显德六年(959)己未 | 窦　俨 | | 10 | 50 |
| 合　计 | | | 104 | 659 |
| 总　计 | 47榜 | | 641 | 1 576 |

## 3. 北宋贡举登科表①

| 年代 | 知贡举 | 同知贡举 | 省元 | 状元 | 正奏名 | | | 特奏名 | | | 合计 |
|---|---|---|---|---|---|---|---|---|---|---|---|
| | | | | | 进士 | 诸科 | 小计 | 进士 | 诸科 | 小计 | |
| 建隆元年(960)庚申 | 扈蒙 | | | 杨砺 | 19 | | 19 | | | | 19 |
| 建隆二年(961)辛酉 | 窦仪 | | | 张去华 | 11 | | 11 | | | | 11 |
| 建隆三年(962)壬戌 | 王著 | | | 马适 | 15 | | 15 | | | | 15 |
| 乾德元年(963)癸亥 | 薛居正 | | | 苏德祥 | 8 | | 8 | | | | 8 |
| 乾德二年(964)甲子 | 陶谷 | | | 李景阳 | 8 | | 8 | | | | 8 |
| 乾德三年(965)乙丑 | 卢多逊 | | | 刘察 | 7 | | 7 | | | | 7 |
| 乾德四年(966)丙寅 | 王祜 | | | 李肃 | 6 | 9 | 15 | | | | 15 |
| 乾德五年(967)丁卯 | 卢多逊 | | | 刘蒙叟 | 10 | | 10 | | | | 10 |
| 开宝元年(968)戊辰 | 王祜 | | | 柴成务 | 11 | | 11 | | | | 11 |
| 开宝二年(969)己巳 | 赵逢 | | | 安德裕 | 7 | | 7 | | | | 7 |
| 开宝三年(970)庚午 | 扈蒙 | | | 张拱 | 8 | | 8 | 106 | | 106 | 114 |
| 开宝四年(971)辛未 | 卢多逊 | | | 刘寅 | 10 | | 10 | | | | 10 |

① 参阅毛佩琦主编:《中国状元大典》,云南人民出版社,1999年版,第1179～1187页。

续 表

| 年代 | 知贡举 | 同知贡举 | 省元 | 状元 | 正奏名 | | | 特奏名 | | | 合计 |
|---|---|---|---|---|---|---|---|---|---|---|---|
| | | | | | 进士 | 诸科 | 小计 | 进士 | 诸科 | 小计 | |
| 开宝五年(972)壬申 | 扈蒙 | | | 安守亮 | 11 | 17 | 28 | | | | 28 |
| 开宝六年(973)癸酉 | 李昉 | | | 宋准 | 26 | 101 | 127 | | | | 127 |
| 开宝八年(975)乙亥 | 王祐 | 扈蒙、梁周翰、雷德骧 | 王式 | 王嗣宗 | 31 | 34 | 65 | | | | 65 |
| 太平兴国二年(977)丁丑 | 张洎 | 石熙载、侯陟、侯陶、陈鄂 | | 吕蒙正 | 109 | 207 | 316 | 184 | | 184 | 500 |
| 太平兴国三年(978)戊寅 | 刘兼 | 张洎、郭贽、王克正 | 赵昌言 | 胡旦 | 74 | 82 | 156 | | | | 156 |
| 太平兴国五年(980)庚辰 | 程羽 | 侯陟、郭贽、宋白、陈鄂、邢昺 | | 苏易简 | 121 | 534 | 655 | | | | 655 |
| 太平兴国八年(983)癸未 | 宋白 | 贾黄中、吕蒙正、李至、王沔、韩丕、宋准、李穆、李范、杨砺 | 王禹偁 | 王世则 | 229 | 633 | 862 | | | | 862 |
| 雍熙二年(985)乙酉 | 贾黄中 | 徐铉、赵昌言、韩丕、苏易简、宋准、张洎、范杲、宋湜 | 陈充 | 梁颢 | 255 | 620 | 875 | 84 | | 84 | 959 |

续 表

| 年代 | 知贡举 | 同知贡举 | 省元 | 状元 | 正奏名 | | | 特奏名 | | | 合计 |
|---|---|---|---|---|---|---|---|---|---|---|---|
| | | | | | 进士 | 诸科 | 小计 | 进士 | 诸科 | 小计 | |
| 端拱元年(988)戊子 | 宋白 | 李沆 | 程宿 | 程宿 | 160 | 811 | 971 | | | | 971 |
| 端拱元年(989)己丑 | 苏易简 | 宋准 | 陈尧叟 | 陈尧叟 | 186 | 523 | 709 | | | | 709 |
| 淳化三年(992)壬辰 | 苏易简 | 毕士安、钱若水、吕祐之、王旦 | 孙何 | 孙何 | 353 | 964 | 1 317 | | | | 1 317 |
| 咸平元年(998)戊戌 | 杨砺 | 李若拙、梁颢、朱台符 | 孙仅 | 孙仅 | 51 | 150 | 201 | | | | 201 |
| 咸平二年(999)己亥 | 温仲舒 | 张泳、师颃 | 孙暨 | 孙暨 | 71 | 174 | 245 | | | | 245 |
| 咸平三年(1000)丙子 | 洪湛 | 王钦若、赵安仁 | 李庶几 | 陈尧咨 | 427 | 777 | 1 204 | 260 | 697 | 957 | 2 161 |
| 咸平五年(1002)壬寅 | 陈恕 | 师颃、谢泌、杨覃 | 王曾 | 王曾 | 38 | 182 | 220 | | | | 220 |
| 景德二年(1005)乙巳 | 赵安仁 | 晁迥、戚纶、陈充、朱巽 | 刘滋 | 李迪 | 393 | 1 268 | 1 661 | 316 | 1 072 | 1 388 | 3 049 |
| 大中祥符元年(1008)戊申 | 晁迥 | 朱巽、王曾、陈彭年 | 郑向 | 姚晔 | 207 | 652 | 859 | | | | 859 |
| 大中祥符二年(1009)己酉 | 张秉 | 周起 | | 梁固 | 31 | 54 | 85 | | | | 85 |

续 表

| 年代 | 知贡举 | 同知贡举 | 省元 | 状元 | 正奏名 | | | 特奏名 | | | 合计 |
|---|---|---|---|---|---|---|---|---|---|---|---|
| | | | | | 进士 | 诸科 | 小计 | 进士 | 诸科 | 小计 | |
| 大中祥符四年(1011)辛亥 | 谢泌 | 王曾 | | 张师德 | 31 | 50 | 81 | | | | 81 |
| 大中祥符五年(1012)壬子 | 晁迥 | 刘综、李维、孙奭 | | 孙奭 | 126 | 377 | 503 | | | | 503 |
| 大中祥符七年(1014)甲寅 | 王曾 | 钱惟演 | | 张观 | 21 | 21 | 42 | | | | 42 |
| 大中祥符八年(1015)乙卯 | 赵安仁 | 李维、盛度、刘筠 | 高悚 | 蔡齐 | 203 | 363 | 566 | 78 | 72 | 150 | 716 |
| 天禧三年(1019)己未 | 钱惟演 | 王曙、杨亿、李谘 | 程戡 | 王整 | 155 | 144 | 299 | 211 | | 211 | 510 |
| 天圣二年(1024)甲子 | 刘筠 | 宋绶、陈尧佐、刘烨 | 吴感 | 宋庠 | 207 | 354 | 561 | 43 | 77 | 120 | 681 |
| 天圣五年(1027)丁卯 | 刘筠 | 冯元、石中立、韩亿 | 吴育 | 王尧臣 | 377 | 894 | 1 271 | 109 | 234 | 343 | 1 614 |
| 天圣八年(1030)庚午 | 晏殊 | 王随、徐奭、张观 | 欧阳修 | 王拱辰 | 249 | 573 | 822 | | | | 822 |
| 景祐元年(1034)甲戌 | 章得象 | 郑向、胥偃、李淑、宋郊 | 黄庠 | 张唐卿 | 501 | 481 | 982 | 857 | | 857 | 1 839 |

续表

| 年代 | 知贡举 | 同知贡举 | 省元 | 状元 | 正奏名 | | | 特奏名 | | | 合计 |
|---|---|---|---|---|---|---|---|---|---|---|---|
| | | | | | 进士 | 诸科 | 小计 | 进士 | 诸科 | 小计 | |
| 宝元元年(1038)戊寅 | 丁度 | | 范镇 | 吕溱 | 310 | 617 | 927 | 165 | 984 | 1 149 | 2 076 |
| 庆历二年(1042)壬午 | 聂冠卿 | 王拱辰、苏绅、吴育、高若讷 | 杨寘 | 杨寘<br>贾黯 | 432 | 407 | 839 | 364 | | 364 | 1 203 |
| 庆历六年(1046)丙戌 | 孙抃 | 张方平、高若讷、杨伟、钱明逸 | 裴煜 | | 538 | 415 | 953 | 223 | 1 655 | 1 878 | 2 831 |
| 皇祐元年(1049)己丑 | 赵概 | 张锡、王赟、张掞、赵师民 | 冯京 | 冯京 | 498 | 550 | 1 048 | | | | 1 048 |
| 皇祐五年(1053)癸巳 | 王拱辰 | 曾公亮、胡宿、蔡襄、王珪 | 徐无党 | 郑獬 | 520 | 522 | 1 042 | 766 | 430 | 1 196 | 2 238 |
| 嘉祐二年(1057)丁酉 | 欧阳修 | 王珪、梅挚、韩绛、范镇 | 李寔 | 章衡 | 388 | 389 | 777 | 122 | 102 | 224 | 1 001 |
| 嘉祐四年(1059)己亥 | 胡宿 | 吕溱、刘敞 | 刘挚 | 刘辉 | 163 | 184 | 347 | 65 | | 65 | 412 |
| 嘉祐六年(1061)辛丑 | 王珪 | 范镇、王畴 | 江衍 | 王俊民 | 193 | 102 | 295 | 44 | 41 | 85 | 380 |
| 嘉祐八年(1063)癸卯 | 范镇 | 王安石、司马光 | 孔武仲 | 许将 | 194 | 147 | 341 | 72 | 28 | 100 | 441 |
| 治平二年(1065)乙巳 | 冯京 | 范镇、邵必 | 彭汝砺 | 彭汝砺 | 213 | 148 | 361 | 45 | | 45 | 406 |
| 治平四年(1067)丁未 | 司马光 | 韩维、邵亢 | 许安世 | 许安世 | 350 | 211 | 561 | | | | 561 |

续 表

| 年代 | 知贡举 | 同知贡举 | 省元 | 状元 | 正奏名 | | | 特奏名 | | | 合计 |
|---|---|---|---|---|---|---|---|---|---|---|---|
| | | | | | 进士 | 诸科 | 小计 | 进士 | 诸科 | 小计 | |
| 熙宁三年(1070)庚戌 | 王 珪 | 吕公著、苏颂、孙觉 | 陆 佃 | 叶祖洽 | 355 | 474 | 829 | 474 | | 474 | 1 303 |
| 熙宁六年(1073)癸丑 | 曾 布 | 吕惠卿、邓绾、邓润甫 | 邵 刚 | 余 中 | 400 | 196 | 596 | 475 | 217 | 692 | 1 288 |
| 熙宁九年(1076)丙辰 | 邓 绾 | 邓润甫、蒲宗孟 | 张 嵫 | 徐 铎 | 422 | 174 | 596 | 447 | 194 | 641 | 1 237 |
| 元丰二年(1079)己未 | 许 将 | 蒲宗孟、沈季长 | 朱浚明 | 时 彦 | 348 | 254 | 602 | 778 | 778 | 1 380 | |
| 元丰五年(1082)壬戌 | 李清臣 | 舒亶、满中行 | 刘 概 | 黄 裳 | 445 | 147 | 592 | 836 | 836 | 1 428 | |
| 元丰八年(1085)乙丑 | 许 将 | 陆佃、孙觉 | 焦 蹈 | 焦 蹈 | 485 | 91 | 576 | 847 | 847 | 1 423 | |
| 元祐三年(1088)戊辰 | 苏 轼 | 孙觉、孔文仲 | 章 援 | 李常宁 | 523 | 73 | 596 | 533 | 533 | 1 129 | |
| 元祐六年(1091)辛未 | 范百禄 | 顾临、孔武仲 | 邹 起 | 马 涓 | 519 | 83 | 602 | 323 | | 323 | 925 |
| 绍圣元年(1094)甲戌 | 邓润甫 | 范祖禹、王觌、虞策 | 刘 范 | 毕 渐 | 512 | 88 | 600 | 346 | | 346 | 946 |
| 绍圣四年(1097)丁丑 | 林 希 | 徐铎、沈铢 | 汪 革 | 何昌言 | 564 | 45 | 609 | | | | 609 |
| 元符三年(1100)庚辰 | 徐 铎 | 赵挺之、何执中、吴伯举 | 李 釜 | 李 釜 | 561 | | 561 | | | | 561 |

续 表

| 年代 | 知贡举 | 同知贡举 | 省元 | 状元 | 正奏名 | | | 特奏名 | | | 合计 |
|---|---|---|---|---|---|---|---|---|---|---|---|
| | | | | | 进士 | 诸科 | 小计 | 进士 | 诸科 | 小计 | |
| 崇宁二年(1103)癸未 | 安 惇 | 刘拯、邓询武、范致虚 | 李 阶 | 霍端友 | 538 | | 538 | | | | 538 |
| 崇宁五年(1106)丙戌 | 朱 谔 | 侯蒙、白时中、薛昂 | 吴 倜 | 蔡 嶷 | 671 | | 671 | | | | 671 |
| 大观三年(1109)己丑 | 薛 昂 | 慕容彦逢、李图南、霍端友、俞粢、蔡居厚、刘安上、宇文粹中 | 李弥逊 | 贾安宅 | 731 | | 731 | | | | 731 |
| 政和二年(1112)壬辰 | 蔡 嶷 | 慕容彦逢、宇文粹中、张槩 | 师 骥 | 莫 俦 | 713 | | 713 | | | | 713 |
| 政和五年(1115)乙未 | 王 黼 | 慕容彦逢、翟汝文、冯熙载 | 傅崧卿 | 何粢 | 692 | | 692 | 1 057 | 2 | 1 059 | 1 751 |
| 重和元年(1118)戊戌 | 陆德先 | | 何大圭 | 王 昂 | 783 | | 783 | | | | 783 |
| 宣和三年(1121)辛丑 | 赵 野 | 黄齐、郭三益 | 宋齐愈 | 何 涣 | 630 | | 630 | | | | 630 |
| 宣和六年(1124)甲辰 | 宇文粹中 | 王时雍、沈思、何粢、王绹、高伯振 | 杨 椿 | 沈 晦 | 805 | | 805 | | | | 805 |
| 总 计 | | | | | 19 259 | 16 366 | 35 625 | | | 16 035 | 51 660 |

## 4. 南宋贡举登科表①

| 年代 | 知贡举 | 同知贡举 | 省元 | 状元 | 正奏名进士 | 特奏名进士 | 合计 |
|---|---|---|---|---|---|---|---|
| 建炎二年(1128)戊申 | | | | 李易 | 554 | | 554 |
| 绍兴二年(1132)壬子 | | | | 张九成 | 392 | 158 | 550 |
| 绍兴五年(1135)乙卯 | 孙近 | 廖刚、刘大中 | 樊光远 | 汪应辰 | 357 | 272 | 629 |
| 绍兴八年(1138)戊辰 | 朱震 | 张致远、勾龙如渊 | 黄公度 | 黄公度 | 395 | | 395 |
| 绍兴十二年(1112)壬戌 | 程克俊 | 王铢、罗汝楫 | 何溥 | 陈诚之 | 398 | 514 | 912 |
| 绍兴十五年(1145)乙丑 | 何若 | 陈康伯、游操 | 林机 | 刘章 | 374 | 247 | 621 |
| 绍兴十八年(1148)戊辰 | 边知白 | 周执羔、巫伋 | 徐履 | 王佐 | 353 | 457 | 810 |
| 绍兴二十一年(1151)辛未 | 陈诚之 | 汤允恭、章夏 | 郑闻 | 赵逵 | 422 | 531 | 953 |
| 绍兴二十四年(1154)甲戌 | 魏师逊 | 汤思退、郑仲熊 | 秦埙 | 张孝祥 | 419 | 434 | 853 |
| 绍兴二十七年(1157)丁丑 | 汤鹏举 | 王纶、赵逵 | 张宋卿 | 王十朋 | 445 | 392 | 837 |
| 绍兴三十年(1160)庚辰 | 朱倬 | 何溥、黄中 | 刘朔 | 梁克家 | 428 | 513 | 941 |
| 隆兴元年(1163)癸未 | 洪遵 | 周葵、张震 | 木待问 | 木待问 | 541 | 285 | 826 |

① 参阅毛佩琦主编:《中国状元大典》,云南人民出版社,1999 年版,第 1188～1191 页。

续　表

| 年　代 | 知贡举 | 同知贡举 | 省　元 | 状　元 | 正奏名进　士 | 特奏名进　士 | 合　计 |
| --- | --- | --- | --- | --- | --- | --- | --- |
| 乾道二年(1166)丙戌 | 蒋　芾 | 林安宅、梁克家 | 何　澹 | 萧国梁 | 493 | 295 | 788 |
| 乾道五年(1169)己丑 | 汪应辰 | 梁克家、陈良祐 | 方　恬 | 郑　侨 | 392 | 382 | 774 |
| 乾道八年(1172)壬辰 | 王　曮 | 赵雄、李衡 | 蔡幼学 | 黄　定 | 389 | 481 | 870 |
| 淳熙二年(1175)乙未 | 王　淮 | 胡元质、范仲艺 | 章　颖 | 詹　骙 | 426 | 587 | 1 013 |
| 淳熙五年(1178)戊戌 | 范成大 | 程大昌、萧燧 | 黄　涣 | 姚　颖 | 417 |  | 417 |
| 淳熙八年(1181)辛丑 | 王希吕 | 郑丙、黄洽 | 俞　烈 | 黄　由 | 379 | 470 | 849 |
| 淳熙十一年(1184)甲辰 | 王　佐 | 王蔺、蒋继周 | 邵　康 | 卫　泾 | 395 | 699 | 1 094 |
| 淳熙十四年(1187)丁未 | 洪　迈 | 葛邲、陈贾 | 汤　琦 | 王　容 | 435 | 714 | 1 149 |
| 绍熙元年(1190)庚戌 | 郑　侨 | 何澹、陈骙 | 钱易直 | 余　复 | 558 | 750 | 1 308 |
| 绍熙四年(1193)癸丑 | 赵汝愚 | 黄裳、胡琢 | 涂邦宪 | 陈　亮 | 396 | 473 | 869 |
| 庆元二年(1196)丙辰 | 叶　翥 | 倪思、刘德秀 | 莫子纯 | 邹应龙 | 506 | 578 | 1 084 |
| 庆元五年(1199) 己未 | 黄　由 | 胡纮、刘三杰 | 苏大璋 | 曾从龙 | 416 | 789 | 1 205 |
| 嘉泰二年(1202)壬戌 | 木待问 | 王容、施康年 | 傅行简 | 傅行简 | 439 | 497 | 936 |
| 开禧元年(1205)乙丑 | 萧　逵 | 陆俊、李大异、李壁 | 林执善 | 毛自知 | 433 | 611 | 1 044 |

续 表

| 年 代 | 知贡举 | 同知贡举 | 省 元 | 状 元 | 正奏名进士 | 特奏名进士 | 合 计 |
|---|---|---|---|---|---|---|---|
| 嘉定元年(1208)戊辰 | 楼 钥 | 倪思、蔡幼学、叶时 | 宋 倚 | 郑自诚 | 430 | 641 | 1 071 |
| 嘉定四年(1211)辛未 | 汪 逵 | 刘榘、曾从龙、范之柔 | 周端朝 | 赵建大 | 465 | 679 | 1 144 |
| 嘉定七年(1214)甲戌 | 曾从龙 | 范之柔、郑昭先、刘爚 | 姚宏中 | 袁 甫 | 504 | 669 | 1 173 |
| 嘉定十年(1217)丁丑 | 黄畴若 | 任希夷、黄序、袁燮 | 陈 埙 | 吴 潜 | 523 | 663 | 1 186 |
| 嘉定十三年(1220)庚辰 | 宣 缯 | 俞应符、杨汝明、李安行 | 丘大发 | 刘 渭 | 475 | 647 | 1 122 |
| 嘉定十六年(1223)癸未 | 程 珌 | 朱端常、朱著、郑自诚 | 王 胄 | 蒋重珍 | 549 | 679 | 1 228 |
| 宝庆二年(1226)丙戌 | 程 珌 | 邹应龙、朱端常、陈贵谊 | 王会龙 | 王会龙 | 989 | | 989 |
| 绍定二年(1229)己丑 | 王 暨 | 莫泽、李知孝 | 陈松龙 | 黄 朴 | 557 | 1121 | 1 678 |
| 绍定五年(1232)壬辰 | 陈贵谊 | 钟震、汪刚中 | 叶大有 | 徐元杰 | 493 | 592 | 1 085 |
| 端平二年(1235)乙未 | 真德秀 | 洪咨夔、蒋重珍 | 杨茂子 | 吴叔告 | 460 | 657 | 1 117 |

续　表

| 年　代 | 知贡举 | 同知贡举 | 省　元 | 状　元 | 正奏名进　士 | 特奏名进　士 | 合　计 |
|---|---|---|---|---|---|---|---|
| 嘉熙二年(1238)戊戌 | 游　似 | 许应龙、范钟 | 缪　烈 | 周　坦 | 423 | 640 | 1 063 |
| 淳祐元年(1241)辛丑 | 杜　范 | 钱相、曹豳 | 刘　自 | 徐俨夫 | 367 | 627 | 994 |
| 淳祐四年(1244)甲辰 | 金　渊 | 濮斗南、郑起潜 | 徐　霖 | 留梦炎 | 424 | 621 | 1 045 |
| 淳祐七年(1247)丁未 | 吴　潜 | 应繇、黄自然 | 马廷鸾 | 张渊微 | 527 | 750 | 1 277 |
| 淳祐十年(1250)庚戌 | 董　槐 | 张磻、叶大有 | 陈应雷 | 方逢辰 | 513 | 615 | 1 128 |
| 宝祐元年(1253)癸丑 | 陆得舆 | 郑发、牟子才 | 丁应魁 | 姚　勉 | 360 | | 360 |
| 宝祐四年(1256)丙辰 | 陈显伯 | 姚希得、戚士逊 | 彭方迥 | 文天祥 | 601 | 660 | 1 261 |
| 开庆元年(1259)己未 | 张　镇 | 吴衍、王景齐 | 李雷奋 | 周震炎 | 442 | 309 | 751 |
| 景定三年(1262)壬戌 | 杨　栋 | 叶梦鼎、孙附凤 | 李　珏 | 方山京 | 637 | 743 | 1 380 |
| 咸淳元年(1265)乙丑 | 马廷鸾 | | 阮登炳 | 阮登炳 | 635 | | 635 |
| 咸淳四年(1268)戊辰 | 雷宜中 | | 胡跃龙 | 陈文龙 | 664 | | 664 |
| 咸淳七年(1271)辛未 | 方逢辰 | 陈宜中、陈存、文及翁 | 刘梦荐 | 张镇孙 | 502 | | 502 |
| 咸淳十年(1274)甲戌 | | | 李大同 | 王龙泽 | 506 | | 506 |
| 总　计 | | | | | 23 198 | 22 442 | 45 640 |

## 5. 辽代贡举登科表

| 年　　代 | 状　元 | 登科人数 | 资料来源 |
|---|---|---|---|
| 圣宗统和六年(988) | | 1 | 《辽史》卷12《圣宗本纪三》 |
| 统和七年(989) | 高　正 | 2 | 《辽史》卷12《圣宗本纪三》 |
| 统和八年(990) | 郑云从 | 2 | 《辽史》卷13《圣宗本纪四》 |
| 统和九年(991) | 石用中 | 1 | 《辽史》卷13《圣宗本纪四》 |
| 统和十一年(993) | 王熙载 | 2 | 《辽史》卷13《圣宗本纪四》 |
| 统和十二年(994) | 吕德懋 | 2 | 《辽史》卷13《圣宗本纪四》 |
| 统和十三年(995) | 王用极 | 2 | 《辽史》卷13《圣宗本纪四》 |
| 统和十四年(996) | 张　俭 | 3 | 《辽史》卷13《圣宗本纪四》 |
| 统和十五年(997) | 陈　鼎 | 2 | 《辽史》卷13《圣宗本纪四》 |
| 统和十六年(998) | 杨文玄 | 2 | 《辽史》卷14《圣宗本纪五》 |
| 统和十七年(999) | 初　锡 | 4 | 《辽史》卷14《圣宗本纪五》 |
| 统和十八年(1000) | 南承保 | 3 | 《辽史》卷14《圣宗本纪五》 |
| 统和二十年(1002) | 邢　祥 | 6 | 《辽史》卷14《圣宗本纪五》 |
| 统和二十二年(1004) | 李可封 | 3 | 《辽史》卷14《圣宗本纪五》 |
| 统和二十四年(1006) | 杨　佶 | 23 | 《辽史》卷14《圣宗本纪五》 |
| 统和二十六年(1008) | 史克忠 | 13 | 《辽史》卷14《圣宗本纪五》 |
| 统和二十七年(1009) | 刘二宜 | 3 | 《辽史》卷14《圣宗本纪五》 |
| 统和二十九年(1011) | 高承颜 | 2 | 《辽史》卷15《圣宗本纪六》 |
| 圣宗开泰元年(1012) | 史　简 | 19 | 《辽史》卷15《圣宗本纪六》 |
| 开泰二年(1013) | 鲜于茂昭 | 6 | 《辽史》卷15《圣宗本纪六》 |
| 开泰三年(1014) | 张用行 | 31 | 《辽史》卷15《圣宗本纪六》 |
| 开泰五年(1016) | 孙　杰 | 48 | 《辽史》卷15《圣宗本纪六》 |
| 开泰七年(1018) | 张克恭 | 37 | 《辽史》卷16《圣宗本纪七》 |

续　表

| 年　　代 | 状　元 | 登科人数 | 资料来源 |
| --- | --- | --- | --- |
| 开泰九年(1020) | 张仲举 | 45 | 《辽史》卷16《圣宗本纪七》 |
| 圣宗太平二年(1022) | 张　渐 | 47 | 《辽史》卷16《圣宗本纪七》 |
| 太平四年(1024) | 李　炯 | 47 | 《辽史》卷16《圣宗本纪七》 |
| 太平五年(1025) | 张　昱 | 72 | 《辽史》卷17《圣宗本纪八》 |
| 太平八年(1028) | 张　宥 | 57 | 《辽史》卷17《圣宗本纪八》 |
| 太平九年(1029) | 张人纪 | 22 | 《辽史》卷17《圣宗本纪八》 |
| 太平十一年(1031) | 刘　贞 | 57 | 《辽史》卷17《圣宗本纪八》、《张绩墓志》、《辽史》卷89《杨皙传》 |
| 兴宗重熙五年(1036) | 冯　立 | 49 | 《辽史》卷18《兴宗本纪一》 |
| 重熙七年(1038) | 邢彭年 | 55 | 《辽史》卷18《兴宗本纪一》 |
| 重熙十一年(1042) | 王　寔 | 64 | 《辽史》卷19《兴宗本纪二》 |
| 重熙十五年(1046) | 王　棠 | 68 | 《辽史》卷19《兴宗本纪二》 |
| 重熙十九年(1050) | | | 《辽史》卷19《兴宗本纪二》 |
| 重熙二十四年(1055) | 张孝杰 | 44 | 《辽史》卷110《张孝杰传》、《梁颖墓志》、《师哲为父造幢记》、《梁援墓志》 |
| 道宗清宁五年(1059) | 梁　援 | 115 | 《辽史》卷21《道宗本纪一》 |
| 清宁八年(1062) | 王　鼎 | 93 | 《辽史》卷22《道宗本纪二》 |
| 道宗咸雍二年(1066) | 张　臻 | 101 | 《辽史》卷22《道宗本纪二》 |
| 咸雍六年(1070) | 赵廷睦 | 138 | 《辽史》卷22《道宗本纪二》 |
| 咸雍十年(1074) | | | 《辽史》卷23《道宗本纪二》 |
| 道宗大康五年(1079) | 刘　瓘 | 113 | 《辽史》卷24《道宗本纪四》 |
| 大康九年(1083) | 李君裕 | 51 | 《辽史》卷24《道宗本纪四》 |
| 道宗大安二年(1086) | 张　毂 | 26 | 《辽史》卷24《道宗本纪四》 |

续　表

| 年　　代 | 状　元 | 登科人数 | 资料来源 |
|---|---|---|---|
| 大安六年(1090) | 文　充 | 72 | 《辽史》卷25《道宗本纪五》 |
| 大安八年(1092) | 冠尊文 | 53 | 《辽史》卷24《道宗本纪四》 |
| 道宗寿隆元年(1095) | 陈衡甫 | 130 | 《辽史》卷26《道宗本纪六》 |
| 寿隆六年(1100) | 康秉俭 | 87 | 《辽史》卷26《道宗本纪六》 |
| 天祚帝乾统三年(1103) | 马恭回 | 103 | 《辽史》卷27《天祚皇帝本纪一》 |
| 乾统七年(1107) | 李　石 | 100 | 《辽史》卷27《天祚皇帝本纪一》 |
| 乾统九年(1109) | 刘　祯 | 90 | 《辽史》卷27《天祚皇帝本纪一》 |
| 天祚帝天庆二年(1112) | 韩　昉 | 77 | 《辽史》卷27《天祚皇帝本纪一》 |
| 天庆五年(1115) | 耶律大石 | | 《辽史》卷30《天祚皇帝本纪四·附录》 |
| 天庆八年(1118)戊戌 | 王　翚 | 103 | 《辽史》卷28《天祚皇帝本纪二》 |
| 总　计 | | 2 296 | |

## 6. 金代进士登科表

| 年　　代 | 状　元 | 经义魁 | 登科人数 |
|---|---|---|---|
| 沈州榜,收国二年(1116)后 | | | |
| 东京榜,天辅元年(1117)后 | | | |
| 显州榜,天辅元年(1117)或天辅二年 | | | |
| 西京榜,天会二年(1124) | 刘　抝 | | |
| 朔州榜,天会二年(1124) | | | |

续 表

| 年　代 | 状　元 | 经义魁 | 登科人数 |
| --- | --- | --- | --- |
| 平州榜,天会二年(1124) | | | |
| 真定榜,天会四年(1126) | 许　必 | | 72 |
| 竹林寺试,天会六年(1128)戊申 | | | |
| 蔚州试,天会六年(1128)戊申 | 赵　洞(词赋科) | | 811 |
| | 孙九鼎(经义科) | | |
| 白水泊试,天会十年(1132)壬子 | 胡　砺(词赋科) | | |
| 天眷二年(1139)己未 | 石　琚(词赋) | | |
| | 刘　彧(经义) | | |
| 皇统二年(1142)壬戌 | 刘仲渊(词赋) | | |
| | 宋端卿(经义) | | |
| 皇统六年(1146)丙寅 | 孙用康(词赋) | | |
| | 王从龙(经义) | | |
| 皇统九年(1149)己巳 | 王彦潜(词赋科) | | |
| | 王　堪(经义科) | | |
| 天德三年(1151)辛未 | 杨建中(词赋科) | | |
| 贞元二年(1154)甲戌 | 吕忠翰 | | |
| 正隆二年(1157)丁丑 | 郑子聃 | | 73 |
| 正隆五年(1160)庚辰 | 任中杰 | | |
| 大定三年(1163)癸未 | 孟宗献 | | |
| 大定七年(1167)丁亥 | 赵　摅 | | |
| 大定十年(1170)庚寅 | 史绍鱼 | | |
| 大定十三年(1173)癸巳 | 赵承元(词赋科) | | |
| | 徒单镒(策论科) | | |
| 大定十六年(1176)丙申 | 张　壁(词赋科) | | |

续　表

| 年　　代 | 状　元 | 经义魁 | 登科人数 |
|---|---|---|---|
| 大定十九年(1179)己亥 | 张行简(词赋科) | | |
| 大安二十二年(1182)壬寅 | 张　甫(词赋科) | | |
| | 奥屯忠孝(策论科) | | |
| 大定二十五年(1185)乙巳 | 徐　韪(词赋科) | | 策论科 50 名 |
| 大定二十八年(1188)戊申 | 李　修(词赋科) | | |
| | 郑时昌(经义科) | | |
| 明昌二年(1191)辛亥 | 王　泽(词赋科) | | |
| | 陈　载(经义科) | | |
| 明昌五年(1194)甲寅 | 张　楫(词赋科) | | 221 |
| | 杨云翼(经义科) | | |
| 承安二年(1197)丁巳 | 吕　造(词赋科) | | 925 |
| | 李　著(经义科) | | |
| | 纳兰胡鲁剌(策论科) | | |
| 承安五年(1200)庚申 | 阎　咏(词赋科) | | |
| | | 李俊民 | 33 |
| 泰和三年(1203)癸亥 | 许天民(词赋科) | 武天和 | 186 |
| 泰和六年(1206)丙寅 | 李　演(词赋科) | 武天佑 | 28 |
| 大安元年(1209)己巳 | 王　纲(词赋科) | 邢天佑 | |
| 崇庆二年(1212)癸酉 | 黄　裳(词赋科) | 高斯诚 | |
| | 完颜素兰(策论科) | | |
| 贞祐三年(1215)乙亥 | 程嘉善(词赋状元) | 刘汝翼 | |
| 兴定二年(1218)戊寅 | 张仲安(词赋科) | | 62 |
| | | 王　彪 | 13 |

续 表

| 年　　代 | 状　元 | 经义魁 | 登科人数 |
| --- | --- | --- | --- |
| 兴定五年(1221)辛巳 | 刘　遇(词赋科) | 乔　松 | |
| | 斡勒业德(策论科) | | 28 |
| 正大元年(1224)甲申 | 王　鹗(词赋科) | | 50 |
| | | 张　介 | 5 |
| | 孛术鲁长河(策论科) | | 16 |
| 正大四年(1227)丁亥 | 卢　亚(词赋科) | 贾庭扬 | |
| 正大七年(1230)庚寅 | 李　瑭(词赋科) | 孟德渊 | |
| 天兴二年(1233)癸巳 | 王　辅 | | 16 |

## 7. 元代进士登科表

| 年　　代 | 右榜状元 | 左榜状元 | 登科人数 |
| --- | --- | --- | --- |
| 延祐二年(1315)乙卯 | 护都答儿 | 张起岩 | 56 |
| 延祐五年(1318)戊午 | 忽都答儿 | 霍希贤 | 50 |
| 至治元年(1321)辛酉 | 达普化 | 宋　本 | 64 |
| 泰定元年(1324)甲子 | 捌　刺 | 张　益 | 86 |
| 泰定四年(1327)丁卯 | 阿察赤 | 李　黼 | 86 |
| 至顺元年(1330)庚午 | 笃列图 | 王文烨 | 97 |
| 元统元年(1333)癸酉 | 同　同 | 李　齐 | 100 |
| 至正二年(1342)壬午 | 拜　住 | 陈祖仁 | 78 |
| 至正五年(1345)乙酉 | 普颜不花 | 张士坚 | 78 |
| 至正八年(1348)戊子 | 阿鲁辉贴穆尔 | 王宗哲 | 78 |
| 至正十一年(1351)辛卯 | 朵烈图 | 文允中 | 83 |
| 至正十四年(1354)甲午 | 薛朝晤 | 牛继志 | 62 |

续　表

| 年　　代 | 右榜状元 | 左榜状元 | 登科人数 |
|---|---|---|---|
| 至正十七年(1357)丁酉 | 倪　征 | 王宗嗣 | 51 |
| 至正二十年(1360)庚子 | 买　住 | 魏元礼 | 35 |
| 至正二十三年(1363)癸卯 | 宝　宝 | 杨　輗 | 62 |
| 至正二十六年(1366)丙午 | 赫德溥化 | 张　栋 | 73 |
| 总　计 | | | 1 139 |

## 8. 明代进士登科表①

| 年　　代 | 会试主考官 | 会元 | 状元 | 榜眼 | 探花 | 登科人数 |
|---|---|---|---|---|---|---|
| 洪武四年(1371)辛亥 | 陶凯、潘廷坚 | 俞友仁 | 吴伯宗 | 郭　翀 | 吴公达 | 120 |
| 洪武十八年(1385)乙丑 | 朱善前、夏铉 | 黄子澄 | 丁　显 | 练子宁 | 黄子澄 | 472 |
| 洪武二十一年(1388)戊辰 | 苏伯衡、李叔荆 | 施　显 | 任亨泰 | 唐　震 | 卢原质 | 97 |
| 洪武二十四年(1391)辛未 | | 许　观 | 许　观 | 张显宗 | 吴言信 | 31 |
| 洪武二十七年(1394)甲戌 | | 彭　德 | 张　信 | 景　清 | 戴德彝 | 100 |
| 洪武三十年(1397)丁丑 | 刘三吾、白信蹈 | 宋　琮 | 陈　䢿 | 尹昌隆 | 刘仕谔 | 51 |
| | | 任伯安 | 韩克忠 | 王　恕 | 焦　胜 | 61 |
| 建文二年(1400)庚辰 | 陈迪、黄观 | 吴　溥 | 胡靖② | 王　艮 | 李　贯 | 110 |

① 本表参考郭培贵《明代历科会试会元、殿试状元及其录取名数表》(《中国科举制度通史·明代卷》,上海人民出版社,2017年版)修订。

② 后改名胡广。

**续　表**

| 年　代 | 会试主考官 | 会元 | 状元 | 榜眼 | 探花 | 登科人数 |
| --- | --- | --- | --- | --- | --- | --- |
| 永乐二年(1404)甲申 | 解缙、黄淮 | 杨　相 | 曾　棨 | 周　述 | 周孟简 | 470 |
| 永乐四年(1406)丙戌 | 王达、杨溥 | 朱　缙 | 林　环 | 陈　全 | 刘　素 | 219 |
| 永乐七年(1409)己丑 | 邹缉、徐善述 | 陈　璲 | | | | |
| 永乐九年(1411)辛卯 | | | 萧时忠 | 苗　衷 | 黄　旸 | 84 |
| 永乐十年(1412)壬辰 | 杨士奇、金幼孜 | 林　誌 | 马　铎 | 林　誌 | 王　钰 | 106 |
| 永乐十三年(1415)乙未 | 梁潜、王洪 | 洪　英 | 陈　循 | 李　贞 | 陈景著 | 351 |
| 永乐十六年(1418)戊戌 | 曾棨、王英 | 董　璘 | 李　骐 | 刘　江 | 邓　珍 | 250 |
| 永乐十九年(1421)辛丑 | 杨士奇、周述 | 陈　中 | 曾鹤龄 | 刘　矩 | 裴　纶 | 201 |
| 永乐二十二年(1424)甲辰 | 曾棨、余鼎 | 叶　恩 | 邢　宽 | 梁　禋 | 孙曰恭 | 148 |
| 宣德二年(1427)丁未 | 杨溥、曾棨 | 赵　鼎 | 马　愉 | 杜　宁 | 谢　琏 | 101 |
| 宣德五年(1430)庚戌 | 李时勉、钱习礼 | 陈　诏 | 林　震 | 龚　琦 | 林　文 | 100 |
| 宣德八年(1433)癸丑 | 黄淮、王直 | 刘　哲 | 曹　鼐 | 越　恢 | 钟　复 | 99 |
| 正统元年(1436)丙辰 | 王直、陈循 | 刘定之 | 周　旋 | 陈　文 | 刘定之 | 100 |
| 正统四年(1439)己未 | 王直、蔺从善 | 杨　鼎 | 施　槃 | 杨　鼎 | 倪　谦 | 99 |

续 表

| 年　代 | 会试主考官 | 会元 | 状元 | 榜眼 | 探花 | 登科人数 |
|---|---|---|---|---|---|---|
| 正统七年(1442)任戌 | 王英、苗衷 | 姚　夔 | 刘　俨 | 吕　原 | 黄　谏 | 149 |
| 正统十年(1445)乙丑 | 钱习礼、马愉 | 商　辂 | 商　辂 | 周洪谟 | 刘　俊 | 150 |
| 正统十三年(1448)戊辰 | 高谷、杜宁 | 岳　正 | 彭　时 | 陈　鉴 | 岳　正 | 150 |
| 景泰二年(1451)辛未 | 江渊、林文 | 吴　汇 | 柯　潜 | 刘　升 | 王　舆 | 201 |
| 景泰五年(1454)甲戌 | 商辂、李绍 | 彭　华 | 孙　贤 | 徐　溥 | 徐　辖 | 349 |
| 天顺元年(1457)丁丑 | 薛瑄、吕厚 | 夏　积 | 黎　淳 | 徐　琼 | 陈秉中 | 294 |
| 天顺四年(1460)庚辰 | 吕厚、柯潜 | 陈　选 | 王一夔 | 李永通 | 郑　环 | 156 |
| 天顺七年(1463)癸未 | 彭时、钱溥 | 吴　钺 | | | | |
| 天顺八年(1464)甲申 | | | 彭　教 | 吴　钺 | 罗　璟 | 247 |
| 成化二年(1466)丙戌 | 刘定之、万安 | 章　懋 | 罗　伦 | 程敏政 | 陆　简 | 353 |
| 成化五年(1469)己丑 | 刘珝、刘吉 | 费　訚 | 张　升 | 丁　溥 | 董　越 | 247 |
| 成化八年(1472)壬辰 | 万安、江朝宗 | 吴　宽 | 吴　宽 | 刘　震 | 李仁杰 | 250 |
| 成化十一年(1475)乙未 | 徐溥、丘濬 | 王　鏊 | 谢　迁 | 刘　戬 | 王　鏊 | 300 |
| 成化十四年(1478)戊戌 | 刘吉、彭华 | 梁　储 | 曾　彦 | 杨守阯 | 曾　追 | 350 |

续 表

| 年 代 | 会试主考官 | 会元 | 状元 | 榜眼 | 探花 | 登科人数 |
|---|---|---|---|---|---|---|
| 成化十七年(1481)辛丑 | 徐溥、王献 | 赵 宽 | 王 华 | 黄 珣 | 张天瑞 | 298 |
| 成化二十年(1484)甲辰 | 彭华、刘健 | 储 巏 | 李 旻 | 白 钺 | 王 敕 | 300 |
| 成化二十三年(1487)丁未 | 尹直、吴宽 | 程 楷 | 费 宏 | 刘 春 | 涂 瑞 | 351 |
| 弘治三年(1490)庚戌 | 徐溥、汪谐 | 钱 福 | 钱 福 | 刘存业 | 靳 贵 | 298 |
| 弘治六年(1493)癸丑 | 李东阳、陆简 | 汪 俊 | 毛 澄 | 徐 穆 | 罗钦顺 | 298 |
| 弘治九年(1496)丙辰 | 谢迁、王鏊 | 陈 澜 | 朱希周 | 王 瓒 | 陈 澜 | 298 |
| 弘治十二年(1499)己未 | 李东阳、程敏政 | 伦文叙 | 伦文叙 | 丰 熙 | 刘 龙 | 300 |
| 弘治十五年(1502)壬戌 | 吴宽、刘机 | 鲁 铎 | 康 海 | 孙 清 | 李廷相 | 297 |
| 弘治十八年(1505)乙丑 | 张元祯、杨廷和 | 董 玘 | 顾鼎臣 | 董 玘 | 谢 丕 | 303 |
| 正德三年(1508)戊辰 | 王鏊、梁储 | 邵 锐 | 吕 柟 | 景 旸 | 戴大宾 | 349 |
| 正德六年(1511)辛未 | 刘忠、靳贵 | 邹守益 | 杨 慎 | 余 本 | 邹守益 | 349 |
| 正德九年(1514)甲戌 | 梁储、毛澄 | 霍 韬 | 唐 皋 | 黄 初 | 蔡 昂 | 396 |
| 正德十二年(1517)丁丑 | 靳贵、顾清 | 伦以训 | 舒 芬 | 伦以训 | 崔 桐 | 349 |
| 正德十五年(1520)庚辰 | 石珤、李廷相 | 张 治 | | | | |

续　表

| 年　　代 | 会试主考官 | 会元 | 状元 | 榜眼 | 探花 | 登科人数 |
|---|---|---|---|---|---|---|
| 正德十六年(1521)辛巳 | | | 杨维聪 | 陆　钱 | 费懋中 | 330 |
| 嘉靖二年(1523)癸未 | 蒋冕、石珤 | 李舜臣 | 姚　涞 | 王　教 | 徐　阶 | 410 |
| 嘉靖五年(1526)丙戌 | 贾泳、董玘 | 赵时春 | 龚用卿 | 杨维杰 | 欧阳衢 | 301 |
| 嘉靖八年(1529)己丑 | 张璁、霍韬 | 唐顺之 | 罗洪先 | 程文德 | 杨　名 | 323 |
| 嘉靖十一年(1532)壬辰 | 张潮、郭维藩 | 林　春 | 林大钦 | 孔天胤 | 高　节 | 316 |
| 嘉靖十四年(1535)乙未 | 张壁、蔡昂 | 许　谷 | 韩应龙 | 孙　升 | 吴　山 | 325 |
| 嘉靖十七年(1538)戊戌 | 顾鼎臣、张邦奇 | 袁　炜 | 茅　瓒 | 罗　珵 | 袁　炜 | 320 |
| 嘉靖二十年(1541)辛丑 | 温仁和、张衮 | 林树声 | 沈　坤 | 潘　晟 | 邢一凤 | 298 |
| 嘉靖二十三年(1544)甲辰 | 张潮、汪汝璧 | 瞿景淳 | 秦鸣雷 | 瞿景淳 | 吴　情 | 312 |
| 嘉靖二十六年(1547)丁未 | 孙承恩、张治 | 胡正蒙 | 李春芳 | 张　春 | 胡正蒙 | 301 |
| 嘉靖二十九年(1550)庚戌 | 张治、欧阳冶 | 傅夏器 | 唐汝楫 | 吕调阳 | 姜金和 | 320 |
| 嘉靖三十二年(1553)癸丑 | 徐阶、敖铣 | 曹大章 | 陈　谨 | 曹大章 | 温应禄 | 403 |
| 嘉靖三十五年(1556)丙辰 | 李本、尹台 | 金　达 | 诸大绶 | 陶大临 | 金　达 | 296 |
| 嘉靖三十八(1559)己未 | 李玑、严讷 | 蔡茂春 | 丁士美 | 毛惇元 | 林士章 | 303 |

续　表

| 年　代 | 会试主考官 | 会元 | 状元 | 榜眼 | 探花 | 登科人数 |
|---|---|---|---|---|---|---|
| 嘉靖四十一年(1562)壬戌 | 袁炜、董份 | 王锡爵 | 徐时行① | 王锡爵 | 余有丁 | 299 |
| 嘉靖四十四年(1565)乙丑 | 高拱、胡正蒙 | 陈　栋 | 范应期 | 李自华 | 陈　栋 | 394 |
| 隆庆二年(1568)戊辰 | 李春芳、殷士儋 | 田一儁 | 罗万化 | 黄凤翔 | 赵志皋 | 403 |
| 隆庆五年(1571)辛未 | 张居正、吕调阳 | 邓以讚 | 张元忭 | 刘　瑊 | 邓以讚 | 396 |
| 万历二年(1574)甲戌 | 吕调阳、王希烈 | 孙　鑨 | 孙继皋 | 余孟麟 | 王应选 | 299 |
| 万历五年(1577)丁丑 | 张四维、申时行 | 冯梦祯 | 沈懋学 | 张嗣修 | 曾朝节 | 301 |
| 万历八年(1580)庚辰 | 申时行、余有丁 | 萧良有 | 张懋修 | 萧良有 | 王廷撰 | 302 |
| 万历十一年(1583)癸未 | 余有丁、许国 | 李廷机 | 朱国祚 | 李廷机 | 刘应秋 | 341 |
| 万历十四年(1586)丙戌 | 王锡爵、周子义 | 袁宗道 | 唐文献 | 杨道宾 | 舒宏志 | 351 |
| 万历十七年(1589)己丑 | 许国、王弘诲 | 陶望龄 | 焦　竑 | 吴道南 | 陶望龄 | 347 |
| 万历二十年(1592)壬辰 | 陈于陛、盛讷辰 | 吴　默 | 翁正春 | 史继偕 | 顾天埈 | 304 |
| 万历二十三年(1595)乙未 | 张位、刘元震 | 汤宾尹 | 朱之蕃 | 汤宾尹 | 孙慎行 | 304 |
| 万历二十六年(1598)戊戌 | 沈一贯、曾朝节 | 顾起元 | 赵秉忠 | 邵景尧 | 顾起元 | 292 |

① 后改名申时行。

续　表

| 年　代 | 会试主考官 | 会元 | 状元 | 榜眼 | 探花 | 登科人数 |
|---|---|---|---|---|---|---|
| 万历二十九年(1601)辛丑 | 冯琦、曾朝节 | 许　獬 | 张以诚 | 王　衡 | 曾可前 | 301 |
| 万历三十二年(1604)甲辰 | 朱赓、唐文献 | 杨守勤 | 杨守勤 | 孙承宗 | 吴宗达 | 308 |
| 万历三十五年(1607)丁未 | 黄汝良、杨道宾 | 施凤来 | 黄士俊 | 施凤来 | 张瑞图 | 298 |
| 万历三十八年(1610)庚戌 | 萧云举、王图 | 韩　敬 | 韩　敬 | 马之祺 | 钱谦益 | 302 |
| 万历四十一年(1613)癸丑 | 叶向高、方从哲 | 周延儒 | 周延儒 | 庄奇显 | 赵师尹 | 344 |
| 万历四十四年(1616)丙辰 | 吴道南、刘楚先 | 沈同和 | 钱士升 | 贺逢圣 | 林　钎 | 344 |
| 万历四十七年(1619)己未 | 史继偕、韩爌 | 庄际昌 | 庄际昌 | 毛贞运 | 陈子壮 | 345 |
| 天启二年(1622)壬戌 | 何宗彦、朱国祚 | 刘必达 | 文震孟 | 傅　冠 | 陈仁锡 | 409 |
| 天启五年(1625)乙丑 | 顾秉谦、魏广征 | 华琪芳 | 余　煌 | 华琪芳 | 吴孔嘉 | 300 |
| 崇祯元年(1628)戊辰 | 施凤来、张瑞图 | 曹　勋 | 刘若宰 | 何瑞征 | 管绍宁 | 353 |
| 崇祯四年(1631)辛未 | 周延儒、何如宠 | 吴伟业 | 陈于泰 | 吴伟业 | 夏日瑚 | 349 |
| 崇祯七年(1634)甲戌 | 温体仁、吴宗达 | 李　青 | 刘理顺 | 吴国华 | 杨昌祚 | 302 |
| 崇祯十年(1637)丁丑 | 张至发、孔贞运 | 吴贞启 | 刘同升 | 陈之遴 | 赵士春 | 301 |
| 崇祯十三年(1640)庚辰 | 薛国观、蔡国用 | 杨琼芳 | 魏藻德 | 葛世振 | 高尔俨 | 296 |

续 表

| 年　　代 | 会试主考官 | 会元 | 状元 | 榜眼 | 探花 | 登科人数 |
|---|---|---|---|---|---|---|
| 崇祯十六年(1643)癸未 | 陈演、魏藻德 | 陈名夏 | 杨廷鉴 | 宋之绳 | 陈名夏 | 391 |
| 总　计 | | | | | | 24 586 |

## 9. 清代进士登科表①

| 年　　代 | 会试主考官 | 会元 | 状元 | 榜眼 | 探花 | 登科人数 |
|---|---|---|---|---|---|---|
| 顺治三年(1646)丙戌 | 范文程、刚林、冯铨、宁完我 | 李奭棠 | 傅以渐 | 吕缵祖 | 李奭棠 | 373 |
| 顺治四年(1647)丁亥 | 范文程、刚林、祁充格、冯铨、宁完我、宋权 | 李人龙 | 吕　宫 | 程芳朝 | 蒋　超 | 298 |
| 顺治六年(1649)己丑 | 范文程、刚林、祁充格、洪承畴、宁完我、宋权、王文奎 | 左敬祖 | 刘子壮 | 熊伯龙 | 张天植 | 395 |
| 顺治九年(1652)壬辰 | 希福、额色黑、陈泰、刘清泰、胡统虞、成克巩 | 张星瑞 | 邹忠倚 | 张永祺 | 沈　荃 | 397 |
| | | 麻勒吉 | 麻勒吉 | 折库纳 | 巴　海 | 50 |
| 顺治十二年(1655)乙未 | 额色黑、金之俊恩国泰、胡兆 | 秦　鉽 | 史大成 | 戴王纶 | 秦　鉽 | 399 |
| | | 贾　勤 | 图尔宸 | 贾　勤 | 索　泰 | 50 |
| 顺治十五年(1658)戊戌 | 傅以渐、李霨 | 张贞生 | 孙承恩 | 孙一致 | 吴国对 | 343 |

① 此表依据江庆柏的《清朝进士题名录》(中华书局 2007 年版)、毛晓阳、金甦的《清代文进士总数考订》(《清史研究》2005 年第 4 期)、王金龙、许杨帆的《清代进士人数及相关问题》(《儒家典籍与思想研究》,2012 年)修订。

续 表

| 年　代 | 会试主考官 | 会元 | 状元 | 榜眼 | 探花 | 登科人数 |
|---|---|---|---|---|---|---|
| 顺治十六年(1659)己亥 | 卫周祚、刘正宗 | 朱　锦 | 徐元文 | 华亦祥 | 叶方蔼 | 377 |
| 顺治十八年(1661)辛丑 | 成克巩、卫周祚 | 陈常夏 | 马世俊 | 李仙根 | 吴　光 | 383 |
| 康熙三年(1664)甲辰 | 李霨、杜立德、郝惟、王清 | 沈　珩 | 严我斯 | 李元振 | 秦　弘 | 200 |
| 康熙六年(1667)丁未 | 王弘祚、梁清标、冯溥、刘芳躅 | 黄礽绪 | 缪　彤 | 张玉裁 | 董　讷 | 155 |
| 康熙九年(1670)庚戌 | 魏裔介、龚鼎孳、王清、田逢吉 | 宫梦仁 | 蔡启僔 | 孙在丰 | 徐乾学 | 299 |
| 康熙十二年(1673)癸丑 | 杜立德、龚鼎孳、姚文然、熊赐履 | 韩　菼 | 韩　菼 | 王度心 | 徐秉义 | 166 |
| 康熙十五年(1676)丙辰 | 吴正治、李霨、宋德宜、田六善 | 彭定求 | 彭定求 | 胡会恩 | 翁叔元 | 209 |
| 康熙十八年(1679)己未 | 冯溥、宋德宜、叶方蔼、杨雍建 | 马教思 | 归允肃 | 孙　卓 | 茅荐馨 | 151 |
| 康熙二十一年(1682)壬戌 | 黄机、朱之弼、陈廷敬、李天馥 | 金德嘉 | 蔡升元 | 吴　涵 | 彭宁求 | 179 |
| 康熙二十四年(1685)乙丑 | 张士甄、王鸿绪、董讷、孙在丰 | 陆肯堂 | 陆肯堂 | 陈元龙 | 黄梦麟 | 164 |
| 康熙二十七年(1688)戊辰 | 王熙、徐乾学、成其范、郑重 | 范光阳 | 沈廷文 | 查嗣韩 | 张豫章 | 146 |
| 康熙三十年(1691)辛未 | 张玉书、陈廷敬、李光地、王士祯 | 张　瑗 | 戴有祺 | 吴　昺 | 黄叔琳 | 157 |

续 表

| 年　代 | 会试主考官 | 会元 | 状元 | 榜眼 | 探花 | 登科人数 |
|---|---|---|---|---|---|---|
| 康熙三十三年(1694)甲戌 | 熊赐履、杜臻、王维珍、徐潮 | 裴之仙 | 胡任舆 | 顾图河 | 顾悦履 | 168 |
| 康熙三十六年(1697)丁丑 | 熊赐履、张英、吴琠、田雯 | 汪士鋐 | 李　蟠 | 严虞惇 | 姜宸英 | 150 |
| 康熙三十九年(1700)庚辰 | 吴琠、熊赐履、李楠、王九龄 | 王　露 | 汪　铎 | 季　愈 | 王　露 | 305 |
| 康熙四十二年(1703)癸未 | 熊赐履、陈廷敬、吴涵、许汝霖 | 王式丹 | 王式丹 | 赵　晋 | 钱名世 | 166 |
| 康熙四十五年(1706)丙戌 | 李录予、彭会淇 | 尚居易 | 王云锦 | 吕葆中 | 贾国维 | 290 |
| 康熙四十八年(1709)己丑 | 李光地、张廷枢 | 戴名世 | 赵熊诏 | 戴名世 | 缪　沅 | 292 |
| 康熙五十一年(1712)壬辰 | 赵申乔、徐元梦 | 卜俊民 | 王世琛 | 沈树本 | 徐葆光 | 177 |
| 康熙五十二年(1713)癸巳 | 王掞、王顼龄、李光复、沈涵 | 孙见龙 | 王敬铭 | 任兰枝 | 魏廷珍 | 196 |
| 康熙五十四年(1715)乙未 | 王顼龄、刘谦、蔡升元、王之枢 | 李　锦 | 徐陶璋 | 缪曰藻 | 傅王露 | 190 |
| 康熙五十七年(1718)戊戌 | 张鹏翮、赵申乔、李华之、王懿 | 杨尔德 | 汪应铨 | 张廷璐 | 沈锡辂 | 165 |
| 康熙六十年(1721)辛丑 | 张鹏翮、田从典、张伯行、李绂 | 储大文 | 邓钟岳 | 吴文焕 | 程元章 | 163 |
| 雍正元年(1723)癸卯 | 朱轼、张廷玉 | 杨　炳 | 于　振 | 戴　瀚 | 杨　炳 | 246 |
| 雍正二年(1724)甲辰 | 朱轼、张廷玉、福敏、史贻直 | 王安国 | 陈德华 | 王安国 | 汪德容 | 300 |

续　表

| 年　　代 | 会试主考官 | 会元 | 状元 | 榜眼 | 探花 | 登科人数 |
|---|---|---|---|---|---|---|
| 雍正五年(1727)丁未 | 励廷仪、沈近思、史贻直 | 彭启丰 | 彭启丰 | 邓启元 | 马宏琦 | 226 |
| 雍正八年(1730)庚戌 | 蒋廷锡、鄂尔奇、孙嘉淦、任兰枝 | 沈昌宇 | 周　澍 | 沈昌宇 | 梁诗正 | 399 |
| 雍正十一年(1733)癸丑 | 鄂尔奇、任兰枝、杨汝谷 | 陈　倓 | 陈　倓 | 田志勤 | 沈文镐 | 328 |
| 乾隆元年(1736)丙辰 | 鄂尔奇、朱轼、邵基、张廷瑑 | 赵青藜 | 金德瑛 | 黄孙懋 | 秦蕙田 | 344 |
| 乾隆二年(1737)丁巳 | 张廷玉、福敏、姚三辰、索柱 | 何其睿 | 于敏中 | 林枝春 | 任端书 | 324 |
| 乾隆四年(1739)己未 | 赵国麟、甘汝来、留保、凌如焕 | 轩辕诰 | 庄有恭 | 涂逢震 | 秦勇均 | 328 |
| 乾隆七年(1742)壬戌 | 鄂尔泰、刘吴龙、汪由敦、仲永檀 | 金　甡 | 金　甡 | 杨述曾 | 汤大绅 | 323 |
| 乾隆十年(1745)乙丑 | 史贻直、阿克敦、彭维新、钱陈群 | 蒋元益 | 钱维城 | 庄存与 | 王际华 | 313 |
| 乾隆十三年(1748)戊辰 | 陈大受、蒋溥、鄂容安、沈德潜 | 郑　忬 | 梁国治 | 陈　枘 | 汪廷玙 | 264 |
| 乾隆十六年(1751)辛未 | 刘统勋、孙嘉淦、介福、董邦达 | 周　沣 | 吴　鸿 | 饶学曙 | 周　沣 | 243 |
| 乾隆十七年(1752)壬申 | 陈世倌、嵩寿、邹一桂 | 邵嗣宗 | 秦大士 | 范棫士 | 卢文弨 | 231 |
| 乾隆十九年(1754)甲戌 | 陈世倌、介福、钱维城 | 胡绍鼎 | 庄培因 | 王鸣盛 | 倪承宽 | 241 |

续 表

| 年代 | 会试主考官 | 会元 | 状元 | 榜眼 | 探花 | 登科人数 |
|---|---|---|---|---|---|---|
| 乾隆二十二年(1757)丁丑 | 刘统勋、介福、金德瑛 | 蔡以台 | 蔡以台 | 梅立本 | 邹奕孝 | 242 |
| 乾隆二十五年(1760)庚辰 | 蒋溥、秦蕙田、介福、张泰开 | 王中孚 | 毕沅 | 诸重光 | 王文治 | 164 |
| 乾隆二十六年(1761)辛巳 | 刘统勋、于敏中、观保 | 陈步瀛 | 王杰 | 胡高望 | 赵翼 | 217 |
| 乾隆二十八年(1763)癸未 | 秦蕙田、德保、王际华 | 孙效曾 | 秦大成 | 沈初 | 韦谦恒 | 188 |
| 乾隆三十一年(1766)丙戌 | 尹继善、裘日修、陆宗楷 | 胡珊 | 张书勋 | 姚颐 | 刘跃云 | 213 |
| 乾隆三十四年(1769)己丑 | 刘纶、德保 | 徐烺 | 陈初哲 | 徐天柱 | 陈嗣龙 | 151 |
| 乾隆三十六年(1771)辛卯 | 刘统勋、观保、庄存与 | 邵晋涵 | 黄轩 | 王增 | 范衷 | 161 |
| 乾隆三十七年(1772)壬辰 | 刘纶、觉罗奉宽、汪廷玙 | 孙辰东 | 金榜 | 孙辰东 | 俞大猷 | 162 |
| 乾隆四十年(1775)乙未 | 嵇璜、王杰、阿肃 | 严福 | 吴锡龄 | 汪镛 | 沈清藻 | 158 |
| 乾隆四十三年(1778)戊戌 | 于敏中、王杰、嵩贵 | 缪祖培 | 戴衢亨 | 蔡廷衡 | 孙希旦 | 157 |
| 乾隆四十五年(1780)庚子 | 德保、曹秀先、周煌、胡高望 | 汪如洋 | 汪如洋 | 江德量 | 程昌期 | 155 |
| 乾隆四十六年(1781)辛丑 | 德保、谢墉、沈初、吴玉纶 | 钱棨 | 钱棨 | 陈万青 | 汪学金 | 169 |
| 乾隆四十九年(1784)甲辰 | 蔡新、德保、纪昀、胡高望 | 侯健融 | 茹棻 | 邵瑛 | 邵玉清 | 112 |
| 乾隆五十二年(1787)丁未 | 王杰、姜晟、瑞保 | 朱钰 | 史致光 | 孙星衍 | 董教增 | 137 |

续 表

| 年 代 | 会试主考官 | 会元 | 状元 | 榜眼 | 探花 | 登科人数 |
|---|---|---|---|---|---|---|
| 乾隆五十四年(1789)己酉 | 王杰、铁保、管干珍 | 钱 楷 | 胡长龄 | 汪廷珍 | 刘凤诰 | 98 |
| 乾隆五十五年(1790)庚戌 | 王杰、朱珪、邹奕孝 | 朱文翰 | 石韫玉 | 洪亮吉 | 王宗诚 | 97 |
| 乾隆五十八年(1793)癸丑 | 刘墉、铁保、吴省钦 | 吴贻咏 | 潘世恩 | 陈 云 | 陈希曾 | 81 |
| 乾隆六十年(1795)乙卯 | 窦光鼐、瑚图礼、刘跃云 | 王以铻 | 王以衔 | 莫 晋 | 潘世璜 | 111 |
| 嘉庆元年(1796)丙辰 | 纪昀、金士松、李潢 | 袁 榧 | 赵文楷 | 王守和 | 帅承瀛 | 144 |
| 嘉庆四年(1799)己未 | 朱珪、刘权之、阮元、文干 | 史致俨 | 姚文田 | 苏兆登 | 王引之 | 220 |
| 嘉庆六年(1801)辛酉 | 达春、彭元端、平恕、蒋曰纶 | 马有章 | 顾 皋 | 刘彬士 | 邹家燮 | 275 |
| 嘉庆七年(1802)壬戌 | 纪昀、熊枚、玉麟、戴均元 | 吴廷琛 | 吴廷琛 | 李宗昉 | 朱士彦 | 248 |
| 嘉庆十年(1805)乙丑 | 朱珪、戴衢亨、恩普、英和 | 胡 敬 | 彭 浚 | 徐 颋 | 何凌汉 | 243 |
| 嘉庆十三年(1808)戊辰 | 董诰、邹炳泰、季堃、顾德庆 | 刘嗣绾 | 吴信中 | 谢阶树 | 石承藻 | 261 |
| 嘉庆十四年(1809)己巳 | 费淳、王懿修、英和、贵庆 | 孔传纶 | 洪 莹 | 廖金城 | 张岳崧 | 241 |
| 嘉庆十六年(1811)辛未 | 董诰、曹振镛、胡长龄、文干 | 朱壬林 | 蒋立镛 | 王毓吴 | 吴廷珍 | 237 |
| 嘉庆十九年(1814)甲戌 | 章煦、周兆基、王宗诚、宝兴 | 瞿 溶 | 龙汝言 | 祝庆蕃 | 伍长华 | 226 |
| 嘉庆二十二年(1817)丁丑 | 曹振镛、戴均元、姚文田、秀堃 | 庞大奎 | 吴其濬 | 凌泰封 | 吴清鹏 | 255 |

续 表

| 年　代 | 会试主考官 | 会元 | 状元 | 榜眼 | 探花 | 登科人数 |
|---|---|---|---|---|---|---|
| 嘉庆二十四年(1819)己卯 | 戴均元、戴联奎、王引之、那彦成 | 费庚吉 | 陈　沆 | 杨力畹 | 胡达源 | 224 |
| 嘉庆二十五年(1820)庚辰 | 卢荫溥、黄钺、吴芳培、善庆 | 陈继昌 | 陈继昌 | 许乃普 | 陈　銮 | 246 |
| 道光二年(1822)壬午 | 英和、汪廷珍、汤金钊、李宗昉 | 吕龙光 | 戴兰芬 | 郑秉恬 | 罗文俊 | 222 |
| 道光三年(1823)癸未 | 曹振镛、汪廷珍、王引之、穆彰阿 | 杜受田 | 林召棠 | 王广荫 | 周开麒 | 246 |
| 道光六年(1826)丙戌 | 蒋攸铦、陆以庄、王鼎、汤金钊 | 王庆元 | 朱昌颐 | 贾　桢 | 帅方蔚 | 265 |
| 道光九年(1829)己丑 | 曹振镛、玉麟、朱士彦、李宗昉、吴椿 | 刘有庆 | 李振钧 | 钱福昌 | 朱　兰 | 221 |
| 道光十二年(1832)壬辰 | 潘世恩、戴敦元、穆彰阿、朱士彦 | 马学易 | 吴钟骏 | 朱凤标 | 季芝昌 | 206 |
| 道光十三年(1833)癸巳 | 曹振镛、阮元、那清安、恩铭 | 许　楣 | 汪鸣相 | 曹履泰 | 蒋元溥 | 220 |
| 道光十五年(1835)乙未 | 穆彰阿、何凌汉、文庆、张鳞 | 张景星 | 刘　绎 | 曹联桂 | 乔晋芳 | 272 |
| 道光十六年(1836)丙申 | 潘世恩、王鼎、吴杰、王植 | 夏子龄 | 林鸿年 | 何冠英 | 苏敬衡 | 172 |
| 道光十八年(1838)戊戌 | 穆彰阿、朱士彦、吴文镕、廖鸿荃 | 王振纲 | 钮福保 | 金国钧 | 江国霖 | 194 |
| 道光二十年(1840)庚子 | 潘世恩、隆文、龚守正、王玮庆 | 吴敬羲 | 李承霖 | 冯桂芬 | 张百揆 | 180 |

续　表

| 年　　代 | 会试主考官 | 会元 | 状元 | 榜眼 | 探花 | 登科人数 |
|---|---|---|---|---|---|---|
| 道光二十一年(1841)辛丑 | 王鼎、祁俊藻、文蔚、杜受田 | 蔡念慈 | 龙启瑞 | 龚宝莲 | 胡家玉 | 202 |
| 道光二十四年(1844)甲辰 | 陈官俊、文庆、徐士芬 | 焦春宇 | 孙毓溎 | 周学濬 | 冯培元 | 209 |
| 道光二十五年(1845)乙巳 | 穆彰阿、许乃普、贾桢、周祖培 | 蒋超伯 | 萧锦忠 | 金鹤清 | 吴福年 | 217 |
| 道光二十七年(1847)丁未 | 潘世恩、杜受田、朱凤标、福济 | 许彭寿 | 张之万 | 袁绩懋 | 庞钟璐 | 231 |
| 道光三十年(1850)庚戌 | 卓秉恬、贾桢、花沙纳、孙葆元 | 邹石麟 | 陆增祥 | 许其光 | 谢　增 | 212 |
| 咸丰二年(1852)壬子 | 周祖培、杜翻、载龄、何杜清 | 孙庆咸 | 章　鋆 | 杨泗孙 | 潘祖荫 | 239 |
| 咸丰三年(1853)癸丑 | 徐泽醇、邵灿、潘曾莹 | 吴凤藻 | 孙如仅 | 吴凤藻 | 吕朝瑞 | 222 |
| 咸丰六年(1856)丙辰 | 彭蕴章、全庆、许乃曾、刘琨 | 马元瑞 | 翁同龢 | 孙毓汶 | 洪昌燕 | 216 |
| 咸丰九年(1859)己未 | 贾桢、赵光、沈兆霖、成琦 | 马传煦 | 孙家鼐 | 孙念祖 | 李文田 | 180 |
| 咸丰十年(1860)庚申 | 周祖培、全庆、朱嶟、杜翰 | 徐致祥 | 钟骏声 | 林彭年 | 欧阳保极 | 189 |
| 同治元年(1862)壬戌 | 倭仁、万青藜、郑敦谨、熙麟 | 李庆沅 | 徐　郙 | 何金寿 | 温忠翰 | 193 |
| 同治二年(1863)癸亥 | 李棠阶、载龄、单懋谦、沈桂芬 | 黄体芳 | 翁曾源 | 龚承钧 | 张之洞 | 200 |
| 同治四年(1865)乙丑 | 贾桢、宝鋆、谭廷襄、桑春荣 | 廖鹤年 | 崇　绮 | 于建章 | 杨　霁 | 265 |
| 同治七年(1868)戊辰 | 朱凤标、文祥、董恂、继格 | 蔡以瑺 | 洪　钧 | 黄自元 | 王文在 | 270 |

续 表

| 年代 | 会试主考官 | 会元 | 状元 | 榜眼 | 探花 | 登科人数 |
|---|---|---|---|---|---|---|
| 同治十年(1871)辛未 | 朱凤标、毛昶熙、阜保、常恩 | 李联珠 | 梁燿枢 | 高岳崧 | 郁　昆 | 323 |
| 同治十三年(1874)甲戌 | 万青藜、崇实、李鸿藻、魁龄 | 秦应逵 | 陆润庠 | 谭宗浚 | 黄贻楫 | 337 |
| 光绪二年(1876)丙子 | 董恂、桑春荣、崇绮、黄倬 | 陆殿鹏 | 曹鸿勋 | 王赓荣 | 冯文蔚 | 324 |
| 光绪三年(1877)丁丑 | 宝鋆、毛昶熙、钱宝廉、崑冈 | 刘秉哲 | 王仁堪 | 余联沅 | 朱赓飏 | 329 |
| 光绪六年(1880)庚辰 | 景廉、翁同龢、麟书、许应骙 | 吴树棻 | 黄思永 | 曹诒孙 | 谭鑫振 | 330 |
| 光绪九年(1883)癸未 | 徐桐、瑞联、张之万、贵恒 | 宁本瑜 | 陈　冕 | 寿　耆 | 管廷献 | 308 |
| 光绪十二年(1886)丙戌 | 锡珍、祁世长、嵩申、孙毓汶 | 刘　培 | 赵以炯 | 邹福保 | 冯　煦 | 319 |
| 光绪十五年(1889)己丑 | 李鸿藻、崑冈、潘福荫、廖寿恒 | 许叶芬 | 张建勋 | 李盛铎 | 刘世安 | 296 |
| 光绪十六年(1890)庚寅 | 孙毓汶、贵恒、许应骙、沈源深 | 夏曾佑 | 吴　鲁 | 文廷式 | 吴荫培 | 326 |
| 光绪十八年(1892)壬辰 | 翁同龢、祁世长、霍穆欢、李端棻 | 刘可毅 | 刘福姚 | 吴士鉴 | 陈伯陶 | 317 |
| 光绪二十年(1894)甲午 | 李鸿藻、徐郙、汪鸣銮、杨颐 | 陶世凤 | 张　謇 | 尹铭绶 | 郑　沅 | 314 |
| 光绪二十一年(1895)乙未 | 徐桐、启秀、李文田、唐景崇 | 陈海梅 | 骆成骧 | 喻长霖 | 王龙文 | 293 |
| 光绪二十四年(1898)戊戌 | 孙家鼐、徐树铭、徐会沣、文治 | 陆增炜 | 夏同龢 | 夏寿田 | 俞陛云 | 346 |

续 表

| 年 代 | 会试主考官 | 会元 | 状元 | 榜眼 | 探花 | 登科人数 |
|---|---|---|---|---|---|---|
| 光绪二十九年(1903)癸未 | 孙家鼐、徐会沣、荣庆、张英麟 | 周蕴良 | 王寿彭 | 左 霈 | 杨兆麟 | 315 |
| 光绪三十年(1904)甲辰 | 裕德、张百熙、陆润庠、戴鸿慈 | 谭延闿 | 刘春霖 | 朱汝珍 | 商衍鎏 | 273 |
| 总 计 | | | | | | 26 849 |

# 附录二　中国科举大事年表

| 年　代 | | | 科　举　大　事 |
|---|---|---|---|
| 汉 | 高祖 | 十一年(前 196) | 首次下诏令地方官举荐贤士。 |
| | 文帝 | 二年(前 178) | 诏举贤良方正能直言极谏者。 |
| | | 十五年(前 165) | 诏举策试之始。 |
| | 武帝 | 建元元年(前 140) | 董仲舒应贤良举,对策三道,建请独尊儒术。 |
| | | 元光元年(前 134) | 初令郡国岁举孝廉各 1 人。 |
| | | 元封五年(前 106) | 始举茂材异等之士。 |
| | 昭帝 | 始元六年(前 81) | 贤良文学与丞相大夫举行盐铁会议。 |
| | 和帝 | 永元五年(93) | 令郡国按人口比例举孝廉。 |
| | 顺帝 | 阳嘉元年(132) | 从左雄奏,令举孝廉限年,试以经学章奏。 |
| 魏 | 文帝 | 黄初三年(222) | 诏举士勿限年龄。 |
| | 明帝 | 太和二年(228) | 诏郡国贡士,以经学为先。 |
| 晋 | 元帝 | 大兴元年(318) | 葛洪撰《抱朴子》“审举篇”。 |
| 宋 | 明帝 | 泰始三年(467) | 定策秀才考格。 |
| 梁 | 武帝 | 天监八年(509) | 诏国学通经者策试入仕。 |
| 周 | 宣帝 | 宣政元年(578) | 诏州举高才博学者为秀才,郡举经明行修者为孝廉。 |
| 隋 | 文帝 | 开皇二年(582) | 诏举贤良。 |
| | | 开皇七年(587) | 制诸州岁贡 3 人。 |
| | | 开皇十八年(598) | 诏以志行修谨、清平干济二科举人。 |

续 表

| 年 代 | | 科 举 大 事 |
|---|---|---|
| | 仁寿三年(603) | 诏令州县举士。 |
| 炀帝 | 大业元年(605) | 始建进士科。科举起始于此。 |
| | 大业三年(607) | 诏以孝悌有闻、德行敦厚、学业优敏、文才秀美等十科举人。 |
| | 大业五年(609) | 诏以学业该通、才艺优洽等四科举人。 |
| 唐 高祖 | 武德四年(621) | 敕举秀才、明经、进士等科。 |
| | 武德五年(622) | 取中秀才1人、进士4人,唐代科榜之始。 |
| 高宗 | 永徽元年(651) | 秀才科停废。 |
| | 显庆三年(658) | 制科起始。 |
| | 龙朔三年(663) | 董思恭贿卖试题案发。 |
| | 调露二年(680) | 刘思立奏请明经、进士加试帖经。 |
| | 永隆二年(681) | 进士加试杂文之始。 |
| 武则天 | 载初元年(689) | 武则天殿前试贡举人。 |
| | 长安二年(702) | 建立武举常科。 |
| 中宗 | 神龙元年(705) | 三场考试制凝定。 |
| 玄宗 | 开元十九年(731) | 始置吏部科目选考试科目博学宏词科。 |
| | 开元二十四年(736) | 因考官李昂与考生李权争讼,移贡举于礼部职掌,设贡院。 |
| | 开元二十五年(737) | 改革明经与进士科考试内容。 |
| | 开元二十九年(741) | 设立道举科。 |
| | 天宝元年(742) | 进士科纳省卷之始,行卷之风渐起。 |
| | 天宝十二载(753) | 诏天下举人入官学然后听举,暂停乡贡。 |
| 肃宗 | 至德二载(757) | 科举分四处举行。 |
| 代宗 | 宝应二年(763) | 杨绾请停明经、进士科,引发第一次科举存废之争。 |

续　表

| 年　代 | 科　举　大　事 |
| --- | --- |
| 永泰元年(765) | 始置两都贡举。 |
| 德宗　建中元年(780) | 停孝廉科。 |
| 贞元二年(786) | 设《开元礼》科。 |
| 贞元八年(792) | 录取“龙虎榜”，韩愈、欧阳詹、李绛等在其中。 |
| 贞元九年(793) | 设三礼科。 |
| 宪宗　元和三年(808) | 贤良方正直言极谏制科对策案发生。 |
| 穆宗　长庆元年(821) | 复试进士案，引发朋党之争。始取宾贡进士。 |
| 长庆二年(822) | 设史科及三传科。 |
| 文宗　大和二年(828) | 刘蕡直言极谏对策风波。 |
| 开成元年(836) | 宰相郑覃奏罢进士科，文宗未准，第二次科举存废之争。 |
| 武宗　会昌五年(845) | 定各道进士明经解送名额。 |
| 昭宗　乾宁二年(895) | 复试进士，昭宗亲自命题阅卷，拔取寒士。 |
| 天福元年(901) | 录取“五老榜”，恩科进士之始。 |
| 后梁　太祖　开平元年(907) | 敕令废止拔解，后屡有反复。 |
| 后唐　明宗　长兴元年(930) | 定每榜宾贡进士只取1人。 |
| 后晋　高祖　天福五年(940) | 敕停明经、童子、宏词、拔萃、明算、道举等科，明经并入九经等诸科。 |
| 辽　世宗　天禄元年(947) | 诏辟贡举，立经童科。 |
| 后周　世宗　显德六年(959) | 进士及第闻喜宴改由官办。 |
| 宋　太祖　乾德元年(963) | 禁止通榜公荐。 |
| 开宝三年(970) | 设立特奏名进士。 |
| 开宝六年(973) | 殿试正式建立。 |

续　表

| 年　代 | 科　举　大　事 |
|---|---|
| 辽　景宗　保宁八年(976) | 下诏在南京(幽州)"复礼部贡院"。 |
| 太宗　淳化三年(992) | 殿试用糊名法。 |
| 太平　兴国二年(977) | 增加录取名额,开宋代之先例。 |
| 辽　圣宗　统和六年(988) | 辽朝"诏开贡举",辽朝科举制度正式确立。 |
| 真宗　景德二年(1005) | 誊录法在省试中首创。 |
| 大中祥符四年(1011) | 省试用糊名法。 |
| 天禧三年(1019) | 创评卷双重定等第法。 |
| 辽　圣宗　太平九年(1029) | 以诗赋试举人,赐张人杰等 27 人进士及第。 |
| 辽　兴宗　重熙五年(1036) | 批准中书令张俭的奏议,开始实行皇帝御试进士之制,从此成为定制。 |
| 仁宗　庆历四年(1044) | 范仲淹实行科举新政,士须入学三百日方许应举。 |
| 嘉祐二年(1057) | 欧阳修主持省试,黜落文风奇僻试卷,为落第举子诋毁。殿试始免黜落。定间岁开科。 |
| 英宗　治平三年(1066) | 定三年开科之制。发生司马光分路取人与欧阳修凭才取人之争。 |
| 神宗　熙宁二年(1069) | 朝中大臣讨论科举改革问题。第三次科举存废之争。 |
| 熙宁四年(1071) | 王安石改革科举,罢明经诸科;进士科罢诗赋而试经义、策论。 |
| 辽　道宗　咸雍六年(1070) | 又增加贤良科,要求应试者必须首先进上所业十万言。 |
| 兴宗　重熙五年(1036) | 辽兴宗应准中书令张俭的奏议,开始实行正式御试进士之制。 |

续　表

| 年　代 | 科　举　大　事 |
|---|---|
| 金　太宗　天会元年(1123) | 金太宗开科取士,但并无定制。 |
| 太宗　天会五年(1127) | 下诏实行南北选制度,次年正式实行。 |
| 海陵王　天德三年(1151) | 下诏“南北选为一”,贞元二年(1154)正式实行南北通选。 |
| 世宗　大定四年(1164) | 诏进士文优则取,勿限人数。 |
| 世宗　大定十三年(1173) | 正式创置女真进士科。 |
| 世宗　大定二十年(1180) | 定女真进士科今后以策、诗试三场,策用女真大字,诗用小字,程式之期皆依汉进士例,成为定制。 |
| 世宗　大定二十九年(1189) | 恢复举子入场前沐浴,并更换上由官方提供统一衣服的制度,以防士人夹带舞弊。 |
| 章宗　承安三年(1198) | 规定女真人45岁以下应女真进士科及第后需试射。 |
| 章宗　泰和三年(1203) | 敕汉人司女真进士,互换弥封。 |
| 元　太宗　至元九年(1237) | 接受中书令耶律楚材的建议,用儒术开科取士,是元代首次开科取士。 |
| 仁宗　皇庆二年(1313) | 颁布的科举条制,下诏恢复科举制度。 |
| 延祐二年(1315) | 三月廷试进士,分右榜和左榜分别放榜录取。 |
| 惠宗　元统三年(1335) | 第四次科举存废之争。下诏停罢科举,至正六年恢复。 |
| 明　太祖　吴元年(1367) | 下令设文武科取士。 |
| 洪武三年(1370) | 诏开科举,规定:“中外文臣皆由科举而进,非科举者毋得与官”。 |
| 洪武四年(1371) | 令各省连试三年,举人免会试,直接赴京师听选。 |
| 洪武六年(1373) | 以科举所选拔的人才没有实际行政能力为由,停罢科举。 |

续　表

| 年　代 | | | 科　举　大　事 |
|---|---|---|---|
| | | 洪武十五年(1382) | 停罢十年之后,下诏复设科举。 |
| | | 洪武十七年(1384) | 颁行《科举成式》,成为明清科举的“永制”。 |
| | | 洪武十八年(1385) | 初选进士为翰林院庶吉士。 |
| | | 洪武二十一年(1388) | 命建状元坊,以旌表状元。 |
| | | 洪武二十四年(1391) | 定文字格式。 |
| | | 洪武三十年(1397) | 南北榜事件,为明代第一次科场大案;亦定复试令。 |
| | 成祖 | 永乐二年(1404) | 始命工部建进士题名碑于国子监。 |
| | 仁宗 | 洪熙元年(1425) | 令礼部确定乡试录取名额;确定南北分卷录取的方针。 |
| | 代宗 | 景泰元年(1450) | 下诏科举取士取消南北分卷取士制度。景泰四年恢复。 |
| | 英宗 | 天顺七年(1463) | 会试首场发生火灾,烧死举人90余人。 |
| | 宪宗 | 成化二年(1466) | 制定科场事宜,改革科场程式。 |
| | 武宗 | 正德三年(1508) | 内阁大学士充任会试主考官成为定制。 |
| | 世宗 | 嘉靖七年(1528) | 始选任京官主乡试。 |
| | 神宗 | 万历四十四年(1616) | 会试考官增为20人,用翰林12人,科部各4人,至明末不变。 |
| | 思宗 | 崇祯四年(1631) | 武举殿试之始。 |
| 清 | 世祖 | 顺治二年(1645) | 采行科举取士制度,八月乡试,次年三月会试。 |
| | | 顺治十四年(1658) | 丁酉科场大案。 |
| | | 顺治十五年(1659) | 殿试改在“太和殿前丹墀考试”,会试同考官十八房形成定制。 |
| | 圣祖 | 康熙二年(1665) | 停止八股文试士,并改科举3场为2场,康熙四年复三场之制。 |

续　表

| 年　代 | | 科　举　大　事 |
|---|---|---|
| | 康熙七年(1677) | 恢复八股取士制度。 |
| | 康熙十八年(1679) | 诏试博学宏词科,以笼络名士。 |
| | 康熙二十八年(1689) | 命考取满洲生员举人进士,仍须兼试骑射。 |
| | 康熙三十九年(1700) | 颁布上谕,实行乡试官民分卷考试制度。 |
| | 康熙五十年(1711) | 江南科场大案。 |
| | 康熙五十一年(1712) | 特开万寿乡会试恩科,此后凡遇万寿或登基之期举行。 |
| 世宗 | 雍正元年(1723) | 诏开恩科,为登基恩科之始。 |
| 高宗 | 乾隆三年(1738) | 第五次科举存废之争。 |
| | 乾隆十年(1743) | 会试改在三月,殿试改在四月举行。 |
| | 乾隆二十一年(1756) | 乡会试第二场改为经文四篇,取消论、表、判题。 |
| | 乾隆四十三年(1778) | 推行商民分卷制度,商籍生员设立卤字号。 |
| | 乾隆五十四年(1789) | 殿试改在保和殿内进行。 |
| 仁宗 | 嘉庆三年(1798) | 湖南乡试,考生傅晋贤与科场书吏樊顺成勾结,调换了傅晋贤与岳麓书院考生彭戬的试卷,樊顺成、傅晋贤皆被处决。 |
| 文宗 | 咸丰八年(1858) | 戊午科场案,会试主考官军机大臣柏葰被处决。 |
| 德宗 | 光绪二十三年(1897) | 贵州学政严修奏仿照博学宏词科设立经济特科。 |
| | 光绪二十四年(1898) | 下诏自下科起,科举用策论,但旋即随维新运动失败而被停止。 |
| | 光绪二十七年(1901) | 科举新政,废八股文,乡会试首场改试中国政治史论五篇,二场各国政治学艺策五道,三场试《四书》义二篇、《五经》义一篇;诏开经济特科。 |

续　表

| 年　代 | 科　举　大　事 |
| --- | --- |
| 光绪二十九年(1903) | 张之洞、袁世凯上《请递减科举折》,张之洞在与张百熙、荣庆联奏《请递减科举注重学堂折》,提出分科递减渐废科举之法。经济特科开考,正场和复试均试论策各一道。 |
| 光绪三十一年(1905) | 八月初四日应袁世凯、赵尔巽、张之洞、周馥、岑春煊和端方之请,发布上谕废止科举。 |

# 后　记

“我开始研究旧社会时对教士充满偏见，我结束这一研究时对他们充满敬意。”①这是托克维尔《旧制度与大革命》一书中的一句名言。我赞同有的学者的观点，认为这句名言同样适合于科举制。②

科举制是具有世界影响的中华文明产物，历史上处于东亚科举文化圈中的日本、韩国、越南都曾在长短不等的时间里实行过科举制。特别是韩国，在近千年的历史中，科举制在其社会上的影响甚至不亚于科举制在中国社会上的影响。韩国在科举时代也有“近来科弊，难以毛举”的情况，但韩国人在1980年就已召开过以科举研究为主题的全国历史学大会。1994年，为了纪念韩国科举考试罢止100周年，韩国曾举行了规模盛大的效仿李氏王朝的模拟科举考试，即在成均馆大学举行文科殿试，在全国应试的儒学“生员”中，分甲乙两科考取状元，放榜后还举行了“恩荣宴”和状元游行仪式。百年之后，韩国再现“科举盛况”的做法，是为了不让后人忘记祖先的文化遗产，不忘对考试和考试文化的继承。作为科举发源地的中国，在科举制废止100年后的2005年，在厦门大学举办了首届科举制与科举学国际学术研讨会，从此中国学术界开始更加全面评价与系统研究科举。

20世纪90年代以后，中国学术界出现了越来越强烈的为科举平反的呼声。大多数提出为科举平反的学者原来对科举也充满了坏印

---

① [法]托克维尔著．冯棠译：《旧制度与大革命》，商务印书馆，1992年版，第148页。

② 蒋德海：《科举制在中国近代的遭遇》，《复旦学报》1996年第5期。该文作者认为，在传统中国文化中，科举制在中国近代受到的遭遇恐怕是最缺乏理性的。

象,在研究之后却改变了看法。这并非故意标新立异,而是实事求是、论从史出的结果。大凡一个研究某个问题久了以后可能产生一定的感情,或者容易不自觉地稍稍夸大研究对象的重要性。但如果研究对象是宦官制度、缠足陋俗、鸦片恶习,则无论研究多久一般人也不会去赞美它的,只会增加对阉割、缠足等泯灭人性的做法的痛恨。许多研究者不约而同提出为科举平反,确实是发现科举制在历史上曾发挥过不可抹杀的重大作用,经过慎重思考后才提出的。

为科举平反的多数论者认为科举的弊端不是制度问题,而是内容问题,即考八股文不合理,是八股文拖累了整个科举制度。甚而对科举中最为"丑陋"的部分——八股文,也有一些学者要为之平反。

科举制的实质是用考试的办法来进行公平竞争,尽管它有许多局限和弊端,但总比没有标准的恶性竞争好得多。清末废科举时的主流言论经过当时人的主观取舍,历史记载受思维定势的制约也不免以偏概全。观今宜鉴古,无古不成今。另一方面,观今能通古。了解现实考试也有助于理解和通晓古代的一些制度和史实。今人之视古人,犹后人之视今人。以往人们将清末废科举的言论当作是古代多数人对科举制的看法,这就好比当代只看主张废止联考一派的人提出的论点一样。如果只看一个时期一个方面经人们选择后的言论,后代人以为所有当代中国人都十分痛恨高考制度,都认为高考是一种"人神共愤的考试"。① 而实际上当今多数中国人还是赞成高考制度的,许多专家也认为高考是一种相对很好的一种选拔人才的办法,是现代中国社会中难得的相对最公平的一种制度。中国古代多数人也认为科举是一种相对最好的人才选拔办法,否则科举制怎么可能存在1 300年之久?

如果说考试是罪恶的话,那么也是"必需的罪恶"。理论上说考

---

① 孙绍振:《废除全国统一高考体制》,《艺术·生活》1998年第6期。

试不一定是最好的选才方式，但实际上却找不到更好的，而考试的办法至少可以防止最坏的情况出现。因此最低限度我们可以说科举是一项不坏的制度。“科举”是一个含义非常丰富的词语，远非以往的“恶谥”那么简单，我们不应将其看成一个贬义词，而应该把“科举”当着一个中性词来看待。

总之，科举制是一个影响重大的政治、文化和教育制度，是中华民族的一笔沉重而宝贵的文化遗产，我们对之不应采取虚无主义的态度，而应重视发掘利用，为中国的现代化建设寻找制度资源和文化资源。

本书曾于2004年、2006年在东方出版中心出过两版。2011年，本书获得过第四届全国教育科学研究优秀成果奖一等奖。还有不少高校将本书作为中国科举史课程的教材或参考书，但近年来市面上已无书可售。为应读者之需，本书原策划编辑张爱民编审希望我们修订再版。现在这个书稿便是增订版，增补修改了不少文字，其中第一至第三章、后记由我撰写，第四至第六章由李兵重新撰写。《中国科举大事年表》则由我们共同完成。我们力图将中国科举史的主要内容概括写出，但因中国科举史的内涵实在太丰富，在有限的篇幅中，还有一些片段只能割爱。当然，书中一定存在不足之处，敬请识者教之。

刘海峰

2020年春

图书在版编目（CIP）数据

中国科学史 / 刘海峰，李兵著．—修订本．—上海：东方出版中心，2021.2（2024.3重印）
ISBN 978-7-5473-1721-1

Ⅰ．①中… Ⅱ．①刘… ②李… Ⅲ．①科举制度－历史－研究－中国 Ⅳ．①D691.3

中国版本图书馆CIP数据核字（2021）第021613号

中国科举史（修订本）

著　　者　刘海峰　李　兵
策划组稿　张爱民
责任编辑　黄　驰
装帧设计　钟　颖

出版发行　东方出版中心
地　　址　上海市仙霞路345号
邮政编码　200336
电　　话　021-62417400
印 刷 者　上海盛通时代印刷有限公司

开　　本　890mm × 1240mm　1/32
印　　张　19.75
字　　数　473千字
版　　次　2021年2月第1版
印　　次　2024年3月第3次印刷
定　　价　98.00元